Ngugi wa Thiong'o
Verbrannte Blüten

Petals of Blood

Ngugi wa Thiong'o

Verbrannte Blüten

Petals of Blood

Roman

Aus dem Englischen übersetzt von

Susanne Koehler

Peter Hammer Verlag

Wuppertal

Titel der Originalausgabe:
Petals of Blood,
erschienen bei Heinemann Educational Books, London 1977

Umschlaggestaltung: Wolf Erlbruch / Rainer Zenz
Gesamtherstellung: Busse Druck, Herford

CIP-Titelaufnahme der Deutschen Bibliothek

Ngugi wa Thiong'o:
Verbrannte Blüten : Roman = Petals of blood/
Ngugi wa Thiong'o.
Aus dem Engl. übers. von Susanne Koehler.
– 3. Aufl. – Wuppertal : Hammer, 1991
Einheitssacht.: Petals of blood <dt.>
ISBN 3-87294-167-4

Für meine Mutter und Nyambura
in Erinnerung an Njinju wa Thiong'o,
der am 6. 4. 74 starb

Grausiges, urweltliches Gewürm! Mangrovenschößlinge
Wie Schlangen, eine jede geile Wurzel
Gleich einer sechsfing'rigen Hand

Verbirgt in gieriger Umklammerung die moosbewachs'ne Kröte,
Den Giftpilz, die betäubende Feuerlilie,
Blutrote Blütenblätter,

Die gefleckte Scham der Tiger-Orchidee;
Fremdartig phallische Gebilde
Verfolgen den Reisenden der einen Straße.

Derek Walcott,
»Der Sumpf«
(The Swamp)

Inhalt

Erster Teil

Auf dem Weg . . .

Und ich sah, und siehe, ein weißes Pferd. Und der darauf saß, hatte einen Bogen, und ihm ward gegeben eine Krone, und er zog aus sieghaft und daß er siegte . . .
Und es ging heraus ein anderes Pferd, das war feuerrot.
Und dem, der darauf saß, ward gegeben, den Frieden zu nehmen von der Erde und daß sie sich untereinander erwürgten, und ihm ward ein großes Schwert gegeben . . .
Und ich sah, und siehe, ein schwarzes Pferd. Und der darauf saß, hatte eine Waage in der Hand . . .
Und ich sah, und siehe, ein fahles Pferd. Und der darauf saß, des Name hieß Tod . . .
Und ihnen ward Macht gegeben über den vierten Teil der Erde, zu töten mit dem Schwert und Hunger und Tod.

Offenbarung des Johannes

Das Volk verachtete der Kön'ge Grausamkeit . . .
Doch süße Gnade brütete Zerstörung
Und die Monarchen, furchtvoll, kehrn' zurück;
Ein jeder kommt mit prunkendem Gefolge –
Henker, Priester, Steuereinnehmer,
Soldat, Richter, Adliger, Kerkermeister
und Speichellecker.

Walt Whitman
aus: ›Leaves of Grass‹
»Europe, the 72nd and 73rd year
of these states«

ERSTES KAPITEL

1

An jenem Sonntag holten sie ihn. Er hatte die Nacht betend auf dem Berg verbracht und war eben zurückgekehrt. Die Bibel war beim Buch der Offenbarung aufgeschlagen – so lag er auf seinem Bett und ruhte sich aus, als zwei Polizeibeamte, einer groß, der andere klein, an seine Tür klopften.

»Sind Sie Mr. Munira?« fragte der Kleine. Er hatte eine sternförmige Narbe über dem linken Auge.

»Ja.«

»Sie unterrichten an der Grundschule von Neu-Ilmorog?«

»Wo sonst glauben Sie denn, daß Sie sich jetzt befinden?«

»Ja, natürlich, aber wir bemühen uns, ganz sicher zu sein. Mord ist schließlich weder *Irio* noch *Ugali.*

»Von was sprechen Sie eigentlich?«

»Sie sollen mitkommen zur Polizeistation von Neu-Ilmorog.«

»Um was handelt es sich?«

»Um Mord natürlich – Mord in Ilmorog.«

Der Große, der bis jetzt kein Wort gesagt hatte, beeilte sich hinzuzufügen: »Es ist nur eine Kleinigkeit, Mr. Munira, nur eine Routinebefragung.«

»Sie brauchen mir nichts zu erklären. Sie tun ja nur Ihre Pflicht in dieser Welt. Lassen Sie mich noch meine Jacke anziehen.«

Überrascht schauten sie einander an – wie gelassen er die Nachricht aufgenommen hatte. Er kam zurück, in einer Hand hielt er das Heilige Buch.

»Sie trennen sich nie von dem Buch, Mr. Munira«, sagte der Kleine. Er war von der Macht des Buches beeindruckt, außerdem fürchtete er sich etwas davor.

»In diesen letzten Tagen vor Seiner Wiederkunft müssen wir stets bereit sein, den Samen auszustreuen. Alle Anzeichen Seiner Wiederkunft sind im Buch prophezeit – Hader und Streit, Töten, Kriege, Blut.«

»Wie lange wohnen Sie schon in Ilmorog?« fragte der Große. Es lag ihm daran, von diesem Gerede vom Ende der Welt und der Wiederkunft Christi wegzukommen. Er war schließlich ein regelmäßiger Kirchgänger und wollte nicht auf der falschen Seite ertappt werden.

»Sie haben wohl schon Ihre Routinebefragung begonnen, was?«

»Nein, nein, Mr. Munira, dies ist ganz inoffiziell – nur Unterhaltung. Wir haben nichts gegen Sie.«
»Seit zwölf Jahren!« teilte er ihnen mit.
»Seit zwölf Jahren!« echoten beide.
»Ja, zwölf Jahre in dieser Einöde.«
»Dann müssen Sie ja hier gewesen sein, ehe Neu-Ilmorog gebaut wurde . . .«

2

Abdulla saß auf einem Stuhl vor seiner Behausung in dem Teil von Neu-Ilmorog, den man das Neue Jerusalem nannte. Er schaute seine verbundene linke Hand an. Man hatte ihn nicht lange im Krankenhaus behalten. Nach den schrecklichen Ereignissen der vergangenen Nacht fühlte er sich seltsam ruhig, aber er konnte immer noch nicht ganz verstehen, was wirklich geschehen war. Vielleicht war es gerade zur rechten Zeit geschehen, dachte er – aber würde er jemals in der Lage sein, diese Erfüllung eines bloßen Wunsches, eines Vorhabens, zu erklären? Inwieweit hatte er es gewollt? Er hob den Kopf und sah einen Polizeibeamten, der ihn anschaute.
»Abdulla?«
»Ja.«
»Ich bin Polizeibeamter im Dienst. Du wirst auf der Polizeistation verlangt.«
»Jetzt?«
»Ja.«
»Wird es lange dauern?«
»Ich weiß nicht. Sie möchten, daß du eine Erklärung abgibst und einige Fragen beantwortest.«
»In Ordnung. Ich stelle nur den Stuhl ins Haus zurück.«
Aber auf der Polizeistation wurde er in eine Zelle eingeschlossen. Abdulla protestierte gegen diese Täuschung. Ein Polizist schlug ihm ins Gesicht. Eines Tages, eines Tages . . . versuchte er sich zu sagen, als alter Zorn und neue Bitterkeit über diese erneute Provokation in ihm aufwallte.

3

Ein Polizeibeamter ging zu dem Krankenhaus, in das Wanja eingeliefert worden war.
»Ich fürchte, Sie können nicht mit ihr sprechen«, sagte der Arzt. »Sie ist nicht in der Lage, Fragen zu beantworten. Sie befindet sich immer noch im Delirium und ruft unaufhörlich Dinge wie: ›Feuer . . . Feuer . . . Schwester meiner Mutter . . . meine liebe Tante . . . löscht das Feuer, löscht das Feuer!‹«
»Notieren Sie, was sie sagt. Es könnte uns vielleicht einen Hinweis geben, falls sie –«
»Nein, ihr Zustand ist nicht kritisch, es ist nur der Schock und Halluzinationen. In zehn Tagen . . .«

4

Karega schlief fest. Er war spät von einer Nachtsitzung des Gewerkschaftsvorstandes der Theng'eta-Brauerei Ilmorog zurückgekommen. Er hörte das Klopfen an der Tür und sprang im Schlafanzug aus dem Bett. Ein schwerbewaffnetes Polizeikontingent stand draußen. Ein Polizist in Khakiuniform trat vor.
»Was ist los?«
»Man wünscht Sie auf der Polizeistation.«
»Warum?«
»Routinebefragung.«
»Hat das nicht Zeit bis morgen?«
»Ich fürchte nicht.«
»Ich ziehe mich an . . .«
Er ging ins Haus zurück und zog sich an. Dabei überlegte er, wie er mit den anderen Kontakt aufnehmen könnte. Er hatte die 6-Uhr-Nachrichten gehört und wußte, daß der Steik verboten worden war. Aber er hoffte, daß er trotz seiner Festnahme stattfinden würde.
In aller Eile wurde er in einen wartenden Landrover gestoßen und weggefahren.
Akinyi, die sich gerade fertigmachte, um den Frühgottesdienst in der Kirche von Ilmorog zu besuchen, schaute zufällig zu seinem Haus hinüber. Es war ihr zu einer automatischen Gewohnheit geworden, und sie hatte sich fest vorgenommen, diese Gewohnheit abzulegen. Sie sah, wie der Landrover wegfuhr. Sie rannte hinüber – noch nie war sie

dort gewesen – und fand die Tür mit einem Vorhängeschloß verschlossen.

Innerhalb weniger Stunden hatte sich die Nachricht verbreitet. Aufgebracht marschierten die Arbeiter zur Polizeistation und verlangten seine Freilassung. Ein Polizeibeamter trat heraus und sprach in überraschend vermittelnder Weise zu ihnen.

»Bitte geht friedlich auseinander. Karega ist nur zu einer Routinebefragung hier – es geht nicht um euren Streikbeschluß von gestern abend. Es geht um Mord – Mord in Ilmorog.«

»Mord an den Arbeitern!« gab einer zurück.

»Mord an der Arbeiterbewegung!«

»Lang lebe der Kampf der Arbeiter!«

»Bitte geht auseinander, verlaßt den Platz«, bat der Polizist verzweifelt.

»Mach du doch selber, daß du wegkommst – die Tyrannei der ausländischen Gesellschaften mit ihren hiesigen Laufburschen muß verschwinden!«

»Schluß mit der Fremdherrschaft und ihren kolonisierten schwarzen Polizeiknechten!«

»Schluß mit der Ausbeutung unseres Schweißes!«

Die Stimmung unter der aufgebrachten Menge wurde drohend, Wut und Zorn hatte sie erfaßt. Er gab seinen Leuten ein Zeichen. Die riefen andere herbei, die mit Gewehren die protestierenden Arbeiter bis in die Mitte des Dorfes trieben. Ein oder zwei Arbeiter erlitten ernsthafte Verletzungen und wurden ins Krankenhaus gebracht. Die Arbeiter waren sich ihrer eigenen Kraft bewußt geworden. Eine derart herausfordernde Konfrontation mit den Autoritäten hatte es in Ilmorog noch nie gegeben.

5

Eine Zeitung, das »Sprachrohr«, brachte ein Extrablatt heraus mit der Überschrift:

MORD AN MZIGO, CHUI, KIMERIA

Ein mutmaßlicher Rädelsführer der Gewerkschaften wurde festgenommen nachdem bekannt wurde, daß nur wenige Stunden nach der Entscheidung, den nonsense-Forderungen der Gewerkschaften nach höheren Löhnen nicht nachzugeben, ein führender Industrieller und

zwei Pädagogen, in weiten Kreisen als die afrikanischen Direktoren der international berühmten ›Theng'eta Brauerei- und Unternehmensgruppe GMBH‹ bekannt, hier in Ilmorog einem Brandanschlag zu Opfer fielen.
Man nimmt an, daß die drei Männer in ein Haus gelockt worden waren, in dem sie dann von angeheuerten Schlägern überfallen wurden. Die drei sind ein unersetzlicher Verlust für Ilmorog. Sie schufen aus dem winzigen Dorf, das noch aus dem 19. Jahrhundert zu stammen schien und einen an die Tage von Krapf und Rebmann erinnerte, eine moderne Industriestadt. Selbst Generationen, lange nach Gagarin und Armstrong geboren, werden noch stolz darauf sein, diese Stadt zu besuchen ... etc. ... Kimeria und Chui waren die prominenten Begründer der KKO ... etc ...

ZWEITES KAPITEL

1

Aber dies alles geschah zwölf Jahre, nachdem Godfrey Munira zum ersten Mal auf seinem Drahtesel durch Ilmorog ritt. Eine dünne Staubwolke wirbelte hinter ihm her, bis er vor der Türe eines moosbewachsenen Zweizimmerhauses, da, wo früher einmal ein Schulhof gewesen war, haltmachte. Er stieg ab und blieb stehen, seine rechte Hand in die Seite gestemmt, seine linke hielt den Esel, während seine rötlich umränderten Augen die grauen, trockenen Flechten auf einer einst weiß getünchten Wand musterten. Ohne jede Eile lehnte er dann den Esel an die Wand, bückte sich und lockerte seine Hosenbeine. Er klopfte sie mit den Händen ein bißchen aus – eine eher symbolische Handlung, da sich der Staub hartnäckig darin festgesetzt hatte, ebenso wie auf seinen Schuhen –, ehe er einige Schritte zurücktrat, um die Tür, die auseinanderfallenden Wände und das von der Sonne zerfressene Blechdach noch einmal in Augenschein zu nehmen. Plötzlich wandte er sich entschlossen der Türe zu und rüttelte an der Klinke, während er sich mit der rechten Schulter dagegenstemmte. Krachend gab sie nach, und er fiel fast in einen Raum voll toter Spinnen; von den Wänden und von den Dachbalken hingen dicke Spinnweben, übersät mit den Flügeln bereits gefressener Fliegen.

Wieder ist einer ins Dorf gekommen, ging die Nachricht durch Ilmorog. Während er sich hektisch abmühte, das Haus in Ordnung zu bringen und den Hof vom Unkraut zu befreien, spionierten Kinder ihm nach und berichteten alles, was sie sahen, den alten Männern und Frauen. Er würde weggehen, der Wind würde ihn wieder mitnehmen, sagten die Alten: waren vor ihm nicht schon andere dagewesen? Wer würde sich schon in dieser Einöde niederlassen wollen außer denen, die keine Gliedmaßen mehr hatten – möge der Teufel Abdulla verschlingen – und denen, deren Schoß alt geworden war – möge der Herr Nyakinyua, die alte Frau, segnen.

Die Schule selbst war eine Baracke mit vier Räumen, zerborstenen Lehmwänden, einem Blechdach voll gähnender Löcher, dazu noch mehr Spinnweben mit den Flügeln und Köpfen toter Fliegen. Was Wunder, daß Lehrer auf den ersten Blick davonrannten? Die meisten von den Schülern waren Hirtenjungen, die oft das Schuljahr nicht zu Ende machten, sondern ihren Vätern auf der Suche nach neuen Weideplätzen und Wasserstellen für das Vieh folgten.

Aber Munira blieb, und als ein Monat vergangen war, flüsterten wir alle – ob er wohl ein bißchen verrückt war? Er war doch noch gar nicht so alt? Brachte er das Böse mit sich? – ganz besonders als er anfing, unter dem Akazienbusch Schule zu halten, in der Nähe der Stelle, von der man sagte, dort sei das Grab des legendären *Ndemi,* dessen Geist früher einmal das Land um Ilmorog beschützt hatte, ehe der Imperialismus kam und den Lauf der Dinge verändert hatte. Er verhöhnt *Ndemi,* sagte Mwathi wa Mugo, der Seher, dessen Einfluß über den Bergrücken und das Grasland reichte, und riet zu einem Abschreckungsmittel. Während der Nacht, im Schutz der Dunkelheit, schiß die alte Frau einen großen Haufen zwischen das Schulhaus und den Akazienbusch. Am Morgen entdeckten die Kinder einen gar nicht vertrockneten Haufen Scheiße. Sie rannten zu ihren Eltern zurück und erzählten komische Geschichten über den neuen Lehrer. Über eine Woche lang galoppierte Munira auf seinem Drahtesel über den Berg und durch das Grasland in der Ebene auf der Jagd nach seinen verschwindenden Schülern. Endlich kriegte er einen zu fassen. Er stieg ab, ließ den Esel zu Boden fallen und rannte dem Schüler nach.

»Wie heißt du?« fragte er ihn und faßte ihn an der Schulter.

»Muriuki.«

»Sohn von?«

»Wambui.«

»Ist das deine Mutter?«

»Ja.«
»Und dein Vater?«
»Er arbeitet weit weg von hier.«
»Sag mir, warum magst du die Schule nicht?«
Der Junge, der den Kopf zur Seite gedreht hatte, malte mit seiner rechten Zehe Zeichen in den Staub und konnte sich kaum das Lachen verkneifen.
»Ich weiß nicht, ich weiß wirklich nicht«, sagte er und tat so, als ob er dem Weinen nahe sei. Munira ließ ihn gehen, nachdem er das Versprechen erhalten hatte, daß Muriuki zurückkommen und auch die anderen wieder mitbringen würde. So kehrten sie vorsichtig zurück; sie fanden ihn zwar immer noch etwas seltsam, aber wagten sich diesmal nicht aus den vier Wänden hinaus.
Sie wartete auf Munira außerhalb der *Kei*-Apfel-Hecke, die das Schulgelände umgab. Er stieg ab und ging zur Seite, weil er sie vorbeilassen wollte. Sie aber blieb, auf ihren knorrigen Stock gestützt, mitten auf dem schmalen Weg stehen.
»Dort, wo du herkommst, gibt es da Teerstraßen?«
»Ja.«
»Und Licht, das aus Drähten an dürren Bäumen kommt und die Nacht zum Tag macht?«
»Ja.«
»Frauen mit hohen Absätzen?«
»Ja.«
»Geöltes Haar, Geruch nach versengtem Ziegenfell?«
»Ja.«
Er schaute ihr zerfurchtes Gesicht und das Licht in ihren Augen an. Sein Blick glitt über sie hinweg auf die leere Schule, denn es war längst vier Uhr gewesen. Was sie wohl von ihm wollte?
»Die Wege des weißen Mannes sind schön und klug, oder etwa nicht?«
»Ja, das stimmt, zu klug manchmal.«
»Unsere jungen Männer und Frauen haben uns verlassen, das glitzernde Metall hat sie gerufen. Sie gehen, und die jungen Frauen kommen nur hin und wieder zurück, um ein Neugeborenes bei der Großmutter zu lassen, die davon alt geworden ist, diese Erde mühsam aufzubrechen, um ihr ein bißchen Leben abzuringen. Sie sagen, dort in der Stadt gäbe es nicht Platz genug für zwei . . . unsere Arbeitgeber wollen keine Babies in den winzigen Zimmern an winzigen Hinterhöfen. Hast du jemals so etwas gehört? Unerwünschte Kinder? Die jungen Männer sind ebenso. Einige gehen und kehren niemals zurück. Ande-

re kommen manchmal und machen ihren zurückgelassenen Frauen dicke Bäuche, und dann verschwinden sie, so schnell sie können, wie wenn sie von *Uhere* oder *Mutung'u* aus Ilmorog vertrieben würden. Wie sollen wir sie nennen, diese neue *Uhere-* und *Mutung'u*-Generation? Haben sie uns nicht dieselben Hautkrankheiten und Plagen gebracht, die in früherer Zeit, als die weiße Invasion uns bedrohte, unser Volk geschwächt hatten? Sag mir, was bringt dich hierher in diese verlassene Heimat? Schau Abdulla an, er kam von dort, und was hat er uns gebracht? Einen Esel. Stell dir doch vor, einen Esel! Was willst du eigentlich von unserem Dorf wegholen? Etwa die uns noch verbliebenen Kinder?«

Einige Augenblicke lang überdachte er dies alles. Er pflückte einen reifen gelben *Kei*-Apfel und zerdrückte ihn in der Hand. Gab es denn nirgends eine sichere Ecke, in der man sich verstecken konnte, in der man arbeiten und den Samen ausstreuen konnte, dessen Früchte man einmal sehen würde? Der gärige Geruch des fauligen Apfels stieg ihm in die Nasenlöcher. Er fühlte eine plötzliche Übelkeit in sich hochsteigen – Herr erlöse uns von unserer Vergangenheit – und durchwühlte verzweifelt seine Taschen nach einem Taschentuch, um das Niesen aufzufangen. Es war zu spät. Ein bißchen Schleim flog in das zerfurchte Gesicht der Frau. Sie kreischte laut und schrie: *auuu-u, Nduri ici mutiuke muone* und floh voller Schrecken. Er drehte sein Gesicht zur Seite, um ein weiteres Niesen zu unterdrücken. Als er einen Augenblick später auf den Weg sah, konnte er keine Spur mehr von ihr entdecken, weder hinter der Hecke noch sonstwo. Sie war verschwunden.

Wie seltsam, wie mysteriös, murmelte er vor sich hin. Dann stieg er auf seinen Drahtesel und fuhr langsam zu Abdullas Laden.

Abdulla war auch ein Neuankömmling in Ilmorog. Er und der kleine magere Joseph waren auf einem Eselskarren in unsere Mitte gekommen. Der Karren war mit Kochtöpfen, Tellern und billigen Wolldekken vollgeladen gewesen, die man in zerrissene Sisalsäcke und in zu Bündeln verknotete schmutzige Bettücher gestopft hatte. Dies würde ein ereignisreiches Jahr werden, hatte Njogu beim Anblick dieses seltsamen Trios und beim Anhören ihres noch seltsameren Wunsches sarkastisch bemerkt. Wie konnte jemand auch nur daran denken, an diesem verlassenen Ort die zerfallene Lehmhütte, die einst Dharamshah als Laden gedient hatte, wieder herzurichten? Dharamshah, der zur Legende in Ilmorog geworden war! Du kannst sein Gespenst, die Erinnerungen und Flüche, alles kannst du haben, hatte der alte Njogu gesagt und auf das Gebäude gezeigt, dessen Dach und Wände schief hingen und das kaum vom vertrockneten Unkraut und der roten Erde zu unterscheiden war. Wir drängelten uns damals in seinem kleinen Laden und betrachteten neugierig sein verstümmeltes Bein und sein elendes Gesicht und hörten uns an, wie er Joseph mit einer Flut von Flüchen überschüttete. Doch bald waren wir froh darüber, daß es endlich einen Ort gab, wo wir Salz und Pfeffer kaufen konnten. Wir waren jedoch äußerst beunruhigt über seinen Esel, denn der fraß zuviel Gras und trank zuviel Wasser. Ein Monat war vergangen, und Abdulla hatte neben seinem Handel mit Mehl, Pfeffer und Salz noch eine Bar eingerichtet. Meistens an einem Freitag oder Samstag kamen dann die Männer, die sonst ihre Herden in den Ebenen von Ilmorog weideten, zuhauf in den Laden; sie tranken, redeten und sangen von ihren Kühen und Ziegen.

Eine andere Verwendung für das viele Geld, das sie beim gelegentlichen Verkauf von Ziegen auf dem Markt von Ruwa-ini erhielten, hatten sie nicht; sie bewahrten es in kleinen Büchsen auf, die sie an Schnüren um den Hals trugen, wohl versteckt unter ihren roten Tüchern. Danach verschwanden sie wieder tage- oder wochenlang, ehe sie Abdulla von neuem heimsuchten.

Munira betrat den Laden durch die Hintertür und setzte sich auf den Rand einer knarrenden Bank. Seltsam, murmelte er vor sich hin, den Zwischenfall mit der alten Frau noch einmal überdenkend, während er auf ein Tuskerbier wartete, das Joseph ihm bringen sollte. Kaum hatte er angefangen zu trinken, als sich drei ältere Männer, die jedoch von kräftiger Statur waren, zu ihm an den Tisch setzten. Muturi, Njuguna und Ruoro waren wohlhabende Bauern und als solche waren sie die *athamaki,* die weisen Männer der Dorfgemeinschaft. Sie schlichteten Streitigkeiten nicht nur zwischen den verschiedenen Familien, sondern auch zwischen dieser Dorfgemeinschaft hier und den Herdenleuten unten im Grasland. Wenn es ernsthafteren Streit und Probleme gab, gingen sie damit zu Mwathi wa Mugo, dem Seher. Sie begrüßten Munira und fingen an, über das Wetter zu reden.

»Ist es dort, wo du herkommst, auch so trocken wie hier?«

»Es ist . . . nun, es ist immer heiß im Januar.«

»Es ist natürlich dieselbe Jahreszeit – *githemithu.*«

»*Githemithu* – nennt man sie so?«

»Diese Kinder . . . ihr habt zuviel von dem *maneno maneno* der Fremden in euren Köpfen. Gab es eine gute *gathano*-Ernte bei euch? Hier war sie mager, und wir wissen nicht, ob wir genug Mais und

Bohnen bis zum Ende des *njahi*-Regens haben werden, wenn dieser überhaupt kommt . . .«

»Ich bin eigentlich kein Landwirt«, beeilte sich Munira zu erklären, all dies Gerede von *njahi, themithu, gathano* und *mwere* verwirrte ihn.

»Das wissen wir, ja wir wissen es . . . die Hände eines Gelehrten sind ein Buch für sich. Meint ihr, ich sähe diese Stadtleute nicht, wenn sie uns besuchen kommen? Die Erde hat niemals ihre Hände berührt, wie wenn sie *ngome* tragen würden.

Es war schon immer Njugunas Ehrgeiz gewesen, eines Tages an seinen Händen *ngome* zu tragen, als Zeichen dafür, daß er einem Leben, in dem man sich die Hände schmutzig machte, Lebewohl gesagt hatte. Er würde dann wie die *mbari*-Lords von früher sein, die Oberhäupter der großen alten Familien, die es in seiner Jugend noch gegeben hatte. Einige dieser berühmten Großfamilien besaßen einen derartigen Reichtum an Kühen und Ziegen, daß sie Pächter und Herumlungerer für sich arbeiten ließen. Diese und die Knechte hofften natürlich, eine Ziege als Bezahlung zu bekommen, um sich dann auf ungerodetem Stammesland oder aber im freien Grasland selbständig zu machen. Andere Oberhäupter dieser Clans und Großfamilien hatten genug eigene Frauen und Söhne für die Arbeit gehabt, oder genug Töchter, die noch größeren Reichtum einbrachten. Aber solcher Wohlstand war Njuguna nie zuteil geworden. Das Land schien nicht mehr viel herzugeben, und unberührtes Land, auf das man ausweichen konnte, gab es auch nicht mehr, wie in den Tagen vor dem Kolonialismus. Seine Söhne waren weggegangen, entweder auf europäische Farmen oder in die großen Städte. Töchter hatte er keine – was waren sie heutzutage auch wert? Der alte Njogu hatte mehrere gehabt, aber sie hatten ihm nur Sorgen anstatt Ziegen gebracht. So mußte sich Njuguna, wie alle anderen Bauern in den vielen Hütten, die um Ilmorog zerstreut lagen, mit wenig Land, schlechten Geräten und mit der kleinen Arbeitskraft der eigenen Familie zufriedengeben. Aber er gab die Hoffnung nicht auf.

»In der letzten *mwere*-Zeit hatten wir nicht genug Regen«, erklärte Muturi. »Jetzt beobachten wir die Sonne und den Wind und die *thunguruti*-Vögel am Himmel, und wir fürchten, daß es nicht regnen wird. Natürlich hat es bis zum *njahi*-Regen noch zwei Monate Zeit – aber diese Vögel . . .«

Munira war nicht an Landwirtschaft interessiert. Seit seiner Kindheit hatte er dies Gerede von Dürre und Regen gehört. Bauern redeten immer von drohenden Dürrezeiten, wie wenn das Aussprechen ihrer Ängste derartige Unglücksfälle verhindern könnte.

»Ich bin sicher, daß es regnen wird«, sagte er, um ihnen das Gefühl zu geben, daß er sich für alles interessierte. Er versuchte, der Unterhaltung eine andere Richtung zu geben, und dabei kam ihm Abdulla zu Hilfe.

»Glaubst du, daß du die Schule alleine machen kannst?« fragte der.

»Ich hoffe, daß ich mehr Lehrer bekommen kann, wenn ich erst mal Klasse 1 und 2 in Gang gebracht habe.«

»Klasse 1 und 2, wie denn?«

»Nun, Klasse 2 nur vormittags und Klasse 1 am Nachmittag«, sagte er.

»Du hast dich der Sache wirklich ganz verschrieben«, sagte Abdulla, und Munira wußte nicht genau, ob es sarkastisch gemeint oder ein Kompliment sein sollte. Aber er versuchte, eine aufrichtige Antwort darauf zu geben.

»Wir, die wir das Glück hatten, eine Ausbildung zu genießen, tendierten dazu, den Kampf für *Uhuru*, für unsere Freiheit, dem einfachen Volk zu überlassen. Wir sangen das Lied nicht mit – wir standen außerhalb. Aber nun, mit der Unabhängigkeit haben wir eine Chance, diese Schuld zu begleichen – zu zeigen, daß wir nicht immer nur den Platz der Zuschauer gewählt haben. Deshalb – nun, deshalb habe ich mich entschlossen, in dieses – nach Ilmorog zu kommen.«

»Ich bin nicht sicher, ob einige Leute nicht schon längst nur noch dafür sorgen, ihren eigenen Magen zu füllen«, sagte Abdulla, und wieder weckte der Ton seiner Stimme ein leicht unangenehmes Gefühl in Munira. Es war, als sei Abdulla schon jetzt entweder mißtrauisch oder aber ganz gegen seine – nun – seine ziemlich missionarische Haltung und seinen Eifer eingestellt.

»Ich kann nicht für alle sprechen – aber mir scheint, daß es immer noch Begeisterungsfähigkeit gibt und den Glauben, daß wir alle gemeinsam etwas tun können, um unsere Unabhängigkeit in die Realität umzusetzen . . .«, sagte er. »So muß man reden«, sagte Muturi anerkennend, »du hast gute Worte gesprochen.«

Munira ergriff nun die Gelegenheit, um die zukünftigen Möglichkeiten der Schule zu erörtern und bat um ihre Mitarbeit. *Kamuingi koyaga ndiri,* sagte er – er glaubte zwar nicht daran, aber er bemerkte, daß die Worte sie beeindruckten. Später, nach Einbruch der Dämmerung, machten sich die drei Bauern auf den Heimweg, etwas unsicher auf den Beinen, aber nicht ohne daß sie zuvor Nyakinyua über alles, was sie erfahren hatten, berichtet hätten. Sie stützten sich ein wenig zu schwer auf ihre Stöcke, ihre Augen war ein wenig rot, ihre Stimmen ein wenig undeutlich: Er ist in Ordnung, erzählten sie den anderen, die sich in Nyakinyuas Hütte zusammengefunden hatten; er ist ganz in Ordnung, sagten sie und schauten sich mit wissenden Augen an. Er wurde einer von uns. Die Kinder sangen mit lauter Stimme a e i o u. Sie sangen aber auch: *Kamau wa Njoroge ena ndutu kurugu* und dachten dabei an ihre eigenen Sandflöhe, die sich zwischen ihren Zehen festgefressen hatten und rieben eifrig ihre Füße am Boden, um das Ungeziefer loszuwerden. Einige liefen von der Schule weg, um bei ihren Herden die alte und ewige Weise der Hirten zu flöten, oder auch nur, um die *miariki*-Bäume draußen auf den Feldern hinauf- und hinunterzuklettern. Andere heulten eine Woche lang und liefen dann schließlich auch wieder weg, um mit den Herden umherzuziehen. Munira dachte enttäuscht, sind wir eigentlich in den sechziger Jahren des 20. oder des 19. Jahrhunderts?

Wieder einmal rannte er über den Bergrücken, holte ein paar ein und sagte ihnen, sie sollten den anderen weitersagen, daß er eine Schulversammlung einberufen habe. Nur fünf Schüler erschienen. Von dem erhöhten Rednerpult aus Lehm sprach er zu ihnen: »Durch eure Teilnahme an dieser Versammlung habt ihr mehr als durchschnittlichen Fleiß und sogar überdurchschnittliche Intelligenz bewiesen. Aus diesem Grunde werdet ihr in die Anfängerklasse für Englisch versetzt. Aber ihr werdet euch einen Lehrer besorgen müssen, der bereit und willens ist, die Feindseligkeit und Gleichgültigkeit eines Volkes, das sich dem Licht der Weisheit und des Fortschritts widersetzt, zu ertragen.« Er schloß seine erste Schulversammlung mit dem geheimen Schwur, niemals mehr an diesen gottverlassenen Ort zurückzukehren. Sein erster bewußter Versuch, mit dem Lied der Freiheit und Unabhängigkeit im Takt zu bleiben, schien, wie so vieles in seinem Leben, in Fehlschlag und Niederlage zu enden.

Sporen, Steigbügel, metallener Pferderücken, Reiter in der Staubwolke. Munira war sich der vielen Augen bewußt, die hinter den Hecken über seine Niederlage lachten. Nyakinyua, die alte Frau, trat auf den staubigen Weg hinaus und schrie etwas hinter ihm her, als er ihr auf seinem Rückzug endgültig den Rücken kehrte. Weiter draußen in den Feldern machten sich die Frauen über ihn lustig und sangen zu einer *Gitiro*-Melodie die Geschichte eines Reiters, der zu der Zeit gelebt hatte, als Ilmorog noch das wahre Ilmorog war; laut sangen sie im Chor: Söhne Munorus sehen wir, aber wo sind die Nachkommen Ndemis?

Es kümmerte ihn nicht. Einen ganzen Monat lang hatten sie ihn zum Narren gehalten. Und selbst Abdulla, dessen Laden und Bar seine täg-

liche Zuflucht geworden war, hatte ihm nicht helfen wollen. »Sie sind fremden Menschen und Dingen gegenüber ein bißchen mißtrauisch. Meinen Esel mochten sie zuerst auch nicht. Sie können ihn immer noch nicht leiden. Und warum? Wegen dem Gras. Stell dir vor!«
Ehe er weitersprach, überschüttete er Joseph mit Flüchen; dann pflegte er sich zu Munira hinüberzulehnen, während seine Stimme einen verschwörerischen Ton annahm: »*Mwalimu,* ist es wahr, daß die alte Frau einen Haufen in deinen Hof gesetzt hat? Eine Tat ohne Namen! Ha, ha! Joseph, Faulpelz, *Gatutu Gaka,* bring noch ein Bier für den *Mwalimu.* Ist es denn wirklich wahr?« Und der verkrüppelte Kerl lachte über Muniras Verlegenheit.
Dies Gelächter, andere Erinnerungen und nun die Straße nach Ruwa-ini, der Hauptstadt des Chiri-Distrikts, verbesserten Muniras Laune keineswegs. Die Straße war genauso trügerisch wie diese Hexen, Blagen und Krüppel, dachte er, als er sein Fahrrad durch Furchen und Löcher, über Gräben und Steinhaufen fuhr.
Die Straße war früher einmal eine Eisenbahnlinie gewesen, die Ilmorog mit Ruwa-ini verband. Um Maschinen und Menschen zu ernähren, hatte die Bahn Holz und Holzkohle und die Rinde der *Wattle*-Bäume aus den Wäldern um Ilmorog nach Ruwa-ini gebracht. Sie hatte die Wälder aufgefressen, und nachdem ihre Aufgabe erfüllt war, wurden die zwei Geleise entfernt, und der Untergrund wurde zur Straße – zu einer Art Straße –, die heute keinerlei Beweis ihres einstigen ausbeuterischen Ruhmes mehr lieferte. Nur einmal lächelte er, nämlich als er auf das geteerte letzte Stück der Straße kam, das sich zwischen Kaffeefarmen, die früher in weißem Besitz gewesen waren, hindurchschlängelte. Aber selbst hier war ihm keine Ruhe vergönnt. Laufend mußte er sich in den Busch flüchten, um den entgegenkommenden Lastwagen auszuweichen, deren Fahrer nur lachten und obszöne Zeichen machten, als wollten sie sagen, häng doch das Fahrrad ans Euter des Lastwagens!
Die Häuser von Ruwa-ini kamen in Sicht, und plötzlich wurde ihm bewußt, daß er sich noch keine Alternative zu seinem Entschluß ausgedacht hatte. Die Erinnerung an seine Entscheidung, nach Ilmorog zu gehen und die Bereitwilligkeit, mit der er sie getroffen hatte, kam ihm zurück: anstelle des Lärmens der Wut in seinem Inneren trat die Angst, in Limuru, im Schatten des Vergleichs zwischen dem Erfolg seines Vaters und seinem eigenen Versagen, arbeiten zu müssen. Damit würde er sein Versagen zugeben.
Dieser Gedanke ließ ihn plötzlich anhalten. Er stieg ab. Er lehnte sich

auf sein Fahrrad und beobachtete die Szene, die sich ihm auf der anderen Seite der Hecke bot. Hier draußen, am Rande von Ruwa-ini, erstreckte sich über eine Meile hinweg ein Golfplatz mit sauber gepflegtem, grünem Rasen. Drei Afrikaner lachten einen dickbäuchigen vierten aus, der unaufhörlich den Schläger schwang, ohne jemals den Ball zu treffen. Caddiejungens in zerrissenen Kleidern standen in respektvoller Entfernung, die Last der mit Schlägern und weißen Bällen gefüllten Taschen drückte sie fast zu Boden. Was für eine Welt – Munira riß sich zusammen und fuhr schnell auf seinem Fahrrad nach Ruwa-ini hinein.

Mzigos Büro war eine makellos saubere Angelegenheit, mit einem Kasten für die eingegangene Post, einem für sie ausgehende und einem für Verschiedenes, dazu zahlreiche Füller und Bleistifte neben jedem der drei riesigen Tintenfässer. An der Wand hing eine Karte des Chiri-Distrikts, die verschiedenen Schulen waren mit Nadeln gekennzeichnet.

»Wie geht es in Ihrer Schule?« fragte Mzigo, und während er kaum wahrnehmbar auf dem Drehstuhl hin und her schaukelte, warf er einen kurzen Blick auf die Karte mit den Nadeln.

»Sie schickten mich in eine leere Schule. Keine Lehrer.«

»Ich dachte, Sie wollten an einen Ort der Ruhe und des Friedens, an einen Ort, der Ihnen eine gewisse Herausforderung bietet?«

»Schüler gibt es auch keine.«

»Ich weiß wirklich nicht, was mit dieser Schule los ist. Kein Lehrer möchte dort bleiben, nach einem oder zwei Jahren gehen sie wieder weg. Wenn Sie Lehrer finden sollten, selbst nicht ausgebildete Lehrer, so werden wir sie selbstverständlich anstellen.«

»Aber . . .«

»Ich werde Sie demnächst einmal besuchen, ich komme bald einmal vorbei. Sind die Straßen dort gut? Diese verdammten Autos sind ein wirklicher Unsinn – die wahre Last des schwarzen Mannes – glauben Sie mir, Mr. . . . Mr. Munira – mit dem Fahrrad zu fahren ist so viel einfacher.«

Er warf einen kurzen Blick auf Munira, ein ironisches Lächeln lag auf seinem leicht geöffneten Mund, als ob er sagen wollte: Das hättest du besser wissen müssen – Fluchtversuche . . .; aber, dachte Munira, wie konnte Mzigo darum wissen?

Und plötzlich, als er an die Lastwagen und die verrückten Fahrer dachte, die ihn auf seinem Weg hierhin in den Busch gedrängt hatten, fand er, daß Mzigos herablassendes Kompliment über Fahrräder ein riesengroßer Witz sei. Seine innere Wut machte einem großen Gelächter Platz. Er lachte, bis ihm die Rippen wehtaten und er sich in seinem Inneren erleichtert und besser fühlte.

»Sie glauben mir nicht, was?« fragte Mzigo. Munira aber dachte jetzt an Abdulla, den Krüppel, an Nyakinyua, die alte Frau, an die Kinder, die lieber Vieh hüteten und *Miariki*-Bäume hochkletterten, als zur Schule zu gehen. Er sah den Kontrast zwischen ihrer direkten und einfachen Art, die Dinge anzugehen und dem pompösen Gehabe hier; zwischen der neugierigen Atmosphäre dort und der Angst hinter den Gesichtern, die in den Rücksitzen eleganter Mercedesse oder hinter den Mauern einst nur Europäern vorbehaltener Villen und Privatclubs saßen; er verglich ihre Aufrichtigkeit mit den von Schläue und Boshaftigkeit geschwängerten Bäuchen, die auf dem Golfplatz Geschäfte abschlossen. Er rief sich Abdullas Worte ins Gedächtnis zurück und empfand nur Freundliches für Ilmorog.

Es ging ihm durch den Kopf, daß er Nyakinyua, Abdulla, Njogu, Njuguna, Ruoru und all die anderen vielleicht gar nicht verstanden hatte. Er verlor kein Wort darüber, daß er zurücktreten oder um Versetzung bitten wollte. Er holte sich lediglich Kreide, Schulhefte und Papier.

»Mr. Mzigo, meinen Sie das wirklich im Ernst, daß ich unausgebildete Lehrer einstellen könnte?«

»Ja, Mr. Munira, vorausgesetzt, daß Sie die Leute zu ihrer formellen Ernennung hierher zu mir bringen. Ich möchte, daß diese Schule wächst und daß alle Klassen eingerichtet werden.«

*

Er blieb über Nacht im Furaha-Hotel in Ruwa-ini. Am nächsten Tag fuhr er hinüber in den Kiambu-Distrikt. Er wollte einen oder zwei Tage zu Hause in Limuru verbringen, ehe er nach Ilmorog zurückradeln würde.

Bis jetzt hatte er fast sein ganzes Leben in Limuru verbracht. Nachdem er Siriana 1946 verlassen hatte, war er an vielen Schulen im Umkreis von Limuru Lehrer gewesen: in Rironi, Kamandura, Tiekunu, Gatharaini und während der letzten sechs Jahre in Manguo. Deshalb freute er sich über seine Rückkehr an den Ort seiner Vergangenheit, und sein Herz schlug schneller. Aber es schmerzte ihn, daß er immer noch von seinem Vater abhängig war und kein eigenes Land hatte, wo er sein Zuhause aufbauen konnte. Er hatte immer schon daran gedacht, sich selbständig zu machen, aber es war dabei geblieben, daß er um Besitz und Haushaltung seines Vaters kreiste, ohne jedoch gleichzeitig ein Teil davon zu sein. Ganz anders seine erfolgreicheren Brüder. Der nächstjüngere war sogar in England gewesen und hatte nach seiner Rückkehr eine erfolgreiche Bankkarriere begonnen.

Der andere hatte eben sein Studium an der Universität Makerere beendigt und war jetzt Werbefachmann in einer Ölgesellschaft, ein weiterer Bruder studierte noch Medizin in Makerere. Die beiden ältesten Schwestern hatten erfolgreich die Höhere Schule abgeschlossen; eine wurde in England zur Krankenschwester ausgebildet, die andere war im Goddard College in Vermont, USA, um dort ihren Abschluß als Betriebswirt zu machen. Eine Schwester, Mukami, war erst kürzlich gestorben, und die Erinnerung an sie erfüllte ihn noch immer mit tiefer Traurigkeit, denn er hatte stets empfunden, daß sie, obwohl viel jünger als er, irgendwie auf seiner Seite gestanden und ihn nicht als Versager angesehen hatte. Sie hatte eine lebhafte Art gehabt, voll Widerspruchsgeist: Mukami war ein- oder zweimal geschlagen worden, weil sie zusammen mit den Kindern der Tagelöhner beim Stehlen von Pflaumen und Birnen aus der Obstplantage ihres Vaters erwischt worden war. Selbst nachdem sie in die Kenya High School aufgenommen worden war, ging sie oft in ihrer Freizeit mit den Arbeitern auf die Felder und half ihnen beim Pflücken der *Pyrethrum*blüten. »Die werden für ihre Arbeit bezahlt!« pflegte ihre Mutter sie dann zurechtzuweisen. Mit ihrem Selbstmord – sie war vom Rand eines Steinbruchs über den Manguo-Sümpfen gesprungen – muß sie wohl ihr endgültiges ›Nein‹ gegenüber einer zu schwer zu ertragenden Welt in die Tat umgesetzt haben. Sein Vater Ezekieli, groß, streng, voll herber Zurückhaltung, war ein wohlhabender Landbesitzer und repektierter Gemeindeältester in der Hierarchie der Presbyterianischen Kirche. Seine gestrenge Frömmigkeit war zugleich überwältigend in ihrer Größe und kleinlich in ihrem Geiz. Er glaubte daran, daß man Kindern nicht mehr zu essen geben solle als gekochten Mais mit ein paar Bohnen verziert und Tee ohne Zucker mit nur einem winzigen Tropfen Milch, aber gekrönt mit Gebeten und dem Wort Gottes. Trotz seiner mageren Rationen war er ganz besonders erfolgreich darin, treue Arbeitskräfte auf die Farm zu holen. Zwei der Arbeiter hatten im Dienst seines Vaters gestanden, solange sich Munira erinnern konnte. Sie trugen immer noch dieselben geflickten Hosen und Schuhe aus *nginyira,* alten Autoreifen.

Im Lauf der Jahre hatte er viele Helfer, selbst von so weit her wie Gaki, Metumi und Gussiland, verpflichtet, ihm beim Bewirtschaften seiner Felder zu helfen; rund um das Jahr pflückten und trockneten sie die Pyrethrumblüten, im Dezember ernteten sie die roten, reifen Pflaumen, verpackten sie in Schachteln und brachten sie zum Verkauf in die indischen Läden. Eines aber hatten sie fast alle gemeinsam: sie dienten dem Herrn. Sie nannten ihn Bruder Ezekieli, unser Bruder im Herrn, und versammelten sich nach der Arbeit, um gemeinsam zu beten und Dank zu sagen. Natürlich waren auch einige darunter, die der Teufel dazu getrieben hatte, höhere Löhne zu verlangen und Unruhe auf der Farm zu stiften. Sie wurden entlassen. Einer hatte sogar versucht, die Arbeiter zu organisieren. Er wollte sie einem Zweig der Plantagenarbeitergewerkschaft eingliedern, der für die europäischen Farmen zuständig war. Sein Argument war, daß kein Unterschied zwischen afrikanischen und europäischen Arbeitgebern bestünde. Auch er wurde unverzüglich entlassen. Man prangerte ihn sogar in einer Predigt in der Kirche an – man zitierte ihn als Beispiel für die »kürzliche Prüfung und Heimsuchung von Bruder Ezekieli«. Aber schon als Junge war es Munira bald aufgefallen, daß sich die Arbeiter beim Lobpreis Gottes weniger geschraubt gaben und dem Herrn mit größerer Überzeugung und größerer Frömmigkeit Loblieder sangen, wenn sie nicht im Haus seines Vaters, sondern in ihren eigenen Häusern unten auf der Farm waren. Ihre vollkommene Überzeugung und ihr Glauben an das Kommen eines tatsächlichen neuen Himmels erfüllte ihn mit Furcht und Ehrfurcht zugleich. Einmal, während seiner Ferien von Siriana, nahm Munira an einer ihrer Versammlungen teil. Ein leichtes Herzklopfen und das Bewußtsein vom Ausmaß seiner Sünde – seiner allerersten –, die er früher einmal mit Amina, einer schlechten Frau in Kamiritho, begangen hatte, bemächtigte sich seiner. Er fühlte die Notwendigkeit, seine Sünde zu bekennen und vom Herrn gereinigt zu werden. Als er aber zu sprechen anfangen wollte, hatte er das Gefühl, sie würden sein Bekenntnis doch nicht verstehen und außerdem – hätte er überhaupt die richtigen Worte gefunden? Anstatt dessen war er in der Überzeugung nach Hause gegangen, daß er sich in seinem Herzen dem Herrn übergeben habe und beschloß, seinen Sünden auf andere Weise beizukommen. Er stahl eine Streichholzschachtel, sammelte ein bißchen Gras und trockenen Kuhmist und bastelte eine getreue Nachbildung von Aminas Haus in Kamiritho, wo er gegen den Herrn gesündigt hatte. Dann verbrannte er es. Er beobachtete die Flammen und fühlte sich vom Feuer gereinigt. Erleichtert legte er sich im Frieden mit sich selbst und im Bewußtsein, daß der Herr ihn angenommen hatte, zu Bett. Shalom! Aber der Kuhmist hatte die Glut bewahrt, und der Wind entfachte sie in der Nacht zu neuem Feuer. Wenn man es nicht rechtzeitig entdeckt hätte, wäre die ganze Scheune ein Raub der Flammen geworden. Am nächsten Tag hörte er, wie sie sich darüber unterhielten – sie meinten, daß vielleicht neidische Nachbarn das Feuer gelegt hätten – da beschloß er, Stillschweigen zu bewahren. Aber er hatte das Gefühl, als wüßte sein Vater alles, und das hatte sein Schuldgefühl noch verstärkt.

Eine Frau würde Munira immer in Erinnerung bleiben: obwohl sie niemals zur Kirche ging, zeichnete sie größere Frömmigkeit als alle anderen aus, und die Aufrichtigkeit, mit der sie in großartiger Zurückgezogenheit und Abgeschlossenheit in ihrer von fünf Zypressen umstandenen Hütte lebte, war überzeugender. Ihre Hütte stand genau auf halbem Weg zwischen dem großen Haus und den Unterkünften der anderen Arbeiter. Die alte Mariamu hatte einen Sohn gehabt, der Muniras Spielgefährte gewesen, ehe dieser nach Siriana gegangen war. Und selbst nach Muniras Rückkehr von Siriana hatten sie noch Verbindung miteinander gehabt – nicht viel – genug jedoch, daß es Munira einen Schock versetzte, als er 1953 oder so hörte, man habe Mariamus Sohn beim Waffenschmuggel für die *Mau-Mau*-Kämpfer erwischt und ihn daraufhin gehenkt. Aber einer der Hauptgründe, warum er sich an sie erinnerte, war, daß sie, im Gegensatz zu anderen, die dem Wort und Wohlwollen seines Vaters vertrauten, protestierte, wenn die Arbeiter zu niedere Löhne erhielten, oder die Löhne nicht rechtzeitig ausbezahlt wurden. Sie achtete Ezekieli, aber fürchtete sich niemals vor ihm. Trotzdem wurde sie nie von ihm zurechtgewiesen oder gar entlassen. Einmal wurde ihr Name in Verbindung mit dem fehlenden rechten Ohr seines Vaters genannt – Mau-Mau-Guerillas hatten es ihm abgeschnitten – und erst kürzlich wieder in Verbindung mit Mukamis Selbstmord. Aber er selbst konnte seine Kindheitseskapaden, bei denen es in Mariamus Hütte Tee und in Holzkohle geröstete Kartoffeln gab, nie vergessen.

Nun stand Munira bei den Zypressen, da, wo einst ihre Hütte gestanden hatte, ehe sie mit den anderen in das neue Konzentrationsdorf Kamiritho umgesiedelt worden war. Was war aus ihr wohl geworden? Es überraschte ihn, in welchem Maße er durch seine Selbstisolierung, in die er sich und sein Versagen in Siriana eingeschlossen hatte, die Verbindung mit dem aktiven Leben in Limuru und auch das Interesse daran verloren hatte . . . Er gehörte dazu, und doch wieder nicht . . . Seine ganze Vergangenheit seit Siriana war so vage, so unreal, wie im Nebel verschwommen . . . Es war, als sei der rote Faden seines Lebens und seiner Erinnerungen gerissen. Darum war die endgültige Entscheidung, nach Ilmorog zu gehen, die erste bewußte Handlung gewesen, um das Gefühl des Nicht-Seins zu durchbrechen.

Er spielte mit seinen beiden Kindern und fragte sich eine Zeitlang, welches Image sie von ihm in ihren jungen Köpfen hatten. War er ebenso streng und unnahbar fromm wie sein Vater? Er erzählte ihnen von Ilmorog. Besonders ausführlich beschrieb er die unzähligen Fliegen auf den Nasen und Augen der Hütejungen, bis seine Frau ausrief: »Wie kannst du nur . . .!« Dann erzählte er ihnen weiter, daß in Ilmorog früher einmal der einäugige *Marimu* umgegangen sei, daß komische alte Frauen einem in den Hof schissen, und er berichtete von verdrießlichen Krüppeln, über deren unflätige Lippen die Flüche nur so strömten, bis seine Frau wiederum »Wie kannst du nur . . .!« ausrief, ohne den Satz zu beenden. Er war in der Tat nicht sehr unterhaltsam und kam sich in ihren Augen, die nicht zu lachen vermochten, lächerlich vor. O. K., sagte er, ich werde euch etwas aus der Bibel vorlesen, was die Augen seiner Frau vor Freude erstrahlen ließ. Und Jesus sagte zu ihnen: Geht in die Dörfer und an die dunklen Orte dieser Erde und zündet mein Licht an, erleuchtet durch den Heiligen Geist.

So sei es. Amen. Kaum waren die Kinder zu Bett gegangen, trafen ihn ihre halb strengen, halb vorwurfsvollen Blicke. Sie hätte schön sein können, aber zuviel Rechtschaffenheit, zuviel Bibellesen und zuviele Gebete täglich hatten alle Sinnlichkeit in ihr verdorren lassen, übrig geblieben war die kalte Glut der Frömmigkeit ihrer Seele.

»Du solltest dich schämen, vor den Kindern so gotteslästerlich zu reden. Du solltest wissen, daß diese Welt nicht unsere bleibende Heimat ist und wir besser daran täten, uns selbst und die Kinder für die kommende Welt vorzubereiten.«

»Mach dir keine Gedanken, ich habe nie in diese Welt gehört, auch nicht nach Limuru . . . Vielleicht gehöre ich zur Abwechslung einmal nach Ilmorog . . . vielleicht . . .«

*

Und so kam es, daß Godfrey Munira zum zweiten Mal auf seinem Drahtesel nach Ilmorog hineingaloppierte. Diesmal aber kamen sie alle heraus, um ihn zu begrüßen. Die alte Frau kam in den Schulhof und sagte: Du bist tatsächlich zurückgekommen! Gott segne dich! Als Zeichen des Segens spuckte sie ein bißchen Speichel in ihre Hände. Er

schrak ein wenig zurück, freute sich aber, daß Nyakinyua ihm nicht mehr feindlich gesinnt war.
Er nahm seinen Unterricht wieder auf und erwärmte sich daran, daß man ihn offensichtlich akzeptiert hatte. Die aufmerksame Stille der Kinder – derjenigen, die zum Unterricht kamen – begeisterte ihn. Ganz Ilmorog schien plötzlich auf seine Stimme zu hören.
Er wurde zum täglichen Programmpunkt in Ilmorog, zum Hüter der Weisheit für Halbtagsschüler. Klasse 2, oder die Anfängerklasse für Englisch, wie er sie nannte, hatte vormittags Unterricht, Klasse 1 am Nachmittag. Die Schüler kamen und gingen, wie es ihnen paßte, und er nahm das Ausbleiben zu erwartender Ordnung, ihr unregelmäßiges Verhalten, ja selbst das ständige Reden über die Dürre mit gelassenem Verständnis und freundlicher Gleichgültigkeit hin. Ihm genügte, daß er für die alten Männer und Frauen und für die anderen in Ilmorog der Lehrer ihrer Kinder war, der Mann, der die Weisheit der neuen Zeit in seinem Kopf hatte. Sie waren dankbar dafür, daß einer, der aus der anderen Welt gekommen war, ihnen die Zusage gegeben hatte, bei ihnen zu bleiben. Die Bereitschaft zu bleiben, konnten sie an seinen Augen ablesen; sie strahlten keine Unruhe aus. Aus den Augen der anderen hatte immer deutlich der Wunsch »Ich will weg von hier« gesprochen. Bei der kleinsten Beschwerde waren sie, so schnell sie konnten, davongelaufen und nimmermehr zurückgekehrt. Munira aber blieb. Am Ende eines jeden Monats beobachteten sie ängstlich, wie er seine Vorbereitungen traf, um in Ruwa-ini sein Gehalt abzuholen, aber sie sahen ihn jedesmal zurückkommen; dann sagten sie zueinander: »Dieser wird bleiben.« Nun brachten sie ihm auch Eier, gelegentlich ein Huhn, und er nahm diese Ehrerweisung mit Dankbarkeit entgegen. Wenn er, den weitverzweigten Pfaden folgend, über den Bergrücken streifte, traten die Leute ehrerbietig zur Seite, um ihm Platz zu machen, und er dankte ihnen mit einem Nicken oder einem Lächeln. Ihr Markt amüsierte ihn, er glich eher einer gesellschaftlichen Veranstaltung unter Freunden als einem Ort, an dem man Waren austauschte und um Preise feilschte. Man traf sich abends vor Sonnenuntergang, wann immer es die Notwendigkeit erforderlich machte. Die aus dem Grasland brachten Milch und Perlenschmuck, gelegentlich auch Felle, um sie gegen Schnupftabak, Bohnen und Mais einzutauschen. Wenn man nicht in Abdullas Laden oder nach Ruwa-ini ging, konnte man ganz gut ohne Bargeld auskommen. Als Tauschmittel waren Geld, Lebensmittel oder ein Kleidungsstück gleich gut geeignet. Geld wurde sowieso nur für den Einkauf weiterer Gebrauchsgegenstände gespart.

Einmal sah er, daß einige Speere und Messer verkauft wurden und hörte überrascht, daß sie das Werk Muturis waren. »Aber«, vertraute Nyakinyua ihm an, »er kann sie nur bei Mwathi machen, denn beim Biegen und Bearbeiten des Eisens mit Hammer und Blasebalg muß er vor der Macht des Bösen und vor dem bösen Blick geschützt werden.« Er erfuhr, daß Mwathi wa Mugo die geistige Macht über den Bergrükken und das Grasland von Ilmorog besaß – unsichtbar übte er seinen bestimmenden Einfluß aus. Nach seinem Rat wurde der beste Tag für die neue Aussaat festgelegt oder der günstigste Tag zum Weiterziehen für die Herden. Munira hatte ihn noch nie gesehen. Keinem, der ein gewisses Alter noch nicht erreicht hatte, war dies erlaubt. Man zeigte ihm aber seine von einer *Thabai*-Hecke umgebene Heimstatt, und er war dankbar dafür, daß er dies wußte, denn in Zukunft würde er diesen Ort und seine Umgebung sorgfältig meiden. Sonst fühlte er sich sicher: Er empfand es als ein verspätetes Geschenk Gottes, daß man ihn so schätzte, ihn ehrte, ja verehrte, und alles ohne das verwirrende Durcheinander, das übereiltes Einmischen in das Leben anderer mit sich bringt. Er versuchte, seine Ängste und seine Schuld, seine eingefrorenen Jahre zu vergessen; alle unerfreulichen Gedanken an seinen Vater und an seine Frau oder Erinnerungen an seine Kindheit und Jugend spülte er mit einem Drink hinunter. Er liebte es ganz besonders, wenn die Herdenleute aus dem Grasland herauf in Abdullas Laden kamen. Sie pflanzten ihre Speere draußen auf, und dann wurde getrunken und über Kühe geredet, und man machte Witze über Leute, die wie Maulwürfe lebten und die Erde umgruben. Obwohl die Bauern von Ilmorog ängstlich auf den Regen warteten und sich über die Verspätung der Regenzeit Sorgen machten, so waren sie doch stets gerüstet, um sich und ihre Berufung zu verteidigen. Es erfolgte eine hitzige Debatte zwischen den Ackerbauern und den Herdenleuten, wem größere Wichtigkeit beizumessen sei – dem Vieh oder den Früchten des Feldes. Vieh bedeutete Reichtum – den einzig möglichen Reichtum. War es doch von jeher, besonders vor dem Kommen der Weißen, der Ehrgeiz eines jeden wahren Mannes gewesen, Kühe und Ziegen zu besitzen. Wie oft schon hatte ein Mann viele Felder voll Süßkartoffeln, Kürbissen, Hirse und Yams, Zuckerrohr oder Bananen angebaut, und was tat er am Ende damit – er verkaufte sie für eine Ziege, selbst für ein Kitz. Und hatte man nicht davon gehört, daß Leute sich als *Ndungatas* verdingten in der Hoffnung, eines Tages zu einer Ziege zu kommen? Man verkaufte seine Töchter für Ziegen, nicht für Getreide und Früchte des Feldes. Es geschah fast nie, daß Schmiede und Töpfer und die Hersteller von Korbwaren und schönem Schmuck ihre Waren nicht gegen etwas aus Fleisch und Blut eintauschten. Und warum führten Völker Krieg gegeneinander? Doch nur, um diesen Besitz von Lebendigem zu schützen. Die anderen argumentierten dagegen, daß Ziegen keineswegs Reichtum darstellten – da Kühe und Ziegen nur das Maß waren, an dem der Reichtum gemessen wurde, mußte der Reichtum selbst etwas anderes sein. Reichtum lag in der Erde und in ihren Früchten, die durch die arbeitsame Hand des Menschen hervorgebracht wurden. Kannten sie denn nicht das Sprichwort »Reichtum ist der Hände Schweiß«? Schaut doch die Weißen an, zuerst nahmen sie unser Land, dann unsere jungen Leute und erst später unsere Kühe und Schafe. Oh, nein, erwiderten die anderen dann dagegen, die Weißen nahmen zuerst das Land, dann aber nahmen sie die Ziegen und Kühe als Hüttensteuer oder als Strafzahlungen nach jedem bewaffneten Zusammenstoß, und erst viel später holten sie dann die jungen Leute für die Landarbeit. Die Grenzlinie zwischen beiden Parteien war nicht immer ganz klar erkennbar, denn einige besaßen beides, Felder und Vieh. Sie meinten, daß beides wichtig sei; jemand bezahle wohl Ziegen für ein Mädchen, wolle aber auch eines dafür haben, das sich vor der Arbeit nicht scheute. Und warum hielten sich wohlhabende Leute Ndungata und Ahoi? Nicht nur um die Kühe und Ziegen zu versorgen, sondern auch, um nach den Feldern zu sehen. Und warum holte der weiße Siedler und sein Polizist die jungen Leute? Um seine Felder zu bearbeiten und seine Kühe zu versorgen. Die Fremden aus Europa waren schlau: sie nahmen ihnen ihr Land weg, ihren Reichtum und nutzten ihren Schweiß aus. Dann versuchten sie ihnen weiszumachen, daß die Münzen, die sie mitgebracht hatten, und die man nicht essen konnte, der wahre Reichtum seien. So zog sich die Debatte hin. Munira hielt sich aus derlei Gesprächen heraus, denn angesichts ihrer Bindung an das Land einerseits und dem, was sie »Dinge aus Fleisch und Blut« nannten andererseits, empfand er sich als Außenseiter. Sobald die Sprache auf den Kolonialismus kam, wurde er unruhig. Es wurde ihm plötzlich bewußt, daß er noch nie die Tatkraft oder den Willen besessen hatte, ein Geschehen auszulösen – er schien vom Schicksal dazu verurteilt zu sein, als Fremder diese Erde zu durchwandern. Aber woher kam ihm dann die Bereitschaft, unverdiente Ehre entgegenzunehmen und woher die geheime Freude daran, scheinbar einer der ihrigen zu sein? Manchmal versuchte er dann, ein anderes Thema anzuschlagen. Wer war eigentlich ihr zuständiger Parlamentsabgeordneter? Darauf folgte ein erhitzter Wortwechsel. Während der letzten Wahlen hatten sie von ihm gehört, aber man wußte seinen Namen nicht mehr. Er hatte damals die Gegend besucht und um Stimmen geworben. Er hatte Versprechungen abgegeben. Er hatte sogar von jedem Haushalt in seinem Wahlkreis zwei Schillinge für ein *Harambee*-Bewässerungsprojekt und für eine Rinderfarm eingesammelt. Aber seither hatten sie ihn eigentlich nie wieder gesehen. Nderi wa Riera-a, so hieß er, fiel jemand ein. Was war eigentlich ein Parlamentsabgeordneter? Ein neuartiger Regierungsagent? Wozu brauchte er dann Stimmen? Selbst wenn sie so redeten, wurde Munira nervös. Er stellte dann noch weitere Fragen in der Hoffnung auf eine Unterhaltung, die nicht von ihm verlangen würde, sich für diese oder jene politische Seite zu entscheiden. Bekamen sie eigentlich nie Besuch von draußen? Doch, doch, früher hatten sie immer Lehrer gehabt, doch die waren kurz vor der Unabhängigkeit weggelaufen (zurück in die Städte). Die wenigen, die nach ihnen gekommen waren, sind nie dageblieben. Nach jeder Ernte kamen auch Leute mit Lastwagen angefahren, um einen Teil der Ernte aufzukaufen. Und dann, zu Anfang eines jeden Jahres, tauchten der *Chief*, der Steuereinnehmer und ein Polizist auf und terrorisierten sie, bis ihre Abgaben eingetrieben waren. So landete schließlich das Geld, das sie von den Händlern im Lauf des Jahres erhalten hatten, in den Händen des Steuereinnehmers. Aber das war nichts Neues. In den vielen vergangenen Jahren war es immer so gewesen. Das einzige, was sie schmerzte, waren die jungen Leute, die das Land verließen. Dies Weglaufen hatte nach dem zweiten Großen Krieg begonnen . . . nein, schon vorher . . . nein, nach dem Mau-Mau-Krieg war es noch schlimmer geworden . . . nein, die Eisenbahn war daran schuld . . . schon gut, schon gut . . . seit der Zeit, als die europäischen Kolonisten in ihre Mitte gekommen waren, diese Gespenster aus einer anderen Welt, war es so gewesen. Aber nun müßten sie alle, die sie hier in Ilmorog lebten, einen Weg finden, wie sie diese Steuern umgehen könnten . . . *Politik!* Konnte man denn diesen Dingen überhaupt nicht entgehen? dachte Munira ungeduldig.

Er entwickelte einen Arbeitsplan. Den ganzen Tag über Unterricht, danach ein Spaziergang auf dem Bergrücken, anschließend einen kleinen Bummel zu Abdulla. Mit der Zeit akzeptierte selbst dieser ihn, und wenn er Munira in der Ferne kommen sah, veranlaßte er Joseph mit Flüchen, einen Stuhl für den Mwalimu heranzuholen. Nur dieser Unterton in der Unterhaltung – etwas zwischen freundlicher Feindseligkeit und spielerischer Verachtung – saß Munira unangenehm im Magen, wenn er im Land der leichten Träume sein Bier trank. Hin und

wieder geriet Abdulla in eine seiner boshaften Launen und erinnerte Munira an seinen ersten Empfang in Ilmorog. Dann lehnte er sich zu ihm hinüber und gab seiner Stimme den vertraulichen Ton einer Verschwörung, die gar keine war:
»Weißt du, diese Leute hier sind ja so mißtrauisch. Hast du ihre ängstlichen, zum Himmel gewandten Gesichter gesehen? Ich wette, daß sie meinem Esel die Schuld geben würden, sollte der Regen ausbleiben. Es wäre ihnen sogar zuzutrauen, Mwathis Rat wegen dem Esel einzuholen. Hast du diesen Priester jemals zu Gesicht bekommen? Er hat in der Tat einen guten Ruf, einen sehr guten sogar. Aber ich habe ihn niemals gesehen. Ein mysteriöses Geheimnis, was? Schau dir doch Muturi, Njuguna, Ruoro und selbst den alten Njogu an, sie sind alle gegen meinen Esel. Weißt du auch warum? Sie sagen, er fräße das Gras von mehreren Kühen, auch kann er nicht geschlachtet werden. Aber ich weiß, das, worum sie mich wirklich beneiden, ist der Appetit meines Esels. Er kann sogar Wurzeln fressen, ja, er kann Wasser finden, wo weder Kuh noch Ziege Wasser finden würden. Deshalb haben die Leute so einen Blick in den Augen. Hast du die Augen der alten Frau bemerkt? Das Glitzern . . . es ist böse, glaubst du mir nicht? Du solltest es ja besser wissen. Aber sag mir, Mwalimu, ist es wahr, daß sie einmal einen Haufen in deinen Hof geschissen hat? Und die Kinder dachten, du seist es selbst gewesen. Ha, ha, ha!! Hast den ganzen Scheiß von draußen mitgebracht? Ha, ha, ha!! Joseph, du faules Biest, hat es jemals einen fauleren Nigger als dich gegeben? – Noch ein Bier für den Mwalimu – nun sag schon, war das wirklich so?«
»Hör zu, Abdulla«, pflegte Munira dann zu sagen, in dem Versuch, die Unterhaltung von diesem delikaten Thema abzulenken, »jetzt, wo du gerade das Thema Schule angeschnitten hast – warum meldest du Joseph eigentlich nicht zur Schule an?«
»Damit vielleicht der Esel hier im Laden rumrennen soll, so wie draußen auch?«
Ilmorog war, abgesehen von diesen kleinen Ärgernissen, Munira lieb geworden, so daß er jetzt sogar dazu neigte, der anderen Welt, in der seine Frau und Mzigo und sein Vater lebten, mit Mißtrauen und Feindseligkeit zu begegnen. Er blieb niemals länger als eine Nacht zu Hause, da er das neugewonnene Gefühl ›in nichts verwickelt zu sein‹ plötzlich durch ihre Fragen bedroht sah. Mzigos Routinefragen hatten in Muniras Denken bedrohliche Schärfe angenommen: er könnte ja durchaus sein Versprechen wahrmachen und Ilmorog besuchen! Munira hatte sich bereits eine Antwort ausgedacht: »Dieser Ort . . . es ist

wie die Hölle!«, von der er sich erhoffte, daß sie Mzigo von seinem Vorhaben abhalten würde. Er wollte, daß niemand seinen Unterrichtsrhythmus störte und in seine Welt eindrang. Manchmal ließ er die Kinder verrückte Lieder singen, wie etwa: *Mburi ni indo, ngombe ni indo, mbeca ni indo, ngai muheani;* oder er ließ sie Zahlen addieren oder subtrahieren und ging solange hinaus in den Sonnenschein.
Er beobachtete die Bauern auf den Feldern, die so taten, als arbeiteten sie, aber in Wirklichkeit auf den Regen warteten, und er teilte vage ihre Besorgnis über das Wetter. Aber die Sonne schien ihm hell und warm auf die Haut, und plötzlich wurde sein Herz so weit in ihm, daß es ganz Ilmorog umschloß, Männer, Frauen, Kinder, das Land – alles. Sein Zuhause mit all seinen Problemen war in weite Entfernung gerückt. Anfang April fing es an zu regnen. Die Augen der Ältesten leuchteten in Erwartung des neuen Lebens um Ilmorog; ihre runzligen Gesichter schienen sich durch energiegeladene Sehnen zu strecken und zu glätten. Jedermann arbeitete auf den Feldern. Selbst Muturi, Njuguna, Ruoro und Njogu kamen eine Zeitlang nicht mehr zu Abdulla, denn sie waren müde, nachdem sie den ganzen Tag über mit Säen beschäftigt gewesen waren oder ihre Kühe und Ziegen über schlammige Felder getrieben hatten. Männer hatten zu früheren Zeiten nur Yams, Zuckerrohr und Bananen gepflanzt, aber die Zeiten änderten sich, und auch die Ältesten konnten nicht verhindern, daß die jungen Leute weggingen. So mußte Munira während der Zeit der Aussaat alleine oder nur in Gesellschaft von Abdulla und Joseph sein Bier trinken. Jetzt vermißte er ihren unnützen Tratsch, ihre Anekdoten und sogar ihre Debatten und Kommentare über Fragen, die ihn aus der Ruhe brachten.
Er fuhr mit dem Fahrrad oder ging zu Fuß in sein Haus zurück – als Außenseiter bei ihrer Arbeit auf den Feldern fühlte er sich alleingelassen und ein wenig traurig. Wenn die Frauen zwischen heftigen Regengüssen auf die Felder eilten, warfen sie ihm nur flüchtige Grüße zu. Er versuchte jedoch, Verständnis dafür aufzubringen und machte sogar eine Lektion daraus, er sprach mit den Kindern über »die Würde der Arbeit«. Er ließ sie um so leidenschaftlicher singen:

Kühe sind Reichtum,
    Arbeit unsere Gesundheit –
Ziegen sind Reichtum,
    Arbeit unsere Gesundheit –
Ernte ist Reichtum,
    Arbeit unsere Gesundheit –

Geld ist Reichtum,
Arbeit unsere Gesundheit –
Gott – Allmächtiger Geber
Gott – Spender des Regens!

*

Nachdem ein halbes Jahr so vergangen war, empfand er Ilmorog schon als seinen persönlichen Besitz. Er war der Feudalherr eines mächtigen Hauses oder ein Mbari-Lord, der seinem Besitz vorstand – aber er brauchte sich nicht die Mühe zu machen, Verlust und Gewinn oder das Verhältnis von verlorenen zu neugeborenen Ziegen gegeneinander abzuwägen. Wenn die Zeit der Regen gekommen war, wenn der Samen zu keimen begann und wenn dann im Juni die Blumen blühten, dann fühlte er sich, als ob ganz Ilmorog ein weites, mit Blumenmustern geschmücktes Gewand übergeworfen hätte, um ihn, seinen Herrn und Meister, zu grüßen.

Er ging mit den Kindern hinaus auf die Felder, um die Natur zu studieren, wie er es nannte. Er pflückte Blumen und lehrte sie die einzelnen Pflanzenteile: Narbe, Stempel, Blütenstaub, Blütenblätter. Er sagte auch einiges über Befruchtung. Eines der Kinder rief:

»Schau her, eine Blume mit Blüten wie Blut.«

Es war eine einzelne Feuerbohne in einem Feld voll weiß, blau und violett blühender Bohnen. Wie man sie auch anschaute, sie erweckte in einem den Eindruck von verströmendem Blut. Munira beugte sich darüber und pflückte sie mit zitternder Hand. Wahrscheinlich hatte sie das Spiel des Lichtes so verwandelt, denn nun hielt er eine gewöhnliche rote Blume in der Hand.

»Es gibt keine Farbe, die Blut heißt: was du meinst, ist einfach rot. Siehst du? Du mußt die sieben Regenbogenfarben lernen. Es gibt viele Arten verschiedener Blumen mit vielerlei verschiedenen Farben. Jetzt möchte ich, daß jeder von euch eine Blume pflückt . . . Zählt die Anzahl der Blütenblätter und Stempel und zeigt mir den Blütenstaub . . .«

Er stand da und schaute auf die Blume, die er gepflückt hatte, dann warf er die leblose Blüte weg. Da rief wieder ein Kind:

»Ich habe noch eine blutige Blüte gefunden – ich meine eine rote . . . aber sie hat weder Narbe noch Stempel – sie ist leer.«

Er ging zu ihm hin, und die anderen umringten sie.

»Nein, das stimmt nicht«, sagte er und nahm die Blüte in die Hand.

»Diese Farbe ist ja nicht einmal rot . . . sie leuchtet nicht so wie die andere. Diese hier ist gelbrot. Du hast gesagt, sie sei leer. Schau dir mal den Stengel an, von dem du sie gepflückt hast. Siehst du da was?«
»Ja«, rief der Junge. »Da ist ein Wurm – ein grüner Wurm mit mehreren Händen oder Beinen.«
»Richtig. Diese Blüte ist vom Wurm zerfressen . . . Sie kann keine Früchte mehr bringen. Deshalb müssen wir jeden Wurm töten . . . Eine Blüte kann auch diese Färbung bekommen, wenn sie nicht ans Licht gelangen kann.«
Er war mit sich zufrieden. Aber dann fingen die Kinder an, unangenehme Fragen zu stellen. Warum fraßen sich die Dinge gegenseitig auf? Warum können die, die gefressen werden, nicht ihrerseits zurückbeißen? Warum ließ Gott dies und jenes geschehen? Um derlei Fragen hatte er sich nie viel gekümmert, und damit sie endlich Ruhe gäben, antwortete er ihnen, dies sei einfach ein Gesetz der Natur. Was ein Gesetz sei, wollten sie wissen, und was die Natur sei. War er eigentlich Mensch, oder war er Gott? Ein Gesetz war eben ein Gesetz, und Natur war Natur. Und wie ist es mit den Menschen und mit Gott? Kinder, sagte er, Zeit für die Pause.
Mensch . . . Gesetz . . . Gott . . . Natur. Darüber hatte er sich niemals tiefere Gedanken gemacht, und er schwor sich, daß er nie mehr mit den Kinder hinaus in die Felder gehen würde. Innerhalb der vier Wände war er der Herr, er stand über allem und verteilte sein Wissen an Gesichter, die wie eine konzentrierte Einheit alle zu ihm aufschauten. Dort konnte er es vermeiden, in etwas hineingezogen zu werden . . . Aber draußen auf den Feldern, außerhalb der Wände, fühlte er sich unsicher. Er schlenderte zum Akazienbusch hinüber und fing an, die Dornen abzubrechen. Er dachte an seine ersten Schwierigkeiten hier, die damit angefangen hatten, daß er die Kinder ins Freie nahm. Wie Nyakinyua ihn erschreckt hatte! Bei diesem Gedanken schaute er instinktiv auf die Stelle, wo sie einstmals gestanden und ihn über die Stadt und Damen mit hohen Absätzen ausgefragt hatte.
Einen kurzen Augenblick lang stand Muniras Herz still – er traute seinen Augen nicht. Sie verließ den Weg zum Dorf und kam auf ihn zu. Ein leuchtend farbiges Kitenge-Tuch, das sie sich lose um den Kopf gebunden hatte, fiel ihr über die Schultern, so daß ihr Gesicht zur Hälfte vor der Sonne geschützt war.
»Wie geht es dir, Mwalimu?« rief sie ihm ungeniert zu.
Die gewollte Reinheit ihrer Stimme sprühte vor Leben und klang voll und angenehm in seinen Ohren. Eine berechnete, unterwürfige Ehrer-

bietung lag in ihrer Haltung, als sie ihm ihre kleine Hand hinstreckte, sie schaute ihm voll in die Augen und senkte dann schnell den Blick, schüchtern wie ein Kind. Er schluckte, ehe er antwortete.
»Es geht mir gut. Es ist zwar ein bißchen heiß!«
»Deshalb bin ich gekommen.«
»Ilmorog?«
»Nein, hierher in dein Haus. Hast du etwas Wasser für mich übrig? Ich weiß, daß Wasser hier in der Gegend wie *thahabu* ist.«
»Es hat kürzlich geregnet, der Fluß von Ilmorog ist voll.«
»Dann bin ich hier ja genau richtig«, gurrte sie. Ihre Stimme und ihre Worte blieben in der Luft hängen und liebkosten die hitzegeschwängerte Stille zwischen ihnen.
»Komm herein ins Haus«, sagte er.
Das Wasser befand sich in einem Tongefäß, das in der Ecke des Wohnzimmers unter einem Bücherbord stand. Sie trank aus einer Tasse, und er beobachtete die leichte Bewegung ihres Adamsapfels in der ihm zugewandten, wie ein gespannter Bogen sich wölbenden Rundung ihres Halses. Dieser war lang und graziös: die Gazelle aus dem Grasland von Ilmorog.
»Hast du noch ein bißchen mehr?« sagte sie etwas außer Atem.
»Vielleicht möchtest du gerne Tee«, erwiderte er. »Man sagt, Tee wärmt das Blut bei kaltem Wetter und kühlt es in der Hitze.«
»Tee und Wasser rinnen durch zwei verschiedene Kehlen. Ich hätte gerne noch eine Tasse Wasser. Mach dir keine Mühe wegen dem Tee –, ich mache schon welchen.«
Er gab ihr das Wasser, dann zeigte er ihr, wo die Dinge für den Tee waren. Er kam sich ziemlich großzügig vor, ja, selbst eine gewisse Wärme war in ihm erwacht. Aber ihr lebhaftes Lachen schreckte ihn plötzlich aus dieser Stimmung auf. Instinktiv schaute er auf den Reißverschluß seiner Hose und stellte fest, daß alles in Ordnung war.
»Männer, Männer«, sagte sie. »So ist es also wahr, was man von dir im Dorf sagt. Du bist in der Tat ein Junggeselle. Ein Kochtopf, ein Teller, ein Messer, zwei Löffel, zwei Tassen. Bekommst du denn nie Besuch? Hast du denn kein Schätzchen, wie das bei Lehrern so üblich ist?« fragte sie mit einem boshaften Glitzern in den Augen.
»Meine Güte! Seit wann bist du denn hier?«
»Ich kam gestern abend.«
Gestern! Und sie wußte schon alles über ihn. Alles in ihm verkrampfte sich . . . Er fühlte seine in sechs Monaten gefestigte Sicherheit bedroht. Was sagte man in Wirklichkeit über ihn im Dorf? Gab es denn

nichts, das Zweifel und dieses Nicht-Wissen von ihm wegwaschen könnte? Er entschuldigte sich und ging hinüber ins Klassenzimmer. Soll sie ihn und sein Tun doch ausspionieren – der trotzige Gedanke erleichterte ihn für den Augenblick –, was machte es schon aus? Er war ja doch nur ein Außenseiter, vom Schicksal dazu verdammt, Zuschauer zu sein, hilflos preisgegeben, aber niemals einer, der Dinge in Bewegung setzte.

Er hörte Füße scharren und Bücher rascheln. Die Blagen hatten die ganze Szene durch die Fenster und die Ritzen in der Wand mit angesehen. Ihre übertriebene Konzentration auf ihre Bücher bestätigte seinen Verdacht. Nun fragte er sich, was die Kinder eigentlich von ihm hielten. Aber diesen Gedanken widerlegte er gleich mit dem nächsten: was machte es schon aus, so oder so? Er hatte so viele Jahre lang nun unterrichtet – vorgefertigtes Unterrichtsmaterial mußte er wohl im Blut haben –, und alles ging gut, solange man aufpaßte, nicht in . . . in . . . in ein dunkles Land gezerrt zu werden . . . Ja, in unbekanntes, nicht ergründbares Dunkel . . . wie die Blumen mit blutroten Blüten und wie Fragen über Gott, Gesetz . . . solche Dinge. Er konnte jetzt nicht weiter unterrichten und entließ die Klasse einige Minuten vor der Zeit. Er ging zu seinem Haus zurück und wollte dem fremden Mädchen noch mehr Fragen stellen, wie sie hieß, woher sie kam, und so würde er sich behutsam an die unvermeidliche Frage herantasten: hatte Mzigo sie geschickt, um ihn zu beobachten? Aber warum hatte er eigentlich Angst, gesehen zu werden?

Er fand einen sauber gefegten Fußboden vor, das Geschirr war gespült und lag zum Trocknen auf zwei, als Ablage dienenden Stöcken, am Fußboden. Aber sie selbst war nicht mehr da.

2

Wie im Zwielicht einer einzigen ungebrochenen Dämmerung hatte sich Muniras Leben bis jetzt in Ilmorog abgespielt. Es war nicht nur die hohe Achtung, die das Dorf ihm entgegenbrachte, sondern auch der Anblick der Frauen beim Umgraben der Erde war ihm liebgeworden, ja, erfüllte ihn mit freudiger Erregung, weil es schien, als seien sie mit dem grünenden Land eins geworden. Niemals würde er diese Zeit der ersten Regenfälle vergessen, wenn jedermann auf den schlammigen Feldern arbeitete – sie hatten Säcke über den Kopf gestülpt, nicht unbedingt, um sich vor der Nässe zu schützen, sondern um den harten

Aufprall der Tropfen zu mildern – sie alle legten den Samen in die Erde, und er hatte ihnen aus der Sicherheit des Klassenzimmers oder aus Abdullas Laden heraus zugeschaut. Es gab jedoch auch eine unbarmherzige Seite des Ganzen, das mußte er zugeben. Einige Straßen und eine verläßliche Wasserleitung würde ihr Leben erleichtert haben. Ein medizinischer Versorgungsposten dazu wäre von großem Nutzen gewesen.

Besonders wenn man die Kinder sah, konnte einem oft fast schlecht werden. Fliegen umschwärmten ihre entzündeten Augen und schleimverstopften Nasen. Die meisten hatten nur zerrissene Baumwollsachen zum Anziehen.

Aber diese Absurdität wurde von der Fürsorge, die sie füreinander hatten, weit übertroffen. Er begegnete ihnen oft, diesem rührenden Trio, das einen hübschen Anblick bot: die eine wiegte ein weinendes Baby, das sie auf den Rücken gebunden trug, während die andere ihm im Rhythmus eines Wiegenliedes sanft den Rücken klopfte.

Weine nicht, mein Kind.
Wer es wagt, unser Kind zu schlagen
sei verflucht und soll von Dornen zerstochen werden.
Wenn du zu weinen aufhörst, Kind unserer Mutter,
wird sie bald vom Feld heimkehren.
In der Gitete-Kalebasse wird sie dir Milch bringen.

Wenn sie so im Einklang miteinander sangen – zwei, drei oder mehr –, unterstrichen ihre Stimmen die Einsamkeit, die er mit seinem ländlichen Kloster verband. Es erinnerte ihn an ähnliche Szenen: Wiegenlieder singender Kinder auf den Pyrethrumfeldern seines Vaters, in den Zeiten vor dem Mau-Mau-Aufstand.

Sonst mischte sich das Dorf nie in sein Leben ein. Warum sollte er – fremder Zuschauer am Tor – in ihres eindringen? Als er sich heute auf den Weg zu Abdulla machte, war ihm nicht ganz wohl bei dem Gedanken an den trügerischen Schatten, der früher am Tage seine Wege gekreuzt hatte. Aber über dem Bergrücken von Ilmorog lag eine heitere Stille: *Let it be, let it be* . . . Welt ohne Ende, murmelte er.

Als er an die Hintertür von Abdullas Laden klopfen wollte, fühlte er, wie ihm das Blut in den Kopf schoß; einen kurzen Augenblick lang war er wie berauscht – vielleicht . . . noch nicht zu alt . . . zum Teufel, ja . . . das Weib ist die Hölle, aber auch der Himmel. Er wappnete sich und trat ein.

»Hier ist also dein anderes Versteck, Mwalimu«, sagte sie. »Du siehst, ich entdecke alle deine Geheimnisse.«

»Aber dies ist kein Geheimnis . . .« erwiderte er, als er sich setzte. »Ich komme nur hierher, um mir die trockene Kehle zu netzen.«

»Dein Tee hat meinen Durst vertrieben. Er war wirklich gut –.«

»Aber Bier ist besser als Tee. Frag Abdulla. Er sagt: *Baada ya kazi, jiburudishe na Tusker.* Möchtest du nicht noch eines?«

»Das werde ich dir nicht abschlagen«, sagte sie lachend und warf ihren Kopf zurück, wobei sich ihre Brüste gleich einer fatalen Herausforderung deutlich abzeichneten. Sie wandte sich an Abdulla. »Man sagt, wenn man seinen Anteil auf Erden nicht trinkt, hat man im Himmel zu viel Vorrat.«

Abdulla schrie Joseph an, mehr Bier zu bringen. Er selbst humpelte hin und her und brachte eine Paraffinlampe, reinigte das Glas und zündete sie an. Dann setzte er sich selbst, um zu trinken.

»Wie heißt du?« fragte Munira die Frau.

»Wanja.«

»Wanja Kahii?« schaltete sich Abdulla ein.

»Wie konntest du das nur wissen? So nannten sie mich in der Schule. Ich habe oft mit den Jungens Ringkämpfe ausgetragen, ich konnte auch Turnübungen, die sonst nur die Jungens machten. Radschlagen, auf den Händen gehen, Schubkarre. Ich steckte dann meinen Rock hoch und hielt ihn zwischen den Beinen fest. Bäume bin ich auch hochgeklettert.«

»Wanja . . . Wanja . . .« wiederholte Munira. »Und du hast sonst keinen anderen Namen?«

»Ich habe nie danach gefragt, vielleicht habe ich einen. Warum nicht? Meine Großmutter hier würde es wissen.«

»Wer ist deine Großmutter?« fragte Abdulla.

»Nyakinyua . . . kennt ihr sie nicht? Sie hat mir von euch beiden erzählt, daß ihr Fremde in Ilmorog seid.«

»Sie ist wohlbekannt hier«, sagte Munira ungewiß.

»Wir kennen sie«, pflichtete ihm Abdulla bei.

»Ich nehme an, du bist bei ihr zu Besuch?« fügte Munira noch hinzu.

»Ja«, sagte sie leise, fast unhörbar. Dann trat eine Stille ein. Abdulla hustete, räusperte sich und wandte sich Munira zu . . . schon beugte er sich mit verschwörerischer Intimität zu ihm hinüber. Muniras Magen zog sich schmerzhaft zusammen, als er das boshafte Glitzern in Abdullas Augen sah. Mußte er denn diese Geschichte schon wieder erzählen? Mußte das denn sein? Mörderischer Haß quoll plötzlich in ihm hoch, gleichzeitig suchte er verzweifelt nach den passenden Worten, um den Schlag abzuwehren.

»Meinst du, ich bin zu alt für deine Schule, Mwalimu?«

Wie wenn es ihm erst nachträglich eingefallen wäre, stellte Abdulla diese unerwartete Frage. Munira war dankbar und so erleichtert, daß er nicht umhin konnte, einen tiefen Seufzer auszustoßen. »Dann könnte ich Wanja dazu überreden, auch zur Schule zu gehen. Ich hätte nichts dagegen, sie im Ringkampf auf den Boden zu legen oder Schubkarre mit ihr zu spielen.«

Wanja lachte und wandte sich mit todernstem Gesicht an Munira.

»Dieser hier – mit seinem verkrüppelten Bein – hat es faustdick hinter den Ohren. Aber ich würde ihn tausendmal besiegen.«

Joseph brachte noch mehr zu trinken.

Munira war fasziniert von den feinen, kaum merkbaren Veränderungen, die schnell über ihr Gesicht huschten – von der Andeutung offenen Lachens bis hin zu unbewußtem Ernst und wieder zurück, und doch schien ihr Gesicht seine innere Ruhe nicht zu verlieren.

»Was kann ich einem erwachsenen Mann und einer erwachsenen Frau beibringen?«

»Lesen und Schreiben, Englisch durch die Nase sprechen«, gab Abdulla zurück.

»Und Geographie und die Geschichte von fernen Ländern«, fiel Wanja ein.

»Was würdet ihr der Schule schon nützen? Ihr würdet aus den Kindern Rebellen machen. Einer meiner Lehrer pflegte zu sagen: Disziplin ist das Rückgrat einer jeden Schule.«

»Mach uns zu Vertrauensschülern«, sagte Abdulla.

»Oder zu solchen, die für die Ordnung in der Klasse verantwortlich sind und die Namen derer aufschreiben, die Lärm machen.«

»Oder derer, die schlecht über ihre Lehrer reden.«

»Oder derer, die rauchen.«

»Oder derer, die Briefe an die Mädchen schreiben . . . ich weiß, warum der *Mwalimu* Angst hat, uns in die Schule aufzunehmen. Wir könnten vielleicht einen Streik anzetteln. Wir könnten Bücher zerreißen und die Lehrer verprügeln. Nieder mit den Lehrern . . . es wird einen Aufstand geben, und die Schule muß geschlossen werden und . . .«

Abdulla war völlig von seinem erdachten Schulstreik gefesselt. Er entwickelte eine Idee nach der anderen, ein Bild folgte dem anderen.

»Ich weiß sogar von einer Schule«, fuhr er fort, »in der gestreikt wurde, weil ein Lehrer einen Liebesbrief beschlagnahmt hatte.«

Und plötzlich ergriff ihn der unwiderstehliche Drang, die Geschichte einer Schule zu erzählen, die fast geschlossen werden mußte, weil man vermutete, daß der Rektor einen Haufen in den Hof geschissen habe. Er war drauf und dran loszulegen, als ihm einfiel, daß Nyakinyua Wanjas Großmutter war. Er bemerkte auch, daß Wanja und Munira ganz still geworden waren, sehr still sogar. Sie schienen sich auf unerklärliche Weise aus der betrunkenen Belanglosigkeit, die noch einige Minuten zuvor geherrscht hatte, zurückgezogen zu haben. Er schaute vom einen zum anderen – was war geschehen? Das Lampenlicht flakkerte. Schatten glitten über die Wände, Schatten glitten über die Gesichter. Vielleicht gab es auch Schatten in ihrem Leben, dachte Abdulla, schließlich waren sie ihm beide fremd, und nur Ilmorog hatte sie zusammengebracht. Als Muniras Stimme später die Schatten der Stille durchbrach, klang sie nüchtern und nachdenklich, aber sie hatte einen bitteren Unterton.

3

»Wenn man zum Vertrauensschüler gemacht werden will«, begann Munira langsam, dabei schaute er auf den Boden und verlor sich in Gedanken, von denen er nicht einmal wußte, daß er sie hatte, und sprach von einer Vergangenheit, die er längst vergessen haben sollte; er durchmaß Täler und Hügel, Bergrücken und weite Ebenen der Zeit, bis er am Anfang seines Sterbens stand – »dann muß man vor denen kriechen können, die über einem stehen, man muß Geschirr zu noch hellerem Glanz polieren können, als es ursprünglich war, oder, wie wir in Siriana zu sagen pflegten, man muß mit Gebeten voll Hingabe und Frömmigkeit selbst Jesus überbieten. Siriana – ihr hättet das zu unserer Zeit erleben sollen, vor und während der Zeit des großen, unendlich kostspieligen europäischen Totentanzes, und selbst noch danach; man könnte sagen, daß sich unser unbedeutendes Leben einerseits und ihre Ängste und Krisen andererseits vor dem Hintergrund ungeheuerlicher Veränderungen und Schwierigkeiten abspielte. Das kann man an den Namen erkennen, die man den Altersgruppen zwischen *Nyabani* und *Hitira* gegeben hat: *Mwomboko . . . Karanji, Boti, Ngunga, Muthuu, Ng'aragu, Ya Mianga, Bamiti, Gicina Bangi, Cugini-Mburaki.* Aber ihr müßt verstehen, in Siriana, das damals Internat für Grund- und höhere Schule war, lebten wir beschützt vor alledem. Aber ich komme vom Thema ab. Ich konnte nie vor anderen kriechen, ich konnte nie Geschirr auf noch glänzender als Hochglanz polieren, und ich konnte auch Jesus nicht überbieten . . . Ich sage euch, es gab nichts, in dem ich wirklich gute Leistungen brachte. Im Unterricht war ich durchschnittlich. Zum Sport hatte ich nicht die richtige Figur – ich hatte nicht den Willen dazu.

Ganz ungleich Chui, haben mich weder Ehrgeiz noch Vision jemals über das hinausgetragen, was der Herr mir beschieden hatte. Ehrgeiz, pflegte dieser Chui zu sagen und zitierte dabei einen englischen Schriftsteller namens William Shakespeare, Ehrgeiz muß aus härt'rem Material gemacht sein. Er selbst war aus anderem Material als die meisten von uns. Er war ein großer junger Mann, mit hervorstehenden Backenknochen, einem etwas harten Gesicht und glanzlosem, aber immer sorgfältig in der Mitte gescheiteltem schwarzem Haar. Er war geschniegelt, wie nur er es sein konnte; was er tat, das tat er in dem ihm eigenen Stil – das ging von Shakespearezitaten bis zu der Art und Weise, wie er seine Kleidung trug. Selbst die langweilige Schuluniform mit grauer Hose, weißem, gestärktem Hemd, blauer Jacke und einer Krawatte mit dem Schulmotto ›Für Gott und Empire‹, sah an ihm maßgeschneidert aus. Chui war es, der als erster in der Schule eine Krawattennadel trug – es wurde die Mode.

Er war auch der erste, der beim Sport Shorts mit hochgeklappten Aufschlägen trug – auch das wurde Mode. Er war der Star beim Sport und überall – Chui hier, Chui da, Chui, Chui, Chui wo immer man hinschaute. Die frische Bergluft, in der englische Siedler ein heimatliches Klima gefunden hatten, hatte seine sehnigen Muskeln geformt – es war in der Tat ein Genuß, ihm beim Fußballspielen zuzusehen, den athletischen Schwung seines Körpers zu beobachten, wenn er den Ball dribbelte, um dann plötzlich, zur Täuschung eines Gegners, nach rechts oder links abzudrehen. Skake, Shake, Shake, schrie die Zuschauermenge, bis sie heiser war. Er war ganz Schauspieler und spielte vor einem rasenden Publikum. Shake, Shake, Shake . . . speer den Ball auf, schrie einer, und dabei blieb es. Er war Shakespeare, bis wir, auch wieder durch ihn, von Joe Louis und seinen Heldentaten im Boxring hörten. Dann wurde Joe aus ihm, ganz besonders, wenn unsere Schule gegen irgendwelche europäischen Teams spielte. Joe, Joe, gib's ihnen, gib's ihnen – wenn du den Ball verpaßt, dann verpaß das Bein nicht! Da hatte er seine besten Augenblicke, seine Fußarbeit war dann perfekt. Ich glaube, daß er in solchen Augenblicken für uns alle gegen die weißen Siedler spielte.

Wenn ich jetzt daran zurückdenke, war es seltsam, daß wir trotz all des Hasses, den wir für die Weißen hatten, kaum jemals Pfr. Hallowes Ironmonger als Weißen betrachteten. Oder vielleicht sahen wir ihn als eine andere Sorte Weißer. Er war trotz seines Namens ein sanfter alter Mann, der mehr einem Farmer als einem Missionar und Schulleiter glich. Er war oft ziemlich zerstreut und ließ seinen goldbestickten schwarzen Talar im Klassenzimmer oder in der Kapelle liegen. Wenn er Hand in Hand mit seiner Frau über den Rasen spazierte – sie hatte O-Beine, und wir sagten immer, wäre sie Torwächter, so gingen ihr alle Bälle zwischen den Beinen hindurch –, dann sahen sie aus wie Pilger, die sich hier auf Erden eine Weile ausruhten, ehe sie ihre Reise in den Himmel fortsetzten, wo sie dann in alle Ewigkeit baumwollweiße Felder pflügen, milchweißen Tee trinken und Vanillecremepralinen essen würden.

Pfr. Ironmonger mochte Chui und nannte ihn, zur Belustigung von uns allen, liebevoll Shakespeare (aber niemals Joe Louis).

Sie unternahmen mit ihm lange Reisen hinaus aufs Land in ihrem alten, knattrigen Bedford. Sie besuchten auch Konzerte und das Marionettentheater in der Stadt mit ihm. Er war ihnen wahrscheinlich der Sohn, den sie nie gehabt hatten. Wir waren daher nicht überrascht, als Chui in seinem dritten Jahr zum Schulsprecher gemacht wurde, was bis jetzt nur denen im vierten Jahr vorbehalten gewesen war.

Das geschah, kurz ehe sich die Ironmongers in ihr Haus irgendwo in England zurückzogen, um, wie einige Schüler respektlos bemerkten, auf den Tod zu warten, und ein gewisser Cambridge Fraudsham die Szene betrat. Bevor wir überhaupt Zeit hatten, ihn kennenzulernen, hatte er unser Leben verändert. Gerade aus dem Krieg zurückgekehrt, hatte er feste Vorstellungen davon, wie eine afrikanische Schule sein müsse. Nun, Jungens, lange Hosen kommen überhaupt nicht in Frage hier in den Tropen. Er skizzierte das Bild eines dicklippigen Afrikaners in einem grauen Flanellanzug, einem Tropenhelm und weißem, gestärktem Kragen mit Krawatte und lachte verächtlich. Diesen Mann braucht ihr nicht nachzuahmen. Unsere Mahlzeiten durften keinen Reis mehr enthalten, denn die Schule beabsichtige nicht, Männer hervorzubringen, die über ihre Verhältnisse lebten. Und keine Schuhe, Jungens, nur am Tag des Herrn, denn die Schule beabsichtige ebensowenig, schwarze Europäer hervorzubringen, sondern echte Afrikaner, die sich der unschuldigen und einfachen Lebensweise ihrer Ahnen nicht schämen würden. Gleichzeitig sollten wir stark werden im Glauben an den Herrn und das Empire. Denn diese beiden hatten die Welt von der Bedrohung durch Hitler befreit.

Um die Kraft zum Dienst zu stärken, wurden Sport, Geländelauf und kaltes Duschen um fünf Uhr früh Pflicht. Unter den militärischen Klängen der Trommeln und Fanfaren unserer Schulband grüßten wir jeden Morgen und jeden Abend die britische Flagge. Danach marschierten wir in sauberer militärischer Marschordnung in die Kapelle, um unsere Stimmen im Chor zum Schöpfer zu erheben: Reinige mich, Erlöser, dann werde ich weißer sein als Schnee. Dann beteten wir für die Fortdauer des Empires, das über das in Europa zur Versuchung der Kinder Gottes ausgebrochene satanische Böse den Sieg davongetragen hatte.

Chui – wer sonst? – führte den Streik an. Wir wollten alle unsere alten Rechte zurückhaben. Wir wollten nichts von Khaki-Shorts wissen, und vor allem wollten wir nichts von Bohnen wissen, die von *mbuca* und anderem Ungeziefer zerfressen waren, ganz gleich, wie hoch der Proteingehalt der Insekten auch sein mochte. Und warum sollten die europäischen Schulmannschaften nach einem Spiel Traubenzucker und Orangensaft bekommen, während wir uns mit klarem Wasser zufriedengeben sollten? Wir wollen Pfr. Ironmonger zurückhaben, schrien wir.

Heute, jetzt, möchte ich gerne wissen, was damals über mich kam. Wahrscheinlich hatte mich die Erregung des Augenblicks erfaßt. Denn während dieser drei Tage, an denen wir uns trotzig weigerten, die Flagge zu grüßen, fühlte ich mich über meine übliche Durchschnittlichkeit hinauswachsen, und ich muß mich selbst unnötigerweise in den Vordergrund gespielt haben. Chui und ich und fünf andere wurden von der Schule gewiesen. Die übrigen gingen in ihre Klassen zurück, nachdem grimmig aussehende Bereitschaftspolizei mit Schlagstöcken, Tränengas und *Turai*schilden in die Schule einmarschiert war. Fraudsham hatte scharf gespielt und hatte gewonnen . . .« Munira hielt ein. Seine Stimme war im Lauf der Erzählung immer leiser geworden aber hatte das Gewicht und die Kraft bitterer Einsicht behalten. Er hatte nicht ganz realisiert, daß ein Schulzwischenfall aus dem Beginn der 40er Jahre noch so lebendig sein und den Schmerz einer frischen Wunde noch immer in sich tragen konnte. Vielleicht hatten der Genuß des Biers und Wanjas Gegenwart etwas in ihm aufgetaut. Vielleicht . . . oder vielleicht war es auch etwas anderes. Er hob den Kopf, wandte sich von der Vergangenheit seiner Schulzeit ab und schaute auf die grotesken Schattenbilder an der Wand. Wanja räusperte sich, als ob sie etwas sagen wollte, aber sie schwieg. Abdulla rief nach Joseph, er solle die Theke schließen. Munira fuhr fort:

»Von Chui hörte man später aus Südafrika und dann aus Amerika. Für mich war die ganze Episode eine Lektion. Ehrgeiz muß aus härt'rem Material gemacht sein. Meiner war aus zu weichem Material. Mich in mein eigenes Selbst zurückzuziehen, und angesichts von Menschen, deren Bedürfnisse die leidenschaftliche Hingabe an eine Sache erfordern, meine eigene Persönlichkeit zu übergehen, das wurde von nun an mein Leben. Laßt mich in meinem Bau unter der Erde, in den ich mich verkrochen habe. Warum sollte ich noch mehr wagen? Ich sage nur noch, gebt mir ein Klassenzimmer und ein paar aufmerksame Schüler und laßt mich in Ruhe!«

Abdulla fing an zu fluchen und fragte Joseph, warum er nicht noch mehr Bier gebracht habe. Er brachte es schnell, und Abdulla schrie ihn an, er solle den Tisch abräumen und saubermachen.

Joseph war ungefähr sieben Jahre alt und hatte helle, kluge Augen, aber ein hartes und ausdrucksloses Gesicht. Seine Gegenwart war eine Art Ablenkung, und alle schauten ihn an. Wanja bemerkte sein Hemd, das nicht ordentlich in der Hose steckte, und als er den Tisch abräumte und saubermachte, sah sie sofort, daß er es vermied, ihr den Rücken zuzukehren. Der Tisch war sehr groß, mit einem tiefen Riß in der Mitte. Er versuchte, sich darüberzulehnen, aber er konnte nicht bis auf die andere Seite reichen.

»Gib mir den Lappen«, sagte sie. »Ich werde dir helfen.«

»Laß ihn doch. Er ist ein fauler Haufen von Fett und unnützen Knochen.«

Aber sie nahm den Lappen trotzdem und säuberte den ganzen Tisch. Als er hinausging, sah sie, daß seine Shorts hinten zerrissen waren, und sie verstand alles.

»Ist er bei dir in der Schule?« fragte sie zu Munira gewandt.

»Nein, nein«, sagte Munira schnell, wie wenn er sich von der Verantwortung lossprechen wollte.

»Warum nicht?«

»Frag Abdulla«, sagte er und stürzte sein Bier hinunter.

»Schau doch mein Bein an, ich kann nicht auf einem Bein hier im Laden rumrennen. Ich bin schließlich kein Zauberer.«

Unerfreuliche Erinnerungen schienen sich in einen Abend hineinzustehlen, der so gut begonnen hatte.

»Hör zu, Abdulla«, sagte Wanja nach minutenlanger Stille.

»Ich werde einige Zeit hier sein. Laß ihn zur Schule gehen. Ich werde dir im Laden helfen, ich habe so etwas schon früher mal gemacht. Jetzt muß ich gehen. Mr. Munira, ich habe Angst, in der Dunkelheit einer

Hyäne zu begegnen. Begleiten Sie mich zum Haus meiner Großmutter.«

Abdulla blieb am Tisch sitzen und schaute nicht auf, als die beiden *kwaheri* sagten und hinausgingen. Er rief nach Joseph.

»Geh und mach die Tür zu, dann bring mir noch ein Bier und leg dich schlafen«, sagte er mit einem weicheren Ton in der Stimme, und diesmal beschimpfte er ihn auch nicht mit Flüchen.

4

Innerhalb einer Woche war auch sie eine der Unsrigen geworden – neuer Gesprächsstoff für den Dorfklatsch.

Sie war Nyakinyuas Enkelin, das wußten wir, denn oft ging sie der alten Frau in den täglichen Verrichtungen im Haus und auf dem Feld zur Hand, aber dennoch blieb ein Geheimnis um sie. Wie konnte eine Frau aus der Stadt ihre Hände so schmutzig machen? Und wie war es möglich, daß sie sich einen Eimer Wasser auf ihren, mit einer Fülle glänzender schwarzer Haare herrlich gekrönten Kopf setzte? Und was hatte sie vor die Tore Ilmorogs gebracht, wo doch die Jugend dazu tendierte, wegzulaufen? Mit zunehmender Neugier beobachteten wir ihr Kommen und Gehen, denn wir hatten nicht viel anderes zu tun, als die Erde hin und wieder umzugraben, während wir darauf warteten, daß die Bohnen und der Mais zur Ernte reif wurden. Sie würde wieder fortgehen, sagten wir alle.

Eines Tages war sie verschwunden. Trotz des rätselhaften Lächelns der alten Frau, wenn man sie darüber befragte, waren wir sicher, daß sie nicht wiederkommen würde.

Seltsamerweise redeten wir alle, als ob wir wünschten, daß sie wegbliebe, aber in Wirklichkeit warteten wir ängstlich darauf, daß sie wiederkäme. Dies konnte man den Leuten am Gesicht ablesen, als sie nach einer Woche in einem weißen *matatu*-Peugeot, der mit ihren Sachen beladen war, zurückkam. Wir umringten das Fahrzeug. Zum ersten Mal stand ein richtiges Auto vor der Tür eines Hauses in Ilmorog, und wir spürten alle, daß auf unserem Bergrücken etwas in Bewegung geraten war. Wir halfen beim Abladen. Der Fahrer verfluchte pausenlos die Straße und beteuerte, wenn er das gewußt hätte, dann hätte er sich nicht auf den Handel eingelassen. Zumindest nicht für das bißchen Geld. Warum brachten die nicht einmal eine Straße für einen Viehwagen zustande? Wir gingen zur Seite, um den Wagen vorbeizulassen und winkten und winkten, bis der Staub ihn in der Ferne begrub. Dann wurde unser Interesse von Wanjas Besitztümern in Anspruch genommen. Jeder Gegenstand wurde der Reihe nach zum Mittelpunkt von Klatsch und Spekulationen: Das Bett mit dem Sprungfederrost, die Schaumstoffmatratze, die Haushaltsgegenstände, insbesondere der Gaskocher, der ohne die Hilfe von Holzkohle oder Feuerholz Wasser heiß machen konnte. Aber was unsere Herzen und unsere Phantasie am späteren Abend erst recht gefangennahm, war die Gaslampe. Stern von Ilmorog nannten wir sie, und diejenigen, die schon einmal eine Reise über die Dorfgrenze hinaus unternommen hatten, berichteten, daß die Lampe den Stadtsternen in Ruwa-ini sehr ähnlich sei, oder den Sternen, die in der großen Stadt von dürren Bäumen hingen. Sie zog in eine Hütte in Nyakinyuas Nähe, und auch noch eine Woche später hingen die Leute abends in ihrem Hof herum, um zu sehen, wie sie die Lampe anzündete. Und doch blieb die Frage offen: warum Ilmorog? Vielleicht würden jetzt alle unsere Kinder zu uns zurückkehren, denn was ist ein Dorf schon ohne junges Blut? Am Abend ihrer Rückkehr ging keiner von uns schlafen – wir waren alle draußen vor ihrer Hütte versammelt. Nyakinyua fing an, *Gitiro* zu singen, wofür sie einst weit über Ilmorog hinaus berühmt gewesen war. Mit leiser Stimme sang sie einen Lobpreis auf Ndemi und seine Frauen, die vor langer, langer Zeit gelebt hatten. Die anderen Frauen stimmten immer wieder mit ihren hohen Trillerstimmen ein. Bald sangen und tanzten wir alle; in den sich bewegenden Schatten spielten die Kinder Fangen, und gelegentlich mimten die alten Männer und Frauen Szenen aus Ilmorogs großer Vergangenheit. Es wurde ein richtiges Fest schon vor der Ernte, die erst in einigen Monaten zu erwarten war; die Alten bedauerten nur, daß sie nicht ein bißchen Honigbier angesetzt hatten, Honigbier, das Mwathi wa Mugo mit seinem Speichel segnen würde, um diese vielversprechenden Zeichen eines Neuanfangs willkommen zu heißen.

In anerkennendem Verstehen nickten die anderen Frauen mit den Köpfen.

»Nyakinyua hat Hilfe gefunden zum Anhäufeln der Frucht und später für die Ernte«, sagten sie.

»Wir sind ihr sogar auf die Felder nachgelaufen um zu sehen, ob sie die Arbeit dort auch versteht.«

Das Blütenkleid über Ilmorog machte später grünen Schoten und Maiskolben Platz. Wenn die Bauern von Ilmorog jetzt auf ihre Felder gingen, dann verbrachten sie ihre Zeit damit, Bodenfrüchte anzuhäu-

feln, die der extra Erde gar nicht mehr bedurften, oder einfach um hier und da Unkraut zu jäten. Disteln, Ringelblumen und Vergißmeinnicht blieben an ihren Kleidern hängen, und während sie darauf warteten, daß die Früchte reiften, hatten sie Zeit, miteinander zu lachen und sich Witze und Geschichten zu erzählen.
Ihr Lachen verbarg jedoch ihre erneute Besorgnis über einen Fehlschlag des Wachstums und der Ernte.
Man konnte eine ertragreiche Ernte erwarten, wenn sich Regen und Sonnenschein in rhythmischer Reihenfolge die Waage hielten. Einer schlechten Ernte jedoch ging sporadischer Regen voraus oder aber heftiger Dauerregen, der dann plötzlich für die übrige Dauer der Jahreszeit von Sonnenschein abgelöst wurde. Und genau das war in diesem Jahr der Fall gewesen.
Tatsächlich konnte man jetzt erkennen, daß die Bohnen- und Erbsenschoten kurz waren, die Maispflanzen waren dünn, und die Kolben sahen etwas verkümmert aus.
Trotzdem warteten sie alle auf das Reifwerden und auf die Ernte, denn sie glaubten daran, daß Gott der Geber war, der schenken und auch wieder nehmen konnte.

*

Langsam wuchs zwischen Wanja und Munira ein gegenseitiges Verstehen, das keine Forderungen an den anderen stellte. Es war nichts Tiefes, nichts, um das Herz zu brechen.
Am Anfang redete er sich ein, daß ihm einfach ihre Gegenwart Freude machte. Eine Zeit lang fühlt er sich seiner sicher, ja, er fühlte sich sogar beschützt. Sie schien seine stetige Aufmerksamkeit mit spielerischer Dankbarkeit hinzunehmen. Wie wenn sie überrascht gewesen wäre, hätte er es anders gemacht. Sie erzählte oft von der Küste, von den weißen *Kanzus,* die von den Männern dort getragen wurden, von milchigem Kokosbier und haarigen Kokosnußschalen, die an den sonntäglichen Stränden verstreut lagen, von den niederen Klippen am Hafen von Kilindini und von dem weiten blauen Wasser mit Schiffen aus fernen Ländern. Sie sprach auch über die engen Straßen in der arabischen Altstadt von Mombasa, über der Fort Jesus stand – »Komisch, daß sie es ausgerechnet nach Jesus benannten« – und als Abdulla sie fragte, ob es wahr sei, daß einige Araber sich in Frauen oder Katzen verwandeln könnten, da lachte sie nur und fragte ihn: was für ein *Swahili* bist denn du, um so etwas zu glauben? *Mswahili Mwislamu wa*

Bara, eh? Wohl ein Moslem aus dem Inland? Sie sprach mit viel innerem Gefühl über diese Dinge, wie wenn sie sich überall, wo sie gewesen war, voll und ganz in das Leben dort hineingeworfen hätte. Sonst kam ihr persönliches Leben selten zur Sprache, auch über ihr eigenes Ich sprach sie kaum. Munira bedauerte dies natürlich keineswegs, denn er gehörte nicht zu denen, die den Schleier um die Vergangenheit eines anderen zerreißen würden. Aber gegenüber ihren fatalen Blicken und ihrer herausfordernden Art, die sich mit gekünstelter Schüchternheit abwechselte, und womit sie ihn und Abdulla gleichermaßen bedachte, war er keineswegs immun. Obwohl er es nicht zugeben wollte, beunruhigte ihn der abwartende Ausdruck auf ihrem Gesicht, die gequälte Neugierde und das schmerzliche Wissen in ihren Augen. Sie war natürlich nicht an ihn gebunden, das war ihm klar, und es paßte gut zu seiner geistigen Verfassung: er hatte Angst vor einer Verbindung, die tiefer ging als bis nur gerade unter die Oberfläche.

Trotzdem glaubte er, durch das so leichtfertige und kindische Erzählen seiner Geschichte einen Teil seines Ichs den anderen preisgegeben zu haben und daß sie ihn deshalb jetzt in der Hand hätten. Mit einem Auge auf der Uhr, in Erwartung des Abends, wo er sie bei Abdulla treffen würde, ging er zum Unterricht. Ein Bier zusammen trinken – miteinander lachen – im Lauf der abendlichen Unterhaltung drängte er dann vorsichtig auf den Abend hin, an dem er die Geschichte von Siriana erzählt hatte, er umkreiste das Thema, ohne es zu erwähnen, auch konnte er ihren reaktionslosen Gesichtern nicht entnehmen, wie sie wirklich über sein Versagen gedacht hatten. Sie war immer da, und doch schien sie fern, und er bemerkte, daß er es immer schmerzlicher empfand, daß sie mit Abdulla ebenso vertraulich redete wie mit ihm. Mangelte es ihm vielleicht an Gewicht, wenn sie ihn gegen Abdulla abwog? Er begann über Abdulla nachzudenken: wie hatte er sein Bein verloren? Warum war er nach Ilmorog gekommen? Er war überrascht, wie wenig er über Abdulla oder sonst jemand wußte.

Ein Flugzeug flog ganz niedrig über Ilmorog hinweg. Die Kinder strömten aus den Klassenzimmern, und alle strengten ihre Augen an und riefen zum Himmel hinauf und gaben sich große Mühe, den Bewegungen des Flugzeugs und auch seinem Schatten zu folgen, der in so großer Geschwindigkeit viele Felder und die Bergrücken von Ilmorog überquerte und in der Ebene verschwand. Abdullas Esel iahte erschreckt, und seine Stimme hob sich mißtönend vom Geräusch des kleinen Flugzeugs ab. Bauern tauchten aus den Maisfeldern auf und standen in Grüppchen zu zweit oder zu dritt auf den offenen Wegen, um sich das Flugzeug anzusehen und ihre Meinungen darüber auszutauschen. Warum kam es immer wieder zurück, was beabsichtigte es hier in Ilmorog? Wanja ging zur Schule hinüber und stellte Munira dieselbe Frage. Was wollte es? Munira wußte es auch nicht, aber es gefiel ihm, daß sie herübergekommen war, um seine Meinung zu hören. Vielleicht waren es Touristen, die Sehenswürdigkeiten ansahen, erklärte er, als das Flugzeug nun direkt über sie hinwegflog und in der weiß-blauen wolkigen Ferne verschwand. Seit ihrer ersten Begegnung war es das erste Mal, daß sie ihn in der Schule aufgesucht hatte, und als sie nun wieder wegging, schaute er ihr nach – hingerissen von den leicht schwingenden Rundungen ihrer Hüften. Er fühlte sich unwiderstehlich zu ihr hingezogen. Und dann erschien sie in seinen Träumen: Brüste preßten seine Brust, Körper spannten sich in unausgesprochenem Verlangen, Augen ließen nicht voneinander, als sie beide auf dem Berg von Ilmorog standen, süßes Versteck vor der Schule, weit weg von Cambridge Fraudsham, der vor Wut kochte und schnaubte und mit den Zähnen knirschte, weil ihr Körper einem Garten voller Düfte glich. Sie fingen an, miteinander zu ringen, aber anstatt zu Boden zu fallen, fielen sie taumelnd in weiche Schäfchenwolken hinein und tanzten in langsamen Bewegungen über Hügel und Täler von Ilmorog, Hüfte an Hüfte, und die warme Kraft des Blutes drängte nach Befreiung, und plötzlich konnte er es nicht mehr zurückhalten. Am Morgen sah er getrocknete Flecken auf dem Bett, und unermeßliche Traurigkeit überkam ihn. Nun war er in Gefahr. In was bin ich hineingeraten, ich, ein Zuschauer? stöhnte er. Ein oder zwei Tage lang war er in ihrer Gegenwart steif und zurückhaltend. Er lief in der Dämmerung auf den Berg von Ilmorog und versuchte die Bedeutung dieser neuen inneren Erregung zu ergründen: wo war sein Mannesmut geblieben? War er denn dazu verdammt, sein Leben lang zitternd am Rande zu stehen, weil er sich vor dem Chaos im Abgrund fürchtete?

Noch nicht sehr lange Zeit war nach dem Flugzeugbesuch verflossen, als ein Landrover mit Männern in Khakikleidung nach Ilmorog kam. Sie liefen durch die Felder, schleiften eine Meßkette über den Boden und pflanzten rote Stöcke.

Sie wurden von den gesamten Einwohnern von Ilmorog belagert, die wissen wollten, wer sie waren und was sie eigentlich unerlaubterweise auf dem Grund und Boden anderer Leute zu suchen hätten. Andererseits waren sie von den Instrumenten der Männer fasziniert – den Meßketten, dem Theodolit und von dem Teleskop, das einer der Männer um den Hals hängen hatte, und durch das er ständig hindurchschaute. Manche behaupteten, das Teleskop könne von da, wo sie standen, bis ans Ende der Welt sehen. Munira stand in einiger Entfernung von der Gruppe. Wanja kam herüber und stand neben ihm, aber ihr Blick lag auf dem verantwortlichen Mann der Gruppe. Der Mann wandte sich an Munira und bat um Wasser. Munira schickte eines der Kinder in die Schule, um Wasser und Gläser zu holen, dann fragte er ihn, um was es sich bei ihrer Arbeit handle.

»Ich bin Ingenieur«, antwortete er.

»Wir machen erste Vermessungen für eine geplante Straße quer durch Afrika.«

»Wohin?«

»Zaire, Nigerien, Ghana, Marokko – quer durch ganz Afrika«, erklärte er und ging dann zu seinen Arbeitskollegen zurück.

Als sich Munira nach Wanja umdrehte, sah er sie hinwegeilen, fast rannte sie, wie wenn sie von einer Biene gestochen worden wäre. Später bei Abdulla kamen die Leute aus der ganzen Gegend und wollten von Munira wissen, über was der Mann gesprochen hatte, und ob sie gekommen waren, um die seit langem versprochene Wasserleitung auszumessen. Aber Wanja war nicht unter ihnen. Seltsam, dachte er, als er versuchte, sich auf die Vermutungen und das Gerede zu konzentrieren.

»Ich hoffe, sie werden uns nicht unser Land wegnehmen.«

Njuguna äußerte ihrer aller Besorgnis, nachdem Minira über die Straße berichtet hatte.

»Sie würden nur ein kleines Stück nehmen«, meinte Abdulla, »und außerdem würden sie Ausgleich dafür bezahlen.«

»Viel Geld und andere Grundstücke«, fügte jemand noch hinzu.

»Es wäre ja nur gut, eine ordentliche Straße zu haben. Sie würde uns das Reisen erleichtern, und wir könnten unsere Waren auf entfernter liegende Märkte schicken, anstatt sie diesen Skorpionen aus der Stadt zu geben.« Njuguna war nun von dieser Aussicht ganz begeistert.

Aber in ihren Herzen glaubten sie nicht daran, daß diese Dinge Wirklichkeit werden könnten. Nderi wa Riera hatte ihnen schon lange Wasser versprochen, aber es war nie gekommen.

Munira wußte nicht, was er über Wanjas Abwesenheit denken sollte. Er sehnte sich jetzt schmerzhaft nach ihr und beschloß, eine Entscheidung herbeizuführen.

Am Abend darauf, nachdem das Vermessungsteam weggefahren war, ging er zu ihr hin, fest entschlossen, daß er diesmal den Sprung wagen würde. Bittende, flehende Augen, heiße Hände vom verwegen pulsierenden Blut in seinen Adern – oh, daß dieser Kelch schnell vorüberginge. Er rief *»Hodi«* und stand an den Rahmen gelehnt in der Tür. Er rieb sich den Magen ein bißchen, um den bitteren Satz von Frustration und Enttäuschung, der sich in ihm niederschlug, zu vertreiben. Das Licht schien hell auf Abdulla, der bequem gegen den Bettpfosten gelehnt auf einem Schemel saß.

»Mwalimu, komm herein, ich freue mich so«, rief sie ihm zu. Sein Herz sank noch tiefer, als er sich setzte – das Licht schien Abdullas glückliches Gesicht noch zu betonen, als er ihn mit strahlendem Lächeln in seinem sorgfältig versteckt gehaltenen Nest begrüßte.

»Du hättest uns Bier mitbringen sollen, um diesen Tag zu feiern«, fuhr sie fort. Sie saß neben Abdulla, ihm gegenüber.

»Wie geht es dir, Mwalimu?« fragte Abdulla. »Wenn ich doch gewußt hätte, daß du auch hierher kommst, hätte ich auf dich gewartet. So mußte ich eben alleine durch den abendlichen Tau stapfen, ich bin gerade erst angekommen . . .«

»Mit geht es gut«, sagte Munira und fühlte sich schon besser nach dem, was er eben gehört hatte.

»Was feiern wir denn?«

»Rate mal!«

»Ich kann nicht.«

»Abdulla hat mir heute einen Job angeboten. Soll ich annehmen?«

»Was für einen Job?«

»Barmädchen. Stell dir vor, ein Barmädchen in Ilmorog. Glaubst du, ich soll annehmen?«

»Das kommt auf die Arbeit an. Es gibt doch sehr wenige Kunden in Ilmorog.«

»Aber gerade das ist ja die Aufgabe eines Barmädchens. Also wirklich, Mwalimu! Ein Barmädchen wird doch angestellt, um mehr Kunden herbeizulocken, oder dafür zu sorgen, daß die wenigen Stammkunden mehr trinken.«

»Nun, wenn dir das gefällt . . . Hast du schon öfters als Barmädchen gearbeitet?«

»Aber wie soll ich denn sonst all die Orte kennengelernt haben, von denen ich erzählt habe?« Sie sprang plötzlich auf. »Oh, ich sollte Tee machen. Jetzt feiern wir mit Tee ohne Milch . . .«

Mit beschwingten leichten Schritten ging sie umher und begann, einen Kochtopf sauber zu machen. Muniras Augen folgten ihr im Rhythmus der Bewegungen ihres wohlgeformten Körpers und ihrer Brüste. Er konnte sich noch immer keinen Reim darauf machen – warum war sie so glücklich über einen Job in Ilmorog, wo sie doch leicht in irgendeiner der Städte, von denen sie erzählt hatte, arbeiten könnte. Selbst Ruwa-ini war größer und für eine derartige Arbeit besser geeignet. Und warum hatte sie sich gestern so seltsam verhalten? Aber er konnte nicht umhin, von der leichten, fröhlichen Atmosphäre, die sie verbreitete, angesteckt zu werden. Als sie Tee tranken, verwandelte sich ihr Selbst wieder einmal von kindlichem Glücklichsein in nüchterne, ruhige Gefaßtheit.

»Ich bin so glücklich, daß ich weinen möchte. Ich freue mich so, daß Abdulla neue Kleider für Joseph gekauft hat und eine Tafel und Bücher, und nun kann er in der Schule anfangen.«

»Das ist aber gut, Abdulla. Endlich. Joseph scheint ein kluger Junge zu sein, und ich bin sicher, daß er in der Schule gut sein wird.«

»Er sollte Wanja dafür danken. Sie hat es möglich gemacht.«

»Es war Muniras Geschichte . . . sie war so bewegend . . . wirklich«, sagte sie.

Der Zwischenfall in Siriana hatte eine Saite in ihrer Vergangenheit angeschlagen.

Munira war mit einemmal glücklich über sich selbst. Er wandte sich an sie:

»Auch du . . . wenn du lachst, siehst du so jung aus . . . auch du solltest zur Schule gehen, anstatt als Barmädchen für Abdulla zu arbeiten.« Sie dachte nach, nippte an ihrem Tee, drehte ihre Tasse in den Händen hin und her.

»Seltsam, wie eins zum andern führt. Was dich angeht, vielleicht bist du hier wegen jenem Streik in deiner Schule. Was Abdulla angeht, so weiß ich nicht, warum du in Ilmorog bist. Vielleicht ist es ein Zufall, daß wir alle hier sind. Oder das Handeln Gottes. Ich weiß es nicht, nein, ich weiß es wirklich nicht . . . Erinnert ihr euch an die Männer, die die Straße vermessen haben?« fragte sie.

»Erinnert ihr euch an den Ingenieur?«

Sie hatte zögernd zu reden begonnen, aber nun fühlte sie die Notwendigkeit, von dieser einen, großen Verwicklung in ihrem Leben zu erzählen. Und so warteten sie darauf, weil sie spürten, daß es in der Luft lag.

Sie stand auf und drehte die Lampe höher.

»Kennst du . . . kennst du ihn denn?« fragte Munira stockend.

»Nein«, sagte sie und fügte langsam hinzu »aber er erinnert mich an meine Vergangenheit . . .« Wieder machte sie eine Pause, setzte sich und stieß mit dem Fuß nach der leeren Tasse auf dem Fußboden. Sie hob sie auf und stellte sie beiseite. »Ja, schaut mich an zum Beispiel«, fing sie erneut an, diesmal mit nach innen gekehrter Stimme, was ihre Aufmerksamkeit sofort fesselte. »Ich frage mich manchmal, warum sollte ein belangloses Geschehen – der Besuch eines Jungen, oder die Liebesgeschichte von einem Jungen und einem Mädchen in der Schule –, warum sollte so etwas für den weiteren Verlauf eines Lebens ausschlaggebend sein? Ihr wißt, was ich meine – Abdulla sprach neulich abends darüber – ein geschenkter Bleistift, ein geklautes Bonbon, aus Büchern abgeschriebene Liebesbriefe, die alle denselben Schluß haben ... *maingi ni Thumu, manyinyi ni cukari* viele Worte sind Gift, wenige sind Zucker ... Tränen auf Papier mit X-en umrandet, die für Küsse stehen.« Sie hob den Kopf und lachte. »Vielleicht haben sie recht – ›Viele Worte sind Gift, wenige Worte sind Zucker‹. Doch später erlebte ich, wie Zuckerworte zu Gift wurden. Da war also dieser Junge. Er hieß Ritho. Er und ich besuchten in der Grundschule von Kinoo dieselbe Klasse. Mädchen können grausam sein. Ich pflegte den anderen Mädchen seine Briefe vorzulesen. Dann kicherten und lachten wir über ihn auf dem ganzen Heimweg von Kinoo nach Rungiri ... Aber von den Bleistiften und Süßigkeiten, die er mir schenkte, erzählte ich keiner Menschenseele. Es war so kindisch und ein Spiel, das uns eben gefiel. Und dann an einem Freitag kamen wir spät aus der Schule. Wir hatten einem Fußballspiel zwischen unserer Schule und Rungiri zugeschaut. Wir nannten sie *KADU,* und uns selbst nannten wir *KANU,* darüber waren sie sauer. *KANU* verlor. Ritho begleitete mich auf dem Nachhauseweg, und wir unterhielten uns über das Spiel. Dann sprach er über *Uhuru.* Er sagte, daß es dann besonders für die armen Leute bessere Chancen geben würde und daß er sich deshalb in der Schule sehr anstrengen würde. Er wolle die höhere Schule besuchen, dann die Universität und dann wolle er Ingenieur werden. Ja, er wollte Ingenieur werden ... er hatte sich zum Ziel gesetzt, Brücken und Straßen und Flüsse zu planen und zu bauen. Könnt ihr euch das vorstellen, in diesem Alter? Das gefiel mir. Aber Jungens dachten über die Zukunft schon immer zuversichtlicher als wir Mädchen; sie schienen genau zu wissen, was sie später werden wollten, wogegen für uns Mädchen die Zukunft ungewiß aussah – als wüßten wir, daß uns unser Weg in die Küche und ins Schlafzimmer führte, ganz gleich, wie sehr wir uns für Schule und Ausbildung anstrengten. An jenem Abend tat es so gut, mit jemand zusammenzusein, der den Wünschen seines Herzens vertraute, so daß seine Ziele die meinen zu werden schienen. Ich dachte, auch ich könnte das Licht erblicken und schwor mir, fleißiger zu arbeiten. Er machte gar keinen komischen, unbeholfenen und lächerlichen Eindruck mehr, und im Dunkeln hielten wir uns an der Hand. Ein Mann hustete, als er uns überholte – ich hatte den Eindruck, daß seine Konturen meinem Vater glichen, aber es machte mir nichts aus. Ich rannte nach Hause und hängte meine Wildledertasche an ihren Platz an der Wand und setzte mich. Meine Mutter fragte mich, warum ich mich nicht umgezogen hätte. Ich sagte ihr, daß es ja Freitag sei, und ich die Schuluniform sowieso für den nächsten Tag waschen würde. Und deshalb bis du spät nach Hause gekommen? Ich sagte nichts und dachte an Rithos Briefe . . . meine Liebe zu dir ist so unermeßlich, wie der Sand am Meer, die Bäume im Wald, wie die Sterne am Himmel und wie die Zellen in meinem Körper . . . und dann dachte ich an seine großen Ziele, und mir war nach Lachen zumute, und ich wollte meiner Mutter von Ritho und seinen Träumen, ein Ingenieur zu werden, erzählen. Ich sagte: ich kam so spät, weil wir einem Fußballspiel in der Schule zusahen, wir sollten dableiben, um unsere Seite zu unterstützen. . . . Und mit wem warst du jetzt gerade zusammen? Mit meinem Freund, sagte ich einfach so hin und lachte. Mutter, er . . . fing ich an. Aber der Blick in ihren Augen tötete die Worte in meinem Mund. Mein Vater sagte: Sie scheint jetzt eine Frau sein zu wollen und mit ihrer Mutter zu sprechen, als wäre sie ihresgleichen. Sie schlossen mich in mein Zimmer ein und schlugen mich beide, mein Vater mit seinem Gürtel und meine Mutter mit einem Lederriemen, den wir immer zum Zusammenbinden und Tragen von Dingen benutzten. Dies wird dich lehren, Hand in Hand mit Jungens nach Haus zu kommen! Dies wird dich lehren, mit deiner Mutter, als wärest du ihresgleichen, zu reden! Es war alles so unfair, und ich war fest entschlossen, nicht zu weinen. Dies schien ihre Wut noch zu steigern. Jetzt schlugen sie auf mich los, um mich zum Weinen zu kriegen. Schließlich schrie ich um Hilfe. Ich schrie: ihr seid Menschen Gottes, kennt ihr denn keine Gnade? Da hörten sie auf. Ich weinte immer noch bitterlich. In meinem Inneren verfluchte ich diese Welt. Ich konnte nicht einsehen, daß ich etwas Falsches getan haben sollte. Ich fühlte mich nicht schuldig. Als sie mich dann davor warnten, jemals wieder mit heidnischen Jungens gesehen zu werden – was weiß ich –, spürte ich, daß sie mich nicht nur schlugen, weil ich mit einem Jungen zusammen gewesen war, sondern weil er aus einer noch ärmeren Familie kam, als wir es waren. Außerdem spürte ich, daß sie in der Art und Weise, wie sie mich schlugen, etwas zwischen sich austrugen. Ich hatte gewußt, daß sich mein Vater und meine Mutter mehr und mehr auseinanderlebten wegen einer anderen Sache, die zu Beginn des Ausnahmezustandes geschehen war. Ich wußte auch, daß meinem Vater schwere Zeiten bevorstanden. Aber ich konnte ihnen nicht verzeihen, daß sie mich als Mittel benutzen wollten, um wieder zueinander zu finden. Damals flüsterten sie bis tief in die Nacht hinein miteinander. Tage- und wochenlang sann ich auf Rache. Meine Eltern hatten mich schon oft geschlagen, aber zum ersten Mal war ich innerlich so rebellisch dabei geworden. Wie konnte ich ihnen das zurückzahlen? War es denn eine Sünde, arm zu sein? Wir waren ja selbst nicht reich, waren wir Sünder? War es Sünde, nicht Christ zu sein? Gleichzeitig haßte ich den jungen Mann, der die Ursache meiner Leiden gewesen war. Ich gab dem Schmerz in meiner Seele ständig neue Nahrung. Ich bin eine harte Frau, und ich weiß, daß ich lange Zeit Dinge mit mir in meinem Herzen herumtragen kann. Ich wollte etwas finden, das sie wirklich demütigen und verletzen würde, so, wie sie es mir angetan hatten. Aber ich war jung, der Schmerz verblich, und Rachegedanken wurden unter den Anforderungen des täglichen Lebens begraben. Aber ich wußte auch, daß ich seit jener Nacht nicht mehr dieselbe war, auch mein Zuhause, die Schule, die Welt – nichts war mehr wie zuvor. Ich war mir einer wachsenden Ungeduld mit der Schule und dem Lernen für die Schule bewußt; es war mir, als würde ich dadurch von einer anderen Welt abgehalten, einer interessanteren Welt außerhalb der Schule und des Dorfes. Dort draußen war das Leben. Es war in den Jahren vor der Unabhängigkeit, als viel davon gesprochen wurde, wie anders dann alles sein würde . . . Ihr seht, ich spreche, wie wenn dies alles vor langer Zeit geschehen wäre. Und doch ist es erst einige Jahre her . . . Ja, einige wenige Jahre.

Ungefähr zu jener Zeit kam ein Mann und kaufte ein Grundstück ganz in der Nähe unseres Hauses. Darauf errichtete er ein gemauertes Haus mit einem riesigen eisernen Tank, um das Regenwasser aufzufangen. Er war verheiratet und hatte zwei Töchter. Andere folgten bald seinem Beispiel, aber seines war und blieb tonangebend. Man sah darin auch ein Zeichen für zukünftige Entwicklungen.

Vielleicht würde bald jeder nach der Unabhängigkeit zumindest ein Haus mit einem Wellblechdach haben, und einen Tank, in dem man Regenwasser auffangen konnte. Dieser Mann war auch der stolze Besitzer eines kleinen Lastwagens und eines Busses. Wir wußten nicht, woher er gekommen war, aber er war wahrscheinlich der erste reiche Mann in unserem Dorf, wißt ihr, während der letzten Jahre des Ausnahmezustandes, als Afrikaner anfingen, Geschäfte zu erwerben. Er

war so anders als mein Vater – er war groß und stark und reich und wurde von jedermann beneidet und respektiert. Ich sah ihn zum ersten Mal, als er seinen Bus fuhr, und ich fühlte mich sofort zu ihm hingezogen. Das nächste Mal verlangte er kein Fahrgeld von mir und sagte, du bist doch die Tochter von soundso, und mir gefiel es natürlich, daß er mich kannte. Er kam ein oder zweimal zu uns nach Hause, und mein Vater, dessen Besitz Jahr um Jahr weniger geworden war, war so stolz, daß ich mich schämte. Er freundete sich dann mit meinem Vater an und wurde bald ein häufiger Gast bei uns. An Weihnachten brachte er uns allen Geschenke. Ich bekam ein Blumenkleid, und er nannte mich seine Tochter, und ich sah aus – oder ich dachte, ich sähe aus – wie eine Cousine von mir, die vor langer Zeit in die Stadt gegangen war. Später einmal nahm er mich in seinem Lastwagen mit und ging mit mir in eine Nachmittagsfilmvorstellung im Royal Cinema in der Stadt. Danach konnte die Schule nie mehr sein wie zuvor. Wann immer er zu Besuch kam, ging ich absichtlich früh zu Bett, wie wenn ich mich vor Besuchern genieren würde. Aber sein Besuch war immer das zwischen uns ausgemachte Zeichen, daß er mich am nächsten Nachmittag sehen wollte. Ich steckte dann das Blumenkleid in meine Schultasche mit Büchern obendrauf. In der Stadt ging ich in eine Toilette, zog das Blumenkleid an und versteckte die Schulluniform in der Tasche. Um vier oder fünf Uhr nachmittags ging ich nach Hause, natürlich in der Schuluniform.
Der Mathematiklehrer hat schließlich alles entdeckt. Ich war immer seine beste Schülerin gewesen, und er hatte ein Auge auf mich geworfen. Meine Brüste waren ein bißchen weiter entwickelt als die der anderen Mädchen, und ich hatte eine gute Figur. Er fand allerlei Entschuldigungen, um mich ein bißchen länger in der Schule zu behalten: geh und mache mir Feuer in meinem Haus, bring diese Hefte in mein Haus hinüber, warum hast du dir nicht die Fingernägel geputzt, warte auf mich um vier . . . und so weiter. Einmal hatte ich meiner Mutter darüber berichtet, und sie war sehr böse und hatte ihm gedroht, die Sache vor eine höhere Autorität zu bringen. Nun bemerkte er meine häufige Abwesenheit, spionierte mir nach und fand alles heraus. Er rief mich in sein Haus, machte mir den Hof, sagte, er wolle mich haben und ob ich mitmachen würde. Ich weigerte mich, und daraufhin konfrontierte er mich mit dem, was er wußte. Entweder ich würde ihn jetzt gewähren lassen, oder aber ich müßte meinen wütenden Eltern gegenübertreten. Ich weigerte mich. Er erzählte alles meinen Eltern. Meine Mutter, die schon immer jenem Mann gegenüber ausdrückli-

ches Mißfallen an den Tag gelegt hatte, war so schockiert, daß sie mich nicht einmal schlagen konnte. Zuerst meinte ich, daß es sie beide verletzt habe; aber sie weinte und nahm mich in die Arme, wie wenn sie mich vor einer feindlichen Welt bewahren wollte, und da fühlte ich mich schuldig, und mir kamen die Tränen. Das führte den endgültigen Bruch zwischen meinen Eltern herbei. Zu meinem Vater sagte sie in einem Ton, der ihm tief ins Herz schnitt: er war schließlich dein reicher Freund. Das demütigte meinen Vater so sehr und machte ihn so klein, daß er mir leid tat. Wenn dieser Mann jemals wieder seine schmutzigen Füße über unsere Schwelle setzen und sein scheinheiliges Gesicht hier zeigen würde, drohte meine Mutter, würde sie kochendes Wasser über ihn schütten. Sonst sagten sie kein weiteres Wort mehr, und deshalb schwor ich mir, den Mann nie wiederzusehen. Ich wandte mich erneut der Arbeit in der Schule zu und ertrug sogar das gehässige, triumphierende Lachen und die gemeinen Kommentare des Mathematiklehrers. Ich war selbst überrascht und der Lehrer wahrscheinlich auch, daß ich in den Probearbeiten für die Aufnahmeprüfung in die höhere Schule als Zweitbeste der ganzen Gegend und als Beste in Mathematik abschnitt. Mein linkischer Freund wurde nur Fünfter. Alle dachten nun, daß das eigentliche Examen nur noch ein Spaziergang für mich sei, und die Lehrer fingen an, mit mir über die höheren Schulen zu sprechen, die ich besuchen könnte. Aber die Früchte meiner Rache folgten mir auf dem Fuße. Ich begann, mich dauernd zu erbrechen und fühlte mich müde. So war ich also schwanger? Ich rannte zu meinem Liebhaber zurück. Ich werde dich schon heiraten, versicherte er mir, wenn es dir nichts ausmacht, zweite Frau zu sein, meine erste ist aber so grob, daß sie dich zum Sklaven machen wird. Ich dachte, er nähme das, was für mich Leben und Tod bedeutete, doch ein wenig leichtherzig hin. Mir war außerdem klar, daß meine Mutter doch bald alles entdecken würde. Nein, das konnte ich nicht ertragen. Ich würde nicht mehr da sein, wenn sie es herausfand. Mein Entschluß stand fest. Ich würde eine Entscheidung herbeizwingen.

An jenen Tag werde ich mich immer mit Scham und Schuld im Herzen erinnern. Meine Mutter lag im Bett, und ich hatte mich für die Schule fertiggemacht, da sagte sie mir noch – wir hatten damals zwei Ziegen im Stall –, sie sagte mir, ich solle noch den trockenen Mist hinaus auf den Acker werfen. Hier bot sich die Gelegenheit für mich. Ich stopfte alle meine guten Sachen in einen Korb und bedeckte sie mit trockenem Mist. Dann rannte ich von zu Hause weg . . . zu ihm. Er schaute mich nur einmal an und fing dann an zu lachen. Er sagte mir, ich solle kein solches Theater machen, er sei schließlich alt genug, um mein Vater zu sein, und außerdem sei er Christ. Mein Hals war wie zugeschnürt – ich konnte nicht weinen. Ich schluchzte nur einmal auf und ging dann zu meiner Cousine nach *Eastleigh.*«

Bei den letzten Worten hatte sie etwas leiser gesprochen, und Munira sah vor seinem inneren Auge die Reise einer gepeinigten Seele durch das Tal der Schuld und das Tal der Demütigungen und die langen schlaflosen Nächte des Zurückschauens auf den Beginn der Reise. Mit einem zynischen, kleinen Lachen durchbrach sie seine Gedanken.

»Ja, sehr oft vermeinte ich die Stimme eines Lammes zu hören, das mich über ein tiefes, tiefes Tal zu sich rief: Kommt her zu mir, alle die ihr einsam seid, ich will euch die ewige Ruhe geben. Es war wirklich sehr verlockend, aber meine Cousine durchschaute mich, während sie versuchte, mir zu helfen, der Realität, die ich gewählt hatte, ins Auge zu sehen. Hatte ich denn diese Realität gewählt? Ich wehrte mich heftig gegen die Stimme des Lammes und gegen das, was meine Cousine mir vorschlug. Ich würde leben, und die Rache würde mein sein. Ich war jung, ich würde nicht tun, was sie wollte. Ich habe manchen Job ausprobiert, aber Arbeit in einer Bar scheint das zu sein, was uns bereitwillig offensteht – den Mädchen, die aus der Schule weggelaufen sind, die Aufnahmeprüfungen nicht geschafft haben und selbst denen, die aus den höheren Schulen geflogen sind.«

Der traurige, bittere Ton beherrschte einige Augenblicke lang die Stille. Es war offensichtlich, daß die ursprüngliche Wunde nicht vergessen war, trotzdem sie sich tapfer durchgekämpft hatte. Irgendwie hatte sie Abdulla und Munira in ihre Welt hineingezogen, und auch sie schienen den Schmerz dieser Wunde zu spüren, oder es erinnerte sie vielleicht an ihre eigenen Wunden. Nun schnellte sie plötzlich ins Leben zurück.

»Deshalb tut es mir immer weh, wenn ich Kinder sehe, die nicht zur Schule gehen können . . . und deshalb müssen wir morgen im Laden Josephs Schulbeginn feiern. Abdulla, ich bin so glücklich. Munira, du wirst morgen auch kommen, bitte, du mußt. Es wird mein erster Abend als Barmädchen in Ilmorog sein.«

Wieder einmal riß ihre grenzenlose Energie und Begeisterung die Männer mit sich. Sie hatte eine Art an sich, die in einem Mann verschiedene Emotionen und Erwartungen zur gleichen Zeit auslöste und sein Herz höher schlagen ließ. »Ich gehe morgen zu Mzigo nach Ruwa-ini . . .«

»Nein, du mußt kommen«, unterbrach sie ihn gebieterisch.

»Und bring mir ein Pfund langkörnigen Reis mit. Abdulla hat mich heute abend nach Hause begleitet. Morgen bist du dran. Oder fürchtest du dich vor der Dunkelheit? Sieh doch, morgen ist Vollmond. Mit ihm beginnt der erste Tag der neuen Ernte. Morgen . . . so viele Hoffnungen, die wir feiern können!« Mich fürchten? Nein, nicht morgen abend noch an irgendeinem anderen Abend mit dir, sang sein Herz voll Freude.

»Vielen Dank, Abdulla . . . Danke, Munira . . .«, gurrte sie, als die Männer aufstanden, um nach Hause zu gehen; und jeder fühlte, als ob sie es mit einer ganz besonderen Bedeutung zu ihm allein gesagt habe. Munira sagte »Leb wohl« zu Abdulla und ging im Dunkeln weiter. Aber morgen würde er da sein, sagte er sich, ganz bestimmt würde er sie morgen nach Hause begleiten, und er lachte vor sich hin. Wunderschöne Blüten – herrliche Blumen – in der Tat, morgen würde die Ernte beginnen.

DRITTES KAPITEL

1

An einem Sonntag, zwölf Jahre später, versuchte Godfrey Munira, diese Szene in einer Erklärung für die Polizei zu rekonstruieren, eine Erklärung, in der er die Wahrheit sagen sollte, die volle Wahrheit und nichts anderes als die Wahrheit. Aber er fand, daß trotzdem der Abend von Wanjas erster Erzählung mit all ihrer Erinnerung an unerklärbares Verhängnis und an Gewalt in seinem Gedächtnis noch lebendig war, er sich nicht in exakte Worte fassen ließ. Er saß auf einer harten Bank, die Ellbogen auf den Tisch gestützt, seine Augen erfaßten ab und zu mit einem schnellen Blick den *Aspro*-Kalender, das einzige Schmuckstück an den sonst kahlen Wänden. Aber meistens ruhten seine Augen auf dem Gesicht des Beamten – er mußte wohl neu bei der Polizei sein, dachte Munira. Ilmorog war wahrscheinlich seine erste große Polizeistation, und wahrscheinlich war er nervös oder ungeduldig oder beides. Er tappte mit dem rechten Fuß auf den Fußboden, und seine Finger trommelten leicht auf dem Tisch. Langsam verlor er die Geduld, und Munira versuchte, ihn zu verstehen – gab es denn jemand, der die unterirdischen Strömungen der Unruhe im Land nicht empfand? Streikende Schulkinder, die ihre widerspenstigen, autoritären Lehrer und Lehrerinnen in Büroschränke einsperrten; Arbeiter, die ihr Werkzeug niederlegten und den kurzbefristeten Trost von Dreierabkommen verweigerten; Hausfrauen, die Demonstrationen abhielten und im Protest gegen zu hohe Lebensmittelpreise obszöne Slogans schrien; bewaffnete Räuber, die am hellichten Tag Banken überfielen und Menschenmengen, die ihnen beifällig dabei zuschauten; Frauen, die sich weigerten, in die Küche und in das Schlafzimmer verbannt zu sein und einen gleichberechtigten Platz in der ehemals männlichen Zitadelle von Macht und Privileg beanspruchten. – Diese Dinge konnten in der Tat die Nerven derer auf eine harte Probe stellen, die von den herrschenden Klassen dieser Welt damit betraut worden waren, die dem Menschen bestimmte Ordnung und das Gesetz aufrechtzuerhalten. Sie hatten ihr Vertrauen zu sehr in die Weisheit dieser Welt gesetzt – sie waren nicht bereit, das Buch Gottes zu öffnen, um darin zu erkennen, daß diese Dinge vor langer Zeit schon prophezeit worden waren. Das galt auch für Karega und sein Gefolge von Theng'eta Fabrikarbeitern – wahr ist es, daß sie Brüderlichkeit von sich wiesen, die bei der Hautfarbe, die einer hatte, und bei der Gegend und Volksgruppe, aus der einer kam, haltmachte, ebenso hatten sie schwarzen und weißen und indischen Arbeitgebern gleichermaßen ihr Nein gesagt. Aber auch sie würden fehlgehen, hatten sie doch die wichtigste Brüderlichkeit abgelehnt – die einzige –, nämlich die der Religion und des Wiedergeborenseins im Herrn des Universums und des ewigen Königreiches. Welche Wahrheit außer dieser wollte der Beamte noch hören? Munira wollte ihm aufzeigen, daß Wanja die »Sie« war, welche die Propheten erwähnten, sie, die von den Männern Gehorsam verlangte und sie dazu verführte, vom Weg abzukommen, und zwar immer mit zweideutiger Stimme, die Leiden und Protest, Hoffnung und Schrecken, vor allem aber das Versprechen auszudrükken wußte, durch die Macht des Fleisches entfliehen zu können. Aber der Polizeibeamte – einer der Klugen dieser Welt – der stand nur im Raum oder ging auf und ab und schaute Munira mit kalten Augen an. Was sollte denn das Geschrei eines dummen Barmädchens vor elf Jahren, als noch kein einziges gemauertes Haus, geschweige denn eine internationale Autostraße in Ilmorog gebaut worden war, mit der Gegenwart zu tun haben? Genausogut könnte er jenes Buch aufschlagen und mit Adam und Eva beginnen. Wäre es nicht besser – er würde bestimmt Zeit und Energie sparen –, wenn er jetzt die Jahre überspringen würde, anstatt sich in ziemlich – nun – ziemlich deutlichen Erinnerungen zu ergehen? Genau das war der wesentliche Punkt, dachte Munira und belächelte etwas den Ausbruch des Polizeibeamten. Es – nämlich der Aufschrei, jene Szene war das Wesentliche, um das es sich handelte: wenn Munira nämlich damals nicht von jener Stimme geblendet worden wäre, hätte er die Zeichen erkennen können, er hätte das böse Netz sehen können, das um ihn, um Abdulla und um Ilmorog gesponnen wurde.

Er versuchte etwas anderes und bat um Papier und Bleistift und etwas mehr Zeit – er würde eigenhändig und in seiner eigenen Ausdrucksweise eine Erklärung schreiben, und dann könnte man ihm später Fragen stellen, und mit der Hilfe des Herrn . . . Der Polizeibeamte verlor plötzlich alle Geduld und hieb mit der Faust auf den Tisch – er wollte Tatsachen, nicht Geschichte, Tatsachen, keine Predigten oder Gedichte. Mord war weder *irio* noch *njohi*, sagte er und rief den Wärtern, sie sollten ihn einschließen.

Man brachte ihn in eine Zelle. Er hörte das Schloß der Kette einschnappen und empfand eine Art geistiger Befriedigung – er dachte an Petrus und Paulus, ja, an Paulus, der Saulus gewesen war – auch sie waren im Gefängnis gewesen und hatten dort Stimmen des Herrn gehört. Mord ist nicht *irio*, dieselben Worte hatten auch die Polizisten gebraucht, die ihn früher am Tage abgeholt hatten, dachte Munira und gähnte dabei. Er war müde – sehr müde plötzlich von der Wache der vergangenen Nacht –, er versank in tiefen Schlummer.

Am nächsten Morgen weckten sie ihn auf. Sein Kopf war wieder frisch. Man führte ihn in dasselbe Büro wie am Tag zuvor, nur war diesmal der Polizeibeamte jemand ganz anderes. Älter, mit ausdruckslosem Gesicht, sogar wenn er lächelte, lachte oder Witze machte, als ob dieses Gesicht niemals irgendwelche inneren Bewegungen wahrnehmen könnte.

Dieser Beamte war extra von Nairobi gekommen, um die Untersuchungen in die Hand zu nehmen. Er hatte von der Kolonialzeit bis heute in verschiedenen Funktionen unter verschiedenen Vorgesetzten gedient. Verbrechen war für ihn eine Art Puzzle, und er glaubte daran, daß ein Gesetz darin lag – ein Gesetz des Verbrechens, des verbrecherischen Verhaltens – und er glaubte auch daran, daß, wenn man sorgfältig genug hinschaute, man dieses Gesetz in den kleinsten Handlungen erkennen konnte. Menschen interessierten ihn, ihr Verhalten, ihre Sprache, ihre Gesten, ihre Phantasie, ihre Kleidung; aber nur als Teile dieses Puzzles. Er hatte viel gelesen und war an verschiedenen Berufen interessiert – Jura, Politik, Medizin, Pädagogik –, aber wiederum nur als Teil seines einzigen, verzehrenden Interesses. Er war stets auf der Suche nach dem einen Bild, das den Schlüssel enthielt, das Gesetz eines besonderen Verbrechens. Von diesem Ausgangspunkt aus konnte er die genauen Umstände ermitteln bis ins kleinste Detail; Mißerfolg hatte er eigentlich nie.

Er gab sich keinen Illusionen über seine Arbeit hin – er hatte sein Wissen jeweils denen zur Verfügung gestellt, die im Lande an der Macht waren, und er hatte nie Stellung bezogen. Auf diese Weise hatte er dem kolonialen Regime mit derselben harten, keine Mühe scheuenden Energie gedient, wie er auch einer unabhängigen, afrikanischen Regierung diente, und jedem, der danach käme, würde er ebenso treue Dienste erweisen. Er war neutral, und seine furchteinflößende Macht über Politiker, Akademiker, Geschäftsleute, kleine Kriminelle und viele andere erwuchs aus dieser Neutralität im Dienst des Gesetzes. Es war sein geheimer Ehrgeiz, eines Tages ein privates Detektivbüro zu eröffnen, damit wie bei einem Rechtsanwalt oder einem Priester seine Dienste von jedermann in Anspruch genommen werden konnten.

Dieser Fall hatte ihn sofort interessiert, vor allem wegen der Vielfalt der Persönlichkeiten, die darin verwickelt waren. Chui – Pädagoge und Geschäftsmann; Hawkins Kimeria – Großunternehmer; Abdulla – ein kleiner Händler; Karega – Gewerkschaftler; Mzigo – Pädagoge, der zum Geschäftsmann geworden war; Munira – Lehrer und Gottesmann; Wanja – eine Dirne. Und dies alles geschah in einer Stadt, die im Grunde vollkommen neu war. Er fragte sich, wie viele im Lauf der Ermittlungen noch dazukommen würden. Er würde sich damit befassen, ein genaues Bild des Ortes und der Menschen zu erlangen, und er würde nicht von Vorurteilen ausgehen. Alles faszinierte ihn, am meisten Munira:

»Mr. Munira, bitte nehmen Sie Platz. Haben Sie gut geschlafen?«

»Ja.«

»Eine Zigarette?«

»Nein, ich rauche nicht.«

»Ich sollte mich zuerst vorstellen. Mein Name – der Zufall wird Sie überraschen –, mein Name ist Inspektor Godfrey, und ich möchte mich als erstes für gestern entschuldigen. Sehen Sie, er ist jung – Sie kennen ja die heutige Jugend.«

»Ich verstehe. Er hat nur seine Pflicht getan – dem Gesetz der Menschen zu dienen.«

»Das haben Sie richtig erfaßt, Mr. Munira. Das Gesetz. Wir alle stehen unter dem Gesetz.«

»Gottes Gesetz.«

»Ja, Mr. Munira. Aber Gott muß auch durch Menschen arbeiten; durch Sie, durch mich, durch andere. Mr. Munira, Sie sind ein sehr hoch angesehener Mann hier in Ilmorog. Sie sind schon länger als sonst irgend jemand hier. Zwölf Jahre schon, hat man mir gesagt. Sie kennen den Charakter der meisten Leute hier in der Stadt. Bitte, glauben Sie mir, wir möchten niemand unfair behandeln. Wir möchten nur der Wahrheit und der Gerechtigkeit dienen. Es mag nur die menschliche Auffassung von Gerechtigkeit sein, der wir dienen, aber es ist die Gerechtigkeit, wie wir sie jetzt sehen. Vielleicht später, wenn uns alles enthüllt wird, wenn wir nicht mehr wie jetzt die Dinge nur durch einen dunklen Spiegel sehen . . . aber nun, Mr. Munira, müssen wir uns bemühen, das Beste zu tun. Genau wie ein Lehrer oder ein Priester ist ein Polizist eben auch nur ein Diener der Öffentlichkeit; ich könnte auch sagen, ein Opfer der Öffentlichkeit. Niemand dankt uns jemals dafür, daß wir für die Sicherheit von Leben und Eigentum der Menschen bürgen. Aber das ist unser Los, unsere Aufgabe, und außerdem werden wir ja dafür bezahlt. Aber wir können dieser ungeheuren Verantwortung nicht gerecht werden – man kann Angst bekommen, Mr. Munira, vor dem, was einem da anvertraut ist – ohne die Hilfe unseres eigentlichen Vorgesetzten, der Öffentlichkeit. Nun, Mr. Munira, wir werden Ihnen Bleistift und Papier zur Verfügung stellen und sogar ein Bett – Sie verstehen doch, nicht wahr, daß wir Ihnen nicht gut erlauben können, den Bereich der Polizeistation zu verlassen, ehe Sie nicht eine vollständige Erklärung abgegeben haben – es ist eine reine Formsache, Mr. Munira, und hat sonst nichts weiter zu bedeuten – außerdem bekommen Sie natürlich zu essen. Sie können ganz nach Ihrem Belieben verfahren – ich bin sehr neugierig auf die Geschichte von Ilmorog, ja, auch auf die Ihrer Schule, wenn Sie die Geduld und Ausdauer zum Schreiben aufbringen können; aber bitte denken Sie daran, daß wir Sie nur um eine klare, einfache Erklärung bitten, in der Sie uns alles sagen, was Sie über das Verhalten, die allgemeine geistige Verfassung und besonders über das Tun von Abdulla, Wanja und Karega wissen könnten, insbesondere am Abend . . . und selbst während der Wochen vor diesem dreifachen Mord – vielleicht war es auch gar nicht Mord, das kann natürlich sein – an Kimeria, Chui und Mzigo.«

2

Wie berichtet man über Mord in einer neuen Stadt? Vom Töten des Geistes? Wo findet sich der Anfang? Wie kann man die Vergangenheit so wiedererstehen lassen, daß man den Ablauf von Gottes Gesetz aufzeigen kann? Aufzeigen, wie der Wille Gottes verwirklicht wird, wie Sein Wille offenbart wird, so daß die Blinden sehen können, was den Weisen verborgen ist?

Vielleicht . . . vielleicht hätte ich dieses oder jenes getan, oder auch nicht . . . diese Fragen bewegen uns immer, wenn wir post mortem eine Tat betrachten, die nicht mehr rückgängig gemacht werden kann. Bewahre den Frieden, meine Seele. Aber was kann ich Sterblicher dafür, wenn mein Herz unruhig ist und zittert? Ich, der ich das Privileg hatte, Zeuge des Wachstums von Ilmorog zu sein, von seinen Anfängen in Regen und Dürre bis zu seiner jetzigen Blüte mit Blumen, so rot wie Blut. Ich, der ich Abdulla, Nyakinyua, Wanja, Karega kannte? Habe ich nicht im Herzen eines jeden von ihnen geblättert, wie in einem Buch? In all unseren Unterhaltungen und Plänen und Erinnerungen an die Vergangenheit, selbst an dem Abend, als sie mir das Versprechen abnahm, daß ich bestimmt am nächsten Tag zum Feiern zurückkommen würde, war ich mir immer der messerscharfen Spannung am Rande dessen, was wir sagten, bewußt. Gedanken, Erinnerungen, selbst der Anblick von etwas übt Gewalt aus. Ich erkenne das jetzt. Im Zwielicht dieses Gefängnisses nehmen gewisse Dinge, Gebüsch, Hügel, Täler, schärfere Konturen an, obwohl man sie nur vor dem Hintergrund eines düsteren Himmels erkennen kann. Weiche von mir, Satan. Arrogantes Vertrauen – verspätete Einsicht. Es gab eine Zeit, wo ich dachte, ich würde ihn retten, auch sie hätte ich vielleicht retten können und Abdulla auch. Dann sah ich plötzlich, wie Karega kopfüber den Weg hinunterstolperte, den ich selbst zögernd beschritten hatte, und ich war überrascht, daß mir die Kraft fehlte, ihn zurückzuhalten, obwohl ich es wollte. Diese eine Woche lang sah ich Wanja vor mir, wie sie über unsere schwachen Versuche lachte, uns aus ihren weitgespannten Träumen und Visionen zu befreien; denn nun weiß ich, und Gott ist mein Zeuge, daß sie nichts anderes als Macht wollte, ganz besonders Macht über die Seelen der Männer, junge, verzweifelte und verlorene Macht, dachte ich, um sich für das Böse zu rächen, das man ihr in der Vergangenheit angetan hatte.

Selbst nachdem er von seinen Reisen zurückgekehrt war, war Karega ein Kind geblieben. Dies sage ich nicht, um ihn schlecht zu machen oder die Kraft seiner Gefühle abzuleugnen: er hatte Feuer, Idealismus und den glühenden Glauben an die Möglichkeiten, die Heldentum und Hingabe in sich bargen. Er versuchte mit ausgestreckten Armen jene trügerische Schönheit zu fassen – die noch nicht entdeckte Wahrheit einer dauerhaften menschlichen Beziehung. Es war in der Tat so, als ob er in allem, was er tat, selbst in seinem Kommen nach Ilmorog, verlorene Unschuld, verlorenen Glauben und verlorene Hoffnung suchte. Ich erinnere mich an etwas, das er in eines seiner Hefte eingetragen hatte und das ich in den Tagen, ehe wir uns entzweiten, gelesen hatte:

> Man wird lachen und sagen, ach, dies sind nichts als die Tränen eines großen Kindes. Man wird lachen und sagen, er ist ein Mannkind, der Unglück an die Tore einer friedlichen Heimstatt bringt. Lacht doch und spottet. Ich allein habe die Furcht in mir getragen und habe in meinem Herzen mit dem Wissen gerungen. Denn wie kann ich sagen, ich hätte nicht gewußt, auch als unsere Herzen beieinander schlugen, daß sie mich später verraten würde? Sie war älter als ich; sie hatte mehr *Thabiri*-Vögel mit der sinkenden Sonne heimwärts fliegen sehen als ich. Und es geht auch nicht nur um sie. Alas, die Welt, auf die ich gestern noch hoffte, ist mir aus den Händen geglitten. Die Menschen, die ich kannte, die Menschen, die sich daran gemacht hatten, neue Welten zu schaffen, sind gleich verschwommenen Bildern in meiner Erinnerung. Und die Saat, die wir gemeinsam mit so viel Glauben, Hoffnung, Blut und Tränen in die Erde gelegt hatten, wo ist sie geblieben? Ich frage mich: wo ist die neue Kraft, was ist die neue Kraft, die den Samen keimen lassen und zur Blüte bringen wird?

Ich dachte damals, daß es Verzweiflung war, und ich fragte mich: könnte es diese Verzweiflung sein, so schmerzhaft in einem so jungen Herzen, die ihn zu mir gebracht hatte – wofür? Oder war es die suchende Hoffnung hinter jenen Worten, die ihn zum Wanderer durch ganz Kenia werden ließ, von Mombasa nach Kisumu und wieder zurück nach Ilmorog, auf der Suche nach – nach was? Was immer es auch war, es hatte ihn nach Ilmorog getrieben, zu mir, zu Abdulla, zu Wanja, in dieses Rätsel hinein; Wahrheit und Schönheit – welche Illusionen! Wir alle sind Suchende – wir suchen nach einem kleinen Fleckchen in Gottes Winkel, wo wir für eine Weile vor trügerischen Winden, vor Regen und Dürre Schutz finden können. Das sollte er erkennen, mehr wollte ich gar nicht: daß die Kraft, die er suchte, nur im Blut des Lammes zu finden war.

3

Ich nehme an, man kann sagen, daß Karega seine Wahl, mir sein Vertrauen zu schenken, auf Grund einiger schattenhafter Verbindungen in der Vergangenheit getroffen hatte. Schattenhaft, sage ich, denn noch lange Zeit nach unserem ersten Zusammentreffen in Ilmorog dachte ich, daß sich unsere Wege nur einmal, auf dem unpersönlichen Territorium von Schülern und Lehrer, gekreuzt hatten. Aber selbst das hatte ich vergessen an jenem Tag, an dem er in mein, erst kürzlich von einem Außenseiter – Wanja – entdecktes Versteck in Ilmorog kam. Überrascht fragte ich mich: Wer ist dieser Fremde am Tor?

Ich kam gerade von einer Fahrt zur Schulbehörde in Ruwa-ini zurück. Unterwegs hatte ich nirgends haltgemacht, denn ich dachte an Wanjas Bitte vom Abend zuvor. Es lag mir so viel daran, sie nach Hause zu begleiten – mit ihr zu ihrer Hütte zu gehen – sie und ich – alleine – im Dunkeln. In meinem Herzen hatte ich Angst vor diesem Besitz, vor der Art und Weise, wie sie mein Herz gefangengenommen hatte, so daß sie ganz kühl sagen konnte: »Du bringst mir ein Pfund langkörnigen Reis mit«, und mein ganzes Sein war zu gehorchen bereit. Ich war in jeden Laden in Ruwa-ini gegangen. Ich hatte den Reis gekauft. Alles war dafür vorbereitet, um heute abend eine Ernte zu feiern. Und nun kam dieser Fremde, wer war er?

»Guten Tag«, rief ich mit neutraler Stimme und stieg von meinem quietschenden Fahrrad ab, das ich an die weiße, getünchte Wand lehnte.

»Vielleicht erinnern Sie sich nicht an mich . . .«, fing er an, nachdem er meinen Gruß erwidert hatte.

Mit einem unverbindlichen Lächeln bedeutete ich ihm, daß wir uns gleich unterhalten würden. Selbst in jenem frühen Stadium unserer Beziehung war etwas an ihm, das mich irritierte: seine augenscheinliche Selbstbeherrschung, oder seine bereitwillige Hingabe? Er half mir, zwei Schachteln weiße Kreide und ein Bündel Hefte ins Haus zu tragen. Ich trug ein Paket langkörnigen Reis, den ich für Wanja gekauft hatte. Das Wohnzimmer war, genauso wie das übrige Haus, ziemlich leer. Eine hölzerne Bank, ein Tisch mit tiefen Rissen da, wo er zusammengefügt war, zwei Klappstühle, ein Regal an der Wand, geschmückt mit alten Illustrierten wie *Drum, Flamingo, African Film* und alten Schulausgaben von *Things Fall Apart* und *Song of Lawino.* Ich hatte schon immer vorgehabt, meine Bibliothek zu verbessern, aber in diesem, wie in so vielem anderen, verweilte ich im Zwielicht von Tun und Nicht-Tun. Er saß am einen Ende der Bank und hatte mein Angebot eines Klappstuhls abgelehnt. Er war von kleinem Wuchs, mit traurigen, durchdringenden Augen. Er war ein Mann, aber einer, der plötzlich und schmerzhaft gereift war.

»Tee?« fragte ich ihn, in der Hoffnung, daß er nein sagen würde. Ich streckte meine Beine aus und dachte an Wanja und ihre Geschichte und an ihre Fürsorge für Joseph, und ich dachte an den Zauber, den sie in mir und in Abdulla ausgelöst hatte. Ich dachte daran, wie sie von zu Hause weg mußte und fand mich plötzlich vor der Frage, was wohl aus dem Kind geworden war?

»Irgend etwas Nasses und Warmes genügt«, sagte er. Ich mußte mich mit dem Schicksal eines unwilligen Gastgebers abfinden.

»Milch haben wir in diesem Haus leider keine.«

»Tee ohne Milch ist ganz in Ordnung. Obwohl wir neben einem Laden wohnen, können wir uns nicht immer Milch leisten.«

Während ich den Primuskocher hochdrehte, fiel mir plötzlich ein, daß mich seine Worte irgendwie an die alte Mariamu, wie wir sie immer genannt hatten, erinnerten. Sie war Tagelöhner auf den Ländereien meines Vaters gewesen, und man betrachtete sie immer als untrennbar dazugehörig. In unauffälliger Weise war sie sehr fromm – ihre Frömmigkeit lag einfach in der Art, wie sie ihr Leben lebte, wie sie sprach und wie sie sich mit allen Fasern ihres Seins, bis zum Äußersten angespannt, ihrer Arbeit hingab. Sie pflegte Tee ohne Teeblätter zu machen, dazu tat sie ein bißchen Zucker auf einen Löffel und hielt ihn über das Feuer. Wenn der Zucker zu klebrigem Sirup geworden war, wurde er in das kochende Wasser getaucht. Wie liebte ich ihren Tee! Oft entschlüpfte ich der christlichen Wachsamkeit meiner Mutter, um bei Mariamu einen Schluck von ihrem Gebräu zu erwischen. Es enthielt wenigstens reichlich Zucker und erhob keinerlei Ansprüche auf Milch. Eigentlich wollte ich das alles meinem Besucher erzählen, aber dann sagte ich nur:

»Wir müssen auch für kleine Gaben dankbar sein, es gibt Leute, die Tee ohne Milch und ohne Teeblätter trinken.«

»Oh, meine Mutter tut das oft, wenn sie sich keinen Tee kaufen kann. Sie bräunt Zucker in einem Löffel, wir nennen es Ruß, seit ich mir denken kann, haben wir es so genannt. Sie sagt dann: Karega, möchtest du ein bißchen gezuckerten Ruß?«

Ich sah ihn scharf an und sagte:

»Woher kommst du?«

»Kamiritho. Kwa-mbira, Limuru.«

»Du meinst, du bist den ganzen weiten Weg von Limuru hierhin gekommen?«
»Ja.«
»Aber doch hoffentlich nicht zu Fuß?«
»Teilweise. Dann fuhr ich mit einem matatu-Taxi, das total überfüllt war. Der Besitzer schien davon überzeugt, daß der verfügbare Platz in dem hustenden Ford Anglia unendlich sei. Er sagte: ›*Mundu wa Uria* – laßt uns einander lieben und aufrecht sitzen, ich sage euch, dieser Wagen ist größer als ein Lastwagen‹, und dann schob er noch mehr Passagiere herein. Wir waren mehr als zwanzig in diesem Fahrzeug, und die Straße war so schlecht.«
»Alle Straßen, die in dieser Gegend irgendwo hinführen, sind schlecht.«
»Vielleicht werden sie eines Tages geschottert oder geteert.« Ich dachte an das Flugzeug, den Landrover und das Vermessungsteam, das erst am Tag zuvor rote Stöcke in Ilmorog gepflanzt hatte. Eine internationale Autostraße durch Ilmorog. Plötzlich kam mich ein Lachen an, beim Gedanken an diesen widersinnigen Plan. Warum, so fragte ich mich, bauten sie eigentlich keine kleineren, zweckdienlicheren Straßen, ehe sie internationale Autostraßen planten? Dann wäre wenigstens meine Reise nach Ruwa-ini und zurück schneller vonstatten gegangen, ich wäre viel weniger müde nach Hause gekommen, und ich hätte sogar diese Begegnung mit dem Fremden vermeiden können. Aber genauso schnell wurde ich bitter und stellte mich auf die Seite der Bauern von Ilmorog; niemals würde man eine Straße bauen – auf alle Fälle nicht, ehe Geld im Überfluß fließen würde. Es brach aus mir heraus:
»Ja. Ja, wenn Hyänen Hörner wachsen.«
Ich war selbst überrascht über meine Worte. Die Bauern und Herdenleute von Ilmorog hatten sich schließlich seit Jahren ohne die Hilfe von Teerstraßen und zuverlässigem Transport mit Erde und Sonne auseinandergesetzt. Die jungen Männer und Frauen waren sowieso in die Städte gezogen und hatten die Alten zurückgelassen, um das Land zu bearbeiten. Die Alten selbst hatten nicht viel, was sie anreizte, für die großen Märkte zu produzieren. Und was die Herdenleute anbetraf, so vermehrten sie ihr Vieh nur, um nachher zusehen zu müssen, wie Dürre oder Krankheit ihre Opfer forderten. Den Fluch Gottes würden sie es wahrscheinlich nennen und weiterziehen, hinein in die Ebenen des Graslandes. In meinen Gedanken verglich ich nun diese elende Ecke hier mit unseren Städten: Wolkenkratzer versus Lehmwände und

Grasdächer, geteerte Autostraßen, internationale Flughäfen und Spielkasinos versus Viehwegen und Schwatz vor Sonnenuntergang. Unsere früheren Herren hatten uns ein äußerst ungleich kultiviertes Land zurückgelassen: die Mitte schwellte und barst vor Früchten und vor Wasser, das man dem übrigen Land abgesaugt hatte, während die am Rande liegenden Gegenden immer schwächer und dürrer wurden, je weiter man sich vom Zentrum entfernte. Es gibt die Geschichte von den zwergenähnlichen Gumbas, die lange, lange vor der *Manjiri*-Generation, vor der Eisenzeit in Kenia gelebt hatten, und deren übergroße, riesige Köpfe bedenklich gefährlich auf dem übrigen Körper saßen. Wenn ein Gumba hinfiel – so erzählt die Legende –, konnte er nicht ohne fremde Hilfe wieder aufstehen. So plötzlich, wie diese Gedanken, die meinem Leben in Ilmorog so fremd waren, sich in mein Bewußtsein stahlen, so plötzlich empfand ich die Gegenwart des jungen Mannes als eine Belastung meiner Gedanken und meiner Seele. Was machte es mir schon aus, daß die Bauern hier keine ordentliche Wasserversorgung hatten? Daß die Herdenleute verschwollene Augen hatten und das Vieh verdurstete? Was machte es mir schon aus, daß die Fähigen aus Ilmorog geflohen waren, auf der Suche nach dem Goldenen Vlies in den Städten metallglänzender Versprechen und keiner Hoffnung? Was hatte das alles mit mir zu tun? Ich hatte noch nie meines Bruders Hüter sein wollen und war es auch heute nicht.

Ich war nicht für das öffentliche Rampenlicht geschaffen, und die Angelegenheiten anderer interessierten mich auch nicht. Mein Leben war eine Reihe unzusammenhängender Ereignisse gewesen. Nun war ich glücklich in meinem Fluchtloch hier in Ilmorog – zumindest, bis Wanja gekommen war. Ihr Gesicht tauchte einmal wieder vor mir auf, schön und traurig hob es sich vor dem Horizont meines Seins ab. Was tat sie mir an? Was war mit ihrem Kind geschehen?

»Was arbeitest du?« fragte ich den jungen Mann ziemlich abrupt, ja, sogar frostig.

»Arbeit? Ich habe keine Arbeit . . . keinen Job . . . noch nicht. Ich war überall in der Stadt und habe Arbeit gesucht . . . nun, deshalb bin ich hierher gekommen . . . bis vor einem Jahr oder so bin ich noch zur Schule gegangen. –«

»Welche Schule?«

»Siriana!«

»Bitte, schenk dir noch eine Tasse ein«, hörte ich mich sagen und betrachtete ihn mit erneutem Interesse. Er drehte seine leere Tasse in den Händen hin und her und schaute auf den Boden, wie wenn er weiter-

sprechen wolle, aber den Anfang nicht finden könne. Ich reichte ihm die Teekanne, und er schenkte sich ein. Das Gesicht – sein Gesicht nahm in meinem Gedächtnis langsam Form an.
»Ich fürchte, ich kann mich nicht ganz . . .?«
»Es ist auch schon lange her. Mein Name ist Karega. Ich habe auch nicht erwartet, daß Sie mich gleich erkennen würden. Ich bin auch gewachsen. Ich habe früher auf den Feldern Ihres Vaters Pyrethrum gepflückt.«
Er machte eine Pause, aber er spürte, daß ich ihn immer noch nicht einordnen konnte. Er fuhr fort:
»Meine Mutter war Mariamu, und ehe wir während des Ausnahmezustands 1955 in das neue Dorf zogen, lebten wir auf der Farm Ihres Vaters. Als Ahoi . . .«
»Mariamu«, sagte ich. »Du bist Mariamus Sohn?«
»Daran kann ich mich nicht erinnern . . . aber . . . ich kannte deinen Bruder Nding'uri. Er war mein Spielkamerad. Wir jagten sogar Antilopen zusammen, dabei rannten wir quer durch den dornigen Busch in meines Vaters Wald. Es ist uns nie gelungen, eine zu fangen . . . Aber das war lange vor 1952.«
»Ich habe ihn nicht gekannt . . . ich habe nur eine vage, verschwommene Vorstellung von ihm . . . aber erst kürzlich habe ich mehr über ihn erfahren und habe mir sein Bild durch einige Einzelheiten ergänzt . . . aber natürlich nur in meiner Vorstellung.«
»Es tut mir leid, was geschehen ist.«
»Sie meinen, daß er in Githinguri gehenkt wurde? Es war ein kollektives Opfer. Einige wenige mußten für unsere Freiheit sterben . . . Aber es ist sehr seltsam, wenn Sie jetzt sagen, daß Sie ihn kannten . . . Ich habe nicht einmal gewußt, daß ich einen Bruder hatte . . . daß er gestorben war – bis es mir Mukami sagte.«
»Mukami!«
»Ja . . . kurz ehe sie starb.«
»Mukami . . . meine Schwester . . . hast du sie . . . aber wie konnte sie wissen . . .?«
»Ich glaube, Ihr Vater hat es ihr gesagt.«
Ich versuchte, dies alles zu verstehen: Was hatte dieser Fremde mit meinem Vater und Mukami zu tun und mit dem viele Jahre zurückliegenden Tod von Nding'uri? Ich wollte mehr wissen – wollte wissen, wo oder wie Karega in das alles hineingeraten war . . . aber wie konnte ich einen Fremden, und dazu noch einen Jungen, über ein Geheimnis, das mit meiner eigenen Familie zu tun hatte, befragen?

Er war es, der das Thema wechselte und so tat, als seien diese Enthüllungen ganz nebensächlich und hätten mit seinem Besuch nichts zu tun.

»Aber deshalb bin ich nicht gekommen . . .«

»Ja . . .«

»Sie haben mich in Manguo unterrichtet, deshalb bin ich gekommen, erinnern Sie sich nicht?«

Drängende Beharrlichkeit hatte sich in seine Stimme eingeschlichen. Aber wie sollte ich mich denn erinnern? So viele Menschen hatten auf der Farm meines Vaters als Ahoi gelebt und gearbeitet. So viele Schüler hatten die Schulen durchlaufen, in denen ich früher unterrichtet hatte. Vielleicht konnte ich mich an einige wenige erinnern, aber dieser junge Mann, der hier vor mir saß? Warum sollte ausgerechnet ich all die Augen, die ich jemals unterrichtet hatte, irgendwo gespeichert aufbewahren? Ich wendete die Silhouette seines Gesichtes in meinen Gedanken hin und her. Ich schaute Karega an. Sein Gesicht sah gequält, jung, lebhaft aus, und plötzlich klärte sich der Nebel, und ich sah ihn vor mir, wie er vor sieben oder neun Jahren ausgesehen hatte. Er war in Manguo mein Schüler gewesen und hatte als einer der ersten einen Platz in Siriana bekommen. Das bedeutete damals eine große Ehre für die Schule und für die ganze Gegend. Obwohl er wußte, daß ich nicht der Schulleiter war, war er mit seinen Papieren zu mir gekommen und hatte um meine Unterschrift als verantwortlicher Älterer, der für den Charakter des Kandidaten bürgen konnte, gebeten etc. Wer war ich denn, daß ich die Moral der Menschen einstufen sollte? Aber ich nehme an, er muß es damals aus einem Gefühl der Kameradschaft heraus getan haben: Ich, der ich vor ihm dort gewesen war, sollte Zeuge seiner Abreise in höhere Sphären sein. Ich setzte damals meinen Namen unter die Dokumente und schob den nagenden Gedanken beiseite, daß – sollten sie jemals die Akten überprüfen – mein Name gegen ihn arbeiten würde. Und nun, viele Jahre danach kam er zurück, vielleicht um mir von einer neuen Reise in noch höhere Sphären zu berichten. Das war nun wirklich die richtige Belohnung für die Mühe des Unterrichtens: gelegentlich fand man einen, der die kühnsten Träume und die geliebtesten Hoffnungen, die man für ihn hegte, übertroffen hatte, und so jemand kam dann zurück, um einem zu danken, und man freute sich darüber. Plötzlich befand ich mich in einer leichten, euphorischen Stimmung. Ich vergaß meine Müdigkeit und auch Wanja. Ich schob meine Gedanken an Mukami und meinen Vater und alles, was damit zusammenhing, zur Seite. Ich mochte ihn schon ganz gerne, ich empfand es in der Tat als Ehre, den Besuch eines Mannes zu bekommen, der an der Universität studierte.

»Und du hast dir erfolgreich deinen Weg durch Siriana gebahnt? Bist du in *Makerere* oder in Nairobi? Wie ist das Leben an der Universität? Du weißt gar nicht, wieviel Glück du hast. Uhuru hat wirklich die Chancen für uns Schwarze verbessert. Wie viele Universitäten gibt es jetzt? Drei. Zu meiner Zeit gab es nur so viele höhere Schulen. Auf welcher Universität bist du also? Wenn ich heute auf die Universität ginge, dann würde ich gerne Jura oder Medizin studieren, für mich käme nichts anderes in Frage – nur Jura und Medizin – Rechtsanwalt oder Arzt. In diesen Berufen kann man natürlich viel Geld verdienen – aber als Lehrer? Wir arbeiten um einen Gotteslohn. Ich nehme an, du hast die Große Stadt nach einem Ferienjob abgeklappert? Taschengeld . . . ich weiß schon, wie das ist. Während meiner Zeit in Siriana bekam ich zwei Shillings von meinem Vater. Was studierst du?«

Ich hatte mit solcher Begeisterung über seinen Erfolg gesprochen, daß ich seine Unruhe als Bescheidenheit auslegte. Er drehte seine Tasse hin und her und stellte sie dann auf die Bank.

»Nun – die Tatsache ist die – ich habe niemandes Universität besucht – außer vielleicht die Universität der Straße. Ich bin von Siriana geflogen.«

»Geflogen?«

»Ja.«

»Von der Schule – von Siriana?«

»Ja.«

»Aber warum denn?«

Er war still, in sich zurückgezogen, wie wenn er die nervliche Kraft suchen würde, um den Sprung zu wagen.

»Es ist eine lange Geschichte. Haben Sie von dem Streik gehört?«

»Streik? Von welchem Streik – ich meine wo?«

»Es war gegen Ende letzten Jahres. Die Zeitungen, alle Tageszeitungen brachten Leitartikel darüber.«

Ich hatte nie viel Zeitung gelesen oder Radio gehört. Kaufte ich schon mal eine Zeitung, dann überflog ich nur die Schlagzeilen. Ich las nie Leitartikel noch sonstige wichtige Artikel oder Berichterstattungen, ganz besonders keine politischen. Das einzige, was ich las, waren Anzeigen und Kurzberichte, besonders über Mord. Die las ich begierig immer und immer wieder. Jetzt, wo er darüber gesprochen hatte, erinnerte ich mich daran, daß ich etwas von einem Streik in Siriana gehört hatte; aber in meinem Gehirn hatte es sich mit der Vergangenheit, die ich lieber vergessen wollte, vermischt, und ich hatte die Sache nicht weiter verfolgt. Ich sagte zu ihm:

»Ich lese kaum einmal eine Zeitung. Ich habe in meiner eigenen Welt gelebt. Aber ich meine, daß ich doch einmal etwas über einen Streik gehört habe, es ging ums Essen oder so etwas ähnliches.«

»Wenn Studenten sich beschweren, dann wird es immer auf das Essen geschoben«, bemerkte er ziemlich bitter. »Und die Zeitungen haben nie ein Wort über unseren Fall geschrieben, nur Leitartikel, die uns die Schuld zuschoben – die übliche Leier: so viel Geld der Steuerzahler wird ausgegeben, und die können an nichts anderes denken als an ihren vollen Magen! Solche Worte trösten sie in ihrer Verblendung. Aber ohne Zweifel haben Sie über Fraudsham gelesen?«

»Fraudsham, Cambridge Fraudsham?«

»Ja. Wissen Sie, daß er gegangen ist?«

Gegangen! Cambridge Fraudsham gegangen? Wie denn? Das konnte ich kaum glauben. Fraudsham war Siriana, und Siriana war Fraudsham. Ich verfluchte mein Desinteresse an Zeitungen. Wenn er ermordet worden wäre – aber so – Fraudsham! Meine offensichtliche Unwissenheit war für Karega wie eine kalte Dusche für einen Gast, der gerade das Haus betritt. Seine erregte Begeisterung legte sich, auch als meine Neugier und Aufregung noch stieg. Wieder ein Streik um Fraudsham, der in seiner Niederlage und endgültigem Ausscheiden endete. Seit jenem Abend habe ich Karegas eigene, unglaubliche Reaktion auf das Weggehen dieses Mannes gelesen. Seine Worte waren voll Poesie und Schönheit, Trauer und Triumph des Augenblicks:

> Ich kann es nicht glauben.
> Kann nicht glauben, daß unsere
> geeinte Kraft, nie erprobt zuvor,
> Berge versetzen kann, wo die
> Gebete von gestern versagt haben.
> Er war nicht da. Er war nicht
> mehr da, als das Horn geblasen wurde
> und die Fahne emporstieg –
> unsere Fahne. Drei Farben sind es,
> zu Recht sang der Dichter:
> Grün ist unser Land,
> Schwarz ist die schwarze Haut der Menschen
> und rot ist unser Blut.

Aber in jenem Augenblick, inmitten der neutralen Düsterkeit meines

Hauses, war mir seltsam zumute: Hier saß ich nun, die Glut der Neugierde war durch seine Offenbarungen zu brennender Intensität angefacht worden, und doch konnte ich ihm keine Fragen stellen. Es war Karega, der jetzt eine Frage nach der anderen losließ und mir kaum eine Atempause gönnte, um zu antworten oder darauf zu reagieren: in welchen Jahren war ich in Siriana gewesen? Ich sagte es ihm. Kannte ich wirklich Cambridge Fraudsham? Ja, ein wenig. Nun, dann mußte ich auch Chui gekannt haben, Shakespeare oder Joe Louis. Gegen meinen Willen stand ich auf. Was? Chui? Ich hatte das unheimliche Gefühl, daß vor meinen Augen eine längst totgeglaubte Vergangenheit wieder auferstand, und ich war auf diese Wiederkunft völlig unvorbereitet gewesen. Gleichzeitig wurde mir klar, daß ich Karega auf nicht wieder gutzumachende Weise enttäuscht hatte, ich, der ich vor seinen fragenden Augen als Hochstapler und Betrüger dastehen mußte. Auch er war jetzt aufgestanden. Trotz meiner Versuche gelang es mir nicht, ihn wieder zum Sitzen zu bewegen. So stand ich an der Tür und sah zu, wie er wegging. Die sinkende Sonne malte das Gras und den Busch in langen Schatten auf den Boden. Hatte er noch mehr herausfinden wollen? Was noch?

Wieder überraschte mich die Tiefe meiner Betroffenheit. Hatte ich denn nicht vor Jahren mit Fraudshams, Chuis, Sirianas, Streiks, Politik, mit all diesem Zeug Schluß gemacht? Hier und da hatte man gelegentlich von dem brillanten Erfolg der unter dem exzentrischen Schulleiter abgelegten Staatsexamen gehört, aber ich konnte mich nie wirklich mit dem Ruhm einer Schule identifizieren, die mich zurückgewiesen hatte. Warum sollte sie mich dann bis hierher nach Ilmorog verfolgen? Eine plötzliche Nostalgie nach der Zeit – sie lag noch nicht lange zurück –, in der meine Schule und Abdullas Laden mein Leben hier in Ilmorog waren, überfiel mich.

Ich hatte den Eindruck, daß ich mir noch eine weitere Tasse Tee machen sollte, ehe ich für die Feier zu Abdulla hinübergehen würde. Tee sei ein gutes Anregungsmittel, pflegte Pfarrer Hallowes Ironmonger zu sagen, und er stellte sich den Himmel immer als einen Ort vor, wo es unbegrenzte Mengen Tee und Würstchen gäbe. Da war ich schon wieder! Immer wieder trieb es mich zu jener Vergangenheit zurück. Es hatte mit Wanja begonnen, und während des vergangenen Monats hatte sich mein Leben in den zerbrochenen Gefäßen der Erinnerung abgespielt, hin und her zwischen diesem Gespenst einer Schule, dem Hinterhof von Abdullas Laden und Wanjas Herd.

Nein, ich durfte die Gegenwart nicht aus der Hand lassen. Meine

Fahrt heute nach Ruwa-ini, zum Beispiel. Würde Mzigo es jemals schaffen, nach Ilmorog zu kommen?

Es war mir jetzt gleichgültig, ob er kam oder nicht, obwohl ich noch vor kurzer Zeit befürchtet hatte, er könne plötzlich einmal auftauchen und, wenn er dann keine Schüler vorfinden würde, oder sähe, daß es nur so wenige seien, und daß jede Klasse nur den halben Tag Unterricht habe, daß er mich dann zurückversetzen würde an Orte und zu Menschen, die ich hinter mir gelassen hatte, und daß er mir damit die Herausforderung verweigern würde, im abgelegenen Dorf Ilmorog, meinem neuentdeckten Königreich, am Aufbau der Nation mitzuarbeiten.

So sehr ich mich auch bemühte, ich konnte diesen inkonsequenten Besuch eines früheren Schülers nicht aus meinen Gedanken verbannen. Der Besuch hatte zu viele Fragen unbeantwortet gelassen. Was war der geheime Zweck des Besuches gewesen? Was waren die wirklichen Hintergründe für den Streik in Siriana gewesen? Für Fraudshams Weggang und Chuis ebenso unerwartete Rückkehr? Ein kaltes Grauen vor Karegas Besuch überkam mich und setzte sich unangenehm in meinen Gedärmen fest. Aber vor was fürchtete ich mich eigentlich? Daß ich etwas gegenübertreten müßte, das ich für immer zurückgelassen hatte? Oder hatte ich einfach Angst davor, in das Leben und die inneren Kämpfe eines anderen hineingezogen zu werden, als einer, der nicht willens war, beim Ringen eines anderen mit Gott Zeuge zu sein. . . und Jakob blieb allein zurück. Da rang ein Mann mit ihm, bis die Morgenröte anbrach. Und als der Mann sah, daß er Jakob nicht übermochte, schlug er ihn auf das Gelenk seiner Hüfte, und das Gelenk der Hüfte Jakobs wurde über dem Ringen mit ihm verrenkt. Und er sprach:

»Ich lasse dich nicht, du segnest mich denn.« . . . Laß mich los, laß mich los, schrie es in mir, warum sollen die Stimmen der Vergangenheit geweckt werden?

Ich schloß die Tür und trat hinaus. Ich würde jetzt zu Abdulla hinübergehen. Wie wenn er meine Gedanken lesen könnte, fing Abdullas Esel an zu schreien, daß es weithin zu hören war, und irgendwie erschreckte es mich. Ich blieb stehen. Wo würde Karega um diese Tageszeit ein matatu-Taxi finden können? Dieser plötzlichen Regung folgend, ging ich zum Haus zurück, nahm mein Fahrrad von der Wand und raste hinter ihm her. Wenn er schon hier war, könnte er auch hier übernachten. Es würde mir die Möglichkeit geben, noch mehr Fragen zu stellen, über Siriana, Mukami, alles. Aber ich empfand, was ich auch bei meiner ersten Begegnung mit Wanja empfunden hatte, daß dies eine erneute Bedrohung meines mir selbst auferlegten Friedens in diesem Land darstellte.

4

Auch Wanja versuchte zwölf Jahre später, als sie sich im Krankenhaus von Neu-Ilmorog erholte, sich jene Zeit ins Gedächtnis zurückzurufen. Der Abend, an dem sie zum ersten Mal ihre Geschichte erzählt hatte, und das ängstliche Warten am Tag darauf stand noch groß und bedeutungsvoll vor ihrer gequälten Seele.

Der Gedanke, Josephs Rückkehr in die Schule und den Beginn der Ernte zu feiern, dazu noch ihre eigenen Erwartungen – alles war ihr eigenes, von ihr selbst inszeniertes Drama gewesen. Jetzt, im Krankenhaus, rief sie sich die Einzelheiten jenes lang vergangenen Tages ins Gedächtnis zurück.

Sie war früh wach geworden und hatte ihre Großmutter hinaus aufs Feld begleitet. Es war immer gut, die Bohnen früh am Morgen, ehe die Sonne zu heiß wurde, herauszunehmen. Diesmal spendeten ihnen die Maispflanzen, die zu langsam zu wachsen und zu reifen schienen, zusätzlichen Schatten. Es waren nur wenige Bohnenpflanzen, die herausgenommen und gedroschen werden mußten, und schon gegen Ende des Vormittags hatten sie alle Bohnen aus den Schoten gelöst. Die Bohnen füllten kaum einen Sisalsack.

»Was für eine Ernte!« rief Nyakinyua aus. »Unsere Erde scheint müde zu sein. Sie hat nicht genug Wasser bekommen, ihren Durst zu stillen. Früher erbrachte ein Stück Land dieser Größe acht oder zehn Säcke wie diesen hier.«

»Vielleicht wird der Mais mehr bringen«, wagte Wanja zu bemerken.

»Diese dünnen Stengel!« äußerte Nyakinyua mißbilligend und fügte kein weiteres Wort hinzu.

Sie brachten ihre Ernte nach Hause. Nyakinyua ging noch bei anderen Feldern vorbei, um zu sehen, ob ihre Nachbarn besser gefahren waren.

Wanja ging in Abdullas Laden. Es war Nachmittag. Sie wußte, daß noch keine Kunden da sein würden. Aber sie wollte ihre Arbeit als Barmädchen in Ilmorog beginnen, außerdem wollte sie die Zeit totschlagen, so ängstlich wartete sie auf das gemeinsame Feiern, ehe der Mond um Mitternacht aufgehen würde.

Den ganzen Nachmittag räumte Wanja Waren und Pakete auf den Regalen hin und her. An diesem Nachmittag waren die drei – Abdulla, Joseph und Wanja – sehr beschäftigt. Irgendwie hatten sie laufend irgend etwas zu tun gefunden. Joseph war gar nicht zur Schule gegangen, denn heute war die Schule wegen Muniras Abwesenheit in Ruwaini geschlossen. Sie hatten sich einen gründlichen Großputz vorgenommen. Wanja verlangte, daß Abdulla einige der Regale und auch den Tisch, der in einem der Hinterzimmer des Ladens als Bar diente, reparieren solle. Abdulla versprach, daß er es an einem der nächsten Tage eigenhändig tun würde. Wanja und Joseph fegten den Fußboden der Bar und spritzten Wasser auf den Staub. Draußen hatte sie ein Schild aufgehängt mit der Aufschrift LADEN UND BAR HEUTE NACHMITTAG WEGEN INVENTUR GESCHLOSSEN. Aber es gab sehr wenig Inventar, das aufgenommen werden mußte, und Kunden gab es besonders nachmittags noch weniger und in großen Abständen. Abdulla gefielen trotz alledem Wanjas Neuerungen, und die professionelle Ernsthaftigkeit, mit der sie ihre Arbeit verrichtete, gefiel ihm ganz besonders. Sie hatte die Situation völlig in der Hand und war so vertieft darin, hier und dort Staub zu wischen und Dinge in ein Heft einzutragen, daß sie die Müdigkeit der vormittäglichen Bohnenernte vergessen hatte. Abdulla konnte nur noch staunen: aus seinem Laden und aus seiner Bar konnte also doch noch etwas werden.

Gegen Ende des Nachmittags nahm sie das Inventurschild ab und hing dafür ein anderes auf. LADEN JETZT GEÖFFNET. Sie saßen hinter dem Ladentisch und warteten auf Kunden. Aber niemand kam. Schon wieder war sie auf den Beinen. Sie hängte nochmal ein anderes Schild auf. AUSVERKAUF WEGEN GESCHÄFTSAUFGABE, und aus einer Eingebung des Augenblicks heraus zeichnete sie noch einen Laden darauf und Leute, die in aller Eile hineinrannten.

Einige Kinder kamen, um sich Süßigkeiten zu kaufen. Sie lachten und machten ihre Bemerkungen über die kleinen Bildchen. Sie versuchten, die Worte auf dem Schild zu buchstabieren, und als sie die Worte Geschäftsaufgabe und Ausverkauf erkannten, rannten sie nach Hause, um ihren Eltern zu sagen, daß Abdullas Laden schließe und daß er Dinge herschenke.

Innerhalb weniger Stunden war der Laden voller Kunden, die aber bald den Fehler der Kinder entdeckten. Aber das neue Gesicht des Ladens gefiel ihnen, und einige blieben da, um zu schwatzen und Bier zu trinken. Wanja stellte ihnen Stühle auf die Veranda hinaus, daß sie dort sitzen und ihre Zeit mit Trinken und Gesprächen über die Ernte verbringen konnten. Aber auch sie gingen wieder weg, und Wanja saß geduldig hinter dem Ladentisch und wartete auf neue Gäste. Ihre Gedanken fingen an zu wandern. Heute abend würde der große, volle Mond aufgehen, heute war der Tag – auf heute abend hatte sie gewartet, seit sie nach Ilmorog gekommen war, und sie hoffte, daß nichts schiefgehen würde. Die Feier für Josephs bevorstehende Rückkehr zur Schule war nur ein Teil ihres Planes – ein Zufall, allerdings einer, über den sie echte Freude empfand. Angenommen, Munira käme nicht – aber er würde kommen, er mußte. Sie war sich ihrer Macht über die Männer irgendwie sicher, sie wußte, wie schwach sie angesichts ihres Körpers werden konnten. Manchmal hatte sie Angst vor dieser Macht, und oft schon hatte sie aus diesem Reich der Bars weglaufen wollen. Aber sie besaß ja sonst nicht viel andere Fähigkeiten und außerdem – der Schmerz der Erkenntnis ließ sie erschauern – hatte sie Freude an dem Hochgefühl gefunden, in das sie versetzt wurde, wenn ein kleiner Trick – ein Lächeln, ein gewisser Blick, vielleicht das Hochziehen der Augenbrauen oder eine Geste, die achtlos einen Kunden streifte – aus einem Mann einen Gefangenen und seufzenden Narren machte. Und doch hatte sie sich in Augenblicken nüchterner Selbsteinschätzung und nüchternen Nachdenkens nach innerem Frieden und Harmonie gesehnt. Denn diese kitzelnden Minuten, in denen Sieg und Ruhm des Augenblicks ihr gehörten, ließen oft eine Leere zurück, eine Lücke, die nur mit den stets häufiger genossenen Drogen erneuter Eroberungen gefüllt werden konnte. Während sie sich in der Tiefe einer solchen Leere abkämpfte, gelangte sie dann plötzlich zu der Erkenntnis, daß es auf die Dauer die Männer waren, die triumphierten und ihren Körper mit Füßen traten, sie erkauften sich mit Geld und schuldbewußtem Lächeln oder mit übertriebenen Eifersuchtsszenen die Absicherung gegen Bindungen, in die man hineingezogen werden könnte. Wie oft war sie auf der Suche nach jemand, auf den sie sich einlassen könnte, jemand, den sie umsorgen könnte und stolz darauf wäre, sein Kind zu tragen. Aus diesem Grund hatte sie es vermieden, direkt in das Geschäft einzusteigen, und deshalb war sie auch von ihrer Cousine weggelaufen, denn die wollte sie sofort auf den Markt werfen. Nein, sie zog Freundschaft vor – wie zeitlich begrenzt sie auch immer sein mochte. Sie genoß die Illusion, umworben und umkämpft zu sein, und genoß es, daß man ihr dafür – ohne daß sie darum bat – ein Kleid oder sonst etwas kaufte, um den Handel abzuschließen. Am liebsten saß sie an der Theke. Dort, auf einem hohen Barhocker, weg von dem ständigen Kommen und Gehen, konnte sie die Menschen beobachten, so daß sie sich bald eine gute Urteilsfähigkeit über die Gesichter der

Männer angeeignet hatte. Sie wußte, wer sympathisch und feinfühlig, wer grob, grausam und intelligent war, und sie wußte auch, wessen Unterhaltung und Gespräche ihr besondere Freude machen würde. Aber es war ihr nicht entgangen, daß hinter den meisten Gesichtern tiefe Einsamkeit, Ungewißheit und Angst herrschte, und das stimmte sie oft traurig und brachte sie zum Weinen. Sonst war sie nicht weiter grüblerisch, sondern befaßte sich gerne intensiv mit ihrer Arbeit, so daß Arbeitgeber sich sehr um sie bemühten. Sie tanzte gerne, hörte gerne Schallplatten und lernte die Texte der neuesten Platten auswendig. Ein- oder zweimal hatte sie versucht, etwas zu komponieren, aber es wollte ihr keine Melodie einfallen. Sie hatte immer den Wunsch, etwas zu tun – sie wußte nicht, was es war, aber sie fühlte, daß sie die Kraft besäße, es zu tun. Wenn Musik gemacht wurde, wenn jemand Gitarre oder Flöte spielte, dann spürte sie besonders diese Kraft in sich – die Kraft wozu? Sie wußte es nicht. Die Musik verwandelte sich oft für sie in Farben – leuchtende, sich bewegende Farben –, und dann mischte sie die Farben mit den Augen und Gesichtern der Menschen zu verschiedenen Mustern – aber nur, solange die Musik dauerte. Sie wanderte von Ort zu Ort, um ES zu suchen, oder um einen Mann zu suchen, der ihr ES zeigen würde. Und auf einmal hatte sie das Gefühl, als wüßte sie es. Ein Kind. Ja. Ein Kind.
Danach schrie ihr Körper. Auf Grund ihrer ersten Erfahrung hatte sie gelernt, sich vorzusehen. Aber nun ließ sie alle Vorsichtsmaßnahmen beiseite und wartete. Ungefähr ein Jahr lang hatte sie es versucht. Je länger sie aber kein Anzeichen dafür entdecken konnte, desto mehr wurde es ihr zur Notwendigkeit, bis sie schließlich die Marter nicht mehr ertragen konnte und gekommen war, um ihre Großmutter um Rat zu bitten. Nyakinyua hatte sie zu Mwathi wa Mugo gebracht, und er war es – oder vielmehr seine Stimme –, der den heutigen Abend vorgeschlagen hatte, den Vollmond. Aber über ihre erste Schwangerschaft hatte sie nichts gesagt.
Auf den Abend kamen keine weiteren Kunden. Sie fing an, nervös zu werden. Selbst Munira hatte sich geweigert zu kommen. Trotz seines Versprechens. Es schmerzte sie. Irgend etwas war mit dem heutigen Tag nicht in Ordnung. Irgend etwas war verkehrt. Vielleicht würde sogar der Mond überhaupt nicht aufgehen. Vielleicht – wer war eigentlich Mwathi? Eine Stimme! Nur eine Stimme hinter einer Mauer. Welcher Aberglaube!
»Abdulla – bitte – ich möchte nach Hause gehen«, sagte sie plötzlich zu Abdulla, als sie mitten in einem Drink war.

»Ich weiß nicht, warum Munira nicht gekommen ist. Vielleicht wurde er in Ruwa-ini aufgehalten. Aber es ist noch früh, und er kann immer noch kommen . . .«
»Trotzdem«, sagte sie, »ich muß gehen.« Abdulla war über den schnellen Wechsel ihrer Stimmungen überrascht. Aber er freute sich über ihre Arbeit und das neue Aussehen des Ladens.
»Ich werde dich ein Stück weit begleiten.«
»Den ganzen Weg«, sagte sie mit einem plötzlichen Lachen. »Was für eine Feier! Joseph fing nicht mit der Schule an, die Bohnenernte war nicht gut, Munira ist nicht gekommen, ich habe nicht viel Bier verkauft.« Nachdenklich fügte sie hinzu:
»Wird der Mond wirklich am Himmel aufgehen?«

*

Karegas Vater und seine zwei Frauen hatten in den 20er Jahren Limuru verlassen und waren in das *Rift Valley* gezogen. Sie hatten als *squatters* auf verschiedenen europäischen Farmen gelebt, das bedeutete, daß sie ihre Arbeitskraft zur Verfügung stellten und dafür Weide- und Anbaurechte auf dem Land des Siedlers bekamen. Man gab ihnen ein Stück Land im Busch, sie rodeten es, und nach einem Jahr wurden sie von dort weggejagt, um ein neues Stück jungfräuliches Land für den europäischen Grundbesitzer urbar zu machen. So waren sie von einem Grundbesitzer zum anderen gezogen, bis sie schließlich in Elburgon landeten. Als sie soweit gekommen waren, hatten sie keine Ziegen mehr; entweder waren sie gestorben, oder sie hatten irgendwelche Strafen damit bezahlen müssen, oder aber sie waren gezwungen worden, sie zu verkaufen, »als Vorbeugungsmaßnahme gegen Zeckenbefall und andere Krankheiten«, und so war ihnen nichts anderes übriggeblieben, als für Lohn auf den Farmen der europäischen Siedler zu arbeiten.
In Elburgon hatten sein Vater und seine Mutter sich entzweit. Sie beklagte sich über ihre dreifachen Pflichten: gegenüber ihrem Kind Nding'uri, ihrem Mann und gegenüber dem europäischen Gutsbesitzer.
Man erwartete von ihr, auf den europäischen Farmen zu arbeiten, auf ihrem eigenen Stück Land zu arbeiten und die Familie einig, gesund und im Frieden zu erhalten. Gleichzeitig bekam sie nie einen Pfennig vom Erlös ihrer eigenen Produkte zu sehen. Ihr Mann nahm alles und verkaufte es an eben den europäischen Farmer, bei dem sie arbeiteten,

und der bestimmte den Kaufpreis. Ihr Mann wiederum gab ihr nur gerade genug Geld, um Salz zu kaufen. Sie lehnte sich dagegen auf: sie würde nicht mehr länger für nichts auf der Farm des Siedlers arbeiten, und sie forderte Mitspracherecht beim Verkauf ihrer Produkte.
Aus Frustration schlug er sie. Sie nahm Nding'uri und rannte zurück nach Limuru, wo sie Muniras Vater um Anbaurechte bat. Zuerst hatte Bruder Ezekiel die Bitte abgelehnt, aber als er ihre Augen sah, überkam ihn plötzlich die Schwachheit des Fleisches, und er erlaubte ihr, eine Hütte zu bauen; er versicherte sich aber, daß sie da baute, wo er sie besuchen konnte, ohne gesehen zu werden. Trotzdem hatte sie sich ihm verweigert. Von da an wurde seine Schwäche und ihre Weigerung eine Art Band zwischen ihnen, ein gemeinsames Geheimnis. Er fürchtete, daß sie ihn vor der Welt bloßstellen würde.
Aber sie war an einer Bloßstellung nicht interessiert. Sie hatte ihren Sohn Nding'uri zu versorgen. Er war ein hochgewachsener junger Mann mit einem großartigen Selbstvertrauen. Es gab nichts, was ihn beunruhigen konnte, und während der beschwerlichen Zeiten des Zweiten Weltkrieges, ebenso wie während der *Cassava*-Hungersnot, war er ihre hauptsächliche Stütze gewesen und hatte oft ihre Angst und Sorge um ihn mit einem Lachen beiseite geschoben. Er war es gewesen, der eine Versöhnung mit ihrem Mann vorgeschlagen hatte. Sie hatte sich geschämt, daß ein Sohn das sagen mußte, und war für kurze Zeit zu ihrem Mann nach Elburgon zurückgekehrt, der seinen Frauen noch eine *Nandi*-Braut hinzugefügt hatte. Die Versöhnung dauerte genau einen Monat, und dann tauchten nach demselben Muster wie zuvor die gleichen Streitigkeiten wieder auf. Sie rannte wieder weg, aber Karega war das Produkt dieser kurzen Vereinigung.
Munira und Karega betraten den Laden, kaum daß Wanja und Abdulla weggegangen waren. Sie waren beide, jeder auf seine Art, in Gedanken versunken, über eine Vergangenheit, die sie nicht verstehen konnten. Joseph stand bereit.
»Schon gut, Joseph. Wir brauchen nur zwei Flaschen Tusker«, sagte Munira.
»Ich trinke nicht«, sagte Karega. »Kann ich bitte ein Fanta haben?«
»Weißt du, was Fanta heißt? Foolish Africans Never Take Alcohol. Dumme Afrikaner trinken nie Alkohol. Wie du siehst, bin ich ein eifriger Anzeigenleser. Gelegentlich strenge ich auch meinen Kopf an, um selbst Werbesprüche zu machen.«
»Die Schwierigkeit ist nur die, daß Werbesprüche oder andere Aussagen, die nicht echt fundiert sind, beliebig für irgend etwas benutzt

werden können. Phrasen wie ›Demokratie‹ oder ›Freie Welt‹ zum Beispiel werden so benutzt, daß sie das Gegenteil bedeuten. Es hängt natürlich davon ab, wer es wo, wann und zu wem sagt. Ihr Werbespruch zum Beispiel. Er könnte auch heißen Fit Africans Never Take Alcohol, Afrikaner die fit sind, trinken nie Alkohol. Wir haben beide recht. Aber wir sind auch beide im Unrecht, weil Fanta ganz einfach eine amerikanische Limonade ist, die hier in Ilmorog verkauft wird.«
Munira lachte und dachte dabei: er nimmt die Dinge zu ernst und fängt auch schon an, mir Vorlesungen zu halten, die er wahrscheinlich aus einem Buch hat!

So trank er eben alleine sein Bier und zog sich in seine eigene private Gedankenwelt zurück. Er hatte Karega eingeholt, und es war ihm gelungen, ihn zu überreden, die Nacht hier zu verbringen. Aber er wußte nicht, wie er das Thema ihrer früheren Unterhaltung wieder anschneiden sollte.

Es war offensichtlich, daß Karega jede Anspielung darauf vermied. Munira ließ in seinen Gedanken Bilder entstehen von Siriana, den Ironmongers, Fraudsham, Chui, Nding'uri, Mukami – ihr Bild erschien ihm am lebendigsten. Sie war von heiterer Schönheit gewesen, aber mit schelmischen Augen, besonders wenn sie lachte. Für handgreifliche Späße war sie immer zu haben gewesen. Einmal hatte sie eine Reißzwecke auf einen Stuhl gelegt – er hatte sich daraufgesetzt und war zu jedermanns Belustigung schnell wieder aufgesprungen. Er hatte sich sehr darüber geärgert. Später erzählte sie ihm, daß es für ihren Vater beabsichtigt gewesen sei – sie hätte gerne gesehen, wie er mit seinem heilig aussehenden Gesicht darauf reagiert hätte. Munira hatte damals gelacht. Wie und wo paßte Karega in dieses Bild? Dies war ein Fall, in dem Geschichte sich wiederholte, und tatsächlich schien das Klischee für ihn im Augenblick neue Bedeutung zu erlangen. Gab es jemals etwas, das sich wiederholte? Er öffnete die zweite Flasche Tusker und goß das Bier in sein Glas. Er beobachtete, wie der Schaum in einen dünnen, weißen Ring voller Bläschen zusammenfiel. Er beobachtete, wie die Luftbläschen nach oben schossen. Vor 1952 waren derartige Getränke Afrikanern nicht erlaubt gewesen, und als Junge hatte sich Munira diese Bläschen zuckerig und süß vorgestellt. Er konnte die zweite Flasche nicht leertrinken. In unserer Magengrube kann sich eine Art Niedergeschlagenheit, ein Tropfen Säure, festsetzen, und noch so viel Bier kann es nicht herausschwemmen. Sein Abend mit Wanja war ruiniert. Er würde sie nicht nach Hause begleiten können, denn sie war schon dort. Aber er brauchte jetzt eine

menschliche Stimme, um dieses Gefühl in seinem Inneren loszuwerden. Er kaufte sechs Flaschen Tusker.
»Komm, wir gehen hinüber zu Wanja«, sagte er zu Karega. Wieder wechselten sie kaum mehr als zwei Worte auf dem ganzen Weg zu Wanjas Hütte. Er klopfte und war dankbar, als er die Tür in den Angeln quietschen hörte, denn nun würde er Gesellschaft haben, um Karegas vorwurfsvolle Stille zu absorbieren.
»Karibu, Mwalimu, karibu«, rief Wanja. »Oh, du hast noch einen Gast mitgebracht. Du verstehst es wirklich, Wärme in mein Haus zu bringen.«
»Sein Name ist Karega. Ich traf ihn wartend vor meinem Haus an, und dann haben wir uns ein bißchen unterhalten.«
»Aber erzählt nicht im Stehen. Setzt euch.«
»Karibu, Mwalimu«, sagte Abdulla.
»Du hättest Karega mit in den Laden bringen sollen, wir wollten doch zusammen feiern. Du warst an der Reihe, um Wanja heute nach Hause zu begleiten.«
»Abdulla, du überraschst mich. Du meinst, du hast dich nicht gefreut, ein Mädchen nach Hause zu begleiten?« sagte Wanja mit gespieltem Ärger.
»Ich möchte nur sicherstellen, daß ich morgen trotzdem noch an der Reihe bin«, lachte Abdulla.
Die Hütte war von der Gaslampe, die auf einem kleinen Tisch am Kopfende des Bettes stand, hell erleuchtet. Abdulla wurde vom Schatten des gefalteten Vorhangs, den Wanja üblicherweise benutzte, um das Bett vom Wohnraum zu trennen, ein wenig versteckt. Aber sein Gesicht glühte, und ein helles Strahlen lag in seinen Augen. Munira übergab Wanja die sechs Tusker, die er gebracht hatte und setzte sich in einen gepolsterten Armstuhl neben dem kleinen Tisch. Karega saß neben Munira, sein Schatten fiel auf Muniras Gesicht. Wanja fing an, in einem kleinen Schrank an der Wand nach einem Flaschenöffner zu suchen.
»Laß nur«, sagte Abdulla.
»Willst du sie mit den Zähnen aufmachen?« fragte sie.
»Bring mir das Bier her.«
Er hielt eine Flasche mit der linken Hand auf seinem Knie fest, dann, mit einer anderen Flasche in der Rechten, fügte er die Rillen der Flaschendeckel ineinander und öffnete die erste Flasche mit einem explosiven Knall. Mit der Unbekümmertheit eines Schauspielers vor einem gefesselten Publikum wiederholte er diese Vorführung zweimal.

»Wie machst du das bloß?« fragte Wanja. »Ich habe schon oft gesehen, wie sie es in den Bars machten, aber ich habe nie den Trick entdeckt.«
Sie füllte ihre Gläser, während Abdulla versuchte, das Kunststück zu demonstrieren.
»Ich rühre Drinks nicht an.«
»Möchtest du gerne ein Glas Milch?«
»Es ist seltsam, heutzutage einen jungen Mann zu treffen, der nicht trinkt,« kommentierte Abdulla. »Du solltest dabei bleiben. Aber ich fürchte, daß wir dich in einigen Wochen wiederfinden werden, völlig ertränkt in Wein . . . und Frauen.«
»Ich hoffe, fest zu bleiben.«
»Gegenüber wem? Wein oder Frauen?« fuhr Abdulla beharrlich fort.
»Abdulla, wie kannst du nur Frauen und Wein in einen Topf werfen? Er wird sich für die Frauen entscheiden und euch beiden den Wein lassen. Milch?«
»Nein. Gib mir ein bißchen Wasser. Ein Glas Wasser.«
Sie holte ihm Wasser und setzte sich dann auf das Bett zwischen Munira und Abdulla.
»Du solltest dir einen Job als Flaschenöffner beschaffen«, sagte sie zu Abdulla.
»Gib doch eine Anzeige auf«, mischte sich Munira ein.
»Erfahrener Flaschenöffner sucht gut bezahlte Stelle.«
»Munira, hast du Karega erzählt, daß wir feiern, weil deine Schule einen neuen Schüler bekommen hat?«
»Nein, aber er hat Joseph eben kennengelernt. Joseph ist Abdullas jüngerer Bruder und fängt am Montag mit der Schule an.«
Karega schaute etwas verwirrt drein.
»Das ist wirklich kein besonderer Grund zum Feiern«, erklärte Abdulla. »Es stimmt, daß er wieder in die Schule zurückgeht, aber so sollte es ja sein. Wir feiern neues Leben in Ilmorog und den Beginn der seit langem erwarteten Ernte.«
»Wie war die Ernte? Hat sie einen guten Ertrag erbracht?« fragte Munira.
»Nein, sie hat nicht viel erbracht«, sagte Wanja. »Glücklich der Farmer, der zwei *gunias* Bohnen füllen kann.«
»Vielleicht der Mais . . .«, sagte Munira.
»Auch der sieht nicht nach viel aus, obwohl mein Esel für die trockenen Stengel dankbar sein wird«, antwortete Abdulla. »Oder was denkst du, Wanja? Du bist Barmädchen und Farmer zugleich.«

Aber Wanja hörte das Kompliment nicht. Sie schaute das immer noch ernste Gesicht Karegas an.
»Karega . . .«, sagte sie laut. »Was für ein komischer Name!«
»Ritwa ni mbukio«, zitierte Karega das Sprichwort. »Jemand hat vor langer Zeit einmal gefragt: Was ist ein Name? Seine Antwort war, daß eine Rose immer eine Rose bleiben würde, auch unter einem anderen Namen.«
Wie aus dem Buch gesprochen, dachte Munira wieder. Wanja entgegnete ihm:
»Aber dann wäre es keine Rose mehr, es wäre der andere Name, oder nicht? Eine Rose ist und bleibt eine Rose.«
»Namen sind etwas Komisches. Ich heiße nicht wirklich Abdulla. Mein Name ist Murira. Aber ich taufte mich selbst Abdulla, und nun nennen mich alle so.«
»Willst du sagen, du hättest gedacht, Abdulla sei ein christlicher Name?« fragte Wanja.
»Ja. Ja!«
Alle lachten. Selbst Karega. Abdulla nahm noch eine Flasche und wollte sie öffnen. Munira sagte: »Laß mich mal versuchen, ich könnte doch stellvertretender Flaschenöffner werden.«
»Oh, Mwalimu«, schrie sie voll Wonne. Sie war jetzt wirklich in Stimmung, ohne eine Spur des kummervollen Gesichts und der gequälten Stimme von gestern oder vom früheren Abend.
»Abdulla hat mir unmögliche Geschichten erzählt. Habt ihr gewußt, daß er in den Wäldern gekämpft hat? Manchmal hatten sie viele Tage lang nichts zu essen und zu trinken, sie hatten ihren Körper auf wenig Nahrung eingestellt. Ich bin sicher, ich wäre dabei gestorben. Abdulla, du wolltest mir eine Geschichte über Dedan erzählen – *Dedan Kimathi.*«
Bei dieser Eröffnung zog sich Muniras Magen etwas zusammen. Wenn man auf jenen Teil des Krieges zu sprechen kam, überkam ihn immer eine unbestimmbare Angst; auch fühlte er sich schuldig, als ob er etwas unterlassen habe, was er hätte tun sollen. Es war die Schuld des Unterlassens – andere junge Männer seines Alters hatten teilgenommen, sie hatten Partei ergriffen; und das zeichnete sie als Menschen aus, die sich der Prüfung unterzogen und entweder durchgefallen waren oder bestanden hatten. Aber er hatte sich der entscheidenden Prüfung nicht unterzogen. Genau wie in Siriana. Er schaute Karega an, der heute jene andere Vergangenheit wieder aufgerollt hatte. Er hatte immer noch die beiden Flaschen in der Hand. Karega richtete sich auf,

sein ganzer Körper war gespannt vor Neugierde. Er starrte auf Abdulla; wieder war er bereit, die erlebte Vergangenheit eines anderen zu verschlingen. Wanja sah zu Abdulla hinüber, sie dachte, jetzt würde er ihnen das Geheimnis um sein verkrüppeltes Bein erzählen. Abdulla räusperte sich. Sein Gesicht hatte sich verändert. Er schien plötzlich in einem Land zu sein, das ihnen verborgen war, ein Land, das weit zurück in einer Vergangenheit lag, die nur er verstehen konnte. Er räusperte sich wieder – gleich einem verlängerten, leisen Brüllen. Plötzlich flog Munira ein Flaschendeckel aus der Hand. Wanja und Karega warfen ihre Arme schützend vors Gesicht, und dabei mußte jemand den Tisch angestoßen haben, auf dem die Lampe stand. Das zerbrechende Glas klirrte, als sie herunterfiel. Das Licht ging aus. Dunkelheit umhüllte sie. Karega sah als erster das andere Licht. Eine kleine Flamme hatte den zusammengefalteten Vorhang erfaßt. Mit Entsetzen in der Stimme schrie Wanja »Feuer!«, aber da war Abdulla schon aufgesprungen gewesen und hatte die Flammen gelöscht. Es war alles in einem Augenblick geschehen.

Munira zündete ein Streichholz an. Wanja sagte: »Hinter dir, Karega, ist eine *nyitira*.« Karega gab die *nyitira* an Munira weiter, der sie anzündete. Aber es war ein armseliger Ersatz für die Lampe. Das Licht war fahl, und ihre Gesichter und die Schatten auf der Wand waren groß und grotesk.

Wanja kehrte das Glas zusammen, hob die Lampe auf und wandte sich dann an Munira.

»Es macht gar nichts. Du kaufst mir eine neue und auch eine Schachtel mit Dochten. Abdulla, wir müssen uns um die Vorräte in deinem Laden kümmern.«

Ihre Stimme zitterte, und sie schwieg, kalte Stille erfüllte die Hütte. Die Schatten an der Wand bewegten sich im grotesken Rhythmus des unsteten Flackerns der rauchenden, dünnen Flamme der Nyitira. Wanja goß ihnen nochmal ein. Munira wollte von einem Werbespruch über Bier erzählen, damit sie weitertrinken und das belanglose Gespräch fortsetzen könnten, aber er besann sich anders. Das Bier blieb unberührt. Karega wartete hoffnungsvoll darauf, daß Abdulla die Geschichte von Dedan Kimathi erzählen würde. Aber Abdulla stand unverhofft auf, entschuldigte sich und sagte, es sei Zeit zu gehen. Es könnte ja sein, daß eine Hyäne Joseph zum Narren hielte. Karega war enttäuscht und starrte auf den Boden, als ob er mit Abdullas Weggang das Interesse an der ganzen Gesellschaft verloren habe. Wanja schaute ihn an, und etwas wie ein kleines, verwirrtes Stirnrunzeln huschte über ihr Gesicht, um gleich wieder zu verschwinden. Sie stand auf und schaute nach ihrem Schal, den sie sich um den Kopf schlang und über die Schultern fallen ließ. Wieder wandte sie sich Karega zu, und für den Funken eines Augenblicks lachten ihre Augen. Karega fühlte plötzlich, wie ihm das Blut durch die Adern schoß. Aber ihre Stimme war ernst und voll echter Freundlichkeit. »Bitte, Mr. Karega, bewachen Sie mir das Haus für eine kleine Weile.« Dann an Munira gewandt – ein Unterton leichter Ungeduld hatte sich in ihre Stimme eingeschlichen – »Komm, Mwalimu, geh mit mir spazieren, nur ein kleines Stück. Ich habe ein Problem, das nur du lösen kannst!«

*

Sie gingen still über die Höfe der Dorfhäuser, auf Pfaden, die zwischen den einzelnen Feldern hindurchführten. Hier und da fingen sie Stimmen von Müttern auf, die ihren Kindern zuriefen, sie sollten sich beeilen, warum mußten sie sich auch so vollstopfen, sie würden noch von Hyänen gefressen. Außer den Hunden des Dorfes, die dauernd bellten, war auf dem Bergrücken alles still. In Muniras Kopf wirbelten viele Gedanken durcheinander. Wer war Abdulla? Wer war Karega? Wer war Wanja? Was wollte sie jetzt von ihm? Er fühlte sich schuldig wegen seiner Ungeschicklichkeit, die jedem die Stimmung verdorben hatte. Aber als sie sich oben auf dem Berg von Ilmorog ins Gras setzten, verscheuchten die Schläge seines Herzens unangenehme Gedanken, Wärme durchströmte seinen Körper, als er sie in der Dunkelheit so kraftvoll in seiner Nähe atmen spürte. Der einzige seiner vielen Gedanken, der seinen Weg in Worte fand, war ziemlich irdisch und hörte sich in der Dunkelheit seltsam an:
»Ich habe dir zwei Kilo langkörnigen Reis gekauft. Aber ich habe vergessen, ihn mitzubringen.«
»Das macht nichts«, sagte sie mit stiller, abwesender Stimme. »Du kannst ihn morgen mitbringen. Außerdem hattest du Besuch. Wer ist er?«
»Es ist alles sehr seltsam. Vor einigen Wochen erzählte ich dir von Siriana und Chui und alledem. Heute kommt dieser junge Mann, den ich einmal in einer Schule in Limuru unterrichtet habe und erzählt mir von Siriana und einem Streik und erwähnt Chui. Fast eine genaue Wiederholung meiner Vergangenheit. Aber unglücklicherweise hat er nicht zu Ende erzählt.«
Und er berichtete ihr noch ein wenig mehr über seine Begegnung mit

Karega. Aber alles, was sich auf Nding'uri und Mukami bezog, ließ er weg. Karega wußte etwas über Muniras Vergangenheit – wie konnte Munira sie von den Ängsten wissen lassen, die durch Karegas Besuch in ihm wach geworden waren? »Daß er auf derselben Schule gewesen war wie ich und dasselbe Schicksal erlitten hat, das war doch sehr seltsam«, schloß Munira und wartete auf Wanjas Antwort.

Aber sie hatte nur halb zugehört. Ihr Kinn ruhte auf ihren Knien, die sie mit beiden Händen umschlossen hielt; so saß sie und betrachtete die Ebene von Ilmorog, die unter ihnen lag. Sie sann über Bilder nach, die sie im Geist lebendig vor sich sah, von Orten und Situationen, an denen sie einmal gewesen war. Obwohl sie versuchte, es vor sich selbst zu verstecken, wußte sie, daß diese Situationen unauslöschlich Teil ihrer tiefsten Erinnerungen an Schmerz und Verlust waren, an vergangene Siege und Niederlagen, an Eroberungen des Augenblicks und Demütigungen, und an Resolutionen, von Neuem zu beginnen, die doch nur immer wieder Fehlstart ins Nichts gewesen waren. Sie redete jetzt leise, fast schien es, als spräche sie zu sich selbst und hielte Zwiesprache mit einem Ich, das nur eines aus einer unzählbaren Menge anderer Ichs war.

»Du sprichst von der Vergangenheit, die dich besucht hat . . . Es gibt ein Bild, an das ich immer denken muß. Wo immer ich hingehe, was immer ich tue . . . verfolgt es mich. Es war vor langer Zeit. 1954 oder 1955, auf alle Fälle in dem Jahr, als wir in die ›Dörfer‹ ziehen mußten und andere in ›Reihen‹. Du erinnerst dich, daß einige Leute in der Nähe von Kabete nicht in richtige ›Dörfer‹ umzogen, sondern auf jeder Seite der Straße entlang Häuser bauten, eines neben dem anderen; aber wir nannten das trotzdem ›Dörfer‹. Meine Cousine – aber zuerst muß ich dir noch mehr von ihr erzählen. Sie hatte einen Mann geheiratet, der sie dauernd schlug. Nichts konnte sie ihm recht machen. Er fand immer eine Ausrede, um sie zu schlagen. Er beschuldigte sie, daß sie sich mit anderen Männern herumtriebe. Wenn sie etwas Geld von ihrer Arbeit auf dem Feld hatte, nahm er es an sich, vertrank es und kam dann nach Hause, um sie zu schlagen.

Eines Tages nahm sie einfach ihre Kleider und rannte von zu Hause weg in die Stadt. Später wurde ihr Mann einer der Speerträger des weißen Mannes – du weißt schon – *Home Guard,* er war für seine Grausamkeit berüchtigt und dafür, daß er die Leute beschuldigte, zu den Mau-Mau zu gehören, und dann ihre Hühner und ihre besten Schafe und Ziegen aufaß . . . Wie dem auch sei, meine Cousine pflegte hin und wieder aus der Stadt zurückzukommen und sich im Glanz ihrer

neuen Kleider und neuen Ohrringe zu zeigen. Alle Männer – diejenigen, die noch da waren – schauten ihr mit lüsternen Blicken nach. Man sagt, daß ihr Mann vor ihr weinte und zitterte, als er sie um Verzeihung bat. Voll Verachtung hatte sie seine Annäherungsversuche zurückgewiesen. Wir Kinder liebten sie, denn sie brachte uns immer etwas mit . . . Reis . . . Zucker . . . Süßigkeiten . . ., und damals waren die Zeiten mager für uns alle. An einem Samstag kam sie mit ihren üblichen Geschenken nach Hause. Meine Tante nun – die leibliche Schwester meiner Mutter – verkaufte ihre Waren immer auf dem Markt. An jenem Tag hatte sie sich wohl auf dem Markt verspätet, und so kam meine Cousine zu uns. Wir bewunderten alle ihr Kleid, ihre weißen, hohen Absätze – wie oft liefen wir auf der Straße hinter ihr her – einfach alles. Sie glich wirklich den Bildern europäischer Frauen, die wir in Büchern gesehen hatten. Ja, selbst ihre Haltung und die Art, wie sie ihr Kinn hochhielt wenn sie sprach, hatte *staili*. Es war dunkel geworden. Meine Cousine stand auf und sagte, sie würde jetzt hinausgehen zur Latrine und dann auch nachsehen, ob ihre Mutter vom Markt zurückgekommen sei. Meine Mutter, die seltsam still war, schaute ihr nach, wie sie hinausging, und ich sah Mißbilligung in ihren Augen. Da hörten wir einen Schrei. Es war – es war – es ließ Worte und Blut erstarren – man kann es schwer beschreiben, denn es war überhaupt nicht wie der Schrei eines Menschen. Mein Vater, meine Mutter und wir Kinder rannten nach draußen. Bei dem Anblick, der sich ihr nur einige Meter weit weg bot, schrie meine Mutter; aber ich konnte weder schreien noch weinen, nur Urin tröpfelte an meinen Beinen hinunter. ›Meine Schwester, meine einzige Schwester‹, schrie meine Mutter und stürzte auf die brennende Gestalt meiner Tante zu. Da stand sie vor ihrer brennenden Hütte, sie brannte lichterloh und gab keinen Laut von sich . . . nur . . . nur tierische Stille.
Dann hörte man andere schreien und rennende Füße und Lärm . . . ›Löscht das Licht . . . löscht das Licht!‹ waren ihre letzten Worte.«
Munira schaute etwas beunruhigt um sich. Es war ihm, als geschähe dies jetzt, in Ilmorog. Er fühlte das Entsetzen in Wanjas Stimme, er fühlte auch die Verzweiflung, die hinter dem lässigen Ton, mit dem sie alles erzählt hatte, versteckt war.
»Später sagte man, daß sie vielleicht beim Anzünden einer *nyitira* Feuer gefangen habe und daß die Flammen mit dem Öl auf ihre Kleider gespritzt seien. Aber es war eindeutig, daß der Mann meiner Cousine es getan haben mußte. Er hatte wahrscheinlich gedacht, daß die Stadtfrau, die ihn verworfen hatte, in der Hütte sei.«

»Aber es ist ein entsetzlicher Tod . . . die Schmerzen . . . das hilflose Entsetzen.«
»Kein Tod, außer dem Tod des Alters, ist ohne Schmerzen. Aus irgendeinem Grund weigerte ich mich zu glauben, daß es der Mann meiner Cousine war, der es getan hatte. Ich wollte nicht glauben, daß irgend jemand so grausam sein konnte. Es ist wirklich kindisch von mir – aber es gefiel mir zu glauben, daß sie sich selbst verbrannt hatte, wie die Buddhisten; dabei denke ich an das Wasser und das Feuer des Anfangs und an das Wasser und das Feuer der Wiederkunft, das unserer Erde voll menschlicher Grausamkeit und Einsamkeit Reinheit bringen wird und sie reinwaschen wird. Mwalimu. Ich will dir etwas sagen. Es gibt Zeiten – nicht oft, aber manchmal, wenn ich mich an gewisse Dinge erinnere – da könnte ich mich anzünden. Und dann würde ich auf den Berg rennen, und jeder könnte sehen, wie ich bis auf die Knochen gereinigt würde.«
»Wanja . . . hör auf damit . . . von was redest du eigentlich?«
»Meine Tante war eine ehrbare Frau gewesen«, fuhr sie fort. »Sie war sehr lieb mit uns Kindern. Ihr Mann gehörte zum inneren Kern der Mau-Mau-Kämpfer. Ich war noch stolzer auf sie, als ich später erfuhr, daß sie immer Gewehre und Munition in Körben unter dem Mehl versteckt in die Wälder getragen hatte. Sie war nicht Christ und lachte über die frömmelnde Art meiner Mutter. Aber sie liebten einander. Meine Mutter respektierte sie auf ihre Weise – ihr Tod hatte sie sehr berührt. Einmal sagte mein Vater: ›Es war wahrscheinlich Gottes Hand . . . weil sie den Terroristen geholfen hat.‹ Das war der Anfang des Zerwürfnisses meiner Eltern, dessen Opfer ich später werden sollte.«
Sie schwieg. Einige Sekunden lang überließ sie sich ganz diesem nach innen gerichteten Blick.
»Nein«, sagte sie, wie wenn sie die Zwiesprache mit einem ihrer verschiedenen Ichs fortsetzte . . . »Ich glaube nicht, daß ich mich jemals selbst verbrennen könnte. Habe ich dich erschreckt? Ich habe nur so geredet. Ich habe entsetzliche Angst vor Feuer. Deshalb war ich auch so außer mir in der Hütte, als ich die Flammen sah. Ich möchte gerne wieder eine Arbeit finden.«
»Wanja . . . sag mir, was ist mit deinem Kind geschehen?«
Er fühlte mehr, als daß er es sah, wie ihr Körper von einem Schaudern erfaßt wurde. Er wünschte, er hätte nie gefragt. Er wußte nicht, wie er ihrem stillen Schluchzen begegnen sollte.
»Wanja, was ist los?« fragte er ängstlich.
»Ich weiß nicht. Ich fühle mich fiebrig. Ich dachte, der Mond würde

heute nacht aufgehen. Welch sinnlose Nachtwache auf einem Berg! Bitte, bring mich nach Hause.«
Schweigend gingen sie zurück, so wie sie auch gekommen waren. Sie fanden das Licht gelöscht. Karega war gegangen. Er nahm ein Streichholz und zündete die *nyitira* an. Wanja sagte: »Bitte, mach es wieder aus.« Sie standen beide in der Tür und schauten hinaus. Er wußte, daß Karega nicht zu seinem Haus gegangen sein konnte, weil er den Schlüssel dazu nicht hatte. Munira fühlte kalten Schweiß auf seinem Gesicht. Die Furcht, die ihn früher am Tag gepackt hatte, kam wieder. Karega war so geheimnisvoll verschwunden, wie er auch gekommen war. Er versuchte, mit seinen Augen die Dunkelheit draußen zu durchdringen, um dem Geheimnis auf die Spur zu kommen. Nur so würde sich das Entsetzen in seinem Inneren vertreiben lassen.
Zwölf Jahre später führte Munira diesen Abend an, um ein erneutes Beispiel von Wanjas Verschlagenheit und ihren teuflischen Absichten aufzuzeigen.
»Wenn ich an diese Nacht auf dem Hügel von Ilmorog zurückdenke«, schrieb er, »kann ich das Werk des Teufels in dem Zauber, der Verwunderung und der Bestürzung erkennen, die ich bei jenem fatalen Zusammentreffen von Karega, Wanja, Abdulla und mir selbst empfand. Eine Begegnung, die von Menschen beherrscht wurde, die nicht unter uns waren, die nur noch Stimmen der Vergangenheit waren. Aber auch für mich nahm die Nacht damals die stetig wechselnden Farben des Regenbogens an. Denn ehe ich ihr gute Nacht wünschen und nach Hause gehen konnte, sah ich am fernen Horizont einen riesigen, orangefarbenen Mond aufgehen, halb verschleiert von sich vermischenden dunklen und grauen Wolken. Wir sahen zu, wie er höher stieg, wie er immer größer wurde und schließlich den Horizont beherrschte; mein Herz war übervoll, und ich suchte nach einem Spruch, der dieses Erlebnis zum Ausdruck bringen könnte – Mond im grauen Regentropfen – oder so etwas ähnliches. Wanja, die noch vor einigen Minuten geweint hatte, war jetzt aufgeregt wie ein kleines Kind, wenn die ersten Regentropfen fallen, und voll Wonne rief sie aus: ›Der Mond . . . der orangene Mond. Bitte, Mwalimu . . . bleibe bei mir heute nacht . . . Gieß das Licht des Mondes über mir aus.‹«
Ihre flehende Stimme hatte Munira aus seinen Gedanken aufgeschreckt. Auch er wollte gerne die Nacht bei ihr verbringen. Er würde dableiben. Ein freudiges Zittern durchlief seinen Körper. Meine Ernte! Zum Teufel mit Karega und all den unerfreulichen Erinnerungen an gestern, dachte er, als er Wanja in die Hütte folgte.

VIERTES KAPITEL

1

Wäre Wanja geduldig gewesen und hätte gewartet, bis der Vollmond über dem Bergrücken von Ilmorog aufginge – so wie Mwathi wa Mugo ihr befohlen hatte –, dann wären sie und Munira Zeugen eines Anblicks geworden, den es erhabener und freudiger im Land nicht geben mochte. Ein gleichmäßiger Schleier aus schimmerndem, ins Mondlicht getauchtem Nebel hatte die Bergrücken und die Ebenen umhüllt und sie zu einer Harmonie des Friedens und der Stille verschmolzen: selbst eine aufgewühlte und ruhelose Seele, für die Hoffnung und Erlösung in unerreichbare Ferne gerückt sind, würde von der Stimmung und dem Anblick für den Augenblick überwältigt werden und Ruhe finden.

Selbst ohne den Mond ist der Bergrücken von Ilmorog, der zu den vom Fluß Ilmorog durchlaufenen Ebenen hin abfällt, wohl eines der schönsten Naturwunder der Welt. Der Fluß ist jetzt nur noch ein Bach; aber es gab Zeiten, in denen er wahrscheinlich viel größer gewesen war, und geologische Vermutungen meinen, daß seine unterirdischen Strömungen, längst begraben, die Ondirrisümpfe in Kikuyu und die Manguosümpfe in Limuru speisen. Forschungsergebnisse über die neuesten archäologischen Funde in Ilmorog können sehr wohl die Theorien von Ogot, Muriuki, Were und Ochieng über die Herkunft und die Wanderungen der kenianischen Völker untermauern. Sie könnten uns auch Aufschluß darüber geben, ob der Fluß einer der Flüsse ist, auf die in alten, heiligen Schriften der Hindu und der Ägypter Bezug genommen wird, und ob die steilen Wände und Hänge der Bergrücken Teil der Lunae Montes, der Mondberge des Ptolemäus sind, oder die Chandravata-Berge, die in den Veden, den heiligen Schriften der Hindu, erwähnt werden.

Viele Fragen über unsere Geschichte sind bis jetzt unbeantwortet geblieben. Unsere heutigen Historiker, die mehr oder weniger den von den Verteidigern des Imperialismus gesponnenen Ideen folgen, bestehen darauf, daß wir erst gestern hier angekommen seien. Wohin gingen die kenianischen Völker, die mit Indien, China und Arabien Handel getrieben hatten – lange, lange Zeit, ehe Vasco da Gama die Szene betrat und mit Hilfe von Kanonen und Pulver ein Zeitalter voll Blut, Schrecken und Unbeständigkeit einleitete – ein Zeitalter, das seinen Höhepunkt in der Herrschaft des Imperialismus über Kenia fand?

Aber sogar damals sahen sich die Abenteurer des portugiesischen Merkantilismus gezwungen, Fort Jesus zu bauen, was deutlich macht, daß die Menschen Kenias immer bereit gewesen waren, sich ausländischer Kontrolle und Ausbeutung zu widersetzen. Wer wird das Lied dieses heroischen Widerstandes singen? Wer wird die Geschichte des Kampfes um die Verteidigung ihres Landes, ihres Reichtums und ihres Lebens erzählen? Und was hat es mit ihren frühen Leistungen in der Herstellung von Gebrauchsgegenständen auf sich, die alljährlich Besucher aus dem alten China und aus Indien anlockten?

Im Augenblick können wir uns nur auf die Legenden verlassen, die von den Dichtern und von den *Gichandi, Litungu* und *Nyatiti*-Spielern von Generation an Generation weitergegeben wurden, und wir können sie durch die neuesten archäologischen und linguistischen Forschungen ergänzen und auch durch das, was wir zwischen den Zeilen der Tagebücher der kolonialen Abenteurer der letzten Jahrhunderte, besonders des 19. Jahrhunderts, lesen.

Die Ebenen von Ilmorog sind Teil des Großen Afrikanischen Grabenbruchs, des Great Rift Valley, der eine natürliche Verbindung Kenias zum Land der Sphinx und zu den legendären Wassern des Jordanflusses in Palästina darstellte. Jahrhundertelang, ja, bis zum heutigen Tag, haben der Gott Afrikas und der Gott anderer Länder um die Herrschaft über die Seele der Menschen und um die Kontrolle dessen, was die Menschen mit heiligem Schweiß hervorgebracht haben, miteinander gerungen. Man sagt, das Grollen des Donners und das Aufflammen des Blitzes seien ihr wütendes Brüllen und die Funken vom fürchterlichen Aufeinanderstoßen ihrer Schwerter – das Rift Valley muß wohl einer der Fußabdrücke vom Gott Afrikas sein.

Seit *Agu na Agu,* seit *Tene wa tene,* seit lange vor der Manjiri-Generation hatte diese Verbindungsstraße mehr Abenteurer aus dem Norden und Nordwesten gesehen, als ihr lieb war. Salomos Bittsteller um Myrrhen und Weihrauch; Zeus Kinder bei der königlichen Jagd auf den Thron des Sonnengottes am Nil; Kundschafter und Abgesandte des Dschingis Khan; arabische Geographen und Sklaven- und Elfenbeinjäger; Seelen- und Goldhändler aus Gallien und aus Bismarcks Deutschland; Landpiraten und Menschenjäger aus dem England Viktorias und Edwards: sie alle waren hier durchgezogen, mit dem Ziel, das Königreich des Überflusses zu finden. Manchmal wurden sie von heiligem Eifer getrieben, manchmal von echtem Wissensdurst und der Suche nach dem Ort, an dem die Nabelschnur des ersten Menschen begraben lag; aber noch öfter trieb sie gewinnsüchtige, kommerzielle

Habgier und die Vorliebe für das mutwillige Zugrunderichten derer, die eine etwas andere Hautfarbe hatten als sie selbst. Jeder von ihnen war mit einer anderen Maske und in einer anderen Verkleidung gekommen; und Gottes Kinder hatten kämpfend jeden Angriff, jedes land- und seelenraubende Empire überlebt, und sie hatten ihr ewiges Ringen mit der Natur, mit ihren einzelnen Göttern und mit ihrem Gegenüber nie aufgegeben. Erinnerungen blieben Erinnerungen an einige wenige Einzelne, die in der Ebene und in Ilmorog ihre Spuren hinterlassen hatten, ehe sie sich einen dramatischen Abgang in andere Gefilde sicherten.

Zuerst kam ein weißer Kolonist, Lord Freeze-Kilby, und seine ansehnliche Gattin, eine Lady. Er war wahrscheinlich einer dieser Aristokraten, die nicht wußten, was sie mit sich anfangen sollten, dazu noch einer, der pleite war und der sich etwas Eigenes dort aufbauen wollte, was er als »New Frontier« – neues Grenzland – ansah. Der Wildnis von Ilmorog zivilisierte Form und Gestalt zu geben, die eine Million Sämlinge und Tausend Pfund hervorbringen würde, wo nur wenige gepflanzt und nur ein Pfund investiert worden war – das erschien ihm als die schöpferische Tat eines Gottes. Dazu brauchte er den Schweiß anderer, und um Arbeitskräfte zu verpflichten, benutzte er den Zauber einer Regierung und die kurze Sprache und Macht seines Gewehres. Er experimentierte mit Weizen und ignorierte dabei die vielen mißbilligenden Gesichter der Herdenleute und der Überlebenden früherer Massaker, die im Namen christlicher Befriedung von den Männern des Königs verübt worden waren; und wiederum vertraute er dem Gewehr, das er stets über die Schulter geschlungen bei sich trug. Einige der Herdenleute und der Bauern wurden zu *kipande*-tragenden Landarbeitern gemacht auf eben dem Land, das ihr Eigen gewesen war und über das sie die Herrschaft und das Sagen gehabt hatten. Sie sahen dem im Wind tanzenden Ballett der Weizenähren zu und warteten auf den richtigen Augenblick. Hatten sie doch gehört, was den Masai in der Ebene von Laikipia widerfahren war! Bei Nacht trafen sich ihre Anführer auf dem Bergrücken von Ilmorog und kamen zu einer Entscheidung. Sie steckten das ganze Feld in Brand und rannten selbst bis an den äußersten Rand der Ebene, um dort die tödlichen Folgen ihres Tuns zu erwarten. Der Lord weigerte sich zu gehen. Aber seine Lady verließ ihn. Die Krieger kamen zurück und machten spät in der Nacht seltsame Geräusche vor seinem Bungalow. Der einsame Abenteurer muß dann wohl den wehklagenden Geist des vor ihm dagewesenen Kolonisten gesehen haben; auch war er ein Mann Gottes, und so zog er sich schnellstens in die glücklicheren und gesünderen Täler von Ol Kalou zurück. Dort aber fand er seine hübsche Frau, wie sie in den Armen eines anderen Lord Trost fand, und erschoß sie beide mit seinem Gewehr. Die Eingeborenen von Ilmorog brannten den hölzernen Bungalow nieder und sangen und tanzten um die Brandstelle. Vergeltungsmaßnahmen wurden ergriffen. Die Schlacht von Ilmorog, zu Beginn dieses Jahrhunderts, war eine der schwersten, die während der ganzen Eroberungs- und Widerstandskriege in Kenia geschlagen wurde.

Später dann, zwischen den beiden europäischen Kriegen, kam ein gewisser Ramjeeh Ramlagoon Dharamshah, aus dem Nichts, so schien es, und suchte um die Erlaubnis nach, einen Bungalow zu errichten, der als Laden und Wohnhaus dienen sollte. Er erstellte ein Haus mit Blechdach und Blechwänden und fing sein Geschäft an. Er verkaufte Salz, Zucker, Curry und Stoff, ebenso wie Bohnen, Kartoffeln und Mais, die er denselben Bauern während der Erntezeit billig abgekauft hatte. Er saß immer in derselben Ecke hinter dem Ladentisch und kaute grüne Blätter. Gelegentlich schloß er den Laden, um eine Reise in die Stadt zu unternehmen; er treckte über die Ebenen und brachte neue Ware, die hoch auf dem Rücken afrikanischer Träger aufgetürmt war, zurück. Einiges war auch in einem von Ochsen gezogenen Wagen verstaut. Einmal schloß er den Laden und blieb einen ganzen Monat lang weg. Als er zurückkam, hatte er ein kicherndes, schüchternes Mädchen bei sich, das sie für seine Tochter hielten, bis sie anfing, ihm Kinder zu gebären. Er hatte auch eine Hilfe im Laden und im Haus, Njogus Tochter aus Ilmorog. Sie erwies sich als sehr nützlich, ganz besonders, wenn Dharamshahs Frau in Indien oder sonstwo war. Auch sie bekam einen dicken Bauch. Man erzählt sich, daß Dharamshah ihr viel Geld bezahlte und sie in die Stadt schickte, wo er sie oft heimlich besuchte und so seinen einzigen Sohn, den er von einer schwarzen Frau hatte, halb anerkannte. Aber nach dem Zweiten Weltkrieg kam der Sohn eines Tages nach Ilmorog – ein großer kaffeefarbener Junge – und wohnte bei seinen Großeltern. Nur einmal besuchte er den Vater, der danach wegen ihm mit seiner kichernden Frau im Streit lag. Mit der Zeit wurden die Leute von Ilmorog in allem von Dharamshahs Laden abhängig. Ihr wirtschaftliches Leben und ihre täglichen Bedürfnisse waren unentwirrbar mit dem ständig wachsenden Gedeihen des Ladens verknüpft. Sie versetzten ihre Ernte, ihre Milch, ihre täglichen Bedürfnisse an den Laden, bis sie über die unsichtbaren Ketten, die sie mit Kopf und Kragen an den Laden banden,

zu murren begannen. 1953 kam die schwarze Frau, schön gekleidet, aber mit ausgezehrtem Körper, plötzlich nach Ilmorog, um Dharamshah zu besuchen. Kurz darauf klopfte sie weinend bei ihren alten Eltern an. 1956 erhielt Dharamshah einen Brief von einem Ole Masai mit einem seltsamen Absender: *Irgendwo im Wald von Nyandarura.* Er las den Brief – seine Hände zitterten, sein Mund erstarrte mitten im Kauen der grünen Blätter – und er beeilte sich, den Laden zu schließen. Er und seine Frau, die ihm mehr als zehn Kinder geboren hatte, die alle zur Ausbildung und Heirat nach Indien geschickt worden waren, flohen von Ilmorog und kehrten niemals wieder zurück. Die Dorfbewohner brachen in den Laden ein und versorgten sich mit jedem letzten bißchen an Nahrungsmitteln und Stoffen, das sie im Vorratsraum und auf den Regalen finden konnten, und sprachen ihre Segenswünsche für die aus, die in den Wäldern kämpften.
Möge der Herr Ole Masai und seine tapferen Krieger segnen!
Von jetzt an litten sie. Denn nun mußten sie wegen der belanglosesten Dinge, sogar wegen Salz, nach Ruwa-ini wandern, bis einige sich an Ramjeeh Ramlagoon Dharamshah ein Beispiel nahmen und mehr einkauften, als sie brauchten, und es den anderen mit Profit weiterverkauften. Aber der Handel blieb etwas Nebensächliches in ihrer täglichen Auseinandersetzung mit dem Land und dem Wetter. Keiner, selbst nicht Njuguna, war so verrückt zu glauben, daß einer als bloßer Vermittler ein richtiger Mann werden konnte. Es sollte einem anderen Fremden, Abdulla, bald nach der Unabhängigkeit überlassen bleiben, das Gebäude vor Ratten, Motten und Spinnen zu retten. Abdulla verkaufte mehr oder weniger dasselbe Sortiment von Dingen; er saß mehr oder weniger in derselben Ecke hinter dem Ladentisch. Aber er benutzte einen Esel, um einen Karren zu ziehen, und schrie Joseph an, während Dharamshah Ochsen gehabt hatte, um seinen Wagen zu ziehen, und Blätter gekaut und seine Frau und Kinder angeschrien hatte. Und dann merkten sie plötzlich alle, daß Abdulla nicht mehr fluchte. Der finstere Blick war aus seinem Gesicht verschwunden – anstatt Joseph mit Flüchen zu terrorisieren, hatte er ihn zur Schule geschickt, manchmal lachte er sogar aus vollem Herzen. Der Laden sah fröhlicher aus. Die Teepakete, die Salz- und Zuckertüten und die Büchsen mit Currypulver lagen sauber geordnet auf den Regalen. Er hatte den zerbrochenen Tisch in der Bar repariert und noch weitere Stühle angeschafft, die man sogar in die Sonne hinausstellen konnte. Mehr und mehr Leute verbrachten einige Stunden ihres Abends in Abdullas Laden.

»Das ist Wanjas Werk«, flüsterte Njuguna Muturi, Njogu und Ruoro zu. »Das Mädchen hat es fertiggebracht. Und was habe ich da gehört, sie ist zu Mwathi gegangen?«
»Es bewegt mich, wie sie Nyakinyua hilft; dabei ist sie doch eine Frau aus der Stadt«, sagte Njogu. Muturi sagte gar nichts, was er fast immer tat, wenn Mwathi erwähnt wurde.

2

Nicht nur das Flutlicht des Mondes verwandelte Ilmorog in ein Wunder. In der Stunde zwischen dem Sterben der Sonne und dem Anbruch der Dunkelheit lag etwas Weiches, Gedämpftes und Schönes über dem Bergrücken. Aus einem unerklärlichen Grund schienen sich die niedrigen, welligen Kuppen der Donyo-Hügel zu erheben und den Himmel zu berühren. Von einem beliebigen Ort des Bergrückens aus konnte der Blick die Sonne erfassen, wie sie sanft auf den Spitzen der weit entfernt liegenden Berge ruhte, dort, wo die äußerste Grenze der Weidegründe war. Dann, wenn die Sonne unversehens hinter den Hügeln versank, tauchte sie alles in ein kupfernes Licht und verschoß Feuerpfeile in jede Richtung.
Nicht lange danach senkte sich die Nacht voller Geheimnisse über die Ebenen und die Hügel. Wenn der Mond nicht am Himmel stand, versank auch der Bergrücken plötzlich in einem ehrfurchtgebietenden Schatten. Munira genoß die Dämmerung als Vorspiel dieses ehrfurchtgebietenden Schattens. Er freute sich darauf, willenlos in die Dunkelheit versenkt zu werden. Dann wurde er ein Teil des Ganzen: der Pflanzen, der Tiere, der Menschen, der Hütten, ohne sich bewußt für bestimmte Zusammenhänge zu entscheiden. Sich zu entscheiden bedeutete Anstrengung, auswählen, einer Möglichkeit den Vorrang geben, und das konnte schmerzhaft sein. Er hatte sich entschieden, sich für nichts zu entscheiden. Diese Freiheit feierte er jeden Tag aufs Neue, wenn er zwischen seinem Haus, Abdullas Laden und natürlich Wanjas Hütte hin und her ging.
Und doch fühlte er sich schuldig, daß er sich von einem Wirbelsturm umherschleudern ließ, den er weder gewollt hatte noch zum jetzigen Zeitpunkt unter Kontrolle halten konnte. Dieses Schuldbewußtsein, das Gefühl, Unrecht getan zu haben, hatte sein ganzes Leben beschattet. Munira war von einem Zuhause geflohen, in dem gewisse Dinge niemals erwähnt wurden. Sein eigenes Familienleben war auf dem Al-

tar presbyterianischen christlichen Anstands und guten Benehmens begründet worden und dort jetzt wohl auch zerbrochen. Er hatte seine Affären gehabt, das konnte er nicht leugnen. Ein Mann mußte ja schließlich leben. Aber er schämte sich immer, wenn er an das erste Mal dachte, in jenem Haus im alten Kamiritho, lange, ehe das jetzige Dorf, das aus der Zeit des Ausnahmezustands stammte, gebaut worden war. Das Haus gehörte zu einer Reihe von Häusern, die im sogenannten *Swahili-Majengo*-Stil gebaut waren, ein rechteckiges Haus mit einem tief herunterhängenden, verrosteten Blechdach. Die Häuser waren berüchtigt, besonders weil die italienischen Kriegsgefangenen – die Bonos, wie wir sie nannten – für den Bau der Straße nach Nakuru dort in der Nähe Schotter holten und die Häuser besuchten. Amina hieß sie, er hatte ihr zwei Shillinge gegeben, alles Geld, das er gespart hatte. Sie hatte ihn damals wirklich gedemütigt. »Er ist ja nur ein Junge», sagte sie, während sie unter der Tür stand und ihn mit belustigten Augen von oben bis unten musterte, als ob sie ihre überraschende Entdeckung jemand im Inneren des Hauses mitteilen würde. Einen Augenblick lang packte ihn das Entsetzen bei dem Gedanken daran, daß sie eine verheiratete Frau sein könnte und ihr Mann jeden Augenblick mit zehn scharfen *pangas* in der Hand herauskommen könnte. »Weißt du, ich schlafe nicht mit unbeschnittenen Männern. Das ist eine feste Regel bei mir. Aber komm her.« Sie führte ihn in das Haus und setzte sich aufs Bett. Munira zitterte vor Furcht und Scham, und es war ihm nach Weinen zumute. Sein Ding war sowieso zusammengeschrumpft. »Wir machen das schon . . . hab keine Angst . . . du bist doch ein Mann . . . du hast bestimmt schon eine oder zwei geschwängert.«

Aber sie war freundlich und hatte ihn mit der Zärtlichkeit einer Mutter beruhigt, und sein Ding hatte plötzlich salutiert, aufrecht und stark, und jetzt fühlte er, er würde sterben wenn – aber sie hatte ihn zwischen ihre drallen Schenkel genommen, sie sprach mit lockender Stimme zu ihm, schlug ihre Beine etwas übereinander und – plötzlich war es für ihn schon vorbei, und er konnte nicht sagen, ob er drin gewesen war oder nicht. Dieses Erlebnis hatte er erfolglos mit Feuer auszutreiben versucht. Er hatte immer ein unerfreuliches Gefühl, wenn er sich diese Szene ins Gedächtnis zurückrief, ganz besonders Jahre später, nach seinem Ausschluß aus Siriana, wenn er als junger Lehrer auf seinem Weg nach Kamandura an dem Haus vorüberging. Trotzdem hatte er sich geschworen, niemals schockiert zu sein, wenn andere den fleischlichen Lüsten gegenüber offen gesinnt waren.

Aber selbst mit Wanja empfand er, daß er immer noch Gefangener seiner eigenen Erziehung und der Missionserziehung von Siriana war. Nicht einmal, daß er das jeweilige Erleben nicht genossen hätte. Im Gegenteil – trotz seiner Erziehung wußte er, daß nichts so großartig, so voller Freude war wie diese wenigen Augenblicke der Erwartung vor dem Eindringen in das unbekannte Reich einer Frau. Und Wanjas Gesicht voller Schmerz unter den Strahlen des Mondes, die durch das Fenster hereinfielen, oder ihre kleinen Schmerzensschreie, wie wenn es ihr wirklich weh täte; oder wenn sie Laute voll Wollust von sich gab, als äße sie Honig und Zuckerrohr; und die Wellen ihrer sanften Bewegungen erfüllten die Schlange im Paradies mit dem heißen Blut der Erwartung vor der endgültigen Erlösung vom Schmerz dieses Bewußtseins, dieses Wissens. Ihr Schrei, mit dem sie ihre Mutter oder Schwestern um Hilfe anrief, erweckte in ihm ein noch größeres Bewußtsein von Macht und Stärke, bis er in die Leere versank, in das Dunkel, in den ehrfurchtgebietenden Schatten, in dem Sich-Entscheiden oder Nicht-Entscheiden keine Bedeutung mehr hatte. Erwachte er dann, so überfiel ihn das entsetzte Bewußtsein, daß er irgendwie verführt worden war, und er konnte keinen Sieg empfinden. Er hatte sie nicht erreicht, und dies verstärkte ironischerweise seinen Hunger nach ihr, nach tausend Sünden mit ihr, und noch mehr.
Er griff nach ihr und fühlte ihr Zurückschrecken und Ausweichen. Er zog sich verwirrt zurück. Es geschah dann, daß sie zurückkam, und unversehens führte sie ihn als willigen Passagier im Nachtzug in das Sündenreich der Lust, wo sie ihn hungrig und durstig und mit keuchendem Verlangen nach mehr zurückließ.
Es war schwierig, ihren schnell wechselnden Stimmungen zu folgen, und er geriet völlig außer Atem. Manchmal lag der Grund dafür bei den Gedanken, die sie sich um andere machte. Dann war sie traurig, in sich gekehrt und stellte ihm Fragen, die in ihrer Unschuld grausam erschienen. Fast immer beschäftigten sich ihre Gedanken mit Abdulla.
»Mwalimu, weißt du, warum er gekommen ist, um sich hier zu verstecken?«
»Wer?«
»Abdulla, wer sonst?«
»Ich weiß es nicht. Ich habe ihn hier vorgefunden. Bevor du kamst, haben er und ich nie viel miteinander gesprochen. Dir gelingt es öfter, seine Zunge zu lösen, als sonst irgend jemand, den ich kenne.«
»Ich schaue ihn manchmal an. Sein Gesicht ist von Schmerz erfüllt, aber er versucht, es zu verstecken. Es ist, als ob er viel Leid mit sich

herumträgt – nicht in seinem verkrüppelten Bein, sondern in seinem Herzen. Ich nehme an, es geht uns allen so.«

»Das verstehe ich nicht.«

»Natürlich verstehst du es«, beharrte sie und hob leicht ihre Stimme. »Ich meine, wir tragen doch vielleicht alle verstümmelte Seelen in uns, und wir suchen alle nach Heilung. Vielleicht gibt es nur eine!«

Der Ton, in dem sie dies sagte, mehr als ihre Worte, löste ein unheimliches Gefühl in ihm aus, das ihm unter die Haut kroch.

»Ich – ich verstehe nicht«, sagte er stockend und voller Angst.

»Du sagst immer, du verstehst nicht. Aber was gibt es denn hier zu verstehen? Auch du befindest dich auf der Flucht. Warum bist du hierher in diese Gegend geflohen? Sag es mir ehrlich. Vor was bist du weggelaufen?«

Es schüttelte ihn, der Schweiß juckte auf seiner Haut. Er geriet in Panik, hielt aber seine Stimme unter Kontrolle. »Nur eine einfache Versetzung . . . Klimaveränderung . . . Ortswechsel. Man sagt, wenn man zu lange an derselben Stelle sitzt, bekommt man Läuse . . . deshalb. Die Zeit nach der Unabhängigkeit . . . fand ich gut. Es ist an der Zeit, daß wir alle etwas tun . . . Harambee . . . Selbsthilfe . . . Aufbau der Nation . . . Rückkehr aufs Land . . . Ich habe auf meine Art und Weise dem allgemeinen Ruf Folge geleistet. Ich habe mir oft ein gutes nationales Schlagwort überlegt: Selbsthilfe heißt, dir selber helfen!«

»Siehst du«, sagte sie plötzlich triumphierend. »Als ich vor drei Monaten hier ankam, schenkte ich deiner Geschichte keinen Glauben . . . ich kannte dich ja nicht . . .«

Wenn er den Eifer ansah, mit dem sie sich am Dorfleben beteiligte, konnte er nicht umhin, die Lüge hinter seinen eigenen Worten zu spüren oder sich, angesichts des plötzlichen Bekenntnisses ihres Glaubens an ihn, schuldig zu fühlen. Während der zwei Wochen dauernden Maisernte stürzte sie sich in die Arbeit, half Nyakinyua und sogar einigen der anderen Frauen. Es war eine ärmliche Ernte, und die Bauern schauten einander an und schüttelten ihre Köpfe.

Gleichzeitig half sie weiterhin im Laden und hielt dort alles in Ordnung. Einmal ging sie sogar an Stelle von Abdulla mit Joseph und dem Eselskarren nach Ruwa-ini, um Vorräte einzukaufen. Munira beobachtete, wie sie sich völlig in der Arbeit vergrub, und er bekam Angst, fast als sei die Arbeit ein menschlicher Rivale. Am Vormittag räumte sie den Laden auf und überprüfte die Vorräte. Nachmittags ging sie mit einer Gruppe von Frauen hinunter in die Ebene, um Wasser zu holen.

Wanja hörte gerne zu, wenn sie über allerlei schwatzten. Von den schmutzigen Kleidern, die sie für ihre Männer waschen mußten, bis zu den Liebesgewohnheiten ihrer Männer. Wambui sagte: »Meiner kam einmal von Ruwa-ini zurück, oder wo er gerade arbeitete, und fand mich auf dem Feld, und stellt euch vor, er wollte mich gleich haben, draußen auf dem Feld, auf dürren Maisstengeln im Schatten eines *Mwariki*-Buschs, und er wollte nichts davon hören, den Abend in der Hütte abzuwarten, und ich sagte ihm, daß ich ›Schande!‹ schreien würde, aber er wollte meinen Protesten nicht nachgeben, und ob ihr es glaubt oder nicht, dort empfing ich diesen Schlingel Muriuki . . . auf Maisstengeln in der heißen Sonne.«
»Ich wette, du warst gar nicht so dagegen, als du sahst, daß man auch unter der heißen Sonne einen derartigen Durst haben kann«, erwiderte eine andere, und alle lachten. Oft wandten sie sich an Wanja: erzähl uns von den Männern in der Stadt – wir haben gehört, daß sie eine Gummihose drüberziehen? Wanja lachte nur. Aber sie waren des Lobes voll, daß sie gekommen war, um ihrer Großmutter zu helfen. Bleib nur ja hier, damit wir auch deinen Mann sehen können, wenn er von der Stadt kommt, um dich zu besuchen.
Später ging sie dann zu Abdulla zurück, um die Bar zu besorgen, aber auch, um sich einfach die Zeit zu vertreiben, während sie ihr Bier trank und sich noch mehr Geschwatz anhörte, diesmal von den Männern. Sie sprachen und sangen sogar manchmal von den langgehörnten Rindern mit den Höckern, die früher wild über die Ebenen von Ilmorog zogen und die einst, während einer großen Dürre, lange ehe die Ngoci-, Mburu- und Gigi-Generationen überhaupt im Leib ihrer Mütter empfangen waren, ihre Hörner und ihre Höcker im rituellen Opfer für Regen Gott darbrachten. Wanja war die Hauptattraktion, ja, die Seele des Ganzen – es war, als ob sie nur redeten, damit sie zuhören würde, um ihr Lachen hervorzulocken oder um sie zu einem zustimmenden Nicken anzuregen.
Munira schaute ihr angeregtes Gesicht an, die leichte Biegung ihres Halses, während sie jemand zuhörte; er schaute ihre Hände an, die nach menschlicher Berührung und Wärme suchten, und er fühlte in seinem Inneren die Stiche eines unerklärbaren physischen Schmerzes. Sie konnte so völlig in einer anderen Person aufgehen, als ob er, Munira, nicht mehr existierte.
Der schlechten Maisernte folgten regenlose Monate. Die Leute hatten auf den Feldern wenig zu tun, und ihre Nerven schienen von dem Staub und der sengenden Sonne angegriffen zu sein; oft stritten sie sich

um nichts. Sie wußten es alle, aber sie waren nicht bereit, die Tatsache zu akzeptieren, daß es in diesem Jahr nur eine Ernte geben würde. Wie wenn sie eine Vorwarnung über die magere Ernte erhalten hätten, tauchten die Händler, die sonst immer gekommen waren, um die Ware aufzukaufen und mit sich in die Stadt zu nehmen, diesmal gar nicht auf.

Wanjas Augen wandten sich mehr und mehr von Ilmorog ab. Manchmal wandte sich ihre Ruhelosigkeit gegen das Dorf, dann machte sie sich mit gnadenlosem Spott über das Dorf und seine Lebensbedingungen her.

»Warum sollte man überhaupt sein Leben in diesem Loch verbringen? Schaut doch die Frauen an, die mühsam die Erde aufkratzen, schaut sie euch an. Was bekommen sie dafür? Was nannten wir hier Ernte? Ein paar Maiskörner.«

»Es war eben das schlechte Wetter. Njuguna, Muturi . . . sie sagen alle, daß die Ernte so mager war, weil der Regen so verspätet kam.«

»Es ist das schlechte Wetter. Das sagen sie jedes Jahr. Sie hoffen, daß die nächste Ernte besser sein wird, wenn sie das sagen. Aber sie bekommen nur diesen Staubregen und zerklüftete Erde, die darauf wartet, vom Regen, der niemals kommen mag, vor der herzlosen Sonne gerettet zu werden.« Im Monat Dezember wurde sie sichtbar unruhiger. Wie wenn ständig etwas an ihr nagen würde. Ihre Klagen über Ilmorog wurden bitterer und schärfer. Eines Tages, nachdem sie einen Strom von Beschimpfungen und unaufhörlichen Klagen von sich gegeben hatte, sprang sie vom Ladentisch herunter, nahm ein Heft und zeichnete schnell eine Gruppe alter Frauen, die, verfolgt von einem wollüstigen jungen Mann Sonne, im Wegrennen eine Menge Staub aufwirbelten und sich dem dünnen, alten Mann Regen, mit winzigem Kopf und spindeldürren Beinen, zuwandten.

»Sie sind eins mit der Erde . . . Frieden . . . *Uhuru na Kazi* . . . Die Würde der Arbeit, glaubst du nicht?« sagte Munira über die Bauern.

»Eins mit dem Staub, meinst du?« sagte sie und schaute ihre Zeichnung an, die sie Abdulla hinwarf. »Hast du nicht die Fliegen auf den schleimverstopften Nasen gesehen? Eine Kuhhaut oder Gras als Bett? Hütten mit löchrigen Grasdächern.« Und jetzt lachte sie. Es kam nicht aus ihrem Herzen, sondern aus ihrer Kehle, ein bitteres, ironisches Lachen.

Aus irgendeinem Grund ärgerte sich Munira darüber. Er hatte schließlich die Lebensbedingungen hier akzeptiert. Eben sie waren sein Schutz, und nun lachte sie darüber.

»Warum hast du dann die Orte verlassen, von denen du erzählst, die Küste, die Städte, Nairobi, Nakuru, Eldoret, Kisumu, und warum bist du hierher gekommen? Warum gehst du nicht dorthin zurück?«
»Ja, warum eigentlich nicht?« sagte sie plötzlich verärgert, aber Munira hatte das Gefühl, daß sie aus einem anderen Grund unruhig und streitsüchtig war. »Ich hasse Ilmorog. Ich hasse es, auf dem Land zu leben – es ist ja so langweilig! Sauberes Leitungswasser, elektrisches Licht und ein bißchen Geld wären jetzt angebracht.«
Sie sprach ganz schnell, als ob ihre Gedanken hier wären und doch nicht hier, als ob sie selbst hier und gleichzeitig in einer anderen Gegend wäre. Sie hatte noch nie grob zu Abdulla gesprochen, aber nun fiel sie über ihn her. Sie nahm das Stück Papier und zerriß es in lauter kleine Fetzchen.
»Was hat mir Abdulla gesagt? Ich werde dich gut bezahlen. Wann denn? Weißt du, Abdulla, daß alle Arbeitgeber gleich sind? Ich habe in vielen Bars gearbeitet. Alle Barmädchen können dasselbe Lied davon singen. Wehe! Sie geben dir 75 Shilling im Monat. Sie erwarten, daß man 24 Stunden arbeitet. Tagsüber gibst du den Kunden Bier und dein Lächeln. Abends sollst du ihnen dich selbst und dazu noch Seufzer im Bett geben. Bar und Übernachtung. Der Besitzer steckt 20 Shilling ein, dafür, daß ein Paar zehn Minuten lang ein Bett mit zerrissenen Bettüchern benutzen kann. Abdulla, weißt du, daß du viel Geld verdienen könntest – du bräuchtest nur ein Bett mit einer Sprungfedermatratze zu kaufen, eine Decke und zwei Bettücher, und hier ein Schild aufhängen: Ilmorog-Bar und -Restaurant. Natürlich nur, wenn du noch ein Barmädchen anstellst, das die Bettücher wäscht!«
Alle schauten auf sie und erwarteten, daß sie jetzt weinen würde. Aber nichts dergleichen. Ihre Stimmung hatte sich gewandelt. Nachdenklich schlürfte sie ihr Bier und sprach dann weiter wie im Traum.
»Moment mal, wir sollten den Laden hier vielleicht in eine Kirche verwandeln. Die Leute, die der Stadt müde geworden sind, könnten hierher kommen. Hier könnten sie den Schmerz in ihrer Seele mit Bier und Tanzen hinunterspülen. Oder vielleicht ein Sanatorium. Aber ein großes. Ihre Frauen und Kinder könnten sie am Wochenende allein lassen. Am Feuer gebratenes Ziegenfleisch, Bier, Tanzen, Gesundwerden, zu den wartenden Ehefrauen zurückkehren. Oder, Mwalimu, was denkst du, sollten wir hier tun? Was sollen wir mit Ilmorog anfangen? Der Lehrer ist doch das wahre Licht des Dorfes, oder nicht? Würdet ihr ein Licht anzünden, um es dann unter einer Blechbüchse zu verstecken? Im Ernst, Abdulla, fang doch an, *Changaa* oder *Mura-*

tina zu brauen, egal was, oder *Kill me Quick*. Diese Drinks bringen einen wahrhaftig um, und trotzdem zahlen manche ihren hartverdienten letzten Pfennig, um ihren Tod noch zu beschleunigen. Sie erkaufen sich das Recht, früher zu sterben als andere. Hier im Dorf sterben die Leute unter der sengenden Sonne, und sie bezahlen dir nichts dafür. Deshalb, Abdulla, fang an *Changaa* zu brauen. Bereichere dich am Elend der Armen.«

Bei diesen Worten erschien ihr Lächeln verschlagen und unheilvoll – es hatte scharfe Kanten, voll Spott und Ironie. Er fühlte, daß sie über ihn und seine Flucht von zu Hause weg sprach. Für Munira war sie in weite Ferne gerückt, als ob er sie nie berührt hätte; ihr Spott hatte dieselbe verführerische Macht wie die lockende Koketterie einer Jungfrau – er konnte sie jetzt nur noch berühren, wenn er sie mit Gewalt nahm und dann selbst in der Schande des Blutes verblieb. Jungfrau und Hure. Warum konnte sie sich nicht ein Werbeplakat an den Rücken heften: *VIP – Very Interesting Prostitute*. Oder: *Drive a VW – Ride a Virgin Whore*. Er wollte ihr diese Beleidigungen an den Kopf werfen. Aber der bittere und boshafte Lauf seiner Gedanken wurde von Wanjas nächsten Einfällen unterbrochen. Sie stand auf, ging zur Tür und gähnte – warum sind wir alle hier in diesem Loch? Dann wirbelte sie genau so schnell herum, sprang über den Ladentisch und stand mit einem harten und entschlossenen Ausdruck im Gesicht mitten im Raum den Männern gegenüber. Ihre Stimme schnappte fast über:

Musik, Herr Abdulla, Musik – dieser Körper ist nur zum Tanzen gemacht. Nicht einmal ein Radio gibt es hier. So singt doch! Mwalimu, hol deine Gitarre, spiel auf einer Flöte, ich möchte tanzen.

Ohne auf ihre Antworten zu warten, fing sie an zu tanzen. Sie ließ ihre Hüften kreisen, zuerst in langsamen Bewegungen, aber im Rhythmus einer Musik, die nur sie hören konnte. Dann wurde der Rhythmus schneller und schneller, ihr Gesicht nahm einen Ausdruck an, der gleichzeitig Entzücken und Schmerz verriet. Die Bewegungen ihrer Hüften, ihrer Brüste, ihres Leibes waren nun zu Wellenbewegungen von Macht und Sinnlichkeit geworden. Bald war die Musik vorüber. Erschöpft setzte sie sich. Sie sprach jetzt leise und ruhig, wie wenn sie mit etwas in sich selbst fertiggeworden wäre. Sie war auch entspannter, fast die Wanja, die sie kannten.

»So haben wir immer die Männer angelockt. Es war der einzige Augenblick unseres Stolzes und unserer Ehre. Zwei Mädchen konnten gleichzeitig tanzen. Die Männer winkten mit den Augen, dann mit den Händen und schließlich mit Drinks und Geld. Ich bin wirklich sehr boshaft. Ich hasse es, wenn ein Mann denkt, er kann mich mit Geld kaufen. Einmal hab ich einen dazu gebracht, mir für über 200 Shilling importierten Apfelwein zu kaufen – von Apfelwein kann man nie betrunken werden. Dann ließ ich ihn sitzen. Ich ging mit einem anderen, der keinen Pfennig für mich ausgegeben hatte. Das gefiel mir. Am nächsten Morgen erwartete der andere mich mit einem Messer. Gib mir mein Geld zurück! Welches Geld, fragte ich? Apfelwein, Apfelwein, schrie er. Ich setzte mein unschuldigstes Gesicht auf und hatte Zucker und Honig in der Stimme. Du meinst, du wolltest mich gestern abend haben? Aber warum hast du denn nichts gesagt? Apfelwein kann doch nicht sprechen. Ich muß schon sagen, ich bin wirklich verletzt – da dachte ich nun die ganze Zeit, endlich hast du einen wahren Freund gefunden . . . aber ich sehe, du bist genau wie die anderen auch! Ich blitzte ihn mit bösen Augen an. Da schämte er sich sehr. Er kaufte mir noch mehr Apfelwein und hat mich nie wieder belästigt. Abdulla . . . ich habe einfach genug von diesem scheußlichen Loch.«

Munira verlor sich in der Bewunderung ihrer Koketterie. Sie saß vor ihm, ihr Anblick war so begehrenswert, daß er gerne einen VW in das Sündenreich der Freuden gefahren hätte. Jetzt, jetzt würde er sie gewinnen können, und dann würde er sie an sich binden. Aber Abdullas Blick glitt an ihr vorbei, zur Türe hinaus, bis an den äußersten Rand der Felder, die jetzt nach der Ernte und den nachfolgenden Arbeiten staubig unter der Sonne lagen. Es war, als hielte er stille Zwiesprache mit der Erinnerung und der Ferne. Welche Einsamkeit, murmelte er vor sich hin. Er wandte sich Wanja zu – seine Augen waren voll Freundlichkeit, und tiefes Mitleid hatte sie weich gemacht.

»Wanja, jetzt hör auch mir zu. Ich sage dir – und der Mwalimu ist mein Zeuge –, ich weiß, was es bedeutet, mit einer offenen Wunde zu leben. Und ich spreche dabei nicht von diesem Beinstumpf. Bleib hier in Ilmorog. Laß uns zusammen das bewältigen, was du ein Loch nennst. In Zukunft könnten Anteile am Geschäft dein Lohn sein. Du und ich, wir werden gemeinsame Besitzer dieses Ladens werden. Es ist nicht viel, was ich dir damit anbieten kann, aber ich tue es aufrichtig. Bitte, geh nicht weg von hier.«

Wanja konnte nur mit Mühe ihre Tränen zurückhalten. Sie hatte sehr wohl verstanden, was er sagte, und noch mehr die Aufrichtigkeit, die dahinter lag. Aber sie konnte nicht annehmen. Da war dieses Etwas in ihr, das sie zum Weggehen drängte, nun, da sie wußte, daß ihr Besuch vergebens gewesen war. Aber selbst wenn – wie könnte sie in Ilmorog bleiben?

»Abdulla, du hast ein großes Herz. Du bringst mich den Tränen nahe. Ich bin eine schlechte Frau. Weißt du, warum ich nach Ilmorog kam? Warum bist du gekommen? Warum Munira? Zu mir, Abdulla, gehört eine lange und eine kurze Geschichte. Vielleicht werde ich zurückkommen. Aber mir ist es, als hätte ich mit der Welt da draußen eine Rechnung zu begleichen.«

Ohne ein weiteres Wort stand sie unvermittelt auf und ging langsam über die ausgetrockneten Felder auf ihre Hütte zu. Früh am nächsten Tag kam Nyakinyua in den Laden. Sie wollte sich nicht setzen, schickte aber Joseph weg, um Munira zu holen. Abdullas Magen krampfte sich vor Angst zusammen.

»Wanja ist weggegangen«, sagte sie, nachdem Munira gekommen war. »Aber es kann sein, daß sie zurückkommt, da sie nicht alle ihre Sachen mitgenommen hat«, fügte sie voll Zweifel hinzu.

Munira und Abdulla antworteten nicht.

»Oh, diese Sonne«, sagte Nyakinyua und tat so, als ob sie gehen wolle. »Diese Sonne!« wiederholte sie.

Und immer noch hatten Munira und Abdulla nichts gesagt.

FÜNFTES KAPITEL

1

Das Jahr, das auf Wanjas Abreise von Ilmorog folgte, war für das ganze Land von Tragweite. Es war das Jahr, das mit einem mysteriösen, am hellichten Tag begangenen politischen Mord begonnen hatte, ohne daß die Mörder gefaßt werden konnten. Er war ein Einheimischer gewesen, asiatischen Ursprungs zwar, doch einer, der im ganzen Land für seinen Einsatz im Unabhängigkeitskampf berühmt geworden war, und auch für seine beständige Opposition gegenüber jeder Art von Allianz mit den Kräften des Imperialismus nach der Unabhängigkeit. Er war ein unerbittlicher Feind von auf Kosten der Armen erworbenen Reichtums gewesen, und ob im Parlament oder draußen im Land, stets forderte er eine Agrarrevolution. Das ganze Jahr über grassierten Gerüchte im Land – die Leute trafen sich zu dritt oder zu viert und diskutierten die neuesten Theorien und Meinungen. Stimmte es, daß er mit diesem oder jenem Politiker unter einer Decke gesteckt hatte? Vielleicht hatte er etwas Unrechtes geplant, vielleicht einen Staatsstreich?

Aber wie? Kommunismus, was war das? Opposition gegenüber ausländischer Wirtschaftskontrolle? Der Ruf nach Agrarrevolution? Der Ruf, der Armut ein Ende zu setzen? Asiate – vielleicht dies oder jenes. Aber er war doch in den Jahren des Kampfes in den Gefängnissen und Lagern der Engländer gewesen? So viele Fragen, auf die es keine Antwort gab. Eine Flut von Angst, die erste von vielen, die noch folgen sollten, durchlief die Venen einer neuen Nation.

Für Ilmorog brachte das Jahr wiederum zu wenig Regen. Das zweite Jahr mit nur einer Ernte, und die war noch ärmlicher als die vom Jahr zuvor.

Als nun das Jahr des Mordes zu Ende ging und immer noch kein Regen gekommen war, wurden die Gesichter der Leute von Ilmorog immer finsterer und schauten ängstlich zum Himmel. Aber die Sonne schien ihren fragenden Gesichtern zu spotten.

Sie strahlte direkte Hitzewellen von so übertriebener Helligkeit aus, daß das Auge fast geblendet wurde. Der Wind wirbelte unverhofft Staub und Abfall in die Luft, als brächte er dem Gott Sonne ein Opfer dar, aber genauso unverhofft legte sich der Wind Staubsturm, und der Abfall fiel trostlos auf die Erde zurück, als sei das Opfer nicht angenommen worden. Die Bauern von Ilmorog bekamen diese bewußten Kopfschmerzen, die einem Hitzewellen über die trockene Haut jagen, sahen den kleinen, wütenden Wirbel aus Staub und Unrat und zogen sich auf die Veranda ihrer Hütten zurück. Auf den Feldern gab es keine grünen Regenschirmblätter des *Mwariki*-Busches mehr, unter denen man Schatten und Schutz finden konnte. Trotzdem gingen sie auf ihre Felder, nicht weil man dort Unkraut jäten und hacken konnte, sondern einfach, weil sie von ihren Feldern angezogen wurden, wie die Motten vom Licht. Sie konnten nichts dafür. Unter den Dächern ihrer Hütten schwatzten sie, tauschten Erinnerungen und boshafte Scherze aus, aber unter allem lauerte das beunruhigende Wissen darum, daß dieses Jahr ein Jahr der Dürre werden könnte.

Njogu, Muturi, Ruoro und Njuguna saßen draußen vor Abdullas Laden. Normalerweise hätten sie jetzt die Kühe und die Ziegen in die Ebene hinuntergetrieben, aber das Ende des Jahres und der Beginn eines neuen war gekommen, die Schule war wegen Ferien geschlossen, und so war die Reihe an den Kindern, sich um das Vieh zu kümmern. Sie machten sich Sorgen darüber, daß es in den beiden vergangenen Jahren nur eine Ernte gegeben hatte, im September. Danach war kein Regen mehr gefallen, außer ein paar gelegentlichen Schauern, die Art Regen, die faule Leute unters Dach trieb. Wenn nun der *Njahi*-Regen dieses neuen Jahres spät kam, so wie in den letzten beiden Jahren, dann würden sie alle unmittelbar vor einer Hungersnot stehen. Während sie so vor Abdullas Laden saßen, beredeten sie vielerlei Dinge, aber immer wieder landeten sie beim Regen.

»Es könnte immer noch regnen . . . manchmal hat es sogar erst an Neujahr geregnet, oder ein bißchen später«, sagte Njogu.

»Ich weiß nicht warum, aber das Wetter läßt sich immer weniger voraussagen. Als ob ihm etwas zu Kopf gestiegen ist«, entgegnete Njuguna. »Mwathi wa Mugo scheint seine Macht über den Regen zu verlieren«, fügte er mit einem ironischen Lächeln hinzu, ohne dabei Muturi anzusehen.

»Vielleicht ist es auch wegen der Dinge, die die Amerikaner und die Russen in den Himmel werfen.«

»Das könnte sein. Ich habe gehört, daß sie sogar Reisende auf den Mond schicken wollen. Ist das denn möglich?«

»Es gab auch Zeiten, wo wir nicht glaubten, daß sich ein Mann mit einem zweirädrigen Metallpferd fortbewegen könnte«, sagte Njogu, als er Munira auf seinem Metallpferd auf sie zukommen sah. »Bis Munira eines ritt.«

»Wißt ihr noch, als der weiße Mann zum ersten Mal kam, zog er seine Schuhe aus, und wir dachten, er hätte sein Bein abgenommen. Die Leute rannten weg, weil sie fürchteten, es sei ein neuer Zauber.«

Darüber mußten sie lachen und wollten noch mehr zu trinken haben. Munira lehnte sein Fahrrad an die Wand und setzte sich, gleichzeitig fragte er nach einem Bier.

»Bier wird bald unser einziges Wasser sein . . .«, sagte er.

»Mwalimu . . . wann geht die Schule wieder los?« fragte ihn Njuguna. »Du bist jetzt schon seit zwei Jahren hier. Das hat unseren Kindern gut getan.«

»Ich weiß es nicht«, sagte er. »Wir haben jetzt Mitte Januar. Wenn ich keine neuen Lehrer bekomme, kann ich nicht weitermachen. Im ersten Jahr hatte ich zwei Klassen. Im zweiten Jahr drei Klassen. Und nun werden es vier sein.«

»Woher willst du die Lehrer nehmen? Welcher VIP wird schon hierher kommen wollen, um in der Sonne zu schmoren?«

»Ich werde nach Ruwa-ini gehen. Ich werde Mzigo folgendes sagen: wenn ich nicht wenigstens einen zusätzlichen Lehrer bekomme, dann soll er lieber die Schule schließen.«

Sie waren still, nachdem er dies gesagt hatte. Einen Augenblick lang hingen sie alle ihren eigenen Gedanken nach. Der Mwalimu hatte also vor, sie zu verlassen? Zwei Jahre waren vielleicht zu lang für ihn gewesen.

Munira hatte gehofft, daß er mit Wanjas Weggang seinen früheren Rhythmus und seine zurückhaltende Dominanz wiederfinden würde. Aber bald war ihm klargeworden, daß dies ein trügerischer Traum war. Sie sahen ihn, wie er während des Monats nach ihrem Weggang auf seinem Drahtesel durch die ganze Gegend galoppierte, eine Staubwolke auf den Fersen.

»Es ist die Sonne«, sagten einige. Nach vier oder fünf Monaten vergeblichen Wartens auf ihre Rückkehr ging er an einem Markttag nach Ruwa-ini, gab vor, daß er nach etwas suche, das er kaufen wolle, kaufte aber nichts. Er erfand einen neuen Grund, um die Nacht über in Ruwa-ini zu bleiben, und besuchte fast alle Bars. Schließlich landete er in der Furaha-Bar. Dort sah er ein Mädchen an der Juke-Box. Sie wandte ihm den Rücken zu. Aber sein Herz fing verrückt und wild an zu schlagen, und er konnte sich nicht mehr länger etwas vormachen – er war auf der Suche nach Wanja. Er saß auf einem Barhocker an der Theke und wartete darauf, daß sie ihn erkennen würde. Zuerst hörte man eine Gitarre, dann erhoben sich die Chorstimmen und beherrschten die Atmosphäre – es war ein Kirchenlied –, und das Mädchen drehte sich jetzt um – oh, es war nicht Wanja – und stimmte in das Lied ein; sie sang mit leicht geschlossenen Augen, wie wenn sie zu dem Chor gehörte, der aus der Box ertönte. Als es zu Ende war, kam sie an die Theke und bestellte sich einen Drink. Sie interessierte Munira, weil sie fast alle Sprachen Kenias beherrschte. Wenn sie Gikuyu sprach, dachte man wirklich, sie sei eine Mugikuyu; wenn sie Luo sprach, hatte man den Eindruck, sie könne gar nichts anderes sein. Das gleiche galt für Swahili, Kamba und Luhya. Bald verlor er sein Interesse an ihr, aber das Kirchenlied hatte ihm gefallen; er ging hinüber, steckte einen Shilling in den Automat und drückte den Knopf. Es wurde vom Ofafa-Jericho-Chor gesungen und war sehr bewegend. Das Mädchen kam zu der Box zurückgerannt, und Munira war so fasziniert von ihrer völligen, fast verführerischen Versunkenheit in das Lied, daß er eine Weile seine Enttäuschung wegen Wanja vergaß. Er spielte sogar mit dem Gedanken, ihr Drinks zu bezahlen und sie für die Nacht ins Bett zu holen. Aber das Lied erinnerte ihn an die Eskapade seiner Jugendzeit und an den späteren Versuch der Reinigung durch Feuer, und damit verlor er jegliches Interesse am Körper des Mädchens.

Nach dieser fruchtlosen Suche nach einem Traum war er nach Ilmorog

zurückgekehrt, hatte sich das Jahr über in seinen Unterricht gestürzt und hatte versucht, Erinnerungen an Wanja und an die Liebesnächte mit ihr in der Hütte zu unterdrücken. Aber es war nicht mehr wie früher. Zumindest hatte sich bei Abdulla einiges verändert. Abdulla selbst sprach kaum einmal mehr als zwei Sätze mit ihm. Er war immer froh, wenn er die Dorfältesten bei Abdulla vorfand.
»Stimmt es, daß diese Leute versuchen, zum Mond zu gehen, Mwalimu?« fragte Muturi, um die Gedanken an eine mögliche Flucht des Mwalimu aus ihren Köpfen zu verjagen.
»Ja.«
»Sie sind seltsam. Nicht einmal Gott fürchten sie. Sie haben keinen Respekt vor dem, was heilig ist. Sie zerstören alles hier auf der Erde, und nun gehen sie und wollen Gott in seinem Reich stören. Kein Wunder, daß er böse wird und uns keinen Regen schickt.«
»Das ist ganz gewiß wahr. Schau doch uns an. Wir haben Gott immer gefürchtet und haben nie versucht, uns in seine Wege einzumischen. Deshalb konnte Gott uns vor völligem Verderben bewahren. Deshalb hat er nach der Schlacht von Ilmorog den Blick des weißen Siedlers in eine andere Richtung gelenkt. Und ihr werdet mir zustimmen, wenn ich sage, daß wir hier in Ilmorog trotz der verrückten Tat von Nyakinyuas Mann nicht zu viele Söhne im Kampf um Uhuru verloren haben.«
»Nyakinyuas Mann, Njamba Nene, er war ein tapferer Mann«, pflichtete Njuguna bei.
»Ja, das war er – so alt schon, und trotzdem hat er sein Gewehr auf einen Weißen gerichtet!«
»Er erlöste Ilmorog mit seinem Blut«, sagte Njogu.
»Dasselbe hat dein Enkelsohn getan – vergiß nicht, daß Ole Masai Blut von Ilmorog in sich hatte.«
Da wurden sie plötzlich alle durch einen Strom von Flüchen, mit dem Abdulla Joseph überschüttete, aufgeschreckt. Das war seltsam, denn ein ganzes Jahr lang, seit Wanjas Besuch, hatten sie ihn nicht mehr fluchen hören. Wieder schwiegen sie, als ob sie eine Gedenkminute an Nyakinyuas Mann und an Ole Masai, den sie nur vom Namen her kannten, eingelegt hätten.
»Ich bin nicht ganz mit euch einverstanden«, sagte Muturi, wieder einmal bemüht, das Thema zu wechseln. »Wir haben unsere Söhne an die Städte verloren.«
»Ja», stimmte Ruoro ihm zu und räusperte sich geräuschvoll. »Ich verstehe die jungen Männer heutzutage nicht mehr. Zu unserer Zeit muß-

ten wir für die Ausländer arbeiten, die uns unterdrückten. Und selbst dann, wenn wir genug verdient hatten, um Steuern und Strafen zu bezahlen, kehrten wir so schnell wir konnten auf unsere *shambas* zurück. Und jetzt schau dir meine Söhne an . . . ich weiß nicht einmal, wo sie sind. Einer ging nach Nairobi, um dort zu arbeiten, ein anderer nach Kisumu und noch einer nach Mombasa, und sie kommen fast nie auf Besuch. Nur einer kommt gelegentlich, um seine Frau Wambui zu sehen, und selbst er bleibt kaum einen Tag lang hier.«

»Meine auch«, bemerkte Njuguna. »Einer ging als Koch in die von Weißen besiedelten Gebiete. Dann kam er ins Lager, und als er dort rauskam, arbeitete er wieder als Koch, diesmal aber für die neuen afrikanischen Siedler. Stellt euch doch vor – ein erwachsener Mann, der fähige Hände zum Arbeiten hat, kocht für andere! Die drei anderen sind in Nairobi.«

»Eigentlich sollten wir sie nicht beschuldigen«, fiel Muturi wieder ein. »Nach dem ersten großen Krieg gab es ja gar kein Land mehr, auf dem man noch Bewegungsfreiheit hatte. Außerdem wird es immer die geben, die dem Ruf fremder Länder nicht widerstehen können. Mein Vater schon hatte mir erzählt, daß es, sogar ehe die weißen Fremden gekommen waren, Leute gegeben habe, die Elfenbein an das große Wasser trugen, und manchmal kehrten sie von dieser Reise nicht mehr zurück.«

»Wie Munoru, den es immer nach neuen Dingen verlangte«, sagte Ruoro. Wieder schwiegen sie einige Augenblicke, als dächten sie alle über ihre Söhne nach und über das Unglück, das über das Land gekommen war. Dann hustete Njuguna und schaute ins Leere:

»Ihr habt recht mit dem, was ihr über die Landknappheit sagt. Ich erinnere mich an die Worte meines jüngsten Sohnes, ehe er in die Stadt ging. Es war bald nach einer Ernte wie die der letzten beiden Jahre. Er sagte: ›Ich habe ein Jahr lang auf diesem Land gearbeitet. Meine Hände sind zerschunden, die Fingernägel abgebrochen. Aber was hat es hergegeben? Das spottet der Kraft meiner Arme. Sag mir, Vater, was soll ich dem Steuereinnehmer geben, wenn er kommt? Wenn ich nach Ruwa-ini gehe und schöne Kleider sehe, woher soll ich die Münzen nehmen, die ich dem Besitzer des Ladens geben muß? Ich muß in die große Stadt gehen und dort mein Glück versuchen, wie meine anderen Brüder.‹ Was sollte ich ihm darauf antworten?«

»Dieses Land war früher fruchtbar. Der Regen ist nie ausgeblieben. Was ist geschehen?« wollte Ruoro wissen.

Muturi antwortete ihm. »Du vergißt, daß in jenen Tagen das Land nicht da war, um verkauft zu werden. Es war da, um genutzt zu werden. Es gab auch genügend Land, und man mußte nicht dasselbe Stück immer und immer wieder benutzen. Außerdem bedeckten Wälder das Land. Die Bäume riefen den Regen und gaben dem Land Schatten. Aber die Wälder wurden von der Eisenbahn gefressen. Erinnerst du dich, sie kamen bis hierher, um Holz zu holen – als Futter für das eiserne Ding. Oh, sie konnten nur fressen und alles wegnehmen. Aber man muß bedenken, sie waren ja Fremde, weiße Menschen.«

»Jetzt, wo wir einen afrikanischen Gouverneur haben und afrikanische Big Chiefs, werden wir einiges von dem abgeschöpften Fett wieder zurückerhalten . . .«

»Du meinst unsere Söhne?« erwiderte Njuguna. Dann hustete er. Es war ein bedeutsames Husten, und damit wandte er sich an Abdulla: »Jetzt müssen wir noch ein Wort über deinen Esel reden. Glaubst du nicht, daß er in einer Zeit der Dürre zu viel Gras frißt?«

Munira stand auf. Er ließ sie alleine über den Esel weiterstreiten. Für ihn war Ilmorog ohne Wanja ein Land der Dürre. Aber ihre Worte hatten ihn seltsam berührt. Er dachte an seine Unterhaltung mit Karega vor fast zwei Jahren zurück und an seine eigenen, unerwarteten Gedanken über einen Garten, der ungleich gepflegt war.

*

Jeden Tag warteten sie auf den Regen oder auf eine Veränderung am Himmel. Alle warteten sie darauf, daß etwas geschehen würde. Aber jeden Morgen erwachten sie und sahen nur Wind, Staub und die brennende Sonne.

Als sich die Tage so hinzogen und keine sichtbare Veränderung eintrat, rückte Abdullas Esel zunehmend in den Mittelpunkt des Gesprächs. Die Alten Männer berieten und diskutierten, was zu tun sei. Früh am Morgen eines anderen Tages besuchten Njuguna, Ruoro, Njogu und Muturi wieder einmal Abdulla, sie wollten sich aber nicht setzen. Sie wollten auch nichts trinken. Sie wollten nicht einmal Abdulla geradeheraus in die Augen schauen. Abdulla aber sah die falschen Blicke in den feierlichen Gesichtern.

»Euer Herz scheint eine schwere Last zu tragen«, sagte Abdulla. »Kann ich irgendwo helfen?«

»Siehst du, wie die Sonne flimmert? Man wird fast blind davon«, sagte Njuguna beiläufig und deutete vage auf das sonnverbrannte Land.

»Es wird regnen«, sagte Abdulla ohne Überzeugung.

»Wir sagen nicht, daß es nicht regnen wird!« erwiderte Ruoro. »Es ist zu früh, um die wunderlichen Sprünge des Wetters vorherzusagen.«
»Kannst du nicht den Staub und den Wind sehen«, fügte Ruoro hinzu.
»Was wollt ihr?«
»Wir sind nur Botschafter vom Dorf«, sagte Njuguna.
»Wir kommen im Frieden und sind guten Willens.«
»Aber was wollt ihr von mir?« Genau in diesem Augenblick i-ahte Abdullas Esel, daß man es in ganz Ilmorog hören konnte. Die Alten Männer schauten einander an. Njuguna richtete seine Botschaft aus, die er freundschaftlich nannte, und die nur eine Bitte sei.
Abdulla sah ihnen nach, wie sie weggingen, er sah, wie die Sonne auf ihren kahlen Köpfen flimmerte. Botschafter des Bösen, zischte er und vergrub sein Gesicht in den Händen auf dem Tisch – wie konnte er ohne sein anderes Bein leben?
»So steht also mein einziger Esel gegen ihre Kühe und Ziegen? Nein, ich werde ihn nicht schlachten lassen oder weggeben. Dann würde ich lieber das Dorf verlassen. O ja, sie wollen mich aus Ilmorog vertreiben.«
Joseph schaute ihn an. Er fürchtete, daß dies für ihn bedeuten könnte, daß er sein zweites Schuljahr nicht beginnen würde. Es war ihm nach Weinen zumute. Wenn Wanja nicht weggegangen wäre . . . dachte er in jungenhafter, trauriger, aber dankbarer Erinnerung an ihre Tat.

2

Als die Schule endlich ihre Tore wieder auftat, sah Munira, daß er unmöglich ganz alleine mit vier Klassen fertig werden konnte. Wenn er auf die vergangenen zwei Jahre zurückblickte, erschien es ihm wie ein Wunder, daß es ihm überhaupt gelungen war, so lange durchzuhalten. Wenn er noch einen extra Lehrer bekommen könnte, dann würde er es vielleicht schaffen. Die Klassen I und III könnten vormittags Unterricht haben und die Klassen II und IV am Nachmittag. Er beschloß, nach Ruwa-ini zu fahren, um Mr. Mzigo das Problem vorzulegen. Es würde ihm auch guttun, von diesem unaufhörlichen Gerede über die Sonne und den Staub einmal wegzukommen. Wenn Mzigo ihm keinen Lehrer zuteilte, dann würde Munira die Schule aufgeben müssen.
Aber gerade als er nach Ruwa-ini aufbrechen wollte, um Mzigo wegen der Schulprobleme zu sprechen, geschahen zwei Dinge in Ilmorog, an die er sich später noch einmal erinnern sollte. Zu diesem Zeitpunkt je-

doch, als sie geschahen, schienen sie nur etwas zu sein, das nicht mit der sonnigen Schläfrigkeit des alten Ilmorog, so wie er es gekannt hatte, im Einklang stand. Zuerst kam der Steuereinnehmer in einem regierungseigenen Landrover, von zwei gewehrtragenden *askaris* begleitet. Noch ehe der Beamte aus dem Landrover ausgestiegen war, hatte sich die Kunde von seiner Ankunft schon verbreitet – allen Männern schien es irgendwie gelungen zu sein, drunten in der Ebene zu verschwinden. Der Mann klopfte an jede Haustür – überall fand er nur Frauen und Kinder vor. »Alle unsere Männer sind in die Städte gezogen«, klagten die Frauen, »schaut euch den Staub und die Sonne an und sagt uns, ob ihr hierbleiben würdet.« Schließlich ging der Beamte zu Abdulla, und über einem Bier sprach er unaufhörlich über die Gegend von Ilmorog. »Sie scheint sich immer mehr zu entvölkern. Jedes Jahr treffe ich weniger Männer. Aber diese Reise hat den Rekord gebrochen.« Abdulla stimmte dem Beamten zu, ohne weitere Einzelheiten hinzuzufügen. »Auf alle Fälle hast du alle Frauen für dich«, fuhr der Beamte fort und schrieb eine Steuerquittung für Abdulla aus. Dann fuhr er wieder weg. Am Abend erschienen alle Männer auf wunderbare Weise wieder und redeten, als ob nichts geschehen wäre.
Bald nach dieser Episode erschienen zwei Männer von »draußen«. Sie gaben vor, Nderi wa Riera hätte sie gesandt. Die Dorfbewohner versammelten sich im Schulhof und warteten geduldig auf das, was sie zu sagen hatten. Vielleicht hatte sich Nderi wa Riera an sein altes Versprechen erinnert, die Gegend mit einer Wasserleitung zu versorgen. Der eine war dick und hatte eine glänzende Glatze, die er ununterbrochen anfaßte, und sie nannten ihn Dickwanst – der andere war groß und dünn, hatte die Hände in den Hosentaschen und sagte kein einziges Wort. Sie tauften ihn Insekt. Insekt berichtete von einem neuen Rat der Ältesten, der *Kamwene*-Kulturorganisation, die Einigkeit zwischen Arm und Reich schaffen und in allen Gegenden für kulturelle Harmonie sorgen würde. Dickwanst erklärte, daß sich die Leute von Ilmorog bereithalten sollten für eine Reise nach *Gatundu,* um dort zu singen und Tee zu trinken. Er erklärte, daß alle Leute aus der *Central Province* dort singen und Tee trinken würden. Es sei genau wie 1952, deutete er an und sprach verschwommen, aber mit vielsagenden Variationen in der Stimme, von einer neuen Kulturbewegung – wer Ohren hat zu hören, der höre. Er erklärte, daß ihr schwer erarbeiteter Besitz und der dafür vergossene Schweiß von einem anderen Stamm bedroht seien.
Ruoro stand auf, um zurückzufragen: Wo war Gatundu? Warum soll-

te jemand wünschen, daß die Leute von Ilmorog kämen, um Tee zu trinken? Wie war es denn dazu gekommen, daß sie da draußen von anderen Stämmen bedroht wurden? Hatten sie so viel Besitz angehäuft, daß es den Neid anderer Stämme anstachelte? Hier waren die Menschen von Wassermangel bedroht, es fehlten Straßen und Krankenhäuser. Was erwarteten sie eigentlich von ihnen?
Dickwansts Lachen klang ziemlich beunruhigt, aber als er sprach, triefte er vor unendlicher Geduld. Freier Transport würde ihnen zur Verfügung gestellt werden, aber man erwarte von jedem Mann und jeder Frau, daß sie zwölf Shilling und fünfzig Cent mitbringen würden. Bei dieser Bemerkung begannen aber die Frauen, von Nyakinyua angeführt, sich zu rühren: wolle er wirklich sagen, daß sie so viel bezahlen sollten, nur um dort hinzugehen und zu singen und Tee zu trinken?
»Wer Ohren hat zu hören, der höre«, wiederholte Dickwanst, mit zugleich Warnung und Drohung in der Stimme.
Und nun antwortete ihm Nyakinyua wie besessen:
»Auch du, wenn du Ohren hast, höre – du bist schlimmer als ein Steuereinnehmer. Zwölf Shilling und fünfzig Cent! Aus welchem Loch sollen wir das Geld ausgraben? Warum sollen wir für unser Singen bezahlen? Geh zurück und sag ihnen, hier brauchen wir Wasser, nicht Lieder. Wir brauchen zu Essen, wir brauchen unsere Söhne zurück, damit das Land wachsen kann.«
Dickwanst war jetzt am Schwitzen, und seine Stimme klang ängstlich. Gleichzeitig wollte er vor diesen Leuten keine Furcht zeigen. Er versuchte zu sagen, daß der Reichtum des Stammes von den Leuten am Viktoria-See bedroht sei und auch von den anderen, die der indische Kommunist, der kürzlich von dieser Erde entfernt worden sei, verführt habe.
»Du meinst, einige von euch haben schon genug Reichtum angesammelt, wo wir mühsam die Erde aufkratzen?«
»Ist das der Reichtum, den sie euch stehlen wollen?«
»Dann haben sie Glück, wenn sie so arm sind wie wir.«
»Ja, ja. Was können sie uns schon stehlen?«
»Die Ernte eines Jahres.«
»Unsere Dürre und den Staub.«
»Wenn uns jemand den Staub und die Dürre stehlen könnte – das wäre ein Segen.«
»Hier leben wir im Frieden mit unseren Nachbarn, den Herdenleuten. Welche Streitigkeiten habt ihr denn da draußen untereinander?«
Die Frauen hatten die ganze Szene in die Hand genommen, und sie

schienen ihren Spaß daran zu haben. Einige gaben bedrohliche, laute Schreie von sich. Die Menge geriet in Bewegung. »Wir ziehen euch den Penis raus, um zu sehen, ob ihr wirklich Männer seid«, schrie eine der Frauen.

Dickwanst und sein Gefährte Insekt schreckten etwas zurück und versuchten, Würde zu bewahren, aber bei den Worten der Frau rannten sie über den Schulhof auf ihren Landrover zu, die drohenden Stimmen der Frauen im Rücken.

Munira dachte kurz über diese zwei Ereignisse nach, als er einige Zeit später nach Ruwa-ini fuhr, um sich einen Lehrer zu erkämpfen. Welcher Dämon hatte die Frauen erfaßt? Was war das plötzliche gewalttätige Grollen hinter der sonnigen, ländlichen Passivität? Vielleicht mußte man es der Sonne und dem Staub zuschreiben, dachte er und verbannte die ganze Angelegenheit aus seinem Denken. Dickwanst und Insekt waren Scharlatane, wahrscheinlich Diebe, die auf diese Weise zu Geld kommen wollten.

Er begann, die vor ihm liegende Begegnung mit Mzigo zu überdenken. Er hatte genug von seinen monatlichen Fahrten nach Ruwa-ini. Er hatte genug von Ruwa-ini selbst, von den Häusern aus der Kolonialzeit mit den roten Ziegeldächern, von dem Golfplatz, von den Bougainvilleas und den Jacaranda-Bäumen, welche die Gehwege säumten.

Ruwa-ini, die Hauptstadt vom Chiri-Distrikt, war nur deshalb berühmt, weil sie früher einmal das Zentrum für den Handel mit Leder und Häuten und für den Handel mit *Wattle*-Rinde gewesen war. Baumann und Co., Forrestals und auch Primchand Raichand u. Co. hatten in der grausamen Rivalität der 20er Jahre um die Kontrolle des Handels mit *Wattle*-Rinde und Gerbextrakt konkurrierende Handelsniederlassungen und Fabriken hier aufgebaut. Diese ausländischen und einheimischen Kapitalriesen hatten zusammen mit den Holzkohle und Feuerholz fressenden Lokomotiven der Mombasa-Kisumu-Kampala-Eisenbahn die Wälder im weiten Umkreis erschöpft. Ehe der Wattle-Gerbextrakt durch synthetische Gerbmittel und die Holzkohle fressenden Lokomotiven durch Dieselloks ersetzt worden waren, hatte Ruwa-ini ein Flair von Wohlstand und Wachstum gehabt.

Der Gerbextrakt wurde früher mit der Eisenbahn nach Limuru befördert, wo kurz vor dem Zweiten Weltkrieg eine tschechisch-kanadische internationale Schuhfabrik gebaut worden war. Ruwa-ini war heute nur noch ein Verwaltungszentrum, obwohl der Markt, der täglich dort stattfand und der Golfplatz weithin bekannt waren.

Mzigos Büro war immer noch dieselbe makellos ordentliche Angelegenheit. Er saß am selben Platz, in derselben Stellung wie immer.
»Ah, Mr. Munira, es ist gut, daß Sie so oft hereinschauen. Was macht die Schule? Aber bitte, nehmen Sie doch Platz. Es tut mir leid, daß ich Ihre Schule noch nicht besucht habe. Aber ich werde in Kürze kommen. Gibt es jetzt eine gute Straße? Ich brauche Ihnen ja nichts weiter über diese verdammten Autos zu erzählen. Habt Ihr auch was für meine durstige Kehle? Übrigens, herzlichen Glückwunsch. Bis jetzt waren Sie nur aushilfsweise Schulleiter. Nun ist es aber bestätigt, Sie sind zum neuen Schulleiter der Grundschule von Ilmorog ernannt worden. Noch einmal, meinen Glückwunsch.«
»Die Ehre bewegt mich sehr«, sagte Munira und war innerlich hocherfreut.
»Es ist nicht der Rede wert«, sagte Mzigo. »Sie haben es Ihrer eigenen Hingabe zu verdanken!«
»Aber ich könnte noch ein paar Lehrer gebrauchen. Wenigstens einen . . .«
»Lehrer? Aber Mr. Munira, ich habe Ihnen doch schon vor fast zwei Jahren gesagt, daß Sie jede Hilfe, die Sie brauchen, rekrutieren können.«
»Es ist ein bißchen schwierig dort . . . so abgelegen. Sehr trocken. Wenige kommen uns besuchen.«
»Es ist mir zu Ohren gekommen, daß alle Männer Ilmorog verlassen haben – ist das wahr, Mr. Munira? Daß nur noch Frauen da sind? Nicht schlecht für Sie, Mr. Munira. Ich werde demnächst kommen, um Ihnen zu helfen . . . Kein schlechter Job, was? Aber versuchen Sie doch in der Zwischenzeit, den einen oder anderen Lehrer hinzulokken. Erzählen Sie ihnen nur von den Frauen, die dort zu haben sind. Versuchen Sie es, Mr. Munira, versuchen Sie es. Als ich noch zur Schule ging, Mr. Munira, sagte unser Schulleiter immer zu uns: Versuchen und immer wieder versuchen. Er war ein dicker Schotte, der für den Religionsunterricht verantwortlich war, und er erzählte uns die Geschichte von einem schottischen König, der aus seinem Königreich vertrieben worden war; und dann sah er eine Spinne, wie sie immer und immer wieder versuchte, eine Wand hochzuklettern, bis es ihr gelang. So ging auch er zurück, um diesmal sein Königreich zurückzugewinnen. So, Mr. Munira, versuchen Sie es, und bevölkern Sie Ihr Königreich Ilmorog mit Lehrern.«
Munira hatte sich gerade zum Gehen gewandt, als Mzigo ihn zurückrief.

»Übrigens, hier ist noch ein Brief an den Schulleiter der Grundschule von Ilmorog.«

Munira nahm den Umschlag und öffnete ihn. Er konnte es kaum glauben. Es las es immer und immer wieder. Die Kamwene-Kulturorganisation (Ortsgruppe Ilmorog) lud den Schulleiter der Schule von Ilmorog und sein Kollegium ein, mit einer Delegation von Nderi wa Riera, zum Tee nach Gatundu zu kommen . . . Er zitterte . . .

»Vielen Dank . . .«, sagte er.

»Das haben Sie nicht mir zu verdanken . . .«

Muniras Herz glühte vor Stolz. Jetzt wurde doch noch etwas aus ihm. Schulleiter. Und dann eine Einladung zum Tee. Tee in Gatundu! Zugegebenermaßen, die Einladung war von Hand geschrieben und kam von der Distriktsverwaltung, außerdem wurde er darin aufgefordert, alle seine Lehrer und ihre Frauen für die Reise zu organisieren. Er hatte noch nie von der KKO (Ortsgruppe Ilmorog) gehört. Aber derartiges geschah nur einmal im Leben. Schulleiter. Eine Einladung zum Tee. Tee in Gatundu. Es ging ihm durch den Kopf, zu Mr. Mzigo zurückzugehen und ihm die Geschichte von einem gewissen Mr. Ironmonger zu erzählen, der sich den Himmel in Form von Tee, Würstchen und Vanilleeis vorgestellt hatte. Aber nun mußte er schnellstens nach Hause fahren, um seiner Frau die Neuigkeiten zu erzählen. Schulleiter! Eine Einladung zum Tee! Ilmorog hatte ihm Größe verliehen. Hurra!

Vor Sonnenuntergang kam er in die Gegend von Limuru. Selbst wenn er die charakteristischen Merkmale und die Lage des Landes nicht gekannt hätte – die Bergrücken, die tiefen Tälern Platz machten, um sich wiederum zu neuen Bergrücken und Tälern zu erheben –, so hätte er das Land an der kalten, frischen Luft erkannt, die ihm plötzlich ins Gesicht schlug, die seinen Körper und seinen Geist wachsam machte, zu Sprung und Stoß bereit. Dieses Land – die Bergrücken und die fast das ganze Jahr über grünen Täler machten Limuru zu einem Ableger von Gottes Lieblingsland – lange Regen im März, April und Mai, beißend kalte, eisige Schauer im nebligen Juni und Juli, windiger Sonnenschein über grünen Erbsen und Bohnen im August und September, herrlich strahlende Sonne im Oktober und November zur Erntezeit, und rote Pflaumen und saftige Birnen, die im Dezember, Januar und Februar unter einem strahlend klaren und blauen Himmel reiften. Welcher Unterschied, dachte er, zu dem dürren Ilmorog. Aber jedesmal, wenn er dorthin kam, fühlte er eine starke Spannung zwischen der Energie und Lebenskraft, die Limuru war, und der langen Nacht der Unrealität seiner eigenen Vergangenheit – zwischen dem Ruf des Lebens, dem Mitgestalten lebendiger Geschichte und der Flucht in die Abgeschlossenheit der Familie mit einer im Besitzdenken und in der Presbyterianischen Kirche verwurzelten Moralität – zwischen einer unerklärlichen Furcht vor Menschen und einer ebenso unerklärlichen Furcht vor seinem Vater – zwischen dem Wunsch nach aktiver Kreativität und einer passiven Hinnahme des Schicksals, das einem bestimmt war. Das Gesicht seines Vaters war ihm jetzt drohend und übergroß gegenwärtig . . .

*

Sein Vater gehörte zu denen, die schon früh zum christlichen Glauben übergetreten waren. Wir können uns denken, wie das fatale Zusammentreffen zwischen dem Eingeborenen und dem Fremden abgelaufen ist. Der Missionar hatte, bewaffnet mit dem Wunsch nach Gewinn, der sein Licht und sein Glaube war, und dem Gewehr, das sein Schutz war, die Meere überquert und die Wälder durchschritten. Er brachte die Bibel, der Soldat brachte das Gewehr, der Verwalter und der Siedler brachten die Münze. Christentum, Handel, Zivilisation – die Bibel, die Münze, das Gewehr – Heilige Dreieinigkeit. Der Eingeborene weidete sein Vieh, träumte davon, Krieger zu sein; träumte davon, wie er die Erde zwingen würde, der Kraft seiner Hände nachzugeben, wie er langsam, durch das Zusammenwirken von Zauber und Arbeit, die Gesetze der Natur seinem kollektiven Willen und seinen Absichten untertan machen würde. Wenn er feierte, tanzte er abends *Muthunguci, Ndumo, Mumburu,* oder er betete und opferte, um die Natur zu versöhnen. Ja, der Eingeborene hatte noch Angst vor den Kräften der Natur. Aber er verehrte das Leben des Menschen genausosehr wie die Natur. Das Leben des Menschen war Gottes heiliges Feuer, das von den Ahnen bis zum Kind und bis in die noch ungeborenen Generationen am Brennen erhalten werden mußte.

Nur – Waweru und sein Vater waren von großmächtigen Mbari-Lords und wohlhabenden Familien, die einen wirksameren Zauber und andere beschützende Kräfte kaufen konnten als sie, von ihrem angestammten Land in Muranga vertrieben worden. Hier in Kiambu mußten sie wieder ganz von vorne anfangen. Sein Großvater mußte als Ndungata auf dem Land einer anderen mächtigen Familie Arbeit finden, bis er sich einige Ziegen erarbeitet hatte und sich selbständig machen konnte. Waweru hatte das alles miterlebt, und er hoffte, daß auch er später einmal, wenn er erwachsen sein würde, einen noch wirksameren Zauber erwerben und eine noch mächtigere Familie begründen würde. Der Eingeborene. Der Missionar. Beide von Kräften getrieben, die sie nicht immer verstehen konnten. Das Drama konnte beginnen.

Wawerus Vater erwacht. Es ist die Stunde, von der man sagt, daß *Mara* seine sterbende Mutter im Wald gelassen habe. Er sagt zu Waweru: Mein Sohn, bring diese Kühe und Ziegen auf das Grasland in der Nähe des Waldes von Ikenia. Ich habe eine Besprechung mit den Dorfältesten, um über das zu beraten, was der reisende Seher – Mugo wa Kibiro – vor langer Zeit prophezeit hat. Wir und unsere Väter haben ihm nie Glauben geschenkt, wenn er von roten Fremden zu uns sprach. Und nun ist es in der Tat geschehen. Und der rote Fremde hat angefangen, uns unser Land in Tigoni und an anderen Orten wegzunehmen. Du weißt, wie wir gekämpft haben, um dieses Land zu bekommen und, was noch schwerer war, unseren Reichtum. Wenn er unser Land wegnimmt, wo sollen wir *miriyo* anbauen? Wo soll das Vieh weiden? Deshalb müssen alle Clans und Mbaris und alle großen und kleinen Familien jetzt zusammenstehen und den Fremden in unserer Mitte bekämpfen. Vergiß deine Kalebasse mit saurer Milch nicht. Auch nicht deinen Speer und deinen Schild. In dem kommenden Kampf werden wir sie brauchen. Gürte deine Lenden und vergiß nie, daß alles Gute und Schöne von der Erde kommt. Einige Oberhäupter der Clans und Mbaris und einige Oberhäupter von einflußreichen Familien verraten das Volk und verbünden sich mit den Fremden. Denke an die, welche das Volk an den arabischen Händler Jumbe verraten haben! Die Stimme des Volkes hetzte sie zu Tode. Waweru nimmt die Kühe und die Ziegen, und dann bleibt er stehen und schaut der sich entfernenden Gestalt seines Vaters nach; dann spuckt er auf den Boden. *Große Häuser, mächtige Familien – noch mächtiger als die Arbeit meiner Hände, ist der Besitz eines Zaubers. Haben uns nicht die mächtigen Familien von unserem Land in Muranga vertrieben, und wir mußten wieder von vorne beginnen? Ich werde meine eigene mächtige Familie begründen, um alle anderen mächtigen Familien zu beherrschen . . .* Waweru geht immer an diesem neuen Gebäude vorüber, wo tägliches Glockengeläut Furcht und Neugier in seinem Herzen hervorruft. Dieser Zauber und der Zauber von Bambusstöcken jagt den einflußreichen Familien und den großen Mbaris und Clans Angst ein – entweder wehren sie sich dagegen, oder sie suchen seine Freundschaft. Er bringt die Familien, die Clans, ja, sogar die Bewohner der einzelnen Bergrücken auseinander. Nicht einmal Kamiris Zauberkunst war mächtiger als dieser Zauber. Waweru kennt einen oder zwei junge Männer, die da drin Schutz gesucht haben. Man hat ihnen Zucker gegeben und ein Stück weißen Baumwollstoff. Nun ist es früh am Morgen, und es ist kalt. Sie sehen ihn und winken ihm, hereinzukommen. Sein Entschluß ist schon gefaßt. Soll sich sein Vater doch allein widersetzen. Er, Waweru, wird zu Kamenyi und Kahati gehen. Besser als die Wärme von Kuhmist und besser als naßkalter Tau war der Duft des weißen Mannes, vom Zucker gesüßt, vom Geläut der Kirchenglocken und von Musik umrahmt, die seltsamer klang als die von der einsaitigen *Wandini* und von der *Mwakiriflöte* – und beschützt von Pulverdampf und klingenden Münzen, besaßen sie ein Leben, das länger und stärker war als das von Kühen, Ziegen und Schafen. Dies hier war eine neue Welt mit einem neuen Zauber. Vor Wut zitternd kommt sein Vater, um den verlorenen Sohn heimzuholen. Es fehlen ihm die Worte – hilflos zeigt er mit seinem Stock auf Waweru. Waweru fühlt sich schuldig gegenüber dem zitternden alten Mann – schließlich ist er Fleisch von seinem Fleisch, Blut von seinem Blut. Aber die Stimme des Zweifels wird von einer anderen Stimme übertönt, die ihn zu größerer Herrlichkeit ruft: wer Vater und Mutter verläßt um meinetwillen . . . und er sieht in sich selbst die Erfüllung der Prophezeiung, was gleichzeitig der Beweis ihrer Wahrheit ist. Auf das Geheiß seiner neuen Eltern entledigt sich Waweru, der jetzt Ezekieli heißt – welch süßer Klang in den Ohren eines neuen Christen –, aller Gewänder seiner heidnischen Vergangenheit.

Reinige mich, Erlöser, damit ich weißer sein werde als Schnee . . . genauso wie Munira später in Siriana singen sollte, sangen sie damals.

Belohnung gab es genug – Beweise von Gottes zustimmendem Wohlwollen. Mit einer Mischung aus klingender Münze und betrügerischer Handhabung von Feder und Gesetz konnte er ganze Landstriche von einigen der ihre Macht verlierenden Mbari-Lords und Clans aufkaufen – auch von Einzelpersonen, die Geld brauchten, um gegenüber dem neuen Cäsar die von ihm verlangten Pflichten erfüllen zu können. Das war für diejenigen, die nicht als Arbeiter auf dem Land der europäischen Siedler leben wollten, damals die einzige Möglichkeit, das Geld zu beschaffen, das Cäsar brauchte. Sie verkauften ihr Land Stück für Stück an Leute wie Waweru, die an Geld gelangen konnten, weil sie Jesus stets weitere Seelen zuführten. Schließlich mußten sie genau das tun, was sie durch den Verkauf ihres Landes und ihres Eigentums zu vermeiden gesucht hatten – mit dem Clan der Arbeiter auf dem Land der Weißen zu arbeiten. Denn der Cäsar forderte mehr und mehr. Es gab auch andere Mbaris, wie die von Kagunda, dessen Söhne nur das Trinken im Kopf hatten und nicht beabsichtigten, sich um ihr ererbtes Gut zu kümmern. Kanjohi, der älteste Sohn von Kagunda, verkaufte deshalb den gesamten Landbesitz der Familie an Waweru und zog selbst weg ins Rift Valley. Dies alles und noch viel mehr geschah: Waweru ergriff jede Gelegenheit, die sich ihm bot, und so wurde er unter dem alten Kolonialregime ein sehr mächtiger Grundbesitzer und Kirchenmann. Waweru gehörte zu den ersten Afrikanern, denen erlaubt wurde, zum Verkauf bestimmtes Pyrethrum anzubauen und es an weiße Pflanzer zu verkaufen. Dies sicherte ihm einen Vorsprung über seine etwas heidnischeren Nachbarn, von denen einige in ewigen Schlaf gewiegt oder zu Sklavenarbeit in den Städten und auf den Farmen gezwungen worden waren, damit sie Ruhe gäben; und zwar von Männern wie *Frederick Lugard, Meinertzhagen, Grogan, Francis Hall* und anderen Mietlingen ihrer Kaiserlichen Majestät, Verteidigerin des Glaubens, Auserwählten Gottes. »God save the Queen«, sangen sie nach jedem Massaker, und anschließend gingen sie zur Kirche und beteten darum, gereinigt und gesegnet zu werden. Es war immer schon dem Priester zugefallen, menschliches Opfer zu weihen, um jeden herrschenden Gott der Geschichte zu besänftigen.

Es gab eine Photographie seines Vaters, die zwischen den beiden Kriegen aufgenommen worden war und die Munira immer beeindruckt hatte.

Waweru steht neben einem Grammophon, auf dem das Bild eines Hundes zu sehen ist, der auf seinen Hinterfüßen sitzt und bellt: *His Master's Voice* – die Stimme seines Herrn. Waweru hat ein Jackett an, Reithosen und Reitstiefel, und vorne über seine Weste spannt sich eine Kette. Er trägt einen Tropenhelm, und in der Hand hält er die Bibel. Munira hatte immer ein gewisses Unbehagen über dieses Bild empfunden; aber er konnte nie zum Ausdruck bringen, was ihn eigentlich daran störte. Auf die gleiche Weise hatte er ein Mädchen aus einer ungläubigen Familie geheiratet – vielleicht, weil es ihm sein Herz so gesagt hatte – als Reaktion auf das, wofür sein Vater stand. Aber das Mädchen erwies sich als Kopie seiner gehorsameren Schwestern. Sie konnte sich nicht von dem Gedanken trennen, daß sie in eine renommierte, christliche Familie hineingeheiratet hatte, und versuchte deshalb, die ideale Schwiegertochter zu sein. Sie durchbrach den ursprünglichen Widerstand seiner Eltern durch ihre Bereitschaft, sich umformen zu lassen. Julia wurde bald das besondere Werk seiner Mutter, und deshalb wurde sie von der Mutter vergöttert. Munira hätte ihr alles verzeihen können, nur nicht ihre stillen Gebete vor und nach der ehelichen Liebe. Aber er hatte nie auch nur einen Finger gerührt, um sich diesem Prozeß zu widersetzen. Sein Leben war schon immer von Belastung und Anspannung gezeichnet gewesen. Für seinen Vater war er eine verlorene Sache. Und er selbst, Munira, hatte immer die Notwendigkeit empfunden, sich loszureißen. Aber er zögerte stets – als wüßte er nicht, vor was er floh, und wohin er fliehen wollte.

*

Aber als sich Munira diesmal seiner Heimat näherte – mit einer Beförderung zum Schulleiter und einer Einladung zum Tee in der Tasche – war er glücklich. Seine erste große Initiative, ins Leben gerufen durch den allgemeinen Idealismus, der das Land vor und noch eine kleine Weile nach der Unabhängigkeit erfaßt hatte, war erfolgreich gewesen. Sie hatte eine wenn auch kleine Frucht hervorgebracht: Eine Einladung und eine Beförderung. Er würde sogar vor dem Gesicht seines Vaters bestehen können, das groß und mächtig seine Gedanken beherrschte, während er durch die frische Luft seinem Zuhause zufuhr. Es stellte sich heraus, daß die meisten Lehrer und ihre Frauen zum Tee nach Gatundu eingeladen worden waren. Sie sollten auch zwölf Shilling und fünfzig Cent für ein Selbsthilfeprojekt mitbringen. Obwohl Muniras Frau versuchte, alles mit christlicher Geduld zu überdecken, so war sie doch aufgeregt. Für Munira würde sich dieser Samstag für immer in sein Gedächtnis einprägen, so daß er seinen Kindern später alles lebendig schildern konnte: er, Munira, ging zum Tee zu einer lebenden Legende, die das Bewußtsein eines Landes fast ein ganzes Jahrhundert lang beherrscht hatte. Was würde man nicht alles für diese Ehre geben! Noch einmal fühlte Munira, daß er doch ein bißchen über dem Durchschnitt war.
Der Bus, mit dem sie fahren sollten, kam erst um 6 Uhr am Postamt von Ruwa-ini an, und alle waren sehr besorgt. Einer schlug sogar vor, daß man die Reise absagen soll; aber er wurde schnell von den anderen zum Schweigen gebracht. Besser spät als nie – wenn man an so einem Ort Tee trinken ging, dann konnte das auch ein Fest in der Nacht sein. Die feierlich aussehenden Regierungsbeamten versicherten, daß alles in Ordnung sei.
Die plötzliche Verwandlung des Glücks in das Gegenteil war das

Schmerzhafteste, was Munira seit Siriana erlebt hatte. Man führte sie an Gatundu vorbei, durch einige Bananenpflanzungen hindurch, wo sie noch mehr Menschen vorfanden, die feierlich auf etwas warteten. Ein Beerdigungstee? Munira fragte sich, was für eine Bedeutung dies alles habe; die unheimliche Düsterkeit hatte ihn betäubt, so daß er nur noch zu schweigen vermochte. Er schaute um sich. Der Regierungsbeamte war verschwunden. Nun wurde ihnen befohlen, sich in Reihen aufzustellen – eine für Männer, die andere für die Frauen. Ein Lehrer frage lautete: Ist das der Tee, zu dem wir kamen? Er bekam mit der flachen Seite einer *Panga* eines über den Kopf gehauen von einem Mann, der aus dem Nichts auftauchte und dort genauso schnell wieder verschwand. Was hatten Mzigo und der Regierungsbeamte damit zu tun? Es war dunkel: ein kleines Licht kam aus einer Hütte, in der die Leute in Gruppen von ungefähr zehn verschwanden. Was ist das alles? dröhnte Muniras Herz. Und dann war er an der Reihe.

Auf dem Rückweg, es war wohl um Mitternacht, wußte Munira, daß Julia leise weinte. Er fühlte, wie sie sich von ihm zurückzog, wie sie ihn des Verrats beschuldigte. Aber wie konnte er ihr jetzt antworten, wie konnte er ihr sagen, daß er ehrlich von nichts gewußt hatte? Er war hungrig und durstig, und der Bus war vom Schweigen eines Volkes erfüllt, das sich bewußt war, daß man es hereingelegt hatte – daß es an einem Ritus teilgenommen hatte, der das Gegenteil von dem war, was sie von der Gelegenheit, dem Ort und den Personen erwartet hatten. Es war auch das Gegenteil der Erwartungen, die sie an die Zeit nach *Uhuru* geknüpft hatten! Wie konnten sie als Lehrer jemals wieder vor den Kindern stehen und ihnen sagen, daß Kenia eine Nation sei? Später erfuhr Munira, daß eine sehr wichtige Persönlichkeit in Regierungskreisen in stillschweigendem Einvernehmen und mit Zustimmung anderer wichtiger Persönlichkeiten in Regierungskreisen, wie Nderi, und sogar im Einvernehmen mit einigen aus anderen nationalen Gruppierungen, der Kopf hinter der ganzen Sache war. Aber dies Wissen versöhnte ihn nicht mit dem, was geschehen war.

Zu Hause schaute Julia ihn an und sagte: »Du warst also nicht Manns genug, es deiner Frau zu sagen!«

Zum erstenmal in seinem Leben fühlte Munira, daß er ein Gespräch von Mann zu Mann mit seinem Vater führen sollte. Er sah jetzt seinen Vater in einem neuen und positiveren Licht. In den 90er Jahren des letzten Jahrhunderts hatte er sich gegen seinen Großvater gestellt und war zur Mission gegangen. 1952 hatte er der Mau-Mau-Bewegung getrotzt und auf der Seite der Kirche gestanden. Er hatte es sogar gewagt, gegen die Bewegung zu predigen. Dafür war man in seine Rinder-*boma* eingebrochen und hatte seine Kühe gestohlen. Sein linkes Ohr war ihm als Warnung abgehauen worden. Es stimmte, daß er aufgehört hatte, dagegen zu predigen; aber er hatte wenigstens nicht den Glauben verleugnet und die Seite, für die er sich entschieden hatte. Ja. Er würde von Mann zu Mann mit ihm sprechen, Auge in Auge, und er würde das wahre Geheimnis des Erfolgs seines Vaters erfahren. Früh am nächsten Tag ging er zum Haus seiner Eltern. Er traf seinen Vater beim Gebet. Munira wurde es schwach in den Knien. Er kniete sich auf den Boden, sein Zittern vor dem Herrn war echt. Wenn es ihm helfen würde, sich zu bekehren, dann würde er sich bekehren. Wenn es ihm wirklich helfen würde, ein für allemal den rechten Weg zu finden, dann würde er auch vor dem Herrn seine Kleider zerreißen und auf seine Brust schlagen und sie entblößen, damit er für immer von Schrecken und Zweifeln und Unentschlossenheit gereinigt würde. Wie stolz war er nun auf einen Vater, der im Bewußtsein seines Reichtums und seines Glaubens so heiter und so gelassen war und sich darin sicher fühlte!

Ezekiel Waweru war immer noch einer der einflußreichsten Grundbesitzer der Gegend; er hatte seinen Pyrethrumpflanzungen neue Teepflanzungen hinzugefügt, die er den scheidenden Kolonialisten abgekauft hatte. Es war die Ironie der Geschichte oder für ihn eine Manifestation der geheimnisvollen Wege des Herrn, daß die neue Teepflanzung in Tigoni war, genau in dem Gebiet, das Wawerus Vater einst als die eine Tat kolonialen Diebstahls angeführt hatte, welche die großen und die kleinen Familien jener Zeit veranlaßte, sich mit dem Volk zu bewaffnetem Widerstand zusammenzuschließen. Aus seinen Kindern, abgesehen von Mukami und Munira, war etwas geworden.

Wenn er überrascht war, Munira so früh an einem Sonntagmorgen bei sich zu sehen, oder über das reuevolle Gesicht des Mannes und seine plötzliche Versunkenheit im Gebet verwundert war, so konnte man dies seinem Gesicht nicht ansehen. Vielleicht hatte Gott ihn endlich nach Hause geführt, sagte er sich, und versuchte die Verachtung, die er für Munira hegte, zu unterdrücken.

Muniras Furcht und seine verwirrte Wut über das Geschehen von gestern schien mit zunehmendem Nachdenken und zeitlichem Abstand zu wachsen und sich zu vergrößern. Aber da er seinen Vater nicht schockieren wollte – und damit, so dachte Munira, würde er in die tiefste Tiefe der Achtung, die sein Vater vor ihm hatte, sinken –, ging er zögernd und leise vor, obgleich die Bitterkeit darüber, hereingelegt worden zu sein, ihn drängte, alles hinauszuschreien. Ihm, ausgerechnet ihm, einem Lehrer, hatte man das angetan. Sein Vater hörte ihm gespannt zu, und das ermutigte Munira.

»Was ich nicht verstehen konnte . . . was ich niemals wieder vergessen werde, war dieser Mann . . . er war so ärmlich angezogen . . . Lumpen . . . nicht einmal Schuhe hatte er, und er stand da, während wir alle zitterten, und sagte: ›Ich bin Squatter – Arbeiter auf einer Teeplantage, die den *Milk Stream Estates* gehört. Vor 1952 habe ich auch schon dort gearbeitet. Während der Bewegung war ich für Spionage und Waffenweitergabe an die Kämpfer verantwortlich. Später wurde ich festgenommen. Nun arbeite ich auf derselben Plantage, die derselben Gesellschaft gehört. Erst jetzt sind auch einige unserer Leute in der Gesellschaft. Es ist gut, daß einige aus unserem Volk zu essen haben. Aber ich werde keinen neuen Eid schwören, solange die Versprechen des ersten noch nicht erfüllt worden sind.‹

Sie schlugen ihn vor unseren Augen. Sie traten ihm auf den Hals und hielten ihn mit den Stiefeln am Boden fest, bis er nur noch tierische Laute von sich gab. Erst dann hörten sie auf. Dann hat er geschworen. Aber nicht von Herzen. Ich werde nie seine Schreie vergessen.«

Munira hatte sich seinem Vater nie so nahe gefühlt. Selbst als Waweru begann, ihm über sein Versagen Vorhaltungen zu machen, nahm er dies als berechtigte Züchtigung hin – wer war er schon, um einem Vater zu widersprechen, der zumindest einigen Prinzipien treu geblieben war?

»Ich brauche dir nicht zu sagen, daß du eine Enttäuschung für mich gewesen bist. Du bist mein ältester Sohn, und du weißt, was das bedeutet. Ich habe dich nach Siriana geschickt. Dort bist du in schlechte Gesellschaft geraten, und man hat dich nach Hause geschickt. Wenn du dich nach einigen der Leute umschaust, mit denen du in der Schule warst, so kannst du sehen, wo sie heute sind: in jedem Ministerium, in jeder großen Gesellschaft, dort findest du sie. Als erste Tat deiner Mannbarkeit hast du eine Frau geschwängert. Wir danken dem Herrn, daß sich Julia als gute Frau erwiesen hat. Aber anstatt daß du bei ihr bleibst, rennst du weg an einen Ort, dessen Namen ich nicht einmal aussprechen kann. Du bist immer allen Möglichkeiten aus dem Weg gegangen. Du hast jede Gelegenheit, ein Mann zu werden, geflohen. Ich habe all diesen Grundbesitz. Ich werde älter. Darum könntest du dich wenigstens kümmern. Schau dir deine Brüder an . . . eben noch waren sie kleine Kinder. Nimm dir an ihnen ein Beispiel. Der, welcher Bankier geworden ist, hat jetzt in ganz Nairobi Häuser aufgekauft. Er hat eine Reihe von Niederlassungen in Nairobi. Dort könntest du einsteigen, er könnte dir ein Darlehen verschaffen. Und dein Bruder in der Ölgesellschaft. Nimm irgendeine Tankstelle zwischen hier und irgendwo, und du kannst sicher sein, daß er seine Finger drin hat. Auch deine Schwestern . . . Man hat mir berichtet, daß du sogar zu Trinken angefangen hast. Mit dir wird es noch ein schlimmes Ende nehmen, wie mit deiner Schwester . . .«

»Mukami?« fragte Munira automatisch. Er hatte dies alles verdient und noch mehr dazu, und ab morgen würde er andere Wege gehen. »Sag mir, Vater . . . was war mit Mukami geschehen. Was hat sie dazu getrieben?«

»Schlechte Gesellschaft . . . schlechte Gesellschaft . . . Mariamu . . . die schlechte Frau . . . Ihre Söhne sind mein Ruin gewesen.«

Die Erinnerung daran ließ ihn verstummen, er konnte nicht weitersprechen. Sie schwiegen, während er versuchte, seine Fassung wiederzuerlangen. Munira tat es leid, daß er die Frage gestellt und schmerzhafte Erinnerungen wachgerufen hatte. Unverhofft stand sein Vater auf, nahm seinen Mantel und winkte Munira, ihm zu folgen.

Sie gingen miteinander bis auf die Höhe des Bergrückens, von dem aus man die weitverstreuten Ländereien überblicken konnte. Auf dieses Land war Waweru besonders stolz, denn das hatte er vor dem Zweiten Weltkrieg erworben, als er anfing, seinen Landbesitz ständig zu vergrößern.

»Siehst du dies alles?«

»Ja.«

»Blumen, Obstbäume, Tee . . . Kühe . . . alles.«

»Ja.«

»Das ist nicht nur durch die alleinige Kraft meiner Arme entstanden. Es ist ein Werk des Herrn. Es ist wahr, daß der Herr das Land der Agikuyu gesegnet hat. Der Wohlstand hat sich seit der Unabhängigkeit um ein Vielfaches vermehrt. Mein Sohn, vertraue auf Gott, und dein Fuß wird keine falschen Schritte tun. Gott entscheidet über die Zeit der Aussaat und die der Ernte. Er erwählt die Werkzeuge für seinen großen Plan. Nun höre, mein Sohn. Der alte Mann ist wahrhaftig Gottes Werkzeug. Er hat gelitten. Aber hat er, als er herauskam, einen Stock genommen und seine Feinde geschlagen? Nein! Er hat nur gesagt: ›Herr, vergib ihnen, denn sie wissen nicht, was sie tun.‹ Nun, all dieser Wohlstand, unsere schwer erkämpfte Freiheit ist vom Satan bedroht, der durch andere Stämme arbeitet und deren Neid und Eifersucht aufstachelt. Deshalb ist dieser Eid notwendig. Sein Ziel ist Frieden und Einigkeit, und er ist in Übereinstimmung mit Gottes ewigem Plan. Hör mir zu. Ich bin dort gewesen. Ich habe die Bibel benutzt. Ich möchte, daß deine Mutter geht. Aber sie weigert sich. Doch Jesus wird sie bald erleuchten. Selbst hochgebildete Leute gehen dorthin, aus eigenem Entschluß. Mein Sohn, die Furcht des Herrn ist der Weisheit Anfang. Die KKO ist keine schlechte Sache . . . Wir werden sogar einen kirchlichen Zweig gründen. Es ist eine Kulturorganisation, die Einigkeit und Harmonie zwischen allen schaffen soll, zwischen den Armen und den Reichen, und sie soll Neid und Eifersucht ein Ende setzen. Gott hilft denen, die sich selbst helfen. Und er hat auch gesagt, daß nie wieder Manna vom Himmel fallen würde . . .«

Munira war nicht sicher, ob er seinen Vater richtig verstanden hatte. Er schaute seinen Vater an, sein fehlendes Ohr – er dachte daran, wie sein Vater früher den Eid abgelehnt hatte. Woher dann dieser Sinneswechsel, der ebendies guthieß? War es dasselbe? Er war wieder verwirrt:

»Du meinst, daß du . . .«

»Ja, ja«, antwortete er schnell, fast ungeduldig. Munira versuchte zum ersten Mal mit seinem Vater ein Streitgespräch über etwas zu führen.

»Aber vor Gott gibt es keine verschiedenen Stämme. Wir sind alle gleich vor dem Herrn.«

»Mein Sohn«, sagte er, nachdem er einige Minuten lang seine Worte überdacht hatte. »Geh zurück und unterrichte. Und höre auf zu trinken. Wenn du vom Unterrichten genug hast, komm hierher zurück. Ich habe immer Arbeit für dich. Meine Ländereien sind groß. Und ich werde älter. Oder gehe zur KKO. Verschaff dir ein Darlehen, fang ein Geschäft an.«

»Hier auf unserer Farm habe ich seit meiner Kindheit so viele Arbeiter gesehen: Luo, Gusii, Embu, Kamba, Somali, Luhya, Kikuyu – und sie haben alle zusammen gearbeitet. Ich habe gesehen, wie sie den Herrn gepriesen haben, ohne einander Böses zu wollen.«

»Ich weiß nicht, warum du gekommen bist. Ich wußte nicht, daß du gekommen warst, um deinem Vater zu predigen. Aber ich wiederhole, gehe zurück an deine Schule. Diese Dinge haben tiefere Gründe, als du denkst.«

Damit ging er weg.

Munira sah hinter ihm her, wie er über die riesige Farm ging. Nein, er hatte seinen Vater noch nie gekannt und würde ihn auch nie verstehen. Was war nun dies wieder? Was sollte diese neue Allianz zwischen der Kirche und der KKO? Nein, es war viel besser, nicht weiter als bis über die Knie in Affären hineinzuwaten, die einen nichts angingen. Über diesen Gedanken empfand er eine Art Erleichterung. Es war, als ob man ihn vom Abgrund zurückgerissen hätte. Er hatte eine Entscheidung hinausgeschoben. Und doch empfand er, daß man über ihn entschieden habe, denn als er sein Fahrrad, das an der Wand seines Vaterhauses lehnte, holte, fuhr er nicht zu seinem eigenen Haus. Er fuhr nach Kamiritho – er brauchte einen Drink. Aber er wußte, daß er später an jenem Tag oder in der Nacht nach Ilmorog zurückkehren würde, in sein Kloster ohne Wasser und ohne Regen und ohne die Lehrer, die er eigentlich hatte finden wollen.

*

Das Kamiritho, in das er jetzt hineinfuhr, hatte sich sehr verändert. Noch gestern, sozusagen, war es lediglich ein großes Dorf gewesen. Nun hatte es sich immer weiter ausgebreitet und war ein schnell wachsendes Einkaufszentrum geworden, mit mehr als genug Kneipen und Teehäusern. Draußen am Rande arbeiteten Handwerker, sie waren ihre eigenen Angestellten oder von denen angestellt, die ein bißchen besser dran waren als sie, und schlugen Wellblech in verschiedenste Formen: riesige Wassertanks aus Aluminium, Kohlenpfannen, Wassererhitzer für Holzkohlenfeuerung, eiserne Tröge für Hühnerfutter. Zwei riesige Schrottberge aus alten Bussen und Lastwagen türmten sich höher und höher. Arbeitslose Automechaniker lagen im Gras und schauten den vorbeifahrenden Autos nach in der Hoffnung, daß eines einen Motorschaden oder Ähnliches haben würde. Er stand vor der Tankstelle und schaute über die Läden hinweg dorthin, wo einst die Lastwagen hingefahren waren, um Schotter zu holen, und wo Amina und andere Leute *Swahili-Majengo*-Häuser gebaut hatten, und dachte an jene vergangene Demütigung. Es war so lange her.

Dann drehte er sich um und sah einige Lastwagen vorbeifahren. Auf den Schildern stand KANU PRIVAT. Er wußte, woher sie kamen. Der Schrecken der vergangenen Nacht überfiel ihn. Er fuhr zum *Safari*, der nächsten Bar, und versteckte sich darin.

Es war noch früh, aber er bestellte einen Drink, leerte zügig die erste Flasche und bestellte eine zweite. Er fing an, die Gemälde an den Wänden zu bewundern, nur um seine Gedanken von draußen abzulenken, und bald war er völlig in die Phantasiewelt des Künstlers versunken:

Ein Masai-Krieger, seine spärlich bedeckten Lenden mit einem *Simi*-Schwert gegürtet, durchbohrt furchtlos mit seinem Speer einen brüllenden Löwen direkt durch das Maul; ein Mann mit einem Hut streckt gemütlich seine Füße unter einem Akazienbusch in der Weru-Wildnis von Australien aus und füttert einem Känguruh mit einem Baby in der Bauchtasche Bananen; Stadtherren und Damen sitzen auf Stühlen in einer Wüste und trinken Tusker und Pilsner; Affen springen mit belustigten menschlichen Augen von Zweig zu Zweig – was für eine Verbindung von weit hergeholten Elementen, die sich trotzdem harmonisch zu ergänzen schienen. Auf einer anderen Wand war Bus Nr. 555 zu sehen, der auf einer Straße entlangraste, die zu einem weiten, blauen Meer führte, dort sah man aus dem Meer auftauchende, vollbusige Meerjungfrauen, die Babies in den Armen hielten. Die unwirklichen Bilder schossen ihm durch den Kopf, als er noch ein weiteres Tusker bestellte, gleichzeitig dachte er an Abdulla und an Abdullas Ängste um seinen Esel . . . Eine unwirkliche Welt . . . wo er in der einen Stunde in einem sauberen, modernen Büro zum Schulleiter gemacht wurde und in der nächsten in dunklen Bananenhainen den Tee der Einigkeit trank, um den Besitz einiger weniger zu schützen . . . wo schöne Frauen plötzlich erschienen und einen für einen oder zwei Monate glücklich machten, um dann genauso plötzlich wieder zu verschwinden. Er begann die Namen der Getränke auf den Regalen hinter der Theke zu lesen: Tusker, Pilsner, Muratina, Vat 69, Johnnie Walker, geboren 1820, geht immer noch an einem Sonntagmorgen in Kamiritho spazieren . . . Jemand ließ eine Schallplatte aus der Juke-Box laufen . . . er schaute hinüber . . . Er sah die Frau in einem grünen Kleid, die ihre Hüften in langsamen Bewegungen kreisen ließ, und er konnte, was seine Augen sahen, nicht glauben . . . »Wanja! Wanja!« rief er. »Was tust du denn hier?«

3

Danke für das Bier . . . seltsam, daß du mich gerade heute hier gefunden hast, an diesem Morgen, oder vielmehr, daß ich dich gefunden habe. Ich war auf meinem Weg zurück nach Ilmorog. Vielleicht glaubst du mir nicht. Aber es ist wahr. Heute früh erst habe ich mich dazu entschlossen. Oder sagen wir, es wurde für mich entschieden. Aber laß mich anfangen, dir zu erzählen . . . wo soll ich anfangen? Ehe dies geschah . . . arbeitete ich . . . das hört sich an, wie wenn es schon vor langer Zeit gewesen wäre. Oder nicht? Ich spreche über gestern abend, aber es scheinen Jahre dazwischen zu liegen. Auf alle Fälle, vor heute morgen arbeitete ich in der »Heavenly Bar« in der Nähe vom Bolibo-Golf-Club. Es war ganz toll dort. All die großen Tiere vom Bolibo-Golf-Club kamen dort hin, um gebratenes Ziegenfleisch zu essen und fünf Minuten Liebe zu kaufen. Sie kamen in Mercedessen, in Daimlern, in Jaguars, Alfas, Toyotas, Peugeots, Volvos, Fords, Volkswagen, Range Rovers, Mazdas, Datsuns, Bentleys. Es war wie ein Paradeplatz für alle Autos, die in der Welt gemacht werden. Große Tiere aus allen Volksgruppen Kenias. Sie redeten über ihre Geschäfte, über ihre Schulen, über vieles. Auf alle Fälle hat es mir dort gefallen. Aber das war schon so, ehe ich das erste Mal nach Ilmorog kam. Ich wünschte, ich wäre in Ilmorog geblieben. Nach Ilmorog – das heißt, nachdem ich dich und Abdulla in Ilmorog verlassen hatte – ging ich wieder dorthin zurück. Aber es hatte sich etwas verändert. Die Leute aus den einzelnen Volksgruppen saßen beieinander und redeten nur noch in ihrer Muttersprache. Manchmal in Englisch oder Swahili. Die verschiedenen Gruppen kümmerten sich nicht darum, wenn wir Barmädchen dabeisaßen. So bekam ich manches mit. Jede Gruppe sprach über die Gefahr, die von den anderen Gruppen ausging. Die essen zu viel. Die reißen alles an sich. Die sind faul, sie trinken nur *mnazi*-Bier . . . oder tragen Anzüge . . . oder essen Vögel . . . oder sie haben das ganze weiße Hochland an sich genommen. Dann, vor ungefähr einem Monat, kam überhaupt niemand mehr von den anderen Volksgruppen. Weniger Autos waren da. Jetzt gingen die Gespräche in eine andere Richtung. Wir werden kämpfen – wir haben schon einmal gekämpft . . . Die anderen Volksgruppen wollen ernten, wo sie nie etwas gesät haben . . . In Kenia gibt es nichts mehr umsonst. Also wußten wir, daß irgend etwas los war. Dann sahen wir diese Lastwagen KANU PRIVAT. Die Barmädchen waren die ersten, die geholt wurden. Aber ich bin dem Netz entschlüpft. Ich war krank oder sonst was an dem Abend, als die Mädchen zum Tee abgeholt wurden. Als sie zurückkamen, waren sie sehr böse. Einige lachten voll Spott. Was hatten wir schon damit zu tun, wer einen Mercedes fuhr? Sie waren alle eines Stammes – die Mercedesfamilie, ob sie nun von der Küste kamen oder von Kisumu. Eine Familie. Wir waren ein anderer Stamm, eine andere Familie. Zum Beispiel der, mit dem ich regelmäßig ging. Er war ein großer Somali. Er war Fernfahrer und arbeitete bei Kenatco. So viele Orte kannte er: Sambia, Sudan, Äthiopien, Malawi. Von all diesen Orten konnte er Geschichten erzählen. Ich mochte ihn gern. Er verstand es, so zu erzählen, daß ich alles vor mir sehen konnte, und das gefiel mir. Er war so komisch, nie trug er Unterwäsche, sagte, das sei zu warm für einen, der täglich auf Reisen sei – aber er war sehr großzügig. Nun, er kam gestern und stellte seinen Lastwagen bei uns ab, wie gewöhnlich. Ich hatte gestern frei, so nahmen wir ein Taxi und machten die Runde. Wir tranken wirklich viel. Ich habe alles probiert: Whisky, Cider, Tusker, Babycham, Wodka . . . aber ich war nicht betrunken. Es war nicht wie sonst. Mein Aufenthalt in Ilmorog hatte seinen Einfluß auf mich gehabt, und gestern abend mußte ich immer daran zurückdenken. Oder vielleicht war es auch, wie die Leute uns anschauten. Oder vielleicht . . . manchmal bin ich sehr bedrückt. Aber das war es nicht einmal. Auf alle Fälle, ich war nicht glücklich. Er wollte ein Zimmer in Mucatha nehmen. Aber ich sagte nein, wir wollen lieber zu mir zurückgehen. Er war überrascht, denn ich hatte ihn noch nie in mein Zimmer mitgenommen. Es war eine meiner Regeln, nie einen Mann mit auf mein Zimmer zu nehmen. Wenn nämlich die Freundschaft dann vorbei war, würde er nicht ständig wiederkommen, um einen zu belästigen. Er nahm also ein anderes Taxi – ich sag dir, Fernfahrer haben Geld –, und dann fuhren wir zurück, schweigend.

Es mag die Trinkerei gewesen sein oder das Herumziehen von einer Bar in die andere oder die ganze Atmosphäre überhaupt, aber wir sprachen kein einziges Wort auf dem ganzen Weg. Wenn dir etwas zustoßen wird, spürst du es dann nicht im Magen oder in deinen Haaren oder sonstwo? Aus dem Fenster meines Zimmers drang Rauch. Ich rannte zur Tür. Es brannte drinnen, aber das Feuer, das irgend jemand gelegt haben mußte, hatte die Tür noch nicht erreicht. Ich versuchte zu schreien, zu rufen, aber ich brachte keinen Ton heraus, und weinen konnte ich auch nicht. Ich hämmerte an die Tür, als ob ich jemand drinnen aufwecken wollte . . . dann fiel mir ein, daß ich den Schlüssel ja in der Handtasche hatte. Ich öffnete die Tür, versuchte hineinzugehen, aber der beißende Geruch von brennendem Holz trieb mich zurück. Offensichtlich hatten sie Paraffin oder Petroleum benutzt, und wer immer es getan hatte, wollte uns offensichtlich beide in dem Zimmer fangen. Ich rannte zu meinem Freund zurück, der wie festgenagelt stehengeblieben war. Bring mich zur Polizei . . . Moment, sagte er, ich geh nur eben zur Toilette . . . Ich ging ins Zimmer zurück. Es war ein gemauertes Haus mit nur einem Zimmer nach hinten. Die anderen wurden gerade erst fertiggestellt. Deshalb waren nur das Fenster und die Tür verbrannt. Aber ich zitterte immer noch. Einige Minuten später hörte ich den riesigen Lastwagen wegfahren, Teer und Steine knirschten laut unter seinen schweren Rädern . . .

Mein Freund war auf und davon – wie sollte ich es ihm auch verübeln? Ich ging dann zu einem anderen Mädchen, das ein Zimmer in einem Nebengebäude hatte. Sie erzählte mir, daß man über mich gesagt habe, ich sei arrogant, weil ich mit einem *shifta* ginge und weil ich mich sogar geweigert hatte, die Einladung zum Tee anzunehmen. Aber sie hatte dies Gerede nicht ernst genommen, und außerdem war es schwierig zu sagen, wer es getan hatte oder es veranlaßt haben konnte. Wer immer es war – ich möchte es gar nicht wissen . . . Es ist besser, man weiß es nicht . . . Heute morgen sah ich, daß das Bettzeug und meine Kleider verbrannt waren – sie mußten wohl Petroleum ins Zimmer geworfen haben. Aber es hat mir zu denken gegeben. Es ist jetzt das zweite Mal, daß mir etwas Ernsthaftes passiert ist, seit ich Ilmorog verlassen habe. Jetzt möchte ich gehen. Ich muß nach Ilmorog zurück. Ich habe einen Bus bis hierher genommen. Ich wollte jetzt nur ein bißchen Musik hören, um alles zu vergessen, ehe ich meine Reise nach Ilmorog fortsetze.

4

Das Zusammentreffen mußte Munira wirklich beeindruckt haben, mußte ihm das Gefühl vermittelt haben, als sei es von Gott so vorherbestimmt gewesen und habe deshalb besondere Bedeutung, denn Jahre später verweilte er in der Erklärung für die Polizei ausführlich bei jener seltsamen Begegnung an einem Sonntag, nach einer Nacht, in der sie beide durch die Taufe des Feuers und des Schreckens gegangen waren.

Ich fand keine Worte, um auf ihre Geschichte etwas zu erwidern (so schrieb er Jahre später). Einer, der *Kiruru* und *Changaa* getrunken hatte, tauchte aus den Hinterzimmern auf und taumelte auf uns zu. Er wollte ein Tusker von mir haben. Mechanisch gab ich ihm eine Fünfshillingnote. Er verbeugte sich mehrere Male, spuckte in die Hände und rief den Himmel an, mich zu segnen und mich vor Bösem zu bewahren. Ich wünschte, er würde weggehen. Ich schaute den Masai-Krieger an, der seinen Speer durch den angreifenden, brüllenden Löwen stieß, schaute auf das Känguruh auf der gegenüberliegenden Wand, auf die Meerjungfrauen, die aus dem Meer auftauchten – Brüste über dem Wasser, Fischschwanz unter dem Wasser –, und alles erschien mir jetzt plötzlich echter und mehr mit der Erde und dem armseligen, täglichen Geschehen verwurzelt zu sein als Wanja, die mir gegenüber saß und mit kleiner, leiser und lebloser Stimme, immer im selben Tonfall sprach. Mein Herz schlug, und mein Magen zog sich zusammen, abwechselnd fühlte ich mich angewidert und zu ihr hingezogen. Als ich jedoch an das dachte, was ich selbst in einer versteckten Hütte in einem dichten Bananenhain durchgemacht hatte, als ich mir die Lastwagen ins Gedächtnis zurückrief, die ich eben gesehen hatte und auf denen KANU PRIVAT geschrieben stand, entspannte ich mich ein bißchen und empfand, daß wir womöglich alle in eine surreale Welt verstrickt waren. Ich wollte alle Erinnerungen, alle Gedanken, alle Versuche zu verstehen, einfach alles, in einem Meer von Bier ertränken. Komm, wir gehen in eine andere Bar, sagte ich. Wir wollen trinken, trinken – nach Ilmorog gehen wir morgen. Ich ließ mein Fahrrad in der Tankstelle neben der »Safari-Bar«. Den ganzen Tag lang tranken wir. Mir war jetzt alles egal, auch wenn mein Vater oder meine Frau mich finden würden.

Wir gingen in die »Mary's Bar«, ins »Young Farmers«, »Mount Kenya«, »Muchoru-i«, »Highlands«, »Mathare« – in jedem tranken wir ein Bier und redeten kaum miteinander. Wanja beobachtete alles, durchbohrte jede Ecke und jedes Gesicht, als ob sie auf der Suche wäre nach etwas Verlorenem, nach einem Geheimnis. Sie hatte sich in sich selbst zurückgezogen, als wolle sie innerlich jedes Gesicht und jedes Geschehen im Licht dessen beurteilen, was ihr eben widerfahren war. Die meisten Bars waren voll – es war der 14tägige Zahltag der Arbeiter einer nahen Fabrik. Der riesige rauchende Komplex voll Maschinen, Häuten, Leder und verschmutzter Luft war zu einem beherrschenden Element in unserem Leben geworden und hatte selbst abgelegenere Dörfer in seinen geldversprechenden Schutzkreis gezogen. Hier und da, besonders in der »Kambi-Bar«, erkannten mich die Leute und fragten sich wahrscheinlich, wie es geschehen konnte, daß der Mwalimu, der als Sohn eines prominenten Kirchenmannes und Landbesitzers für seine maßvolle Lebensweise und für seine Zurückhaltung bekannt war, in aller Öffentlichkeit und in derartiger Gesellschaft so maßlos trinken konnte. Später abends schlug ich vor, nach Limuru in die Stadt hineinzufahren. Draußen vor der »Young Farmer's Bar« nahmen wir ein Matatu und fuhren über Kimunya's Corner nach Limuru. Wieder besuchten wir fast alle Orte, an denen es etwas zu Trinken gab, blieben aber ein bißchen länger in der »New Alaska Bar«, im »Paradise«, »Modern« und in den »Corner Bars«. Als wir dann schließlich in der »Friendly Bar, Nachtclub und Restaurant« anlangten, war ich wirklich blau und erzählte pausenlos Geschichten.

Ich begann, Wanja von Limuru zu erzählen und vermischte Wahrheit und Legende, dabei war ich überrascht, daß ich so viel darüber wußte. Ich sprang von einem zum andern – von dem Land in Tigoni, das die Europäer den Leuten von Limuru gestohlen hatten und das später zum Sturmzentrum von Kenias Geschichte wurde, und landete schließlich bei dem, was man das Massaker von Lari nannte. Die Fabrik nahm einen wichtigen Platz in meinem Denken ein. Einmal hatte es dort einen Streik gegeben, bald nach dem Großen Krieg, und ich werde nie die schreienden Arbeiter vergessen, wie sie von schwarzen Polizisten mit Blechhelmen, angeführt von zwei Kaugummi kauenden, weißen, khakigekleideten Offizieren, blutig geschlagen wurden. Schwarz gegen Schwarz, dachte ich jetzt und rief mir ins Gedächtnis zurück, was wir beide seit gestern durchgemacht hatten. Ich bin betrunken, sagte ich mir und bestellte mehr Tusker. Ich fühlte mich wohl, war ein bißchen von mir selbst, meinen Geschichten und meinen philosophischen Reflexionen fasziniert. Aber Wanja war eigentlich nicht daran interessiert. Was sie zu faszinieren schien, waren Menschen – junge Männer, die ihre Körper vor der Juke-Box verrenkten, junge Männer in engen, amerikanischen Jeans und riesigen, mit glänzenden Metallsternen besetzten Gürteln, die sich bei der Juke-Box an die Wand oder (bei den Barhockern) an die Theke lehnten und mit der lässigen Nonchalance von Cowboys aus dem amerikanischen Wilden Westen, die ich einmal in einem Film gesehen hatte, Kaugummi kauten oder Zahnstocher zwischen ihren Zähnen zerbrachen. Zum Teufel mit Sängern und Tänzern. Zum Teufel mit Wanja und ihren Geschichten. Zum Teufel mit Abdulla, Nyakinyua, meiner Familie, mit jedermann. Wir waren alle Fremde . . . in unserem Heimatland. Keine Gebete mehr. »No more praying over me« . . . die Musik aus der Juke-Box vermischte sich merkwürdig mit Orgelklängen, die noch aus den Tagen von Siriana in meinem Kopf zu leben schienen. Und mein Kopf protestierte immer noch . . . ›No more singing over me, oooover meeeee, and before I become a slave – aaa slaaave‹ – zum Teufel mit – mit – den wirbelnden Kreiseln in meinem Kopf – Siriana – die Schule – Gesichter – der Streik – Ausweisung – das verzerrte Gesicht meines Vaters – du hast Schande über deine Familie gebracht – du hast deinen Vater in aller Öffentlichkeit bloßgestellt – glaubst du, du seist klüger als die Weißen? Willst du mit den Unruhestiftern *KA-40*! singen? *KA-forty*! und den weißen Mann zu einem Duell herausfordern? Tränen meiner Mutter – meine Schande – unterrichten – Manguo – Ilmorog – Wanja! Die Wärme, die ich für sie empfand, verwandelte sich in Feuer, Feuerzungen der Be-

gierde. Ich wollte sie haben, jetzt, hier, auf dem freundlich aussehenden Fußboden – ich wollte ihre kleinen Schreie und Hilferufe hören. Macht. Die ganze Welt war mir egal. Die gaaaanze –
Plötzlich sah eine düster verschwommene Region meines Gehirns, wie sich ihre Augen auf ein mir vage bekanntes Objekt richteten. Ich versuchte, genauer hinzusehen. Dann sah ich ihn. Er gestikulierte mit einer leeren Tuskerflasche in der Hand. Seine betrunkene Stimme übertönte alle anderen. Sie stritten über die Verdienste und Fehler von *Kamaru* und *D. K.* Er schrie: Kamaru singt über unsere Vergangenheit – sein Blick ist auf unsere Vergangenheit gerichtet, und er will uns aufrütteln, um die Weisheit unserer Vorväter zu erkennen. Aber was nützt das im Chaos unserer heutigen Zeit? Ein anderer warf ein: Sein Lied gleicht dem Ton einer zerbrochenen Zimbel, aber was D. K. singt, ist echt und wahr – er singt über uns – die Jugend – jetzt und hier – über eine Generation, die im städtischen Chaos verloren ist. Wieder ein anderer unterbrach ihn: Wir sind keine verlorene Generation. Merk dir das. Hör auf, Leute zu beschimpfen, die in einer Bar zu tun haben. Heeh, ich werd' auf die Melodie von Jim Reeves und Jim Brown tanzen und einen oder zwei Safes knacken, wie die Cowboys, die ich im Wild Bunch gesehen habe – heeh! Dann kam noch einer und mischte sich in den Streit ein, soviel Gift und Verachtung wie nur möglich lag in seiner Stimme, als er schrie: Seht mal unseren Gelehrten an, seine Examen hat er nicht geschafft, dann wurde er hinausgeworfen, und jetzt kommt er daher und will uns was erzählen über eine Vergangenheit, die längst tot ist.
Gewalt ekelt mich an – das war damals so und ist es heute noch. Aber Wanja, die bis dahin still und in Gedanken versunken war, konnte kaum mehr stillsitzen. Ich spürte ihre Aufregung mehr, als daß ich sie sah. Was sich jedoch vor meinen Augen abspielte, konnte ich kaum glauben.
»Karega! Karega!« rief sie. Die Flasche in der erhobenen Hand blieb in der Luft. Er wandte sich von der Juke-Box und von seinem Gegner ab und starrte in unsere Richtung. Dann kam er an unseren Tisch, wobei es sich zeigte, daß er gewisse Schwierigkeiten hatte, geradeaus zu gehen. Wanja gegenüber ließ er sich in einen Stuhl fallen. »Danke«, sagte er und wandte sich dabei an niemand im Besonderen, »ich hätte ihm den Schädel einschlagen können, oder nicht? Einfach so, und wofür?«
Er legte die Ellbogen auf den Tisch und vergrub sein Gesicht in den Händen. Einmal hob er den Kopf und spie in hohem Bogen einen

Strahl Speichel auf den Zementboden. Dann fiel er wieder in seine zusammengesunkene Stellung zurück.
Jemand hatte einen Shilling in den Automat gesteckt, und die Musik ging von neuem los.
Die Stimme des Sängers trug eine Welle voll Traurigkeit und schmerzvoller Reue in dem Raum – sie ermahnte, sie warnte, bis sie schließlich die ganze Bar mit ihrer Kraft erfaßt hatte. Ich horchte und strengte mich an, die Worte zu verstehen:

Watumaniirwo, Nyukwa ni murwaru
Eine Botschaft kam, die Mutter sei krank;
Ui ugacokia, Kuu ndikinyaga
Du sagtest, nie wieder gehe ich zu ihr zurück.
Nanii ngakwira ugwati nduri Njamba
Laß dir sagen, Gefahr mißachtet selbst den Tapfersten,
Ningi ngakwira, Mutino ni Muhui
Und wieder sage ich dir, auch die schnellste Hand kann einem Unfall nicht begegnen.
Ninguigua Uru-i, ukiruma aciari aku
Es macht mich traurig, wenn du deine Eltern schmähst,
Ndaririkana ati ni makurerire
Wenn ich daran denke, wie sie dich umsorgten,
Wakuagwo na Ngoi ugithaithagwo
Auf dem Rücken haben sie dich getragen,
Ui ukiragwo, Mwana kira!
Haben dich getröstet – weine nicht, mein Kind!

Zufällig fiel mein Blick in diesem Augenblick auf Wanja. Ein gequälter Ausdruck lag auf ihrem Gesicht. Als sie bemerkte, daß mein Blick auf ihr ruhte, war sie nicht sehr erfolgreich darum bemüht, den verzerrten Ausdruck in ihrem Gesicht hinwegzulächeln. Sie sagte:
»Erinnerst du dich an den Abend, an dem ich dir erzählte, wie ich von zu Hause weggegangen bin?«
»Ja«
»Ich habe dir doch erzählt, daß meine Mutter mich hinausschickte, um Mist auf eines der Felder zu bringen?«
»Ja.«
»Nun, etwas habe ich dir aber nicht erzählt. Sie lag krank zu Bett, deshalb hatte sie mich um Hilfe gebeten. Man hat sie später ins Krankenhaus gebracht und ihr den Blinddarm herausgenommen. Sie ist beinahe daran gestorben. Beim Tanzen in einer Bar bekam ich die Nachricht und weißt du, was ich gemacht habe? Ich habe gelacht, ja, gelacht habe ich!«

Die anderen hatten wieder angefangen, mit den Hüften zu zucken, sich zu winden und im Kreis zu drehen; sie hatten sich alle der Juke-Box zugewandt, fast unzüchtig, als trieben sie es mit einer in der Music-Box versteckten Frau. Was lag in den Worten des Liedes, daß es die Jungen so bewegte? Für mich gab es keine zärtlichen Erinnerungen an Vater oder Mutter, nur Angst, eine vage Angst, die ich nie ganz zu überwinden gelernt hatte.
Karega schnarchte während des ganzen Liedes. Wanja sah ihn unverwandt mit demselben Blick, den sie auch einmal Abdulla geschenkt hatte, an, als ob sie gemeinsamen Schmerz und verratene Hoffnungen teilten. Mein Magen krampfte sich ein bißchen zusammen. Ich hatte das unangenehme Gefühl, in private Angelegenheiten einzudringen. Ziemlich schroff sagte ich zu Wanja, daß wir ihn nicht hierlassen könnten. Ich stolperte hinaus und rief ein Taxi. Wir schleppten und zerrten ihn hinein, und er fing sofort an zu schlafen. Wanja schwieg. Die Spannung in meinem Magen ließ nicht nach. Bis nach Kamiritho, wo ich ein Doppelzimmer reserviert hatte, waren es nur eineinhalb Meilen von Limuru, aber mir war, als wären wir die ganze Nacht gefahren. Ich bezahlte dem Fahrer seine drei Shilling und versuchte, für Karega noch ein Zimmer zu bekommen. Aber jetzt waren alle Zimmer belegt. Es blieb mir keine andere Alternative als das, wofür ich vorgesorgt hatte, mit ihm zu teilen, bis er aus seiner trunkenen Betäubtheit erwachte. Wanja und ich stürtzten ihn und führten ihn die Treppe hinauf bis in unser Zimmer, wo wir ihn auf eines der Betten setzten. Wieder ließ er sich sofort hinfallen und schlief ein. Ich hatte mich auf die Bettkante gesetzt und überdachte wie im Nebel meinen Auftrag und die Ereignisse der letzten drei Tage, seit ich Ilmorog verlassen hatte. Wie war ich in all dies hineingeraten? Mein früherer Schlummerzustand hatte mich glücklich gemacht. Wanja saß auf dem anderen Bett und traf keinerlei Anstalten, sich hinzulegen. Ich würde zu ihr hinübergehen und mich zu ihr setzen, dachte ich mit aufsteigender Begierde. Ich zog eine Decke über Karega und deckte ihn von Kopf bis Fuß zu, als ich aber dann gerade zu Wanja hinübergehen wollte, erwachte er plötzlich, setzte sich auf und schaute ängstlich um sich, ohne irgend etwas wahrzunehmen. Ich setzte mich auf den einzigen Stuhl im Zimmer. In der Zwischenzeit war ich nüchtern geworden, oder vielmehr die Krise hatte mich ernüchtert. Ich war auch ein bißchen traurig und fühlte mich schuldig. Denn wie konnte ich vergessen, daß dieses betrunkene Wrack erst vor ungefähr anderthalb Jahren – obwohl mir schien, als seien Jahrhunderte seither vergangen – in meinem

Versteck in Ilmorog gewesen war, und ich hatte ihn wieder gehen lassen? Wie nur, wie konnte es geschehen, daß dieser junge, kluge und hoffnungsvolle Mensch so herunterkommen konnte? Gab es für die Jugend keine anderen Möglichkeiten mehr, ihre Energien und Träume für einen besseren Zweck zu nutzen als für die Flasche, die Juke-Box und Erbrochenes auf einem Zementboden?

»Wo bin ich? Wo bin ich?« fragte er.

»Es ist alles in Ordnung. Ich bin's – oder erkennst du mich nicht wieder?«

»Oh, Sie sind es, Mwalimu? Ich habe ein schlechtes Gewissen . . . es ist eine – eine wirkliche Schande!«

»Was ist geschehen, Karega?« fragte ich ihn. Er schaute verwirrt um sich, ohne viel wahrzunehmen. Dann senkte er den Kopf und fing an zu reden, dabei starrte er die meiste Zeit auf den Fußboden.

»Ich verstehe das Ganze nicht. Der Anfang war so klar . . . oder war alles eine Illusion? . . . und das Ende so verschwommen, daß der Anfang, und der Gedanke, der hinter dem Anfang stand, im Nebel der Bitterkeit, der Gegenbeschuldigung und grausamer, blinder Rache begraben wurde. Hoffnungen, Träume und Schönheit fielen Massakern zum Opfer. Der strahlende Anfang . . . das bittere Ende. Eine Zeitlang war ich fest entschlossen, mich durchzuschlagen. Schließlich hatte ich einen guten Schulabschluß. Ich sagte mir: Chui und die Schule kann mich hinauswerfen . . . aber hier, im Land, am Treffpunkt nach einem siegreichen Kampf, gibt es Platz genug für alle.

Früchte von Uhuru. Ich übernehme meinen Anteil . . . du übernimmst deinen Anteil . . . zusammen können wir Berge versetzen . . . warum nicht? Ich war in der großen Stadt. Ich lief von Büro zu Büro, und überall war es dasselbe. Keine offenen Stellen. *Hakuna Kazi.* Gelegentlich wurde ich gefragt, wer mich geschickt habe. Die Portiers kannten bald alle mein Gesicht, hatten Mitgefühl und fragten, ob ich nicht irgendeinen der Großen kennen würde? Einen großen Bruder, irgendeinen . . . *Mkono mtupu haulambwi, eh? Hakuna Kazi* . . . nichts frei . . . und an einem Ort hieß es . . . Für Arbeitsplätze morgen nachfragen . . . wie einfallsreich! Manchmal dachte ich daran, nach Siriana zurückzugehen mit der Absicht, Chuis Haus niederzubrennen oder sonst etwas ähnliches zu tun. Denn ich sagte mir, warum sollte er ruhig und bequem schlafen, wo er doch im Unrecht war? Warum sollte ich für die Fehler, die andere gemacht haben, leiden? Weißt du, was ich schließlich getan habe? Ich fing an, an der Landstraße Schaffelle, Obst und Pilze zu verkaufen. Du solltest uns sehen –

Straßenboys nennt man uns. Wir stürzen uns auf jedes Auto, das anhält – kaufen Sie bei mir, meines ist schöner, es glänzt mehr, meines, meines, meines. Manchmal werfen sie Münzen in die Luft und schauen zu, wie wir uns darauf stürzen und uns gegenseitig die Augen auskratzen. Dann lachen sie. Aber vergiß nicht, man muß schlau und schnell sein, und man muß so tun, als höre oder sehe man Beleidigungen nicht. Touristen . . . *Watalii* . . . wie wir sie lieben! Wir beten, daß sie mit ihren Silbermünzen und Banknoten vorbeikommen, und nachher verfluchen wir sie. Bitte, nehmen Sie dies . . . es ist gut . . . bin hungrig, Mister . . . Schulgeld, Mister . . . Und sie lachen, wenn wir unser Elend geltend machen und um ihre wohltätige Hilfe bitten. *Harambee.* Es war ein schweres Leben, fuhr er fort und starrte weiter auf den Boden. »Es war schwer, Mwalimu . . . ich habe meine Mutter im Stich gelassen. Völlig. Können Sie sich meine Mutter nicht vorstellen? Alte Mariamu nannte man sie. Wahrscheinlich erinnern Sie sich an sie. Sie war Squatter auf dem Land ihres Vaters. Die Älteste von allen. Eine fromme Frau. Jahr um Jahr hat sie mühselig auf den Feldern für die Ausbildung ihres Sohnes gearbeitet, und jetzt sagt sie sich, vielleicht auch in ihren Gebeten, es ist alles gut, es ist alles gut, denn in meinem Alter wird er mich stützen – denn wo ist ein Haus mit einem männlichen Erben, in dem nicht der Kopf einer männlichen Ziege gegessen wird? Immer war sie frühmorgens die Erste auf dem Weg zu den Tee- und Kaffeepflanzungen, um dort *Thangari*-Gras zu jäten. Sie sagt – mein Alter ist meine Freude. Einmal sagte sie zu mir: ›Es ist gut, daß du in die Schule gehen möchtest, Karega, schau dir die Kinder von Koinange an und von Ezekieli Waweru, dem Kirchenältesten, sie sind alle zur Schule gegangen.‹ Und deshalb ging ich zur Schule, ihre Stimme und noch eine andere Stimme begleiteten mich. Manguo, Kamandura, Siriana – Ehre? und jetzt schau dir ihren Sohn an . . . er streitet . . . er holt jeden letzten Tropfen Saft aus der Juke-Box. Ich sage Ihnen, ich konnte ihr nicht mehr gegenübertreten, ihr in die Augen sehen. Sie hat mir nie harte Worte gegeben. Sie sagte ganz einfach: ›Du hast mir immer gehorcht. Wie konntest du dich gegen deine Lehrer auflehnen?‹

Selbst als ich Schaffelle verkaufte und die Touristen um eine wohltätige Gabe bat, hatte ich sie vor Augen. Aber nach einer Weile hatte ich genug von Wohltätigkeit.

Wohltätigkeit . . . Wohltätigkeit . . . wir sind ein Land, das an Wohltätigkeit glaubt . . . und mir stand die Wohltätigkeit bis zum Hals. Warum sollte ich das Objekt von anderer Leute Wohltätigkeit sein?

Warum sollte ich weiterhin in meinem eigenen Land das Objekt für die wohltätigen Gaben Fremder sein? Dann erinnerte ich mich an Sie. Sie hatten Ähnliches erlebt. Deshalb kam ich nach Ilmorog, um Rat zu suchen. Ich dachte . . . ich dachte, ich sei kindisch, weil Sie einfach über mich lachten . . . entschuldigen Sie, aber das empfand ich damals . . . Sie taten, als wären Sie überrascht und wüßten von nichts in einer Sache, die für mich Leben und Tod bedeutete. Ich fragte mich, warum behandelt er mich wie ein Kind? Dann kam das fahle Licht im Zimmer der Frau. Ich war alleine. Ich ging einfach hinaus in die Nacht. Der Mond ging auf . . . ein kalter Mond . . . aber er hat meinen Weg erhellt. Ich kehrte zu meinen Schaffellen, zu dem Obst und den Touristen zurück. Eines Tages sagte ich mir: ich werde trinken, wie andere Leute auch. Verachten Sie mich, Mwalimu. Ha, ha, ha. Möchten Sie nicht gerne eines meiner Schaffelle kaufen? Schöne, glänzende, wollige Bettvorleger? Oder einige Apfelsinen und Birnen? Heute sind die Orangen billig . . . Du bezahlst mich im voraus . . . ich bin ein Mann und halte Wort. So wahr Gott im Himmel ist. Dann kann ich dir vielleicht einen Drink kaufen . . . um . . . um dir zu danken . . . siehst du, ich verkaufe Schaffelle und Apfelsinen wo immer ich bin. Gott segne die Touristen. Sie halten uns an Leib und Seele zusammen.«

Was für ein Tag! Was für eine Nacht! Wawerus Sohn, Mariamus Sohn, Nyakinyuas Enkeltochter, alle zusammen im selben Loch. Die Morgendämmerung war angebrochen! Er hatte ruhig und nüchtern, mit gesenktem Kopf zu reden begonnen, aber am Schluß hatte er etwas unsichtbar Gegenwärtiges angeschrien. Er hob den Kopf und schaute mich mit einem bitteren, sarkastischen Lächeln auf seinen trockenen Lippen an. Dann wandte er sich ab, und das Lächeln erstarb plötzlich auf seinen halbgeöffneten Lippen. Er mußte den auf ihm ruhenden Blick ihrer großen Augen aufgefangen haben; zum ersten Mal schien er sich ihrer Gegenwart bewußt zu sein. »Du . . . du . . .« flüsterte er, als sei ihm das Gespenst eines bekannten Gesichtes aus der Vergangenheit erschienen. Schweigend schauten sie einander an.

Der Krampf in meinem Magen nahm zu, denn in diesem Augenblick, in jener Minute wußte ich, daß – was eigentlich? Etwas Seltsames. Brennende Wogen in meinem Inneren. Feuerzungen stechender Nesseln. Übergelaufene Galle. Wasser. Ich war alleine. Zuschauer.

»Komm nach Ilmorog«, sagte sie mit ergebener Autorität.

»Ja!« antwortete Karega hypnotisiert.

SECHSTES KAPITEL

1

Sie kehrten nach Ilmorog zurück, diesmal aber trieb sie weder Idealismus noch die Suche nach Heilung der eigenen Persönlichkeit, sondern eine alles andere beiseitedrängende Notwendigkeit zu entfliehen. Sie hatten Muniras Fahrrad. Manchmal gingen sie alle drei zu Fuß, und einer schob das Rad. Manchmal fuhren sie alle drei – Munira auf dem Sattel, Karega auf der Stange und Wanja auf dem Gepäckträger. Meist aber bedienten sie sich für ihre Reise einer Art Staffel. Karega ging zu Fuß. Munira fuhr mit Wanja eine Meile voraus und setzte sie ab. Dann fuhr er zu Karega zurück, holte ihn und fuhr mit ihm eine Meile über Wanja hinaus. Nun war Munira an der Reihe, zu Fuß zu gehen. Karega nahm jetzt das Fahrrad und fuhr zurück, um Wanja zu holen. Bald glichen sie alle der Erde unter ihren Füßen, umhüllt von einem riesigen Himmel aus Weiß und Blau.

Während Munira so dahinwanderte, berührte ihn immer und immer wieder die Eigenartigkeit der Situation. Er hatte das Gefühl, als sei er drei Jahre lang weggewesen, und nicht nur drei Tage. Da war so vieles, was er nicht verstand: das Verhalten und die Einstellung seines Vaters . . . das Geheimnis um Mukamis Tod . . . die rätselhafte Bezugnahme seines Vaters auf Mariamu . . . welche Zusammenhänge bestanden da? Und nun befand er sich mit Mariamus Sohn hier – dem Lehrer, den er aus einer Bar geholt hatte – und mit Wanja, und sie suchten alle ein Zuhause in Ilmorog. Schließlich beschloß er, daß dies der Lauf der Welt sei und freute sich auf seine neue Ankunft in Ilmorog. Er war überzeugt, daß ihn eine Art Heldenempfang erwarte – neugierig drängende Fragen und dankbare Gesichter, zumindest von Abdulla und Nyakinyua.

Dann aber dachte er an die zwei Männer, die in einem Landrover gekommen waren, er dachte an ihre vielsagenden Bemerkungen, an ihre drohenden Gesichter und an ihr Gerede von Sh. 12.50 und KKO und was noch alles. Plötzlich erkannte er den Zusammenhang zwischen dem Besuch der beiden Männer, dem Schrecklichen, das er durchgemacht hatte und der gewaltigen Irreführung eines ganzen Volkes durch einige Wenige, die, oft im Bündnis mit Ausländern, nach oben gekommen waren.

Wieder einmal stach ihn der Schmerz einer neuen Schuld: er hatte persönlich und aktiv an einer Eideshandlung teilgenommen, die Verrat an der eigenen Nation bedeutete. Er hatte nicht denselben Mut bewiesen wie die Frauen von Ilmorog oder wie der Arbeiter, der sich aufgelehnt hatte, oder wie die Männer und Frauen im ganzen Land, die an der ganzen Sache offene Kritik übten und dabei ihr Leben aufs Spiel setzten. Sein nächster Gedanke aber war, was hätte er denn tun können. Und so betäubte er die inneren Zweifel, die ihn zum Leben hätten erwecken können. Er wandte sich an Wanja mit der Absicht, ihr von dem Erlebten zu erzählen. Aber er tat es nicht.

Wanja hatte mit sich selbst einen Pakt geschlossen. Sie würde in Ilmorog einen völligen Neuanfang machen. Seit ihrem Weggang von Ilmorog hatte sie zwei demütigende und beschämende Erfahrungen gemacht. Nun würde sie mit dieser Vergangenheit brechen und in Ilmorog etwas aus ihrem Leben machen. Als Beweis ihrer gereinigten Seele beschloß sie, daß sie der Macht, die ihr Körper auf die Männer ausübte, nicht wieder gehorchen würde; daß jegliches Sicheinlassen mit irgend jemand solange nicht in Frage käme, bis sie die Vergangenheit durch eine neue Blüte ihres eigenen Ichs besiegt habe.

Karega war nicht sicher, was er von dem Dorf und den Leuten erwarten sollte. Er hatte auf Wanjas Ruf angesprochen, wie wenn er damit seine Bestimmung akzeptieren würde. Ja, ein Bund mit dem Schicksal, dachte er, denn die Zukunft schien, wie der Himmel über ihnen, einer gähnenden Leere ohne Lücke oder Öffnung zu gleichen. Aber welcher Wind kräuselte beim Anblick von Wanja die ruhenden Wasser seines Blutes? Was machte sie unruhig? Warum dieser plötzliche Schmerz in Gegenwart von etwas, das wirklich nur eine Erinnerung war? Schicksal, entschied er und dachte dabei an Mukami. Er wurde traurig, und dunkle Bitterkeit ergriff ihn. Aber er war Munira dankbar, daß dieser ihm gesagt hatte, er würde ihn als Lehrer einstellen. Vom Schaffellverkäufer in Limuru zum Lehrer für die Kinder von Ilmorog, das war auf alle Fälle ein Anfang.

Munira hatte ihm auch erklärt, warum es der Schule von Ilmorog an Lehrern fehlte. Während der Kolonialzeit konnten afrikanische Lehrer nur an afrikanischen Schulen unterrichten. Alle afrikanischen Schulen befanden sich jedoch mehr oder weniger auf derselben Stufe: schlechte Lehrmittel, schlechte Gebäude und schlechte Ausstattung, aber zumindest bekamen sie die besten afrikanischen Lehrer, die zur Verfügung standen.

Aber nachdem die Regierung von den Afrikanern selbst übernommen worden war, wurde die Rassenschranke, die seither über die Zulassung von Schülern und die Zuteilung von Lehrern entschieden hatte, beseitigt. Das Resultat war, daß die früheren afrikanischen Schulen genauso schlecht ausgerüstet blieben wie bisher und dazu noch die besten der afrikanischen Lehrer verloren. Diese wurden von den früheren asiatischen und europäischen Schulen angezogen, die teure Schulen mit besseren Gebäuden, besserer Ausstattung und besseren Lehrmitteln blieben. Einige Schulen in abgelegenen Gegenden wie Ilmorog blieben fast völlig ihrem eigenen ländlichen Schicksal überlassen.

Karega fühlte sich wohl bei dem Gedanken, daß seine Karriere als Lehrer noch eine zusätzliche Bedeutung haben würde. Denn Cambridge Fraudsham hatte ihnen immer gesagt, daß Unterrichten eine Berufung sei und deshalb die Seele befriedigen würde. Karega schwor sich, den Kindern von Ilmorog alles zu geben, was er hatte.

Aber das Ilmorog, wohin sie jetzt kamen, war ein Dorf der Sonne, des Staubes und des Sandes geworden. Wanja und Karega fiel vor allem auf, wie sich das Gesicht der Landschaft um Ilmorog verändert hatte.

»Wie grün war es in der Vergangenheit«, sagte sie.

»So grün und hoffnungsvoll . . . und nun dies.«

»Trockenheit und Dürre . . . so früh . . . so früh!« echote Karega und dachte dabei an die verheißungsvollen Blüten von einst, die schon vergangen waren.

»Es ist der Lauf der Welt«, sagte Munira, als sie so neben dem Fahrrad standen. Ihre Haut war wie ein Überzug, der vor Trockenheit spannte, aus ihren rauhen Kehlen und wunden Nasen husteten und niesten sie Staub, während sie zuschauten, wie Teile von dürren Maisstengeln in den Himmel gewirbelt wurden.

Sie trafen Nyakinyua und Abdulla und Joseph draußen vor dem Laden.

Sie bekundeten weder Überraschung noch Neugier über ihr Erscheinen, und Muniras hohe Erwartungen wurden dadurch merklich gedämpft. Nicht einmal eine einzige Frage!

»Wir berieten eben, was mit Abdullas Esel zu tun sei«, erklärte Nyakinyua als Willkommensgruß.

»Was ist mit ihm passiert?« fragte Wanja schnell, denn sie hatte den bedrückten Ausdruck in Abdullas Gesicht gesehen. Und dies sollte der Ort sein, wo sie einen neuen Anfang machen wollte?

»Die Dorfältesten wollen ihn töten«, fuhr sie fort.

»Einige denken, man solle ihn schlagen und dann in die Ebene hinausjagen, damit er diese Plage hinwegträgt.«

»Ein Esel? Ich dachte, daß für dieses Ritual nur eine Ziege benutzt wird?« sagte Karega.
»Wer ist er?« fragte Nyakinyua.
»Er heißt Karega«, erklärte Wanja. »Er kommt aus derselben Stadt wie Abdulla, aus Limuru, und er wird in der Schule helfen.«
»Unser neuer Lehrer«, fügte Munira hinzu.
»In dieser Dürre? Gott segne dich«, sagte sie.
Sie nahmen alle draußen vor dem Laden Platz, und Munira bat um ein Bier, um den Staub in seiner Kehle hinunterzuspülen.
»Der Esel ist doch mein anderes Bein«, stöhnte Abdulla.
»Wie wollen, daß ich es abhacke und wegwerfe. Ein zweites Opfer.«
»Aber ein Esel hat keinerlei Einfluß auf das Wetter«, kommentierte Karega und bat ebenfalls um etwas zu trinken.
»Joseph, bring noch ein Bier für deinen neuen Lehrer«, sagte Abdulla.
»Ich dachte, du würdest nicht trinken.«
»Die Dinge haben sich geändert«, sagte Karega nachdenklich und erinnerte sich dabei an ihre letzte Begegnung in Wanjas Hütte vor 6 Monaten. »Ich sollte lieber sagen, die Zeiten haben sich geändert«, fügte er hinzu.
»Es ist wegen der Dürre«, erklärte Nyakinyua. »Gras ist knapp, bald werden nur noch ein paar Halme übrig sein. Dann stellt sich die Frage, wer bekommt sie, Esel oder Ziegen?«
»Ob ein Kind von seiner Mutter auf dem Bauch oder auf dem Rücken getragen wird – wie können wir zwischen ihnen einen Unterschied machen? Sind sie nicht alle unsere Kinder?« gab Abdulla zurück.
Was für ein Heimkommen! Zum zweiten Mal kam er nun heim, und man diskutierte über die Dürre! Keine Fragen über das Drama, dem er entronnen war, dachte Munira.
»Die Dürre wird vorübergehen. Es ist jetzt erst März«, sagte er. »Wenn wir so weiterreden, vertreiben wir schließlich noch den Regen.«
»Ja. Im März wird es regnen, und das Gras wird wachsen«, echote Wanja eifrig und hoffnungsvoll – es mußte ja regnen, sonst würden sie alle verderben, ja, die ganze Dorfgemeinschaft wäre dem Zusammenbruch ausgesetzt. »Abdulla«, rief sie, »freust du dich nicht, daß dein Barmädchen zurückgekehrt ist?«
Sie lachten. Die Spannung wich etwas von ihnen.
»Geh und wasch dir zuerst den Staub runter, sonst vertreibst du mir die Kunden. Sie könnten dich für eine Tochter der Dürre halten.«

2

Karega arbeitete als Hilfslehrer – als unausgebildeter Lehrer – in der Grundschule von Ilmorog unter ihrem neuen Schulleiter Godfrey Munira. Munira war mit ihm zur Schulbehörde gefahren, und nachdem Mzigo sein üblichen Erkundigungen eingezogen und Versprechungen über einen baldigen Besuch abgegeben hatte, war er einverstanden gewesen, Karega »auf Empfehlung von Mr. Munira und dessen Zusicherung bezüglich Ihres Charakters und Ihres guten Lebenswandels«, einzustellen. »Mr. Munira hat einen hohen Maßstab gesetzt, und ich möchte Sie bitten, seinem Beispiel selbstloser Hingabe an einen edlen Beruf zu folgen.«

Die Schule hatte jetzt vier Klassen, Schuljahr I-IV. Zwei Klassen wurden vormittags unterrichtet und die anderen zwei am Nachmittag. Für Klasse IV, in der größere und fortgeschrittene Jungens waren, die durch den ständigen Lehrerwechsel unregelmäßigen Unterricht gehabt hatten, richtete Karega extra Unterrichtsstunden nach 5 Uhr nachmittags ein, um Versäumtes nachzuholen.

Wenn Karega in einem Klassenzimmer vor den Kindern stand, wurde etwas in ihm freigesetzt. Es war, als ob er den Dialog, den er mit sich selbst in Siriana begonnen hatte und der durch seine Ausweisung und ein Jahr Touristensklaverei unterbrochen worden war, fortsetzen würde. Es machte ihm Sorgen, daß die Kinder nur Ilmorog als ihre Welt kannten. Kenia war für sie eine Stadt oder ein großes Dorf irgendwo außerhalb von Ilmorog. Wie konnte er ihr Bewußtsein erweitern, damit sie sich selbst, Ilmorog und Kenia als Teil eines größeren Ganzen sehen würden, als Teil eines Territoriums, das die Geschichte der Menschen Afrikas und ihrer Kämpfe enthielt? In seinen Gedanken überflog er die Länder und Gegenden, die der Fuß afrikanischer Menschen je betreten hatte und in denen sie Zeichen und Denkmäler hinterlassen hatten, die seit Jahrhunderten als Wunder galten; selbst der schicksalhafte Zusammenstoß von schwarzem Schweiß und weißem Imperialismus hatte sie nicht aus der Erinnerung und aus den Annalen der Menschheit löschen können. Ägypten, Ghana, Monomotapata, Zimbabwe, Timbuktu, Haiti, Malindi, Äthiopien, Mali, Songhai – diese Namen klangen süß in den Ohren der Kinder, und sie hörten mit eifriger, begeisterter Verwunderung, die das Maß ihrer tiefsitzenden Ungläubigkeit war, zu. Er ließ sie singen: Ich wohne in Ilmorog, Ilmorog ist im Chiri-Distrikt, Chiri ist in der Republik Kenia, Kenia ist Teil von Ostafrika, Ostafrika ist Teil von Afrika, Afrika ist das Land der afrikanischen Völker, von Afrika aus wurden afrikanische Menschen in alle Welt verstreut. Sie sangen es, aber es schien zu abstrakt für sie zu sein. Diese Anstrengung seitens der Kinder, ihm Glauben zu schenken, fand er so beunruhigend; es machte ihm deutlich, daß genau diese Anstregung und Begeisterung Fragen aufwarf, denn es hatte etwas mit den Zweifeln zu tun, die auch er hegte und die ihn seit Siriana verfolgt hatten. Die Erfahrungen, die Afrika durchmachte, waren ihm nicht immer verständlich, und jetzt, wo er Auge in Auge vor seinesgleichen stand, vor kleinen Kindern, die wissensdurstig waren, erkannte er die Unzulänglichkeiten der Erziehung von Siriana. Das Jahr, in dem er Obst und Schaffelle an Touristen verkauft hatte, schien rückblickend weniger Forderungen an ihn gestellt zu haben und weniger frustierend gewesen zu sein als das, was er zur Zeit durchmachte. Denn um Ilmorog gegenübertreten zu können, dieser von Armut und Dürre geschlagenen, entvölkerten Einöde, um den erwartungsvollen Augen derjenigen begegnen zu können, die morgen in die Städte, deren Grausamkeit er erlebt hatte, fliehen würden, und wo sie einer Zukunft entgegengehen würden, deren Hoffnung tausend trügerische Scheinbilder barg, bedeutete für ihn, sich selbst tiefer und schmerzhafter auseinanderzusetzen, denn die aufgeworfenen Fragen und Probleme gingen über persönliche Sicherheit und persönliches »sich gerettet wissen« hinaus. Wenn er die Dürre sah, die winzigen Gesichter, das Ausbleiben jeglicher Entwicklung in der Gegend – wo, fragte er sich, wo blieb der Segen moderner Wissenschaft? – dann schien es ihm, als seien sie alle zu einem gemeinsamen Schicksal verdammt.

Es war hoffnungslos – alles war eine gigantische Täuschung. Er und Munira waren zwei Straußenvögel, die ihre Köpfe in den Sand eines Klassenzimmers steckten und den heulenden Wind und die Sonne draußen ignorierten. War das nicht dasselbe Verbrechen, dessen sie Chui in Siriana angeklagt hatten? Wie konnten sie als Lehrer, wenn auch nur an einer Grundschule, die Realität der Dürre und der matten und teilnahmslosen Gesichter vor ihnen ignorieren? Was hatten Erziehung, Geschichte, Geographie, Naturkunde und Mathematik zu dieser Trockenheit zu sagen?

Eines Tages Ende März kam er am späten Nachmittag aus dem Klassenzimmer und fand eine Gruppe von Leuten in Abdullas Laden versammelt.

»Ruoros Ziege ist heute nacht gestorben«, erklärte Nyakinyua den Leuten.

»Und er hat geweint. Wir schauten einander an, denn die Tränen eines erwachsenen Mannes können nichts anderes als Unglück vorhersagen. Aber wir wußten, daß er nicht anders konnte, und so saßen wir mit ihm durch die Nacht, wie bei einer Totenwache.«

3

Es war Ende April, und noch immer hatte es nicht geregnet. Kühe, Ziegen und Schafe waren nur noch Skelette – der größte Teil der Hirten war sowieso hinüber auf die andere Seite der Ebene gezogen, auf der Suche nach schöneren und freundlicheren Gefilden, in denen sie Zuflucht finden könnten. Sie hofften jetzt, daß der Mai den Regen bringen würde. Aber Mitte Mai war gekommen und damit die letzte Hoffnung für den rettenden Regen; er hatte aber den Tod zweier Kühe gebracht. Aasgeier und Habichte zogen hoch oben am Himmel ihre Kreise, um sich dann in Horden herabzustürzen – auf dem verkümmerten und trockenen Elefantengras blieben verstreute weiße Knochen zurück.

Draußen vor der Schule wartete Wanja auf Karega und Munira.

»Es ist entschieden. Die Alten Männer waren bei Mwathi wa Mugo; er sagte, daß der Esel in die Ebene hinausgejagt werden müsse, die Opferung einer Ziege sei aber trotzdem noch notwendig. Wir müssen Abdulla helfen. Der Tod des Esels wird auch seinen Tod bedeuten.«

»Haben sie gesagt, wann es geschehen soll?« fragte Munira.

»Sie werden sich demnächst treffen, um über den Tag zu beschließen.«

»Hat er ihnen gesagt, wie sie es machen sollen?«

»Nein – aber es geht das Gerücht, daß das ganze Dorf ihn auspeitschen soll, Männer, Frauen und Kinder.«

»Aber was können wir denn tun?« fragte Munira, und niemand beantwortete seine Frage.

4

Erinnerungen, die wie quälende Gespenster aus der Vergangenheit auftauchten: das Jahr der Heuschrecken, das Jahr des Ungeziefers, das Jahr der Cassava-Hungersnot. Die Beschneidungsgruppen dieser Jahre, die Ngigi-, Ngunga- und Ngaragu-ya-Mwanga-Generationen, trugen noch immer die Namen des Leids, waren Zeugen dafür, daß die ungebändigte Natur stets eine Bedrohung menschlichen Bemühens gewesen war. Und dann gab es natürlich noch die eine Erfahrung, die in der Erinnerung haften geblieben war: Im Jahr 1900, nur sechs Jahre nach dem Heuschreckenjahr, war die Hungersnot so groß, daß in jenem Jahr überhaupt keine Beschneidungszeremonien stattfinden konnten. Daher gab es auch keine Altersgruppe, die in Erinnerung an die Hungersnot von England deren Namen trug. Man hatte sie so genannt, weil sie den Widerstand der Menschen gegen die europäischen Räuber, die den Leuten Land und Schweiß raubten, geschwächt hatte. Die Cassava-Hungersnot war eine bittere Totenklage für die Söhne, die sie in den Schlachten gegen die Deutschen und die Japaner in Nordafrika, dem Mittleren Osten, in Burma und in Indien verloren hatten. Deshalb sangen die Jungen:

Als ich von Japan kam
wußte ich nichts davon,
daß ich ein totes Kind
gebären würde.
Cassavamehl!

So wiesen Geschichte und Legende darauf hin, daß Ilmorog schon immer doppelter Bedrohung ausgesetzt gewesen war, der Bedrohung durch die Launen der Natur, welche die Menschen unvorbereitet trafen, und der Bedrohung durch die maßlosen Handlungen des Menschen.

Diese Gedanken spotteten dessen, was Karega eben mit Begeisterung seinen Schülern vortrug. Hingerissen von der Grandeur der Vergangenheit der Menschheit und der großen Kulturen, die sich einst von Malindi bis Tripoli erstreckt hatten, vertraute er ihnen an: Der früheste Mensch, Vater aller Menschen der Erde, wurde wahrscheinlich in Kenia geboren . . . am Turkanasee . . . Er trat zurück und erwartete ungläubige Ausrufe oder ein paar Fragen.

»Ja, Muriuki«, er zeigte auf ein Kind, von dem er dachte, daß es sich gemeldet habe.

Dann klappten plötzlich Bücher zu, in den Bankreihen wurde es laut, Kinder kletterten aus ihren Sitzen. Muriuki war umgefallen.

»Laßt mich durch, geht zur Seite«, drängte Karega die Kinder und schob sie weg. Er befühlte den ausgestreckt daliegenden Körper von Muriuki. »Er ist nur hungrig«, sagte ein Junge. »Ich weiß es, er hat mir gesagt, er hätte Hunger.« Karega verstand – er trug ihn hinüber ins Haus, wo er ihm etwas zurechtmachte, ein Getränk aus einem Ei und Büchsenmilch.

Es ging Karega durch den Kopf, daß es in eben diesem Augenblick Menschen in der Stadt und an anderen Orten gab, die aus dem Überfluß ihrer Sattheit heraus tranken, lachten, aßen und flirteten, und hier waren Menschen, die vor Hunger und Unterernährung umfielen.
Er sprach mit Munira darüber. Dieser stellte dieselbe Frage: »Was soll ich denn machen? Es ist nicht meine Schuld. Niemand ist schuld daran. Das Einzige, was wir tun können, ist, die Schule zu schließen, bis bessere Zeiten kommen.«
»Einfach hinnehmen. Selbst die Niederlage?«
»Wir können gar nichts machen. Gott hat es so gewollt.«
»Gott hat es so gewollt? Warum sollten die Menschen widerspruchslos das willkürliche Tun irgendeines Gottes hinnehmen? Man sagt, Gott hilft denen, die sich selber helfen.«
»Wie?«
»Wir könnten in die Stadt gehen!« sagte er, als ob er schon länger darüber nachgedacht habe. Aber in Wirklichkeit waren ihm die Worte eben erst zugeflogen.
»In die Stadt?«
»Ja, Hilfe holen.«
»Nein, Karega. Jenen Ort habe ich verlassen. Ich möchte nicht dorthin zurückgehen«, sagte er, sich plötzlich des Schreckens erinnernd.
»Warum?« fragte Karega, den Muniras prompte Weigerung verwunderte.
»Du redest so, als ob du nicht zum Tee gegangen wärest.«
»Bist du denn gegangen?« fragte Karega.
»Ja. Ich habe mich so geschämt. Man hat mich unter einem Vorwand dorthin gelockt, und ich zog meine Frau auch noch mit hinein, und jetzt glaubt sie mir nicht, daß ich von allem nichts gewußt habe«, antwortete er ruhig . . . »Aber selbst wenn man mich nicht getäuscht hätte, weiß ich nicht, ob ich den Mut und das Stehvermögen gehabt hätte, mich zu weigern. Und dieser Gedanke erschreckt mich noch viel mehr.«
Karega dachte eine Weile nach. Seine Stimme war etwas hart, als er antwortete:
»Ich bin nicht gegangen. Aber nicht, weil ich mich deswegen geschämt hätte. Als ich den Touristen Schaffelle verkaufte, fragte ich mich, wie es geschehen konnte, daß sich ein ganzes Volk von ein paar gierigen Bäuchen täuschen ließ – gierig deshalb, weil sie mehr als ihren fairen Anteil an dem, was mit dem Blut des Volkes erkauft worden war, an sich gerissen hatten. Sie entfremdeten dafür ein Symbol seinem ur-

sprünglichen erhabenen Zweck . . . sie denken, sie könnten es ihren kleinlichen selbstsüchtigen Absichten zunutze machen! Armut und gestohlener Reichtum sollen sich in ewigem Frieden und Freundschaft die Hand reichen! Und was fangen wir mit denen an, die hungrig und arbeitslos sind, die ihre Schulgelder nicht bezahlen können? Sollen wir sie eine Blechbüchse voll Eid trinken und Einigkeit schreien lassen? Wie einfach . . . dann sollte es ja in Ilmorog und all den anderen vergessenen Orten in Kenia keine weiteren Probleme mehr geben.«

»Ich verstehe, was du meinst«, sagte Munira. »Du solltest mit Wanja und Abdulla einmal darüber sprechen. He«, fügte er plötzlich begeistert hinzu, »wir könnten gehen und Nderi wa Riera sagen, daß wir alle KKO-Mitglieder sind.«

Die Tatsache, daß Karega das Ganze so hitzig ins Lächerliche gezogen hatte, war in der Tat der Grund dafür, weshalb sich Munira jetzt besser und innerlich ruhiger fühlte. Er hatte Muniras Gedanken in Worte gefaßt und zum Ausdruck gebracht. Je länger Karega über die Idee nachdachte, die im Lauf seines Gesprächs mit Munira immer mehr Form angenommen hatte, desto mehr schien es ihm der richtige nächste Schritt zu sein. Er war ruhelos und darauf versessen, den Plan auszuführen. Genau diese Ruhelosigkeit war schon immer sein Antrieb gewesen und hatte ihn oft in Schwierigkeiten gebracht; die inneren Stimmen des Sich-nicht-zufrieden-Gebens waren jedoch da, und er konnte sie nicht zum Schweigen bringen. Als Herausforderung und als Test würde er es mit der Dürre aufnehmen müssen. Aber wie immer auch die Entscheidung ausfiele, unter diesen Bedingungen, wo Theorie wie ein Hohn der Wirklichkeit schien, würde er nicht weiter unterrichten können.

Er brachte den Plan vor Munira, Wanja und Abdulla zur Sprache.

»Mir scheint, daß wir alle gewisse Gründe für unser Kommen nach Ilmorog gehabt haben. Aber nun sind wir hier. Die Dorfgemeinschaft steht vor einer Krise. Was können wir tun? Die Dorfältesten handeln im Licht des Wissens, das ihnen zur Verfügung steht. Sie glauben daran, daß sich die Natur durch Opfer und durch das Beladen von Abdullas Esel mit unseren Sünden beeinflussen läßt.

Ich hörte Njuguna sogar sagen, daß man durch das Opfer Gott erpressen könne, vor den Versuchen der Amerikaner, an die geheimen Orte Gottes vorzudringen, die Augen zu schließen. Ich glaube daran, daß wir den Esel und die ganze Dorfgemeinschaft retten können.«

Alles, was seinen Esel retten würde, war Abdulla recht. Deshalb wollte er eifrig wissen, wie?

»Dieses Dorf hat einen Parlamentsabgeordneten. Wir, oder vielmehr Sie, wählten ihn ins Parlament, um jede Gegend seines Wahlkreises, auch die abgelegenste, zu vertreten. Wir wollen eine starke Delegation von Männern, Frauen und Kindern in die große Stadt schicken. In die Hauptstadt. Wir werden den Abgeordneten, der für diese Gegend verantwortlich ist, besuchen. Die Regierung ist dazu verpflichtet, uns Hilfe zu schicken. Oder wir könnten die Hilfe für die Zurückgebliebenen mit zurückbringen. Sonst wird die Dürre uns alle verschlingen.«
»Und der Esel?« fragte Abdulla.
»Wir werden ihn mitnehmen. Wir werden den Karren reparieren, und wir werden Nahrungsmittel und andere Dinge darin zurückbringen.«
Schmerz durchbohrte Wanja: In die Stadt zurückkehren, an die Szene ihrer anderen Demütigung? Sie kämpfte gegen die Schwäche an, die sie überfiel, als sie an das doppelte Entsetzen dachte, das sie erlebt hatte.
»Können wir nicht nur eine Person schicken? Dich, zum Beispiel? Du kannst Muniras Fahrrad nehmen«, schlug sie heftig vor.
»Ich? Er würde einer Einzelperson kein Gehör schenken. Er würde wahrscheinlich denken, es stecke ein Trick dahinter. Aber ich bin sicher, daß er eine Delegation aus der Bevölkerung nicht ignorieren kann.«
Abdulla erklärte sich bereitwillig mit dem Plan einverstanden. Wanja dachte: letztes Jahr um diese Zeit ging ich in die Stadt zurück, um für mich selbst schnellen Reichtum zu erlangen. Dieses Mal gehe ich für andere Menschen. Vielleicht wird uns die Stadt jetzt freundlicher aufnehmen. Munira konnte nicht einsehen, was ein Abgeordneter für sie tun sollte. Er dachte: ich scheine nicht in der Lage zu sein, seßhaft zu werden, ich befinde mich in ständiger Bewegung, die Stimmen und Einfälle anderer treiben mich; kann ich nie mit meinem eigenen Willen meine Handlungen beschließen und Entscheidungen herbeiführen? Aber da sich Wanja und Abdulla einverstanden erklärt hatten, stimmte auch er zu. Gleichzeitig sah er seine Gelegenheit, die gelegentlichen Stimmen der Schuld, die sich seit seinem Mitternachtstee in Gatundu immer wieder meldeten, endgültig zum Schweigen zu bringen. Es würde auch gut sein zu prüfen, was es mit der KKO und ihrem Ruf nach Einigkeit und Übereinstimmung der Interessen auf sich habe.
Das nächste Problem waren die Dorfältesten. Sie hatten für den darauffolgenden Tag eine Versammlung einberufen, auf der das Urteil über Abdullas Esel und der Tag des Ziegenopfers bekanntgegeben werden sollte. Wanja würde an jenem Abend mit Nyakinyua spre-

chen, die wiederum ihrerseits mit einigen anderen Dorfältesten vor der entscheidenden Versammlung sprechen würde.

Die Versammlung war gut besucht. Njuguna berichtete den Leuten, was Mwathi wa Mugo gesagt hatte:

»Wir jagen diesen Esel fort. Wir opfern eine Ziege. Niemand wagt es, Mwathi zu widersprechen. Ihr wißt, er ist der Stab und die Wolke, die Gott benutzt, um unser Land zu verteidigen. Ihr wißt auch, daß uns seit jenem Kampf um Ilmorog vor langer, langer Zeit nicht viele Plagen heimgesucht haben. Niemand darf ihm Widerworte geben. Deshalb haben wir ihn nicht gefragt, wie wir es machen sollen. Er hat es uns auch nicht gesagt. Er weiß, daß wir keine kleinen Kinder sind. Wenn es eine Ziege wäre, würden wir sie schlagen und dann wegjagen und sie bitten, die Plage anderen weiterzugeben. Dieses Tier ist keine Ziege. Aber wir benutzen es gegen dieselbe Krankheit. Wir werden es schlagen, und wenn es dann fast tot ist, jagen wir es hinaus in die Ebene, damit es die Plage von uns hinwegnimmt.« Einige der anderen Alten Männer sprachen ebenfalls und erklärten sich mit dem Plan einverstanden – ein Esel war wahrhaftig der Fremde in ihrer Mitte.

»Aber vielleicht wüßten die Lehrer unserer Kinder ein modernes Mittel, um eine alte Krankheit zu heilen«, schlug ein anderer vor.

Karega zitterte ein bißchen. In Schuldebatten konnte er reden und argumentieren. Aber vor einer Versammlung von Dorfältesten hatte er noch nie gesprochen. Es fiel ihm jetzt auch kein Sprichwort oder ein Rätsel oder eine passende Geschichte ein, mit denen er sein Anliegen hätte verständlich machen können. Deshalb hielt er eine ganz einfache Rede:

»Ein Esel hat keinen Einfluß auf das Wetter. Weder Tier noch Mensch kann ein Gesetz der Natur verändern. Aber die Menschen können sich die Gesetze der Natur zunutze machen. Der Zauber, den wir brauchen, ist folgender: es muß einer sein, der das Land in der Regenzeit so fruchtbar macht, daß wir für die Zeiten, in denen die Sonne scheint, etwas Korn beiseite legen können; wir wollen einen Zauber, der unsere Kühe so viel Milch geben läßt, daß wir genug zu trinken haben und das Übrige für Dinge eintauschen können, die wir hier nicht anbauen können. Dieser Zauber liegt in unserer Hand. Morgen, wenn es regnet, sollten wir die Erde fragen, welche Nahrung und welche Gaben sie braucht, um ertragreich zu werden. Wenn wir Abdullas Esel töten, dann hacken wir uns selbst unser zweites Bein jetzt in der Dürrezeit ab. Ich komme aus Limuru, wo Esel sich als Autos, die kein Benzin trinken, bewährt haben. Wenn das letzte Korn in euren Vorräten auftum wieder zurückerobert zu haben. Und nun war es das Herz von Ilmorog, das gestohlen worden war. Sie würden den Feind verfolgen, um es zurückzugewinnen. Es war eine andere Art von Krieg . . . aber trotzdem war es Krieg.

Muturi stand auf und faßte alles zusammen. Er meinte, daß Mwathi wa Mugo dies in der Tat so gemeint haben könnte. Er hatte gesagt, wir sollten den Esel fortjagen, aber er hatte nicht gesagt wo oder wie, und auch nicht, daß der Esel nicht zurückkommen könnte . . .

Man kam dann überein, daß einige der Alten Männer dableiben würden, um eine Ziege zu opfern. Die übrigen würden die Delegation zusammenstellen. Abdulla war der erste, der sich freiwillig meldete. Dann stand Nyakinyua auf, ihr folgten Munira, Muriuki, Joseph, Njuguna, Ruoro, Njogu und andere. Muturi und einige mit ihm würden bleiben, um die Riten zu erfüllen.

Von diesem Augenblick an wurde ein Gemeinschaftsgeist geschmiedet, der zuerst noch zerbrechlich war, dann aber durch die gemeinsamen Bemühungen und Vorbereitungen für die Reise stärker wurde. Die Frauen kochten für unterwegs – manche benutzten dafür ihr letztes Korn. Andere spendeten Geld, das sie vielleicht gespart hatten. Munira, Karega und Ruoro arbeiteten an dem Eselskarren, um ihn für den großen Treck des Dorfes in die Stadt fertigzumachen.

Besonders Abdulla schienen neue Kräfte zu erfüllen. Er hatte einen Verwandlungsprozeß durchgemacht, der durch seine ersten Kontakte mit Wanja ausgelöst und nun vollendet war. Aus einem sauertöpfischen, fluchenden Krüppel, der endlos Joseph beschimpfte, war ein lachender und Geschichten erzählender Mensch geworden. Die Leute schienen ihn ins Herz zu schließen. Das konnte man daran erkennen, wie die Kinder ihn ständig umlagerten, und er ihnen Geschichten erzählte.

»Es war einmal eine Ameise und eine Laus. Die stritten sich. Jede brüstete sich damit, daß sie die andere im *Kibata*-Tanz überbieten würde. Sie forderten sich gegenseitig heraus. Dann beschlossen sie, einen Tag festzulegen. Der bevorstehende Wettkampf der tanzenden Füße wurde zum Gespräch der ganzen Tierbevölkerung, und keiner würde das große Ereignis verpassen. Der große Tag kam, und früh am Morgen gingen Ameise und Laus an den Fluß. Sie badeten und salbten sich mit Öl. Dann begannen sie sich mit rotem und weißem Ocker zu schmükken. Der Ameisenmann war zuerst fertig, er beabsichtigte, alle Damenherzen zu erobern. Er besaß ein besonderes Schwert, mit dem er sich jetzt gürtete. Er band es fester und fester und schließlich so fest,

daß er in der Mitte auseinanderbrach. Als die Laus die Notlage ihres Rivalen sah, lachte und lachte und lachte sie, bis sich ihre Nase in zwei Hälften spaltete. Und weil Ameise keine Taille und Laus keine Nase mehr hatte, betraten sie nie die Arena, und die anderen hatten ihren Spaß am *Kibata*-Tanz.«
Er erzählte ihnen, wie das Chamäleon den Hasen in einem Wettrennen besiegte, warum die Hyäne hinkte, wie der Tod in die Welt kam; er erzählte ihnen von der Frau, die dazu überlistet wurde, ein böses menschenfressendes Ungeheuer zu heiraten – die Kinder waren unersättlich in ihrem Verlangen nach mehr.
Er fertigte ihnen auch kleine Spielsachen an, wie Kreisel und Windrädchen und Fächer. Am meisten aber gefielen ihnen die Schleudern, die er aus gegabelten Ästchen und Gummibändern machte. Die Jungens waren ganz begeistert und versuchten, damit Vögel vom Himmel herunterzuholen, jedoch ohne viel Erfolg.
»Ihr werdet sie mit auf die Reise nehmen«, sagte er ihnen, »dann könnt ihr draußen üben.«
Sie freuten sich auf die Abenteuer der Reise, aber noch mehr freuten sie sich auf ihren Besuch in der Stadt, die hundertmal größer als Ruwaini war – eine Stadt, in der die Häuser den Himmel berührten, und wo die Leute nur Süßigkeiten und Kuchen aßen.
Während der ganzen Vorbereitungszeit sprachen die Leute, besonders die Älteren, von nichts anderem mehr als von der Reise und von dem jungen Mann, der sie vorgeschlagen hatte. Manchmal legte Gott auch unmündigen Kindern Weisheit in den Mund. Weisheit konnte man wahrhaftig nicht kaufen.
Und dann war plötzlich der Tag des Trecks da – zum ersten Mal hatten sie dergleichen gewagt, und allesamt waren sie von der Größe ihres Unternehmens überwältigt!

*

Die Reise, schrieb Munira später, der Exodus durch das weite Grasland in die große, große Stadt, war für mich der Anstoß für eine langsame, fast zehn Jahre dauernde, innere Reise auf einen Standpunkt zu, von dem aus ich jetzt erkennen kann, daß das Herz des Menschen im Innersten verdorben ist.
Selbst heute noch, so viele Jahre nach dem Ereignis, schrieb er, spüre ich wieder die Trockenheit der Haut, die sengende Sonne und sehe die sterbenden Tiere, die uns mit Fleisch versorgten; hoch oben am wol-

kenlosen Himmel schwebten Habichte und Geier, die vom Fleisch toter Gazellen, Warzenschweine und Eland-Antilopen gesättigt darauf warteten, bis ihnen Sonne und Zeit die Haut und das Blut der Menschen ausliefern würden.

Die Reise. Exodus in das Reich der Weisheit . . .

Zweiter Teil

Nach Bethlehem

Doch zumeist in Mittnachtsgassen
Hör ich junger Huren Fluch,
die des Säuglings Träne hassen,
Pest streun auf der Ehe Leichentuch.

William Blake
aus: »Lieder der Unschuld und Erfahrung« – London –

Mildtätigkeit gäb's nicht mehr,
wär niemands Beutel leer . . .

William Blake
aus: »Lieder der Unschuld und Erfahrung« – Das menschliche Wesen –

DIE REISE

1

Ilmorog, die Bühne auf der dieses Drama seinen Verlauf nimmt, war keineswegs immer nur ein kleiner Haufen von Lehmhütten gewesen, in denen nur alte Männer, Frauen und Kinder wohnten, die gelegentlich von umherziehenden Hirten besucht wurden. Es hatte bessere Tage gesehen, Tage des Ruhms – blühende Dörfer, reich bevölkert von kräftigen Bauern, die die Wälder bezähmt hatten, die mit ihren Händen die Erde aufgebrochen und alle erdenklichen Arten von Feldfrüchten hervorgebracht hatten, um die Söhne und Töchter der Menschen zu ernähren. Wie mühten sie sich gemeinsam ab, um die Wildnis zu roden, die Felder zu bestellen und den Samen auszusäen. Wie inbrünstig beteten sie um Regen und um Errettung in Zeiten von Dürre und Pestilenz! Zur Erntezeit schlossen sie sich in Altersgruppen zusammen und tanzten mit Gesängen zu Ehren und zum Lobpreis ihrer Vorväter von Dorf zu Dorf, bis hinaus in die Ebene. In jenen Tagen kreisten keine Geier am Himmel, die auf die Leichen toter Arbeiter warteten, auch gab es keine Stechmücken, die sich vom Fett und Blut der schwer arbeitenden, nichtsahnenden Menschen ernährten. Lied und Tanz erzählen uns, daß nur die vom Alter geschwächten und die Jüngsten von der gemeinsamen Arbeit befreit waren – sie waren die Träger von Weisheit und Unschuld. Sie saßen im Hof unter dem Familienbaum, schlürften Honigbier und erzählten den Kindern von dem Patriarch, der ihrer aller Ursprung gewesen war. Ihre Stimmen klangen fest und waren voll stolzer Autorität und Sehnsucht nach der Vergangenheit.

Er war ein Hirte gewesen, und weil er des ewigen Wanderns über die Ebenen, stets sich der Natur und ihrem wechselnden Glück anpassend, müde geworden war, überdrüssig auch der geflöteten Lobpreisungen, die nur der Kuh mit den langen Hörnern und dem reichen Euter galten, hatte er sich von den anderen losgesagt. Zuerst versuchten sie, ihn bittend umzustimmen: Wo gibt es denn ein Leben ohne die Euter der Kühe, ohne Mist und Jauche auf dem langen Weg durch das Grasland und über die Berge? Ein Leben ohne den Stier mit den Glokken um den Hals, der den Herden den Weg zur Salzlecke und zum Wasser wies? Sie flehten: Sei er nicht derjenige, der es am besten verstünde, mit Worten zu zaubern, Mensch und Vieh hoben und senkten ihren Schritt mit dem Tonfall seiner Stimme. Vergebens. Dann begannen sie ihn auszulachen und spotteten über seine Rede vom Zähmen des Hochlandes und des Waldes, dort wohnten ja nur böse Geister, wie wollte es der Sohn eines Menschen wagen, mit den Göttern zu ringen?

Ndemi: Er fand ein Werkzeug, mit dem er Bäume fällte und das Unterholz lichtete. Das auf dem Boden des Waldes lebende Getier mit den gespaltenen Zungen spie Gift nach ihm, aber er war wohl bewandert im Umgang mit Kräutern und mit Medizin, die er aus Wurzeln und Baumrinde gewann. Der Ruhm seiner Versuche mit verschiedenen Pflanzen verbreitete sich schnell, und keiner der Hirten zog an Ilmorog vorüber, ohne ihn zu besuchen. Zuerst wollten sie sehen, was aus dem Ringen des Menschen mit Gott geworden war, später kamen sie, um ihn über dieses oder jenes Kraut um Rat zu fragen, oder einfach, um seinen Honig oder sein selbst angebautes Zuckerrohr zu versuchen. Aus Dankbarkeit schenkten sie ihm eine Ziege oder auch zwei, und dann zogen sie weiter, um Ndemis Namen in allen vier Winden bekannt zu machen. Die Erde hatte der Berührung seiner Hände und der Weisheit seiner Gedanken nachgeben müssen; außer den zahlreichen Früchten des Feldes, die er ernten konnte, besaß er jetzt noch einen großen Reichtum an Kühen und Ziegen!

In kürzester Zeit hatte sein einsamer Mut Nyangendo mit der berühmten Spalte zwischen ihren oberen Zähnen angezogen, und auch Nyaguthii mit dem schwarzen Zahnfleisch und den Brüsten, die das Gespräch aller Hirten waren, wo immer sie sich trafen. Deine Götter des Waldes werden nun unsere Götter sein, und wir werden die Mütter deiner Kinder sein. Andere Frauen, die des unruhigen Lebens müde waren, errichteten dort ihre Behausung aus Pfosten, Farn, Lehm und Gras, damit sie in Frieden ihre Kleinsten säugen und die Rückkehr von Mann und Vieh erwarten konnten, die der Sonne gefolgt waren. Im Wald von Ilmorog entstanden bebaute Felder und eine Rasse zahmer Kühe und Ziegen. Sie sangen über Ndemi:

> Er, der die Wälder zähmte,
> Er, der die bösen Geister bezwang,
> Er, der mit Gott gerungen hat.

Ilmorog entwickelte sich ständig weiter, auch nachdem Ndemi, der Vater vieler Söhne und Töchter und Enkelkinder, das geheime Land der freundlichen Geister aufgesucht hatte. Es wurde zu einem großen

Handelszentrum – seine Markttage waren von Gulu bis Ukambani bekannt, bis in das Land der Kalenjin und noch darüber hinaus. Von überall her kamen die Menschen mit ihren verschiedenen Waren und tauschten sie gegen andere ein. Bald entstand neben der Siedlung der Bauern eine Niederlassung von geschickten Handwerkern, die Metall, Ton für die Töpferei und Stein bearbeiteten. Ihre Kenntnisse über Metall wurden legendär und drangen bis an die Ohren der arabischen und portugiesischen Räuber an der Küste.
Auch der erste europäische Fremde kam hierher, stellte sein Zelt auf und wollte Proviant für seine Reise durch das Grasland haben. Seht, welch nackte Kreaturen unser Markttag aus dem Land am Meer angelockt hat, sagten sie, und gaben ihm Mais und Bohnen, Süßkartoffeln und Yams im Tausch für bunte Baumwollstoffe und glänzende Glasperlen. Später kam noch einer mit einem Kragen um seinen Hals und einer Bibel, auch er suchte Proviant und Führer, denn er wollte zum Hof des großen Königs von Uganda. Sie zeigten ihm den Weg. Aber sie beriefen auch einen Kriegsrat ein. Sollen wir es zulassen, daß das Böse unser Land betritt und wir unternehmen nichts dagegen? Er könnte auch ein Spion von Mutesas Hof sein, in Gestalt eines *Mzungu*, eines Geistes? Denn wer hat je ein menschliches Wesen ohne Haut gesehen oder von einem solchen gehört? Der Rat der Alten Männer warnte vor übereiltem Handeln. Aber ein Teil der etwas jüngeren Krieger gaben sich nicht damit zufrieden, sie flüsterten untereinander und stießen schließlich einen Kriegsruf aus. Die Fremden wurden nie wieder gesehen, aber noch Jahre danach gewahrte man des Nachts eine weiße Erscheinung, die wehklagend ihresgleichen um Blut und Rache anrief. Andere europäische Fremde kamen und stellten ihre Zelte auf; diesmal blieben sie ein bißchen länger, tauschten mehr Stoffe gegen Mais und Bohnen und Metallwaren aus Ilmorog ein und waren dringend daran interessiert, wo Gold und Elefantenzähne zu finden seien; weniger dringlich erkundigten sie sich nach einem weißen Mann mit Kragen.
Der Tag, den sie mit Grauen befürchtet hatten, kam dann doch. Die friedlichen Händler umringten jetzt plötzlich den Marktplatz. Alle hatten Bambusstöcke, die Feuer und Gift ausspuckten. Sie forderten, daß die für den Tod des einsamen Mzungu Verantwortlichen sich ihnen ausliefern sollten. Keiner trat vor. Die Krieger rannten überstürzt nach ihren Speeren und Schilden. Aber es war zu spät. Sie schossen auf Frauen, Männer und Kinder, danach sangen sie »God save the King«. Die Krieger schlugen so gut sie konnten zurück, aber was konnten sie

schon gegen ein Volk ausrichten, *mizungu hasa,* das über das Nichts hinweg den Tod auf sie schleuderte. Aber morgen . . ., morgen . . . schworen sich die Überlebenden und schärften ihre Speere, um bereit zu sein!

Später führten die Fremden ein seltsames Metallding ein; es besaß böse Mächte – konnte es doch tatsächlich auf dem Boden gehen.

Es geht das Gerücht, der erste, der in Chiri einen Drahtesel geritten habe, sei ein Mann aus Ilmorog gewesen.

Damals war Munoro ein wohlhabender Bauer. Aber das gehende Metallding hatte ihn verhext. Auf ewig wurden seine Hände gefühllos beim Anblick von Hacke und Pangas. Er wollte nichts anderes mehr, als sich unter dem Beifall der Menge auf dem neuen Ding fortzubewegen. Er lebte davon, mit seiner Geschicklichkeit auf der Maschine anzugeben. Ganz besonders die Frauen bewunderten ihn ehrfürchtig; sie besangen ihn als Held und verfolgten jede seiner Bewegungen in erwartungsvoller Verzückung. Später gelangten noch mehr dieser Metalldinger in die Dörfer, auch andere junge Männer lernten es, sich ihrer zu bedienen, aber die Leute waren es müde geworden, dem Müßiggang und der eitlen Verehrung eines Abgottes ihren Tribut zu zollen. Aber Munoru war nicht mehr fähig, sich einer Arbeit, die seine Hände beschmutzen würde, zuzuwenden; es verlangte ihn unaufhörlich nach den Dingen der weißen Fremden, um seinen verlorenen Ruhm zurückzuerlangen.

Er war wiederum der erste von den wenigen, die sich freiwillig zum Dienst in dem Trägerkorps meldeten, das den kriegführenden Europäern ihren Nachschub an Gewehren und Lebensmitteln sicherte. Ilmorog wurde zum Rekrutierungszentrum, und die meisten jungen Männer wurden mit dem Gewehrkolben in den Krieg getrieben. Sie zogen über die Ebenen von Ilmorog und schlugen Wege durch den Busch auf die Grenze von Tanganjika zu, um dort die Deutschen aufzuspüren. Wunder über Wunder – die Wazungu brachten sich tatsächlich gegenseitig um. Um was es dabei ging, erfaßten die Eingeborenen nicht ganz – wie konnten sie auch wissen, daß sie selbst und ihre Arbeit und ihr eigenes Land der Gegenstand des Krieges waren? Munoru kehrte als Wrack zurück; er sprach von Voi, Daressalam, Mozambik, Morogoro, Arusha, Moshi und anderen Orten, deren Namen süß in den Ohren klangen, weil sie in so weiter Ferne lagen. Aber er war ein Leichnam, der von den Erinnerungen an das scheinbar Vergangene lebte. Auch unter den anderen gab es einige, die bei ihrer Rückkehr kein Interesse mehr daran fanden, das Land ihren Händen gefügig zu machen, so wie ihre Vorväter es getan hatten. Ein noch tödlicheres Metall als das, welches gehen konnte, hatte seinen Giftstachel in sie gesenkt. Auf der Suche danach, ihre Steuern bezahlen zu können, aber auch, um nutzlose Dinge von den Fremden zu kaufen, arbeiteten sie auf den Farmen, die den Menschen Kenias gestohlen worden waren, oder am Bau des Staßennetzes, das die Farmen mit der Hauptstadt und dem Meer verband.

Ilmorog, die einst blühende Dorfgemeinschaft von Menschen, die sich nicht scheuten, von ihrer Hände Arbeit zu leben, ging seinem Zerfall und seiner Entvölkerung entgegen. Die Eisenbahnlinie zu Mutesas Hof hatte sowieso Ilmorog umgangen. Der zweite europäische Krieg sah noch mehr Jugend, die aus Ilmorog in die Städte der metallisch glänzenden Versprechen floh; und aus dem einstigen Handelszentrum und Mittelpunkt für die Farmer war ein Dorf geworden, wie viele andere auch – ein bleicher Schatten dessen, was es gestern gewesen war . . .

So erzählte Nyakinyua und stärkte ihrer aller Mut mit Geschichten aus der Vergangenheit. Sie hatten sich in Gruppen um ein riesiges, hell brennendes Feuer gelagert. Wellen der Hoffnung und neuer Verheißungen trugen die vielen Menschen, die der Treck zur Stadt angezogen hatte; er hatte in ihnen das Empfinden für die Krise, in der sich die ganze Dorfgemeinschaft befand, wachgerufen und das Bewußtsein dafür geweckt, daß diese Krise deshalb gemeinschaftlich beantwortet werden mußte. Nyakinyuas Seele und Geist führte sie und gab ihnen den Rückhalt den sie brauchten, um beieinander zu bleiben. Sie sprach, als wäre sie überall dabeigewesen, als hätte sie tatsächlich am Krieg gegen die Deutschen teilgenommen, als pulsiere der Rhythmus des historischen Aufstiegs und Niedergangs von Ilmorog in ihren Adern. Sie war ganz in Schwarz gekleidet, tiefe Furchen zeichneten ihr Gesicht, aber selbst in ihrem Alter war sie schön. Unvermittelt schwieg sie und starrte in das Feuer. Die Reise würde noch viele Tage dauern, und sie hatte Angst um die Kinder, ihre Kinder.

»Erzähl uns weiter, erzähl uns, was sie sahen!« bat Karega, der dringend erfahren wollte, wie es weitergegangen war.

»Es gibt nichts weiter zu erzählen . . ., nichts«, sagte Nyakinyua, die immer noch ins Feuer schaute. Ihr Blick war lebendig und stark, in ihren Augen lag gebündeltes Licht, das intensiver strahlte als der Schein des Mondes über ihnen. Nyakinyua, Mutter der Menschen – in ihrer Stimme lag traurige Fröhlichkeit; sie feierte regenbogengleiche Erinnerungen an das einmal Erworbene und wieder Verlorene, an Triumph und Niederlage, aber vor allem an das Wissen um den Kampf und das darin erlittene Leid.

»Nichts mehr zu erzählen«, wiederholte sie mit abwesender Stimme, die wahrscheinlich in jenes andere Land hinübergeglitten war. Karega jedoch, in seinem Herzen beunruhigt und ängstlich darauf wartend, einen Blick in die Vergangenheit zu tun und Einsicht in die treibende Kraft der Geschichte gewinnen zu können, wollte erfahren, was sie plötzlich verstummen ließ und für sich behielt; was sie veranlaßte, sich inmitten der lärmenden Kindern in Schweigen und Schwermut zurückzuziehen. Wanja, Abdulla und Karega schauten auf die alte Frau, wandten ihren Blick wieder ab und warteten.

»Es war ein anstrengender Tag«, sagte Njuguna an die ganze Gruppe gewandt. »Wir sollten alle schlafen gehen, damit wir für morgen bereit sind. Wir müssen uns früh auf den Weg machen. Bis zur Stadt ist es noch sehr weit.«

*

Karega konnte nicht schlafen. Er lief in die Ebene hinaus und dachte über die Geschichte nach, die er von der Frau gehört hatte. Er durchlebte sie noch einmal – einen Augenblick lang war er Ndemi, der in den Wäldern Bäume fällte und eine werdende Industrie aufbaute . . . aber wie von der Weite des Raumes, der ihn umgab, herausgefordert, ließen seine Gedanken Ndemi und Ilmorog weit zurück und flogen in eine Vergangenheit die er nicht kennen konnte, von der er aber fühlte, daß sie ihm nicht fremd war. Lag sie hundert Jahre, dreihundert Jahre oder noch weiter zurück? Was er den Kindern beizubringen versucht hatte, und womit er sich in Siriana auseinandergesetzt hatte, war nur eine Reihe logischer Behauptungen und Widerlegungen gewesen, ein Gebäude intellektueller Überzeugungen. Aber nun hörte er auf dieser Reise, deren Ziel es war, ein Dorf, ja, eine Gemeinschaft von Menschen zu retten, Worte aus dem Mund der Frau, welche die Vergangenheit, für die er eine Bestätigung gesucht hatte, mit einem lebendigen Leuchten zu umgeben schienen. Er sah ein Bild nach dem anderen an sich vorüberziehen – eine Zeitlang war er wie entrückt: das Wissen um die Bearbeitung von Metall und Stein . . . das sorgfältige Zusammenfügen von Gegenständen . . . die Geschichten, Lieder und Streitgespräche am Abend . . . Neben den Werkstätten, in denen sie versuchten, sich die Kräfte von Metall und Stein unteran zu machen, lagen die Siedlungen derer, die dasselbe mit dem Land vorhatten. Dann

kam das Schiff und mit ihm der Rauch aus dem Mund eines Bambusrohrs, und damit veränderte sich das Gleichgewicht der Macht. Nun mußte der Afrikaner von seiner seßhaften Landwirtschaft und von seinem Ringen mit dem Gott des Steins und des Metalls fliehen, um in der Tiefe der Wälder Sicherheit zu finden. Karega, dessen Inneres jetzt aufgewühlt war, sah die Bitterkeit und die Furcht der Fliehenden, sah, wie sie tiefer in die Wälder eindrangen, um sich dort in neuer Umgebung ein neues Zuhause zu schaffen . . ., aber, oh Gott, Feuer zerstörte die Dörfer, und das Feuer der Habgier nach dem roten Staub und dem schwarzen Elfenbein verbrannte die Weisheit vieler Jahreszeiten. Diejenigen, die nicht fliehen konnten, wurden zu Haufen zusammengetrieben und aneinandergekettet, ihre Füße mußten sie bis ans Meer und noch weiter tragen, dorthin, wo ein Ringen mit neuen Welten ihrer wartete. Ja, jetzt konnte er alles erkennen, er konfrontierte seine früheren Zweifel mit dem, was ihm eine nicht zu widerlegende Antwort zu sein schien. Die Stimme hatte gesagt, wenn das und das stimmte, wie erklärte sich dann die tatsächliche Herrschaft der Natur über den Menschen? Hast du nicht Nyakinyuas Geschichte gehört? Hast du nicht aufgepaßt? Wenn nur sechzig Jahre genügt hatten, um das Werk Ndemis so zu zerstören, daß keine Spuren seines Handwerks und seines Wissens mehr vorhanden waren, wie viel mehr konnten dann die 400 Jahre, in denen Menschen niedergemetzelt und zu Sklaven gemacht worden waren, zerstört haben? Die blutsaugende Schlange hatte dabei nur die Farbe ihres Giftes gewechselt.
Plötzlich blieb er stehen und unterbrach jäh den intensiv und unaufhörlich fließenden Strom seiner Gedanken. Mitten aus der Ebene herauswachsend erhob sich vor ihm ein kegelförmiger Hügel, er stand fest, aber schien verwundbar in seiner völligen Einsamkeit. Karega schaute sich um, die atmende Gegenwart eines anderen hatte ihn erschreckt.
»Ich bin's nur«, sagte Wanja, »habe ich dir Angst gemacht?«
»Nein, nicht wirklich. Aber ich habe eine tiefsitzende Angst vor Schlangen, und ich habe die giftigen Dinger immer mit der trockenen Steppe in Zusammenhang gebracht.«
»Pst! Du solltest sie nicht nachts beim Namen nennen. Nenne sie *Nyamu cia Thi,* Geschöpfe der Erde. Auch ich fürchte mich vor ihnen.«
»Ach, ich halte diesen Aberglauben für Unsinn. Einen Leopard nennt man ›den Gefleckten‹ oder ›den Scheuen‹. Warum? Wenn ihre Geister hören können, dann hören sie auch, wenn du sie ›Geschöpfe der Erde‹ oder Schlangen oder sonst etwas nennst.«

»Ich entsinne mich, daß du einmal in meiner Hütte erklärt hast, daß du nicht an Namen glaubtest. Du sagtest etwas darüber, daß eine Blume eben eine Blume sei. *Ritwa ni mbukio.*«

Sie lachte dabei leise auf, was ihn etwas irritierte. Er versuchte zu erklären, was er meinte.

»Nicht daß ich nicht an Namen glaubte; es gibt wohl kaum eine lächerlichere Selbstkarikatur als die unserer afrikanischen Brüder und Schwestern, die sich stolz James Phillipson, Rispa, Hottensiah, Ron Rodgerson, Richard Glucose, Charity, Honey Moonssnow, Ezekiel, Shiprah, Winterbottomson . . . nennen! Welche Ansammlung von Namen und Nicht-Namen aus der westlichen Welt! Gibt es einen größeren Beweis für ihren Selbsthaß, als groß angelegte Tee-Parties für Familien und Freunde mit dem Ziel, diese zu bestechen, den Gastgeber nie wieder bei seinem afrikanischen Namen zu nennen. Meinerseits glaube ich vielmehr an die Realität der Sache, die einen Namen erhält, als an den Namen selbst.«

»Hast du darüber eben nachgedacht? Ich bin eine lange Strecke hinter dir hergegangen und du schienst dir nicht bewußt gewesen zu sein, daß man dir folgte. Oder machst du dir jetzt Sorgen wegen der Reise in die Stadt?«

»Nein, das ist es nicht. Ich dachte über Nyakinyuas Geschichte nach.«

»Über Ndemi?«

»Ja.«

»Warum? Glaubst du das alles?«

»Es muß wahr sein. Warum denn nicht? Wenn nicht die Einzelheiten, dann doch der Gedanke, der dahinter steht.«

»Welcher Gedanke?«

»Der Gedanke an eine Vergangenheit. Eine große Vergangenheit. Eine Vergangenheit, in der Ilmorog oder ganz Afrika Herr über seine eigene Erde war.«

»Du bist ein komischer junger Mann«, sagte sie und lachte ein bißchen; es klang etwas schuldbewußt, denn sie dachte an den Abend, als er aus ihrer Hütte weggelaufen war.

»Warum?«

»Nun, wegen der Dinge, die du sagst und tust. Einmal sagst du, daß du keinen Drink anrührst. Daß du nur Milch und Wasser trinkst. Das nächste Mal aber bist du betrunken und streitest dich in einer Bar herum.«

Das brachte ihn etwas in Verlegenheit. Seine Füße wurden unruhig. Er schaute zu dem entfernt liegenden Hügel hinüber.

»Ich weiß nicht, wie das Trinken über mich kam. Ich glaube, ich wollte mich nur selbst vergessen. So viele Dinge, die einen von allen Seiten bestürmen. Da sucht man zu vergessen.«
»Vergessen? Aber was ist dann mit dieser Reise? Du hast erzählt, daß du in der Stadt gelitten hast. Ich glaube, ich verstehe, was du meinst. Ich habe mit dir gefühlt. Die Stadt kann grausam sein. Aber was veranlaßt dich zu denken, daß es diesmal anders sein wird? Ich habe Angst um dich. In den letzten Tagen hat mein Herz geblutet, weil so viele Männer, Frauen und Kinder bereit waren, mit uns zu kommen. Noch mehr berührten mich die Lieder der Hoffnung, die wir gesungen haben. Glaubst du nicht, daß sich ihr Lied mit Bitterkeit gegen dich wenden könnte, sollte die Stadt sie ins Gesicht schlagen, wie sie es dir getan hat?«
»Ich muß zugeben, daß ich darüber nie nachgedacht habe. Wir können es nur versuchen. Aber warum sollte es eigentlich fehlschlagen? Wir gehen jetzt als Gruppe, als Gemeinschaft. Die Stimme des Volkes ist wahrhaftig die Stimme Gottes. Ein Abgeordneter, was ist er? Ist er nicht die Stimme des Volkes im Hause der Herrschenden? Er kann uns nicht übersehen. Er darf sich nicht weigern, uns zu empfangen.«
»Du hast einen rührenden Glauben an die Menschen. Vielleicht ist das eine gute Sache. Aber ich frage mich . . . ich frage mich wirklich.«
Sie schwiegen beide, und jeder zog sich für den Augenblick in seine eigenen, privaten Gedanken zurück. Der Mond schien über ihnen. Der Mond schien über der Ebene. Wanja überdachte die Worte, die sie einmal von einem Rechtsanwalt in Nairobi gehört hatte. Karega betrachtete den einsamen Hügel, aber seine Gedanken waren bei der Reise und bei den Zweifeln, die Wanja eben aufgebracht hatte.
»Wir wollen uns irgendwo hinsetzen«, schlug er vor, große Müdigkeit war plötzlich über ihn gekommen. »Ist es nicht seltsam, daß dieser Hügel stehenblieb, als alles andere zusammenbrach?«
»Der, ja! Man nennt ihn den ›Hügel der unbeschnittenen Knaben‹. Es heißt, wenn ein Junge um den ganzen Berg herumrennt, wird aus ihm ein Mädchen werden, und aus einem Mädchen wird ein Junge. Glaubst du das auch?«
»Nein, natürlich nicht. Sonst hätten wir längst von Menschen gehört, die es versucht haben und in ihr Gegenteil verwandelt worden sind.«
»Ich wünschte, es wäre wahr!« sagte sie ziemlich heftig, fast bitter.
Wanja hatte sich geschworen, daß sie in Ilmorog wirklich etwas aus ihrem Leben machen würde. Als Maß ihrer Entschlossenheit würde sie nicht wieder mit einem Mann schlafen, bis sie etwas erreicht hatte. Das

Spiel der Liebe gäbe es dann nur noch zur Feier ihres Sieges und ihres Erfolgs. Von dem, was sie eigentlich erreichen wollte, hatte sie nur eine vage Vorstellung. Allein der Anblick des von Durst, Hunger und Dürre bedrohten Ilmorog war genug, um einen zu entmutigen. Wo sollte sie denn beginnen? In Abdullas Dorfbar, in seinem Laden? Man könnte wohl um den Hügel rennen und in einen Mann verwandelt werden, dachte sie, in einen Mann wie Karega; und sie fragte sich, was wohl aus ihrem Gelübde werden würde.

Karega dachte an einen anderen Hügel in einer anderen Ebene. Die Sümpfe von Manguo standen unvermittelt vor seinem inneren Auge, und in Erinnerung daran durchlief ihn ein Zittern von Freude und Bitterkeit. Triumph und Niederlage, Erfolg und elendes Versagen . . ., welches war es nun? Er hatte versucht, nicht an Mukami zu denken, Mukami, die sein Leben so bestimmt hatte. Aber eben weil er es so sehr versuchte, hatte er zugegeben, daß sie ihn, sein ganzes Sein, auch noch nach ihrem Tode vollkommen erfüllte. Er hatte sich mit Büchern, mit Literatur, mit Geschichte, mit Philosophie befaßt und dabei verzweifelt nach der Lösung des Rätsels gesucht, das am Treffpunkt der Ungereimtheiten der Geschichte stand – Erscheinung und Wirklichkeit, Erwartung und tatsächlich Erreichtes. Er hatte sich voll und ganz einer Sache nach der anderen hingegeben, eine Arbeitsaktivität nach der anderen aufgenommen, wobei er hoffte, durch jenen Prozeß eine Wiedergeburt von etwas, das er nicht ganz definieren konnte, herbeizuführen – war es Unschuld? Oder Hoffnung? Manchmal vermißte er sie; er huldigte ihrem Andenken, und in seinen Gedanken feierte er die Morgendämmerung von Unschuld und Hoffnung, ehe er der Schwermut unterlag die über ihn kam, wenn er in Gedanken auf dem Hügel stand, der die Sümpfe von Manguo überblickte, und mit Beklommenheit und elendem Herzen Zeuge des Untergangs von Unschuld und Reinheit wurde. Einmal, als ihn in Siriana eine ähnliche Stimmung überfallen hatte, hatte er sich hingesetzt um zu schreiben. Aber es war ihm nicht gelungen, die Bitterkeit, die er empfand, einzufangen, sondern in Gedanken an Mukamis Selbstmord fühlte er eine seltsame Unruhe, einen Pessimismus, der die Tiefe seines Seins erfaßt hatte.

> Mein Herz ist schwer. Giftiger Schmerz bohrt in meinen Eingeweiden. Wie kommt es, daß ich durch kleine Dinge, wie das Zirpen einer Grille oder die Berührung eines Grashüpfers aufschrecke und um mich schaue? Warum fürchte ich mich vor dem Morgen, wenn mein Blick auf ihr, dem Bild der Wahrheit in meiner Seele ruht?

Warum, warum, warum sollte ich nicht in dem Wissen Sicherheit finden, daß sich einst, auf dem Hippo-Hügel in den Manguosümpfen, zwei Herzen weigerten zu hassen und Herz an Herz eins wurden?

Das war kurz ehe er Siriana verlassen hatte, eine bittere Erfüllung, wie er später und auch jetzt wieder dachte, während er immer noch den einsamen Hügel unter der Unermeßlichkeit des Mondes anschaute, eine bittere Erfüllung dessen, was zur Zeit des Schreibens nur eine Vorahnung gewesen war. Chui war dann an die Schule gekommen. Das Übrige gehörte der Geschichte an.

Wanja fragte:

»Sag mir, Karega, denkst du immer über die Vergangenheit nach?«

Die Frage erschreckte ihn und er starrte sie an – konnte sie seine Gedanken lesen? In manchen Dingen erinnerte ihn Wanja so sehr an Mukami. Er raffte sich zu einer Antwort auf.

»Um die Gegenwart verstehen zu können . . ., muß man die Vergangenheit verstehen. Wenn du wissen willst, wo du dich befindest, mußt du wissen, wo du hergekommen bist, glaubst du nicht?«

»Wie? Ich sehe das anders. Dürre und Durst und Hunger hängen über Ilmorog! Was nützt uns da die Geschichte von Ndemi? Ich ertrinke – was nützt mir da der Blick zurück ans Ufer, von dem ich ins Wasser gefallen bin?«

»Die Tatsache, daß sie etwas unternommen haben, daß sie sich geweigert haben zu ertrinken – sollte uns das nicht mit Hoffnung und Stolz erfüllen?«

»Nein, mir wäre lieber, man würde mir ein Seil zuwerfen, etwas, an dem ich mich festhalten kann . . .« Sie schwieg für einige Augenblicke. Dann war ein anderer Ton in ihrer Stimme, als sie sagte: »Manchmal hat die Vergangenheit keine Größe. Manchmal möchte man die Vergangenheit sogar vor sich selbst verstecken.«

Karega wurde plötzlich bewußt, daß sie nicht über eine abstrakte Vergangenheit sprach.

»Was meinst du damit?«

Sie antwortete ihm nicht sofort. Sie tat, als ob sie weitergehen wollte und schmiegte sich an ihn. Er sog die Wärme ihrer Nähe in seine Lungen und spürte es warm an seinen Rippen. In ungewollter Erwartung schlug das Leben schneller in ihm. Sie schniefte ein bißchen, und er bemerkte, daß sie weinte.

»Warum weinst du?« fragte er ratlos.

»Ich weiß nicht . . . Ich weiß es nicht . . . Bitte, mach dir nichts draus«, sagte sie und versuchte ohne Erfolg trotz ihrer Tränen zu lächeln. »Meine Vergangenheit ist vom Unglück gezeichnet. Wenn ich heute zurückschaue, sehe ich nur die vergeudeten Jahre . . .«

»War es denn . . . war es schwer?« fragte er betroffen, aber empfand gleichzeitig das Nichtssagende an seiner Frage.

Was wußte er schon über sie? Wie konnte man eine Frau kennen lernen, die dauernd vor seinen eigenen Augen verschiedene Gestalten und Wesen annahm? Als er sie zuerst in ihrer Hütte getroffen hatte, war sie die Herrin der sie umgebenden Männer gewesen. Sie war ihm damals in ihren Bewegungen und Blicken so sicher erschienen. Ein- oder zweimal hatte sie versucht, über die Köpfe von Munira und Abdulla hinweg, seinen Blick aufzufangen, aber er war instinktiv vor dem Licht in ihren Augen zurückgeschreckt. Als sie das nächste Mal in Limuru zusammentrafen, war er es, der in die tieferen Tiefen des Irrtums gefallen war, er hatte den Versuch unternommen, vor sich selbst zu fliehen, und sie hatte ihm die Rettungsleine zugeworfen. Die Stimme, die ihn aus der Tiefe geholt hatte, war echt gewesen, besorgt, weich vor Mitleid und Mitgefühl für den Wiedererkannten. Während der vergangenen Wochen war er Zeuge geworden, wie ihre frühere, berechnete Gewandtheit und das eingeübte Licht in ihren Augen nach und nach dahinwelkte, und dem langsamen Werden einer schlanken Schönheit mit rauhen, abgearbeiteten Händen Raum gab. Und hier stand sie nun und weinte! Aber selbst inmitten all dieser Gedanken bemerkte er ihr leichtes Zögern, seine Frage zu beantworten, als sei sie unsicher, wie sie darauf reagieren, oder von welcher Seite sie die Antwort angehen solle.

Was war nun wahr?

Als sie gerade etwas sagen wollte, wurde ihr plötzlich bewußt, daß sie es nicht über sich bringen konnte, ihm von ihrer Verstrickung mit Kimeria, dem Mann, der ihr Leben ruiniert hatte, zu erzählen.

Sie berichtet ihm dann kurz über ihre Arbeit in den vielen Bars, die seit der Unabhängigkeit überall wie Pilze aus dem Boden geschossen waren.

»Wir Barmädchen werden nie seßhaft. Manchmal wird man entlassen, weil man sich weigert, mit dem Boß zu schlafen. Oder es kommt vor, daß man an einem Ort zu bekannt wird, dann sucht man sich ein neues Territorium. Du kannst dir nicht vorstellen, wie komisch es ist, wenn man an eine neuen Ort kommt – die Männer behandeln einen dann, als wäre man eine Jungfrau. Sie versuchen, sich gegenseitig darin zu übertrumpfen, einem ein Bier zu spendieren. Jeder will der erste sein. Du siehst also, uns Barmädchen wirst du überall in ganz Kenia finden, wo immer eine Bar ist. Selbst in Ilmorog.«

Sie lachte. Jemand hustete hinter ihnen. Sie waren beide erleichtert, als sie sahen, daß es nur Munira war.

»Ihr seid hierher gekommen, um euch zu verstecken. Und wir alle haben gedacht, wilde Tiere hätten euch gefressen!« rief er jovial und leicht exaltiert.

»Es ist schwierig, in dieser unermeßlichen Wildnis früh schlafen zu gehen«, sagte Karega.

»Erzählt dir Wanja von ihrem Leben in der Wildnis der Bars?« fragte er während er sich setzte, so daß Wanja zwischen ihnen war.

»Sie hatte gerade erst angefangen«, erwiderte Karega. Karega hatte manches Mal einen Blick auf jene Welt geworfen, als er Pilze und Schaffelle an der Straße verkaufte. Er kannte viele junge Männer, die nach des Tages harter Arbeit ihren ganzen Verdienst auf den wartenden Schoß eines Barmädchens legten, die wahrscheinlich zwei oder drei Kinder zu ernähren hatte.

»Es ist keine sehr schöne Wildnis«, sagte Wanja. »Aber es ist auch nicht alles schlecht dort. Für eine Frau ist es auf alle Fälle ein schönes Gefühl, wenn sich tausend Augen auf dich richten und du weißt, daß es dein Körper ist, der all diesen Herzen Befehle erteilt. Manchmal erkennt man, was verkehrt ist. Dann möchte man aussteigen. Man möchte aber auch bleiben. Man sagt sich ständig: morgen . . . morgen. Ich kenne einige, die es versucht haben. Eine wurde Hausangestellte. Sie erledigte alle Arbeiten, die im Haus anfielen. Um fünf Uhr früh stand sie auf . . . Dann half sie die Kühe melken. Sie richtete das Frühstück. Sie putzte das Haus. Sie ging in den Laden oder aufs Feld, um Lebensmittel fürs Mittagessen zu holen. Die kleinen Kinder versorgte sie auch. Sie machte am Nachmittag Tee, dann das Abendessen, wusch die Kinder . . ., und wenn die Hausfrau weg war, wollte der Mann das Bett mit ihr teilen. Und das alles für wieviel? Siebzig Shilling im Monat! Sie lief weg. Eine andere versuchte Teeblätter und Kaffeebohnen für die neuen afrikanischen Grundbesitzer zu pflücken. Und was bekam sie dafür bezahlt? Und so kehren sie schließlich alle wieder in die Welt zurück, in der sie Freunde haben, und in der sie die Spielregeln kennen – in der sie wissen, was ehrlich ist und was nicht, was Wahrheit ist und was nicht, was gut ist, und was schlecht. Zum Beispiel war es nicht gut und auch nicht ehrlich, wenn man einen Mann nicht dazu bringen konnte, sein Geld für einen auszugeben. Einmal wurde ein Mädchen verprügelt, weil sie diese Regel nicht sorgfältig beachtet hatte

– warum mußte sie den anderen das Geschäft verderben? Und ich? Auch ich habe versucht auszusteigen. Einmal ging ich nach Hause zurück. Mein Vater sagte zu mir: »Ich möchte keine Hure in meinem Hause haben.« Das verletzte mich, weil es von meinem Vater kam. Ein Barmädchen sieht sich nicht als Prostituierte. Wir sind Mädchen auf der Suche nach Arbeit und nach Männern. Ich kehrte dann in das Barleben zurück. Ich habe Glück gehabt, denn ich erlebte gute Freundschaften. Ich mag die Gesichter der Menschen, ich gehe gern an immer wieder neue Orte, und ich finde sogar Freude daran, Zahlen zusammenzuzählen, oder Dinge nach einem gewissen Muster zu ordnen. Wenn ich hinter der Theke sitze, sage ich mir: wenn dieses Gesicht auf jenen Schultern säße . . ., wenn jene Nase auf dem Kopf dort wäre . . ., wenn . . ., wenn . . ., dann wird ein Ort und die Menschen, die dort sind, plötzlich lustig und sehr interessant. Die anderen Mädchen sagten immer zu mir: Wanja, über was denkst du denn immer nach? Das fand ich schwierig zu erklären. Ich war ja so einsam. Ich mochte Leute, ja. Mir gefiel der Lärm und die Musik und die Streitereien – ja, auch die Streitereien – und wenn etwas Unerwartetes geschah, aber ich war einsam. Ich bin von einem Ort zum andern gereist. Ich habe nach etwas gesucht. Dann kam ich nach Ilmorog. Auch dort habe ich nicht gefunden, was ich suchte. Nach einigen Monaten hatte ich genug und wollte wieder weggehen. Ich wußte nicht wohin. Ich wollte nicht in jenes Leben zurückkehren. Man wird es überdrüssig, jedermanns Barmädchen zu sein. Ich sagte mir, daß ich nicht an meinen alten Arbeitsplatz zurückkehren würde. Zu mir selbst sagte ich: Ilmorog ist gut. Warum verdiene ich nicht ganz schnell etwas Geld und komme zurück, baue mir ein Haus und bleibe für immer hier wohnen! Ich wollte ins Dorf zurückkehren, aber als reiche Frau. Woher mir dieser Gedanke kam, weiß ich nicht. Wie ich euch schon erzählt habe – ich verließ mich mehr auf meine Freundschaften und habe nie nach dem Morgen gefragt. Leben . . ., leben . . ., ich kaufte gerne Kleider . . . Farben bedeuten mir etwas . . ., ich versuche, jedem Kleid, das ich kaufe, eine besondere Bedeutung zu geben. Aber jetzt sagte ich mir: Keine Freundschaften mehr. Ich werde sowieso nie heiraten. Warum also nicht reich werden? Wie? Da fiel mir die Antwort ein. Nairobi. Europäer. Dieser Gedanke überraschte mich wirklich . . . ich hatte mich nie dazu überwinden können, mit einem weißen Mann zu gehen. Einmal ging ich mit einem *Kalasingh*. Er war Polizeiinspektor. Er hatte uns festgenommen, weil wir nach der Polizeistunde in einer Bar in Kikuyu Bier verkauften; als er die Männer durchsuchte, fand er *Bhang*.

Ich hatte entsetzliche Angst. Die Burschen kamen ins Gefängnis, und mich nahm er mit in sein Haus. Nun, das hat mich gerettet. Sie aber bekamen fünf Jahre aufgebrummt. Das war das erste und einzige Mal gewesen. Einmal lernte ich eine Frau kennen. Sie war sehr reich. Sie besaß eine Farm im Siedlungsgebiet. Sie hatte auch Häuser in Nairobi. Aber sie war sehr einsam und suchte Freundschaft. Sie kam dann immer und besuchte mich in Lower Kabete, wo ich damals arbeitete. Wanja, sagte sie, ich kann dir einen europäischen Freund besorgen. Sie war selbst Lehrerin gewesen und dann Sekretärin. Aber ihr Geld verdiente sie nach Büroschluß. Wie dem auch sei, sie heiratete einen sehr alten Europäer . . . er war über siebzig . . . die Leute sagten damals, sie hätte ihn dazu gebracht, sein Testament zu machen, und dann hätte sie ihn die Treppe hinuntergeworfen. Sie erbte seinen ganzen Reichtum. Wenn sie mir diese Vorschläge machte, lachte ich nur. Ich konnte ihr doch nicht sagen, daß Europäer für mich nackte Körper waren, die der Haut von Schweinen glichen . . . oder von Kröten, die sich lange Zeit im Schlamm vergraben hatten . . . Diesmal aber sagte ich: Jetzt geht es nur noch ums Geschäft. Wenn man ein Geschäft hat, fragt man auch nicht danach, wer die Kunden sind. Es würde ja nur für einen oder zwei Monate sein. Nur für Weiße. Nachdem ich also von Ilmorog weggegangen war, klapperte ich alle Türen der großen Hotels ab. Hilton. Ambassador. New Stanley. Serena. Norfolk. Inter-Continental. Fair View. Six Eighty. May Fair. Grosvenor. Pan-Africa, alles Reinfall. Ich hätte mir nie träumen lassen, daß es an einem Ort so viele große Hotels gäbe. Aber ich zitterte und wußte nicht, wie ich's machen sollte. Ich hatte nicht die richtigen Kleider wie die anderen Mädchen, die ich dort sah; außerdem wußte ich nicht, wie man Lippen rot und Augenlieder silbrig grün anmalte und wie man Perücken trug. Auch konnte ich mit den Weißen meine Augensprache nicht benutzen. Wenn ich in einer Bar war, besonders hinter der Theke, konnte ich mit allen Männern dort sprechen, ohne auch nur einmal die Lippen zu bewegen. Aber in Nairobi . . . Zwei Abende hintereinander landete ich bei Afrikanern. Im College Inn traf ich ein Mädchen, mit der ich einmal in einer Bar in Eldoret gearbeitet hatte. Sie erzählte mir vom Starlight und Hallian's Nightclub. Dort kann man bis zu tausend Shilling in der Woche, in der man daran ist, verdienen. Ich ging also ins Starlight. Die Lichter wechselten ständig von blau auf rot und dann auf grün, daß ich überhaupt nichts sehen und erkennen konnte. Mir wurde immer schwerer ums Herz. Mit der Musik konnte ich nichts anfangen. Ich weiß, daß euch das überrascht, aber das Barleben ist überall ein bißchen anders. Eines muß ich aber zugunsten vom Starlight sagen – es war voller Europäer. Ich saß in einer Ecke und dachte, am liebsten würde ich jetzt über den Bambuszaun springen und den ganzen Weg zurück nach Bolibo rennen. Aber dann war da einer, der mir viele schöne Augen machte. Ich schickte ihm ein Lächeln zurück. Er war groß, hatte eine Pfeife im Mund und sah nicht so alt aus wie die anderen, deren Gesichtshaut voller Falten war. Er sprach gut Swahili, aber es klang komisch, auch mischte er englische Worte darunter. Er war ein Besucher aus Deutschland und war mit einem besonderen Auftrag ins Land gekommen. Er suchte nach einem bestimmten Mädchen aus Kabete. Ein anderer Deutscher hatte versprochen, sie zu heiraten, und hatte sie mit nach Deutschland genommen. Sie merkte jedoch bald, daß man sie betrogen hatte und daß er einen Handel mit ihr anfangen wollte; er und andere hatten folgende Rechnung aufgemacht: Wenn Touristen soviel Geld für Flugtickets und Hotels in Malindi ausgeben konnten, nur weil sie eine Anzeige mit dem Bild eines älteren weißen Mannes mit einer jungen afrikanischen Frau gesehen hatten, unter dem die Worte standen: »Für nur so und so viel können Sie dies alles haben«, dann würden sie noch bereitwilliger zahlen, wenn Malindi nach Deutschland gebracht würde. Ob ich dieses Mädchen kannte? Ich sagte: Woher sollte ich sie denn kennen? Warum suchte er sie denn überhaupt hier, war sie denn nicht in Deutschland? Er erzählte mir dann, daß der Mann, der sie nach Deutschland mitgenommen hatte, sie sehr schlecht behandelt habe, er habe sie geschlagen und ähnliches, und das könnte schlechte Gefühle zwischen Deutschland und Afrika aufkommen lassen. Es war ihr gelungen wegzulaufen und nach Kenia zurückzukehren, aber ihr Baby hatte sie dagelassen. Der Mann weigerte sich, das Kind zu versorgen. Daraufhin war eine Gruppe von Leuten, die sich um schwarze Menschen bemühten, und denen das Verständnis zwischen Deutschland und Afrika wichtig war, zusammengekommen und hatte Geld gesammelt, um ihn nach Afrika zu schicken. Er solle das Mädchen finden und Beweise zusammentragen, die in einem Gerichtsverfahren gegen den Mann benutzt werden könnten. Kannte ich sie? Ich sagte ihm noch einmal, woher ich sie denn kennen solle, es gäbe ja schließlich so viele Mädchen im ganzen Land. Er sagte, genau so sei es. Deshalb würde er in den meisten Bars und Nachtclubs die Runde machen um zu versuchen, eine Spur von ihr zu finden. Ob ich seine Begleiterin auf dieser Suche sein wollte? Er würde mich gut bezahlen, und wenn unsere Suche erfolgreich endete, würde man mich als Zeuge für die Verhandlung nach Deutschland fliegen lassen. Es war eine seltsame Geschichte, und zuerst dachte ich, er sei nicht ganz richtig im Kopf. Aber er sah ganz in Ordnung aus, und wenn er sprach, klang es auch ganz normal; außerdem hatte ich auch schon davon gehört, daß einige Europäer Mädchen entführten, um sie in Deutschland und Italien als Handelsobjekte zu benutzen. Ihr könnt euch denken, wie geschäftig meine Gedanken hin und her flogen, dies und jenes berechneten, und ich sagte mir: Gestern warst du ein unbezahltes Barmädchen bei Abdulla. Und jetzt? War die Suche einmal zu Ende, würde ich eine reiche Frau sein, und ich würde mir eine Gitarre und eine Flöte kaufen. Vielleicht glaubt ihr mir das nicht, aber ich liebe Musik; wenn ich Musik höre, sehe ich blaue Meereswellen, und manchmal reite ich auf orangefarbenen und blauen und roten Wolken oder, wenn bestimmte Flöten spielen, über weite Strecken grüner Felder. Auch Vogelgesang kann mich aus einer schwermütigen Stimmung reißen; und wißt ihr, manchmal höre ich im Kopf eine einsame, orangefarbene Melodie, später kommen noch mehr dazu, Melodien, die wie Farbströme aus dem Nichts hervorbrechen . . . dies ist alles ziemlich kindisch von mir, und ich schäme mich deswegen . . . Jetzt habe ich aber den Faden meiner Geschichte verloren. Eben hatte ich euch erzählt, wie ich alles überdachte und berechnete, während er mich für die Nacht zu sich nach Hause fuhr. Nein, ich fand Europäer gar nicht mehr so übel. Ich war noch nie in so einem Haus gewesen. Eine breite Auffahrt mit großen Jacaranda-Bäumen führte zu einem Garten voll Blumen aller erdenklicher Arten. Er führte mich durch das ganze Haus . . . dabei war er so sanft und freundlich und zeigte mir die verschiedenen Zimmer . . . wirklich, Europäer waren nicht übel, gar nicht übel . . . er blieb dann vor einem Bild stehen und erklärte mir etwas über Weintrauben oder Reben, die vor einem Fenster hingen – lauter solche Sachen. Dann führte er mich in ein anderes Zimmer. Oh, rief ich vor Schrecken. Dort standen nämlich zwei Figuren von Männern, die eine seltsame Rüstung anhatten und Schwerter, wie wenn sie sich gerade für einen Kriegskampf bereitgemacht hätten. An den Wänden hingen Schwerter, die alle verschieden geformt und verschieden lang waren . . . Er berührte die Klingen von einigen und erklärte mir etwas über sein Hobby. Ich hab das nicht alles verstanden, und außerdem hatte ich Angst vor den Schwertern und die Figuren in der Rüstung und ich fragte mich, wie er wohl in den Besitz dieses Hauses und der Sammlung gelangt war, obwohl er doch gerade erst aus Deutschland angekommen war. Aber noch ehe ich ihn fragen konnte, führte er mich schon in sein Schlafzimmer. Dort waren lauter Spiegel an den Wänden angebracht, und zwar so viele und so angeordnet, daß man sich viele, viele Male in endlosen Reihen wiedersah. Angst überfiel mich wieder mit heftigem Herzklopfen. Er mußte wohl sehr reich sein, um ein derartiges Haus mieten zu können, obwohl er doch nur auf der Suche nach einem Mädchen hier war. Oder, dachte ich, könnte es bedeuten, daß er einige Zeit hierbleiben würde, wenn dem so wäre . . . Mein Kopf fing wieder an zu rechnen und ich hatte mich wieder in Träumen über das viele Geld, das ich verdienen würde, verloren, als ich plötzlich neben mir einen Hund sah, oder vielmehr seine Gegenwart spürte, der mich mit riesigen grünen Augen anstarrte. Mir stockte vor Angst der Atem, und ich wich zurück. Ich fürchtete mich, und mir war schwach in den Knien. Ich schaute mich um und sah, daß wir unzählige waren, mit einer Unzahl von Hunden im unendlichen Raum. Ich saß auf dem Bett, oder vielmehr mehrere Ichs saßen auf mehreren Betten, wie in einem Traum. Der Mann, oder mehrere Männer kamen herüber und setzten sich neben uns auf viele Betten, und mir war, als hätten er oder sie ihr Vergnügen an meiner Angst. Er sagte mir, ich müsse keine Angst haben . . . es sei alles in Ordnung . . . und die Tiere kamen leise knurrend auf uns zu, und ihre grünen Augen ließen nicht von uns ab. Mit großer Mühe versuchte ich mein Zittern zu unterdrücken. Das Tier stand da, als ob es weitere Befehle von seinem Herrn erwarte. Und dieser Herr atmete jetzt schwer neben mir, er strömte einen abscheulichen Geruch aus, und an der Bewegung seiner Finger, an seinen aufgerissenen Augen und am Zittern seiner Unterlippe konnte ich erkennen, daß er erregt war. Vor Entsetzen saß ich wie angewachsen auf dem Bett. Alle meine Kräfte verließen mich; das rotgrüne Glühen der Hundeaugen schien jede Energie und Widerstandskraft aus mir herauszusaugen. Ich hing im leeren Raum . . . nichts. Aber hinter dem Entsetzen, hinter diesem unerklärlichen Phänomen, das meine Nerven bis zum Zerreißen anspannte und mich langsam abtötete, war ein Gefühl der Wachsamkeit erhalten geblieben. Der Mann machte jetzt an meinen Kleidern rum, und das Tier knurrte und wedelte mit dem Schwanz, und der Mann zitterte. Das Gefühl der Wachsamkeit wurde stärker und stärker, und kämpfte mit der tödlichen Lähmung, die von mir Besitz ergriffen hatte, das Tier wollte gerade meine Finger ablecken, als ich irgendwo aus meinem Inneren heraus meine eigene Stimme rufen hörte: »Oh, ich habe ja meine Handtasche in Ihrem Wagen gelassen.« Im selben Augenblick, in dem ich meine Stimme hörte, wußte ich, daß die tödliche Lähmung besiegt war und ich ins Leben zurückkehrte. Er sagte: »Das macht nichts, ich werde sie für dich holen.« Ich entgegnete: »Nein, in der Handtasche einer Frau sind Geheimnisse versteckt, würde er mich bitte zum Wagen bringen?« Meine Stimme sprach, aber ich weiß nicht, wer ihr dazu in meinem Inneren die Befehle gab . . . ich stand auf. Er ging voran zur Tür. Das Tier folgte uns. Und nun betete ich still vor mich hin: gib mir noch mehr Kraft, gib mir noch mehr Kraft. Er trat zuerst hinaus, und ich schloß so schnell ich konnte die Tür, so daß das Tier eingeschlossen war. Auch heute noch weiß ich nicht, woher ich Flügel bekam. Ich flog und flog zwischen den Bäumen hindurch und über das Grasdikkicht am Boden, und nur einmal, als ich die geteerte Hauptstraße erreicht hatte, schaute ich zurück . . . Bremsen kreischten, und ein Auto hielt neben mir an. Ich sprang zur Seite, weil ich fürchtete, er sei es. Freunde . . . noch nie in meinem Leben war ich so dankbar für eine schwarze Haut neben mir gewesen. Ich weinte jetzt, und zwischen Tränen und Schluchzen muß ich ihm wohl Stück für Stück das Entsetzen, das ich durchgemacht hatte, erzählt haben. Er brachte mich zu einem Haus im Westen von Nairobi. Er machte mir Kaffee, dann gab er mir ein paar Tabletten und zeigte mir, wo ich schlafen konnte. Ich muß wohl die Nacht und den ganzen nächsten Tag durchgeschlafen haben. Ich durfte noch eine Nacht dableiben, ich erzählte ihm meine Geschichte, und er stellte mir einige Fragen: Würde ich das Haus wiedererkennen? Würde ich ihn wiedererkennen können? Dann blieben seine Augen abwesend an einer Stelle haften und er sagte: Es hat keinen Zweck. Solche Dinge geschehen, wenn man den Tourismus zur nationalen Religion erhebt, und ihm im ganzen Land Tempel errichtet. Ich habe ihn nicht gefragt, was er damit meinte, aber ich weiß, daß er sehr verärgert war. Am nächsten Tag brachte er mich zur Bushaltestelle Machakos, und mir war vor Dankbarkeit nach Weinen zumute, denn er hatte überhaupt nicht versucht, mir zu nahe zu treten, und hatte mich ohne jegliche Verachtung behandelt. Nun gab er mir etwas Geld und sagte einfach: »Warum gehst du nicht nach Hause zu deinen Eltern? Diese Stadt ist nicht der richtige Ort für dich . . . es ist nicht der Ort, an dem irgend jemand von uns leben kann . . . noch nicht!« Er sagte mir wo er arbeitete und gab mir seine Karte; sollte ich jemals in Schwierigkeiten sein – aber nicht so, wie neulich abends, denn er hoffte, daß ich nach Hause zurückkehren würde – so sollte ich nicht zögern, ihn aufzusuchen. Damit fuhr er weg, ohne das Ende meiner Dankesrede die ich begonnen hatte, abzuwarten.

Ich würde nach Hause zurückgehen, sagte ich mir, ich sollte nach Hause zurückgehen . . .

Aber als der Bus nahe dort, wo wir wohnten, hielt, stieg ich nicht aus. Ich sagte mir, daß ich nicht einfach so nach Hause gehen könne, als hätte ich die ganzen Jahre nicht gearbeitet. Ich kehrte nach Bolibo und zu meinem Leben als Barmädchen zurück . . .«

2

Abdulla wurde der Held der Reise. Er schien laufend neue und bereichernde Aspekte seiner Persönlichkeit hervorzukehren. Als erstes waren die Leute nun für seinen Esel dankbar. Sie stellten unaufhörlich Vergleiche zwischen dem Eselskarren und den von den kolonialen Siedlern benutzten Ochsenwagen an. Auch sie befanden sich jetzt auf einer Eroberungsmission – ihr Ziel war die Stadt.

Das nächste war, daß sich Abdulla trotz seines verkrüppelten Beines weigerte, einen Platz auf dem Wagen anzunehmen. Laßt die Kinder der Reihe nach fahren, war alles was er sagte. Seine stoische Ausdauer gab dem ganzen Unternehmen Kraft und Zielbewußtsein. Die Sonne brannte unablässig auf sie nieder, und die kurzen Stengel des Elefantengrases stachen in ihre bloßen Fußsohlen. Abdulla verstand sich ausgezeichnet mit den Kindern. Er erzählte ihnen Geschichten, besonders abends, wenn der Mond aufgegangen war:

»Der Mond und die Sonne sind Feinde. Deshalb erscheint einer von ihnen am Tag und der andere in der Nacht. Aber sie sind nicht immer Feinde gewesen. Das kam so. Sonne und Mond gingen zusammen in einem Fluß baden. Reibe mir den Rücken ab, sagte die Sonne zum Mond, danach werde ich dir deinen reiben. Da machte sich der Mond daran und rieb die Sonne so sorgfältig, daß ein leuchtender Glanz entstand. Der Mond sagte: Nun bist du dran. Die Sonne aber mischte Spucke mit Erde und rieb den Mond damit ab.«

Während des Tages lehrte er sie die Namen von Gras und Büschen; wären die Büsche nicht ganz vertrocknet gewesen, so hätte er ihnen gezeigt, wofür die verschiedenen Pflanzenteile benutzt werden konnten. Dann zeigte er ihnen, was man mit einem Messer alles anfangen konnte. Einmal warf er das Messer so, daß es ein dünnes Stöckchen in zwei Teile schnitt. Er spielte auch Schiedsrichter und stellte fest, wer bei ihren Wettschießen mit den Schleudern, die er ihnen gemacht hatte, am genauesten traf. Die Jungens waren glücklich und stritten sich pausenlos darüber, wer wohl einen Vogel vom Himmel herunterschie-

ßen könne. Sie schienen in der Tat aus Abdullas Kraftreserven zu schöpfen, und während der ersten beiden Tage weigerten auch sie sich, auf dem Wagen zu fahren und marschierten neben Abdulla.
Irgendwo in dem langen Zug fing jemand an, ein Lied zu singen, ein Kirchenlied. Zuerst kamen sie mit den Worten nicht zurecht, aber nach einigen Versuchen sangen sie alle mit:

Man sagt, daß manche hungern;
aber man verschweigt,
daß nur die hungern,
die nicht bereit sind, vom Brot Jesu zu essen.

Häuser, Land und viel Besitz,
Geld auf der Bank und kluge Schulen
werden hungrige Herzen nicht sättigen,
wenn Menschen nicht vom Brot Jesu essen.

Schau die Reichen an, die Armen und die Kinder –
warum straucheln sie alle auf ihrem Weg?
Es ist der Hunger in ihren Herzen,
weil sie nicht bereit sind, vom Brot Jesu zu essen.

Die Worte und die farblose christliche Botschaft schienen ihrer gegenwärtigen Notlage zu spotten. Aber die gemeinsam singenden Stimmen bewegten Abdulla – der Geist, der ihr Singen beseelte, erweckte in ihm Erinnerungen an andere Stimmen aus der Vergangenheit.
Abdulla durchlebte noch einmal jene anderen Reisen, auf denen sie durch die Ebene marschiert und geflohen waren.
Ole Masai, der große Mann, halb Inder, halb Afrikaner, hatte sie angeführt. Damals hatten sie auch gesungen, eingedenk ihrer Gelübde, die sie in vergangenen Zeiten beim Leisten des *Batuni*-Eides abgelegt hatten:

Als sie in der Nacht kamen, um Jomo, den Jomo des schwarzen Volkes festzunehmen,
hinterließ er uns Botschaft und Auftrag.
Ich werde den Kopf des Esels festhalten, sagte er uns –
werdet ihr, meine Kinder, seine Tritte ertragen können?
Ja, ja, sagte ich und griff nach meinem Schwert
und wurde ein Glied in der Kette aller Kinder des Landes.

Und ich schwor – Zunge am brennenden Speer –
niemals werde ich dem Rufen und Schreien schwarzer Menschen den Rücken kehren;
niemals werde ich diese Erde dem roten Fremden überlassen;
niemals werde ich dieses Land an Menschen aus fremden Ländern verraten.

Im Dienst jener Vision, die sich ihm zum ersten Mal an dem Tag offenbarte, als er beide Eide abgelegt hatte, zuerst den Schwur der Einigkeit und später den Batuni-Eid, hatte er in der Tat Durst und Hunger ertragen, auch Stacheln und Dornen, die seine schuppige, ausgezehrte Haut bis tief ins Fleisch durchstachen.

Damals war er Arbeiter in einer Schuhfabrik in der Nähe seines Heimatortes gewesen. Dort war ein Streik nach dem anderen, um höhere Löhne und bessere Unterkünfte, regelmäßig von bewaffneter Polizei niedergeschlagen worden. Damals hatte er sich oft gefragt, warum wohl ein Boß, der nie auch nur einmal eine schwere Last hob, der nie auch nur ein einziges Mal seine Hände in dem stinkenden Wasser und der stinkenden Luft der Gerberei oder sonst einem Teil der Fabrik schmutzig machte, warum dieser trotzdem in einem großen Haus leben, einen Wagen besitzen und einen Fahrer anstellen konnte, und außerdem noch mehr als vier Leute hatte, die nichts anderes taten, als das Gras in seinem Garten zu mähen?

Welches Beben hatte ihn ergriffen, als er die Vision in ihrem ganzen Umfang erkannte – sie umfaßte neue Gedanken, neue Wünsche, neue Möglichkeiten! Das Land erlösen – kämpfen, damit Industrien wie die Schuhfabrik, die seinen Schweiß verschlungen hatte, dem Volk gehören könnte, so daß seine Kinder eines Tages genug zu essen und Kleidung und ein Obdach hätten, das sie vor dem Regen schützte; dann würden sie mit Stolz sagen: Mein Vater ist dafür gestorben, daß ich leben kann. Diese Gedanken hatten ihn verwandelt. Aus einem Sklaven vor dem Boß war ein Mann geworden. Das war der Tag seiner wahren Beschneidung gewesen – da erst war er zum Mann gereift.

Abdulla marschierte, oder vielmehr, er hüpfte auf seinem einen Bein. Alle sahen das Glänzen in seinen Augen, das Kinn trug er hochgereckt, und sein Blick lag auf den fernen Bergen; wieder einmal waren sie überrascht, denn in diesem feindlichen Gelände und in dieser Wildnis kannte er sich aus und führte sie auf ihrem Wege an.

Aber in seinen Gedanken drängte sich ein Bild nach dem anderen, so daß er nicht bei ihnen war, obwohl er das Tempo angab und seinen

Platz an der Spitze des Zuges einhielt. Ole Masai . . ., seltsam, daß dies alles wieder in Ilmorog geschehen sollte . . ., wieder . . . eine Illusion? Eine Bohne fiel auf den Boden, und wir haben sie zwischen uns geteilt . . . wie gut, daß Karega nach Ilmorog gekommen war . . . ein zweiter Botschafter Gottes . . . der alte Muturi hatte dies gesagt . . . Gott legt Weisheit in den Mund unmündiger Kinder . . ., das stimmte . . ., darin lag Wahrheit . . ., die Themen der Unterhaltungen in seinem Laden hatten sich seit Karegas Ankunft sehr verändert. Während der letzten fünf Monate kamen sie gelegentlich auf Namen zu sprechen, die ihm süß in den Ohren klangen . . . *Tschaka . . ., Toussaint . . ., Samoei . . ., Nat Turner . . ., Arap Manyei . . ., Laibon Turugat . . ., Dessalines . . ., Mondhlane . . ., Owalo . . ., Siotune und Kiamba . . ., Nkrumah . . ., Cabral . . .* Trotz Sonne und Dürre, trotz der Angst um das Schicksal seines Esels empfand er, daß die Mau-Mau-Bewegung nur ein Glied in der Kette des seit langem währenden Kampfes afrikanischer Menschen gewesen war, ein Kampf, der zu verschiedenen Zeiten an verschiedenen Orten stattfand . . . Ah, neue Horizonte, die sich wieder auftun . . . wie damals in den Wäldern mit Ole Masai. Sie nannten ihn Muhindi – Inder –, aber das machte ihm jetzt nichts mehr aus. Er hatte ihnen oft erzählt, wie er sich selbst gehaßt hatte, seine Mutter, seinen Vater, sein gespaltenes Ich; wie es tatsächlich Zeiten gegeben hatte, in denen er sich das Leben nehmen wollte, er, der nirgendwo hingehörte. Nicht weil er arm war . . . Sie wohnten in den besseren Gegenden von Eastleigh . . ., sein indischer Vater besuchte sie oft und ließ ihnen Geld da, er zahlte auch sein Schulgeld und hatte ihm einen Teil seines Reichtums versprochen . . ., ja, er hatte sogar schon ein Bankkonto auf seinen Namen für ihn eröffnet . . ., und trotzdem haßte er sich selbst. Er war von der Schule und von zu Hause weggerannt, auf die Straße . . ., Kariokoo . . ., Pumwani . . ., Shauri Moyo . . . Würfelspiel und ein bißchen stehlen . . ., ein paar Streitereien hier und da . . ., er hatte aber auch mancherlei aus Gesprächen entnommen . . ., hatte einiges gelesen . . ., die Zeitungen von Lal Vidyardhi, besonders »Habari za Dunia« und die »Colonial Times«. Die Festnahme von Markhan Singh, weil dieser sich mit afrikanischen Arbeitern identifizierte, hatte ihm die Augen etwas geöffnet, so daß er den Nebel besser durchschauen konnte. Jetzt suchte er nach Wegen, um zur Untergrundbewegung in der Stadt zu stoßen. Sie hatten einen grausamen Scherz mit ihm getrieben . . ., ganz beiläufig wurde ihm gesagt, er solle einer gewissen Person, die an einer Ecke der Khoja-Moschee auf ihn wartete, ein Paket übergeben . . . Er hatte ihnen dann erzählt, wie er in der River-Road gestolpert war . . ., wie ihm das Paket aus der Hand gefallen war, und wie er entdeckt hatte, daß er, oh Schreck, einen Revolver mit sich herumtrug . . . Er hatte vor Aufregung gezittert, aber er hatte auch Angst gehabt . . . auf seinem weiteren Weg, bis er zu dem Mann kam, hatte er den Revolver sorgfältig verwahrt . . ., er wollte ihm gerade das schlecht eingewickelte Paket reichen, als zwei weiße Polizisten in Zivil hinzutraten und den Mann festnahmen. Ole Masai zog blitzschnell den Revolver heraus und zielte auf die Polizisten . . ., er war so aufgeregt, daß er laut schrie, alle Leute sollten herkommen und sehen, wie er Polizisten umbrächte . . ., die standen mit erhobenen Händen da . . ., aber der Mann packte ihn an der Schulter, und sie verschwanden beide in der Menschenmenge von Nairobi . . . Niemals würde er jenen Augenblick vergessen, den Augenblick seiner Wiedergeburt als ein ganzer Mann, als er die beiden weißen Unterdrücker demütigte und sich unwiderruflich auf die Seite des Volkes stellte. Er hatte das, wofür sein Vater stand, und die Aussicht auf Reichtum von sich gewiesen und war als Kämpfer in den Wäldern wiedergeboren worden, als Kenianer; seine Zweifel waren durch eine neue Berufung und durch neue Anforderungen gestillt worden. Er hatte ihnen auch erzählt, wie er später einmal seinem Vater einen Brief geschrieben habe und ihm darin befohlen habe, seine Hände vom Eigentum der Afrikaner zu lassen . . . Ole Masai war ein bemerkenswerter Mann gewesen, seufzte Abdulla. Er hatte in der Tat einiges gelesen gehabt, denn sie hatten von anderen Ländern und anderen Völkern gesprochen . . ., China, Korea, Rußland; sie hatten sich darüber unterhalten, wie sich die arbeitenden Menschen und die Bauern gegen ihre ausländischen und einheimischen Herren erhoben hatten . . . Dann war Ole Masai plötzlich tot, und ihn, Abdulla, hatte man ins Bein geschossen. Jenen Tag würde er nie vergessen . . ., sie hatten sorgfältig den Überfall und die Einnahme einer Garnison im Herzen der Stadt Nakuru geplant, um die Gefangenen in dem anschließenden Gefängnis zu befreien, so wie Kihika es in Mahee gemacht hatte und Kimathis Guerillas in Naivasha. Sie hatten die Gefangenen befreit. Die Garnison hatte sich fast ergeben, als Ole Masai erschossen wurde und nur . . ., wie doch das Schicksal mit der Bestimmung eines ganzes Volkes umgehen konnte . . ., nur, weil sein Gewehr klemmte . . . Überall war die Hölle losgebrochen . . ., man hörte Schreie . . ., fangt sie . . ., fangt sie . . ., und einen Augenblick lang glaubte Abdulla an eine doppelte Vision.

Denn tatsächlich schrien die Kinder um ihn herum, fangt sie, fangt sie,

Fleisch, Fleisch . . ., und dann sah auch er, was sie gesehen hatten. Der Zug hatte eine Herde von Antilopen überrascht, die nun in hohen Sprüngen über die Ebene jagten. Abdulla schaltete sehr schnell.
»Wartet!« schrie er den Kindern zu, und sie gehorchten sofort der Autorität seiner Stimme. »Bringt die Schleuder, und schnell, schnell, holt mir einige Steine.«
Sie gaben ihm die Schleuder, die er einige Stunden zuvor gemacht hatte und auch einige Steine. Still vor aufgeregter Neugierde, und auch etwas skeptisch über sein Können standen sie daneben. Er legte einen scharfkantigen Stein in die Schleuder, die übrigen steckte er in die Tasche. Dann nahm er ein bißchen Erde und warf sie in die Luft, um die Stärke und Richtung des Windes zu prüfen. Nun brachte er seine Krücke in die richtige Position und klemmte sie fester unter seine rechte Achselhöhle. Währenddessen hatte er die Antilopen, die in einer gewissen Entfernung von ihnen stehengeblieben waren, nicht aus den Augen gelassen. Er nahm die Steine aus der Tasche und bat Muriuki, sie ihm auf der offenen Hand zu halten. Er hielt seine Unterlippe fest, und die Töne, die er dann ausstieß, ließen die Tiere plötzlich kehrtmachen und in ihre Richtung kommen. Aber sobald sie sich in der Nähe des Zuges sahen, machten sie wieder kehrt, als ob sie unentschlossen seien, wohin sie sich als nächstes wenden sollten, dabei waren ihre Hals- und Körperseiten den Menschen zugewandt. Abdulla hob die Arme, schloß ein Auge, zog das Gummiband zurück, ehe er es losließ. Alles geschah so schnell wie die Zaubertat in einem Traum. Sie sahen weder die Steine, noch wie es ihm gelang, einen nach dem anderen und dann wieder einen auf die Schleuder zu legen, zu ziehen und loszulassen. Sie hörten nur das Geräusch der durch die Luft pfeifenden Steine. Dann sahen sie zwei Antilopen eine nach der anderen hoch in die Luft springen, sie landeten und standen einen Augenblick ganz still, ehe sie, sich krümmend, zu Boden fielen. Sie konnten es kaum glauben. Munira, Karega, Njuguna und die Kinder rannten an den Schauplatz. Die beiden Tiere waren an den Beinen verletzt worden. Der Rest war einfach.
Abdulla stand noch immer in derselben Stellung da, nur hatte er sich jetzt in ihren Augen in ein sehr außergewöhnliches Wesen verwandelt, das sie bis jetzt noch nicht gekannt hatten. Er stand unbeweglich, wie ein Gott des Graslandes, und seine Augen ruhten auf den fernen Bergen, die ihm jahrelang ein Zuhause gewährt hatten. Er verweilte in Gedanken immer noch bei Ole Masai und dem verzweifelten und verhängnisvollen Versuch ihrer Gruppe, jene Militärgarnison in Nakuru

einzunehmen, um die Initiative, die sie teilweise nach Kimathis Festnahme verloren hatten, wieder in ihre Hand zu bekommen. Selbst die feindlichen Zeitungen hatten zugegeben, daß es ein gut geplanter und ehrgeiziger Versuch gewesen war. Der Glanz in seinen Augen verstärkte sich. Mit dem Handrücken fuhr er sich darüber und warf die Schleuder zu Boden.

An jenem Abend gab es ein Fest. Noch lange danach blieb die Erinnerung daran in ihnen lebendig, und sie sprachen davon als dem Höhepunkt ihrer Reise in die Stadt. Die Kinder spielten ums Feuer, und die Älteren saßen in Gruppen, unterhielten sich und schwelgten in Erinnerungen an alte Orte und Zeiten.

Njuguna neckte Nyakinyua wegen der Antilopen, die der Legende nach einstmals die Ziegen der Frauen gewesen waren, dann aber verwilderten, weil die Frauen nicht in der Lage waren, mit ihnen umzugehen. Munira lag auf dem Rücken und zählte die Sterne; im Augenblick fühlte er sich befreit von dem überwältigenden Gefühl, immer am Rand der Ereignisse zu stehen. Noch immer bewegen ihn viele Fragen, zum Beispiel über Karega. In seiner Gegenwart fühlte er sich stets unbehaglich, aber er hatte sich noch nicht zu einem festen Standpunkt ihm gegenüber entschlossen. Vielleicht würden sie auf der Reise noch miteinander reden können. Auch mit Wanja hätte er gerne ein offenes Gespräch unter vier Augen geführt. Er hatte sich vorgestellt, daß er und Wanja den Faden, dort wo sie ihn gelassen hatten, wieder aufnehmen würden, besonders jetzt, wo sie doch durch fast dieselbe Feuer- und Schreckenstaufe gegangen waren. Lag nicht eine Art Vorbestimmung im Zusammentreffen ihres Leidens? Aber statt dessen hatte er gefühlt, wie sie ihm entschlüpfte. Wohin ging sie? Er beobachtete alles, was sie tat, aber offensichtlich entwickelte sie keine neue Beziehung zu einem anderen. Sie überraschte ihn nach wie vor mit ihren vielerlei Stimmungen und den sich verändernden Aspekten ihres Charakters. Was ihn am meisten beeindruckte, auch nachdem er ihr neulich abends zugehört hatte, war die Art und Weise, wie ihre Erfahrungen die Form von Geschichten annahmen und zu einer Ballade des Leids wurden; sie trug sie mit einer Stimme vor, die Aufmerksamkeit verlangte und einen zum Zuhören zwang, und alles endete damit, daß sie den Zuhörer dadurch noch mehr an ihr Leben und Schicksal band. Er hörte jetzt zu, wie sich Abdulla und Nyakinyua unterhielten. Wie konnte er nur diese Seite von Abdulla übersehen haben? Munira war, wie die anderen auch, Zeuge einer außergewöhnlichen Leistung menschlicher Geschicklichkeit geworden; es hatte sie alle einig ge-

macht, als sähe jeder in Abdulla ein Stück seiner selbst. Wanja, die direkt hinter Nyakinyua und Abdulla saß, war ganz besonders glücklich, hatte sie doch immer gefühlt, daß es zu diesem Beinstumpf von Abdulla eine Geschichte gab. Nun war es nicht mehr länger ein Stumpf, sondern ein Zeichen des Mutes, das unauslöschlich seinem Körper aufgeprägt war. Sie hörte Abdulla zu, wie er die Geschichte von Ole Masai und ihrem verhängnisvollen Versuch, die Garnison in Nakuru einzunehmen, erzählte. Njogus Herz glühte vor Stolz. Er hatte sich immer der Tatsache geschämt, daß seine Tochter einem Inder Kinder geboren hatte. Sie hatten von einem Ole Masai gehört, aber noch nie von jemand, der mit ihm gearbeitet hatte. Njogu brachte zum Ausdruck, daß sich seiner Meinung nach das Blut von der schwarzen Seite durchgesetzt hatte. Ein wahrhaft bedeutungsvoller Abend der Enthüllungen, selbst für Abdulla, der nicht gewußt hatte, daß ihn das Schicksal später einmal als Ladenbesitzer in die Räumlichkeiten, die einst Ole Masais Vater benutzt hatte, versetzen würde. Jetzt verstand er Njogus rätselhafte Aussagen von damals, als er zum ersten Mal wegen des Ladens anfragte. Wanja versuchte sich diesen Inder vorzustellen, der seine afrikanische Frau und den Sohn, den er von ihr hatte, zumindest halb anerkannt hatte. Sie dachte, daß es vielleicht zu anderen Zeiten und unter anderen Bedingungen keine Bedeutung mehr habe, wer wen heiratete, oder wer mit wem schlief, aber als sie sich dann plötzlich daran erinnerte, was sie in der Stadt durchgemacht hatte, dachte sie wieder anders. Ihre Aufmerksamkeit wurde nun von dem Verlauf, den die Unterhaltung nahm, in Anspruch genommen. Das betraf nicht nur sie allein. Sogar die Kinder hatten aufgehört zu spielen und hatten sich gesetzt, um zuzuhören, was ihr neuer Held auf Karegas Frage nach Kimathi antworten würde. Endlich würde er die Geschichte erzählen, die er ihnen schon einmal vorenthalten hatte. Stille hatte die ganze Gruppe, die an Abdullas Lippen hing, erfaßt. Er zögerte nicht lange und sprach mit gedämpfter Stimme, sein Ton war sachlich, fast bar jeder Emotion.
»Einige von uns hatten Dedan noch nie gesehen, obwohl wir in seinem Namen handelten. Das Operationsgebiet unserer Gruppe reichte von Limuru über Kijabe, Longonot, Nare Ngare bis nach Ilmorog, es umfaßte genau die Ebenen, in denen wir uns jetzt befinden. Obwohl wir durch Hunger, feindliche Kugeln und Überdruß des Lebens in der Wildnis immer weniger geworden waren, hatte unsere Limuru-Gruppe vier Jahre lang Hand in Hand mit der Gruppe von Ole Masai unter Anwendung aller Überlebenskünste, die wir aufbieten konnten, ge-

kämpft. Als Gräben mit Todespfählen darin um viele Dörfer gezogen wurden, waren wir von unserem Nahrungsmittelnachschub abgeschnitten. Ihr habt von Kamiritho, Githima und anderen Dörfern gehört. Hier und da gelang es einem alten Mann, einer alten Frau, oder sogar einem Kind, den bösen Augen unserer Brüder, die sich durch Unwissenheit, Bestechung, Folter oder durch das Versprechen von Reichtum und individueller Sicherheit als Home Guards – Speerträger der Fremden – verkauft hatten, zu entgehen, um uns Essen und Nachrichten vom Sagen und Tun der Menschen zu bringen. Aber derartige Kontakte wurden immer seltener. Ich gebe zu, daß es Augenblicke gab, in denen wir uns stritten, in denen Zweifel uns übermannten und der Glaube schwach wurde. Aber die mutigen Taten der Menschen, die uns halfen, oder die Erinnerungen daran, gaben uns die Gewißheit, daß unser Volk uns nicht vergessen hatte – wie konnte es auch? Wir waren sein bewaffneter Arm. Das Wissen darum, daß wir tatsächlich unser Volk waren, hielt uns aufrecht. Wir überfielen die Häuser der Siedler, wir verbrannten ihre Häuser, wir zerhackten ihre Tiere in Stücke und weinten fast dabei, denn in Wirklichkeit war ja dies unser Eigentum. Trotzdem blieb die Tatsache bestehen, daß es schwierig wurde, neue Rekruten zu finden, um unsere Reihen zu füllen, denn der größte Teil der Jugend war in die Konzentrationslager gebracht worden, und ab einem gewissen Zeitpunkt waren wir nur noch ungefähr zwanzig in unserer Gruppe.
Damals erreichte uns die Nachricht von einem großen Treffen eines ›Parlamentes des Geeinten Kenia‹ in den Wäldern am Mount Kenya. Es wurde erwartet, daß alle kämpfenden Gruppen oder ihre Vertreter daran teilnahmen, denn Dedan hatte neue Pläne für die nächste Phase des Krieges. Er wollte uns neu in verschiedene Gebiete aufteilen, außerdem sollten wir ein militärisches Oberkommando wählen und getrennt davon ein Oberkommando, das für Politik und Erziehung zuständig sein sollte, um uns auf die Übernahme und Verwaltung der Macht vorzubereiten. Er wünschte, daß wir größere Anstrengungen unternähmen, um mit anderen kämpferischen Gruppen, die sich ebenfalls der englischen Besatzung widersetzten, im Gebiet der Ukambani, Kalenjin, Luo, Luhya und Giriama, und im ganzen übrigen Land, Verbindung aufzunehmen. Er wollte auch, daß wir unsere Sache bis an den Hof von Haile Selassie und bis Kairo bekanntmachten, wo Gamal Abdel Nasser den Suezkanal übernommen hatte und später gegen die Engländer und Franzosen kämpfte. Ich habe euch schon erzählt, daß wir nichts zu essen hatten, aber wir waren entschlossen, den langen

Marsch durch Olkalou, die Nyandarwa-Bergkette, über die Ebenen von Nyeri bis zum Mount Kenya auf uns zu nehmen. Ich wollte diesen Mann sehen, der bis jetzt nur eine Stimme war, eine schwarze Macht, und dessen militärischer Genius selbst von unseren Feinden anerkannt wurde. Ihr müßt das so sehen. Er hatte gegen Generale wie Generalleutnant Sir Erskine, General Hinde, General Ladbury gekämpft und sie besiegt, und nicht nur sie, sondern ihre Armeen, die sie aus England gebracht hatten: die Buffs, die Lancashire Fusiliers, die Devons, die Royal Air Force, die King's African Rifles und andere Einheiten, die in der Kanalzone, in Palästina, Hongkong, Malaya und wo immer sonst die Briten einst regiert hatten, im Einsatz gewesen waren. Wir sprachen mit Ehrfurcht von ihm, und die Orte, an denen er sich bevorzugt aufhielt, wurden für unser Leben wesentlich und heilig. Wir nannten ihn ›Großmeister des Afrikanischen Empire‹, oder auch unseren ›Premierminister‹, und kannten ihn als einen, der vierzehn Tage und Nächte lang ohne Wasser und Nahrung sein konnte, der sich mehr als sieben Meilen robbend auf dem Bauch fortbewegen konnte, und wir versuchten alle, es ihm gleichzutun. Neben ihm waren auch Mathenge, Karari wa Njama, Kimbo, Kago, Waruingi, Kimemia und noch viele andere, die wir nie gesehen, aber deren Briefe und Botschaften wir oft gelesen hatten. Was uns einte, war die gemeinsame Sache, für die wir kämpften.
Aber was war das für eine Reise, meine Freunde! Wir besaßen kaum noch Munition, deshalb hatten wir versucht, mehr Patronen herzustellen, indem wir eine aufbrachen und das Pulver in kleinere Hülsen verteilten, aber es funktionierte nicht. Um an Fleisch zu gelangen, mußten wir uns oft auf Fallen verlassen, aber was nützte das auf einer Reise? Manchmal aßen wir rohen Mais, Bambussprößlinge, irgend etwas – einmal fanden wir wilde Hirse, wir zerrieben sie zwischen den Händen und trugen das so gewonnene Mehl in unseren Ledertaschen mit uns. Ole Masai versuchte uns mit Geschichten aus dem alten Nairobi aufzumuntern. Er wollte uns wieder einmal die Geschichte, die wir schon tausendmal gehört hatten, erzählen, wie er die Pistole auf einen weißen Polizisten gerichtet hatte und wie sie draußen vor der Khoja-Moschee gezittert hatten, während drinnen die Moslems beteten. Aber die Geschichte begeisterte uns nicht so, wie sie es in glücklicheren Tagen getan hatte. Jetzt waren unsere Kleider aus Tierfellen zerschlissen, aber wir ließen nicht locker, immer weiter ging es; im dichten Unterholz rissen uns wilde Dornen die Haut auf, und oft mußten wir uns vor giftigen Schlangen in Sicherheit bringen. Manch-

mal brauste auch Zorn zwischen uns auf, aber trotzdem marschierten wir weiter, mit dem Ziel des Berges vor Augen, um Worte aus seinem eigenen Mund zu hören. Bald erreichten wir den mächtigen Berg und den Ort der Versammlung. Freunde! Wie heißt es in dem Guten Buch? Ein jegliches hat seine Zeit, und alles Vorhaben unter dem Himmel hat seine Stunde . . ., lieben hat seine Zeit, hassen hat seine Zeit! Für uns war die Zeit gekommen, beides zu tun – zu lieben und zu hassen. Die Versammlung, die wir dort antrafen, war überwältigend – eine Meile im Umkreis gab es keinen Baum und keinen Strauch, an den sich nicht ein Mann oder eine Frau lehnte. Sie sangen, und ihr Gesang, der wie aus einer Kehle zu kommen schien, klang trotzig und glich dem Grollen des Donners:

Und ihr, Verräter eures Volkes,
wohin werdet ihr fliehen,
wenn die Tapferen des Landes sich versammeln?
Denn Kenya ist der schwarzen Menschen Land.

Mein Herz wurde schwer, meine Augen blieben trocken, obwohl ich den Tränen nahe war. Ich ging hinter den nächsten Busch – meine Blase entleerte sich, Durchfall brach aus mir heraus – und immer noch sangen die Stimmen um mich her:

Wohin werden Verräter fliehen,
wenn die Wolken sich teilen
und die Tapferen zurückkehren?
Denn Kenya ist eines afrikanischen Volkes Land.

Man hatte Dedan gefangen, unsere eigenen Brüder, die ihren eigenen Bauch mehr liebten als alles andere, *Wakamatimo* – Menschenfänger, hatten ihn an unsere Feinde ausgeliefert. Mögen ihre Namen, wie der Name von Judas, auf ewig verflucht sein, unseren Kindern zur Erinnerung an das, was sie nie sein sollen! Wir erwarteten nun den Ausgang dessen, was sie ein Gerichtsverfahren nannten. Pläne und Versuche ihn zu retten waren fehlgeschlagen. Das Krankenhaus,in dem er lag, wurde schwerstens bewacht, und zwar von gepanzerten Fahrzeugen und berittenen Einheiten, außerdem patrouillierten Soldaten zu Fuß und auf Motorrädern in den Straßen und Jet-Kampfflugzeuge kreisten am Himmel. Sie hatten wirklich Angst, daß irgendwie der Gott Afrikas von oben eingreifen könnte! Man erzählt sich, daß es damals in jener Woche kein europäisches Haus gab, in dem nicht eine Party zur Feier des einstweiligen Sieges des Kolonialismus über den Befreiungskampf abgehalten wurde. Aber derweilen saßen wir auf dem Berg und warteten auf unsere Spione, die wir nach Nyeri gesandt hatten. Man erwartete sie jeden Tag, jeden Augenblick.

Und als sie dann endlich kamen, früh am Morgen des vierten Tages, waren keine Worte aus ihrem Mund mehr nötig – wie soll ich es sagen? Ihr wißt, wie es ist, wenn jemand Bedeutendes gestorben ist. Es ist heiß und es ist nicht heiß. Es ist kalt und es ist nicht kalt. Ein einsamer Vogel fliegt am Himmel, man weiß nicht wohin, denn er hat kein Ziel. Wir kehrten alle dorthin zurück, wo wir hergekommen waren, fest entschlossen, nicht aufzugeben und den Kampf fortzuführen – aber es war alles anders geworden! Freunde . . ., alles war anders.«

3

Sie wußten es damals nicht, aber jener Abend sollte der Höhepunkt ihrer heldenhaften Reise durch die Ebene sein. Es stimmte, daß sie durch Abdullas Fest, wie sie es nannten, neues Leben und neue Entschlossenheit gewonnen hatten, denn am nächsten Tag marschierten sie mit lebhaften Schritten los – trotz der Sonne, die an jenem Tag früher und heftiger als an anderen Tagen mit ihrem heißen Stachel zugeschlagen hatte, als ob sie ihre Ausdauer bis zum letzten Ende erproben wolle, und trotz des ach so offensichtlichen Beweises, daß der Akazienbusch und der mit aschgrauen Haaren übersäte Leleshwabusch und der Feigenkaktus sich scheinbar der bitteren Sonne ergeben hatten. Sie marschierten, als ob auch sie den geheimen Wunsch der Sonne kannten und entschlossen waren, sie zu besiegen. Abdullas Geschichte hatte ihnen eine neue Beziehung zur Erde, über die ihre Füße schritten, vermittelt: die Erde selbst, das schüttere Gras, die Agapanthuslilien, die Kakteen, alles was in der Steppe wuchs, hatten die Füße derer berührt, die für die Freiheit Kenias gekämpft hatten und dafür gestorben waren – hatten nicht auch sie selbst etwas vom Geist jener Menschen in sich? Nun konnten selbst sie aus Ilmorog eine Stimme in den Stätten der Macht und des Privilegs beanspruchen. Bald, heute abend, morgen, eines Tages am Ende der Reise, würden sie mit ihm zusammentreffen, sie würden ihm Auge in Auge gegenüberstehen. Es würde das erste Mal sein, daß sie ihn um etwas bäten, und auf ihre eigene Art und Weise empfanden sie Ehrfurcht vor der Ungewöhnlichkeit und dem Wagemut ihres Handelns. Einige erinnerten sich voller Zweifel daran, daß er ihnen während des letzten Wahlkampfes viele Dinge, unter anderem eine Wasserleitung und bessere Straßen versprochen hatte. Es würde aber lange Zeit dauern, bis es soweit wäre, hatte er sie vorgewarnt. Mit neuem Mut sagten sie sich, daß er vielleicht immer noch in schwierige Verhandlungen darüber mit der Regierung Kenyattas verstrickt sei. Dann riefen sie sich auch Abdullas Heldentum in der Vergangenheit und am gestrigen Tag ins Gedächtnis zurück – wie gut, was für ein Glück, daß Gott Abdulla, Wanja, Munira und Karega zu ihnen geführt hatte – sie marschierten weiter und richteten ihren Blick auf die Möglichkeiten eines neuen Lebens in Ilmorog – wenn es nicht mehr für sie selbst sein sollte, dann doch wenigstens für ihre Kinder. Sie dichteten sogar Lieder zur Ehre und zum Lob von Abdulla, Munira, Wanja und Karega, in denen sie aber auch ihre eigene neue Hoffnung und Vision zum Ausdruck brachten.

Aber in den nächsten drei Tagen wurden sie zunehmend stiller und teilnahmsloser. Einige, allen voran Njuguna, ließen ein paar Mal scharfe Worte fallen, die voll Hohn und Verachtung für eine Reise waren, die man übereilt und auf den Rat von Kindern hin unternommen habe. Karega dachte an Wanjas Warnung, die sie vor einigen Tagen ausgesprochen hatte, und vermied es, ihren Augen zu begegnen. Sie hatten jetzt keine Lebensmittel und kein Wasser mehr. Zu einem gewissen Zeitpunkt wurde ihr Durst so unerträglich, daß er fast ihren Willen weiterzumarschieren bedrohte. Abdulla führte sie zu einer Stelle, an der einmal ein Bach geflossen war; dort gruben sie Steine aus, drehten Felsen um und legten ihre Zungen auf die Stellen, die vor der Sonne versteckt gelegen hatten, um den Brand in ihrem Mund zu kühlen. Keine Antilopenherden kreuzten ihren Weg, sie fanden nur den frischen Kadaver einer Elenantilope. Die Kinder kletterten auf den Karren zurück – welches Glück, dachte jeder wieder einmal, daß sie den Esel mitgenommen hatten, so daß die Kinder die Zähne des Sandes und die Nadelspitzen des Grases nicht zu fühlen brauchten – und so setzten sie die Reise fort. Habichte und Geier flogen hoch über ihnen am Himmel, vielleicht hofften sie . . . Nyakinyua ermutigte sie alle. »Ihr dürft nicht verzweifeln, wo ihr doch schon die Hälfte der Reise hinter euch habt. In Muranga war einmal ein Kind, das sich einen ganzen Tag lang tapfer gegen den Hunger gewehrt hatte und das in dem Augenblick zu seinem Verhängnis aufgab, als seine Mutter das letzte bißchen Essen, das sie noch übrig hatten, in den Topf gab, um Irio zu kochen.«

Und dann kamen sie plötzlich eines Morgens an den Fuß der Hügel und Täler, welche das *Escarpment,* den steil abfallenden Bruch des großen Rift Valley bildeten. Vor ihnen lag ein grüner Gürtel verstreuter Busch- und Waldbäume.
Dort ruhten sie sich erschöpft, aber nicht ohne Stolz über die vielen Meilen aus, die sie hinter sich gebracht hatten, um die endlose Ebene zu durchqueren. Noch ein Schub und noch ein Ruck, und der Felsen wird weggeräumt sein, ermutigte sie Nyakinyua, nachdem sie sich ein bißchen ausgeruht hatten; auch wies sie darauf hin, daß sie weiter oben an den Hängen jetzt bestimmt Wasser und wilde Früchte finden würden. Woher nahm sie bloß ihre Kraft, diese alte Frau, die sich wie Abdulla geweigert hatte, auf dem Karren zu fahren?
Landvermesser hatten eine Art Straße, die sich im Zickzack die Hänge hinaufwand, durch den Busch geschlagen, und auf jeder Seite dieses Weges waren von der Forstverwaltung breite, baumlose Schneisen gerodet worden, um der zügellosen Ausbreitung von Buschfeuern Einhalt zu gebieten. Auf jener Straße setzten sie nun mit erneuerter Hoffnung und neuem Glauben ihren Weg fort. Nach ungefähr einer Meile erreichten sie ein Tal, von dem Abdulla sagte, daß es dort Wasser gäbe. Nachdem sie das flache Tal hinabgestiegen waren, fanden sie tatsächlich Wasser. Sie knieten sich alle nieder um zu trinken, und manche, ganz besonders die Kinder, zogen sich aus, um zu baden. Die älteren Leute suchten sich dafür etwas verstecktere Plätze aus. Sie fanden auch Stachelbeeren, Guavas und andere Früchte.
Karega versorgte den Esel, der wie wild trank und fraß. Wanja saß bei den Kindern. Wenn sie Kinderstimmen hörte, spürte Wanja oft eine Wunde in ihrem Inneren, die so schneidend schmerzte, daß ihr die Tränen in die Augen stiegen. Sie empfand eine so tiefe und heftige Liebe für die Kinder, daß sie in solchen Augenblicken alle Kinder dieser Erde hätte umarmen und sie mit ihrer eigenen Milch ernähren können. Herr, vergib uns unsere Sünden; Herr, vergib uns unsere Schuld, und laß die Kinder zu mir kommen. Sie wischte die leise Stimme des Gebets in ihrem Herzen weg und schaute sich Joseph etwas näher an, er war der einzige, der nicht gebadet hatte. Sein Gesicht war eingefallen, und er atmete schwer, wobei er offensichtlich versuchte, seine Schmerzen vor ihr zu verbergen. Sie stand auf und fühlte ihm auf die Brust, und er war sehr heiß.
»Seit wann ist er schon krank?« fragte sie. Einige schauten weg, und sie mußte noch einmal fragen.
»Seit gestern und die ganze Nacht hindurch«, sagte einer.

»Aber er sagte uns, wir dürften ihn nicht verraten. Er wollte dir nicht noch mehr Sorgen und Schwierigkeiten zu all dem anderen hinzufügen.«

Seine Naivität – eigentlich war es die selbstlose Kraft des Herzens – bewegte sie, und sie eilte weg, dorthin, wo Munira, Karega und Abdulla sich unterhielten.

»Joseph ist krank«, verkündete sie ohne weitere Umstände. Zusammen gingen sie hinüber zu Joseph; Njuguna und Nyakinyua kamen auch noch dazu, und bald wußte die ganze Reisegesellschaft Bescheid. Abdulla und Njuguna gingen in den Busch und brachten Wurzeln und grüne Blätter mit. Joseph mußte einige davon kauen. Abdulla erklärte ihnen jedoch, daß man die Blätter und Wurzeln kochen und deshalb über Joseph und den Kochtopf eine schwere Decke hängen müsse, damit er das Fieber und die Krankheit aus den Gliedern schwitzen könne. Das Beste wäre deshalb, weiterzuziehen und das nächste Farmhaus aufzusuchen, um dort Hilfe und Medizin zu finden, oder einen Platz, an dem sie sich lagern und Joseph behandeln könnten.

Sie führten den Esel zum Weg zurück und schirrten ihn wieder vor den Karren. Obwohl der Weg den Hang entlang führte, war er sehr steil, und die Hufe des Esels rutschten ständig aus. Munira, Karega und Wanja halfen den Wagen zu schieben, und so erreichten sie schließlich keuchend und schwitzend die Höhe und damit die geteerte Straße.

Wäre nicht Josephs Krankheit gewesen, so hätten sie alle bei dem Anblick, der sich ihnen bot, unermeßliche Freude empfunden. Denn nun sahen sie die Stadt vor sich liegen. Wanja konnte sogar das Hilton und das Kenyatta-Konferenzzentrum, die beherrschend im Herzen der Stadt lagen, erkennen.

Sie eilten die Straße hinab, und es war fast dunkel, als sie endlich das erste Farmhaus erreichten. Karega und Munira wollten gerade die eisernen Tore öffnen, als eine weiße Frau auf sie zukam und ihnen sagte, daß keine Stellen frei seien – *hakuna kazi* – und ohne auf eine Erklärung zu warten, befahl sie ihnen, den Garten zu verlassen. Karega und Munira mußten lachen, als sie weiter die Straße hinabliefen. »Warum hat sie wohl gedacht, daß wir abends zu ihrem Haus kämen, um Arbeit zu suchen?« Karega fragte sich, warum wohl, und er wollte schon etwas über die Weißen sagen, als er sich an seinen eigenen Kampf in der Stadt erinnerte, und er schwieg.

Am nächsten Eisentor waren sie vorsichtiger und lasen zuerst das Namensschild. Ihre Herzen schlugen höher vor Hoffnung und Unentschlossenheit. Pfr. Jerrod Brown, las Karega noch einmal. Ein Afrikaner wäre ihnen lieber gewesen, aber schließlich war ein Mann Gottes, egal unter welcher Haut, eine Seele voll Güte, Barmherzigkeit und Freundlichkeit. Sie schickten Karega, Munira und Abdulla hinein. Abdullas schlimmes Bein würde ein Beweis ihrer guten Absichten sein.

Die Auffahrt, die zum Haus hinführte, wurde auf beiden Seiten von einer sehr ordentlich geschnittenen Zypressenhecke gesäumt. Jenseits der Hecken erstreckte sich sehr ordentlich gemähter Rasen. Hier und da standen vereinzelte Zypressen auf dem Rasen, auch deren Zweige waren hübsch ordentlich beschnitten, so daß wunderschöne Kegel entstanden waren, die aussahen, als flehten sie unablässig zum Himmel. Schweiß, Kunst und handwerkliches Können waren hier über Jahre hinweg meisterhaft angewandt worden, reflektierte Karega, wie viel Denkkraft und Energie war hier verschwendet worden, nur um Bäume zu verschönern! Das Haus selbst war ein riesiger Bungalow mit steilen Giebeln und einem roten Ziegeldach – sehr eindrucksvoll!

Plötzlich rasten zwei Hunde auf sie zu. Das Volumen ihres vereinten Bellens war genug, um jemand aufzuhalten und die Flucht ergreifen zu lassen. Aber hinter einem Tannenbaum tauchte plötzlich ein Mann auf und gebot ihnen Einhalt. Es mußte wohl ein Nachtwächter sein, dachten sie – er trug eine blaue Uniform und eine weiße Mütze mit der Aufschrift SECURICOR WACHDIENST. Noch ein Mann, der einen grünen *Kanzu,* einen roten Fez auf dem Kopf und ein passendes Gürtelband trug, trat nun aus dem großen Haus und gesellte sich zu dem Nachtwächter, der jetzt die beiden Schäferhunde am Halsband festhielt.

»Wer seid ihr und was wollt ihr?« fragte der Mann mit dem roten Gürtel, der offensichtlich der Koch des *Bwana* war.

Der SECURICOR-Nachtwächter streichelte die fetten, hechelnden Tiere, gleichzeitig hob er die Augen, als würde er nur zu gerne die Tiere auf die Vagabunden loslassen.

»Wir sind von weither gekommen und würden gerne den Besitzer des Hauses sprechen. Wir sind ein bißchen in Schwierigkeiten.«

»So sehr ihr aus«, sagte der Nachtwächter, »und es könnte sein, daß ihr noch weiter in Schwierigkeiten geratet, wenn ihr nicht schnellstens sagen könnt, um was es sich handelt.«

»Was wollt ihr denn eigentlich?« fragte der Mann mit dem roten Gürtel eindringlich. »Ihr müßt verstehen, Pfr. Brown ist gerade beim Abendgebet, und nach dem Gebet zieht er sich im allgemeinen in sein

Studierzimmer zurück, um eine Predigt oder ähnliches vorzubereiten. Er hat sehr viel zu tun, und er wird äußerst ungerne gestört.«

»Wir sind in Schwierigkeiten geraten«, wiederholte Munira. »Noch mehrere unserer Leute stehen draußen vor dem Tor. Wir haben ein krankes Kind bei uns. Es macht uns nichts aus zu warten, bis der Herr Pfarrer sein Abendgebet beendet hat.«

»Ihr könnt hereinkommen und auf der Veranda warten«, sagte er und schaute jeden von ihnen zum wiederholten Male prüfend von oben bis unten an; Karega wurde sich dabei bewußt, daß sie in der Tat einen schlimmen Anblick bieten mußten – so viele Tage ohne ein ordentliches Bad und ohne die Kleider gewechselt zu haben.

Sie standen auf der Veranda. Von dort aus konnte Karega gerade noch die zwei Reihen grasbedeckter Lehmhäuser der Angestellten sehen. Abdulla hatte die ganze Zeit über gedacht: aber wir haben doch dafür gekämpft, daß es ein Ende haben sollte mit roten Fezen und roten Gürteln um unsere Leiber. Munira stellte sich seinen eigenen Vater vor, wie er sich insbrünstigem Gebet hingab.

Bald kam der ehrwürdige Herr heraus, blieb jedoch gerade vor dem Eingang zur Veranda stehen – sie aber trauten ihren Augen nicht. Pfarrer Jerrod Brown war ein schwarzer Mann. Muniras Herz setzte einen Schlag aus. Er erkannte den Mann wieder – er hatte ihn schon mehrere Male im Haus seines Vaters gesehen gehabt. Aber dort kannte man ihn als Pfr. Kamau. Jerrod Brown waren seine christlichen Namen. Er war einer der angesehensten Männer in der anglikanischen Kirchenhierarchie. Man sprach von ihm sogar als möglichem Kandidaten für einen der Bischofssitze.

»Wie geht es euch?« fragte er sie mit piepsiger Stimme.

»Es geht uns gut«, antworteten sie im Chor, und ihre Hoffnung wuchs.

»Wir sind nur etwas in Schwierigkeiten geraten«, fuhr Munira fort.

»Wir sind von weither gekommen«, erklärte Karega.

»Wir sind durstig und hungrig und haben ein kranken Kind draußen am Tor«, fügte Abdulla hinzu.

»Woher seid ihr gekommen?«

»Ilmorog«, antworteten sie wieder mit vereinter Stimme.

»Ilmorog! Ilmorog!« wiederholte er langsam, und seine Blicke gingen von einem zu anderen und musterten sie von oben bis unten. Er hätte es verstehen können, wenn sie nach Arbeit gefragt hätten, aber derart große und offensichtlich sehr kräftige und fähige Männer, die um Nahrung bettelten? Mehr aus Mitleid als aus Ärger seufzte er auf.

»Kommt herein!«
Seine Stimme war von Verstehen und Mitleid erfüllt. Als Christ wußte er, worin seine Pflicht lag. Munira dachte voll Freude, daß er ihm vielleicht erzählen sollte, wer er sei.
Das Wohnzimmer war riesengroß. Auf einem Sofa neben dem Kamin saß strickend die Frau, eine sehr beleibte Matrone, die in vielem seiner eigenen Mutter glich, beobachtete Munira. Sie warf ihnen einen schnellen Blick zu, fragte nach ihrem Befinden und strickte weiter. Neben ihr an der Wand stand ein Bücherschrank mit Glastüren, er war mit einem goldbedruckten Kinderlexikon in vielen Bänden und mit Bibeln verschiedener Größen und Farben angefüllt. Über dem Kamin hing ein holzgerahmter Spruch hinter Glas: Christus ist das Haupt des Hauses, er ist der stille Zuhörer bei jeder Unterhaltung, die bei jeder Mahlzeit geführt wird. An einer anderen Wand sah man ein gerahmtes Bild vom König Nebukadnezar, nackt, behaart, auf allen Vieren wie ein Tier, und darunter standen Worte der Warnung. Sonst hingen an den Wänden nur noch Photographien des Ehrwürdigen Herrn mit verschiedenen Würdenträgern.
Munira räusperte sich, bereit sich vorzustellen, aber der Pfarrer hatte sie schon aufgefordert mit ihm zu beten, auch hatte er bereits eine Bibel vom Regal geholt. Er betete für die geistig Armen, für die, deren Seele verkrüppelt war, für die arbeitslosen Wanderer und für all jene, die hungrig und durstig waren, weil sie noch nie das Brot gegessen und das Wasser aus der Quelle Jesu getrunken hatten. Er betete für alles und jeden auf Erden und seine Stimme berührte etwas, etwas Weiches in ihren Herzen.
Das Gebet war zu Ende.
Munira hustete und räusperte sich, um noch einen Anlauf zu nehmen sich vorzustellen. Aber der Pfarrer hatte schon die Bibel geöffnet.

> Petrus aber und Johannes gingen hinauf in den Tempel um die neunte Stunde, da man pflegt zu beten. Und es ward ein Mann herbeigetragen, lahm von Mutterleibe; den setzten sie täglich vor des Tempels Tür, die da heißt die schöne, daß er bettelte um ein Almosen von denen, die in den Tempel gingen. Da er nun sah Petrus und Johannes, wie sie wollten zum Tempel hineingehen, bat er um ein Almosen. Petrus aber sah ihn an mit Johannes und sprach: Sieh uns an! Und er sah sie an und wartete, daß er etwas von ihnen empfinge. Petrus aber sprach: Silber und Gold habe ich nicht; was ich aber habe, das gebe ich dir: Im Namen Jesu Christi von Nazareth stehe auf und wandle!

Sie saßen geduldig und hörten sich die Lesung und die darauffolgende Predigt an und dachten sich, daß dies nur eine notwendige Einleitung sei, wenn auch eine ziemlich lange; aber was konnte man schon von einem Kirchenmann anderes erwarten?

»Bei dem, was uns die Bibel hier erzählt, handelt es sich nicht so sehr um eine physische Krankheit, sondern um einen geistigen Zustand. Denn der Mann war nie im Tempel gewesen, ehe er von seiner geistigen Lähmung geheilt worden war. Er hat nie wieder gebettelt. Die Bibel spricht sich eindeutig gegen Faulheit und Betteln aus. Genau das ist es, was in unserem Land verkehrt ist. Die meisten von uns scheinen ein Leben, in dem man herumwandert und bettelt, einem Leben voll Schweiß und harter Arbeit vorzuziehen. Von dem Augenblick an, wo der Mensch in völliger Mißachtung und im Trotz gegen Gottes ausdrückliches Gebot, von der Frucht der Weisheit aß, hat Gott ihm gesagt, daß er von nun an im Schweiße seines Angesichts arbeiten müsse, daß er nie wieder etwas umsonst bekommen würde, nie wieder Manna vom Himmel. Selbst meine eigenen Kinder müssen arbeiten, wenn sie aus ihren Internaten in Lenana, Nairobi, Kenya High School und Limuru Girls School kommen – sie mähen das Gras und schneiden die Hecken und füttern die Hühner. Dafür bekommen sie ihr Taschengeld. Was das kranke Kind anbelangt (warum habt ihr es eigentlich nicht hereingebracht?), so habe ich schon im Gebet seiner gedacht. Geht nun hin in Frieden und vertraut dem Herrn.«

»Aber Herr Pfarrer, Sir . . .« Karega versuchte etwas zu sagen und wußte nicht weiter.

»Wir brauchen . . . wir brauchen nur . . .« Auch Abdulla versuchte es, aber die Worte schienen ihm in der Kehle steckenzubleiben.

Munira war wie betäubt, er konnte kaum sprechen. In seinem Herzen war er so froh, daß er Jerrod nicht gesagt hatte, wer er war. Sie standen auf und wandten sich zum Gehen, aber an der Tür konnte Karega nicht umhin, sich noch einmal umzudrehen und einen Abschnitt aus der Bibel, den er auswendig konnte, zu zitieren.

> Da nun der Tag fast dahin war, traten seine Jünger zu ihm und sprachen: Es ist öde hier und der Tag ist bald dahin; laß sie von dir, daß sie hingehen umher in die Höfe und Dörfer und kaufen sich Brot. Er aber antwortete und sprach zu ihnen: Gebt ihr ihnen zu essen! . . . Und er nahm die fünf Brote und zwei Fische und sah auf gen Himmel, dankte und brach die Brote und gab sie den Jüngern, daß sie ihnen vorlegten, und die zwei Fische teilte er unter sie alle. Und sie aßen alle und wurden satt.

»Genau das ist es, mein Sohn«, sagte der Pfarrer feierlich . . . »Brot und Fisch von Jesus!«
Bitter und mit leeren Händen gingen die drei Unbelehrbaren zu der Gruppe zurück, die am Tor wartete. Sie wußten nicht, wie sie ihnen die Nachricht bringen sollten, aber ihre Gesichter und ihr Schweigen verrieten alles. Abdulla meinte: »Wir wollen noch ein Haus versuchen. Dieses Mal müssen wir Europäer und Pfarrer vermeiden.«
Wanja ging mit Karega und fragte ihn, was geschehen sei. Karega fing plötzlich an zu lachen. »Erinnerst du dich an das Lied, das wir zu Beginn der Reise sangen?« Er wiederholte die Worte. »Jene sind hungrig und durstig, die das Brot Jesu nicht gegessen haben. Weißt du, daß der Pfarrer, der fromme Bastard, nichts Besseres wußte, als uns geistige Nahrung anzubieten, Brot und Fisch von Jesus?«

*

Sie gingen an mehreren Häusern vorüber und wußten nicht, für welches sie sich entscheiden sollten. Die meisten hatten asiatische und europäische Namen, denn sie befanden sich hier in einem der vornehmsten Wohn- und Farmgebiete am Rand der Stadt. Die ganze Gegend weckte in Wanja unerfreuliche Erinnerungen an jenes Erlebnis in der Stadt, und sie wollte sich in keines der Häuser hineinwagen. Munira blieb unverhofft stehen und sein Herz schlug schneller. Er las den Namen noch einmal, ehe er Karega rief. »Raymond Chui«, las Karega und schaute Munira an.
»Ich werde dich nicht begleiten«, erklärte Karega, »ich werde bei den anderen bleiben und auf dich warten.«
»Schon gut, schon gut«, sage Munira fröhlich. »Weißt du denn nicht, daß er ein Klassenkamerad von mir war . . ., ein großer Sportler . . ., oh, mein lieber Freund . . ., weißt du . . ., du und ich, wir haben so vieles miteinander zu bereden . . ., wir beide wurden ja zusammen von Siriana ausgewiesen . . ., alte Kampfgenossen sozusagen.«
Er ging alleine. Viele Wagen standen in der Auffahrt. Durch das Fenster konnte Munira verschiedene Damen in langen Kleidern sehen, die Gläser in der Hand hielten und sich laut und angeregt unterhielten. Eine Gruppe fing gerade an, einige einheimische, herkömmliche Lieder zu singen. Es waren Frauenstimmen.

Waru wa ngirigaca
Rote Kartoffeln

Uthigagirwko ku?
Wo werden sie geschält?
Uthigagirwo kwa Ngina
Sie werden bei Ngina geschält.
Twetereire oe Kihinguro
Wir warten auf sie, daß sie den Schlüssel bringt.
Ciana citu ciaragie Githungu
Unsere Kinder sprechen Englisch.
Harambee! Tuoe Madaraka
Harambee! Wir übernehmen hohe Ämter.

Die Männer machten jetzt weiter und sangen die saftigen Strophen der Lieder, die normalerweise bei der Beschneidungszeremonie gesungen wurden.

Ngwirwo ni utuku
Sie sagen, es sei dunkel
Ngwirwo ni utuku
Sie sagen, es sei dunkel
Ngionaga Irima
Aber ich kann trotzdem sehen
Cia Tumutumu
Tumu Tumu Berge
Hui, Wainaga
Oh ja, Wainaga
Njuguma nduku
Ein großer Stock
Njuguma nduku
Ein großer Stock
Ya gukura k-ru kabucu
Der die Muschel öffnet
Hui, Wainaga
Oh ja, Wainaga
K-na igoto
Muschel mit Bananenblättern.
K-na igoto
Muschel mit Bananenblättern.
Githi k-ni unyuaga mbaki
Also, Muschel! Ich werde dir's zeigen!
Hui, Wainaga
Oh ja, Wainaga.

Dann lachten sie und klatschten in die Hände über das, was ihre Stimmen zu singen gewagt hatten. Auch einige Lieder in Swahili und Englisch waren dabei.
Es war eine kulturell wirklich integrierte Party, und Munira entschwand aller Mut. Er stand einfach dort an der Tür, und Entschlußlosigkeit nagte an ihm; denn er war sich plötzlich seines übelriechenden Körpers, seiner ungekämmten Haare, seiner zerknitterten, lehmverschmierten, schmutzigen Kleidung bewußt geworden. Zur selben Zeit dachte er über das gesellschaftliche Zusammensein so vieler wichtiger Vertreter der verschiedenen Gruppierungen im Land nach – aber hatte man nicht erst neulich, vor kaum sechs Monaten, von einfachen, arbeitenden Menschen einen Eid verlangt, einen Eid, um was zu schützen? Die singenden Stimmen?
Die Türe wurde von innen geöffnet, und Munira stand da im hellen Rampenlicht, Auge in Auge einer mit rotem Lippenstift bemalten Dame gegenüber, die eine riesige Afroperücke trug und an Hals und Armen über und über mit Ketten und Armreifen behängt war. Es blieb ihm keine Zeit, alles übrige zu sehen. Denn die Dame, die zuerst sprachlos vor Entsetzen über die vor ihr stehende Erscheinung war, fand ihre Stimme wieder und fing an zu schreien; sie gab laute Schreie von sich, die einem das Blut in den Adern gerinnen ließen, ehe sie ohnmächtig zu Boden sank. Einen Augenblick lang war er wie erstarrt, unfähig sich fortzubewegen. Er hörte das Rennen von Füßen, näherkommende Schritte und das Klirren zerbrochenen Glases. Eine Stimme sagte ihm, daß Chui und seine Freunde der Dame zu Hilfe eilten, und daß man Hand an ihn legen könnte, bevor er sich überhaupt erklären konnte. Aller Mut hatte ihn verlassen. Nein, er würde die weiteren Folgen nicht abwarten, würde es nicht wagen. Er schlüpfte in den Schatten und rannte, so schnell ihn seine Beine tragen konnten. Mit einem Satz sprang er über die äußere Hecke; Munira konnte später nicht mehr sagen, wie oder woher er die Kraft dazu gefunden hatte. Er kam zu den andern und drängte sie, weiterzugehen, die Straße hinunterzueilen. Hinter sich hörten sie einen Schuß durch die Luft dringen, und alle wußten ohne viel Worte, daß Munira in neues Unheil verstrickt worden war.
»Das Beste wird sein, wir gehen gleich weiter, direkt in die Stadt hinein«, schlug Munira vor. »Es hat keinen Zweck, irgendeines dieser Häuser aufzusuchen, es ist überall dasselbe.« Abdulla stimmte ihm zu: »Es wird sonst zu spät, wir müssen weiter.«
Aber Josephs Fieber stieg, und alle hörten jetzt, wie er stöhnte und

litt. Sie umringten ihn alle. Er sprach im Fieber über Geschehnisse und Dinge in seiner eigenen Vergangenheit, die nur Abdulla zu verstehen schien. Er weinte und lachte, schrie und schimpfte. »Das gehört mir ... mir ... der ... der ... Knochen ... ich habe Hunger ... ehrlich, ich habe gestern abend nichts gegessen ... Schlag mich nicht ... bitte, schlag mich nicht.« Er schwieg eine Weile. Dann sprach er offensichtlich mit jemand und beantwortete Fragen über sich selbst. »Ich werde heute nacht in einer *ndebe* schlafen ... manchmal schlafe ich in abgestellten Schrottautos ... Ja, ja, auch in einem Busch.« Er schnappte nach Luft und rief nach seiner Mutter, ihm zu helfen. Aber sie war nicht da. Wanja konnte es nicht mehr länger aushalten. Sein Stöhnen biß direkt in die Wunde ihrer unerfüllten Mutterliebe. Sie schlug vor, daß sie selbst in das nächste Haus gehen würde. Nyakinyua bot sich zu ihrer Begleitung an, aber die anderen waren dagegen im Falle eines weiteren Unheils, das eine eilige Flucht notwendig erscheinen lassen könnte. Karega und Abdulla boten sich an, mit ihr zu gehen, aber jemand schlug vor, daß es besser sei, wenn Abdulla bei Joseph bliebe. Aber sie drängten Njuguna, mit ihnen zu gehen, denn er als ein Dorfältester wäre ein guter Beweis dafür, daß sie keine schlechten Absichten hegten. Munira hatte sich noch nicht wieder von den drei letzten Erschütterungen erholt, und er beschloß zurückzubleiben und den Ausgang von Wanjas letzter Mission abzuwarten.

Aber das Unglück ereilte die Abgesandten schon, ehe sie überhaupt in die Nähe des ersten Gebäudes gekommen waren. Mehrere Männer umringten sie lautlos von allen Seiten, packten ihre Arme und banden sie auf dem Rücken zusammen. Karega protestierte, aber die Männer, die sie festnahmen, schienen eine Antwort nicht für nötig zu halten. »Sie haben sogar eine Frau bei sich«, sagte einer und stieß sie vorwärts. Man brachte sie in ein Zimmer in dem großen Haus und schloß sie in völliger Dunkelheit ein. Das Ganze war so mysteriös, daß sie sich wie in einem fremden Land vorkamen. Und tatsächlich war Njuguna eben genau das durch den Kopf gegangen – in Ilmorog war ich glücklich! Laut sagte er: »Was soll das bedeuten? Wie wagen sie es bloß, einen alten Mann, ihren eigenen Vater einzusperren? Ist das aus unseren Kindern geworden, nachdem sie Ilmorog verlassen haben?«

Aber noch ehe Karega oder Wanja ihm antworten oder ihm ihr Mitgefühl ausdrücken konnten, ging das Licht plötzlich an. Einen Augenblick lang waren ihre Augen vom Licht geblendet, sie blinzelten und schauten um sich, konnten aber außer ihren eigenen beschämten Gesichtern niemanden sehen. Einige Minuten des Schweigens verflossen.

Dann hörten sie, wie jemand sich am Türgriff zu schaffen machte. Erwartungsvoll schauten sie auf. Die Tür öffnete sich und ein Herr im dunklen Anzug und geblümter Krawatte stand vor ihnen.
Wanjas Augen trafen die seinen, und einen schweigenden Augenblick lang maßen sich ihre Blicke. Karega und Njuguna bemerkten das kleine Drama überhaupt nicht. Der Mann schaute jetzt Njuguna und Karega an, ehe er sich wieder Wanja zuwandte, die nun vor sich hinstarrte, als ob sie an dem Mann vorbei und durch die Tür sähe, bis an einen entfernten Ort, einen anderen Schauplatz.
»Es tut mir leid, daß ich Sie auf diese Art und Weise zu mir einladen mußte«, sagte er mit gekünstelter Höflichkeit. »Wie Sie vielleicht wissen, gab es in letzter Zeit zunehmend gewaltsame Raubüberfälle in dieser Gegend. Man muß die nötigen Vorsichtsmaßnahmen treffen. Vorbeugen ist besser als heilen. Selbst den Kriegern der Masai fällt es zuweilen ein, loyale, friedliche Bürger zu sein, wenn sie kommen, um sich *ihre* Kühe zu holen! Nein, wir müssen alle vorsichtig sein, und wir beabsichtigen niemand etwas zuleide zu tun. Nun, was kann ich für Sie tun?«
»Wie wagen Sie es, einen alten Mann wie mich so zu behandeln? Würden Sie Ihren eigenen Vater so behandeln? Einen Mann mit grauen Haaren?« protestierte Njuguna.
»Wenn mein Vater noch lebte, wüßte er besseres, als an so einem Abend den Frieden der Menschen zu stören. Auf alle Fälle verdankt ihr es euren grauen Haaren und dieser Dame hier, daß ihr nicht erschossen wurdet.«
Karega erklärte, so gut er konnte, die Situation. Er erwähnte sogar den Zweck ihres Besuches in der Stadt.
»Den Abgeordneten für Ilmorog? Mr. Nderi wa Riera? Ich kenne ihn. Ein Freund von mir. Daran kannst du sehen, alter Mann, wie sich Situationen verändern können, deshalb sprich niemals schlechte Worte über jemand. Du weißt nie, wo wir uns morgen wiedersehen werden. Also, Mr. Nderi wa Riera. Wir hatten früher unsere kleinen Meinungsverschiedenheiten. Er war, was man einen, äh, einen Freiheitskämpfer nennen könnte, das heißt, er war Mitglied der Partei und kam deshalb ins Lager. Und ich war, nun, sollen wir sagen, ich war nicht immer mit allem, was er tat, einverstanden. Jetzt sind wir Freunde. Warum? Weil wir alle wissen, daß wir, ob wir nun auf jener oder auf dieser Seite des Zaunes standen oder einfach rittlings drauf saßen, letzten Endes alle für dasselbe Ziel kämpften. Oder vielleicht nicht? Wir

waren alle Freiheitskämpfer. Auf alle Fälle sind Mr. Nderi und ich ganz gute Freunde. Ein oder zwei Geschäfte gehören uns gemeinsam. Seid ihr eigentlich beim Tee gewesen? Ich will euch was sagen. Einige der Parties haben wir hier abgehalten. Wir sind alle Mitglieder der KKO. Einigen von uns wurde es sogar ermöglicht, etwas – sagen wir ein paar Tausender – von dem Geld, das bei der Teezeremonie eingenommen wurde, zu leihen. Ich bin auf Lebenszeit Mitglied der KKO. Nderi auch. Ich erzähle euch das nur, damit ihr seht, daß Nderi kein Fremder für mich ist. Aber er hat mir nichts von einer Dürre, geschweige denn von einer Hungersnot in Ilmorog erzählt! Ich bin sicher, daß er sonst ein *Harambee* – ihr wißt schon, Selbsthilfe – organisiert hätte; er hat viele Freunde, und sie hätten alle etwas gespendet. Wohltätigkeit beginnt zu Hause! Ha, ha, ha!«

»Kannst du nicht etwas Wohltätigkeit zeigen und diese Stricke aufschneiden?« unterbrach Njuguna sein Gelächter. Karega überraschte die Redseligkeit des Mannes. Wie wenn er es darauf anlegte, sie zu beeindrucken. Aber was veranlaßte ihn, sich vor ihnen, seinen Gefangenen, aufzuspielen? Was war es wohl?

»Ein beherzter alter Mann. Ich werde jemand schicken.« Und ohne ein weiteres Wort verließ er das Zimmer.

Karega schaute Wanja und Njuguna an. Sie hatten sich in Statuen verwandelt. Er kroch zur Tür und versuchte, sie mit dem Fuß zu öffnen. Alles war so seltsam, eine Szene in einem melodramatischen Film oder einem Roman, oder vielleicht in einem Thriller. Die Tür war abgeschlossen und das ganze Erlebnis nicht eben begeisternd.

Nach einigen Minuten kam der Mann, der sie eingeschlossen hatte, zurück. Der Ausdruck in seinem Gesicht schien etwas milder, und er sah aus, als ob er ihnen etwas sagen wolle, doch dann besann er sich anders. Er durchschnitt die Stricke und sagte, der Herr wolle die Dame sprechen. Karega machte Anstalten, sie zu begleiten. Aber der Mann sagte: Nur die Dame.

Wanja, die aus ihrer statuenhaften Haltung erwacht war, biß sich auf die Unterlippe und folgte ihm hinaus, ihr Herz zitterte, und in ihrem Kopf versuchte sie, zu einer Entscheidung zu gelangen. Sie gingen durch unzählige Gänge – es war eine riesige Villa. Man führte sie in das Zimmer des Mannes, das wie ein Büro ausgestattet war.

Bei ihrem Eintreten stand er auf und schloß die Tür hinter ihr. Er bot ihr einen Stuhl an, aber sie wollte sich nicht setzen.

»Hast du etwas dagegen, wenn ich mich setze? Endlich, Wanja, endlich«, sagte er, halb Frage, halb Feststellung.

»Warum tust du uns dies an? Uns, einem alten Mann und einem Kind, das todkrank ist?«
»Denkst du denn, ich habe dir deine kleine Geschichte geglaubt, Wanja? Ich habe zwei meiner Männer ans Tor geschickt, um die anderen hereinzuholen. Um deinetwillen war ich bereit, ihnen allen zu helfen. Aber sie waren nicht da.«
»Das ist nicht wahr. Du lügst. Sie sind da, und zwar mit einem Eselskarren.«
»Ich hab genug von deinen kleinen Lügen, Wanja. Vielleicht dachtest du, dies Haus gehöre einem anderen. Vielleicht bist du gekommen, um einen Freund zu besuchen. Denn es ist mir nicht entgangen, daß du ziemlich überrascht warst, mich zu sehen. Sag mir doch – warum willst du dich eigentlich nicht setzen? Ich werde dich nicht beißen. Ich tu dir nichts zuleide – sag mir, warum hast du mich damals verlassen?«
»Können wir nicht von etwas anderem reden? Du hast mir einmal mein Leben ruiniert. Ist das noch nicht genug?«
»Was? Du bist doch davongerannt. Ich hab dich doch nur wegen deiner Schwangerschaft aufgezogen. Ich wollte dich nur testen und wissen, ob du die Wahrheit sagtest. Sag, was ist mit dem Kind geschehen? Wo ist es? War es ein Junge oder ein Mädchen? Du mußt wissen, ich habe eine Frau geheiratet, die nur weibliche Kaninchen getragen hat.«
Sie schaute ihn an, und in ihren Augen lag Grausamkeit. Auch ihr Herz war von Grausamkeit erfüllt. Eines Tages wirst du dafür zahlen, sagte sie sich, eines Tages wirst du zahlen. Aber zu ihm sagte sie nur bittend:
»Warum läßt du mich, uns, nicht in Frieden ziehen? Haben wir dir irgend etwas angetan? Wir suchten nur etwas Hilfe für ein krankes Kind.«
Er stand auf und kam auf sie zu. Sie wich zur Seite. Dieser Mann schien nie alt zu werden, dachte Wanja, und haßte sich dafür, überhaupt einen einzigen Gedanken an ihn verschwendet zu haben. Er kam näher, und sie trat weiter zurück. Dabei stolperte sie gegen das Sofa. Er drückte auf einen Knopf, und das Sofa verwandelte sich in ein Bett.
»Kimeria! Wenn du mir zu nahe kommst, werde ich schreien, und deine Frau wird es hören«, warnte sie ihn und faßte einen messerähnlichen Gegenstand, der auf dem Schreibtisch lag, näher ins Auge.
Er hielt inne. Sie setzte sich am anderen Ende des Bettes aufrecht hin. Er stand jetzt, und seine Augen ruhten auf ihr. Dann fiel er plötzlich auf ein Knie und kam ihr immer näher, während er sprach.

»Meine Frau ist heute abend nicht hier, aber darum geht es auch nicht. Du bist eine Hexe, weißt du das? Meine Hexe. Willst du, willst du zu mir zurückkommen? Ich kann dir eine hübsche kleine Wohnung im Stadtzentrum einrichten. Muindi Mbingu Street. Oder in der Haile Selassie Avenue. Du kannst dir aussuchen wo. Ich werde die Miete bezahlen. Du brauchst gar nichts zu tun. Mal dir nur die Fingernägel an, oder sonst was. Oder halt mal, du könntest eine Sekretärinnenschule besuchen. Davon gibt es so viele in der Stadt. Du mußt nur tip! tip! die Schreibmaschinen bedienen können. Dann kann ich eine Stelle für dich finden. Ich kenne eine ganze Menge Leute. Du mußt wissen, Kenia ist ein Land des schwarzen Mannes. Was tust du eigentlich mit diesen komisch aussehenden Brüdern? Was tust du denn in Ilmorog? Ich liebe dich, Wanja. Die Jahre, die schweren Zeiten, scheinen deiner Schönheit keinen Abbruch getan zu haben.«

Er setzte sich neben sie und versuchte, einen Arm um sie zu legen.

»Laß das, Kimeria«, sagte sie und stieß ihn mit aller Kraft von sich, doch gleichzeitig fühlte sie eine Art Schwäche hinter ihrem tiefen Haß. »Warum kannst du mich nicht in Ruhe lassen? Wie solltest du es auch können – aber du warst schon immer so – ohne Mitgefühl – dein Ding war dir das einzig Wichtige. Und die Macht augenblicklicher Eroberung.«

Dann sprang sie plötzlich auf und packte das Messer. Er schaute sie an, und auf seinem finsteren Gesicht lag jetzt Bosheit und Tücke. Seine Stimme knirschte, sie war hart und grausam.

»Ist das alles, was du sagen und tun kannst? Jetzt, wo ich dir alles angeboten habe? Dann höre, was ich dir zu sagen habe. Du wirst diesen Ort nicht eher verlassen, als bis ich es ausdrücklich befehle. Ich könnte jetzt ans Telephon gehen und euch alle wegen unbefugten Betretens meines Grundstückes in Blue Hills festnehmen lassen. Man könnte dich länger als sechs Monate in Untersuchungshaft festhalten. Um dem Ganzen den Anschein von Gerechtigkeit zu geben, müßten wir dich nur immer wieder vor Gericht Berufung einlegen lassen. Wir sind Bürger, die das Recht achten. Keine Frau hat mich jemals so behandelt, wie du es getan hast. Weglaufen und sich vor mir verstecken. Bin ich ein Ungeheuer? Und du wagst es, ein Messer gegen mich zu erheben? Nun, wo das Schicksal dich in mein Haus gebracht hat, werde ich dich nicht gehen lassen, ehe du nicht mit gespreizten Beinen auf jenem Bett dort gelegen hast. Vergiß nicht, daß du keine Jungfrau mehr bist. Denke darüber nach. Die Entscheidung liegt bei dir, aber in meiner Macht liegt es, Freiheit zu verweigern oder zu gewähren. Geh.«

Er klingelte, und sie wurde zu den anderen zurückgebracht. Sie ging in eine Ecke, setzte sich und starrte die Wand an, unfähig zu sprechen oder sogar zu weinen. Karega und Njuguna fragten sie, was der Mann gewollt hatte. Sie zuckte nur mit den Schultern.

Die Tür öffnete sich, und Njuguna wurde von einem der vielen Angestellten im Haus herausgerufen. Draußen hörte sich Njuguna die Botschaft des Chefs an: Wanja war eine frühere Frau des Hausherrn. Sie war nach Ilmorog ausgerissen, und nun weigerte sie sich, in sein Bett zu kommen. Njuguna kam zurück und warf Wanja einen vorwurfsvollen Blick zu.

Njuguna erklärte die Situation so taktvoll wie möglich und führte ihnen die harten Aussichten, die ihrer warteten, vor Augen.

»Nein!« rief Karega, sobald er den wesentlichen Punkt der Forderungen des Mannes erfaßt hatte.

»Wird ein Kind sterben . . . wird Joseph sterben, nur weil . . . weil . . . Außerdem ist sie . . . eigentlich die Frau dieses Mannes«, sagte Njuguna beharrlich.

»Aber sie kennt den Mann doch gar nicht! Genau wie wir hat sie ihn heute abend zum ersten Mal gesehen!« protestierte Karega ungläubig.

»Sie soll selbst sagen, daß es nicht wahr ist«, sagte Njuguna mit triumphierender Endgültigkeit in der Stimme.

»Ist es wahr? Wanja, ist es wahr?» fragte Karega und wartete auf ihre Antwort.

Aber sie blieb sitzen, als ob sie seine Frage nicht gehört hätte. Was sie schmerzte, waren weder die Lügen des Mannes noch Njugunas Haltung, nicht einmal Karegas Frage, sondern das, was Njuguna über Joseph und sein mögliches Sterben gesagt hatte. Sie würde für den Tod eines anderen, der nicht einmal einer der ihren war, verantwortlich sein. Sie blickte auf den Beginn der Reise zurück. Vielleicht war sie an allem schuld. Wenn sie es nicht vorgeschlagen hätte, ja, wenn sie nicht darauf bestanden hätte, in dieses Haus zu gehen, wo andere doch dafür gewesen waren, die Reise fortzusetzen . . . wenn sie in ihrer Jugend nicht fehlgegangen wäre . . . Wenn . . . wenn . . . so viele wenns, die alle wie ein schweres Gewicht auf ihr lasteten. Was sollte sie tun? Einem Mann nachgeben, den sie haßte, und das kaum sechs Monate, seit sie ihr Gelübde abgelegt hatte? Wenn sie es nicht tat . . . und Joseph würde sterben . . . und Nyakinyua und die anderen . . . draußen in der Kälte . . . hungrig . . . durstig . . . die Dürre in Ilmorog . . . eine fehlgeschlagene Mission . . . keine Rettung . . . mehr Tote . . . was soll ich tun? Sie wünschte, sie hätte Karega die ganze

Wahrheit über ihre Vergangenheit erzählt . . . er hätte ihr jetzt vielleicht aus diesem Dilemma heraushelfen können . . . sie hob den Kopf und schaute Karega voll in die Augen. »Ja! Ja!« flüsterte sie, stand auf und reichte nach der Türklinke.

Einen Augenblick lang saß Karega völlig still, reglos und schaute ins Leere – was glaubte man eigentlich? Was konnte man jetzt noch glauben? Er gab sich einen Ruck. Er stand auf und sah sich auf sie zugehen und sie an der Hand halten, gerade als sie die Tür öffnen wollte. Sie fühlte, wie ein Schauer der Erregung sie durchlief, wie ihr Fleisch schwach wurde, und sie hob ihre Augen flehend zu ihm auf, um dann wegzusehen und sein Urteil zu erwarten. Alles, alles wollte sie ertragen, bloß nicht dieses Dilemma, das auch ihre Schande war.

»Ich weiß gar nichts«, sagte er, leicht irritiert durch das geschwängerte Schweigen im Raum, »aber . . . aber . . . mußt du wirklich gehen?« schloß er ziemlich kläglich. Sie schaute ihn noch einmal kurz an, sah die rastlose Intensität in seinen Augen und haßte ihn fast für seine Jugend und Unschuld. In jenem Augenblick wurde sie sich des moralischen Abgrunds an Wissen und Erfahrung bewußt, der zwischen ihnen klaffte, und sie wappnete sich dagegen. Etwas ungeduldig, sogar irritiert, löste sie ihre Hand aus der seinen, öffnete die Tür und ging hinaus; sie schlug die Tür so hart hinter sich zu, daß ein Beben im Raum zurückblieb, und auch in ihrem Herzen. Er muß sterben, hämmerte eine Stimme in ihr, er muß sterben. Es war einfach. Es war bitter und süß. Es stellte ihre Ruhe und ihren Frieden wieder her.

Hinter ihr in dem Zimmer zog sich Karega plötzlich immer weiter in seine Ecke zurück und stöhnte einmal auf. Er müßte sterben, sagte er, wie wenn er eine Frage beantwortete, die jemand gestellt hatte. Wenn ich Feuer hätte, würde ich das ganze Haus anzünden, sagte er. Njuguna, den das unerwartete Stöhnen und noch mehr die Äußerungen erschreckt hatten, schaute ihn an, sah ihn zusammengekauert, wie erstarrt, dasitzen und blickte dann auf die Wand. Jugend, Jugend, murmelte er vor sich hin. Gespenstische Stille und unheilverkündende Schwermut umhüllte sie beide.

4

Endlich erreichte die Delegation am Montagmorgen die Stadt. Sie machten Witze und lachten über ihre neuesten Ängste und über die Tatsache, daß sie aus dem Staunen über alles, was ihnen begegnete, überhaupt nicht mehr herauskamen: die Straßen, die hohen Gebäude, der dichte Verkehr und selbst die Vielfalt der von Männern und Frauen in der Stadt getragenen Kleidung versetzte sie in Staunen. Das Überqueren der Straßen war das größte Unternehmen, das es zu bewältigen galt. Ein- oder zweimal, als sie in voller Geschwindigkeit über die Straße rannten, mußten zwei oder drei Autos mit kreischenden Bremsen anhalten; die Fahrer fluchten, was wohl diese *Masai* hier in der Stadt zu suchen hätten, und *Dorobo* mit ihren Eselskarren sollte es verboten sein, überhaupt in die Stadt zu kommen! Sie aber waren froh, daß sie nach so viel Mühe und Anstrengung endlich in die berühmte Stadt gelangt waren. Keine Nacht währt so lang, daß sie nicht dem Licht des Tages weichen müßte.

Die Büros des ehrenwerten Herrn Nderi wa Riera, Parlamentsabgeordneter für Ilmorog und Süd-Ruwa-ini, befanden sich im zweiten Stock des Iqbal-Iqlood-Gebäudes in der damaligen Market Street, von dort aus waren das Camay Restaurant und der Jeevanjee Park leicht zu Fuß zu erreichen. Der Hauptteil der Delegation wartete im Park, während Karega und Munira das Büro aufsuchten um sich zu erkundigen, ob ihr ehrenwerter Abgeordneter die Delegation empfangen würde.

Die Sekretärin, eine perückentragende und mit viel Lippenstift bemalte Dame, die sie bei der Pflege ihrer Fingernägel antrafen, schaute die beiden Männer abschätzend von oben bis unten an und ließ dann ihre erwartungsvollen Herzen zu Eis erstarren – der Abgeordnete sei nicht da, er befände sich in Mombasa, und sie erwarte ihn irgendwann zurück. Sie sah die plötzliche Enttäuschung in ihren Gesichtern und die Mattigkeit in ihren Augen, und aus irgendeinem Grund fühlte sie Mitleid mit ihnen – würden sie morgen nachmittag noch einmal vorbeikommen? Mit mutlosen Gesichtern und verzagten Herzen gingen Karega und Munira zu den anderen zurück. Wo würden sie heute nacht schlafen? Warum bloß, warum hatten sie denn nicht daran gedacht, daß ihnen derartiges widerfahren könnte? Aber was hätten sie tun sollen, selbst wenn sie es gewußt hätten?

Karega und Munira fanden die anderen in einer neuen Krise vor: Abdullas Esel und der Karren waren von der Polizei wegen Verkehrsbehinderungen beschlagnahmt worden und weil der Esel in einer der Straßen und im Park seine nicht zu übersehenden Spuren hinterlassen hatte. Abdulla hatte ihnen die Zusammenhänge der Reise erklärt, aber die Polizei sagte, sie würde den Esel behalten, bis die Gruppe wieder zur Abreise bereit sei.

Karega war nicht besonders religiös veranlagt, doch selbst er fühlte, daß ein Teufel ihnen und ihrer Mission auf den Fersen gewesen sein mußte. Sie hatten die Peitschenschläge von Hunger und Durst und die Grausamkeit ihrer Mitmenschen erduldet. Nun hatte das Schicksal beschlossen, einen weiteren Schlag gegen die bereits Darniederliegenden zu führen. Die Leute schauten auf ihn, den Urheber der Reise, und erwarteten von ihm des Rätsels Lösung. Was kann ich denn tun, fragte er sich bitter und war unfähig, ihnen die unübersehbare Wahrheit zu sagen – daß sie nämlich die Nacht im Jevanjee Park verbringen müßten. Wieder einmal war es Wanja, die sie rettete.

Obwohl sie alleine, abgesondert von den anderen, saß, hatte sie den Schmerz in Káregas Gesicht gesehen, dabei war ihr ein Gedanke gekommen, der nicht ohne Bezug war zu dem Aufruhr und der Unruhe, die ihr fragendes Herz heimsuchten. »Hör zu, Karega, ich habe dir doch von einem Mann, einem Rechtsanwalt hier in der Stadt erzählt. Er ist . . . er ist . . . irgendwie anders als die meisten Menschen.«

Karega griff ohne weitere Fragen dankbar nach dem Strohhalm. Die zwei gingen durch den Park zu einem indischen Restaurant in der Nähe der Moschee. Zu jeder anderen Zeit hätten sich Karega gerne das Gebäude angeschaut, er hätte versucht, sich vorzustellen, an welcher Ecke Ole Masai wohl die beiden weißen Polizisten so dramatisch aufgehalten habe. Aber nun beschäftigte sie nur eine Frage – angenommen, auch der Rechtsanwalt wäre nicht da? Wanja wählte seine Nummer. Seine Stimme am anderen Ende war für sie wie eine Hand, die ihr nach einer Nacht des Schreckens gereicht wurde, und sie fühlte sich dem Weinen nahe. Sie versuchte, ihm ihr Problem zu erklären, aber er unterbrach sie, es wäre besser, sie käme zu ihm ins Büro. Er nannte ihr die Richtung und den Bus, den sie nehmen sollte.

Karega war noch nie bei einem Rechtsanwalt gewesen, und während der Bus die Mboya Street, Ngala Street, River Road entlang fuhr, dann durch Kariokor und Pumwani, stellte er sich ehrfurchtgebietende Räume, erfüllt von Privileg und verdrießlicher Macht vor. Sie landeten aber schließlich in einem verkommenen Teil der Stadt, mit endlosen Reihen von Pappdeckel- und Blechdächern. Eine lange Reihe von Klienten wartete draußen vor dem winzigen Büro. Er empfing sie sehr freundlich und zeigte keinerlei Überraschung, als er Wanja wiedersah. »Hier ist ja die junge Dame«, war alles, was er sagte, und er wies ihnen eine Bank, auf der sie sitzen konnten. Karega hatte einen alten Mann mit schwarz umrandeter Brille, grauen Haaren, mit gestreifter Hose, einer Weste, einem Hut und einem Regenschirm an der Seite erwartet. Aber er sah einen Mann so um die Vierzig vor sich, der ein weißes kurzärmeliges Hemd und eine einfache Krawatte trug und der für einen Rechtsanwalt, der eine derartige Menschenmenge auf sich warten hatte, einfach zu jung aussah. Bei näherem Hinschauen bemerkte Karega jedoch einen Anflug von Erschöpfung, und seine Augen waren ruhelos, als ob ein inneres Licht, ein inneres Bewußtsein sie beunruhigte; die Last übermäßigen Wissens schien sie zu beschweren.

»Du bist nicht nach Hause gegangen«, sagte er, aber in seiner Stimme lag weder Vorwurf noch Beschuldigung, sondern er wollte wirklich wissen, warum sie es nicht getan hatte.

»Nein . . . ich konnte nicht«, flüsterte sie.

»Und wie kann ich euch helfen?« fragte er und schloß Karega mit einem Blick in die Unterhaltung ein. Und wieder hatte er eine Art, ihnen zu zeigen, daß er interessiert und aufnahmebereit war; er machte es einem leicht zu sprechen, als ob das, was er sagte, niemals gegen ihn benutzt werden könnte, weder als Kritik noch als Beschuldigung noch um ihn lächerlich zu machen, noch in irgend einem ungünstigen Urteil. Karega erzählte ihm also von der Dürre in Ilmorog, von der Entscheidung, eine Delegation in die Stadt zu entsenden, er berichtete von der Reise und ihrer gegenwärtigen mißlichen Lage. Eine Beschreibung der tatsächlichen Schwierigkeiten unterließ er. Sie suchten jetzt nur einen Ort, an dem sie die Nacht verbringen und auf die Audienz mit ihrem Abgeordneten warten konnten. Das Gesicht des Rechtsanwalts bewölkte sich etwas – er trommelte mit den Fingern auf den Tisch, dann sagte er:

»Ihr habt ja gesehen, daß die Leute draußen auf mich warten. Die meisten kommen aus den Dörfern. Sie brauchen in allem Rat – von Fragen, die ihren von den Banken bedrohten Landbesitz betreffen, bis zu Fragen, wie sie diesen oder jenen Kiosk erwerben können . . . oder ein dicker Boß hat ihnen Geld abgenommen, nachdem er ihnen versprochen hatte, eine Farm im Hochland zu kaufen . . . lauter solche Dinge! Erinnerst du dich an mein Haus?«

»Ja, wenn Sie mir den Bus sagen oder die Straße, der wir folgen müssen.«

»Dort könnt ihr sie hinbringen. Hinter dem Haus ist ein Garten – auf alle Fälle ist kein anderes Haus hinter dem meinen. Ich seh euch dann später wieder.«

Karega fühlte eine ungeheure Erleichterung. Er würde jetzt nicht eine lange Nacht voll vorwurfsvoller Augen durchstehen müssen. Ein seltsamer Mann . . . es gibt also auch noch solche Leute hier im Land, dachte er und war Wanja dankbar.

Im Bus wollte er das eigentlich Wanja sagen, aber dann besann er sich anders und schaute einfach hinaus in die Slums und sah die nackten Kinder in den engen Straßen spielen, und er fragte sich, wer wohl besser dran sei – der Bauer in einem vergessenen Dorf oder der Stadtbewohner, der auf diese Abfallhaufen, die man Siedlungen nannte, geworfen wurde?

Wanja bemerkte sein Zögern, und es tat ihr weh, es berührte ihre kaum verheilten Wunden, aber sie suchte zu verstehen. Er würde sie immer im Licht dessen, was in jenem Haus geschehen war, beurteilen. Woher hätte sie auch wissen sollen, daß das Schicksal sie der Vergangenheit, der sie zu entrinnen suchte, Auge in Auge gegenüberstellen würde? Plötzlich fühlte sie, wie Haß in ihr hochstieg – sie haßte seine Unschuld, sie haßte das moralische Gewicht, das er ihr sogar durch sein Schweigen auferlegte. Was war denn schon dabei, wenn sie nachgegeben hatte, zischte sie in ihrem Herzen, um die Tränen zurückzuhalten, was war denn schon dabei? Hatte sie nicht genug für sie alle gelitten? Sie hatte ja überhaupt nicht auf die Reise mitkommen wollen!

Das Haus des Rechtsanwalts befand sich in einer Gegend in Nairobi-West, die früher ausschließlich Indern vorbehalten gewesen war. Das Haus hatte einen großen, mit Kopfsteinen gepflasterten Hof, der von einer Mauer umgeben war, hinter dem Haus befand sich ein kleiner, ebenfalls von einer Mauer umgebener Garten. Einige saßen in dem großen Hof, andere im Garten. Es war gut, daß Abdullas Wurzeln und Eukalyptusblätter gewirkt hatten – die Wurzeln und Blätter hatte man gekocht und Joseph mit einer Decke zugedeckt, bis er die Krankheit herausgeschwitzt hatte. Nun spielte er mit den anderen Kindern. Es gefiel ihnen, in Nairobi zu sein. Wanjas Einstellung zu diesem Haus war von gemischten Gefühlen begleitet – Erinnerung an Schande und Errettung. Dann dachte sie an den Augenblick der Scham und Demütigung, den sie erst vor zwei Tagen abends erleben mußte, als sie nach ungefähr zehn Minuten zu Karega und Njuguna zurückgekehrt war. Karega, Njuguna und Wanja waren schweigend zum Tor gegangen und hatten bestürzt festgestellt, daß die anderen nicht mehr da waren. Aber plötzlich war ein Mann aus der Dunkelheit aufgetaucht und hatte ihnen bedeutet, ihm zu folgen. Dabei klärte sich das Geheimnis:

Es stimmte, daß der Besitzer des Hauses zwei Männer ans Tor geschickt hatte, um Wanjas und Karegas Geschichte zu überprüfen. Nachdem sich die beiden die unglückliche Geschichte der Leute angehört hatten, steckten sie ihre Köpfe zusammen. Sie wußten, wie grau-

sam ihr Boß, den sie nur als Mr. Hawkins kannten, sein konnte. Einmal hatte er einen Mann, der nur nach dem Weg gefragt hatte, eine ganze Woche lang eingesperrt, mit Wasser als einziger Nahrung. Sie beschlossen, ihm die Gegenwart dieser Leute nicht zu verraten. Einer hatte sie zu den Unterkünften der Angestellten geführt, der andere war zurückgegangen, um eine Lüge zu erzählen. Dort hatten sie alle den Sonntag und die Nacht zum Montag verbracht, um dann an jenem Morgen die Reise fortzusetzen. Den ganzen Sonntag über und auch während der Nacht waren sich Karega und Wanja aus dem Weg gegangen. Selbst Njuguna war in sich zurückgezogen und traurig.
Auch Karega dachte über das Erlebnis von vor zwei Tagen nach und über das Geheimnis von Wanjas Vergangenheit. Welches war der wahre Zusammenhang zwischen ihr und jenem Mr. Hawkins? Er ließ den Gedanken fallen. Jedermann hatte seine eigene geheime Vergangenheit. Er schaute Abdulla an, der an die Wand gelehnt dasaß. Er hatte sich eingekapselt in eine scheinbar unzugängliche Welt der Schwermut und des Schweigens. Karega empfand es schmerzlich – aus dem göttergleichen Jäger in der Steppe, aus dem Herrn der Gewehre, der Messer, der heilenden Kräuter, und dem Herrn über die Elemente des Himmels, den sein Wissen und seine Vertrautheit mit einer heldenhaften Vergangenheit so zuversichtlich gemacht hatten, war dieser alte Mann, der sich immer mehr in sich selbst zurückzog, geworden. Dann fiel Karega ein, daß ja der Esel in Polizeigewahrsam war, und er verstand.
Er sah, wie Wanja aus dem Haus schlüpfte und folgte ihr hinaus auf die Straße. Er allein verstand, wieviel sie ihr verdankten. Auf einer schmalen geteerten Straße, die hinter dem Haus vorbeiführte, gingen sie schweigend nebeneinander her.
»Geh weg, laß mich allein«, sagte sie plötzlich, fast brutal. Aber er ging nicht. So gingen sie weiter, die Muhoho Road entlang, durch die Gadhi Avenue bis zur Langata Road und dann Richtung Langata Kaserne. Bei einem Zaun blieb sie stehen und schaute hinaus in die Ebene des Nairobi Nationalparks. Auch er blieb stehen und schaute auf die Silhouette der Ngong-Berge, die sich in der Ferne vom dunstigen Himmel abhoben. Dann sahen sie ein kleines Flugzeug, das ganz niedrig flog . . . »Es wird abstürzen, es wird abstürzen«, sagte Wanja. Sie sahen noch eines und noch eines, und Karega erinnerte sich daran, daß sie hier in der Nähe vom Wilson-Flughafen waren. Dorthin kamen Touristen, um Privatflugzeuge für einen schnellen Ausflug ins Landesinnere, zu den Tierparks, zu mieten, um dann vor Einbruch der Dunkelheit wieder in der Stadt zu sein.

»Ich wollte, ich wollte dir danken für alles, was du getan hast«, sagte er verwirrt und hoffte, daß sie ihn nicht falsch verstehen würde.
»Es tut mir leid, daß ich dich eben so angefahren habe. Ich schäme mich so . . .«
Er dachte ein Weile nach.
»Nein«, sagte er, ». . . es betraf nicht nur dich alleine . . . es war eine Demütigung aller . . .« Er wußte nicht weiter, deshalb versuchte er, es allgemein auszudrücken. »Wenn immer einer von uns erniedrigt und gedemütigt wird, und sei es das kleinste Kind, dann werden wir alle gedemütigt und erniedrigt, weil wir alle Menschen sind.«
Der Rechtsanwalt kam nach sechs Uhr am Abend nach Hause und brachte ihnen willkommene Pakete Jogo-Mehl, außerdem Milch und Kohlköpfe mit. Er lud sie ein, in das Wohnzimmer zu kommen, ein riesiger, rechteckiger Raum. Nyakinyua rief aus, daß hier eine Hütte leicht Platz finden könnte – welche Verschwendung! Alle lachten. Einige Kinder waren noch draußen und schauten den Flugzeugen nach, die in Richtung Embakasi-Flughafen flogen. Aber einige saßen auch bei den Erwachsenen. An den Wänden hingen Bilder von Che Guevara mit seinen christusähnlichen Haarlocken und frommen Augen und von Dedan Kimathi, der ruhig und mit trotziger Arroganz dasaß; außerdem war da ein Gemälde von Mugalula, das einen Bettler auf der Straße darstellte. In einer Ecke stand die Holzplastik eines Freiheitskämpfers von Wanjau. Abdulla verharrte einige Augenblicke vor dem Bild Kimathis, dann machte er abrupt kehrt, humpelte quer durchs Zimmer und hinaus in den Garten. Die andern umstanden die Skulptur und gaben ihre Kommentare ab über das Haar des Kämpfers, über die dicken Lippen und die Zunge, die man im zum Lachen geöffneten Mund sehen konnte, und über das Schwert des Kämpfers. Aber warum hatte er Brüste, fragte jemand, es sah aus, als ob er gleichzeitig ein Mann und eine Frau sei, wie konnte das nur sein?
Sie fingen an, darüber hin und her zu reden, bis sie Nyakinyua mit ihrer einfachen Logik fast zum Schweigen brachte.
»Ein Mann kann ohne eine Frau kein Kind haben. Eine Frau kann ohne einen Mann kein Kind bekommen. Und haben nicht Mann und Frau gekämpft, um dieses Land zu erlösen?«
»Aber ein Mann ist wichtiger als eine Frau«, sagte Njuguna.
»Ist es nicht der Mann, der hm! hm! du weißt schon wo, schläft?«
»Wo ist die Frau des Hauses?« fragte Nyakinyua den Rechtsanwalt, um der Unterhaltung eine andere Richtung zu geben.
»Sie ist für einige Monate in ein anderes Land gegangen, um als Heb-

amme ausgebildet zu werden. Aber ich werde ihr schreiben und ihr sagen, daß sie lieber schnell wieder zurückkommen soll, weil ich plötzlich noch eine Frau und alle diese Kinder bekommen habe.« Er schaute mit verschwörerischen Blicken in die Küche, wo Wanja *Ugali* und Gemüsesuppe kochte.

Alle lachten, und es folgte ein Streitgespräch über Polygamie.

»Nicht jeder konnte sich mehr als eine Frau leisten. Man mußte Ziegen dafür bezahlen, und Ziegen bedeuteten in jenen Tagen Reichtum. Oft konnten sich das nur die einflußreichen Familien erlauben«, erklärte Nyakinyua.

Er sieht so anders aus, wenn er nicht im Büro ist, dachte Karega. Die Müdigkeit schien verschwunden zu sein. Karega hätte ihn gern einiges gefragt, aber er konnte irgendwie keinen Anfang finden.

Nach dem Abendessen führte der Rechtsanwalt Karega und Munira in seine Bibliothek, wo sich bald Wanja und Abdulla zu ihnen gesellten. Er hatte Berge von Büchern, viele, viele, und jedes nahm er mit offensichtlicher Liebe und Sorgfalt in die Hand. Munira schämte sich seiner fast leeren Regale. Sie setzten sich auf den Boden, und der Rechtsanwalt begann unvermittelt, sie sehr genau über Ilmorog, seine Geschichte, den Abgeordneten und die dortigen Lebensbedingungen zu befragen, und er fragte sie auch, was sie sich von diesem Besuch versprochen hatten. Karega versuchte zu erklären, und dabei traten ihm mit aller Deutlichkeit die verschwommenen Vorstellungen hinter dem ganzen gewagten Unternehmen ins Bewußtsein. Er bemerkte auch, daß die Zeichen der Erschöpfung in das Gesicht des Mannes zurückgekehrt waren und daß sich ein trauriger Ton in seine Stimme eingeschlichen hatte, als er jetzt sagte:

»Ich nehme an, er wird euch empfangen. Es könnte sogar sein, daß er ein *Harambee*-Treffen organisiert, um sich Frieden für sein schlechtes Gewissen zu erkaufen. Ein bißchen Wohltätigkeit . . .«

»Wir haben nichts gegen ein bißchen Wohltätigkeit«, erklärte Munira, »außer daß wir bis jetzt kaum etwas davon in dieser Stadt angetroffen haben.« Er berichtete von seinen Erlebnissen im Hause des Pfarrers und in Chuis Haus. »Was ich überhaupt nicht verstehen konnte war, daß sie offensichtlich miteinander wetteiferten, die schockierendsten Dinge zu sagen. In den alten Tagen, so erzählt man mir, hatte alles, die Lieder und die Worte, seinen festen Platz – die Sänger redeten miteinander, sie beschimpften sich sogar gegenseitig, aber das Ganze hatte Würde. Als ich jung war, versteckte ich mich und ging heimlich zu den Beschneidungszeremonien.«

Er schwieg und fragte sich, ob nicht vielleicht einer oder gar alle seiner anderen Brüder auch dort gewesen waren, und sein Vater saß zu Hause und sang Loblieder auf sie. Karega und Wanja dachten beide an das, was sie in dem Haus durchgemacht hatten. Aber sie sagten nicht viel darüber. Der Rechtsanwalt fing an zu reden. Es war, als hielte er Zwiesprache mit seinem inneren Ich und als seien sie nur Zuschauer bei diesem nackten Ringen mit seinen eigenen Zweifeln und Ängsten. »Es ist traurig, es schmerzt, manchmal bin ich wütend, wenn ich die schwarzen Scheusäler sehe, schwarze Trickfilmfiguren, die den Tanz des Meisters nach des Meisters Stimme tanzen. Das können sie mit absoluter Perfektion. Aber wenn sie dessen überdrüssig werden, oder sagen wir lieber, wenn wir dessen überdrüssig werden, dann wenden wir uns der Kultur unseres Volkes zu und mißbrauchen sie . . . nur so zum Spaß, nach einer Flasche Champagner. Aber ich frage mich – erwarte ich etwas anderes als die Frucht dessen, was wir gesät haben? Trotzdem schaue ich auf die vergeudeten Chancen, die verpaßten Gelegenheiten zurück, auf die Stunde, den Tag, die Zeitspanne, als wir am Scheideweg standen und die falsche Richtung einschlugen. Aah, das war eine erinnerungswürdige Zeit, als die ganze Welt aus unterschiedlichen Gründen und Erwartungen auf uns schaute und sagte: jene, die Afrika und der Welt den Pfad der Mannhaftigkeit und der schwarzen Erlösung zeigten, was werden sie mit dem Untier anfangen? Jene, welche die Speere der Krieger im Blut der weißen Wucherer wuschen und im Blut all derer, die sie zum Dienst an dem aus Silber und Gold gegossenen Untier versklavt hatten, welchen Tanz werden sie jetzt in der Arena aufführen? Damals hätten wir alles tun können, denn unser Volk stand hinter uns. Aber wir, die Anführer, entschieden uns, mit dem gegossenen Gott zu flirten, mit einem blinden, tauben Untier, das uns seit Jahrhunderten heimgesucht hatte. Wir aber argumentierten: die Hautfarbe der Menschen, die jenem Gott dienten, ist falsch – unsere eigene Oberaufsicht und Fürsorge wird den Monster-Gott zähmen und ihn unserem Willen untertan machen. Wir vergaßen, daß er schon immer menschlichem Leid gegenüber blind und taub gewesen war. So bauten wir weiter an dem Untier, und es wächst und wartet auf mehr, und nun sind wir alle seine Sklaven geworden. In seinem Tempel knien und beten und hoffen wir. Und nun seht euch das Ergebnis an . . . Leute in Blue Hills, jene die das Priesteramt im Dienst des fremden Gottes übernommen haben . . . tausend Morgen Land . . . eine Million Morgen Land in den Händen eines Priesters, während die Gemeinde wehklagend um einen Morgen fleht! Man sagt ihnen, es geht nur um eine Spende von dem, was ihr in eurem Schweiß erarbeitet habt . . . wir wollen ehrliche Sklaven des Monster-Gottes sein, wir wollen ihm unsere Seelen hingeben . . . und die zehn Prozent, die dazugehören . . . denn auch seine Priester müssen leben . . . dann bringen wir es seinem Gefolgsmann, der Bank . . . in der Zwischenzeit wollen wir alle beten, dann wird der Gott unsere Ehrlichkeit und unseren Eifer sehen, und einige Brosamen werden für uns abfallen. Inzwischen wächst der Gott, wird größer und fetter und glänzt immer heller; er regt den Appetit seiner Priester an, denn durch die Priesterschaft hat das Untier nur einen einzigen ethischen Grundsatz verkünden lassen: Habgier und das Ansammeln von Reichtum. Ich frage mich – ist dies fair? Ist dies fair unseren Kindern gegenüber?

Ich bin Rechtsanwalt . . . was bedeutet das? Auch ich verdiene meinen Lebensunterhalt, indem ich dem Untier diene. Ich bin Experte für die Gesetze, welche die Heiligkeit des Monster-Gottes, seiner Engel und der ganzen Hierarchie der Priesterschaft schützen sollen. Nur, ich habe mich dafür entschieden, diejenigen zu verteidigen, welche die Gesetze gebrochen haben und Gefahr laufen, exkommuniziert zu werden. Denn, vergeßt nicht, nur wenige, die auserwählten wenigen können vorteilhafte Positionen in der Hierarchie erlangen. Und wohlgemerkt – und das ist das Schmerzliche dabei – ihr Schweiß hat sie dorthin gebracht; und davon leben die Katecheten, die Kirchenvorsteher, die Diakone, die Pfarrer, die Bischöfe, die Engel . . . die ganze Hierarchie. Trotzdem sind sie verurteilt . . . verdammt.

Ich bin Priester, Beichtvater, und indem ich durch das kleine Fenster schaue, sehe ich in Wirklichkeit die Seele einer Nation . . . die Narben, die Wunden, das geronnene Blut . . . ich kann es auf ihren Gesichtern und in ihren ach so verwirrten Augen sehen. Sag uns, sag uns, ehe wir unsere Sünden bekennen: wer macht diese Gesetze? Für wen? Um wem zu helfen? Ich kann ihnen diese Fragen nicht beantworten . . . aber, wie ich schon sagte, sie öffnen mir ein Fenster, durch das ich die Welt sehen kann.

Ich stelle mir die Frage: Was ist geschehen? Warum ist es so gekommen? Ich habe alle diese Bücher . . . ich lese, und versuche Weisheit und den Schlüssel zu vielen Fragen zu finden. Unser Volk hatte gesagt: Wir wollen keine Sklaven des Untiers sein, wir wollen nur beten und mit dem wahren Gott in uns selbst ringen. Wir wollen alles Land und alle Industrie in unsere eigenen Hände nehmen, um damit dem einen Gott, der in unseren Herzen lebt, zu dienen. Sie kämpften . . . vergossen ihr Blut, nicht, damit einige Wenige in Blue Hills leben und dem

gegossenen Gott dienen könnten, dem Gott, der nicht in uns lebt; sonder sie vergossen ihr Blut, damit viele , da, wo sie leben, ein erfülltes und ganzes Leben haben würden. Die weißen Priester, ihre Niederlage vor Augen, begannen nun die neuen Priester zu verspotten und zu verhöhnen. Schaut euch diese Zerstörer an – wir werden gehen, ja, aber diese Leute werden bestimmt das Kirchenrecht vernichten . . . Wir aber, die wir in ihren Schulen erzogen worden waren, schlugen uns auf die Brust – wir sollen Zerstörer sein? Wir sollen das Kirchenrecht brechen? Wir sind genauso zivilisiert wie ihr, wir werden nicht diejenigen sein, die den Monster-Gott absetzen, das werden wir euch beweisen. Ihr werdet euch eurer Zweifel, die ihr an uns gehegt habt, einst schämen.
Es ist eine alte Geschichte. Sie sagten, Sie seien mit Chui in Siriana gewesen. Auch ich war dort, viel später, Jahre später. Man erzählte uns von Chui . . . aber zu jener Zeit wurde er als Zerstörer bezeichnet. Ich hatte meinen Ehrgeiz darein gesetzt, ein Priester zu werden – ein Priester mit bester Ausbildung und hohem Wissensstand. Deshalb haßte ich Chui. Schon allein sein Name ließ vor mir Bilder von Herumtreibern im nächtlichen Dschungel erstehen . . . Dann erschoß Peter Pooles einen Afrikaner, weil dieser seinem Hund einen Stein nachgeworfen hatte. Das Gerichtsverfahren wurde in Siriana äußerst aufmerksam verfolgt. Wir freuten uns alle, als Pooles zum Tode verurteilt wurde. Aber wißt ihr, was geschah? Fraudsham berief eine Schulversammlung ein. Er führte Argumente an über die Notwendigkeit der feinfühligen Behandlung von Tieren. Der Stand einer Zivilisation könne daran gemessen werden, inwieweit ein Volk es gelernt habe, fürsorglich mit Tieren umzugehen. Wollten wir so unbarmherzig wie die Russen sein, die, angesichts weltweiten Protestes, trotzdem einen Hund – arme Laika – zum Sterben in den Weltraum schickten? Pooles hatte es wohl etwas übertrieben, vielleicht. Aber er war vom höchsten und edelsten Impuls geleitet gewesen – die Schutzlosen und Hilflosen zu verteidigen und ihnen Fürsorge angedeihen zu lassen. Er las uns dann einen Brief vor, den er mit einem Gnadengesuch an den Gouverneur geschickt hatte. Er endete mit einem sehr bewegenden Zitat von Shakespeare.

Die Art der Gnade weiß von keinem Zwang,
sie träufelt, wie des Himmels milder Regen
zur Erde unter ihr; zwiefach gesegnet:
Sie segnet den, der gibt, und den, der nimmt.

Wir verließen die Versammlung mit niedergeschlagenen, schuldbewußten Augen. Einige von uns weinten. Es ist kaum zu glauben – wir weinten mit Fraudsham. Aber trotzdem lagen die Zweifel noch immer in der Luft, und ich konnte das Ganze nicht verstehen. Wie sollte ich auch? Die Erziehung, die wir dort genossen, hatte mich nicht darauf vorbereitet, diese Dinge zu verstehen – sie zielte vielmehr darauf ab, Rassismus und andere Formen der Unterdrückung zu vertuschen. Die Absicht war, daß wir unsere Unterlegenheit und Minderwertigkeit akzeptieren sollten, um damit ihre Überlegenheit und Herrschaft über uns anzuerkennen. Dann ging ich nach Amerika. In Geschichtsbüchern hatte ich gelesen, daß sie dort an die Ebenbürtigkeit und Freiheit aller Menschen glaubten. Während der Zeit, in der ich an einem schwarzen College in Baton Rouge, Louisiana, studierte, sah ich mit eigenen Augen einen schwarzen Mann von einem Baum vor einer Kirche hängen. Sein Verbrechen? Er hatte sich gegen einen Weißen gewehrt, der seine Schwester mißhandelt hatte. Wieviel Spannung gab es in jener Stadt! Ach, Amerika, Land der Freien, Land der Tapferen!«
Er schwieg, und es schien, als seien seine Augen auf eine ferne Vergangenheit gerichtet. Dann summte er einen Blues von Josh White vor sich hin:

Bäume des Südens
Tragen seltsame Frucht
Blut auf den Blättern
Blut an der Wurzel
Schwarzer Körper schaukelt
In der linden Luft des Südens
Seltsame Frucht
Hängt am Pappelbaum.

Wieder schwieg er . . . Obwohl sie nicht alle Andeutungen verstanden hatten, erfaßten sie die ausgedrückte Empfindung. Er fuhr fort:
»Ist das nicht die Geschichte Kenias seit 1896? Ich sagte mir also: ein schwarzer Mann ist zu Hause nicht sicher, ein schwarzer Mann ist auch im Ausland nicht sicher. Was für eine Bedeutung hat dies alles? Dann sah ich in den Städten Amerikas auch weiße Menschen, die bettelten . . . Ich sah weiße Frauen, die ihren Körper für einige Dollars verkauften. In Amerika ist das Laster ein Verkaufsartikel. Ich arbeitete mit weißen und schwarzen Arbeitern in einer Fabrik in Detroit. Wir machten Überstunden, um uns einen kärglichen Lebensunterhalt zu

verdienen. In Chicago und in anderen Städten sah ich sehr viel Arbeitslosigkeit. Ich war verwirrt. Deshalb sagte ich mir: ich werde nach Hause zurückkehren, jetzt, wo der schwarze Mann an die Macht gekommen ist. Und plötzlich erkannte ich, wie von einem Blitzstrahl erleuchtet, daß wir demselben Monster-Gott dienten, wie die in Amerika . . . Ich sah die gleichen Anzeichen, die gleichen Symptome und sogar die Krankheit selbst . . . und ich bekam Angst . . . schreckliche Angst . . . Ich schrie in meinem Herzen: wie viele Kimathis müssen noch sterben, wie viele mutterlose Kinder sollen weinen, wie lange soll unser Volk sich im Schweiße seines Angesichts abmühen, damit einige, einige wenige, Tausende von Dollars in die Bank des einen Monster-Gottes tragen können, des Gottes, der 400 Jahre lang einen Kontinent geschändet hatte? Und nun konnte ich im hellen Licht des Tages die Rolle erkennen, welche die Fraudshams der kolonialen Welt gespielt hatten, um aus uns allen schwarze Scheusale zu machen, die in Blue Hills Pornographie tanzen, während die Menschen unseres Volkes vor Hunger sterben und sich keine ordentlichen Häuser und keine ordentlichen Schulen für ihre Kinder leisten können. Und wir sind glücklich darüber, so glücklich, daß man uns stabil, zivilisiert und intelligent nennt!«
Er hatte in einem gleichmäßigen Tonfall gesprochen, außer am Schluß, als er die Worte Stabilität, Zivilisation und Intelligenz mit offensichtlichem Abscheu ausstieß. Die Parabel hatte sie alle gepackt, obwohl sie nicht immer alles verstanden hatten. Aber jeder erfaßte einen anderen Aspekt. Für Abdulla war es der Gedanke des vergossenen Blutes; denn wenn er die vielen Ländereien in Tigoni und anderswo sah, hatte ihn schon immer die Frage beschäftigt, ob es denn richtig sei, daß das, was durch das gemeinsame Blutvergießen eines Volkes erkauft worden war, nun in den Händen einiger weniger lag, die über Geld und Bankdarlehen verfügten. Aber er hatte nie eine Antwort darauf gefunden, denn es stimmte ja, daß schwarze Hände es besaßen. Außerdem hätte er ja selbst gerne so eine Farm besessen. Für Wanja war es der Gedanke weißer Prostitution in einem weißen Land – konnte das wirklich wahr sein? Munira hatte das Gleichnis von dem Monster gelangweilt, aber der Zufall, daß der Rechtsanwalt auch in Siriana gewesen sein sollte, hatte ihn direkt betroffen gemacht. Auch Karega war in Siriana gewesen, und nun waren sie beide in sein Haus gekommen! Welche Bedeutung hatte das? Was steckte dahinter? Karega fühlte, daß der Mann nicht alles gesagt hatte. Aber die Rede hatte in ihm Neugier und eine Aufregung wachgerufen, als ob seine Gedanken eine schwer faß-

bare Idee gerade erfassen, packen, sich mit ihr auseinandersetzen wollten, wie wenn sich tatsächlich eine zusammenhängende Struktur einer Weltanschauung in der verwirrten Welt und in dem Chaos seiner eigenen Erfahrungen und seiner eigenen Geschichte bilden wollte.
»Was ist dir eigentlich in Siriana wirklich widerfahren, Karega?« Munira unterbrach unvermittelt den Fluß ihrer verschiedenen Gedankengänge, und die Heftigkeit seiner Frage erschreckte sie alle.
»Bist du auch in Siriana zur Schule gegangen?« fragte der Rechtsanwalt überrascht und wandte sich Karega zu.
»Ja«, antwortete Karega. Es dämmerte Karega jetzt, daß er vielleicht Munira gegenüber unfair gewesen war – die drei hatten verschiedene Sirianas und verschiedene Fraudshams erlebt, und vielleicht waren es nicht dieselben Dinge, die sie bewegten; warum hatte er eigentlich von Munira erwartet, daß er mit allen Ereignissen in Siriana auf dem laufenden bliebe?
»Wann war das?«
»Ich bin von dort weggegangen . . . ich wurde ausgewiesen . . . ungefähr vor eineinhalb Jahren . . . vor zwei Jahren . . . nein, vor fast drei Jahren. Wie die Zeit fliegt.«
»Wegen dem Streik? Hattest du damit etwas zu tun?« Der Rechtsanwalt war ganz aufgeregt. Die teilnehmende Neugierde eines Menschen, der zumindest von dem Streik gehört hatte, ließ Karegas Herz höher schlagen.
»Ich nehme an, man könnte sagen . . .«
»Es war ein – wie soll ich es – es war –.« Der Rechtsanwalt unterbrach ihn und suchte nach Worten. »Ihr müßt verstehen, als ich aus Amerika zurückkam und sah, daß wir denselben Gott anbeteten, war ich sehr niedergeschlagen. Wo sollte man beginnen, fragte ich mich. Deshalb eröffnete ich meine Praxis in den armen Vierteln der Stadt. Ich verlangte eine kleine Entschädigung – bereicherte ich mich dadurch nicht auch an ihnen? Und waren meine Ausbildung und meine Arbeit und die Tatsache, daß ich praktizierte, nicht in sich selbst eine Rechtfertigung für eben die Gesetze, die im Dienst des Monsters standen – lebte ich nicht in einer Art von genau jenem System, das ich verabscheute? Dann kam jener Streik in Siriana, und von dem, was ich zwischen den Zeilen las, hatte ich den Eindruck, daß eine neue junge Generation erstanden war, befreit von der direkten Schande und Demütigung der Vergangenheit, und daher geistig nicht so verwundet wie die vor ihnen. Sie waren so anders, als wir zu unseren Zeiten gewesen waren; so anders als zum Beispiel jene, die noch gesehen hatten, wie ihre starken

Väter und älteren Brüder in Gegenwart eines weißen Jungen ihre *kofia* vom Kopf nahmen und hinter dem Rücken in der Hand hielten. Ich sagte mir, hier ist unsere Hoffnung . . . in den neuen Kindern, die dem weißen Mann nichts zu beweisen haben . . . die es nicht notwendig finden, den Beweis dafür zu erbringen, daß sie mit Messer und Gabel essen und Englisch durch die Nase sprechen können und daß sie dem Monster ebenso tüchtige Diener sein können wie die weißen Priester; deshalb, so sagte ich mir, können sie kollektive Demütigung klar erkennen und sind daher bereit, den Weg zu dem wahren Reich des in uns allen wohnenden schwarzen Gottes zu bahnen: er wohnt im *Mugikuyu,* im *Mmasai,* im *Mjaluo,* im *Mgiriama,* im *Msomali,* im *Mkamba,* in den *Kalenjin,* in den *Masai,* in den *Luhya,* in uns allen . . . die geballte Kraft, der Geist des Volkes, das kollektive Wir, das für uns arbeitet . . . *sisi kwa sisi* – jeder für jeden . . . Vielleicht las ich zu viel zwischen den Zeilen, aber es riß mich aus meiner Niedergeschlagenheit. Ich sah einen Schimmer, der zu einem Licht werden könnte, und ich sagte: Fraudsham, und alle schwarzen Fraudshams, ihr seid erledigt!«

Jede seiner Stimmungen schien sie mitzureißen, und Karega gab dieser Ermutigung nach.

»Es gab damals tatsächlich zwei Streiks, aber die meisten Leute wissen nur von dem ersten, wahrscheinlich, weil ein Weißer darin verwickelt war. Der zweite Streik war ebenso ernst, und wir waren böse, daß so wenig darüber publiziert wurde. Aber letztlich war es doch nur einer, denn die maßgeblichen Figuren in beiden Streiks waren Cambridge Fraudsham und Chui Rimui – und ich beziehe mich dabei nicht«, dabei wandte er sich an Munira, »auf jenen frühen Streik, in dem du und Chui die Akteure waren.«

»Wurden Sie auch aus Siriana ausgewiesen, Mr. Munira?« fragte der Rechtsanwalt.

»Ja«, antwortete Munira.

»Wie seltsam . . . wann war das?«

»Während des ersten Streiks . . . dem Chui-Streik.«

»Zusammen mit Chui? Was für ein Mann . . . eine Legende . . . wir unterhielten uns über ihn, . . . erzählten Geschichten, die wir über ihn wußten. Weil er nach Amerika gegangen war, wollten wir alle auch gehen. Fraudsham mochte Amerika nicht . . . sagte, die Amerikaner sprächen schlechtes Englisch . . . Aber weil Chui sich für Amerika entschieden hatte . . . mußte es gut sein . . .« Der Rechtsanwalt schüttelte den Kopf bei diesen Erinnerungen aus seinem Leben.

»Er war ein vielversprechender Mensch«, stimmte Munira zu und schaute zu Karega hin.
Karega hustete, räusperte sich und begann:

»Nun, wie ihr wißt, war Cambridge Fraudsham auf seine Art ganz groß – er brachte es fertig, eine Seele, und sei sie noch so ruhig und gefaßt, aus der Fassung zu bringen. Wann immer er in die Stadt ging, um die Herren vom Ministerium zu besuchen, pflegten die anderen Lehrer mit langsamen, gemessenen Schritten über den Hof zu bummeln, oder sie saßen im Schneidersitz auf dem Tisch, rauchten, redeten, machten Witze und lachten mit uns Jungens. Aber schon wenn sie Fraudsham oder seinen VW in der Ferne erspähten, verkrampften sie sich, machten schnell ihre Zigaretten aus, warfen die Kippen aus dem Fenster oder zerrieben sie auf dem Fußboden zu Krümeln. Aber diese Leute waren weiß, wie brachte Fraudsham es fertig, daß sie vor Angst in die Hosen pißten? Wie gelang es ihm, sie so einzuschüchtern? Wir sprachen darüber, wenn wir in den Schlafsälen auf unseren Betten lagen, wir rätselten daran herum, wenn wir frühmorgens den Fußboden schrubbten. Mit heißen Köpfen diskutierten wir die inneren Dispositionen des Weißseins, während wir um fünf Uhr früh unsere Körper der kalten Dusche aussetzten. ›Fraudsham ist aus hartem Holz geschnitzt‹; darüber waren wir uns alle einig. Er hätte Gouverneur oder sonst etwas Höheres als gerade Schulleiter werden können, aber er hatte abgelehnt, behaupteten einige Jungens, die es zu wissen glaubten. Dies erhöhte unser ehrfürchtiges Bangen vor dem Mann. Ihr hättet hören sollen, wie wir das Geheimnis um sein Leben zu enträtseln suchten. Wir erzählten abenteuerliche Geschichten und Legenden um sein Leben und seine Liebe, obwohl es ein noch größeres Geheimnis war, wie überhaupt jemals jemand etwas darüber erfahren hatte. Aber er war der klügste Mann seiner Zeit in Cambridge gewesen, das wußten wir, wir hatten auch davon gehört, wie er seine Professoren zu korrigieren pflegte. Er gehörte zu den Tapfersten und hatte in der Türkei, in Palästina und Burma gekämpft, auch hatte er ganz alleine einen deutschen Panzer aufgehalten und dafür vom König einen Orden oder so etwas Ähnliches verliehen bekommen. In Burma hatte ihn ein Schrapnell am Oberschenkel erwischt, daraufhin war er vom Militärdienst befreit worden. Was dachte er wohl, als er nach Hause zurückkehrte, lebendig und als Held? Wir stellten ihn uns vor, wie er seine Brieftasche herausnahm und im Taumel ungläubiger Freude ihr Bild betrachtete – sie war es gewesen, die ihm in all den Einsätzen im Sand der Sahara, in den dichten Dschungeln Asiens, durch das Brüllen und Donnern der Kanonen, Granaten, Bomben und Raketen hindurch Kraft gegeben hatte. Der Zug ratterte über die Geleise – sein Herz schlug heftig – seine Gedanken flogen ihr entgegen. Sie lag in seinen Armen, in seinen Armen, aber . . . als er endlich ankam, saß er nur und weinte. Dann ging er in die Kirche, um zu beten. Er betete, bis eine Stimme ihm antwortete. Er würde nach Afrika gehen, um Gott zu dienen und dort zu sterben; vielleicht würde er eine winzige Spur von geistigem Ruhm und Heldentum hinterlassen. Aber niemals konnte er der Frau verzeihen, die mit einem anderen heimgekehrten Soldaten weggelaufen war, nein, ihr nicht und auch keiner anderen Frau. Seine wahre Liebe gehörte Hunden. Der kleine Hund, den er zu unserer Zeit hatte, hieß Lizzy. Sie war seine ständige Begleiterin im Unterricht, beim Gottesdienst in der Kapelle, wenn er nach Nairobi ging – überall. Der Hund bestimmte oft seine Launen. Wenn sie krank war, wurde er schwierig und gereizt, dann sah er so einsam und verlassen aus. Lizzy, der VW und Fraudsham – wir nannten sie die drei Musketiere der Schule, denn sie schienen unzertrennlich zu sein.

Lizzy starb.

In Fraudsham war etwas zersprungen. Er konnte nicht mehr unterrichten, er konnte nicht mehr predigen. Die Furchen in seinem Gesicht vertieften sich, seine Augen wurden grau, er sprach oder sprach auch nicht, als ob seine Gedanken anderswo weilten. Er war wirklich so einsam, daß wir ein gewisses Mitleid mit ihm empfanden. Aber verstehen konnten wir es nicht. In unseren Dörfern waren Hunde gestorben, auf den Straßen waren Hunde gestorben, wir hatten Hunde über die Äcker und Terrassenfelder gejagt, wenn man einen mit einem Stein traf, daß er aufjaulte, lachten wir Tränen. Gute Hunde waren solche, mit denen man Kaninchen und Antilopen jagen konnte, tapfere Hunde waren solche, die das Vieh und die Häuser vor räuberischen Hyänen und Dieben schützten. Aber Lizzy war keines von alledem – wie konnte sich ein Mann wegen ihr nur so aus der Bahn werfen lassen?

Er berief eine Schulversammlung ein. Wir dachten, er würde uns eine seiner üblichen Vorlesungen über Pfadfindertum, England, Cambridge und die Weltgeschichte von den Zeiten der Kelten bis zur Geburt der neuen Nationen Asiens und Afrikas halten. Aber über das, was er sagte, hätten wir am liebsten laut gelacht – meine Rippen schmerzten, weil ich so sehr versuchte, das Lachen zurückzuhalten. Er sprach von dem Platz, den Lieblingstiere im Leben eines Menschen einnehmen –

in allen zivilisierten Ländern steigere das Lernen, wie man sich fürsorglich der vierbeinigen Lieblinge und der Tiere überhaupt annähme, die Wertschätzung menschlichen Lebens und der Liebe Gottes. Da brachen die ganzen versammelten Schüler in brüllendes Gelächter aus. Fraudsham fluchte und kochte vor Wut und schrie, daß Afrikaner gefühllos seien. Aber trotz seines Zorns lachten wir weiter, denn wie sollten wir das auch verstehen können? Wie sollten wir unseren Ohren Glauben schenken? Ich meine, wer hat jemals davon gehört, daß man einem Hund ein menschliches Begräbnis gibt?

Er forderte den Schulsprecher auf, aus jeder Klasse vier Schüler auszuwählen, die mit *jembes* eine Grube ausheben und außerdem einen Sarg für Lizzy machen sollten. Sargträger wollte er auch. Der Schulsprecher fragte nach Freiwilligen. Wieder brüllendes Gelächter, aber diesmal mit gesenkten Köpfen, weil wir Angst hatten, aufgerufen zu werden. Da sich niemand freiwillig meldete, rief der Schulsprecher einige auf. Sie weigerten sich. Wir alle weigerten uns. Fraudsham erwachte und sah sich mit offener Rebellion konfrontiert. Er verwies die aufgerufenen Jungens der Schule.

Wir begannen zu streiken.

Die ganze Schule durchlief ein ungläubiges Schaudern. Es hatte schon einmal einen Streik in der Geschichte der Schule gegeben, und damals hatte Fraudsham gewonnen. Jetzt wütete er und schrie und drohte. Er behauptete, daß wir seinen Befehlen den Gehorsam verweigert hätten. In jeder zivilisierten Gesellschaft gäbe es solche, denen es aufgetragen sei, Befehle auszusprechen, und andere, die sie gehorsam zu befolgen hätten; es müsse die geben, die führten, und jene, die geführt würden; wenn man sich weigere zu gehorchen und geführt zu werden, wie könne man dann hoffen, einst selbst zu führen und Gehorsam zu verlangen? Schaut euch den Himmel an, wo Gott mit allen Engeln thront, von denen jeder seine untergeordnete Rolle hat – dort jedoch herrscht völlige Harmonie. Er hatte uns die Augen geöffnet.

Gestern war er weiß und groß und stark gewesen, aber nun lagen die Dinge anders. Gestern war er weiß und stark und unbesiegbar gewesen, ein Fels, der sich nicht von der Stelle bewegen ließ, aber nun war alles anders. Und nun kam alles an die Oberfläche – die Ungereimtheiten und die Widersprüchlichkeiten, über die wir so oft geflüstert hatten, für die aber in unserem bewußten Denken kein Platz gewesen war. Er versuchte, einen Kompromiß zu erlangen – nur ein Schüler würde von der Schule gewiesen werden. Wir weigerten uns trotzdem, zum Unterricht zurückzukehren. O. K., dann eine einfache Strafe: Vier Stockhiebe für jeden und einen Tag lang Gras schneiden. Wir sahen seine ängstliche Unsicherheit und stellten neue Forderungen.

Wir wollten, daß man uns in afrikanischer Geschichte und afrikanischer Literatur unterrichtete, denn wir wollten uns selbst besser kennenlernen. Warum sollte sich unser Selbst in weißem Schnee und in Frühlingsblumen, die an eisigen Seen im Winde blühten, widerspiegeln? Dann rief jemand nach einem afrikanischen Schulleiter und nach afrikanischen Lehrern. Wir verurteilten scharf das System der von der Schulleitung eingesetzten ›Präfekten‹ – Vertrauensschülern, das der ritterlichen Ordnung von Herren und Knechten glich. Das schlug ein. Stellt euch vor, die Zeitungen griffen genau diesen Aspekt der Krise auf und verurteilten uns. Seit wann schrieben Schüler – ein Mob – ihren Lehrern vor, was sie zu unterrichten hätten? Wenn die Schüler so klug seien und vorher schon wüßten, was sie gelehrt werden wollten und wer die richtigen Lehrer für sie seien, warum hatten sie sich dann die Mühe gemacht, sich für jene Schule zu bewerben? Und eine so berühmte Schule dazu! Mit einem Schulleiter, über dessen Mitarbeit selbst Eton, die beste Schule in England, sich glücklich geschätzt hätte und stolz gewesen wäre. Sie führten an, wieviel Geld für jeden Schüler ausgegeben würde, und verglichen die Zahlen mit dem Einkommen der armen Bauern.

Aber wir waren unerbittlich, trotz der zerstörerischen Haßkampagne. Chui, Chui, schrie einer. Chui, der Name war lebendig geblieben, eine Legende. Wir wollten, daß er käme, um die Schulleitung zu übernehmen. Nieder mit Fraudsham, nieder mit dem Präfektensystem, nieder mit den Weißen – hooooch Chui . . . gebt es ihnen . . . Black Power!

Nun, die Leute aus dem Ministerium kamen. Einer von ihnen war ein Ehemaliger der Schule. Sie baten uns inständig, zum Unterricht zurückzukehren. Unsere Forderungen und Beschwerden würden untersucht werden. Die vier Jungens würden sich mit einer einfachen Strafe, nämlich einen Tag Gras zu schneiden und die Köpfe kahlgeschoren zu bekommen, einverstanden erklären.

Wir nahmen den Unterricht wieder auf. Aber in der Zwischenzeit war etwas geschehen – die Spielregeln waren in Frage gestellt worden, und alles hatte sich verändert. Wir waren uns dessen bewußt und ebenso Fraudsham; fast einen Monat später trat er von seinem Amt zurück und folgte bald danach Lizzy. Wir waren stolz und begeistert und sahen uns selbst in einem neuen Licht. Wir schworen, sollten wir jemals einen afrikanischen Schulleiter bekommen, so würden wir ihm unbedingten Gehorsam leisten; wir würden noch fleißiger arbeiten, um weder ihm noch uns selbst Schande zu bereiten. Keine Präfekten mehr. Wir würden unsere eigenen Vertrauensschüler wählen. Wir nannten uns Afrikanische Volkspartei und wollten einen Schulleiter, der auf der Seite des Volkes stand.

Es war dann doch Chui – es war Chui. Mit verhaltenem Atem erwarteten wir ihn. Keiner von uns hatte ihn je gesehen, und außer Legende und Folklore, die über ihn in der Schule im Umlauf war, wußte keiner etwas über ihn. Aber in unseren Herzen sang die Hoffnung: eine neue Schule, ein neuer Anfang, ein neues Volk. Aber unter den weißen Lehrern herrschte nur düstere Stimmung und Ungewißheit; einer oder zwei reichten sogar ihren Rücktritt ein. Besorgnis und Jubel, Verzweiflung und Hoffnung, umwölkte Gesichter und strahlendes Lächeln – all dies lag widerstreitend in der Luft, während wir auf Chuis Ankunft warteten.

Nun, endlich kam er – vom Tor bis zu seinem Büro standen wir Spalier. Er winkte uns einmal zu, und wir antworteten mit einem herzzerreißenden Chuuuuuui!

Die erste Schulversammlung . . . wir saßen fast eine Stunde vor Beginn in der Halle. Wir sangen, klatschten, hielten Reden. Die weißen Lehrer standen draußen und unterhielten sich nervös.

Dann kam Chui. Es herrschte tödliche Stille, wie im Grab. Er stieg die Stufen zum Podium hinauf – höher, immer höher. Unsere Augen wichen keinen Moment von der Szene, die sich vor uns abspielte. Er trug Khaki-Shorts und ein ebensolches Hemd, dazu einen Tropenhelm. Eine schwarze Ausgabe von Fraudsham. Wir warteten auf Worte, die Angst und Zweifel irgendwie stillen würden. Dann sprach er und kündigte eine Reihe neuer Regeln an. Er dankte den Lehrern für die hohen Maßstäbe, die sie gesetzt hatten, und für den weltweiten Ruf der Schule. Es sei sein Wunsch, nein – seine inständige Bitte, daß die Lehrer bleiben mögen, denn er sei nicht gekommen, um zu zerstören, sondern um auf dem Vorhandenen aufzubauen; es sei kein übereiltes Programm zur Afrikanisierung vorgesehen, da leichtsinnige Hast ausnahmslos zur Auflösung so mancher guten Schule geführt habe. Er gelobte, den kürzlich erfolgten Zusammenbruch der Disziplin unter Mithilfe aller wieder zu beheben. Weit davon entfernt, das Präfektensystem abzuschaffen, würde er ihm im Gegenteil frisches Blut injizieren. Gehorsam sei der königliche Weg zu Ordnung und Stabilität, die einzige Grundlage einer gesunden Erziehung. Eine Schule gleiche einem Körper: der Kopf, die Arme, die Füße – alle müßten, ohne sich zu beklagen, die ihnen zugeordneten Funktionen zum Wohle des ganzen Körpers erfüllen. Er zitierte William Shakespeare.

> Die Himmel selbst, Planeten und dies Zentrum,
> Reihn sich nach Abstand, Rang und Würdigkeit,
> Beziehung, Jahreszeit, Form, Verhältnis, Raum,
> Amt und Gewohnheit in der Ordnung Folge;
> Und deshalb thront der majestät'sche Sol,
> Als Hauptplanet, in höchster Herrlichkeit
> Vor allen andern; sein heilkräftig Auge
> Verbessert den Aspekt bösart'ger Sterne,
> Und trifft, wie Königs Machtwort, allbeherrschend
> Auf Gut' und Böses. Doch wenn die Planeten
> In schlimmer Mischung irren ohne Regel,
> Welch Schrecknis! Welche Plag' und Meuterei!
> Welch Stürmen auf der See! Wie bebt die Erde!
> Wie rast der Wind! Furcht, Umsturz, Graun und Zwiespalt
> Reißt nieder, wühlt, zerschmettert und entwurzelt
> Die Eintracht und vermählte Ruh' der Staaten
> Ganz aus den Fugen! Oh, wird Abstufung,
> Die Leiter aller hohen Plan', erschüttert,
> So krankt die Ausführung. Wie könnten Gilden,
> Würden der Schule, Brüderschaft in Städten,
> Friedsamer Handelsbund getrennter Ufer,
> Der Vorrang und das Recht der Erstgeburt,
> Ehrfurcht vor Alter, Szepter, Kron' und Lorbeer
> Ihr ewig Recht ohn' Abstufung behaupten?
> Tilg' Abstufung, verstimme diese Saite,
> und höre dann den Mißklang!

Dies sind Worte eines großen Dichters – er war größer als selbst *Maillu* und *Hadley Chase.* Die Tradition der Schule, welche die Prüfung der Zeit überstanden habe, müsse aufrechterhalten werden. Deshalb wolle er keinerlei Nonsens mehr über afrikanische Lehrer, afrikanische Geschichte, afrikanische Literatur, afrikanisches Dies und Das mehr hören – wer spräche denn schon von afrikanischer, chinesischer oder griechischer Mathematik oder Naturwissenschaft? Ausschlaggebend seien gute Lehrer und gesunder Lehrstoff. Geschichte sei Geschichte, Literatur sei Literatur und habe nichts mit der Hautfarbe eines Menschen zu tun. Die Schule müsse nach dem streben, was ein berühmter Pädagoge einmal als das Beste beschrieben habe, was jemals in der Welt gedacht oder geschrieben worden sei. Rassismus sei zum Ruin mancher Schule, manchen Staates und mancher Nation geworden. Siriana glaube an den Frieden und an die Brüderlichkeit aller Menschen. Er würde niemals eine Schule dulden, in der Rebellen und Gangster den Ton angäben, und die Ausländer aus Europa hätten nichts zu befürchten.

Wir hörten schweigend zu, Ungläubigkeit kämpfte mit dem Glauben in unseren Herzen – war dies der Chui, der einmal in eben dieser Schule einen Streik angeführt hatte?

Während fast eines ganzen Schulhalbjahres diskutierten wir über das, was er gesagt hatte. Die neuen Präfekten wurden von der Schulleitung noch mehr verwöhnt und an sich gebunden, wie die von gestern. Der neue Schulleiter erteilte seine Befehle durch eine sehr straff gegliederte und unbewegliche Kette von Befehlsempfängern; sie reichte vom Schulsprecher zu den älteren Präfekten und von dort über die jüngeren Präfekten schließlich bis zu uns, den Schülern. Privilegien wurden nach Altersklassen gewährt, Klasse VI wurde es zum Beispiel gestattet, lange Hosen und Jacken und Schlipse zu tragen, während Klasse I nicht einmal Schuhe tragen durfte, außer am Tag des Herrn. Chaucer, Shakespeare, Napoleon, Livingstone, Eroberer, Erfinder und Entdecker aus der westlichen Welt wurden mit noch größerem Nachdruck in unsere Köpfe eingehämmert. Wo, fragten wir uns, wo war der afrikanische Traum geblieben?

Er beklagte sich über die nachlassende Qualität des gesprochenen und geschriebenen Englisch. Bei einer Schulversammlung wandte er sich an die europäischen Lehrer und sagte:

›Ich möchte natürlich nicht einem geschenkten Pferd ins Maul schauen. Ich möchte Ihnen nicht vorschreiben, wie Sie bei Ihrer Arbeit vorgehen sollen. Ich möchte es nicht dem begeisterten amerikanischen Geschäftsmann gleichtun, der den Eskimos Eisschränke verkaufte. Aber ich bin hier der Schulleiter, und die erste Geige gibt den Ton an. Unterrichten Sie gutes, idiomatisches Englisch.‹

Wir begannen erneut zu streiken und wehrten uns gegen die Taktik der verteilten Kontrolle. Nieder mit Chui – hoch die *afrikanische Selbstbestimmung*, nieder mit Ausländern und ausländischen Beratern – hoch die *Black Power.*

Alles Weitere ist bekannt. Chui rief das Überfallkommando in die Schule, und ob ihr es glaubt oder nicht, sie wurden von einem europäischen Offizier angeführt. Wir wurden alle auseinandergetrieben, wobei es einige gebrochene Knochen und Schädel gab. Die Schule wurde geschlossen, und als der Schulbetrieb wieder aufgenommen wurde, war ich einer von den ungefähr zehn, die sich für die Wiederaufnahme nicht mehr einschreiben durften.«

Ein leicht kläglicher Ton lag in Karegas Erzählung, etwas zwischen Verzweiflung und stummem Nicht-Begreifen. Eine gewisse düstere Stimmung hatte den Raum umschlossen, und jeder versuchte dagegen anzukämpfen. Munira war der erste, der etwas sagte, seine Worte waren ein Echo dessen, was der Rechtsanwalt ausgesprochen hatte.
»Ich verstehe das alles nicht – es ist so anders, als es damals bei uns war – ich meine die Forderungen, die ihr gestellt habt. War es wegen der Unabhängigkeit? Was wolltet ihr eigentlich erreichen?«
»Ich weiß es selbst nicht . . . als der Rechtsanwalt eben sprach, schien ich es zu verstehen . . . eine Ahnung zu bekommen . . . aber es läßt sich gedanklich nicht erfassen . . . eine Idee . . . Wir waren doch Männer . . . es war ein gemeinschaftlicher Kampf . . . wir waren ja schließlich die Schule, oder etwa nicht? Wir hatten uns neue Horizonte . . . einen neuen Anfang vorgestellt . . . eine Schule, die auf der Grundlage unserer Anstrengungen und unseres Fleißes . . . unseres gemeinsamen Denkens, unseres Ehrgeizes, unserer Ängste und unserer Hoffnungen aufgebaut sein würde . . . auf dem Recht, uns selbst zu bestimmen . . . ein neues Bild unseres Selbst zu finden . . . all dies und noch mehr . . . aber es war nicht klar genug . . . nur das Wort *Afrikanische Selbstbestimmung* schien alles in sich zu vereinigen!«

5

Es hatte Zeiten gegeben, in denen Nderi wa Riera wahrhaft ein Mann des Volkes gewesen war. Er pflegte damals in großen und kleinen Kneipen Pfeilwerfen und Dame zu spielen, dabei begleitete er sein Spiel mit witzigen und fröhlichen Kommentaren und Drohungen, um seine Gegner aus der Ruhe zu bringen – heute werdet ihr mich aber kennenlernen . . . Denkt ihr, ich sei umsonst in Manyani gewesen? Man sagte damals, daß er sein Büro in der Market Street habe, weil es in der Nähe vom Camay lag, das zu jener Zeit ein renommiertes Lokal war, in dem man Pfeilwerfen und Dame spielte, gebratenes Ziegenfleisch aß und Bier trank. Aus dem Camay waren tatsächlich erstklassige afrikanische Pfeilwerfer wie Waiguru und Parsalli hervorgegangen; nachdem sie in den aufregenden im Brilliant Night Club ausgetragenen Endspielen in dem Sport, der einst ein ausschließlich Europäern und Asiaten vorbehaltener Zeitvertreib gewesen war, gesiegt hatten, waren ihre Namen in Pfeilwerferkreisen in ganz Nairobi weithin bekannt geworden. In jener Zeit kannte man ihn auch als einen der ausdrücklichsten Befürworter von Reformen, und er hatte dies im Parlament und draußen im Land nachhaltig zum Audruck gebracht. Er setzte sich für Anliegen des Volkes ein, wie Höchstgrenzen für Landbesitz, Verstaatlichung der größten Industrie- und Handelsunternehmen, Beseitigung von Arbeitslosigkeit und für die Schaffung von Möglichkeiten der Schulbildung auch für Erwachsene; außerdem befürwortete er die Ostafrikanische Föderation als einen nächsten Schritt auf das Ziel der Pan-Afrikanischen Einheit hin.

Dann wurde er mit Angeboten für Direktorensitze in ausländischen Firmen überhäuft. »Mr. Riera, Sie brauchen gar nichts zu tun, wir wollen nicht zuviel Ihrer überfüllten und wertvollen Zeit in Anspruch nehmen. Nur glauben wir, daß Partnerschaft zwischen Schwarz und Weiß im Interesse echten Fortschritts notwendig ist.« Das Geld, das er von seinen Wählern für ein Bewässerungsprojekt eingesammelt hatte, reichte nicht für eine Wasserleitung, aber es war genug, um als Sicherheit für weitere Bankdarlehen zu dienen, bis er dann Firmenanteile kaufte und in Grundstücken, Häusern und kleineren Unternehmen investierte. Plötzlich war er nicht mehr in den kleinen Kneipen zu finden. Man sah ihn nur noch in exclusiven Clubs – Einlaß nur für Mitglieder – oder aber in der Zeitung – Bilder von ihm bei dieser oder jener Cocktailparty. Wie um seine neue gesellschaftliche Stellung zu festigen, erwarb er noch eine riesige Farm im Rift Valley. Aber seine lukrativsten Verbindungen hatte er zur Touristik-Industrie. Er besaß Grundstücke und Gebäude in Mombasa, Malindi und Watamu, und man hatte ihm Anteile an verschiedenen, an der Küste gelegenen Ferienzentren angeboten. Bald fing er an, von der Notwendigkeit zu sprechen, »daß man endlich erwachsen würde und der Realität ins Auge sähe. Für echtes Wachstum benötigte Afrika Kapital und Investitionen – keine sozialistischen Schlagworte!« Aber er blieb ein starker Befürworter afrikanischer Kultur, afrikanischer Persönlichkeit, authentischen afrikanischen Lebens: »Wenn ihr schon Perücken tragen müßt, warum dann nicht echte afrikanische oder schwarze Perücken?« Er bestand darauf, daß der größte Teil der Firmen, in deren Aufsichtsrat oder deren Direktor er war, ihre europäischen Namen durch afrikanische Namen ersetzten, wie zum Beispiel Uhuru, Wananchi, Taifa, Harambee, Afro, Pan-African – das würde den Unternehmen etwas Bodenständiges geben.

Nderi wa Riera wurde von den meisten seiner Mitparlamentarier beneidet. Sein Wahlkreis war so abgelegen und so weit von der Stadt entfernt, daß ihn seine Wähler kaum jemals mit endlosen Beschwerden belästigten. Was für ein glücklicher und zufriedener Haufen sind deine Leute, sagten sie ihm, und er pflegte das Kompliment mit einem strahlenden Lächeln entgegenzunehmen. Die politische Freiheit eines Abgeordneten! Und wahrhaftig, die Teppiche und Sessel in seinem Büro wären staubig geworden, wenn ihre Sauberkeit von Besuchern aus Ilmorog abhängig gewesen wäre. Die Nachricht von der Ankunft der Delegation aus seinem Wahlkreis schlug sofort bei seinen parlamentarischen Freunden ein.

Sie erwarteten ihn ungeduldig in seinen Lieblingslokalen, die er abends oder nachts aufzusuchen pflegte, um vom Ergebnis dieses unerwarteten Treffens zu hören.

Aber wie die Dinge lagen, mußten sie alle den Dienstag abwarten. Riera war auf Geschäftsreise in Mombasa, außerdem war eine sofortige Untersuchung von zwei Ferienhotels notwendig geworden, die in ausländischen Zeitungen Erwähnung gefunden hatten, und zwar als »besondere Orte, an denen selbst ein älterer Europäer eine authentische, vierzehn- oder fünfzehnjährige afrikanische Jungfrau für den Preis einer Eintrittskarte eines billigen Kinos kaufen könne.« Dies hatte einige unangenehme Fragen in der Presse zur Folge gehabt.

Am Montagabend kam er zurück, und nach einem schnellen Besuch zu Hause bei seiner Familie in Lavington Green machte er die Runde, um sich über den neuesten Tratsch zu informieren. Er ging zu Tumbo's in der Adam's Arcade, sah dort niemand, den er kannte, und nachdem er ein kaltes Tusker hinuntergegossen hatte, fuhr er weiter, die Ngong Road hinunter zum Gaylord Inn.

Dort, in der Farewell Bar, fand er sich sofort von Freunden umringt, die alle etwas über die Delegation wissen wollten. Einen Augenblick lang dachte er, daß sie ihn über die Affaire der authentischen Jungfrauen befragen wollten; er lachte darüber – es sei überhaupt nichts dran . . . Europäer könnten sowieso das Alter von Afrikanern nicht schätzen, und für die sei jede Frau, deren Brüste fest und spitz wären – und seien sie aus Watte gemacht – eine Jungfrau. Erst als sie Ilmorog erwähnten, schaute er sie ziemlich scharf an, als ob jemand einen unerfreulichen Spaß mit ihm treiben wolle. Sein Freund Kimeria aber bestätigte, daß es wahr sei, und erwähnte etwas über eine Dürre. Riera wischte die angebliche Wichtigkeit der Delegation beiseite und trank weiter. Aber in seinem Inneren war er doch etwas besorgt – war es möglich, daß sie den ganzen weiten Weg gekommen waren, nur wegen einer Dürre, über die nicht einmal die kleinste Spalte in der Zeitung gestanden hatte? Wie sollten sie es bloß geschafft haben, sich zu organisieren? Es war viel wahrscheinlicher, dachte er, daß ihm jemand seinen Sitz im Parlament streitig machen wollte.

Um acht Uhr früh war er in seinem Büro. Die Sekretärin zeigte ihm die für den Tag vorliegenden Termine. Er erwartete mit sichtbarer Unruhe den Termin um zwei Uhr – er war bereit und für eine Auseinandersetzung gerüstet, war er doch ein alter und erfahrener Kämpfer im Geschäft der politischen Machenschaften. Er würde denen, die etwas gegen ihn im Schilde führten, zeigen, daß er derselbe Nderi, Sohn des Riera, geblieben war und daß er *nyeni cia terere sukuma wiki* nicht bei jedem Beliebigen aß!

Die Delegation kam ein bißchen zu spät, denn sie hatten sich alle verschlafen, und sie brauchten Zeit, bis der Maisbrei gekocht und gegessen war. Was für ein Glück hatten sie gehabt, daß sie den Rechtsanwalt kennengelernt hatten! Es war ein gutes Vorzeichen, dachte Karega, als sie sich dem Jeevanjee Park näherten. Sie hatten das Gespräch mit dem Rechtsanwalt bis in die frühen Morgenstunden fortgesetzt. Es hatte Karega den Zugang zu so vielen Gedanken erschlossen, daß er wünschte, Ilmorog befände sich gleich neben Nairobi, so daß sie täglich die Diskussion hätten fortsetzen können. Der Rechtsanwalt war vorsichtig gewesen, sie in dem Vorhaben, von ihrem Abgeordneten empfangen zu werden, nicht zu entmutigen. »Wir müssen demokratische Mittel und Vorgänge bis zur äußersten Grenze ausnutzen«, hatte er gesagt. »Aber sollte etwas Gegenteiliges geschehen, so könnt ihr jederzeit zu mir zurückkommen. Ich würde auf alle Fälle gerne das Ergebnis eures Besuches erfahren.«

Wie gestern, so blieb auch heute der größte Teil der Delegation im Park. Nur begleiteten diesmal Wanja, Abdulla und Njuguna die beiden Lehrer, Karega und Munira, zum Iqbal Iqlood Gebäude. Ihre zerdrückte, fettige und schmutzige Kleidung machte aus ihnen die seltsamste Gruppe von Vogelscheuchen, die jemals einem Abgeordneten in seinen Büroräumen unter die Augen getreten war; in Räumen, die bis jetzt nur den Besuch von Damen und Herren in makellosen Stadtanzügen gekannt hatten.

Aber Nderi wa Riera, in seinem dreiteiligen grauen Anzug, zeigte keinerlei Überraschung, als er aufstand, um sie zu begrüßen, er schob sogar eigenhändig Stühle hin, damit sie sich setzen konnten. Dieser Anfang kann sich sehen lassen, dachte Karega und sank mit einem Seufzer innerer Erleichterung in den Sessel. Riera dachte – wie boshaft können doch manche Leute sein – nur fünf, und seine Freunde hatten von einer großen Anzahl von Menschen gesprochen – aber gleichzeitig war er enttäuscht, denn ein Politiker denkt in großen Menschenmengen.

»Wie befinden Sie sich?« fragte er höflich und schüttelte jedem von ihnen die Hand.

»Wir befinden uns wohl«, antworteten sie im Chor.

Der Abgeordnete lehnte sich in seinen Sessel zurück, während seine Blicke sie einzuordnen und einzuschätzen versuchten.

»Sind Sie von weither gekommen?« fragte er sie, ohne sich dabei anmerken zu lassen, daß er über sie Bescheid wußte.

»Ilmorog«, sagte Munira. »Wir waren gestern schon einmal hier. Hat Ihre Sekretärin Ihnen das nicht gesagt?«

»Natürlich hat sie das«, sagte er lachend. »So sprechen wir hier eben, das dürfen Sie nicht vergessen. Man sieht jemand, der den Boden umgräbt oder einen Baum fällt, und man fragt ihn: Was machst du gerade?«

»Stimmt, stimmt«, sagte Munira, und alle lachten.

»Sie müssen nach dieser langen Reise sehr müde sein. Sind Sie mit dem Bus gekommen?« fragte er sie und drückte auf einen Knopf.

»Nein«, sagte Wanja. »Wir sind zu Fuß gekommen.«

»Wirklich?«

Die Sekretärin steckte den Kopf durch die Tür.

»Bitte, machen Sie doch Kaffee – fünf Kaffees für die Herren hier und die Dame . . . Wirklich?« wiederholte er und schaute sie an. »Aber ich stelle zu viele Fragen. Wir haben uns noch nicht einmal bekannt gemacht. Mein Name ist Nderi wa Riera.«

»Wir kennen Sie«, sagten sie alle.

»Früher nannte ich mich David Samuel. Aber ich habe mir gesagt, warum sollten wir unsere eigenen Namen zu Gunsten dieser ausländischen aufgeben? Ha, ha, ha! Ich kenne einen Freund, der so schwarz ist wie der Ruß an einem Kochtopf, und der nennt sich Winterbottom! Ha, ha, ha!«

»Die Europäer haben uns gezwungen, viele unserer schönen Sitten und Gebräuche aufzugeben, und ich meine damit nicht nur die Beschneidung«, sagte Njuguna. Welch vernünftiger Mann im Parlament, dachte er. »Ich heiße Njuguna und bin Bauer in Ilmorog.«

»Es tut mir leid, daß mich die Arbeit im Parlament so in Anspruch genommen hat, daß mir kein freier Augenblick mehr zur Verfügung stand, aber ich hatte schon lange geplant, ungefähr eine Woche lang eine Rundreise durch den Wahlkreis zu machen, um die Leute kennenzulernen. Ich hatte beabsichtigt, mich mit den landwirtschaftlichen Problemen der Gegend vertraut zu machen. Kenia ist weitgehend landwirtschaftliches Gebiet, und unser Überleben hängt von Bauern wie Ihnen ab.«

Die Sekretärin kam mit einem Tablett. Sie nahmen sich alle eine Tasse und ein Plätzchen und fingen an zu trinken.

»Und Sie?« fragte er und zeigte auf Wanja.

»Ich heiße Wanja . . . ich bin eine Art Besucher in Ilmorog.«

»Schön, und Sie haben die anderen auf dieser Reise begleitet? *Mgeni siku mbili, ya tatu umpatie njembe!* Oder nicht?« fragte er und wandte sich Munira zu. »Sind Sie auch Landwirt?«

»Nein. Ich bin der Schulleiter der Grundschule von Ilmorog, und mein Name ist Munira, Godfrey Munira. Ich fürchte, ich habe den ausländischen Namen noch nicht abgelegt. Wenn wir schließlich ihre Hemden tragen und in ihren Häusern wohnen . . . aber darüber haben wir uns ja schon unterhalten«, sagte er und sah zu Karega und Wanja hin.

»Sie sollten im Parlament sein«, sagte der Abgeordnete. »Ich freue mich, Ihre Bekanntschaft zu machen, Mr. Munira. Was bedeutet schon ein Name? Viel entscheidender ist die Qualität dessen, was man für das ganze Land tut. Lehrer zum Beispiel. Ohne gute Lehrer gibt es keine Nation. Lehrer sind die wahren Männer des Volkes. Wir sind nur Botschafter. Stammen Sie aus Ilmorog?«

»Nicht ganz. Ich komme aus Limuru.«

»Der Minister ist Ihr dortiger Abgeordneter. Ich kenne ihn sehr gut. Kommen Sie auch aus Limuru?« fragte er Karega.

»Ja. Aber ich unterrichte in derselben Schule wie Mr. Munira.«

»Sie sehen zu jung aus, um Lehrer zu sein«, sagte er lachend, dachte aber gleichzeitig, daß er jetzt vorsichtig sein müsse – warum ist nur ein einziger dabei, der wirklich aus Ilmorog stammt? »Heutzutage tut es einem gut, wenn man einen jungen Mann kennenlernt, der vernünftig ist. Die meisten wollen Büroangestellte werden – Arbeit im weißen Hemd – dabei können sie nicht einmal Schreibmaschine schreiben.«

»Da stimme ich nicht mit Ihnen überein, Sir«, erwiderte Karega, der an seine eigene Erfahrung mit eben diesen Büros dachte. »Ich bin sicher, daß viele der Schulabgänger gerne einen Job annehmen würden, der ihnen ein angemessenes Gehalt gewährleisten würde.«

Ich wußte, daß Vorsicht geboten ist, dachte der Abgeordnete, als er die Leidenschaft in Karegas Worten bemerkte. Als Politiker hatte Nderi gelernt, daß kein Feind zu klein und keine Begebenheit zu unbedeutend war, um ignoriert zu werden und sich leichtsinnig darüber hinwegzusetzen, es sei denn mit berechneter Absicht.

»Ich bin ganz mit Ihnen einverstanden. Arbeitslosigkeit ist ein akutes Problem in unserem Land. Aber überall in der Welt ist es so. Man liest ja sogar von den Millionen von Menschen, die in Amerika und England keine Arbeit haben und um Brot betteln. Der Grund dafür ist die Bevölkerungsexplosion. Familienplanung und Bevölkerungskontrolle ist das einzige Heilmittel dagegen.«

»Da muß ich Ihnen noch einmal widersprechen. Ich bin nicht sicher, daß ich mit Ihnen übereinstimme. Glauben Sie nicht, daß Familienplanung ein Trick der Westmächte ist, um unsere Bevölkerungszahlen niedrig zu halten? England ist eine winzige Insel, und doch wohnen dort über fünfzig Millionen Menschen, warum schränken die ihr Bevölkerungswachstum nicht ein? Schließlich ist selbst China in der Lage, seine Millionen von Menschen zu ernähren und zu kleiden.«

Seltsam, daß er genau so redet, wie ich es selbst früher getan habe, dachte der Abgeordnete und sah dabei ein Stück seiner selbst in diesem Jugendlichen, der es so ernst meinte.

»Aber welchen Preis hat China dafür bezahlt? Keine individuelle Freiheit . . . keine Pressefreiheit . . . keine Glaubens- oder Versammlungsfreiheit und Menschen, die langweilige Uniformen tragen. Wünschen Sie sich das für Ihr Land? Als ich jung war, dachte ich, ich könnte durch Schlagworte die Probleme der Welt lösen. Aber als ich älter wurde, habe ich gelernt, realistischer zu sein und den Tatsachen ins Auge zu sehen. Und wir schwarzen Leute müssen lernen, uns nicht gegen harte Wahrheiten aufzulehnen, selbst wenn dies be-

deuten sollte, unsere heißgeliebten Theorien zu revidieren. Das Bevölkerungsproblem, zum Beispiel –!«
»Wollen Sie sagen, daß Frauen keine Kinder mehr bekommen sollen?« fragte Wanja mit seltsam gequälter Stimme.
»Nein, aber es sollten gewisse Abstände eingehalten werden, um mit unseren Möglichkeiten, die vielen Münder zu ernähren, Schritt halten zu können. Wenn nicht etwas Drastisches unternommen wird, werden wir bald Zustände wie in Indien haben, mit tausend hungrigen Mäulern, die uns an die Kehle wollen. Sind Sie damit nicht einverstanden?« sagte er und wandte sich Abdulla zu. »Sie haben uns noch nicht einmal Ihren Namen genannt, und Karega und ich wollen schon Weltprobleme lösen.«
»Die Menschen sind jetzt also der Feind«, dachte Karega.
Abdulla antwortete nicht sofort. Er räusperte sich ein wenig und begann dann mit langweiliger, lebloser Stimme zu sprechen.
»Hase und Antilope fielen einmal beide ins dasselbe Loch. Laß mich auf deinen Rücken klettern, sagte Hase, danach werde ich dich herausziehen. So kletterte also der Hase auf den Rücken der Antilope und hüpfte hinaus auf den trockenen, sonnigen Erdboden. Er säuberte sich vom Staub und machte sich auf den Heimweg. He, du vergißt mich, schrie Antilope. Hase aber begann, Antilope eine Predigt zu halten. Lassen Sie sich einen guten Rat geben, mein Freund. Ich fiel aus Versehen in dasselbe Loch wie Sie. Aber Sie, Herr Antilope, machen den großen Fehler, daß Sie meistens mit allen vier Beinen in der Luft hängen und Sprünge machen, anstatt fest auf dem Boden zu stehen und aufzupassen, wohin Sie gehen. Es tut mir leid, aber es ist ganz Ihre eigene Schuld.«
Damit stand Abdulla auf, ging hinaus und hinterließ eine Wolke peinlicher Schwere, die das Zimmer erfüllte.
»Wer ist er?« fragte der Abgeordnete.
»Er heißt Abdulla . . . ist Geschäftsmann . . . er hat einen Laden in Ilmorog«, erklärte Munira.
»Außerdem ist er ein guter Geschichtenerzähler, ha, ha, ha! Geht das Geschäft dort gut?«
»Es geht . . . er kommt gerade zurecht«, fuhr Munira fort und gab sich offensichtlich Mühe, möglichen, durch Abdullas unvermittelten Abgang entstandenen Schaden wiedergutzumachen. »So ist es richtig, Eigenständigkeit. Wie Sie ja wissen, war vor der Unabhängigkeit das ganze Geschäftsleben in der Hand der Inder. Aber nun gibt es Afrikaner, welche dieselben *dukas* führen und es ausgezeichnet ma-

chen, manchmal erzielen sie sogar noch größere Gewinne als die Inder. Guten Profit zu machen, ist nicht das Monopol irgend einer Rasse. Stammt er denn aus Ilmorog?«

»Nicht ganz. Ich fürchte, auch er ist ein Neuankömmling.«

Der Abgeordnete lehnte sich in seinen Stuhl zurück und kippte ihn ein wenig nach hinten. Das war die Bestätigung seiner Befürchtungen. Irgendwo mußte es eine Verschwörung geben, um seinen guten Ruf in den Schmutz zu ziehen. Seine politischen Feinde sandten Fremde nach Ilmorog, um unter friedlichen Menschen Unruhe zu säen. Er hatte noch nicht vergessen, was seinen beiden Abgesandten, die er nach Ilmorog geschickt hatte, um eine kleine Teeparty zu arrangieren, widerfahren war. Er selbst hatte so viel zu tun gehabt, um den glatten Ablauf der Gesamtaktion des Teetrinkens zu gewährleisten. Schließlich war die Idee einer kulturellen Bewegung sein und einiger seiner Freunde Einfall gewesen. Dann hatten sie den Gedanken einer äußerst wichtigen Persönlichkeit verkauft. Nach der Ermordung des indischen Kommunisten hatte die Spannung, die im ganzen Land herrschte, Nderi und andere aufgerüttelt, und der Gedanke, die Massen bei einer Teeparty ewige Loyalität schwören zu lassen, schien ideal zu sein. Aber die Leute in seinem Wahlkreis hatten ihn im Stich gelassen.

»Und nun, meine Freunde, wie kann ich Ihnen helfen? Wie Sie ja wissen, sind wir stets die Diener des Volkes, egal aus welchem Wahlkreis Sie kommen.«

»Sir, die anderen warten alle im Jeevanjee Park. Sie haben uns nur hergeschickt, um uns zu erkundigen, ob Sie da wären.«

»Aber warum habt Ihr sie denn nicht heraufgebracht?« Mit einiger Erleichterung drückte er auf einen Knopf, worauf die Sekretärin das Zimmer betrat. »Können Sie in den Jeevanjee Park gehen und die anderen bitten, hierher ins Büro zu kommen? Dies ist ihr Büro, ihr Zuhause, und sie sollten sich nicht fürchten.«

»Einen Augenblick . . . Es sind zu viele, als daß sie hier hereinpassen würden, deshalb wäre es besser, wenn Sie draußen zu ihnen sprechen würden«, erklärte Munira.

»Gut, dann machen wir es so«, sagte er zu der Sekretärin.

»Es tut mir wirklich sehr leid, daß ich gestern nicht hier war. Ich hatte Regierungsgeschäfte in Mombasa zu erledigen. Es ist einfach zu viel. Aber wir haben geschworen, der Öffentlichkeit zu dienen. Es gibt keinen Elefant, der seine Stoßzähne nicht tragen kann, wie groß und schwer sie auch sein mögen. Vielleicht können Sie mir

kurz sagen, was Sie zu mir gebracht hat, ehe ich die anderen kennenlerne.«
Zuerst hatte er beabsichtigt, direkt hinauszugehen und zu den Leuten zu sprechen, fand aber dann, daß Vorsicht geboten sei und er sich über die Mission zuerst informieren müsse, damit er vorbereitet sei.
»Wir sind hierher gekommen«, sagte Njuguna, »weil wir wissen, daß Sie unser Sohn sind. Es gibt kein Haus, in dem ein Sohn lebt, in dem nicht der Kopf eines Ziegenbockes gegessen wird! Während der vergangenen sechs Monate hat es in Ilmorog nicht mehr geregnet. Unser Vieh und unsere Ziegen sind am Verenden. Wir haben die letzten Maiskörner der letzten Ernte, die es gab, gegessen. Dann haben wir uns zusammengetan und haben gesagt: Wir haben einen Sohn, der seinen Mund am Ohr der Regierung hat.«
Beim Zuhören wurde Nderi immer ernster. Als Abgeordneter jener Gegend hätte er davon wissen müssen. Wenn es allgemein bekannt würde, dann könnten seine Gegner leicht politisches Kapital aus der ganzen Sache schlagen. Vielleicht war es in der Tat schon zu spät. Seine Feinde könnten sehr wohl von der Dürre gehört und das Ganze inszeniert haben, um zu sehen, wie er sich verhalten würde, ganz bestimmt aber, um ihn in Verlegenheit zu bringen.
»Warum sind Sie denn nicht früher gekommen?« fragte er mit besorgter Miene und zerbrach sich gleichzeitig den Kopf darüber, wie ein dramatischer Ausweg zu finden sei.
»Wir wußten, daß Sie sehr beschäftigt sind. Wir wußten, daß Regierungsangelegenheiten Sie in Anspruch nahmen, sonst hätten Sie schon längst Zeit gefunden, uns zu besuchen. Wir hatten Sie ja dazu gewählt, also warum sollten wir uns beklagen. Außerdem hatten wir die Hoffnung auf Regen nie aufgegeben. Aber man sagt, daß Gott im Himmel kein Ugali ißt. Er führte diese Frau und die Lehrer ins Dorf, die besser über alles Bescheid wissen als wir. Sie sagten uns, daß Sie sich freuen würden, uns zu sehen.«
»Natürlich, natürlich, Sie hatten vollkommen recht, und ich bin Ihnen sehr dankbar«, sagte er und schaute Munira und Karega wohlwollend an. In seinem Inneren aber kochte er vor Wut über diesen offensichtlichen Trick. Meine Feinde denken, sie seien klug, wenn sie sich der Lehrer als Werkzeug bedienten; oder dieser Munira hier hat vielleicht Ambitionen und will sich bei meinen Wählern einschmeicheln. Ha!
»Es ist eine gute Sache, daß Sie zum Unterrichten nach Ilmorog ge-

gangen sind. Ist – äh, ich habe seinen Namen vergessen – wer ist der Schulbeauftragte in Ruwa-ini?«

»Mr. Mzigo.«

»Seit wann sind Sie schon – äh – in –«

»Wir sind wirklich Fremde dort, ich bin zwar schon seit über zwei Jahren da, aber Mr. Karega erst seit einigen Monaten.«

Ha! Dieser Mzigo. Bestochen. Mir Schwierigkeiten machen. Unzufriedenheit schaffen. Sein Kampfgeist war jetzt hellwach.

»Sie haben eine lange und schwierige Reise hinter sich. Wahrhaftig! Dann wollen wir jetzt hinausgehen und die anderen kennenlernen. Dann kann ich Ihnen allen zusammen meine Antwort geben.«

Gemeinsam gingen sie zum Park hinüber, und als sie fast dort waren, stimmten die Frauen die fünf *Ngemi* an, den Trillergesang, der im allgemeinen für einen neugeborenen Knaben oder einen siegreich heimkehrenden Helden gesungen wurde. Innerhalb weniger Augenblicke hatte dies eine Menge Herumlungerer und die Horden der Arbeitslosen angezogen, die gewöhnlich ihren Hunger im Park ausschliefen und für jedes Schauspiel, das Abwechslung verhieß, dankbar waren, sei es religiöser, politischer oder krimineller Art. Der Empfang gefiel Nderi, aber zerstreute seine Befürchtungen nicht ganz. Njuguna stellte ihn der Menge als »unseren verlorenen Sohn, den wir ausgesandt haben, um uns unseren Anteil aus der Stadt wiederzubringen« vor und wiederholte ihren Hilferuf angesichts der Dürre. Karega fand es schwierig, seine eigene Einstellung dem Abgeordneten gegenüber zu analysieren, aber wie alle anderen war er voll Hoffnung und hing an den Lippen des Abgeordneten, verfolgte aufmerksam seine Gesten und jede seiner Bewegungen und erwartete voller Spannung eine dramatische Lösung ihrer Probleme. Nderi selbst hatte sich noch keinen zusammenhängenden Plan einfallen lassen. Aber ein Politiker war ein Politiker, und der Anblick der wachsenden Menschenmenge regte ihn an, inspirierte ihn, ja, erinnerte ihn sogar an die aufregenden Tage der *Lancaster-House-Konferenz*, an Reisen nach London, Menschenansammlungen am Flughafen und an die Reden in *Kamukunji*, die jedesmal mit herzerschütterndem Beifall, mit jubelnder Hoffnung auf zukünftige Herrlichkeit aufgenommen worden waren.

»Uhuru!«

»Uhuru!«

»Uhuru na KANU!«

»Uhuru na KANU!«

»Nieder mit den Feinden unserer schwer erkämpften Freiheit!«
»Nieder mit unseren Feinden!«
»Nieder mit Gerüchtemachern und Unruhestiftern!«
»Nieder mit Gerüchtemachern und Unruhestiftern!«
»*Harambee!*«
»*Harambee!*«
»Ich danke Ihnen sehr, vielen Dank! Meine lieben Freunde aus Ilmorog! Heute ist der glücklichste Tag meines Lebens, seit Sie mir damals Ihre Stimmen gegeben und Sie mich beauftragt haben, voranzugehen und unablässig als Ihr Diener im Parlament zu kämpfen.« Er machte eine Pause und wartete, bis der zustimmende Beifall verebbt war.
»Ich habe von Ihren Leiden und Nöten in Ilmorog gehört. Es liegt nicht in der Hand irgendeines Menschen . . . aber ich bin froh, daß Sie die Probleme Ihrem Diener vor Ohren gebracht haben. *Kamuingi Koyaga Ndiri.* Das ist die Bedeutung von Harambee. Wollen wir zusammenarbeiten, um Arbeitslosigkeit und andere Krankheiten zu bekämpfen?«
»Jaaa!«
»Wir nehmen Sie beim Wort!« schrie die Menge der Arbeitssuchenden.
»*Toboa! Toboa!*« stimmten andere ein.
Er machte wieder eine Pause und ließ den stürmischen Applaus zu Ende kommen. Und plötzlich, wie vom Applaus und der Menschenmenge inspiriert, wurde ihm klar, wie er seine Feinde verwirren und ihre Machenschaften zu seinem eigenen Vorteil nutzen könnte. Der Gedanke war so direkt und einfach, daß er sich fragte, warum er nicht schon früher darauf gekommen war und damit der ganzen Sache ein Ende gesetzt hätte.
»Ich danke Ihnen, meine Freunde. Nun möchte ich Ihnen einige Vorschläge machen, hören Sie bitte sorgfältig zu, denn es wird bedeuten, daß wir alle – klein oder groß, Lehrer oder Schüler – für das gemeinsame Wohl und für die Ehre von Ilmorog Opfer bringen.« Die Frauen stimmten einen Trillergesang an, der drei volle Minuten dauerte; das zog viele Passanten aus der Market Street, Muindi Mbingu Street und der Government Road an, und ebenso viele, die dort arbeiteten. Auch einige Stundenten von der Universität kamen.
»Also, ich möchte gerne, daß Sie nach Ilmorog zurückkehren. Tun Sie sich dort zusammen, und dann führen Sie eine Sammlung durch. Sie könnten sogar einige Kühe und Ziegen verkaufen, anstatt sie ein-

gehen zu lassen. Greifen Sie tief in ihre Taschen. Ihre Geschäftsleute, die Ladeninhaber sollten großzügig spenden, anstatt Geschichten zu erzählen. Organisieren Sie auch eine Tanz- und Singgruppe aus Leuten, welche die traditionellen Lieder kennen. *Gitiro, Muthuu, Ndumo, Mumburo, Muthungucu, Mwomboko* – solche Lieder. Unsere Kultur, unsere afrikanische Kultur und geistigen Werte müssen das wahre Fundament dieser Nation sein. Wir werden und wir müssen eine starke, repräsentative Delegation nach Gatundu schicken!«
Die Aussichten einer solchen Mission hatten ihn derart begeistert, daß er die lautlose Stille, die sich über die Menschenmenge gelegt hatte, für aufmerksame Zustimmung hielt, und dies wiederum spornte ihn an, den Gedankenflügen seiner Phantasie noch freieren Lauf zu lassen.
»Um noch mehr Tee zu trinken – *Gachai!*« rief jemand.
»Aber –« Ein paar Stimmen versuchten, zu ihm durchzudringen, er ließ sich jedoch schon über weitere Einzelheiten aus.
»Wir müssen zeigen, daß wir im Geist von *Harambee* unseren Anteil zur Verwirklichung der Selbsthilfeprojekte beitragen, um ein für alle Male zukünftigen Dürrezeiten im Land ein Ende setzen zu können.«
»Aber – aber – wir sind am Verhungern«, noch mehr Stimmen versuchten umsonst, den Fluß seiner Redekunst zu unterbrechen.
»Das ist alles sehr wichtig. Und Sie, Munira und Karega, haben eine besondere Aufgabe. Bereiten Sie die Kinder darauf vor. Machen Sie einen Chor. Lernen Sie mit ihnen einige patriotische Lieder.«
Der Mann ist verrückt – schmerzhaft wurde sich Karega dessen bewußt, während er gleichzeitig allgemeines Mißbehagen und Unruhe unter der Menge spürte.
»Mr. Nderi«, rief er und stand auf, um etwas zu sagen, aber Nderi bedeutete ihm mit einer Handbewegung zu schweigen.
»Einige der Dorfältesten sollten sich bereithalten. Vernünftige, wie Njuguna – die ihre Reden mit ein paar Sprichwörtern ausschmücken können. Echte Ilmoroger müssen eure Sprecher sein, keine Fremden – und ich selbst werde die Delegation anführen. Ich werde Eure Bitten und Anliegen vortragen. Wir werden den Namen von Ilmorog auf der Landkarte unserer Nation verzeichnen. *Uhuuuuru! Harambeeee!*«
Er hielt inne, um Atem zu holen und um sich im Applaus zu baden. Jemand aus der Menge schrie: »Das sind die Leute, die unsere Freiheit mißbrauchen«, was von der Menge mit allgemeinem Gemurmel

protestierender Zustimmung begrüßt wurde. Plötzlich flog ein Stein und traf Nderi an der Nase. Darauf folgte ein Hagel von Apfelsinenschalen, Steinen und allem möglichen anderen. Einige Augenblicke lang versuchte Nderi Würde zu bewahren und die verschiedenen Wurfgeschosse, die auf ihn zuflogen, zu ignorieren. Dann traf ihn eine Ladung Straßendreck mitten auf den Mund. Für einen würdevollen Abgang war es nun zu spät. Er machte plötzlich kehrt und rannte davon, dabei fragte er sich, was wohl verkehrt gelaufen sei, und ob er die verzweifelte Entschlossenheit seiner politischen Feinde unterschätzt habe. Er rannte quer durch den Jeevanjee Park auf die Hauptpolizeiwache zu, einige wenige verfolgten ihn und schrien: *»Mshike! mshike! Huyuu!* – Haltet ihn, haltet ihn, das ist er!« wobei er wünschte, er hätte Flügel, um über die gaffenden Passanten hinweg durch die Luft fliegen zu können.

»Unsere Mission ist fehlgeschlagen«, sagte Karega bitter vor sich hin. Er fühlte heiße Tränen in sich hochsteigen. Er vermied es, die Leute anzuschauen. Von ihrem Abgeordneten im Stich gelassen, auch von der Menge der Stadtleute im Stich gelassen, die sich alle schnell in die umliegenden Straßen zerstreut hatten, saß die Delegation aus Ilmorog im Gras und hatte das Gefühl, als hätte sich die ganze Welt gegen sie gewandt.

Ein Überfallkommando traf mit heulenden Sirenen am Schauplatz ein. Aber der verantwortliche Polizeibeamte war überrascht, als er eine zwar verwirrte, aber würdevoll und in aller Ordnung dasitzende Gruppe von alten Männern, Frauen und Kindern antraf. Nderi saß neben dem Beamten im Wagen und zeigte auf Munira, Abdulla und Karega.

»Sie werden in der Polizeistation gewünscht, um einige Fragen zu beantworten«, sagte der Polizeibeamte den drei Männern, als er sie zu dem wartenden Polizeiwagen führte.

Nyakinyua beobachtete, wie sie wegfuhren. Dann wandte sie sich an die wie betäubt dasitzende Delegation. »Wir wollen ihnen folgen und ihre Freilassung fordern«, sagte sie fest entschlossen. »Sie haben nichts Unrechtes getan, überhaupt nichts Unrechtes!«

6

Munira, Karega und Abdulla wurden über Nacht in der Hauptpolizeiwache der Stadt festgehalten. Am nächsten Morgen wurden sie vor ein Gericht gestellt und von der Anklage der öffentlichen Ruhestörung freigesprochen.

Der Rechtsanwalt hatte sie gerettet. Er hatte nicht nur erfolgreich den Fall für den darauffolgenden Tag zur Verhandlung beantragt, sondern er hatte auch beantragt, daß sie auf Bewährung freigelassen würden; wohingegen der Anklagevertreter die Verhandlung des Falles um zwei Wochen hinausschieben und die drei in Untersuchungshaft halten wollte, währenddessen weitere Untersuchungen angestellt werden sollten. Am Tage der Verhandlung nun lernten sie den Rechtsanwalt von einer vollkommen anderen Seite kennen: er war nicht mehr der freundliche Gastgeber, nicht mehr der besorgte Sozialanalytiker, sondern ein harter, unerbittlicher Verteidiger, rücksichtslos und voller Verachtung, als es zum Kreuzverhör der Anklagezeugen und damit vor allem des Abgeordneten kam. Es war ihm irgendwie gelungen, aus den Antworten, die er auf seine Fragen bekommen hatte, und aus nebensächlichen Kommentaren eine Geschichte zu entwerfen, welche die Not der von der Dürre und den allgemeinen Lebensbedingungen in jenem Gebiet bedrohten Menschen herausstellte. Er beschrieb Ilmorog als »verlassene Heimstatt«, als »vergessenes Dorf«, als Insel der Unterentwicklung, die man, nachdem die Gegend leer- und trockengesaugt worden war, einfach in ihrem derzeitigen Zustand belassen habe, als groteskes und verzerrtes Bild dessen, was das Leben der Bauern einmal war und wieder sein könnte. Er übte scharfe Kritik an der Nachlässigkeit jener, die mit der Aufgabe betraut worden waren, das Volk zu vertreten. Wenn die Volksvertreter ihrer Pflicht nachkämen, wäre dann eine solche Reise nötig gewesen? Er faßte alles zusammen, indem er bis in die kleinsten Einzelheiten ihre heldenhafte Reise schilderte, so daß die Leute im Gericht, ja, sogar die Richter selbst, sichtlich bewegt waren. Dann forderte er das Hohe Gericht dramatisch auf, hinauszugehen und sich den Esel und den Karren anzusehen; erst an jenem Morgen war es ihm gelungen, die Polizei dazu zu bewegen, den Esel aus polizeilichem Gewahrsam zu entlassen!

In einem Freispruch bezeichnete auch der Richter die drei Männer als die guten Samariter, so wie es der Rechtsanwalt vor ihm schon getan hatte. Bei diesen Worten wurde es ihnen vor Freude warm ums Herz.

Außerdem begeisterte sie der Anblick ihrer eigenen Bilder in den Zeitungen. Sie waren hocherfreut, sich selbst abgebildet zu sehen und ihre Namen zu lesen. FREISPRUCH FÜR DREI GUTE SAMARITER hieß die Schlagzeile in einer der Tageszeitungen. Und dann war da noch der Journalist, der hinter jenen Schlagzeilen eine dramatische, sensationelle Story gewittert hatte, der Gruppe gefolgt war, Bilder gemacht und endlose Fragen gestellt hatte. Am darauffolgenden Tag erschien ihre Geschichte auf den zwei Hauptseiten der Zeitung unter drei riesigen Schlagzeilen:
TOD IN DER WÜSTE – HUNGER IN ILMOROG – ESEL AUF RETTUNGSMISSION. Das Wesentlichste an der Story war ein Bild, auf dem Abdullas Esel, der einen leeren Karren zog, und mit ihm die ganze Gruppe zu sehen war. Ihren Gesichtern konnte man ansehen, daß die Furcht sie ein wenig überrascht hatte und daß sie sich im Stadtdschungel der Fahrzeuge und Gebäude und der geschäftig auf den Straßen hin und her eilenden Menschen verloren vorkamen.
Ironischerweise rettete eben dies ihre Mission. Von allen Seiten brachte man ihnen Geschenke. Innerhalb von drei Stunden, nachdem die Geschichte in der Zeitung erschienen war, wurde das Haus des Rechtsanwalts mit Geschenken an Lebensmitteln überschwemmt, und bald war der Eselskarren bis obenhin schwer beladen. Eine Firma bot sich an, für die ganze Gruppe mitsamt dem Esel und dem Karren freien Transport zur Verfügung zu stellen. Pfarrer Jerrod forderte eine Vereinigung, in der alle Kirchen vertreten waren, auf, ein Team in die Gegend von Ilmorog zu entsenden, um zu untersuchen, inwieweit die Kirchen Hilfe leisten könnten. Ein Regierungssprecher versprach, Experten zu entsenden, um Möglichkeiten festzustellen, wie Ilmorog in die langzeitlich geplanten landwirtschaftlichen Entwicklungsprojekte der Regierung eingepaßt werden könnte; sie würden darüber beraten, ob die Durchführung gewisser Entwicklungspläne vorgezogen werden könnte, damit Ilmorog und ähnliche Gebiete in Zukunft bei drohender Dürregefahr sich selbst versorgen könnten.
Während eines ganzen Monats nach der triumphalen Heimkehr der Gruppe kamen *sie* – Kirchenführer, die Bittgottesdienste um Regen durchführten und den Bau einer Kirche für die umliegende Gegend versprachen; Regierungsbeamte, die erklärten, daß die Gegend eindeutig eine selbständige Distriktsverwaltung benötige – Ilmorog sei zu weit von Ruwa-ini entfernt, um von dort aus ordnungsgemäß

verwaltet werden zu können – und die dann versprachen, einen Bericht zu schreiben mit der Empfehlung, eine leistungsstarke Untersuchungskommission, die sich mit den Entwicklungsmöglichkeiten der Gegend befassen würde, einzusetzen. Wohltätigkeitsorganisationen kamen und versprachen, noch mehr Lose für eine Tombola zugunsten von Ilmorog zu verkaufen – *Jaribu Bahati* –, und schließlich kam noch eine Studentengruppe von der Universität, die später eine Arbeit schrieben, in der sie Dürrezeiten und uneinheitliche Entwicklung mit den Erscheinungen des Neokolonialismus in Bezug setzten, zur sofortigen Beseitigung des Kapitalismus aufriefen und als Studentenkomitee für die Bekämpfung des Neokolonialismus unterzeichneten.

*

Der einzige, der sich mit dem Lauf, den die Ereignisse genommen hatten, keineswegs abfinden konnte, war Nderi wa Riera. Er zog sich in seine Klubs zurück und ertränkte seine derzeitige Niederlage in Bier und Whisky. Aber seine Gedanken ruhten nicht, sondern schmiedeten unaufhörlich neue Pläne. Je mehr er über das ganze Geschehen nachdachte, desto überzeugter wurde er, daß seine politischen Feinde, die in der Tat die Feinde von Wohlstand und Stabilität im Land waren, das Ganze inszeniert hatten. Es gab ein ganz bestimmtes Muster, demzufolge die Ereignisse, die zu seinem Erscheinen vor Gericht geführt hatten, abgelaufen waren.

Er rief sich noch einmal die demütigende Behandlung, die seine beiden Abgesandten erlitten hatten, ins Gedächtnis zurück; nach wie vor fühlte er sich persönlich verletzt, daß er diese Geschichte unterschlagen mußte, und warum? Weil er Angst hatte, daß man von ihm, einem der führenden Köpfe der ganzen Kultur des Teetrinkens denken könne, er habe seinen Wahlkreis nicht fest in der Hand. Aber seine Feinde mußten sein Schweigen für Schwäche gehalten haben. Er würde ihnen das Gegenteil beweisen. Und zwar mit Hilfe seiner Geschäftsverbindungen mit vielen führenden Persönlichkeiten. Denn Nderi wa Riera brachte mehr Gewicht in die Waagschale als selbst ein Minister. Nun würde er alle seine Verbindungen spielen lassen, um seine Feinde zu besiegen. Er hatte bereits Einzelheiten ausgearbeitet, wie er aus der KKO das gefürchtetste Terrorinstrument im Land machen würde, um zwar selektive, aber zwingende Gewalt auszuüben.

Die KKO war ursprünglich in seinem Denken eine ziemlich vage Sache gewesen. Den eigentlichen Anstoß dafür hatte ihm sein Glaube an authentische kulturelle Werte gegeben, dessen erfolgreiche Anwendung ihm in seinen Geschäftsbeziehungen mit Ausländern und ausländischen Firmen positiven Nutzen gebracht hatte. Warum sollte Kultur nicht als Grundlage für ethnische Einheit dienen? Er hatte irgendwo gelesen, daß einige prominente Persönlichkeiten in gewissen westafrikanischen Ländern Mitglieder von Geheimbünden waren, die Zauberei und andere Überbleibsel vorkolonialer kultischer Handlungen und kultischer Zusammenkünfte benutzten, um ihre Gefolgsleute einzuschüchtern und sich ihres Gehorsams zu versichern. Ja! Warum nicht? Erst kürzlich hatte man ihm eine geheime Einladung zugehen lassen, den Freimaurern in Nairobi beizutreten – einer geheimen europäischen Bruderschaft unter Geschäftsleuten. Warum nicht ein afrikanisches Gegenstück dazu, um die Zentralprovinz unter Kontrolle zu halten; dort schienen die Bauern und Arbeiter sehr unruhig geworden zu sein, und das war gefährlich, denn die Vergangenheit jener Leute war vom antikolonialen, gewalttätigen Widerstand geprägt, sie hatten einen gewissen Kampfgeist, der von den Feinden des Fortschritts und des wirtschaftlichen Wohlstands mißbraucht werden könnte. Später könnte man die Idee immer noch den führenden Persönlichkeiten der anderen Volksgruppen verkaufen.

Er hatte mit den Spitzenleuten der großen Gesellschaften, mit Großgrundbesitzern und anderen angesehenen Persönlichkeiten darüber diskutiert. Einige waren mit der Begründung dagegen gewesen, daß derartige Praktiken und das Wiederauflebenlassen alter Dinge zu primitiv seien; man habe doch jederzeit die Polizei, die Armee und die Justiz zur Verfügung, um eventuellen Widerstand von unten zu bekämpfen.

Aber seine Argumentation war durch die unerwarteten Auswirkungen der Ermordung des Inders und später eines hohen afrikanischen Politikers nachhaltig bekräftigt worden. Plötzlich waren auch die wenigen Spitzenleute, die sich seither der Idee widersetzt hatten, dafür.

Abgesehen von Rufen der Entrüstung einiger irregeleiteter Stimmen im Parlament, der Kirchen und der Universitätsstudenten war die Massenteeparty ein hundertprozentiger Erfolg gewesen. Außerdem hatte die ausländische Presse in ihrer Naivität angenommen, es handele sich bei der Teeparty um eine neue Mau-Mau-Bewegung. Unter

Berücksichtigung der zu jener Zeit herrschenden Emotionen wäre es damals äußerst schwierig gewesen, der westlichen Presse zu erklären, daß dies etwas völlig anderes sei – daß es sich nicht gegen die fortschrittliche Kooperation und die aktive, wirtschaftliche Partnerschaft mit dem Imperialismus ausrichte. Er, Nderi wa Riera, war davon überzeugt, daß man Afrika nur respektieren würde, wenn es seine eigenen Rockefellers, Hughes, Fords, Krupps, Mitsubishis . . . hätte. Die KKO würde den Interessen der wohlhabenden Einheimischen und ihrer ausländischen Partner dienen, um die Entwicklung ähnlicher Wirtschaftsriesen zu fördern!
Die KKO hatte die in letzter Zeit erfolgten Verleumdungen der Massenteeparty überlebt, und er glaubte fest daran, daß man die Organisation unter Zuhilfenahme anderer Mittel noch erweitern könne. Selbst die ausländische Presse und die führenden Persönlichkeiten der anderen Volksgruppen würden nicht mehr dagegen eingestellt sein, sobald sie sich im Klaren darüber wären, für welche wirtschaftlichen und sozialen Interessen die Organisation sich einsetzte.
Der Gedanke an die KKO gab ihm plötzlich inneren Frieden und Ruhe. Er wußte, welche Schritte zu unternehmen waren, um es seinen Feinden heimzuzahlen. Als erstes gab er zu, daß er Ilmorog vernachlässigt hatte. Er würde sich jetzt bemühen, den KKO-Ortsverband Ilmorog, dessen Vorsitzender, Generalsekretär und Schatzmeister er war, zu verstärken. Zu gegebener Zeit würde er zwei der Posten an verläßliche Personen, die aus der Gegend stammten, abgeben. Als nächstes würde er die »Ilmorog (KKO) Kapitalgesellschaft GMBH« gründen. Man konnte immer Mittel und Wege finden, um die Bevölkerung zu veranlassen, das Kapital dafür aufzubringen. Allen Söhnen Ilmorogs, ob sie dort wohnten oder nicht, mußten Anteile verkauft werden. Er könnte sogar seine Anteile an den Millionen, die bei der Massenteeparty zusammengekommen waren, dafür benutzen. Außerdem könnte er zusätzliche Mittel bei den Banken aufnehmen. Die »Ilmorog (KKO) Kapitalgesellschaft GMBH« würde durch die Kontrolle anderer Gesellschaften das Touristikpotential von Ilmorog anzapfen und entwickeln . . . aber die Straßen!
Dann fielen ihm seine Feinde wieder ein. Würden sie nicht seine Beweggründe bloßstellen? Wer waren sie? Könnten es dieser junge Mann Karega und der Lehrer und jener verkrüppelte Kerl sein? Nein, sie waren nur vorgeschoben, sie arbeiteten für einen anderen. Wer könnte es wohl sein?
Plötzlich wußte er alles. Es war natürlich der Rechtsanwalt. Nderi

gab dem ganzen Klub eine Runde aus. Warum bloß hatte er dies nicht früher erkannt? Warum? Der Rechtsanwalt war der Kopf, der hinter allem steckte. Der Rechtsanwalt war der Feind. Er war der Feind der KKO und des Fortschritts. Und wenn es zehn Jahre dauern würde, er würde auf alle Fälle den Rechtsanwalt beseitigen lassen. Er würde seine Handlanger anweisen, in ihren Köpfen eine »Akte« für den Rechtsanwalt anzulegen.

Lang lebe Ilmorog. Lang lebe die KKO, sang es freudig in seinem Herzen. An jenem Abend besuchte er das Kasino, um sein neues Glück auf die Probe zu stellen.

Am nächsten Tag gab er eine Erklärung ab, in der er versprach, die Möglichkeiten der Erschließung der Gegend für den Tourismus zu untersuchen; außerdem würde er sich bemühen, für die Bevölkerung von Ilmorog Darlehen zur Entwicklung ihrer Landwirtschaft zu beschaffen – aber nur für Einheimische, nicht für Außenseiter, die von seinen politischen Feinden dorthin entsandt worden waren, um aus Naturkatastrophen Kapital zu schlagen. Er würde demnächst ein riesiges Finanzprojekt starten – die »Ilmorog (KKO) Investment und Kapitalgesellschaft GMBH« – als sofortige Maßnahme zur Entwicklung des ganzen Gebietes. Ilmorog würde nie mehr so sein wie zuvor . . .

Dritter Teil

Um geboren zu werden

Glühend errötet der Tag über'm Land
Maria auf treulosem Lager man fand;
Die Erde stöhnt, der Himmel erbebt,
Als Liebe ward dabei entdeckt.

William Blake
aus: »The Everlasting Gospel«

Deine beiden Brüste sind wie junge Zwillinge
von Gazellen,
die unter den Lilien weiden.

Das Hohelied Salomos

Da ist die Stimme meines Freundes!
Siehe, er kommt
und hüpft über die Berge
und springt über die Hügel.

Das Hohelied Salomos

SIEBENTES KAPITEL

1

»Ja, Ilmorog war nach der Reise nie mehr wie zuvor . . .«, schrieb Munira Jahre später, wie ein Echo von Nderis Worten. Was er schrieb, war die Mischung einer autobiographischen Beichte mit einer Art Gefängnisnotizen.

Nachts, wenn seine Schritte unaufhörlich den kalten Zementfußboden der Zelle durchmaßen, wenn er fühlte, wie die Unfreundlichkeit der nackten Zellenwände und die leere Dunkelheit ihm durch das Fleisch bis in die Knochen kroch, dann murmelte er vor sich hin . . . »nichts war mehr wie zuvor«. Er setzte sich in eine Ecke, lehnte sich an die Wand und streckte seine Beine auf dem Fußboden aus. Er fing an, sich zu kratzen – seine Rippen, seine Hüfte, seinen Hintern, überall, und einen Augenblick lang fand er fast Gefallen an dieser grausamen Ablenkung von schweren Gedanken und Erinnerungen. Aus seinen Haaren grub er eine fette Laus aus; er tötete sie, indem er sie zwischen seinen Daumennägeln zerdrückte. Das winzige Geräusch des Todes durchschnitt scharf die kalte Dunkelheit und erschreckte ihn. Er wischte die lausigen Überreste an seiner Hose ab und murmelte: »Nach der Reise . . . nach jener Reise . . . kam ein Teufel in unsere Mitte, und dann war nichts mehr wie zuvor.«

Munira hatte man nun schon seit acht Tagen in der Polizeistation von Neu-Ilmorog festgehalten. Er hatte erwartet, daß Inspektor Godfrey ihn täglich aufsuchen würde, um ihm Fragen zu stellen und sich mit ihm zu unterhalten. Jeden Abend kam einer der Polizisten, der Wache hatte – entweder der Kleine oder der Große –, holte ab, was er am Tage geschrieben hatte, und brachte es weg. Dann hielt Munira sich bereit; er fühlte ein Aufleuchten des Geistes, die Glut des Intellekts, den Stolz des Erfinders oder Entdeckers, und er brannte darauf, dies irgendeinem Zuhörer weiterzugeben. Mehr denn je empfand er, daß er nun den Schlüssel besaß, der ein für alle Male den wahren, universellen Zusammenhang zwischen Dingen, Ereignissen, Personen, Orten und der Zeit erschloß. Was verursachte das Geschehen aller Dinge? Dieses neue Ilmorog, mit einem oder zwei flackernden Neonlichtern, mit Bars, Hotels, Lebensmittelläden, mit ständigen Sonderangeboten und in Flaschen abgefülltem Theng'eta; dieses neue Ilmorog, in dem Raubüberfälle, Streiks, Aussperrung, Mord und Mordversuche vorkamen, in dem

Prostituierte in billigen Nachtklubs auf dem Strich waren und in dem es Polizeiwachen, Polizeirazzien und Polizeizellen gab – was hatte aus dem alten Ilmorog, in dem es schläfrige Kinder mit schleimverstopften Nasen gegeben hatte, Kinder, die Miariki-Bäume hinauf- und hinuntergeklettert waren, dieses neue Ilmorog werden lassen? Und warum geschahen Dinge zu einem gewissen Zeitpunkt genau so und nicht anders? Warum konnten die kleinlichen Taten der Menschen, die tausend Eingebungen und einer Vielzahl von Beweggründen entsprangen, die Geschichte verändern und Seelen für immer zu ewiger Qual und ewigem Verlorensein, zu Schuld und Grausamkeit, aber auch zur Liebe verurteilen und verdammen – ja, zur Liebe, die größer ist als alle Vernunft? Nein, es stand ein Plan dahinter, ein Gesetz, und das hätte er gerne Inspektor Godfrey nachdrücklich auseinandergesetzt.

Aber als ihn der Inspektor auch am neunten Tag noch nicht besucht hatte, wurde Munira etwas alarmiert. Die tägliche Routine begann ihn zu ermüden – Porridge am Morgen, dann der Schreibtisch; zum Mittagessen *ugali* und gekochte *sukuma wiki,* dann wieder der Schreibtisch; zum Abendessen Mais und verdorbene Bohnen und schließlich der Zementboden. Eine unkontrollierbare Angst zermürbte nachts seinen Schlaf und machte ihn am Morgen ruhelos. Zur Erleichterung versuchte er, im Hof auf und ab zu gehen. Während der Nacht des fünften Tages fühlte er plötzlich die Auswirkungen seiner Isolation. Die Zeit glich einer endlosen Leere, ohne Anfang, Mitte und Ende, ohne Tick-tack-, Tick-tack-Einteilung, ohne das beständige Länger- und Kürzerwerden der Schatten, ohne das Gelächter und das geschäftige Kommen und Gehen der Menschen, das ihm normalerweise Maß und Ablauf der Zeit bewußt machte. Angenommen . . . angenommen . . . nun . . . angenommen es wurde nicht . . .! Alleingelassen in der Dunkelheit, ohne menschliche Stimme, mit der er argumentieren konnte, fühlte er, wie seine Selbstsicherheit ihn verließ, er geriet in Panik – er versuchte, sich an das Gesetz zu klammern, aber dabei mußte er erkennen, daß dieses jetzt nicht mehr so greifbar war, als wenn er sich mit einem erklärten Gegner stritt oder diesen zu überzeugen versuchte. Inspektor Godfrey spielte mit ihm. Er lachte ihn aus. Er amüsierte sich wahrscheinlich bei diesem Spiel, so wie eine Katze, die eine Ratte wieder laufenläßt, ihr die Illusion der Freiheit und des nahen Entkommens gewährt, um sich dann voll Genuß auf sie zu stürzen. Am nächsten Morgen ging Munira zu dem großen Polizisten hin, der Wache hatte, und bemerkte, wie er unversehens um Hilfe bat und gleichzeitig Forderungen stellte:

»Ich möchte den verantwortlichen Beamten sprechen. Ich fordere ein Gespräch mit der höchsten Amtsperson der Polizeistation von Neu-Ilmorog. Selbst Sie, Herr Polizist, können sehen, daß dies langsam lächerlich wird. Ich, ein Erwachsener, ein Lehrer, werde hier bewacht und soll Geschichten aufschreiben. Denn Erinnerungen sind ja nichts anderes als erdachte Geschichten, Produkte einer erregten Phantasie! Ich will damit sagen, wie kann man wirklich für die Wahrheit einer Folge vergangener Ereignisse bürgen? Auch ich habe meine Rechte. Ich kenne ihre hinterhältige Art: der Beamte, der seine Bereitschaft, auf meine Wünsche einzugehen, beteuert – ›Mr. Munira, wir wollen nur eine einfache Erklärung von Ihnen . . .‹ Warum hält er mich dann seit acht Tagen hier fest? Heute ist der neunte Tag. ›Mr. Munira, wir werden Ihnen Papier und Bleistift geben . . .‹ Ich möchte ihr Papier nicht. Ich möchte auch ihren Bleistift nicht. Hören Sie, Herr Polizist . . . Die wollen keine Erklärung von mir . . . Die wollen ein Geständnis, eine Beschuldigung. Sagen Sie ihnen, daß ich niemand beschuldige. Nein, Herr Polizist, das stimmt nicht. Bitte, gehen Sie und sagen Sie ihm, ihnen, irgend jemand, auch dem ersten Beamten, der kam, dem jungen, meine ich, daß ich bereit bin, jede Frage zu beantworten. Nur müssen sie mich aus diesem . . . diesem Gefängnis herauslassen . . .«

Der große Polizist schaute ihn an, unfähig, der Logik seiner Argumente zu folgen. Aber er hatte immer noch Angst vor Munira, ja, er hatte vor jedem Angst, der sich darauf berief, die Stimmen Gottes zu hören. Er hätte es wirklich vorgezogen, einen anderen zu bewachen – er versuchte vernünftig und sehr höflich mit ihm zu sprechen.

»Aber Sie sind doch nicht im Gefängnis, Mr. Munira!« sagte er. Munira schrak auf, als er seinen Namen hörte.

»Was ist dann dies hier? Öffnen Sie das Tor und lassen Sie mich hinaus.«

Der Polizist bekam nun wirklich Angst. Er fürchtete, daß etwas geschehen könnte. Seit seiner Kindheit hatte er immer vor der Wiederkunft Christi Angst gehabt, und er war stets darauf vorbereitet, sich im gegebenen Augenblick auf die richtige Seite zu schlagen. Mit diesen Dingen konnte man nie wissen. Er sprach jetzt schnell, fast aufgeregt.

»Seien Sie doch vernünftig, Mr. Munira. Sie haben hier eine Zelle, nun, ein Zimmer ganz für sich alleine. Sie haben einen offenen Hof. Sie können herumspazieren oder schlafen oder schreiben. Niemand stört Sie. Schauen Sie dort hinüber auf die andere Seite. Alle neu Festgenommenen, alle Untersuchungshäftlinge kommen dorthin. Sie müssen sich die Zellen teilen, manchmal vier oder fünf oder sogar zehn in einer Zelle. Die sind aber nicht so groß wie die Ihre hier. Heute nacht wurden zwei junge Burschen hergebracht, Kinder, könnte man fast sagen, nun, es sind Verbrecher. Wünschen Sie sich diese Art Gesellschaft? Ich sage nicht, daß Sie im Gefängnis sind, festgenommen, in Untersuchungshaft. Nur . . . es ist eben so . . . Chui, Kimeria und Mzigo waren schließlich so wichtige Persönlichkeiten. VIPs. Es werden Jahre vergehen, bis wir wieder ihresgleichen haben werden. Wie reich sie waren. Millionäre. Stellen Sie sich vor – afrikanische *Delameres.* Haben Sie gesehen, wie es dort aussah, wo es passierte? Natürlich nicht, das konnten Sie ja nicht. Es war schrecklich . . . ganz schrecklich . . . Mr. Munira, ganz unter uns gesprochen, dies war weder ein Raubüberfall noch versuchter Raubüberfall. Da steckt viel mehr dahinter, als man auf den ersten Blick erkennen kann. Die Polizei darf keinen Stein auf dem anderen lassen. Und dieser Inspektor Godfrey . . . er ist so berühmt . . . zwar ein bißchen komisch . . . ich meine seine Methoden . . . wie jetzt zum Beispiel. Er verläßt nie sein Büro . . . er liest . . . und liest . . .«

»Ich möchte nicht Ihre Theorien hören. Ich möchte mit Inspektor Godfrey sprechen. Sie sind nur Gefängniswärter. Wir beide, Sie und ich, sind im Gefängnis. Nun, jedermann ist im Gefängnis . . .«

»Mr. Munira. Sie wollten ja eingeschlossen werden! Sie wollten die Wahrheit aufschreiben. Sie sind selbst ein bedeutender Mann. Ein Lehrer. Ein Mann Gottes. Sie sollten Verständnis aufbringen. Stellen Sie sich vor, Sie hätten es ja sein können. Nun, vielleicht sind Sie es das nächste Mal. Mr. Munira, vorbeugen ist besser als heilen.«

Munira lachte gezwungen.

»Sie reden zu viel. Aber schauen Sie her. Ich habe nicht einmal saubere Kleidung zum Wechseln. Sie haben mich frühmorgens abgeholt. Sie sagten: ›Es ist nichts, Mr. Munira, nur eine Routinebefragung; wir haben nichts gegen Sie.‹ Und jetzt geben Sie mir nicht einmal eine Zeitung . . .«

»Eine Zeitung, Mr. Munira? Aber Sie haben nicht darum gebeten. Ich habe Anweisung von Inspektor Godfrey, Sie mit allem zu versorgen, was Sie brauchen. Fragen Sie nur, und Sie werden es bekommen – derartige Dinge. Ich gehe jetzt sofort und hole Ihnen eine, Mr. Munira. Ich muß nur das Tor abschließen. Aber nehmen Sie es mir nicht übel. Ich bin nicht Ihr Gefängniswärter. Ich bediene Sie nur.«

Munira schaute ihm zu, wie er das schwere, eiserne Tor abschloß. Er hatte sich besser gefühlt, während er mit ihm sprach. Aber nun überfiel ihn wieder die Panik der vergangenen Nacht. Fast hätte er ihn zurückgerufen. Denn ihm war, als hätte ihn jetzt sein letzter menschlicher Kontakt im Stich gelassen, und nun war er allein mit der ungelösten Frage . . . angenommen . . . angenommen, es gäbe gar kein solches Gesetz . . . Er verließ das Tor und setzte sich an den Stacheldrahtzaun, der seinen Hof von den anderen abtrennte. Er fühlte, wie eine gewisse Schläfrigkeit sich bei ihm einstellen wollte, und machte sich hoffnungsvoll bereit, ihr nachzugeben. Plötzlich hörte er Stimmen, die von der anderen Seite zu ihm herüberkamen, und sein Herz hüpfte ein wenig vor Freude. Zuerst waren die Stimmen ziemlich weit weg und verschwommen, aber nach einer Weile konnte er der Unterhaltung folgen. Er schaute in jene Richtung. Aber sie wandten ihm den Rücken zu, also hörte er nur zu.

Sie erzählten ihre Geschichte, vielleicht einer dritten Person, wahrscheinlich dem Wärter; oder sie erlebten einfach noch einmal alles, was ihnen widerfahren war. Sie erzählten unbekümmert und forderten den Wächter oder den Zuhörer geradezu heraus, das, was er gehört hatte, außerhalb jener Wände zu enthüllen. Vor Gericht würden sie jedenfalls alles leugnen. Sie lachten übereinander, lachten über die Erklärung ihrer Unschuld, die sie vor dem örtlichen Richter in Ilmorog abgegeben hatten. Die zwei waren bei dem Versuch, die Zweigstelle der »African Economic Bank« auszurauben, festgenommen worden. Sie schienen stolz darauf zu sein, genauso wie auf ihre anderen Ausbeuten und auf ihre Versteck- und Hoffentlich-nicht-entdeckt-werden-Spiele mit dem Gesetz.

Die Stimmen erschienen Munira vage bekannt, aber er konnte sie nirgends einordnen. Er wünschte, sie würden ihm ihre Gesichter zuwenden. Sie redeten und lachten weiter, als ob nichts in der Welt sie bekümmern könnte, als ob die ganze Sache ein Spiel sei, dessen Regeln man beachten müsse; abgesehen von dem »Verräter« waren sie über nichts oder niemand sonst erbittert.

Der Polizist kam zurück und brachte ihm eine Nummer des »Sunday Mouthpiece«. Munira schaute ihn nur an – Lesen interessierte ihn nicht mehr. Was machte es schon aus, ob man las oder nicht? Aber er nahm die Zeitung trotzdem und überflog lustlos die Seiten. Plötzlich setzte er sich auf und starrte die fetten Schlagzeilen auf der vierten Seite an. MORD IN ILMOROG – RUCHLOSES ZUSAMMENSPIEL VERMUTET – POLITISCHE GRÜNDE? Die Schlagzeile war, wie es sich beim Lesen herausstellte, dramatischer als der Artikel selbst. Über das eigentliche Geschehen würde natürlich schon längst von den überregionalen Tageszeitungen erschöpfend berichtet worden sein, ganz besonders vom »Daily Mouthpiece«, das an Sensationsnachrichten immer interessiert war, überlegte Munira, daher diese Spekulation, die jeder Grundlage entbehrte. Aus dieser Quelle stammten also die Theorien des Polizisten. Er warf einen schnellen Blick auf den Mann, der ihn vom Tor aus beobachtete, und las dann weiter. Der Leitartikel war interessanter. Nachdem der Verfasser des Artikels einen kurzen Abriß der Lebensläufe von Chui, Mzigo und Kimeria gegeben hatte, beschrieb er sie als drei weithin bekannte, nationalistische Kämpfer für die politische Freiheit, für die Freiheit von Erziehung und Ausbildung und vor allem für die wirtschaftliche Freiheit der Afrikaner. Die Tatsache, daß sie Besitzer der »Theng'eta Brauerei- und Unternehmensgruppe GMBH« gewesen waren, die jeder Familie in der Gegend Glück und Wohlstand gebracht hatte, und ihre Art der Unternehmensleitung wurden als Beispiele ihres gemeinsamen unternehmerischen Genius dargestellt, der selbst von den berühmten Begründern der industriellen Revolution in Europa nicht übertroffen werden konnte. Unsere Krupps, unsere Rockefellers, unsere Fords! Und nun war ihrem Leben auf brutale Weise ein Ende gesetzt worden, gerade in dem Augenblick, wo sie sich inmitten einer bitteren Auseinandersetzung um die totale Afrikanisierung und Kontrolle der Besitzverhältnisse der »Theng'eta Brauerei« und ihrer Niederlassungen in anderen Ländern befanden. Verhandlungen, in denen es um den Aufkauf der noch in ausländischem Besitz befindlichen Aktien ging, sollten demnächst beginnen. Wem also nützte ihr vorzeitiger Tod? Alle wahren Nationalisten sollten innehalten und nachdenken!

Unter diesem Artikel waren noch weitere Würdigungen und Todesanzeigen abgedruckt.

Aber dann war da noch eine Nachricht, die Muniras Interesse am meisten fesselte. Die Überschrift lautete: ABGEORDNETER FÜHRT PROTESTDELEGATION AN. »Der ehrenwerte Abgeordnete für Ilmorog und Süd-Ruwa-ini, Mr. Nderi wa Riera, gab gestern bei einer Pressekonferenz bekannt, daß er eine starke Delegation anführen würde, um bei allen Ministern des Kabinetts und, wenn nötig, auch noch in höheren Kreisen, für alle Fälle von Diebstahl, mit oder ohne Gewaltanwendung, die Zwangsvollstreckung der Todesstrafe zu fordern. Er würde dasselbe Todesurteil auch für alle politisch und wirtschaftlich motivierten Verbrechen fordern.

Der Abgeordnete behandelte weiterhin eine Vielzahl von Themen allgemeinen Interesses, unter anderem rief er zu einem totalen und auf

die Dauer gültigen Streikverbot auf. Streiks förderten Spannungen, was wiederum nur zu unstabilen Verhältnissen und zeitweiliger Gewaltanwendung führen könne. Streiks müßten als absichtliche antinationale Handlungen wirtschaftlicher Sabotage angesehen werden.
Indem er von den Gewerkschaftsführern mehr Selbstlosigkeit verlangte, forderte er sie auf, davon abzusehen, ständig höhere Lohnforderungen zu stellen, ohne auf die niederen Einkommensgruppen und auf die Arbeitslosen Rücksicht zu nehmen, denn diese wären die alleinigen Nutznießer einer gerechteren Verteilung dessen, was sonst in ungeordneten Lohnerhöhungen verschwinden würde. Es sei an der Zeit, den Gewerkschaften unmißverständlich klarzumachen, daß sie das Land nicht mehr länger erpressen könnten.
Indem er noch einmal auf die geplante Delegation zu sprechen kam, rief der Abgeordnete die Lehrer, Unternehmer, Kirchenleute und alle Menschen guten Willens auf, der Delegation beizutreten, um damit ihr geeintes Bestreben zu bekunden, die sich kürzlich ereigneten gemeinen Taten zu verabscheuen, Taten, die nur die Touristen und die potentiellen Investoren abschrecken würden. Selbst einheimische Investoren, so warnte er, müßten vielleicht daran denken, ihr Kapital im Ausland zu investieren, wenn man tatenlos zusähe, wie sich die Situation verschlechtere.«
Dem Abgeordneten gefielen Presseerklärungen und das Regieren mittels Delegationen und Petitionen, dachte Munira. Er rief sich das Bild des Abgeordneten ins Gedächtnis zurück, wie er sich vor zehn Jahren in feierlichem Anzug mit Krawatte für unfehlbar hielt und sich auch so gebärdete, und wie er dann durch den Jeevanjee Park rannte, alle Ansprüche auf Würde preisgab, von einer Horde Arbeitsloser heiß verfolgt wurde und wahrscheinlich inbrünstig um eine wunderbare Errettung betete. Munira fing an zu lachen. Er lachte, bis ihm die Zeitung aus der Hand fiel. Sein Blick wanderte auf die andere Seite, und er sah die drei jungen Leute ebenfalls lachen und zu ihm herüberschauen. Ihre Blicke trafen sich. Er hörte auf zu lachen. Er hatte Muriuki erkannt. So hatte also er, Munira, durch seine Erziehung Muriuki auf Raubüberfälle und Gefängnisaufenthalte vorbereitet?
»Warum meine plötzlichen Zweifel?« schrieb er und beantwortete damit die Versuchung der vergangenen Nacht. »Alles ist von Gott vorherbestimmt. Welche Eitelkeit menschlichen Tuns, wenn es von einer totalen Hingabe an den Willen des Herrn losgelöst ist! Wir unternahmen eine Reise in die Stadt, um Ilmorog vor der Dürre zu retten. Von der Stadt aber brachten wir geistige Dürre mit uns zurück!«

Ein gewisses Element der Wahrheit lag in Muniras Interpretation der Ereignisse, die auf die Reise in die Stadt folgten. Das erste, was für die Gegend eingerichtet wurde, waren ein Verwaltungsbüro für einen Regierungsbeamten und ein Polizeiposten. Als nächstes kam der Bau der Kirche, unternommen von einem Verband verschiedener Missionsgesellschaften als Teil ihrer missionarischen, evangelistischen Bemühungen, in das heidnische Innere vorzustoßen. Nur daß Munira nach so vielen Jahren diese Ironie der Geschichte als genau das ansah, worin sich Gott selbst manifestierte.

2

Selbst der Regen, der einen Monat, nachdem all die wohltätigen Individuen und Organisationen ihre Koffer gepackt und wieder in die Stadt zurückgekehrt waren, fiel, war für Munira später der von Gott erwählte Weg, sich selbst in seiner ganzen donnernden und flammenden Herrlichkeit zu enthüllen. Auf diese Art und Weise zeigte er, daß die Bemühungen der Menschen nichtig waren und niemals Gottes Willen beeinflussen konnten. Nur völlige Hingabe . . . Aber für Nyakinyua, Njuguna, Njogu, Ruoro und die anderen, die über Mwathis Kräfte Bescheid wußten, war der Regen eindeutig Gottes Antwort auf das Opfer und verkündete das Ende eines Dürrejahres. Sie hörten Afrikas Gott mit den Göttern anderer Länder kämpfen. Sie hörten es und horchten voll Verwunderung auf das furchterregende Donnern der Götter und auf das Aufeinanderprallen ihrer Schwerter, das Feuer vom Himmel fallen ließ.

Alle Schulkinder kamen heraus ins Freie und riefen singend die Himmel an – erwartungsvoll erhoben sie ihre Stimmen:

Mbura Ura	Regen, ströme herab
Nguthinjire	Und ich werde dir
Gategwa	Einen jungen Bullen schlachten
Na kangi	Und noch einen
Kari Iguku	Mit einem Höcker,
Guku Guku	Ja, einem Höcker!

Der Regen schien sie zu erhören. Die Erde trank durstig, schluckte die ersten, wenigen Tropfen, und nach und nach entspannte sich der hartgewordene Boden und wurde weich und schlammig. Die Kinder plantschten mit den Füßen in lehmigen Pfützen und rutschten weich Hänge und Hügel herab.

Wanja war vom Regengeist besessen. Sie lief durch den Regen, ihre Kleider waren durchnäßt, der Rock klebte ihr an den Schenkeln – sie schwelgte in den Wassern, die vom Himmel fielen. Manchmal saß oder stand sie ganz still auf der Veranda ihrer Hütte und schaute mit verwundertem Blick auf ihr Leben, das in kleinen Regentropfen vom Dach ihres Hauses fiel. Was war der Sinn ihres Lebens? Wo war der rote Faden vom Sinn und Zweck ihres Lebens, dem sie folgen konnte? Warum mußte sie als Frau, die keine Erfüllung gefunden hatte, durchs Leben gehen? Sie wollte weinen, um was? . . . Sie wußte es nicht. Sie und Nyakinyua waren sich nahe gekommen, sehr nahe sogar, mehr Mutter und Tochter als Großmutter und Enkelin. Wenn der Regen nachließ, dann wanderten sie durch Ilmorog, gingen auf die Felder, um die Erdschollen zu brechen und natürlich um zusammen zu säen und zu pflanzen.

Abends drängten sich die Leute bei Abdulla und unterhielten sich über den Segen, der mit dem Regen über sie gekommen war. *Baada ya dhiki faraja* – nach ausgestandener Not wird man getröstet, und Abdulla wünschte, er könnte das wirklich glauben. Die Älteren erzählten die Geschichte, wie Regen, Sonne und Wind die Erde, Schwester des Mondes, umwarben. Der Regen war es, der sie für sich gewann, und deshalb bekam die Erde einen dicken Bauch, nachdem der Regen sie berührt hatte. Andere verneinten dies und meinten, die Regentropfen seien in Wirklichkeit der Samen Gottes, und daß selbst die Menschen, bald nach dem ersten, leidenschaftlichen Regenguß, dem Schoß der Mutter Erde entsprungen seien. Wilde Wasser des Ursprungs. Die wartende Erde: ihre Bereitschaft trieb Wanja an, die Flügel ihrer Erwartung und ihrer zahlreichen Wünsche zu entfalten. Fieberhaft erwartete sie den neuen Tag, wartete wie die anderen Frauen, daß die Erde aufbreche, daß sie vom nackten Sproß des Lebens aufgerissen werde.

Und der Sonnenschein kam, der Regen hörte auf, die Erde dampfte, die Erde öffnete sich, und der Samen keimte; ohrenförmige Bohnenblätter, die im Wind spielten, schwertförmige Maisblätter, die zum Himmel zeigten, grünes Kartoffelkraut, das sich in der Sonne ausbreitete.

Karega, Abdulla und Munira trafen oft in Abdullas Laden zusammen. Sie saßen draußen, eingetaucht in die Strahlen der über dem neuen Wachstum untergehenden Sonne, mit warmen Bäuchen, schläfrigen Köpfen und Träumen über einem Tusker-Bier. Der Anblick Wanjas, wenn sie von den Feldern kommend zu ihnen herüberkam, ließ ihre Herzen unvermittelt höher schlagen.

Aber nicht zu weit unter der Oberfläche ihrer ruhigen Existenz lastete in ihrem Bewußtsein die Erinnerung an die Reise und an die Erfahrungen, die von einer anderen, weniger sicheren und geplagteren Welt sprachen, einer Welt, die jederzeit über sie hereinbrechen konnte, um ihren regenerfüllten, sonnerwärmten Frieden zu entzweien. Sie sprachen nicht darüber – aber jeder wußte auf seine Art, daß die Dinge nie wieder sein würden wie zuvor. Denn die Reise hatte jeden von ihnen vor eine Reihe von Fragen gestellt, auf die es keine fertigen Antworten gab; die Reise hatte sie durch das, was sie gesehen und erfahren hatten, mit Herausforderungen konfrontiert, die man weder vergessen noch zur Seite schieben konnte, denn sie berührten Dinge, die tief in ihrer Psyche lagen, in ihrer verschiedenen Auffassung von dem, was es heißt, ein Mensch, ein Mann zu sein, lebendig und frei.
Karega sagte zu Abdulla: Joseph wird es weit bringen. Er ist außerordentlich gut in der Schule, und wir haben für ihn die Versetzung nach Klasse IV beantragt.

*

Der Schulunterricht war wieder aufgenommen worden, kurz nachdem die Wohltätigkeit und Versprechen spendenden Stadtleute fast so schnell, wie sie gekommen, auch wieder abgereist waren und eine Art ruheloser Stille hinterlassen hatten, so wie man sie empfindet, wenn zahlreiche hohe und laute Stimmen abrupt zum Schweigen gebracht werden. Karega widmete sich wieder mit voller Kraft dem Unterricht, nur um es zu vermeiden, sich selbst Antworten geben zu müssen; aber dieselben Fragen stellten sich ihm mit noch größerer Ungewißheit als zuvor wieder: wo, fragte er sich, blieb die Einheit der Menschen Afrikas?
Es hatte Zeiten gegeben, in denen er sich gewisser Dinge ganz sicher gewesen war – zum Beispiel die Zeit, als er gedacht hatte, daß die Verbindung mit jemand, den man liebte, alle Probleme lösen könne und der Schlüssel zur Welt sei. Und es stimmte – in jenen Tagen, als sein Herz im gleichen Rhythmus mit dem Mukamis schlug, hatte er erlebt, wie sich ihm eine Welt ohne Schwierigkeiten und Rätsel auftat, eine Welt, die in die Flut und in das Licht ihrer Unschuld eingetaucht war und deshalb ewige Schönheit und Wahrheit versprach. Aber er sollte bald erfahren, und zwar auf erschütternde Art und Weise, daß es jene gab, die in dunklen Ecken darauf warteten, mit ihrem übelriechenden Atem, mit dem Gestank und Kot ihrer Heuchelei und religiösen Dop-

pelzüngigkeit jedes Wachstum zu ersticken. Aber selbst nachdem Mukami aus seinem Leben geschieden war, hatte er sich trotzdem noch eine Art Erwartung bewahrt, ein unwiderstehliches Bedürfnis, den Glauben an die Anständigkeit zumindet jener zu behalten, die in der Vergangenheit das Leid gekannt und die heldenhaft den unterdrückerischen Kräften widerstanden hatten. Die Tatsache, daß es Menschen wie Chui gab, obwohl er für ihn nur in der populären Überlieferung der Schule existierte, hatte seinen Glauben an die Taten von Helden gestärkt. Heldenverehrung derjenigen, denen er zuschrieb, daß sie die Luft vom erstickenden, von Menschen produzierten faulen Gestank reinigen könnten, hatte nach und nach seinen früheren Glauben an die alles umfassende, heilende Kraft von Liebe und Unschuld ersetzt. Aber in Siriana hatte er beobachtet, wie sich Chui von einem Volkshelden in einen Tyrannen verwandelt hatte, der dachte, seine Macht käme von Gott und von Ausländern. Karega hatte alle diese Erfahrungen durchgemacht und dazu noch die Erfahrung seiner erfolglosen Arbeitssuche in der Stadt und die noch demütigendere Erfahrung des Verkaufens von Früchten und Schaffellen an Touristen. Warum hatte er dann nicht daraus gelernt? Warum hatte er eine ganze Dorfgemeinschaft dazu gedrängt, eine Reise zu unternehmen, von der er hätte wissen müssen, daß sie in Sinnlosigkeit und weiteren Demütigungen enden würde? Ja, Njuguna hatte recht gehabt: sie waren alle auf den Straßen betteln gegangen!

Alleine in seinem Einzimmerhaus, nur einige Meter von dem Haus Muniras entfernt, fiel ihm das Einschlafen schwer. Im Unterricht fühlte er nicht mehr die Glut der Begeisterung, die vor der Reise in ihm gebrannt hatte. Ein Gedanke ging ihm unablässig durch den Kopf: Nicht nur er alleine, als Einzelperson, sondern eine ganze Dorfgemeinschaft und eine ganze Gegend konnte dazu verurteilt sein, immer nur zu geben! Und wenn ihr Vorrat erschöpft war – durch die Vorliebe für Städte und nichtstuerischen Lebenswandel oder wegen der Erschöpfung des Bodens oder wegen armseliger Werkzeuge oder wegen Trokkenheit –, dann gab es nichts und keinen Ort mehr, an den sie sich um Hilfe wenden konnten! Eine ganze Dorfgemeinschaft direkter Produzenten wurde in ihrem eigenen Land zu Bettelei, Unterernährung und schließlich zum Sterben erniedrigt. Er rief sich dann Nyakinyuas Worte, die sie vor der Reise gesprochen hatte, ins Gedächtnis zurück – auch sie hatte recht gehabt. Auch Wanja. Alle außer ihm hatten recht gehabt, er, mit seiner Begeisterung und seinem Idealismus – wo war denn nun die Solidarität und Einheit der schwarzen Rasse?

Mitten aus diesem Chaos und Wirbelsturm der Gedanken ragte dann plötzlich die Gestalt des Rechtsanwalts heraus, rein und leuchtend in seiner Hingabe und seinem Verstehen.
Eines Tages setzte er sich nieder, um ihm zu schreiben. Schicken Sie mir Bücher, bat er ihn; denn irgendwo in der Stadt, in der Hochburg der Weisheit, mußte es jemand geben, der die Antwort wußte. Zwei Wochen lang wartete er, nicht so sehr auf die Bücher, sondern vielmehr auf ein Wort, das seinen Glauben und seine Überzeugung wiederherstellen würde. Aber der Rechtsanwalt schwieg. Er schickte ihm nur Bücher und eine Liste weiterer Titel, von Professoren der Weisheit an der Universität geschrieben. »Sieh zu, was du damit anfangen kannst«, hatte der Rechtsanwalt auf einen Zettel gekritzelt. Karega wußte nicht, was er eigentlich finden wollte, aber er hatte sich vage eine Zukunftsvision erhofft, die in einer kritischen Bewußtmachung der Vergangenheit verwurzelt sein würde. Er versuchte es deshalb zuerst mit den Geschichtsbüchern. Er hatte immer gemeint, daß der Schlüssel zur Gegenwart in der Geschichte zu finden sein müsse, daß eine Untersuchung der Geschichte einem helfen könnte, gewisse Fragen zu beantworten. Fragen wie: Wo befinden wir uns jetzt? Wie sind wir dahin gekommen, wo wir jetzt sind? Wie ist es dazu gekommen, daß 75 % derer, die Nahrungsmittel und Reichtum produzieren, arm sind, und daß eine kleine Gruppe – ein Teil des nicht-produzierenden Teils der Bevölkerung – wohlhabend ist? Schließlich sollte die Geschichtsschreibung von jenen handeln, deren Taten und deren Arbeit die Natur im Laufe der Jahre verändert hatte. Wie konnte es geschehen, daß Parasiten – Läuse, Wanzen und Flöhe –, die keine nützliche Arbeit leisteten, im Wohlstand lebten, und daß die, welche vierundzwanzig Stunden am Tage arbeiteten, hungrig und ohne Kleidung waren? Warum gab es Arbeitslosigkeit in einem Land, das jedes bißchen Arbeitskraft dringend benötigte? Wie hatten denn die Leute vor der Zeit des Kolonialismus ihren Wohlstand produziert und organisiert? Aber anstatt ihm seine Fragen zu beantworten, anstatt ihm den Schlüssel zu zeigen, den er so dringend brauchte, führten ihn die Professoren in vorkoloniale Zeiten und ließen ihn ziellos in Ägypten, dem Sudan oder Äthiopien umherwandern, nur um auf seinen Hirtenwanderungen von der Ankunft der Europäer aufgehalten zu werden. Dann ging es plötzlich nicht mehr weiter. Für die gelehrten Köpfe der Historiker bestand die Geschichte Kenias vor der Kolonialzeit aus ziellosem Wandertrieb und aus sinnlosen kriegerischen Auseinandersetzungen zwischen Völkern. Die Gelehrten weigerten sich, sich mit der Bedeu-

tung von Kolonialismus und Imperialismus auseinanderzusetzen. Wenn sie das Thema dennoch anschnitten, dann nur, um die Taten des bewaffneten Widerstandes als gräßlichen Mord zu beschreiben; einige forderten sogar die Rehabilitierung jener, die während der Jahre des Kampfes zum Feind übergelaufen waren. Einer zitierte zustimmend *Gouverneur Mitchell* über die Primitivität der kenianischen Völker und ging sogar soweit, den geschichtlichen Ursprung dieser Primitivität oder Unterzivilisation, wie er es nannte, aufzuzeigen. Die Natur sei dem Afrikaner zu freundlich gesinnt gewesen, war seine Schlußfolgerung. Karega fragte sich nun, ob demnach der Afrikaner die Brutalität der Kolonialherren verdient habe, mit der er in die Zivilisation gestoßen wurde?

Diese Art der Geschichtsschreibung besaß keinen Stolz – die Professoren fanden Gefallen daran, die menschlichen Bestrebungen und Kämpfe der Vergangenheit zu mißachten und zu verunglimpfen.

Voll Verzweiflung wandte er sich ab – vielleicht waren seine Unwissenheit und seine fehlende akademische Bildung schuld daran. Und was war mit dem Widerstand der afrikanischen Völker? Und all den Helden, die überall, in der gesamten Welt der schwarzen Völker, ihr Leben lebten und gelebt hatten? Existierten die nur in seiner Einbildung?

Er versuchte es mit den Politischen Wissenschaften. Aber hier geriet er in einen noch größeren Irrgarten. Die Professoren fanden hier ihr Ergötzen daran, schwergewichtige, abgerundete Phrasen auf einem schmalen, sich ständig weiter auflösenden Grat von Gedankengängen zu balancieren, oder verweilten endlos bei Statistiken und mathematischen Berechnungen des Machtausgleichs. Sie sprachen über Politik der Armut versus ungleiche Chancenverteilung in der Politik, über traditionelle Modernisierung versus Modernisierung der Tradition; oder sie legten lediglich einen Katalog über das Funktionieren örtlicher Verwaltungen und zentraler Bürokratien vor und zählten auf, was dieser oder jener Politiker einem anderen entgegnet hatte. Um dies alles zu untermauern, zitierten sie aus verschiedenen Büchern und Artikeln, alles per Fußnoten sorgfältig belegt. Karega suchte umsonst nach irgend einer Anmerkung über Kolonialismus und Imperialismus – gelegentlich fand er abstrakte Sätze über die ungleiche Verteilung der Chancen oder den ethnischen Balanceakt moderner Regierungen.

Auf dem Gebiet der Unterhaltungsliteratur war es nicht viel anders – den Autoren gelang es, die äußeren Umstände korrekt zu beschreiben; sie schienen die der Situation der Zeit entsprechende Stimmung, in der

Furcht, Unterdrückung und Not vorherrschend waren, genau wiedergeben zu können, aber danach führten sie ihn auf dem Weg des Pessimismus, der Unverständlichkeit und des Rätselhaften abwärts – gab es denn außer Zynismus keinen anderen Ausweg? Waren die Menschen zu hilflosen Opfern geworden?

Er packte die Bücher zusammen und schickte sie dem Rechtsanwalt mit einem kurzen Brief zurück – warum hatte er ihm Bücher geschickt, in denen nichts über die Geschichte und den politischen Kampf der Völker Kenias stand? Diesmal antwortete ihm der Rechtsanwalt ironischerweise mit einem langen Brief:

»Du hattest mich um Bücher schwarzer Professoren gebeten. Ich wollte, daß Du Dir selbst ein Urteil bildest. Pädagogen, Männer der Wissenschaft, Intellektuelle: es sind alles nur Stimmen – keine neutralen, geisterhaften Stimmen, sondern Stimmen, die Personen, Gruppen, Interessen verkörpern. Du, der Du die Wahrheit der Worte, die eine Stimme spricht, ergründen willst, suche zuerst den Körper, zu dem die Stimme gehört. Die Stimme verdeutlicht lediglich die Bedürfnisse, die wunderlichen Einfälle und die Launen des Besitzers, des Meisters. Besser ist es deshalb, den Meister zu kennen, in dessen Dienst der Intellekt steht, dann wirst Du in der Lage sein, Sinn und Bildersprache seiner Äußerungen zu bewerten. Entweder dient man den kämpfenden Menschen oder man dient denen, die das Volk berauben. In einer Situation, in der es Räuber und Beraubte gibt, in einer Situation, in der der Alte Mann des Meeres nicht von Sindbad abläßt und auf ihm sitzen bleibt, kann es keine neutrale Politik und keine neutrale Geschichtsschreibung geben. Es wäre gut, wenn Du lernen würdest, Deine Umwelt zu erkennen – dann entscheide Dich, auf welcher Seite Du stehen willst!«

Was meinte er mit »seine Umwelt erkennen«? »Entscheide Dich, auf welcher Seite Du stehen willst!« Er wollte keine anderen Herren mehr – er wollte nur noch die Wahrheit erkennen. Aber welche Wahrheit? Standen sie denn nicht alle, sollten sie denn nicht alle auf einer Seite stehen, Schwarz gegen Weiß?

Er schaute zum Fenster hinaus und sah die grünen Pflanzen, sah das neue Wachstum – die Pflanzen werden blühen, und später werden wir ernten, murmelte er vor sich hin, doch seine Fragen blieben unbeantwortet – sah so das Wissen um Afrika aus, für das er und andere gestreikt hatten?

*

Munira konnte das Neue, das nach der Reise begonnen hatte, nicht verstehen – die Dinge waren in Bewegung geraten, und eine neue Stimmung herrschte im Dorf. Wanja hatte zusammen mit den anderen Frauen des Bergrückens die Ndemi-Nyakinyua-Gruppe, wie sie es nannten, gegründet, mit dem Ziel, gemeinsam die Felder aller zu bestellen, vom Unkraut zu befreien und die Feldfrüchte zu hacken und zu häufeln. Munira und Karega waren von ihrem Unterricht in Anspruch genommen, aber an gewissen ausgewählten Tagen beteiligte sich die ganze Schule an dem gemeinsamen Unternehmen. Einige waren zuerst mißtrauisch, aber nachdem sie gesehen hatten, wieviel ein *kamuingi* innerhalb nur weniger Wochen erreichen konnte, beteiligten auch sie sich.

Alle fühlten, wie sich neues Leben regte, bereit, geboren zu werden – eine unbekannte Kraft auf Flügeln von Furcht und Hoffnung. Ihre frühere Sicherheit hatte sie verlassen. Sie wußten jetzt, daß es noch mehr Kräfte außer Dürrezeiten gab, die weitere und andersartige Bedrohungen für sie darstellten; aber niemand wagte es, ihren neuen Befürchtungen Ausdruck zu geben.

Er schaute Wanja an, sah ihr Gesicht und war voll Bewunderung für die Bereitwilligkeit, mit der sie sich der praktischen Arbeit hingab. Er schaute ihre Hände an, jetzt waren sie rauh und aufgerissen, die Fingernägel abgebrochen – fast konnte er den Geschichten, die sie von der Stadt und von ihren Wanderungen erzählt hatte, keinen Glauben mehr schenken. Es verlangte ihn jetzt nach ihr, er wollte sie besitzen, und es schmerzte ihn, daß sie ihm gegenüber Abstand wahrte. Aber sie schien auch allen anderen gegenüber denselben Abstand zu wahren, das tröstete ihn und ließ ihn seine Zeit abwarten. Er selbst war von einem neuen Wissensdurst besessen. Sein Verlangen zu lesen war nach und nach zurückgekehrt, und jedesmal, wenn er und Karega nach Ruwaini gingen, um ihr Gehalt abzuholen, besuchten sie auch eine Buchhandlung, um Bücher zu kaufen. Er war nahe daran, seine Rolle als Außenseiter aufzugeben und Teil des Geschehens zu werden; er fühlte sich wohl dabei, und eine allgemeine Dankbarkeit erfüllte ihn.

Alleine mit sich selbst in seinem Laden, pflegte Abdulla hoffnungsvolle und bittere Erinnerungen wachzuhalten. Er fragte sich oft, welcher Stimmung er jetzt trauen könne, denn er erlebte, wie sie so oft und schnell, ohne jede Vorwarnung wechselten. Aber er war froh, daß Joseph mit der Schule begonnen hatte. Wie hatte er bloß, so fragte er sich immer wieder, wenn eine seiner bußfertigen Stimmungen über ihn gekommen war, wie hatte er es bloß fertiggebracht, Joseph nicht zur Schule zu schicken? Er konnte es kaum erwarten, bis sie am Abend erschöpft aus der Schule und von den Feldern heimkehrten, denn nur dann, wenn er sich bei ihren Unterhaltungen und beim Trinken vergaß, konnte er sicher sein, daß die Ruhe in seinem Herzen nicht plötzlich durch die Erinnerung an vergangene Ereignisse zerrissen wurde. Er betrachtete Wanjas völlige Verwandlung und fühlte sich ihr dadurch näher; er empfand, daß vielleicht der Regen, das Wachstum und die kommende Ernte etwas Neues bringen könnten.

Auch die Hirten kehrten zurück. Sie redeten von all dem Vieh, das der Sonne zum Opfer gefallen war. Sie redeten von ihren vergangenen Wanderungen durch die Ebene. Nun hofften sie, daß die Dürre niemals zurückkehren würde. Nicht nach all den Opfern, die sie gebracht hatten. Bald würde sich wieder der normale Rhythmus aller Dinge einstellen.

Aber der frühere Verlauf und die frühere Ordnung der Jahreszeiten war offensichtlich durch die verspäteten Regenfälle gestört. Diese Jahreszeit nun, die ganz außer der Regel war, erstreckte sich von Dezember bis März, wo im alten Rhythmus die große *Njahi*-Regenzeit hätte beginnen sollen. Ihre erste Ernte seit der Reise in die Stadt war nicht groß, aber genug, um Haut und Knochen beisammen zu halten.

Sie paßten sich der neuen Ordnung an, und nach der Ernte bestellten sie erneut die Felder und machten die Erde für neuen Regen und Samen bereit, wann immer die Zeit dafür kommen würde.

Und so warteten die Bauern von Ilmorog wieder einmal mit von Furcht und Hoffnung hin- und hergerissenen Herzen auf den Regen. Nichts schien sich in Ilmorog verändert zu haben. Die Reise in die Stadt schien der Vergangenheit anzugehören.

Dann kamen plötzlich fast zur gleichen Zeit zwei Lastwagen an und brachten Männer, die damit begannen, eine Kirche und eine Polizeistation zu errichten. Was sollte das alles, fragten sie sich? War dies die versprochene Entwicklung? Der Polizeiposten sollte mit einem *Chief* besetzt werden, sagte man ihnen.

Gelegentlich kamen die Bauarbeiter, die in Zelten wohnten, zu Abdulla. Allein ihre Stimmen und ihre Gegenwart zeichnete sie als andersartig, als Außenseiter aus, und das weckte in den Leuten von Ilmorog ein Gefühl der Solidarität und Intimität untereinander; es war ihre Art, die Fremden abzuweisen. Es schien fast, als seien die Männer von jenen Kräften gesandt worden, die ihnen in der Stadt die Demütigungen zugefügt hatten. Selbst Wanja, Abdulla, Munira und Karega stellten sich gegen die neuen Eindringlinge auf die Seite von Ilmorog. Aber bald danach, ganz plötzlich, gingen die Kirche und der Polizeiposten in einer neuen, aufgeregten Welle von Aktivitäten unter.

Der Juni hatte neuen Regen gebracht.

Er fiel zwei Wochen lang, Tag und Nacht, so daß man eigentlich seine Hütte kaum verlassen konnte.

Die Bauarbeiter packten ihre Zelte und ihr Handwerkszeug zusammen und fuhren weg.

Die Kinder saßen unter der Tür und sangen unaufhörlich:

Mbura Ura	Regen, Regen,
Nguthinjire	Ich werde dir
Gategwa	Einen jungen Bullen schlachten
Na Kangi	Und noch einen,
Kari Mbugi	Mit Glöckchen um den Hals
Kara, Kara	Ding-Ding-Ding-Dong!

Nach zwei Wochen wechselte der Regen seinen Rhythmus – es goß nur noch des Nachts, und darauf folgten ein oder zwei Tage Sonnenschein. Regen, Sonnenschein. Das war von jeher die klassische Ordnung gewesen, die großes Wachstum und eine große Ernte ankündigte. Dieses Gleichgewicht hielt sich, bis das ganze Land zu einem einzigen Teppich üppigen, grünen Wachstums geworden war, durchsetzt von unzähligen Blumen in vielfältigen Farben.

Selbst als nun gegen Ende der Jahreszeit die Bauarbeiter zurückkehrten und die Arbeiten an ihrem Doppelbau Polizeiposten-Kirche wieder aufnahmen, waren die Befürchtungen Ilmorogs in der großen Erwartung zweier Ereignisse untergegangen.

Die zweite Ernte seit ihrer Rückkehr aus der Stadt würde eine der reichsten Ernten in der Geschichte Ilmorogs sein. Sie erlebten eine völlige Umkehr der Ordnung früherer Jahre, in denen die im März beginnende *Njahi*-Jahreszeit den größten Ertrag gebracht hatte. Nun befanden sie sich mehr oder weniger in der *Mwere*-Jahreszeit, am Jahresende, und alle Anzeichen eines großen, kommenden Ereignisses waren vorhanden. Munira und Karega boten die Hilfe der Schule für die Ernte an.

Für die Zeit nach der Ernte war eine Beschneidungszeremonie festgesetzt worden. Einige der Hütejungen sollten zu Männern werden. Als Junge hatte sich Munira immer von zu Hause weggeschlichen, um versteckt dem Singen, das die Feierlichkeiten begleitete, zuzuhören. Und selbst noch als junger Lehrer, nach Siriana, hatte er sich ein paarmal davongestohlen, um bei einer Zeremonie dabei zu sein. Bei einer dieser Gelegenheiten hatte er Julia kennengelernt. Damals hieß sie Wanjiru. Ihre Stimme, ihr Tanzen, ihre völlige Hingabe hatten ihn angezogen, und er war zu dem Schluß gekommen, daß er hier endlich das gefunden habe, was seinem Leben Erfüllung bringen würde. Aber aus ihr war Julia geworden, und der einstweilige Traum einer Flucht in die Sinnlichkeit war auf dem Ehebett verflogen.

Vielleicht war es die Erinnerung an den Traum – aber Munira spielte mit dem Gedanken, Wanja während oder nach der Ernte wieder zu besitzen, und er fühlte, wie ihm bei diesem Plan ein Schauer der Erregung ins Blut schoß.

3

Irgend etwas geschah in der Erntezeit – ob es bei der Mais-, Bohnen- oder Erbsenernte war –, das in allen, immer wieder aufs Neue, das Gefühl des Jungseins erweckte. Die Kinder rannten über die Felder, und in allen Lautstärken wurden sie von den Frauen mit verzweifelten Ermahnungen über die Spuren der Verschwendung verfolgt. Manchmal überraschten die Kinder einen Hasen oder eine Antilope in ihrem Lager zwischen den gereiften Feldfrüchten – dann ließen sie alles liegen und stehen, rannten am ganzen Dorf entlang hinter dem Tier her und schrien: Kaau . . . Kaau . . . fangt es . . . fangt . . . fangt Fleisch! Sogar die alten Männer sahen wie kleine Kinder aus, wenn ihre Augen über die Felder schauten – nur versuchten sie, ihre zitternde Aufregung darin zu verbergen, daß sie, als Zeichen ihrer Teilnahme an der Ernte, einzelne Bohnengarben zum Dreschplatz trugen. Aber wenn sie dann wieder dasaßen und Bier schlürften oder sich einfach über dies und jenes unterhielten, dann erfreuten sie sich am Anblick der Kinder, die miteinander wetteiferten beim Dreschen der riesigen Mengen trockenen Erbsen- und Bohnenstrohs, das sie mit dünnen Stöcken bearbeiteten; wenn dann die Bohnen- und Erbsenkerne aus den dürren Garben sprangen und durch das trockene Stroh auf den Boden rieselten, entstand ein surrendes, raschelndes Geräusch. Die Frauen, die mit Hilfe des Windes die Bohnen von der Spreu schieden, boten einen Anblick für sich – manchmal hörte der Wind auf, und dann fluchten sie und hielten wartend ihre geflochtenen Körbe hoch, bereit, die Brise aufzufangen, wenn sie wiederkäme. Es war, als necke der Wind die Frauen, als spiele er mit ihren Hoffnungen und Wünschen und mit ihrer Erwartung, endlich vor Einbruch der Dunkelheit die Spreu wegzuräumen und dem Arbeitstag ein Ende setzen zu können. Etwas später kamen die Kühe an die Reihe – man ließ sie frei über die abgeernteten Maisfelder laufen; sie rannten dann mit hocherhobenen Schwänzen umher, schlugen mit den Hinterbeinen aus, daß der Staub aufwirbelte, und ihre Zungen holten sich das stehende Maisstroh. Manchmal rannte ein Stier hinter einer jungen Kuh her, gab ihr weder Ruhe noch Zeit zum Fressen und erwartete, anderes zu ernten.

*

Munira und Abdulla ruhten sich eines Abends von den letzten Arbeiten der geschäftigen Erntezeit aus und unterhielten sich über die kommende Beschneidungszeremonie. Karega brachte Joseph Algebra bei. Munira erzählte Abdulla, daß er sich immer etwas unvollständig vorgekommen sei, weil er im Krankenhaus unter Anwendung eines Schmerzmittels beschnitten worden sei, deshalb fühlte er sich auch nie wirklich seiner Altersgruppe, *Gicina Bangi*, zugehörig. Plötzlich war Wanja da. Grashalme, *micege* und *maramata* klebten an ihrem Rock. Abdulla gab ihr ein Bier. Munira machte ihr spielerisch Vorhaltungen: Wo ist denn unser Mitbesitzer gewesen? Karega fuhr mit seinem Unterricht fort. Wanja saß ganz still mit leicht gespreizten Beinen auf einem niederen Hocker, ihre Hände lagen in dem zwischen den Schenkeln hinuntergezogenen Rock. Sie schaute alle an, wie wenn sie sich in tiefer Meditation befände. Feldjungfrau, dachte Munira, und nun fielen ihm ihrer aller Hautschrammen ein, die sie sich beim Binden des Bohnenstrohs geholt hatten. Eine Atmosphäre der Trägheit und der Entspannung nach der ermüdenden Arbeit des Maisbrechens in der heißen Sonne hatte sie alle umfangen – es brauchte nur noch ein Bier und ein Feuer, um sie in das Land der Träume zu schicken. »Als ob sie aus einer anderen Welt gekommen sei«, setzte Munira seinen Gedankengang fort. Es gab wohl keine Tätigkeit, bei der sie nicht attraktiv gewesen wäre! Eine fieberhafte Erregung stand in ihren Augen und verließ sie auch dann nicht, als sie mit einem Lachen die männliche Besorgnis in Muniras Blicken abtat. Dann fing sie an zu reden, fast wie zu sich selbst: »Jetzt hab ich's. Ich hab es jetzt. Und ihr werdet es mir nicht glauben, wenn ich euch davon erzähle. Aber ich werde es euch sagen, denn – versteht ihr, müssen wir nicht dieses Dorf erlösen und die unruhebringenden Geister derer, die vor uns gingen, bestechen? Manchmal schmerzt die Erinnerung. Müssen wir nicht neues Blut in ein vergessenes Dorf locken? Theng'eta ist die Pflanze, über die nur die Alten reden werden. Warum? Das ist ganz einfach. Nur sie haben von ihr gehört und wissen etwas über sie. Unten im Grasland wächst sie wild, die Hirten kennen sie, und sie kennen auch den Ort, wo sie wächst, aber sie verraten einem nichts darüber. Nyakinyua sagt, daß man es früher, ehe die Europäer gekommen waren, immer gebraucht habe. Sie tranken es nur nach beendeter Arbeit und besonders nach einer Beschneidungs- oder Hochzeits- oder nach einer *Itwika*-Zeremonie und auch nach der Ernte. Wenn Dichter und Sänger Theng'eta tranken, komponierten sie ihre Lieder für eine neue *Gichandi*-Saison, und der Seher sprach seine Prophezeiungen aus. Es wurde von den Kolonialisten gesetzlich verboten. Sie sagten: Diese Leute sind faul. Sie trinken den ganzen Tag Theng'eta. Deshalb wollen sie nicht an der Eisenbahnlinie arbeiten. Deshalb wollen sie nicht auf unseren Tee- und Kaffee- und Sisalfarmen arbeiten. Deshalb wollen sie keine Sklaven sein. Das, so erzählt Nyakinyua, geschah nach der Schlacht von Ilmorog, und sie sagten auch, daß diese Krieger betrunken gewesen sein mußten, denn wie hätten sie es sonst gewagt, den Kolonialisten ihre Zunge zu zeigen und ihre Muskeln gegen sie zu spannen, wo sie doch längst wußten, was den andern, die Widerstand geleistet hatten, zugestoßen war? Von da an war nur noch Muratina, das weniger starke Getränk, erlaubt. Selbst das wurde nur den Vorarbeitern und den Chiefs zugeteilt, die gezeigt hatten, daß sie noch mehr Leute zur Arbeit auf den europäischen Farmen beschaffen konnten – denn nach dem, was Nyakinyua sagte, liefen die Leute dauernd wieder davon. Wie sollte auch ein ganzes Volk seinen eigenen Grund und Boden verlassen und für Fremde arbeiten? Deshalb ist die Kunst, Theng'eta zu machen, verlorengegangen. Nur einige wenige verstehen sie noch. Eigentlich gehört das Getränk den *Gichandi*-Spielern, aber auch in Fruchtbarkeitsriten wird davon Gebrauch gemacht.«

Karega, der seinen Unterricht unterbrochen hatte, um ihrem Monolog zuzuhören, fragte:

»Diese Schlacht von Ilmorog – was hat sie darüber erzählt?«

»Ach, sie weicht dem immer aus. Sie erzählt dir eine Geschichte, ohne daß du danach gefragt hast, und wenn man dann neugierig wird, hört sie plötzlich auf. Du solltest sie lieber selbst fragen.«

»Und Theng'eta«, fragte Abdulla, »hat sie dir gesagt, wie man es macht?«

»Sie sagte, sie würde es uns zeigen. Theng'eta . . . nur ein wenig Geist, um die Arbeit unserer Hände zu segnen.«
»Wann?« fragte Munira.
»Bald. Am Tag der Beschneidung muß es fertig sein. Wenn die Dorfältesten ihr Njohi trinken, können wir mit unserem Theng'eta auch dabei sein.«
»Warum nicht? Um zu feiern! Um der Dürrezeit Lebewohl zu sagen«, sagte Karega mit jungenhafter Begeisterung. »Um eine reiche Ernte zu feiern.«
»Um der Dürre in unserem Leben den Abschied zu geben«, fügte Abdulla hinzu.
»Und um von Gott mehr Samen zur Befruchtung der Erde zu erbitten«, sagte Munira.
»Ein Dorffest«, stimmte Abdulla bei.
»Es ist auch die richtige Zeit, ehe der Polizeiposten und die Kirche besetzt werden«, fügte Karega noch hinzu.

*

Mit spielerischem, religiösem Eifer begannen sie, die Idee in die Tat umzusetzen. Nyakinyuas Hütte war zum Mittelpunkt ihrer Aktivitäten geworden. Die alte Frau nahm eine Handvoll Hirsesamen, weichte sie in Wasser ein und füllte sie in ein Sisalsäckchen. Jeden Tag gegen fünf Uhr nachmittags kamen sie alle zur Hütte der alten Frau, um nachzusehen, ob die Samen zu keimen begonnen hatten. Am dritten Tag stand Nyakinyua schon unter der Tür und winkte ihnen, sich zu beeilen. Sie habe kleine Sprossen entdeckt, erzählte sie ihnen mit dem Eifer eines Kindes. Es stimmte – da waren gelblich-grünliche, nackte Dinger, die aus den zahlreichen Löchern des Säckchens schauten. Herr, behüte uns! Wanja entleerte die Keimlinge aus dem Säckchen auf ein Tablett, und alle Hände halfen mit, sie zum Trocknen auszubreiten. Muniras Finger zitterten, als er die Nähe Wanjas spürte. Herr, gib unseren Händen Kraft! Noch drei Tage ängstlichen Wartens. Die alte Frau überwachte das Zerstoßen, aber es war Wanja, am Boden kniend und nur mit einem über der Brust gebundenen Tuch, das ihre Schultern frei ließ, bekleidet, die es tat. Das allein war schon ein Fest, und die Kinder, ja, sogar die Männer kamen, saßen herum und schauten dem Zerstoßen mit Stein und Mörser zu. Sie legte einige der Samen auf einen großen, harten, geglätteten Granitstein, *inoro*, und benutzte dann einen kleineren, *thio*, um die knackende Hirse zu zerstoßen. Die Zuschauer standen oder saßen, und ihre Blicke folgten den Vorwärts-rückwärts-Bewegungen ihres schönen Körpers, bis die Keimlinge zu einer zähflüssigen, samtenen Masse geworden waren. Sie war ins Schwitzen geraten, als sie dann fertig war, aber ihre Augen leuchteten vor unterdrücktem Stolz.

Nun machte sich die alte Frau an die Arbeit. Sie mischte die zerstoßenen Hirsekeimlinge mit geröstetem Maismehl, gab die Mischung in einen irdenen Topf, fügte langsam Wasser hinzu und rührte das Ganze. Sie bedeckte die Öffnung mit der passenden Öffnung eines anderen Topfes, durch den sie ein Loch gebohrt hatte. In diesem Loch steckte eine Bambusröhre, deren anderes Ende in einen fest verschlossenen Krug mündete; darauf stellte sie ein kleines Becken mit kaltem Wasser. Dann wurde jede mögliche Öffnung mit Kuhmist versiegelt, und als sie mit allem fertig war, trat sie zurück, um ihr wissenschaftliches Kunstwerk zu betrachten. Karega rief aus: »Aber dies ist ja Chemie. Ein Destillationsprozeß.« Nun stellte sie den Topf in die Nähe der Feuerstelle.

Danach war es nur noch eine Frage des Wartens, bis das Gebräu fertig sein würde. Sie sagte ihnen, daß es einige Tage dauern würde. Aber die Vorbereitungen für die Zeremonie hatten ihrer aller Aufmerksamkeit bereits in Anspruch genommen. Die Leute fingen schon an, in Gruppen zu singen und zu tanzen, um für den Vorabend der Zeremonie zu proben. Es würde auch der Vorabend des Theng'eta-Trinkens und des gemeinsamen Feierns sein.

Karega konnte den Samstag kaum erwarten. Er hatte schon immer eine besondere Vorliebe für die zum Ritual der Beschneidung gehörenden Tänze und für das Singen gehabt; ganz besonders, wenn zwei oder mehrere gute Sänger zufällig anwesend waren und sich in einer Art Sänger- und Dichterwettstreit gegenüberstanden. Das beflügelte sein Herz, und er flog in ferne und schöne Länder, in denen Menschen, die vom Geist der Einheit beseelt waren, beieinander lebten.

Der wichtigste Schauplatz der Ereignisse war Njogus Haus, weil Njenga, einer seiner Söhne, beschnitten werden sollte. Auch Muriuki und noch einige andere würden unters Messer kommen, wie sie es nannten.

Die Tänze am Vorabend der Beschneidung waren ein Anziehungspunkt für die Menschen aller umliegenden Bergrücken – sie kamen von nah und fern. Sogar die Bauarbeiter kamen, um daran teilzunehmen; es waren so viele, daß Njogus Hütte und sein ganzer Hof voller Menschen war. Karega beteiligte sich an den allgemein bekannten

Tänzen, wie *Mumburo* zum Beispiel. Aber er, genauso wie Munira, verstand sich nicht darauf, den vorgetäuschten Streit zu spielen. Manchmal sah es wirklich so aus, als ob einer seinen Gegner ins Feuer werfen würde, und Karegas Magen krampfte sich vor angstvoller Erwartung zusammen. Aber trotzdem nahm der Tanz ihn bald gefangen, und nach einer Weile geriet er schon ins Schwitzen.

Es amüsierte Wanja zuzuschauen, wie Karega lachte und umherhüpfte und sich völlig der Atmosphäre hingab. Normalerweise war er so ernst, daß Wanja manchmal Lust hatte, ihn unter den Armen zu kitzeln, nur um ihn lachen und sein so ernstes Gesicht entspannt zu sehen.

Munira gefielen die Tänze, aber es machte ihn immer traurig, daß er nicht mitmachen konnte, daß er die Worte nicht kannte und daß sein Körper so steif war. So schaute er nur zu, fühlte sich etwas ausgeschlossen und kam sich als Außenseiter vor, der am Tor vor dem Haus eines anderen stand.

Und das Haus gehörte heute abend Karega und Abdulla und Nyakinyua. Ganz besonders Nyakinyua. Sie sang sehr gut, und mit leichter Zunge brachte sie Komplimente, erotische Schmähungen oder klare Gedanken zum Ausdruck. Sie konnte in bezug auf jede beliebige Person oder jedes beliebige Ereignis die richtigen Worte finden, ohne dabei die Melodie oder den Rhythmus zu unterbrechen. Die meisten der zu den Tänzen gesungenen Lieder hatten einen Refrain, den alle mitsingen konnten. Aber Njuguna und Nyakinyua waren es, die für die dramatische Spannung in der Oper des Eros sorgten. Alle, alt und jung, Frauen und Männer, hatten einen großen Kreis gebildet, und ihre Füße wirbelten ein wenig Staub auf, während sie sich im Rhythmus der Lieder vorwärts bewegten:

Njuguna steht nun als Besucher am Tor einer Heimstatt. Er findet Komplimente für das Haus und seine Bewohner, möchte aber wissen, wer der Hausherr ist, so daß er sich mit seiner Erlaubnis auf den Boden werfen und im Staub baden kann, wie ein junger Rhinozerosbulle. Nyakinyua antwortet ihm, daß er willkommen sei und sich wie zu Hause fühlen solle:

Njuguna: Nun zeigt mir die Braut!
Nun zeigt mir die Braut!
Alle: Ich werde nach Ilmorog gehn –
Njuguna: Für die unsere Ziegen kamen,
Klagend, am hellen Tage
Alle: Ich werde nach Ilmorog gehn –
Muturi und die jungen Tapferen zu grüßen.

Wanja wird nun in die Mitte des Kreises gezogen. Alle Finger zeigen auf sie, als Nyakinyua antwortet, daß dies die Braut sei, »die echte, unsere Braut, und nicht die andere, die in ein fremdes Dorf gehört, für die ich beschimpft wurde«.
Njuguna schlägt plötzlich einen anderen Ton an. Auf seinem Gesicht zeigt sich Verachtung:

Njuguna: Ist das die Braut?
Ist das die Braut?
Alle: Ich werde nach Ilmorog gehn –
Njuguna: So dunkel, so schön
Doch mit verletztem Schoß?
Alle: Ich werde nach Ilmorog gehn –
Muturi und die jungen Tapferen zu grüßen.

Nyakinyuas Stimme fällt jetzt mit Nachdruck ein, nimmt die Herausforderung an und schwört, daß sie ihn beschimpfen wird, ja, daß sie Schimpf und Schande auf seinen Clan übertragen wird:

Nyakinyua: Kannst du es denn überhaupt?
Kannst du es denn überhaupt?
Alle: Ich werde nach Ilmorog gehn –
Nyakinyua: Du bist derjenige, der Drohungen brüllt,
Aber die Braut hältst du umsonst wach!

Njuguna ist um Worte nicht verlegen und erwidert die Attacke mit der stolzen Autorität eines wählerischen Liebhabers:

Njuguna: Manch ander'n Schoß hab ich gesehn,
der stolze Männlichkeit umschloß,
Männlichkeit gleich einem Speerschaft,
der das Blatt der Banane durchdringt!
Alle: Ich werde nach Ilmorog gehn –
Njuguna: Diesen Schoß hier kannte ich nicht,
wußte nicht, daß man mir derartiges
vorsetzen würde!
Alle: Ich werde nach Ilmorog gehn –
Muturi und die jungen Tapferen zu grüßen.

Eine mächtige Schlacht im erotischen Krieg von Worten, Gesten und Ausdrucksweisen, die mancherlei vielsagende Bedeutung und Situation nahelegen, ist nun im Gange. Die Menge der Tänzer wird zusehends erregter und wartet gespannt darauf, wer zuerst nachgeben wird, wer zuerst unter dem Gewicht der Schmähungen und Andeutungen zusammenbrechen wird. Nyakinyua hat nun die Oberhand und nutzt ihren Vorteil aus:

Nyakinyua:	Ich hab dir ja gar nichts getan,
	Ich hab dir ja gar nichts getan,
Alle:	Ich werde nach Ilmorog gehn –
Nyakinyua:	Nur, ich hab dich gesehen,
	wie du einen Spalt gebumst hast!
Alle:	Ich werde nach Ilmorog gehn –
	Muturi und die jungen Tapferen zu grüßen.

Njuguna gibt nach. Warum, so fragt er, sollten Kinder aus dem Schoß derselben Mutter sich gegenseitig bekämpfen, wenn der Feind vor dem Tor steht? Er richtet nun eine Bitte an seine Mutter. Er ist ihr Krieger, der erschöpft aber siegreich aus dem Krieg heimkehrt:

Mutter, singe für mich!
Mutter, singe für mich!
Oder überläßt du es Fremden und denen aus anderen Ländern,
Die Heimkunft deines Sohnes zu preisen?

Alle Frauen stimmen nun mit ihren hohen Trillerstimmen die fünf *ngemi* an, die für einen neugeborenen Sohn bestimmt sind oder für einen Sohn, der aus den Kriegen gegen die Feinde des Volkes heimkehrt.

Die Bewegung des Augenblicks veranlaßte Munira plötzlich, einen Vers zu versuchen, von dem er dachte, er beherrsche ihn. Bei Njuguna und Nyakinyua hörte es sich so leicht und mühelos an. Aber mittendrin wußte er nicht weiter. Njuguna und Nyakinyua stellten sich nun gemeinsam gegen ihn:

Du zerstörst die Harmonie der Stimmen,
Du zerstörst die Harmonie der Stimmen.
So wirst du auch unsere Harmonie zerstören,
Wenn die Zeit zur Beschneidung gekommen ist.

Aber Abdulla eilte, ihn zu retten:

Ich wollte sanfte Stimmen nicht stören.
Ich wollte sanfte Stimmen nicht stören.
Nur eine Pause habe ich gemacht,
Um Tänzern und Sängern die Gewänder zu ordnen.

Nyakinyuas Stimme fiel wieder ein, versöhnlich, aber sie kündete das Ende dieses besonderen Tanzes an. Singend fragte sie: Wenn ein Faden gebrochen war, wem sollte man die Enden zuwerfen, um einen neuen Faden daraus zu spinnen? Njuguna antwortete und wandte sich dabei an Karega – ihm sollten die Enden zugeworfen werden, denn er war ein großer Krieger, Njamba Nene.

Alle schauten auf Karega und erwarteten, daß er den gebrochenen Faden aufnehmen würde. Die Schulkinder lachten nicht nur über sein Unvermögen, die Herausforderung anzunehmen, sondern auch, weil man ihn Njamba Nene genannt hatte. Wieder war es Abdulla, der aushalf. Er sang, daß, wenn der alte Faden gebrochen sei, so sei es für das ganze Volk an der Zeit, eine andere Melodie zu beginnen und einen neuen und stärkeren Faden zu spinnen.

Als Antwort auf Abdullas Aufforderung, einen neuen Faden zu beginnen, setzten sich jetzt alle. Sie hörten zu, wie Nyakinyua *Gitiro* sang. Zuerst sang sie leichtherzig und voll Humor ihre Kommentare über die Anwesenden und erntete dafür allgemeines Gelächter. Aber ein leichtes Beben in ihrer Stimme ließ sie plötzlich alle aufhorchen.

Sie besang jetzt ihrer aller unmittelbare Vergangenheit: sie sang von den zwei Jahren, in denen kein Regen gefallen war; von der Ankunft von Töchtern und Lehrern; von ihrem Exodus in die Stadt. Sie erzählte, wie früher in ihrer Vorstellung die Stadt nur aus Reichtum bestanden habe, aber sie hatte Armut und verkrüppelte Bettler dort vorgefunden – sie hatte Männer gesehen, viele Männer, Söhne ihrer Mütter, die aus einem rauchenden Tunnel ausgespuckt wurden, aus einem riesengroßen Haus – und sie hatte Angst gehabt. Wer hatte den ganzen Reichtum des Landes verschlungen? Wer?

Nun aber besang ihr Lied nicht mehr die Dürre des vergangenen Jahres, sondern sie sang von der Dürre vergangener Jahrhunderte; die Reise, die sie besang, war nicht mehr die Reise in die Stadt, die sie unternommen hatten, sondern sie verwandelte sich in die vielen Wege, die die Menschheit gegangen war, seit den Zeiten, als im mythischen Land der zweiköpfige Marimus lebte und die Menschen im Kampf miteinander lagen. Sie sang von lang vergangenen Kämpfen und Kriegen und vom Kommen des Kolonialismus. Sie sang davon, wie sich die zuletzt beschnittenen jungen Männer in heftigen Kämpfen gegen diese neue Herrschaft aufgelehnt hatten. Ja, schon immer war es die Aufgabe der Jungen gewesen, Fremde und Feinde, die sich im Volk eingenistet hatten, zu vertreiben: von jeher war es der Jugend auferlegt worden, mit denen zu kämpfen, die Marimus glichen – mit den doppelmäuligen, menschenfressenden Ungeheuern –, und darin lag die eigentliche Bedeutung des Blutvergießens bei der Beschneidung.

Die Dramatik, die in dieser Berufung und Herausforderung lag, ließ sie innehalten. Viermal brachten die Frauen durch hohen Trillergesang ihre begeisterte Zustimmung zum Ausdruck.

Nyakinyua hatte die Geschichte des Volkes für sie lebendig werden lassen.

Bis spät in die Nacht hinein blieben sie so beisammen. Es war unsagbar schön. Aber als sich der Abend seinem Ende zuneigte, kam eine große Traurigkeit über Karega. Es war wie ein plötzlich erscheinendes Bild schon fast vergangener Schönheit gewesen oder wie eine einsame, bezaubernde Melodie, die für einen kurzen Augenblick von einer sterbenden Welt herüberstrich.

*

Später, nach der Zeremonie am Fluß von Ilmorog, gingen Karega und Munira hinüber zu Abdulla, um dort in seinem Laden auf Wanja, auf die alte Frau und auf die geheimnisvolle Pflanze zu warten. Es wurde später Nachmittag, bis Wanja endlich kam, um sie abzuholen. Zusammen gingen sie zu Nyakinyuas Haus.

»Wir haben lange danach gesucht«, erklärte Wanja, »schließlich aber fanden wir sie doch an einer Stelle, wo sie in Fülle wuchs.«

»Seid ihr nicht am Fluß dabeigewesen?« fragte Abdulla.

»Doch, wir waren da. Alle ließen es tapfer über sich ergehen. Kein einziger war feige, also durften wir auch keine Schläge austeilen.«

Die Pflanze war sehr klein, mit vier winzigen, roten Blütenblättern. Sie hatte keinen Duft.

Theng'eta. Der Geist des Lebens.

Nyakinyua baute das Destilliergerät auseinander. Der irdene Topf war mit einer klaren, weißen Flüssigkeit gefüllt.

»Dies ist . . . dies ist noch gar nichts«, erklärte Nyakinyua.

»Dies vergiftet nur eure Köpfe und Eingeweide. Aber ein Tropfen vom Saft der Pflanze erweckt daraus den Geist des Lebens. Theng'eta. Es ist ein Traum, es ist ein Wunsch, deine Augen werden sehend. Wen Gott berührt, der kann mit Theng'eta den Strom der Zeit überschreiten und mit den Ahnen sprechen. Es hat Sehern ihre Zungen gegeben und Dichtern und Gichandi-Spielern ihre Worte. Unfruchtbare Frauen hat es zu Müttern vieler Kinder gemacht. Aber – nur mit Glauben und Reinheit im Herzen darf man es zu sich nehmen.«

Sie drängten sich um sie, als sie aus der Pflanze einige Tropfen grünlicher Flüssigkeit in den Topf drückte. Ein leises Zischen war zu hören, und dann verwandelte sich das Ganze in ein sehr helles, klares Grün.

»Später heute abend können wir es versuchen. Wanja wird einige der Ältesten zusammenrufen, denn dies taugt nicht für Kinder.«

Als der Abend fortgeschritten war, kamen sie alle zurück. Noch unter dem Eindruck der offenen Atmosphäre, die bei der Beschneidungszeremonie geherrscht hatte, fühlten sie sich alle eins – eine verschworene Gemeinschaft, die um ihr Geheimnis wußte und es miteinander teilte. Dem Alter nach hatten sie sich im Kreis gesetzt. Munira fand sich neben Njuguna. Wanja saß zwischen Abdulla und Karega. Schuhe und Schlipse, alles was beengte, hatten sie abgelegt, der Körper sollte lokker und entspannt sein. Sie befahl ihnen, alles Geld aus ihren Taschen zu holen – dies metallene Ungeziefer, das Familien entzweite und die Männer in die Stadt trieb. Sie nahm das Geld und legte es weit außerhalb des rituellen Kreises auf den Boden. Dann setzte auch sie sich.

Hirse, Kraft Gottes.

Sie vergoß einige Tropfen auf dem Fußboden und fiel dabei in ein leises, eintöniges Singen: Für alle, die vor uns gegangen sind und nach uns kommen werden, *tene na tene, tene wa tene.*

Dann füllte sie etwas in ein kleines Horn, ihr beschwörender Blick traf jeden einzelnen von ihnen, während sie mit ermahnender Stimme fortfuhr:

»Hört, meine Kinder«, begann sie und hielt dabei das kleine Horn in den Händen, »ihr müßt immer aus einem gemeinsamen Gefäß trinken und immer das richtige Maß halten. Der Älteste von euch beginnt. Dann dürft ihr eure Wünsche träumen und eure Träume zu Wünschen werden lassen. Wer weiß? Wenn einer von euch der Glückliche ist, offen und bereit zu empfangen, dann wird es euch geschenkt werden. Ich werde heute nichts davon kosten – nur den Duft will ich einatmen.«

Sie führte das Horn zur Nase und schien etwas zu inhalieren. Dann versuchte sie einen oder zwei Tropfen.

»Aaah. . . Ich bin alt, ich habe keine Träume mehr. Und was wünsche ich mir? Nur noch ein Wunsch lebt in mir – mit meinem guten Mann in der anderen Welt vereinigt zu sein. Stellt euch vor, es war in einem Hirsefeld, das wir vor Vögeln bewachten, wo er mich umwarb und wir uns liebten. Er wußte so gut Bescheid über alle Kräuter. Während wir wach lagen und auf die Vögel horchten, zeigte er mir das Geheimnis um dieses heilige Wasser. Während einer jeden Nachtwache nippten wir einen Tropfen und sogen den Duft tief in uns ein. Dann war Frieden um uns her. Die Hirseähren liebkosten unsere Körper und . . . und . . . Hier, nimm, Njuguna, eröffne die Runde!«

Ihre Stimme hatten die Herzen zur Ruhe gebracht, und schon jetzt, während sie darauf warteten, an die Reihe zu kommen, fühlten sie sich eins untereinander. Munira war an der Reihe. Als er einatmete und ihm die leicht beißenden Düfte durch die Nase in den Kopf schossen,

hörte er jemand sagen, daß er auch trinken müsse. Er fühlte, wie es seine Kehle hinunterbrannte, bis tief in sein Inneres hinein – so etwa wie die Eukalyptusblätter, die Joseph geheilt hatten. Einige Sekunden lang war nichts um ihn als dieser Feuerbrand in seinem Bauch und in seinem Kopf. Aber langsam verlöschte das Feuer, sein Körper und Geist entspannten sich, Wärme umhüllte ihn, und eine nie gekannte Leichtigkeit bemächtigte sich seiner. Köstliche Stille der Dämmerung, die in ihm schwebte. Seine Augen wurden ein wenig schwer und benommen, aber trotzdem konnte er jede Einzelheit klar erkennen. Welch leuchtende Klarheit – o Herr, ich sehe die Farbe Deines Lichtes! Ständig wechselndes Farbspiel eines Regenbogentraumes. Er war jetzt ein Vogel und flog höher und immer höher, dabei taten sich ihm Himmel und Erde auf, Vergangenheit und Gegenwart – und er sah alles. Die alte Frau, gleich einem kraftvollen, in Erde, Sonne und Regen geschmiedeten Band, war das verbindende Glied zwischen Vergangenheit, Gegenwart und Zukunft. Er sah sie in schwarzen, feierlichen Gewändern, er sah sie in weit zurückliegender Vergangenheit, und in einem einzigen, unfaßbar weiten und alles überbrückenden Bogen der Zeit sah er sie in der Zukunft. Er sah sie neben Ndemi, der die Wälder rodete und die Elemente und Geheimnisse der Natur für ihre Kinder nutzbar machte. Wie sehnte er sich danach, dort zu sein. Dort verschmolzen Vergangenheit, Gegenwart und Zukunft, seine Kinder gingen zur Schule, um einer Sache zu dienen, die das ganze Volk anging; auch sie fällten Bäume, machten das jungfräuliche Land urbar und schufen neue Horizonte, dem Menschen und seinem schöpferischen Genius zu Ehren. In weiter, weiter Entfernung hörte er eine Stimme auf sich zukommen: erzähle uns deine Träume und Wünsche. Er hielt inne in seinem Flug. Was wünschte er sich für sein Leben? Was wollte er eigentlich? Seine Eltern waren niemals irgendein Risiko eingegangen und er, Munira, hatte stets am Ufer haltgemacht und zugeschaut, wie Ströme und Bäche über Steine und Felsen flossen. Er war ein Außenseiter, er war immer einer gewesen; ein Zuschauer im Spiel des Lebens und der Geschichte. Er wollte nach Wanja rufen: Wanja, schenke mir noch eine Nacht des vollen Mondes in deiner Hütte, und durch dich, begraben in dir, werde ich in die Geschichte wieder hineingeboren werden, als Mitspieler, als Handelnder, als schöpferischer Geist – dann hat es ein Ende mit dieser zusammenhanglosen Zerrissenheit. Aber als er sprach, war seine Stimme seltsam ruhig:
»Meine Wünsche kenne ich eigentlich nicht, und ich habe nur wenige Träume. Aber eines sehe ich, was ist es?

Alles um mich herum ist in Bewegung. Mir scheint, ich sehe Nyakinyua gestern und morgen! Ich sehe sie neben Ndemi, aber wie kann dies sein, er lebte doch vor so langer Zeit? Ich sehe sie auch an der Seite von vielen Menschen, die in den Krieg ziehen – erzähle uns von ihnen, Nyakinyua, du hast schon auf unserer Reise in die Stadt damit begonnen. Was haben sie gesehen? Was haben sie gesehen, das meinen Augen plötzlich verborgen bleibt?«

*

»Meine Kinder – ihr fragt zuviel. Ich habe euch doch gesagt, daß es nichts weiter dazu zu sagen gibt. Ihr habt Schulen besucht. Du und dieser Junge hier, ihr seid die Lehrer unserer Kinder. Was lehrt ihr sie? Daß wir immer so waren und immer so sein werden? Und du, meine Tochter? Haben deine Augen nicht mehr gesehen, als du uns zu erzählen wagst? Und was ist mit Abdulla hier? Welche Geheimnisse verbirgt er noch in seinem übriggebliebenen Beinstumpf? Generation, die du von uns weggegangen bist, die du uns verlassen hast . . . Aber eines Tages werden sie sich selbst wiederfinden, und dann wird das Reich Gottes und das Menschenreich ihnen gehören. Ndemi hat einen Fluch hinterlassen: Niemals dürfen seine Kinder dieses Land aufgeben, mit ihrem Blut müssen sie das Land und alles, was es hervorbringt, verteidigen. Ich maße mich nicht an, die Bedeutung all dessen zu verstehen – warum haben sie uns trotz unserer Speere, trotz unserer Vielzahl geschlagen und besiegt und uns in alle vier Winde zerstreut? Wie soll man den ewigen Wandel von Fruchtbarkeit und Unfruchtbarkeit, Dürre und Regen, Nacht und Tag, Zerstörung und Schöpfung, Geburt und Tod begreifen? Nein, es gibt viele Dinge, die auch ich nicht verstehen kann.

Vergeßt nicht, was meinem Mann geschah. Er gehörte zu denen, die für die Weißen Nahrung und Waffen schleppen mußten, damit die ihre Kriege untereinander austragen konnten. Er wählte nicht den Weg Munorus, der zum Sklaven wurde. Zum Aufpasser für den Kolonialherrn gemacht, verlangte dieser Häuptling das Fett von zehn Schafen und Ziegen. Mein Mann war stolz. Er weigerte sich und spie ihm seine Verachtung für einen Sklaven vor die Füße. Daraufhin wurde er auf die Liste der ganz Armen gesetzt, die wegen ihrer Armut das verlangte Fett nicht beibringen konnten. Reich war mein Mann nicht, aber er war stolz. Einige von ihnen mußten auf europäischen Farmen arbeiten, während die weißen Männer im Krieg waren. Stellt euch vor, die

Felder der Weißen mußten sie bestellen und am Leben erhalten, während ihre eigenen vernachlässigt wurden und verdarben! Alleine kann eine Frau niemals alle Arbeiten auf einer Farm bewältigen. Wie sollte sie auch das anbauen können, was von alters her den Männern vorbehalten war? Zuckerrohr, Yams und Süßkartoffeln? Wie sollte sie neues Land roden? Und wie sollte sie schmieden können, Ketten machen, Drähte ziehen, Bienenstöcke anlegen und Flechtwerk für Vorratshäuser aufrichten? All das, und dazu noch ihr eigener Anteil an der Arbeit? Mit schweren Lasten auf dem Kopf schleppten sich die Männer in langen Reihen, einer hinter dem anderen, der Küste zu. Sie schlugen Pfade in den Urwald, und manchmal folgten sie den alten Wegen, die schon die Swahilis und die arabischen Räuber und Sklavenjäger benutzt hatten. Und dann, ehe sie nach Kibwezi kamen, stand plötzlich dieses Erdungeheuer vor ihnen. Niemals zuvor hatten sie ähnliches gesehen. In seiner ungeheuren Länge war es ein so furchterregender Anblick – schrecklicher als *Ndamathia* aus dem Meer, von dem wir unseren Schatten haben. Aus seinen Augen schossen Lichtblitze, seine gespaltene Zunge zischte gewaltig und spie Feuer aus. Und die Männer, obwohl sie doch beschnitten waren, standen behext und erstarrt. Eine innere Stimme sagte ihnen: Hütet euch davor, dieses seltsame, auf dem Bauch gehende Ungeheuer zu berühren. Betrachtet es sorgfältig und macht euch bekannt mit den Geschenken Gottes für seine Kinder – Welt ohne Ende. Aber sie waren müde. Sie waren tagein, tagaus Meile um Meile marschiert und hatten den Schlaf, selbst den Wunsch nach dem ewigen Schlaf bekämpft. Und nun versperrte ihnen das Ungeheuer den Weg. Ein Mann hob einen Stein auf und warf nach ihm. Es hob kurz den Kopf, dann spie es Licht und Feuer aus seinen Eingeweiden, zehnmal stärker und heller als ein Blitz, und mit ohrenbetäubendem Zischen, das die Erde erzittern ließ, kroch es mit dem Bauch am Boden weiter. Blutgier überkam einige von den Männern. Sie schleuderten ihm Steine und Flüche nach und lachten sogar, daß sie so leicht davongekommen waren. Hört nun, meine Kinder, hört und fürchtet die Wege des Herrn! Keiner, der dieses Tier berührte, ist zurückgekommen. Einige kamen im deutschen Feuer um, andere fielen der Malaria zum Opfer und wieder andere erlagen einem seltsamen und heftigen Erbrechen. Nur ganz wenige von all denen, die gehen mußten, kehrten zurück.«

»Und dein Mann?« fragte jemand.

»Er kam zurück, ja, er kam zurück, aber er war nicht mehr derselbe Mann, mit dem ich früher geschlafen hatte, als unsere Schenkel und

Körper, geschmeidig von *Mbariki*-Öl und Schweiß, sich aneinander geschmiegt hatten.«

Sie verstummte. Noch einmal nahm sie den Stock, um im Theng'eta-Topf zu rühren, und ließ dann ihre Hand darauf ruhen. Sie war jetzt nicht mehr bei ihnen. Wie damals, als sie in der Ebene ihre Geschichte erzählt hatte, versank sie auch jetzt in das Dunkel ihrer eigenen Erinnerungen und Ungewißheiten. So verblieb sie – die Hand auf dem Stock, den Kopf zur Seite geneigt, den Blick zum Boden gewandt – und gab keine Antwort mehr auf die Fragen in ihren stillen Gesichtern.

*

Karega betrachtete die zusammengesunkene Gestalt, und in seinem Kopf wiederholte es sich: nicht mehr derselbe, nicht mehr derselbe . . . Seine Gedanken kreisten unaufhörlich um diesen Satz, es schien ihm, allein jene Aussage erkläre Schmerz und Leiden und den verborgenen Sinn ihrer – ja, ihrer aller – noch nicht zu Ende erzählten Geschichte. Genauso hatte er empfunden, nachdem Mukami ihn verlassen hatte und auch nach seinem Weggang von Siriana. Auch nach der kürzlichen Reise hatte er dieses Gefühl gehabt. Ihm wurde klar, daß die Veränderung unaufhörlich weitergehen würde, daß nichts so bleiben würde, wie es früher war. Selbst unter Einbeziehung der ganzen Vergangenheit seines Volkes, der Vergangenheit, mit der er sich in Siriana und auch hier, in der Schule von Ilmorog, auseinanderzusetzen versucht hatte, würde es so sein. Von welcher Vergangenheit war eigentlich die Rede? Von Ndemi und denen, die das Land erschaffen hatten, von Malindi bis Songhai, vom Kap der Stürme bis zum Mittelmeer? Von der Vergangenheit einer zerbrochenen Zivilisation und verkümmerten Wachstums? Oder von der Vergangenheit schwarzer Menschen, die über den ganzen Erdball verstreut wurden, um dem unersättlichen Gott Profit, von dem der Rechtsanwalt gesprochen hatte, immer neue Nahrung zu bieten? Von der Vergangenheit verbrannter und zerstörter Häuser und Felder, von Krankheiten, mit denen ein Kontinent vollgepumpt worden war? Oder war es die Vergangenheit von *L'Ouverture, Turner, Tsehaka, Abdulla, Koitalel, Ole Masai, Kimathi, Mathenge* und vielen anderen? Oder aber von Chiefs, die ihre Landsleute verkauft hatten; die Vergangenheit von denen, die Livingstone und Stanley auf ihren Rücken getragen und zu glauben verführt worden waren, der Dienst für den weißen Mann sei dem Dienst für

Gott gleichzusetzen? Die Vergangenheit von *Kinyanjui, Mumia, Lenana, Chui, Jerrod, Nderi wa Riera*? Afrika hatte nicht eine, sondern viele Vergangenheiten, und sie lagen in ständigem Kampf miteinander. Ein Bild nach dem anderen jagte sich in seinen Gedanken. Er rang mit jedem, versuchte es festzunageln, zu untersuchen, ihm sein Geheimnis, das sich ihm seither entzogen hatte, zu entlocken. Als das Buch der Vergangenheit so vor ihm aufgeschlagen lag, war ihm plötzlich, als sähe er das Gesicht seines Bruders. Er sah es wirklich. Aber wie konnte dies sein, er hatte ihn doch nie gekannt? Und doch, das Gesicht war da, es blieb bei ihm; seine Erinnerung, durch die vielen vergangenen Jahreszeiten kaum mehr erfaßbar, wurde lebendig. Die Geschichte kam ihm in den Sinn, die Abdulla an dem Abend, als sie in der Ebene lagerten, erzählt hatte – ob Abdulla ihn wohl gekannt hatte? Abdulla stammte schließlich aus Limuru. Dann wanderten seine Gedanken zu Munira. Der hatte ihn gekannt, und Karega fragte sich, warum er ihn eigentlich nicht schon längst mehr über Nding'uri ausgefragt hatte. Sie wohnten doch schon seit zwei Jahren nebeneinander, teilten denselben Hof – und doch wußten sie so überraschend wenig voneinander. Wohl deshalb hatte er nie mit ihm darüber gesprochen. Der Gedanke an Munira brachte ihm die Erinnerung an Mukami zurück. Geschah es durch die Macht von Theng'eta? Nein, Mukamis Gesicht hatte ihn sein Leben lang verfolgt.

Wie oft hatte Karega versucht, sich zu befreien, das in Worte zu fassen, was ihn gefangen hielt, aber seine Hände, bittend und flehend zum Herzen erhoben, blieben leer. Und nun schien ihm die ausstrahlende Kraft von Theng'eta die Worte einzugeben. Aber plötzlich, und trotz des Gesichtes, das jetzt überaus lebendig vor ihm stand – hatte er den Strom der Zeit überschritten? – kam ihn ein Lachen an. Es war ihm gerade eingefallen, wie Fraudsham ihnen zu sagen pflegte, daß Schreiben gleich Religion sei: »Eine göttliche Handlung, ein reinigender Ritus.« Jesus und Skakespeare hatten für ihn die englische Sprache verändert. Vor einem jeden Aufsatz hatte er sie immer so ernsthaft belehrt, ihre wahren und echten Gefühle und Überzeugungen niederzuschreiben. Keiner von ihnen hatte ihm je sein Gerede vom Schreiben als Bekenntnis heißer Ängste und Leidenschaften abgenommen. Er selbst, Karega, hatte oft unglaubliche Heldentaten ersonnen, und die belanglosesten Themen hatte er mit ein bißchen christlicher Botschaft verbrämt. Wie dieser Besuch bei seiner Tante. Dieser in Wirklichkeit gar nicht existierenden Tante, die ihn in jede Schule, in jede Klasse begleitet hatte. Noch nie hatte er verstehen können, warum schwarze, weiße, rote und gelbe Lehrer immer wie besessen schienen von Themen wie: »Meine Tante«, »Meine letzten Ferien«, »Mein erster Besuch in der Stadt«. Ängste und Leidenschaft! Welcher Unsinn! Seine innersten Empfindungen, alles Wesentliche, das ihm im Leben zugestoßen war, war seiner Feder versagt. Es gab Dinge, die man nicht zu Papier bringen konnte, die ausschließlich einem alleine gehörten. Wie hätte er jemals einem anderen, einem Lehrer, sein Herz ausschütten können, nur um damit mit einer besseren Note belohnt zu werden? Hätten sie ihm denn geglaubt, hätte er geschrieben, daß er niemals irgendwelche Tanten oder Städte besucht hatte, sondern daß er nur an einem jeden Abend, wenn die Sonne unterging, den Hügel über Manguo hinaufgestiegen war und auf sie gewartet hatte, in der Hoffnung, daß ihr Weg sie zu ihm führen würde. Und er hatte gebetet damals, er hatte wirklich gebetet, daß Christus, Gott, der Herr – irgend jemand dort oben im Himmel, sie aus dem großen Haus heraustreten lassen würde, nur um einen kleinen Spaziergang über die Felder zu machen, oder ihr befehlen würde, den Berg heraufzusteigen oder zum Wäschewaschen nach Manguo zu gehen oder sonst etwas zu tun – irgend etwas.

»Hirse, Kraft Gottes!« begann er. Obwohl das Horn des Geistes herumgereicht wurde, war eine plötzliche, erwartungsvolle Stille eingetreten, und er wußte, daß er alles erzählen würde. Schon unzählige Male hatte er sich ausgedacht, was er sagen wollte, und hatte es in Gedanken in seine Hefte geschrieben.

»Von jeher hat sie in mir gelebt – sie begleitete mich bei allem, was ich tat und wo immer ich hinging. Zwischen Schlafen und Wachen umschwebte sie meine Sehnsucht und meine Träume. Es war, weiß Gott, als ob wir uns in einer anderen Welt begegnet wären und sie mir ein Zeichen dagelassen hätte, an dem ich sie später wiedererkennen würde. Ich fand sie am Rande des Steinbruchs von Manguo; sie saß auf einem Hügel, ha-Mutabuki genannt, in der Nähe der Häuser von Njinju wa Nducu und von Omari Juma, den wir aber Omari wa Juma nannten. Sie hatte sich an den äußersten Rand des Steinbruchs gesetzt, auf ihre Arme zurückgelehnt, ihre Hände ruhten fest auf der Erde. Ihre Beine aber schwangen in der bedrohenden, ausgehöhlten Leere hin und her. Weiter unten war die geteerte Straße, von der man sagte, daß sie von italienischen Kriegsgefangenen aus dem Felsen gehauen worden war. Mir schien immer, als ob Autos, Fahrräder und Menschen plötzlich von der Erde ausgespuckt oder verschlungen würden, so scharf verlief die Straße an der Stelle, die wir Kimunyas Biegung nannten. Direkt gegenüber lag der Bergrücken von Kieya mit der Schule von Manguo. Ihr Wagemut beeindruckte mich, denn mir wurde schon schwindlig beim bloßen Gedanken daran, an irgendeinem Abgrund zu stehen. Ich ging trotzdem auf sie zu, sie blickte hoch, sah mich und lud mich ein, näher zu kommen – nein, sie forderte mich geradezu heraus, zu ihr hinzugehen. Einfach so. Ich zögerte. ›Komm nur‹, sagte sie, ›du mußt keine Angst haben.‹ ›Wer sagt denn, daß ich Angst habe‹, gab ich ihr mit vorgetäuschtem Ärger in der Stimme zurück. Weil sie mich herausgefordert hatte, ging ich weiter, und weil ich nicht wollte, daß sie meine Angst sah. Aber die Angst war da. Mein Herzschlag drohte mich zu ersticken, meine Knie schienen ihre Kraft zu verlieren, sie gaben nach. Ich hatte Angst, unheimliche Angst, aber zur gleichen Zeit überlief mich ein Schauer der Freude und Faszination. Seltsam – ich ging auf Leben und Tod zu, meine Beine trugen mich fast nicht mehr, und doch pulsierte etwas zwischen Schmerz und Freude in meinem vor Angst kochenden Blut, und dieses Gefühl schien mich bald ganz zu beherrschen. Ich wollte schreien, aber ich ging weiter. Wie ein Magnet zog mich dieses Gesicht, ihr Lächeln und der kleine Spalt zwischen den Zähnen – ich hatte dies alles im Unterbewußtsein schon einmal gesehen – zu ihr hin.

Dann saßen wir da, und während wir uns unterhielten, schauten wir den *thabiri*-Vögeln zu, wie sie mit der untergehenden Sonne heimwärts flogen. Natürlich kannte ich sie, denn meine Mutter hatte als Tagelöhnerin auf der anderen Farm ihres Vaters gelebt. Die lag drüben, jenseits des Berges, gegen Limuru und das dort besiedelte Gebiet zu.

Sie fragte mich, warum ich nicht zur Schule ginge. Als ich ihr antwortete, daß ich immer schon gerne gegangen wäre, sagte ich nicht die Wahrheit. Als sie erzählte, daß sie in Kamandura zur Schule ginge, da schwor ich mir, daß auch ich von jetzt an die Schule besuchen würde. In der darauffolgenden Woche arbeitete ich jeden Tag auf dem Pyrethrumfeld ihres Vaters.

Ich war schon immer beim Pflücken der kleinen gelben Gänseblümchen sehr geschickt gewesen, aber nun hatte ich einen neuen, ganz persönlichen Ansporn bei der Arbeit, und meine Mutter fragte sich, was wohl über mich gekommen sei.

›Ich möchte zur Schule gehen‹, sagte ich ihr. ›Ich möchte verdienen, um das Schulgeld bezahlen zu können.‹

Manchmal kam sie und half mir beim Pflücken und erzählte mir dabei noch mehr von ihrer Schule. Sie brachte mir reife, rote Pflaumen mit und später saftige, süße Birnen. Nun, ich verdiente genug, um ein

Schuljahr bezahlen zu können. Als meine Mutter meine Entschlossenheit sah, bot sie mir an, den Rest zu übernehmen.
Sie brachte mir alles bei, was sie wußte und gelernt hatte, dabei machte ich schnelle Fortschritte. Die Lehrer ließen mich eine oder zwei Klassen überspringen, so daß ich nach zwei Jahren nur noch eine Klasse hinter ihr zurück war.
Meine Mutter war eine gottesfürchtige Frau, die bei jeder Gelegenheit ihre Gebete murmelte. Aber es war ihr nie gelungen, mich beten zu lehren oder mir die Bedeutung des Gebets klarzumachen.
Mukami aber lehrte mich beten. Sie hatte mir gesagt, daß Gott alles für einen tut, wenn man ihn darum bittet; so sprach ich mein erstes Gebet auf unserem Schulweg, unter einer Zeder, an einem Ort, den wir Kamutarakwa-ini nannten.
Sie war an jenem Tag nicht bei mir, ich glaube, sie war krank. Wie auch immer – eine nie vorher gekannte Bewegung ergriff mich, ich senkte den Kopf, schloß die Augen und bat den Herrn, sie wieder gesund zu machen. ›Und Herr, wenn es wahr ist, daß Du alles tun kannst, dann laß bitte, oh, laß bitte, bitte Mukami mein sein!‹
An Wochenenden und während der Schulferien arbeitete ich auf der Farm ihres Vaters, und auch dann kam sie und half mir.
Oft wateten wir durch das grüne Schilf im Manguo-See, verjagten *thabiri*-Vögel und sammelten ihre Eier.
Und manchmal, im Pyrethrumfeld oder draußen beim See, spielten wir miteinander, balgten wir uns. Sie ließ sich auf den Boden fallen, und ich fiel über sie; dann schrie sie, und ich ließ sie los. Sie stand dann auf, klopfte Staub und Gras aus ihrem Rock und lachte, lachte mich aus und sagte: du Feigling! Nun jagte ich sie erst recht, plötzlich wurde sie dann gefügig, ich warf sie zu Boden und fühlte dabei ein seltsames Singen in meinem Blut. Dann schrie sie wieder und nannte mich böse und sündig. Ich ließ sie gehen, und wieder lachte sie mir ins Gesicht. Ich haßte sie dann wegen dieser Dinge in mir, die ich nicht ganz erklären und verstehen konnte.
Als sie wegging, um die Höhere Schule in Kanjeru zu besuchen, dachte ich, unsere Welt und unsere Wege hätten sich getrennt. Aber ein Jahr später folgte ich ihr und ging nach Siriana. Wie ihr wißt, liegen die beiden Schulen nicht weit voneinander entfernt, nur ein Tal liegt dazwischen. Wir trafen uns weiterhin samstags, wir unterhielten uns über unsere Schulen, über die Lehrer, über zu Hause und über *Uhuru* – und die Welt war gut.

Während der Ferien trafen wir uns auch – diesmal nicht so oft, aber doch ein- oder zweimal in der Kirche.
Während sie im vierten und ich im dritten Jahr der Höheren Schule war, bemerkte ich, daß sich ihre Haltung mir gegenüber zu verändern begann. Sie war leicht irritierbar, manchmal hatte ich das Gefühl, daß mein bloßer Anblick sie ärgerte, aber wenn ich eine Verabredung verpaßte, war sie noch mehr verärgert. Ich konnte ihr nichts mehr recht machen, und ich dachte, daß dieses Verhalten wohl ihrem Lampenfieber vor den Examen zuzuschreiben sei.
An einem Ferientag kam sie bei uns vorbei. Sie kam zu unserer Hütte im Dorf Kamiritho und erklärte, sie wolle zur Kirche gehen. So gingen wir zusammen los, auf derselben staubigen Straße, auf der wir als Kinder zur Schule gegangen waren. Unterwegs riefen wir uns viele Freunde und Begebenheiten von früher in Erinnerung. Da war dieser große, ungelenke Junge Igogo gewesen – die anderen Jungens schrien ihm ›Falke, Falke!‹ nach und ärgerten ihn so lange, bis er in Tränen ausbrach. Und dann die Tochter von Kimunya, eine der anerkannt schönsten Frauen im ganzen Land. Bei der Kirche angelangt, waren wir froh, daß Joshua Matenjwa predigte, er war damals der beliebteste Pfarrer bei der Jugend. Den ganzen Gottesdienst hindurch machte sie einen sehr verspielten Eindruck, und wo sie früher stets äußerst vorsichtig gewesen war, mit mir oder irgendeinem anderen Jungen von ihren Eltern gesehen zu werden, schien sie sich an jenem Tag überhaupt nicht darum zu kümmern. Nach der Kirche gingen wir auf der Teerstraße durch Ngenia nach Nguirubi. Wir lagen im Gras und träumten große Träume – wie wir unseren Schulabschluß machen und die Universität besuchen würden, danach würden wir heiraten und Kinder haben. Wir stritten uns sogar darüber, ob wir zuerst einen Jungen oder ein Mädchen haben wollten. Sie wünschte sich einen Jungen und ich ein Mädchen. So redeten wir hin und her und merkten nicht, wie die Zeit verflog. Wir rannten los, durch Gitogothi hindurch, und in der Nähe von Mbiras Haus sagte sie plötzlich: ›Komm, wir gehen zum See und sammeln Thabiri-Eier, wie wir es früher als Kinder getan haben.‹ Es war dumm und verrückt, was wir taten – die Dämmerung würde gleich einbrechen, aber es war trotzdem so schön! Wir wateten durch das Wasser, die Vögel flogen zum Himmel, und die grünen Wasserpflanzen und das hohe Schilfgras ließen uns nur langsam zur Mitte vorankommen. Nebenbei sammelten wir auch noch einige Eier. In der Mitte des Sees ragten zwei Erhebungen als Inseln aus dem Wasser. Sie waren immer trocken, egal, wieviel es geregnet hatte, und

schienen auf dem Wasser zu schwimmen. Viel später erfuhr ich, daß es Teile eines Dammes waren, den die jungen Männer der Kihiu-Mwiri-Altersgruppe gebaut hatten, und zwar auf Befehl des damaligen, von den Engländern eingesetzten Chiefs Mukoma Wa Njiriri, der ihnen nur unter dieser Bedingung die Erlaubnis zur Beschneidung geben wollte. Aber – wir Jungens erzählten uns untereinander, die Inseln seien die Höcker und das Schilfgras die Schamhaare von zwei riesigen, haifischähnlichen Ungeheuern, die einstmals im See gelebt hatten. Zu einem dieser Hügel gingen wir nun hin und setzten uns ins Gras. Alles war still um uns her, so still. Wir sahen den Vögeln nach, wie sie mit der untergehenden Sonne davonflogen, und zählten die Eier. Ungefähr zehn hatten wir miteinander gesammelt. Plötzlich unterbrach sie die Stille und stieß einen kleinen, durchdringenden Schrei aus, und ich sah, daß sich ein Blutegel an ihrem Kinn festgesaugt hatte. Ich riß ihn ab, so daß Blut floß. Dann rieb ich ihr Kinn und versuchte ihr zu sagen, daß es nicht weiter schlimm sei, worauf sie mir zurückgab, ich solle damit aufhören, sie sei kein kleines Kind mehr. Ich wurde böse und sie auch. Am liebsten hätte ich ihr eine Ohrfeige gegeben, weil sie mich ein großes Baby genannt hatte. Sie hielt aber meine Hand fest, und wir fingen an, ganz handgreiflich miteinander zu streiten. Ich war wirklich sehr böse auf sie. Ich warf sie zu Boden und ließ mich über sie fallen. Mir wurde heiß, und das Blut raste durch alle Adern meines Seins. Sie hielt mich fest umschlungen, die Dämmerung hatte uns umhüllt, und die sich sanft bewegende Welt um uns her war still – so still. Als ich später erwachte, war die Nacht hereingebrochen, und ein kleiner Mond stand am Himmel.
Mukami saß neben mir. Sie hatte alle Eier zerbrochen, und die Schalen lagen verstreut um sie her.
›Was hast du getan‹, fragte ich sie, ›warum?‹
Dann erst sah ich, daß sie weinte. Ich legte die Arme um sie und sagte ihr, daß sie sich nicht zu sorgen brauche, daß ihr nichts geschehen würde, und sollte doch etwas geschehen sein, so würde ich sie ja auf alle Fälle heiraten.
Ihre Augen waren traurig, meinte ich, als sie mich anschaute: ›Das ist es ja gar nicht, überhaupt nicht!‹
›Was ist es denn?‹ fragte ich beunruhigt und voller Angst, daß ich niemals sie oder irgendeine andere Frau würde ergründen können.
Ihre nächste Frage aber warf mich völlig um, so unerwartet kam sie: ›Hattest du einen Bruder, der starb?‹
Ich hatte immer etwas Vages über einen Bruder gewußt, ich hatte so-

gar das vage und neblige Gefühl, daß ich ihn vor langer, langer Zeit gesehen hatte, als ich noch ein ganz kleines Kind war. Aber nein, es konnte nicht sein. Und doch mußte irgend etwas damals geschehen sein, denn wir zogen von da, wo wir auf ihres Vaters Farm wohnten, weg, in ein Dorf. Es war alles verworren in meinem Kopf. Ich hatte meine Mutter ein- oder zweimal danach gefragt – wohl weil ich hörte, wie die Nachbarn über etwas getuschelt hatten –, aber sie war meinen Fragen ausgewichen und hatte etwas davon gesagt, er sei zu meinem Vater ins Rift Valley gegangen. Da ich auch meinen Vater nie gesehen hatte, stellte ich keine weiteren Fragen mehr.
›Ich weiß nicht‹, sagte ich, ›vielleicht – nein, ich glaube nicht. Das heißt, den ich meine, der ging ins Rift Valley. Aber warum fragst du?‹
›Also höre. Mein Vater hat unsere Liebe entdeckt. Er weiß, daß du der Sohn von Mariamu bist. Er sagt, daß dein Bruder ein Mau-Mau-Kämpfer war – und daß er es war, der einem Trupp von ihnen den Weg in unser Haus gezeigt hat. Er sei es auch gewesen, der ihm sein rechtes Ohr abgeschnitten habe, nachdem er ihn beschuldigt hatte, den Weißen zu helfen und gegen Mau-Mau in der Kirche zu predigen. *Uhuru* hin oder her, er würde diese ungehörige Tat nie vergessen, und er würde niemals seine Tochter in eine derartige Familie hineinheiraten lassen – so arm und mit einer derart kriminellen Vergangenheit. Ein ganzes Schuljahr lang hat er mich gedrängt, die Verbindung mit dir abzubrechen. Und nun hat er mich endgültig vor die Wahl zwischen sich und dir gestellt. Ich soll dich aufgeben oder mir einen anderen Vater und ein anderes Zuhause suchen.‹
Wir wateten durch das Schilfgras im kalten Wasser zurück und durchwanderten die Dunkelheit und die Stille des Mondes. In der Nähe ihres Hauses verließ ich sie und ging dann nach Kamiritho zurück. Dort fragte ich meine Mutter nach meinem Bruder.
›Sage mir die Wahrheit, ich bitte dich!‹
›Nding'uri. Er brachte den Kämpfern Munition, und er wurde dafür gehenkt. Frage mich nicht weiter danach. Ich habe nicht über die Taten der Menschen zu richten. Wir sind alle in der Hand Gottes.‹
Mukami habe ich nie wieder gesehen.
Mukami, mein Leben, stürzte sich den Steinbruch hinab, da, wo wir uns zum ersten Mal begegnet waren. Sie starb, noch ehe man sie ins Aga-Khan-Hospital nach Nairobi bringen konnte.«

4

Die Wirkung dieses außergewöhnlichen Bekenntnisses auf die Anwesenden war überwältigend. Die alte Frau starrte weiterhin unentwegt auf dieselbe Stelle, aber mechanisch rührte ihre Hand schneller und schneller im Topf. Wanja rückte näher an ihn heran. Munira stöhnte, halb schien es ein Husten, halb ein erstickter Schrei zu sein. Dann stand er auf und ging hinaus. Er war unfähig, den Haß zu begreifen, der plötzlich von ihm Besitz ergriffen hatte. Mukami war seine Schwester gewesen, die einzige, die auf seiner Seite gestanden hatte, und er wußte nicht, wem er jetzt die Schuld an ihrem Tod geben sollte – seinem Vater oder Karega. Er blieb draußen, bis er sich etwas gefaßt hatte. Dann ging er zurück, nur um Zeuge eines furchterregenden und erschütternden Auftritts zu werden.

Abdulla hatte Karega an den Schultern gepackt und schüttelte ihn heftig und unaufhörlich. Dabei schrie er pausenlos: »Du, du bist Nding'uris Bruder?« Und seine Stimme glich dem Schrei eines erwürgten Tieres.

Wie konnten sie es auch wissen? – In seinen Gedanken kochten die Erinnerungen an die mit dem Freund durchlebte Kindheit über; Erinnerungen daran, wie sie zusammen die Metzgereien und Konditoreien in Limuru heimgesucht hatten, wie sie auf den Abfallhaufen von Manubhai's Bäckerei nach verschimmeltem Brot gesucht hatten; bittere, süße, bittere Träume von einer Ausbildung, die ihm im kolonialen Kenia immer versagt bleiben würde; übervolle Erinnerung an die Suche nach einem anständigen Beruf oder Arbeitsplatz; die Jahre der schweren Arbeit in der Schuhfabrik: Jahre des Erwachens, Träume vom schwarzen David, der nur mit Schleuder, Speer und einem gestohlenen Gewehr bewaffnet über den weißen Goliath mit seinen dicken Scheckbüchern und seinen Maschinengewehren triumphiert; Träume von einer totalen Befreiung – erhobenen Hauptes würde sich dann ein schwarzer Mann in seinem Land sicher fühlen können, er würde in seiner Ausbildung Sicherheit finden und Geborgenheit in seiner eigenen Kultur – all dies und noch vieles mehr . . . Darunter aber stand als Bilanz der Verlust, der ungerächte Verlust.

Er vermochte es nicht, diese Vielfalt der Gedanken und Erinnerungen auf einmal in Worte zu fassen. So fuhr er fort zu fragen: »Du? Du? Du bist Nding'uris Bruder?«

Alle warteten darauf, was er als nächstes tun würde; sie warteten auf eine Erklärung.

Abdulla setzte sich wieder auf seinen Hocker und schlürfte hastig einen oder zwei Tropfen Theng'eta. Ihre fragenden Augen waren auf ihn gerichtet, denn seine dramatische Reaktion hatte sie für den Augenblick von Karegas Geschichte abgelenkt. Er schien die Wirkung von Theng'eta auszukosten, dann schaute er jeden einzelnen von ihnen an. Nachdem er eine Fliege von seinem rechten Ohr verjagt hatte, blieb sein Blick an Karega hängen. Seine Stimme nahm einen pathetischen, singenden Tonfall an, als sie die Stille der unausgesprochenen Fragen durchbrach.

»Hirse, Kraft Gottes!«

»Nding'uri, Mariamus Sohn! Nding'uri, meine Kindheit! Nding'uri, du Tapferster von allen! Unbeweint, ungerächt liegt er irgendwo mit anderen in einem gemeinsamen Grab. In einem Massengrab. Der unbekannte, unbesungene Soldat für Kenias Freiheit. . .«

Es war ihnen nicht wohl bei diesen Worten, ja, sie fühlten sich sogar peinlich davon berührt.

Dann schüttelte er sich, faßte sich, und seine Stimme klang nun etwas müde, neutral, fast ohne innere Bewegung.

»Hirse, Kraft Gottes!« wiederholte er.

»Nding'uri, Sohn Mariamus. Sehr früh an jenem Morgen war er zur Hütte meiner Mutter gekommen, und zusammen aßen wir den Hirsebrei, den sie für uns gekocht hatte. In ein oder zwei Tagen würde er an der Reihe sein, in den Wäldern unterzutauchen. Ich hatte den *batuni*-Eid noch nicht abgelegt, aber sobald ich mich dem Ritual erfolgreich unterzogen haben würde, sollte auch ich zu den Freiheitskämpfern in die Wälder gehen. Nachdem wir gegessen hatten, traten wir hinaus auf den Hof und lehnten uns an die Lehmwände der Hütte, um die Strahlen der Morgensonne einzufangen. Die Sonne schien hell, es ging kein Wind, und trotzdem war es kalt. Wir umrundeten das einen Morgen große Grundstück und zogen ziellos hier und da Unkraut zwischen den blühenden Erbsen- und Bohnenpflanzen aus. Dann warfen wir Steine nach dem Birnbaum in der Mitte des Feldes, um zu sehen, wer die erste Birne herunterholen würde. Aber wir fanden weder an dem Spiel noch an den Früchten großen Geschmack. Später, gegen zehn Uhr, machten wir uns auf und schlenderten in Richtung der indischen Läden. Wir kamen an dem Haus von Kimuchu wa Ndung'u vorbei, einem wohlhabenden Förderer der Mau-Mau-Bewegung, der später von den Weißen erschossen wurde. Vor dem Haus blieben wir stehen, es war ein neues, aus Steinen gemauertes Gebäude, das einzige Steinhaus in der ganzen Gegend, das einem Schwarzen gehörte, und wir fragten uns: Wird der Tag wohl kommen, an dem sich alle Kenianer

ein menschenwürdiges Haus wie dieses werden leisten können? Nding'uri sagte: ›Aus genau diesem Grund werde ich mit Kimathi und Mathenge kämpfen.‹ In einem indischen Laden sollten wir einen Mann treffen, unseren Mann, von dem man sagte, er habe gewisse, allerdings undurchsichtige Verbindungen zur Kolonialpolizei. Seiner eigenen Aussage nach versorgte er sie mit saftigen Weibern und bekam dafür Munition. Das hatte er uns auf alle Fälle erzählt. Seine Schwester war Nding'uris Mädchen – sie stammten aus Ngecha oder Kabuku, irgendwoher aus jener Gegend – wahrscheinlich war es Wangigi – ja, ich glaube, es war Wangigi; aber er war oft in Limuru zu finden. Bei Gelegenheit hatte er uns tatsächlich etwas Munition verkauft, die wir – unserem Schwur zur Einheit getreu – prompt an unsere Brüder in den Wäldern weitergaben. Heute wollte er uns mehr bringen, vielleicht sogar ein Gewehr. Nding'uri, Sohn Mariamus. Er war so aufgeregt bei der Aussicht, ein Gewehr zu besitzen; ich wußte es, sah es auf seinem Gesicht geschrieben, obwohl er es zu verbergen suchte. Ich machte Witze über seine Zukunft als Kämpfer: ›Es war einmal ein Krieger, der zog aus zum Kampf ins Feindesland‹, fing ich an zu erzählen. ›Als er zurückkehrte, erzählte er seinem Vater den Hergang der Schlacht. . . .‹ Und der Feind kam auf mich zu, gab mir eins in die Rippen, und ich fiel zu Boden. Ein anderer kam und verfehlte um Haaresbreite meinen Hals. Dann kam noch einer, und seine Keule traf mich mitten auf die Nase! . . .‹
So erzählte er immer weiter und bemerkte gar nicht, daß sein Vater sehr böse wurde. ›Mein Sohn, ich habe dich nicht ausgesandt, um besiegt zu werden und um dich an deinen Niederlagen zu erfreuen. Erzähle deiner Mutter solche Geschichten!‹ Wir mußten lachen. Plötzlich blieb er mitten auf der Straße stehen, zielte mit den Fingern wie mit einem Revolver auf mich und schrie: ›Halt, ihr Blutsauger, halt, hierher! Hinlegen, Hände hoch! Du dort, Hände aus den Taschen! Warum unterdrückt ihr schwarze Menschen? Warum seid ihr Diebe, die unser Land stehlen? Warum braucht ihr unseren Schweiß und ruiniert unsere Frauen? Johnnie boys, rosa Männer, sprecht euer letztes Gebet zu eurem Gott . . . Wie, keine Antwort? Schuldig! Tak tak tak . . . tak tak tak tak . . . Die Pistole war in seinen eifrigen Händen zum Maschinengewehr geworden, und der Schweiß rann ihm vom Gesicht. Ist schon recht, sagte ich zu ihm und rüttelte ihn an der Schulter. Beklommen lachten wir beide.
Und nun unterhielten wir uns über den lange Jahre zurückliegenden Abend, an dem wir beide dasselbe Mädchen genommen hatten. Es war in der Hütte meiner Großmutter gewesen, dort, wo die Ziegen und Schafe

schliefen. Ich hatte sie an die Wand gestellt, und sie mußte ihre Röcke hochhalten. Die Ziegen und Schafe blökten, einige wurden unruhig. Sie weinte, aber nicht wirklich; es war eine Mischung von Wimmern und Stöhnen, als ob sie den Fluß innerer Schmerzen aufhalten wollte. Es war unheimlich gut. Als Nding'uri drankam, protestierte sie ein bißchen, *no ma Ngaikai inyui muri aganu-i,* und wollte ausruhen. Aber Nding'uri wollte nichts davon wissen und machte sich über sie her. Er hatte gewisse Schwierigkeiten, stehend in sie reinzukommen, da versuchte sie ihm zu helfen. Nicht hier, weiter unten, das ist zu weit, da, und plötzlich fielen sie beide auf den von Mist und Jauche verschmutzten Boden. Aber Nding'uri ließ nicht von ihr ab. Wir lachten, als wir uns ihre Worte in Erinnerung riefen. Sie war aufgestanden, als alles vorbei war, und hatte uns verärgert angeschrien: ›Seht her, jetzt habt ihr mir meinen Rock und meinen Unterrock schmutzig gemacht!‹ Damit war sie aus der Hütte gerannt. Wir fragten uns, ob sie, die jetzt glücklich verheiratet und Mutter von zwei Kindern war, sich überhaupt noch daran erinnerte? Irgendwie waren wir in unserem Gespräch nun bei Nding'uris Mädchen angelangt. Wie ich schon sagte, war sie die Schwester unseres Freundes; durch sie hatten wir ihn kennengelernt. Sie hatte uns erzählt, daß er zuerst ganz gegen ihre Freundschaft mit Nding'uri gewesen sei, wir hatten dies aber als die übliche Eifersucht eines Bruders abgetan. Er war später wirklich sehr freundschaftlich geworden – er konnte gut erzählen –, und er selbst hatte ganz beiläufig von der Möglichkeit gesprochen, uns mit »Maiskörnern«, wie wir die tödlichen Dinger nannten, zu versorgen. Ich sagte zu Nding'uri, daß er das Mädchen hätte heiraten sollen, aber er meinte, es sei schon recht so, sie hätte ihm versprochen, bis nach dem Kampf auf ihn zu warten. Außerdem hätte er dann jemand, für den es sich lohne, zu kämpfen. Unter derartigen Gesprächen erreichten wir bald den Treffpunkt – die Straße hinter dem Laden, der einem Inder namens Goonji-Ngunji gehörte. Der Mann wartete schon auf uns. Wir schüttelten uns die Hände, und bei jedem Handschlag wechselten die Körner ihren Besitzer. Es ging alles ganz glatt und leicht und dauerte kaum eine Minute. Schon war er wieder weg. Das Gewehr, er hat uns das Gewehr nicht gegeben, sagte ich zu Nding'uri, und er versuchte, ihm zu folgen. Aber dann beschlossen wir, daß wir lieber den Abend oder einen anderen Tag abwarten würden. Plötzlich standen dann zwei Männer, wie aus dem Nichts aufgetaucht, vor uns. Sie faßten uns an der Schulter, und mir schoß es heiß und kalt durch den Magen. Wir wußten beide, daß wir verraten worden waren. Die Ratte, zischte Nding'uri durch die Zähne; im gleichen Augenblick wurde er mit einem Fußtritt vorwärtsgetrieben. Ein Polizeiwagen war neben einer Hecke in der Nähe der indischen Läden geparkt. Die zwei in Zivil gekleideten Männer lachten und machten sich über uns lustig. Sie nannten uns Feldmarschälle und Generäle – Zerrissene-Hosen-Generäle. Meine Hilflosigkeit kam mich bitter an; in verbittertem Schweigen ließ ich ihren Spott über mich ergehen. Einer durchsuchte mich. Dann hörte er plötzlich mit einem verwirrten Ausdruck in seinem Gesicht auf. ›Wo sind die Dinger?‹ schrie er mich an. Auch ich war verwirrt. Bis lautes Triumphgeschrei von dem, der Nding'uri durchsuchte, an meine Ohren drang. Wir alle schauten hinüber. Er hielt die tödlichen Dinger, die er in Nding'uris Taschen gefunden hatte, hoch, so daß alle es sehen konnten. Dann wurde mir klar, daß der Mann die Innentasche meiner Jacke, in der ich die Körner versteckt hielt, nicht durchsucht hatte. Im Bruchteil einer Sekunde, ohne darüber nachzudenken, traf ich eine Entscheidung, die sich schon selbst für mich entschieden hatte. Ich folgte ihr blindlings und tat einen verzweifelten Sprung in die Freiheit. Zuerst waren sie wie vor den Kopf gestoßen.

Dann aber hörte ich, wie sie ihre Gewehre durchluden. Ich kannte mich selbst nicht mehr – wie konnte ich nur so ruhig bleiben? Ich mischte mich unter die indischen Kinder, und die Polizei konnte nichts anderes tun, als in die Luft zu schießen und die Inder um Hilfe zu bitten. Aber die Händler hatten wohl Angst wegen der Schießerei, und die Kinder dachten, es sei alles ein großer Spaß, denn sie schrien und klatschten in die Hände und brüllten: schneller, schneller! Das brachte natürlich noch mehr Kinder auf die Straße, die Verwirrung wurde noch größer und bewahrte mich vor Schaden. Ich rannte durch die Hintergassen auf die Felder bei Gwa-Karabu, Rongai zu, wo die afrikanischen Läden waren. Nun schossen sie direkt auf mich. Ich ließ mich fallen und rannte weiter. Sie schossen wieder. Ich fiel und stand auf, rannte über Gräben und Buckel, durch hohes Gras und überquerte den Marktplatz von Rongai, setze über die Eisenbahnlinie, und dann war ich bei den Arbeiterunterkünften der Bata-Schuhfabrik. In der Zwischenzeit hatte die Nachricht Bata längst erreicht; die Männer versteckten mich, geleiteten mich von einer Tür zur nächsten und hinaus auf einen Geheimpfad, der in die Teefelder führte und von dort direkt in den Wald – zu Freunden. Nding'uri, Sohn meiner Tante. Ich sah ihn nie wieder. Eine Woche später henkten sie ihn in Githunguri. Hirse – Kraft Gottes! Ich habe gebetet: ›Verschone mich, Herr, erhal-

te mich am Leben, damit ich eines Tages diesen Verräter fassen kann!‹ Und was tat ich, als ich zurückkam? Ich, Abdulla, habe mein heiliges Gelübde vergessen – nur Geld war mir noch wichtig –, ich kam sogar hierher nach Ilmorog, um mich zu verstecken.«
Mit erstickter Stimme brach er ab, und einige Augenblicke lang war er nicht mehr einer von ihnen. Karegas Augen wichen nicht von Abdulla. Nyakinyua hob den Kopf und schaute sie alle der Reihe nach an, als sähe sie allein Dinge, die den Augen der anderen unzugänglich waren, als könne sie allein in dem rätselhaften Dunkel der Hütte Zeichen lesen.

5

Noch Jahre danach lebte dieser Abend, an dem sie Theng'eta getrunken hatten, in Muniras Erinnerung. Später versuchte er in seiner Erklärung für die Polizei nur die Umrisse jener Szene zu skizzieren – ihre ratlosen Gesichter; und er bemühte sich, jenen Augenblick in Worte zu fassen, als Wanja mit gequälter Stimme ihrer aller Gedanken mit der Frage unterbrach, die unter den Bekenntnissen, den Erinnerungen, dem inneren Ringen mit widersprüchlichen Regungen jenes Abends verborgen lag, an dem sie zum ersten Mal Theng'eta, den Geist des Lebens, in seiner reinsten Form kennengelernt hatten. Damals hatte er sich gefragt, ob sie dadurch, daß sie bewußt ein anderes Thema anschnitt, den Versuch machte, den Abend zu retten? Und doch hatte sie das Richtige getan – die Frage war an die einzige Person gerichtet, die ihnen das Licht zeigen konnte, das sie aus der Finsternis führen würde.
»Sag uns, Mutter, erzähle uns – was hat dein Mann gesehen, das ihn so verändert hat? Warum war er nicht mehr derselbe wie zuvor? Hat er dir die Bedeutung dessen, was er sah, gesagt?«
»Im Feuer jenes Lichtes?« hatte sie gefragt, als ob sie diese Frage die ganze Zeit schon erwartet und sich darauf eingestellt hätte. »Oft genug hat er mir zu erzählen versucht, was er in jenem Feuer gesehen hatte. Aber etwas hielt ihn immer davon ab und schnürte ihm die Kehle zu, sobald er anfangen wollte, etwas darüber zu sagen. Er konnte dann nicht weitersprechen. Danach kam der zweite große Krieg, und wieder wurden uns unsere Kinder, unsere Söhne, dein Vater unter ihnen, weggenommen. Wir hörten seltsame und fremde Namen, als sie zurückkamen: Abithinia, Bama, India, Boboi, Njiovani, Njirimani und

andere mehr. Diesmal hatten unsere Söhne die Waffen selbst in Händen und mußten sich – ohne daß sie es wollten – an dem allgemeinen Abschlachten menschlichen Lebens beteiligen. Tief in der Nacht flüsterte mein Mann mir all diese Dinge zu, dann packte ihn das Fieber und schüttelte ihn, und ich hielt ihn in meinen Armen, um ihn zu beruhigen. In einer Nacht dann sagte er es – für mich waren es damals fremde Worte, deren Bedeutung ich nicht verstand. Selbst dies, dieses Schlachten ist nicht, was ich sah. Ich versuchte es noch einmal – sag mir, was du gesehen hast, was hat dich all die vielen Jahre hindurch gequält? Ist es dein Sohn? Dann zitterte er wieder am ganzen Körper, ich sah Tränen in seinen Augen, und ich hielt ihn fest umschlungen, um ihn zu trösten. Dann sprach er: Als das Untier . . . du erinnerst dich, mein Weib, es war größer als der berühmte Ndamathia . . . als das Untier das Licht ausspie, da war mir, als sähe ich die Söhne und Töchter schwarzer Menschen aller Jahrhunderte, die sich wie ein Mann erhoben, um die mächtige Kraft jenes Lichtes für sich nutzbar zu machen; und der weiße Mann, der bei uns war, wurde von Furcht gepackt, als er sah, was geschehen könnte, wenn diese Macht in die Hände jener schwarzen Götter geriete. Er verfolgte uns mit seiner List, er zeigte uns seine giftige Zunge. Erinnerst du dich an *Wakarwigi,* den weißen Mann, den wir den Falken nannten? Er pflegte zu den *Agikuyu* zu rennen und ihnen zu sagen: die *Masai* kommen, um eure Kühe zu stehlen, sie sind bis an die Zähne bewaffnet! Dann rannte er zu den *Masai* und sagte zu ihnen: die *Wagikuyu* kommen, um eure Kühe und eure Töchter zu stehlen, sie sind bis an die Zähne bewaffnet! Weißt du noch, wie wir uns fast gegenseitig umgebracht hätten? Und wie dann *Wakarwigi* im letzten Augenblick als Friedensstifter dazwischentrat? Als diese List dann endgültig versagte, richtete er seine Gewehre auf die schwarzen Kinder, die sich inzwischen, weil sie klüger geworden waren, in die Wälder und in die Berge zurückgezogen hatten, um ihre gelichteten Reihen neu zu ordnen und zu verstärken. Sie kehrten nicht mehr als zitternde Sklaven, sondern als *itungati,* als Krieger, die mit Pangas, Speeren, Gewehren und mit einem Glauben bewaffnet waren, zurück. Ja, Weib, mit einem Glauben, der auch ein Licht war. Es gab einige Verräter unter ihnen, nämlich diejenigen, die Träger draußen vor dem Tor bleiben und die den Abfall von der Kontrolle des weißen Mannes über jene Kraft und über die menschliche Energie, die sie betrieb, aufsammeln wollten. Aber im großen und ganzen hielten sie zusammen . . . es gab viel Blutvergießen, viele mutterlose Kinder, viele verstümmelte Beine und viele zerbrochene Familien – und alles nur, weil einige gefräßige Seelen, die krank vor Habgier waren, alles für sich selbst beanspruchten. Sie hielten die Tugenden, die daraus erwachsen, für die wahren Tugenden des menschlichen Herzens. Sie praktizierten Wohltätigkeit und verteilten Mitleid; sie erließen sogar Gesetze und Verhaltensregeln für die, welche sie mutterlos gemacht und auf die Straßen getrieben hatten. Sag mir, Weib, würden wir Mitleid, Wohltätigkeit, Großzügigkeit, Freundlichkeit brauchen, wenn es keine Armen und Elenden gäbe, die zu bemitleiden wären und zu denen man freundlich sein müßte? Hatten sie wirklich gedacht, wir würden weiterhin die Empfänger ihrer Freundlichkeit und Wohltätigkeit bleiben, wo doch die Kräfte, die wir selbst hervorbrachten, genügten, um uns alle kraft der unendlichen Weisheit, der Stärke und der Liebe, derer ein Mensch fähig ist, zu nähren und zu kleiden? Und dann hörte ich dieses Stöhnen, o Weib, dieses Stöhnen inmitten der brennenden Raserei des Kampfes. Das, mein Weib, war entsetzlich anzusehen und ein grausiges Lied in den Ohren. Es hat mich wachgehalten und hat meinen Schlaf ruhelos gemacht, so viele Nächte lang, und ich fürchtete mich, dir davon zu sagen . . .«

Abdulla stöhnte wirklich, und das hatte ihre Erzählung von der Vision, die ihr Mann an sie weitergegeben hatte, unterbrochen – die Bedeutung der Vision aber meinten sie alle zu verstehen, denn, war nicht schon alles Wirklichkeit geworden? Aber Abdulla stöhnte immer noch und beschimpfte Gesichter, die nur er sehen konnte, und sie dachten, daß ihn wahrscheinlich die Erinnerung so bewegt habe. Wanja legte ihre Hand auf seine Schultern, da hörte er auf zu stöhnen und sich vor Schmerzen zu krümmen, hob den Kopf und schaute ihr in die Augen; dann wandte er sich mit einem seltsamen, unverständlichen Ausdruck in seinem Gesicht ab. Auch ihr Gesicht verriet einen Anflug von Schmerz, und sie biß sich auf die Unterlippe, als wolle sie ihre Tränen zurückhalten.

Die alte Frau erhob sich von ihrem Schemel am Theng'etatopf. Sie schaute jeden von ihnen an, und Munira sah auf ihrem abgezehrten Gesicht unendliches Erbarmen und Güte und das Verlangen zu heilen. »Geht nach Hause, Kinder. Geht nach Hause und schlaft. Ihr habt alle im Buch des guten Gottes gelesen . . . die Rache ist mein – und ich sage euch, ist es an uns Menschen, Gottes Gerechtigkeit und seine Rache auszuführen? Geht schlafen und . . . let it be, let it be . . . denn es gibt noch viele *karwigis* in unserer Mitte. Geht schlafen.«

*

Nun, da es geschehen ist, kann ich nicht aufhören mich zu fragen, was sie uns an jenem Abend eigentlich sagen wollte – so brachte es Munira, der verzweifelt alles zu verstehen versuchte, zu Papier. Hätte es das, was jetzt geschehen ist, aufgehalten, wenn man es – was immer es auch war – beachtet hätte? Und wer hätte es tun sollen? Er erinnerte sich daran, daß Abdulla der erste war, der hinausging, und nach ihm Wanja und Karega. Wanja begleitete Abdulla ein Stückchen und kam dann zurück, um sich zu Karega zu gesellen. Und Munira konnte noch ganz genau das Gefühl, das er damals hatte, nachempfinden, das Gefühl, von etwas ausgeschlossen zu sein, das die anderen zusammenband. Er wäre sowieso gerne mit seinen Gedanken alleine gewesen, aber was Wanja eben getan hatte, verstärkte irgendwie seinen schwelenden Zorn über seine eigenen Ungewißheiten. Er rief sie, und sie kam zu ihm. Es ging ihm durch den Kopf, seine Worte zurückzuhalten, aber sie waren schon gesprochen und drückten seine Bitterkeit aus und die Frustration der vielen Monate, in denen sie ihn auf Abstand gehalten und mit seinen Gefühlen, Erinnerungen und Erwartungen gespielt hatte.

»Warum bist du nach Ilmorog gekommen? Ehe du kamst, gab es hier mehr Frieden.«

»Den Frieden der Ereignislosigkeit?« gab sie zurück, und er, Munira, wartete darauf, daß sie weiterreden, noch mehr sagen würde, aber schon war sie wieder mit tänzelndem Schritt an Karegas Seite geglitten.

*

Ich ließ sie beieinander stehen und ging nach Hause, alleine, und rang mit meinen eigenen Gedanken und Ängsten. Theng'eta . . . Ilmorog . . . Karegas Geschichte. Während er erzählt hatte, war meine Vergangenheit wie ein Blitz über den dunklen Abgrund meiner Gegenwart geschossen. Mir war, als hätte ich vor dem heutigen Abend meine Familie und meine Vergangenheit nie gekannt. Ich rief mir meine nur zu kürzliche Unterhaltung mit meinem Vater ins Gedächtnis zurück und die scheinbare Wandlung seiner Einstellung. Ich dachte an sein fehlendes Ohr. Ich mußte vor mir selbst bekennen, daß mir mein Vater immer ziemlich gleichgültig gewesen war, obwohl ich etwas Angst vor ihm hatte. Meine Schwestern oder meine Brüder hatte ich nie wirklich gekannt, die meisten von ihnen hatten durch Heirat oder anderweitig Reichtum erworben. Manche waren sogar in England gewesen, um als Krankenschwester, Ärzte, Ingenieure ausgebildet zu werden. Ich war immer ein Außenseiter, ein Zuschauer aus der Ferne gewesen, der nur durch hastig hingeworfene Bemerkungen erraten konnte, was vor sich ging, oder auch durch ernste Unterhaltungen, die bei meinem Auftreten abrupt abgebrochen wurden. Mein Vater hatte ja sogar meine eigenen Familienangelegenheiten in die Hand genommen, und meine Frau schaute zu ihm auf, um seine Anweisungen und seine Anerkennung entgegenzunehmen. Jetzt schmerzte mich etwas, von dem ich nicht weiß, wie ich es ausdrücken soll – das Gefühl, daß Karega mehr von meiner Familie wußte als ich selbst. Hatte er nicht schon den Lauf der Geschichte meiner Familie beeinflußt? Mukami, obwohl ich nie viel mehr von ihr gewußt hatte, als daß sie meine Schwester und meine Schülerin war, so war sie doch von meinem Blut – war er den weiten Weg hierher gekommen, um mir ihren Tod ins Gesicht zu schleudern? War er deshalb nach Ilmorog gekommen und versteckte seine wirklichen Beweggründe dahinter, daß er einst mein Schüler gewesen war und Rat und Hilfe suchte? War seiner Erzählung nicht ein gewisser Triumph anzumerken gewesen?

Ich haderte mit mir selbst: mein Vater war schließlich mein Vater. Ich fühlte eine seltsame Empfindung, ein unangenehmes, unheimliches Etwas, das mir widerlich im Magen lag – das Gefühl, ein Sohn zu sein, der mit denen zu Tische saß, die seinen Vater verstümmelt – Blut von seinem Blute – und Tod über die Familie gebracht hatten. Und das konnte ich in meinem eigenen Denken jetzt nicht rechtfertigen. Ich dachte an Abdullas Worte, wie er den Herrn anrief, ihm eines Tages Nding'uris Mörder in die Hand zu geben. Wie schnell hatte ich Nyakinyuas Worte der Weisheit und des Erbarmens vergessen! Ich schrie in meinem Herzen: gib mir Kraft, Herr, gib mir einen beständigen Willen. Ich fühlte – möge der Herr uns allen verzeihen –, daß ich einen drastischen Schritt unternehmen mußte, um die Geschichte meiner Familie und mein Erbe, dessen sich ein anderer widerrechtlich bemächtigt hatte, zurückzugewinnen; einen Schritt, durch den ich den Anschluß an meine eigene Vergangenheit wiederfände und der es mir ermöglichen würde, Anspruch auf meinen Vater zu erheben. Aber Karega versperrte als großes und drohendes Hindernis den Weg.

Um der Wahrheit willen muß ich sagen, daß ich nicht genau wußte und auch nicht sicher war, wen ich eigentlich rächen wollte – mich selbst, Mukami oder meinen Vater. Ich fühlte mich nur dazu getrieben, etwas zu tun, das mir ein Gefühl der Zugehörigkeit schenken würde. Ich war es müde geworden, ein Zuschauer, ein Außenseiter zu sein.

ACHTES KAPITEL

1

Karega wanderte in die Dunkelheit hinein, als sei er froh, alleine zu sein, nur mit seinen Gedanken als schattenhafte Begleiter. Aber Wanja folgte ihm ohne ein weiteres Wort. Karegas Kopf brannte von dem Geschehen, das er in Nyakinyuas Hütte erlebt hatte. Heute, heute abend hatte er mehr widerstreitende Erfahrungen durchlebt als je zuvor in seinem Leben. Er hatte Mukami verloren, und beim Erzählen ihrer Geschichte hatte er gefunden, daß Schmerz und Selbstbeschuldigung im Lauf der Jahre nicht weniger geworden waren. Aber er hatte auch seinen Bruder entdeckt, der bis jetzt nur eine Silhouette gewesen war, die tief in den frühesten Erinnerungen seiner Kindheit begraben gelegen hatte. Er nahm ihn nun mit Stolz und Dankbarkeit als seinen Bruder an – war er nicht mit scharfer Munition umgegangen, zum Sterben bereit – das höchste Maß der Verpflichtung im Befreiungskampf eines Volkes? Gleichzeitig flößte ihm der Mann, ebenso wie Abdulla, ziemliche Ehrfurcht ein – woher hatten sie den Mut und die innere Gewißheit genommen, wo doch die ganze Welt über die Drohungen eines Bauern, der nur mit einer rostigen Panga und einem selbstgebastelten Gewehr bewaffnet war, gelacht hatte? Wo war der Ursprung dieser Überzeugung und des Glaubens an Gerechtigkeit, der ihnen fast zur absoluten Gewißheit geworden war? In Karegas Augen war Abdulla nun die beste Ich-Verkörperung der Dorfgemeinschaft geworden, ein Symbol für Kenias echtesten Mut. Geschichte, die er als romantisches Abenteuer zu lehren versucht hatte, und die Essenz schwarzen Kampfes – in der Vorstellung lediglich auf der Ebene von Möglichkeiten erfaßt – hatten heute abend unmittelbar lebendige Gestalt angenommen.

Die dunkle Nacht um sie her war von der Kraft des im gleichen Rhythmus pulsierenden Blutes erfüllt. Er blieb stehen, damit sie aufholen könne, aber der Pfad war für zwei nebeneinander zu schmal, so ging er weiter voran. Er wußte nicht, was er ihr sagen wollte, aber trotzdem fühlte er, daß in seinem Kopf und in seinem Herzen Gedanken und Gefühle lebten, die von schwer erfaßbarer Klarheit waren, aber sich nicht in Worte fassen ließen. Sie gingen auf den Berg von Ilmorog zu, und Wanja war innerlich betroffen von dieser Wiederholung eines früheren Erlebnisses. Auch sie empfand im Herzen ein vages Gefühl des Unvermeidbaren, als ob die zahlreichen zufälligen Ereignisse, das Zusammentreffen der Geschehnisse und die Schicksalsschläge der Vergangenheit auf eines hinführten – auf was? Welches Tier reckte sich in ihrem Inneren und kämpfte darum, geboren zu werden? Sie standen Seite an Seite und schauten hinab in die Ebene, die sie nicht mehr klar erkennen konnten. Karega setzte sich ins Gras, und sie tat es ihm nach. Auch sie hatte vieles, das sie erzählen, sagen, fragen wollte, und doch fand nichts davon den Weg aus ihr heraus.

»Ihr müßt Rebellenblut in eurer Familie haben«, sagte sie, ohne zu wissen, daß sie genau die Saite seiner gegenwärtigen Gedanken angeschlagen hatte.

»Warum?«

»Dein Bruder zuallererst. War er dir ähnlich? Aber du konntest ihn natürlich nicht gekannt haben. Und dann du. In Siriana hast du zweimal einen Streik organisiert.«

»Das hat Munira auch getan«, sagte er ziemlich abwesend, denn er hatte an seinen Bruder und an Abdulla gedacht und an das, was es bedeutete, in den Wäldern zu kämpfen.

»Ja, aber in seinem Fall war es anders. Er sagt, daß er damals nur Zuschauer war, Beobachter, der zufällig in den Tumult und den Aufruhr hineingezogen wurde.«

»Woher weißt du das, du warst doch nicht dabei?«

»Er hat es uns erzählt.«

Sie erzählte ihm die Geschichte von Munira und Chui, so, wie sie Munira einst erzählt hatte.

»Er sprach damals so, als ob ihn die Erinnerung an dieses Ereignis gelähmt hätte. Du hast an der großen Straße versucht, die Schaffell- und Obstverkäufer zu organisieren. In Ilmorog hast du die Reise in die Stadt vorgeschlagen und organisiert und hast uns vor einer Hungersnot gerettet. Ist das nicht etwas?«

Ihm gefiel das gurrende Vibrieren ihrer Stimme. Wenn ihre Finger gelegentlich die seinen berührten, erfüllte ihn die Wärme seines Blutes bis in die Fingerspitzen. Aber in schnellem Wechsel waren seine Gedanken bei Abdulla, Nyakinyua, Mukami, bei allem anderen, nur nicht bei Streiks und Schulen und seiner eigenen Rolle, die er dabei gespielt hatte; denn sie schienen so unbedeutend und belanglos zu sein, wenn man sie vor dem Hintergrund des so viel größeren Schauplatzes der Ereignisse sah, der den wahren, unsterblichen Geist Kenias geschaffen hatte.

»Glaubst du, daß er uns alles erzählt hat?« fragte er, eigentlich nur, damit etwas gesagt war.

»Wer?«
»Abdulla.«
»Wie Nyakinyua sagte: in diesem Beinstumpf liegen noch viele Geheimnisse. Aber wer hat eigentlich nichts zu verstecken?«
»Hast du etwas zu verstecken?«
»Ja«, sagte sie ruhig.
»Warum? Hast du mir nicht alles erzählt?«
»Ich glaube, ich sollte dir erzählen, wie es dazu kam, daß auch ich von der Schule gegangen bin.«
Und sie erzählte ihm von ihrer ersten Liebe, von ihrem Suchen nach Rache und wie sie sich aus dem Grund dazu verleiten ließ, von der Schule wegzugehen.
Er hörte zu, und dann fragte er sie: »Ist er – ist es der, dem wir auf unserem Weg in die Stadt begegneten?«
»Ja. Ja . . . Aber ich versuche, nicht zu viel darüber nachzudenken. Es ist nichts.«
»Nichts? Wanja, nichts? Nein. Nichts ist nichts.«
»Aber warum sollte ich ein Gefangener vergangener Niederlagen bleiben? Warum sollte es mir immer vorgehalten werden?«
Sie hatte etwas lauter gesprochen, weil sie sich gegen das wehrte, was sie als Beschuldigung aus seiner Stimme herausgehört haben wollte. Er war bestürzt und von der Heftigkeit ihres Protestes erschreckt – wer war er denn, ein Opfer, um über ein anderes Opfer zu Gericht zu sitzen?
»Das meine ich doch nicht«, sagte er, »das meine ich doch gar nicht. Du hast es doch versucht, du hast darum gekämpft.« Er suchte instinktiv ihre Hand, als wolle er sie beruhigen.
Sie schmiegte sich näher an ihn, wollte die Härte in ihm mildern, um den Feind des Lebens in seiner Stimme zu bekämpfen. Ihre Wärme ließ nach und nach seine Lungen schneller atmen, seine Rippen dehnten sich – der Strom des Lebens erwachte in ihm. Er fühlte den scharfen Schmerz von Tod und neuer Geburt – Tod – Geburt – Tod – Geburt, und seine linke Hand schloß sich fester um die Finger ihrer rechten Hand. Er spürte, wie ihn das anhaltende Beben ihres Körpers erregte, und nun war er es, der den Tränen nahe war, als er an Mukami dachte. Sein Empfinden in jenem Augenblick vermischte sich mit dem Bewußtsein von Wanjas Schmerz und Leiden in der Vergangenheit, und das wiederum war vermischt mit seinem eigenen, inneren Aufruhr. Wo blieb die Macht des Wortes, von der Fraudsham einmal gesprochen hatte? Nun, da das Wort entflohen war, blieb nur noch das Wissen, das Bewußtsein um Leid und Verlorenes der Vergangenheit,

das sie zueinander führte und in ihren Herzen der Erkenntnis zum Leben verhalf, daß sie einander brauchten. Karegas Herz kochte vor hoffnungsloser Wut – er biß sich auf die Lippen und versuchte sich zusammenzureißen, versuchte, dem Drang, ihre gegenseitige Blöße zuzugeben, zu widerstehen. Aber die Wut und dieser Drang trieben ihn zu ihr hin, machten, daß er sie noch näher an sich zog und sie langsam ins Gras legte; sicher und methodisch zog er sie aus, wobei ihre Hände kraftlos protestierten – oh, Karega, bitte nicht –, und als er die echte Angst vor dem Verlangen und vor der Lust in ihrer Stimme spürte, schoß heißes Blut in seine Adern und durchflutete sein ganzes Sein, während sein Körper den ihrigen in einem ineinander verschlungenen Ringen am Boden suchte. Er fühlte, wie die Spitze seines heißen Blutes ihre Feuchte berührte, und einen kurzen Augenblick lang schien er wie erschlafft. Dann schrie sie einmal auf, als er in sie eindrang, in sie versank, in sie, die ihn jetzt mit zarter Bereitschaft empfing. Dann begannen sie langsam, fast unsicher, sich tastend aufeinander zuzubewegen, bis sie nach und nach auf der rhythmischen Suche nach einem verlorenen Königreich, nach verlorener Unschuld und Hoffnung zusammenfanden und tiefer und tiefer ineinander vordrangen; sein ganzer Körper stand in Flammen, und schmerzhaftes Verlangen oder das Bewußtsein, zueinander zu gehören, hatte ihn zum Zerreißen angespannt. Und sie klammerte sich an ihn, auch sie sehnte sich verlangend danach, daß die Flut eines neuen Beginnens die alten Erinnerungen hinwegwaschen würde; und nun fühlte er, wie eine mächtige Kraft über ihn kam, die Kraft zu heilen, die Macht über den Tod, Macht, Macht . . . und dann war es plötzlich wieder sie, die ihn in einem einzigen Augenblick blitzartiger Erleuchtung auf hohen Meereswogen zu neuen Horizonten und Möglichkeiten trug – welche Macht, wenn Fleisch und Fleisch eins werden, ehe sie sich entlädt und in das Dunkel und den Schlaf ohne Worte versinkt.
Sie erwachten am Morgen, als der Tau auf ihre Haare, ihre Kleider, auf das Gras, auf den Berg und in der Ebene gefallen war, als die Erde unter dem bernsteinfarbenen sanften Licht, das dem Sonnenaufgang vorangeht, erglühte.
»Wach auf, Wanja«, rief Karega ihr zu.
Sie hörte seine Stimme und ihr war kalt, aber sie hielt ihre Augen geschlossen.
»Wach auf und sieh die Zeichen der Morgenröte über Ilmorog«, fuhr er fort. Sie verließen den Berg und gingen, im kalten Leuchten des Morgens gebadet, hinunter, jeder in sein Haus.

2

Morgendämmerung über Ilmorog. Glückliches neues Jahr!
Alleine im Bett. Sie liegt lang ausgestreckt auf dem Rücken, völlig entspannt in den Hüften. Wie seltsam. Entspannung in der Erschöpfung. Sie genießt das Gefühl inneren Friedens und innerer Leichtigkeit, das sie noch nie zuvor gekannt hatte. Ihre anderen Affären waren immer von Angst, Bitterkeit und einem überwältigenden Bedürfnis nach etwas Beruhigendem begleitet gewesen, vom Gefühl zeitweiligen Sieges, dem peinigenden Verlangen nach Blut und Rache und nach Gewinn. Aber dies ist anders. Es ist Frieden. Es ist Heiliges. Ihre Augenlider sind matt und schwer. Sie versinkt in ein Niemandsland, aber hält an seinen Augen und seinem Gesicht fest. Theng'eta . . . Geist des Lebens . . . Hirse, Kraft Gottes . . . Hirseähren, Finger Gottes. Ernte. Stechende Schmerzen von stacheligen Haaren auf dürren Maispflanzen. Garben aus Maisstroh. Gräser. *Micege* und *maramata* auf Röcken. Lehmklumpen an den Füßen und Hände, die den Samen in die Erde legten. Die Reise. Reisen über die Erde. Durch die Luft. Flug. *Karima Ka ihii.* Zusammentreffen in Limuru, in ihrer Hütte. In ihrer Mutter Hütte. Wie seltsam. Es ist nicht sein Gesicht, das sie sieht. Es ist das Gesicht eines linkischen Jungen, der ihr einen Bleistift und einen an den Rändern angenagten Radiergummi zum Geschenk macht. Sie ärgert sich. Wirft die Geschenke weg. Sie möchte einen Brief haben . . . hörst du, schreit sie, wenn du mich liebst, dann schreibe mir einen Brief und sage mir, daß du mich anbetest . . . du kennst keine anderen Waffen. Er eilt nach dem Bleistift und dem Radiergummi. Mit zitternder Hand schreibt er ihr einen Brief . . . so unermeßlich, wie der Sand am Meer, wie die Sterne und Wolken, die über den Himmel ziehen . . . Sie, in glitzerndem Wochenend-Putz . . . sie reißt ihm den Brief aus der Hand. Sie beginnt ihn vorzulesen, ihrer Cousine, die eben aus der Stadt gekommen ist . . . Eastleigh . . . Sie schaut über ihre Schulter in die bittenden Augen und fängt hochmütig an, vorzulesen . . . Aber ihre Cousine ist nicht da . . . sie sitzt auf ihres Vaters Knien und versucht, einige Worte auszusprechen und zu buchstabieren . . . *Kaana Gaka ni kau Ni Ga tata tata ena kaana kega Kamau etemete kuguri-i, etemete? Etema na ithanwa ria cucu cucu ena hang'i matu* . . . Sie stolpert über einige der Worte und schaut ihren Vater ratlos an. Aber ihr Vater trägt eine Armeeuniform, und er singt ihr mit rauher, kräftiger Stimme ein Lied vor . . . Als Soldat des Königs hab ich einst gekämpft, Silbermädchen,

Silberjunge denk an mich . . . als Soldat des Königs hab ich einst gekämpft.
»Wo bist du gewesen?« fragt sie ihn und versucht, ihm die *KAR*-Mütze, die auf einer Seite heruntergefaltet und mit einer Nadel zusammengesteckt ist, vom Kopf zu holen.
»Burma . . . Indien . . . Japan . . . Länder, weit weg von hier, als Soldat, der für den König kämpfte.«
»Gegen wen hast du gekämpft?«
»Gegen Italiener, Deutsche, Japaner.«
»Hast du dich mit ihnen gestritten? Dann mußt du aber sehr böse gewesen sein.«
»Nein.«
»Warum hast du dann gegen sie gekämpft?«
»Ein Soldat fragt nicht . . . er gehorcht Befehlen und stirbt, stirbt kämpfend für den König.«
»Für welchen König? Kämpft der auch?«
»Oh, hör auf, kleines Mädchen. Du stellst zu viele Fragen. Komm, wir gehen hinaus und spielen im Hof . . . Soldat, der für den König kämpft.«
Sie gehen hinaus in seine Werkstatt, wo viele eiserne Röhren jeder Größe und Länge stehen. Er erhitzt einige über einem Feuer. Dann hämmert er sie und gibt ihnen allerlei Formen. Seine Hände sind so geschickt und flink, er ist so klug, daß sich jede Röhre, auch aus dem härtestem Stahl, unter seinen Händen den Launen und Formen, die er im Kopf hat, beugt.
»Oh, Vater, wo hast du das alles gelernt?«
»Im Krieg, meine Tochter . . . entsetzliche Verschwendung des Lebens . . . die Bomben . . . die Flugzeuge . . . diese weißen Männer, meine Tochter, nur menschliches Leben, das können sie nicht herstellen. Aber ich war ja nur Soldat, der für den König kämpfte.«
Er fängt an zu singen. Diesmal ist es ein Kirchenlied. Ihre Mutter fällt in das Singen ein. Mutter . . . Mutter, die immer sagt, daß sie sich selbst Lesen und Schreiben beigebracht hat, damit sie das Buch Gottes lesen könne und sich die Schande ersparte, daß man ihre Briefe für sie schreiben oder ihr vorlesen mußte. Die singenden Stimmen wechseln sich ab mit dem Klingen von Eisen auf Eisen. Vater erklärt die Schwierigkeiten beim Klempnern. Wanja lacht, weil sie glücklich ist und weil ihr Vater ihr Dinge aus Nairobi mitgebracht hat. Süßigkeiten und Kuchen. Aber jetzt ist er nicht mehr in der Armee. Er trägt einen schmutzigen langen Mantel und schleppt sich mit den schweren Werkzeugen

seines Handwerks ab. Er zählt immerzu das Geld, das er verdient hat, und macht Kreuzchen hinter die Namen derer, die ihm Geld schulden, und hakt die ab, die bezahlt haben. Plötzlich verändert sich der Schauplatz. Sie ist ein wenig größer, und Mutter und Vater singen nicht mehr gemeinsam, wenn sie es doch einmal tun, dann endet es meistens in intensivem Geflüster und in Streitereien.

»Laß uns wegziehen von Kabete, weg von der Nähe der bösen Stadt«, bittet sie ihn.

»Wo möchtest du hingehen, Frau?«

»Nach Ilmorog . . . zu deiner Mutter und deinem Vater . . . unseren Eltern. Du hast sie erst ein- oder zweimal besucht, seit du aus dem Krieg heimgekommen bist.«

»Wieder in Unwissenheit und Rückständigkeit zurückkehren?«

»Hast du Angst vor dem, was er dir erzählt hat? Was er in jenem Licht gesehen hatte?«

»Halt den Mund, Frau!«

Ihr Vater zittert – und bittet zur gleichen Zeit. Er argumentiert mit ihrer Mutter.

»Hör zu, Frau. Ich bin im Krieg gewesen. Ich kenne die Stärke des weißen Mannes. Was weiß Vater schon über die Engländer? Nur daß er 1914 Gewehre getragen hat. Damals hat er vom *Maji*-Aufstand gehört, in dem sich Afrikaner gegen den weißen Mann aufgelehnt hatten. Was geschah? Sie wurden ausgelöscht, als sie darauf warteten, daß sich Kugeln in Regen verwandeln würden. Ich war in Indien. Die Inder sind klüger als wir. Sie waren vierhundert Jahre lang von den Engländern regiert worden. Hat Vater jemals eine Bombe gesehen? Ich aber. Ich werde dir das wirkliche Geheimnis der Macht des weißen Mannes verraten: Geld. Geld bewegt die Welt. Geld ist Zeit. Geld ist Schönheit. Geld ist Eleganz. Ha, mit Geld kann ich sogar die Prinzessin von England kaufen. Die, die neulich hier war. Geld bedeutet Freiheit. Mit Geld kann ich die Freiheit für unser ganzes Volk kaufen. Anstatt diesem selbstmörderischen Gerede von Gewehren und Pistolen, vom Eid schwarzer Einigkeit, um den weißen Mann aus dem Land zu jagen, sollten wir von ihm lernen, wie man an Geld kommt. Mit Geld können wir Licht in die Dunkelheit bringen. Mit Geld können wir uns unserer Ängste und unseres Aberglaubens entledigen. Keine Geschichten mehr über Ndamathia, der uns unseren Schatten gibt – kein Aberglaube mehr an Untiere der Erde, die Licht und Feuer speien. Geld, Frau, Geld. Gib mir Geld, und ich kann mir Frömmigkeit und Freundlichkeit und Wohltätigkeit kaufen ja, ich kann mir den Weg zum Himmel

erkaufen und die heiligen Tore werden sich mir öffnen. Das ist die Macht, die wir wollen.«
»Wieviel Geld willst du als Verräter in diesem Krieg verdienen?«
Ihre Mutter weint jetzt . . . nein, sie sind beide in der Kirche und beten, sie bitten Gott um Vergebung für vergangene Sünden und für die Sünden derjenigen, die das Gesetz in ihre Hände genommen hatten und Gottes heilige Botschaft für die Menschheit herausforderten . . . Amen . . . Aber die Spannung zu Hause nimmt zu, die nächtlichen Streitigkeiten nehmen zu. Denn ihre Mutter weigert sich, die Besuche bei ihrer Schwester in dem neuen Dorf nebenan aufzugeben, wo die Hütten in Reihen entlang vielbegangener Wege und Straßen gebaut worden waren. Von ihrer Schwester sagt man, daß sie Verbindungen zu den Männern in den Wäldern unterhält.
»Du bringst Gottes Zorn über dieses Haus.«
»Du meinst, den Zorn des weißen Mannes?«
»Deine Schwester hilft den Mau-Mau. Kannst du sie nicht daran erinnern, was ihrem Mann widerfuhr, als man ihn mit selbstgebastelten Gewehren schnappte?«
»Er stellte wenigstens seine Geschicklichkeit im Klempnern einer besseren Sache zur Verfügung. Er war kein Feigling. Und auch meine Schwester ist kein Feigling wie ich, denn ich kenne die Wahrheit und kann ihr nicht ins Auge sehen. Ich habe Ungerechtigkeit gesehen und ich kann nicht dagegen sprechen. Ich kann den Eid nicht ablegen, und doch sehe ich nichts Verkehrtes darin. So suche ich meine Zuflucht in Gottes Kirche und bete um Befreiung, aber ich bin nicht bereit, ein Werkzeug dieser Befreiung zu sein.«
»Denke an das heilige Buch. Du sollst keine Götzen anbeten. Du sollst nicht töten. Du sollst nicht . . .«, warnt der Vater ihre Mutter.
»Du aber betest goldene Münzen an – tragen die Münzen das Bild Gottes? Eines weißen Gottes namens Georg? Und du hast getötet. Du hast für die weißen Männer getötet«, sagt ihre Mutter.
»Das war etwas anderes«, sagt ihr Vater.
»Etwas anderes! Etwas anderes! Ist töten nicht töten? Du warst tapfer und stark, um für die Rasse der weißen Menschen zu töten – hast du nicht ein wenig Mut übrig behalten, ein bißchen Kraft, um wenigstens einen Finger für dein eigenes Volk zu rühren, für deine eigene Verwandtschaft? Was hat dein Vater dir erzählt? In seinen Reihen gab es keine Feiglinge, in seinen Reihen hatte es niemals Verräter am Volk gegeben. Seine Worte haben dich erschreckt. Ist das nicht der wirkliche Grund dafür, weshalb du nie zurückgegangen bist? Nicht einmal um

zu sehen, wie er von demselben weißen Mann, dem du treu im Krieg gedient hast, wie ein Hund gehenkt wurde?«

Wanja hat ihre Mutter noch nie so erlebt.

»Weib . . .« Ihr Vater schreit und schlägt ihre Mutter einmal, zweimal, dann verliert er den Kopf und haut auf sie ein, schlägt sie, packt sie, schäumt vor bitterer Wut und . . . und Mutter weint hilflos und sie, Wanja, ist sprachlos vor Entsetzen, und ihre Mutter stößt plötzlich einen durchdringenden Hilfeschrei aus . . . »Hiiilfe . . . Hiiilfe . . . Feuer! Feuer! Das Haus brennt . . . oooh, meine Schwester, meine einzige Schwester . . .«

Und der Vater stiert ihre Mutter an und sagt:

»Ich habe es dir ja gesagt. Es ist des Herrn Strafe.«

Und nun ist die Reihe an ihrer Mutter, sprachlos vor Entsetzen und Haß auf ihren Vater zu sein, wegen der Worte, die er gesagt hat. Und die Hütte brennt immer noch. Wanja findet nun ihre Stimme wieder und schreit zusammen mit ihrer Cousine, die eben von der Stadt angekommen ist, mit grauenerfüllter Stimme: »Hilfe! Hiilfe! Hiiilfe! Karega! Karega! Hiiiilfe!«

Sie erwachte und schrie immer noch nach Karega um Errettung aus dem Feuer. Sie hatte Angst und schaute um sich, entsetzt von den roten Flammen, die noch vor ihrem inneren Auge standen. Nyakinyua stand an ihrem Bett.

»Was hast du, meine Tochter, was hast du?«

Wanja fehlten zuerst die Worte. Langsam erinnerte sie sich an die Augenblicke voll Wunder, die sie auf einem Berg erlebt hatte. Sie lachte beklommen. Sie fragte: »Sag mir, bitte, sag mir, warum ist mein Vater nie mehr hierher zurückgekommen? Was ist meinem Großvater widerfahren – wie ist er gestorben? Ich möchte es bitte wissen.«

3

So viele Erfahrungen, so viele Entdeckungen während einer Nacht und einer halben. Erntezeit für Samen, gesät in der Vergangenheit. Erschöpfung des Körpers. Trotzdem ist er leicht, voll inneren Lebens, voll Heiterkeit. Er fühlt in sich die Kraft einer unermeßlichen, taufrischen Morgendämmerung über Ilmorog. Wie kommt es, daß der Kontakt mit einer Frau so viel Frieden und so viel Harmonie mit allen Dingen schenken kann und einem dieses Gefühl von unendlichem Versprechen und von tausend Möglichkeiten vermittelt? Er versucht zu schlafen. Sein Körper ist dafür bereit. Aber seine Gedanken eilen weiter und segeln rasch und leicht auf den sanften Wellen der Erinnerung, als Fleisch und Fleisch eins wurden. Er ist sich bewußt, daß er das große, unendliche Unbekannte und Unerforschbare erst ganz an der Oberfläche entdeckt hat, und doch fühlt er, daß er Wanja sein Leben lang gekannt hat, daß Logik und Rhythmus dessen, was vorher gewesen war, ihn unausweichlich auf jenen Augenblick der Offenheit des Fleisches hinführte. Er versucht diese Verbindung und den inneren Zusammenhang zu ergründen, aber der rote Faden verliert sich in einem fernen Nebel, der seine Kindheit umgibt. Doch die Umrisse gewisser Szenen, Begebenheiten und Gestalten beginnen aus dem Nebel heraus Form anzunehmen; langsam wird eine Begebenheit immer deutlicher und läßt ihn nicht mehr los. Er ist ein kleines Kind, das in der Nähe seiner Mutter im Sand spielt. O du böses Kind, du hast mir Sand in die Augen geworfen, ruft sie. Dann kommen Frauen mit Pangas und zusammengefalteten *Mikwa*-Riemen in der Hand auf den Hof und sagen: Mariamu, komm mit uns, wir holen Feuerholz. Mariamu, seine Mutter, wendet sich ihm zu: Geh hinüber zu Njeri und spiel mit den anderen, bis ich zurückkomme. Er heult laut vor Wut. Tränen stürzen aus seinen winzigen Augen, weil er sich verraten fühlt. Die anderen Frauen lachen ihn aus. Sie sagen: Was bist du doch für ein Baby, und dann trösten sie ihn und nennen ihn einen Mann – nun komm schon, kleiner Mann, geh und spiel mit den Mädchen, sie warten schon alle auf dich! – oho, er ist ein ganz durchtriebenes Bürschchen, ein Teufelchen mit den Frauen, was? Er läßt sich nicht so leicht besänftigen. Er läßt sie ein Stück gehen und trottet dann hinter ihnen her, hinunter nach Mukuru-ini wa Kamiritho, den nächsten Hügel hinauf und dann auf Ngenia zu. Sie erreichen eine Biegung und wenden sich Richtung Kinenie, dort gehen sie wahrscheinlich in den Busch hinein, denn jetzt kann er sie nicht mehr sehen. Er läuft auch in den Busch, er rennt in eine Richtung, dann in die andere. Plötzlich findet er sich mitten in einem grünen *Mubage*-Busch. Angst packt ihn. Er ruft ihren Namen. Er hört eine höhnische, fast endlose Wiederholung seiner Stimme, die sich im fernen Herzen der Wälder verliert. Er ist verzweifelt. Er fürchtet sich vor der vollkommenen Stille, die durch die Geräusche der Vögel und Insekten noch vollkommener wird. Alleine, so alleine in einer Welt ohne menschliche Stimmen. Er weint aus Protest gegen diese völlige Isolation, als wolle er sagen, daß er sterben müsse, daß er tot sei; er weint laut um Hilfe, um eine Hand, die ihn rettet, um eine Chance, noch einmal ein einziges Spiel mit den anderen

Kindern zu spielen. Wahrscheinlich hat er sich in Schlaf geweint, denn als er erwacht, liegt er in seinem Bett, und seine Mutter sitzt an seiner Seite, in ihren Augen kann er Mitleid und Zärtlichkeit lesen. Aber sitzt sie wirklich an seinem Bett, oder trügt ihn die Erinnerung? Nun ist es eine andere Szene zu einer anderen Zeit, denn sie sitzt nicht wirklich, sondern beugt sich wie im Gebet und stiller Andacht über einen Busch Pyrethrumblümchen. So regungslos. Er ist damit beschäftigt, Lehmkugeln zu formen aus Erde, die er mit seinem Urin vermengt hat. Das Feld mit den Pyrethrumblumen gehört Mukamis Vater. Er hat keine Lust mehr, Kugeln zu machen, schaut auf und ist erschrocken über den Stillstand der regen Geschäftigkeit seiner Mutter. Die Lautstärke, mit der er ihren Namen schreit, grenzt an Panik und Verzweiflung. Sie hebt den gebeugten Kopf und versucht mit trockenen Lippen zu lächeln. In meinem Kopf drehte sich alles . . . komm, wir wollen nach Hause gehen . . . es ist nichts, sagt sie. Aber mit dem sicheren Instinkt eines Kindes argwöhnt er, daß es nicht nichts ist . . . in der brennenden Sonne ist sie hungrig und müde geworden. Sie gelangen zu ihrer Hütte im Dorf – seit wann lebten sie eigentlich nicht mehr als Squatters auf dem Land von Mukamis Vater? Am Abend kommen Frauen und besuchen sie, und er wird ins Bett geschickt, aber er horcht auf das, was sie reden. Sie flüstern bis spät in die Nacht, er schläft ein, wacht auf, und sie sind immer noch am Flüstern. Die einzigen Worte, die er verstehen kann, sind Githunguri, Munition und Freiheit. Sie schauen ihn alle mit seltsamen, tränenerfüllten Augen an, und Mariamu sagt zu ihnen, sie sollen sich niederknien. Dann beten sie und singen ein Kirchenlied, *Kuu iguru gutiri mathina,* und beten wieder, leise und monoton. Das läßt ihn wieder in Schlaf sinken . . . und er sinkt tiefer und tiefer in ein schläfriges Land dunstigen Nebels . . . dort begegnet er noch mehr bekannten Gesichtern und Situationen. Denn jetzt ist es Mukami, die betet; und nachher stehen er und sie auf einem Hügel und sehen den *thabiri*-Vögeln nach, wie sie sich über den Manguo-Sümpfen hoch in die Luft schwingen, um dann in die tausend glühenden Feuer eines herrlichen Sonnenuntergangs hineinzufliegen . . . Sie sitzen auf den Hippo-Hügeln mitten in den Manguo-Sümpfen, und er streckt seine Hand nach ihr aus, will sie berühren . . . aber sie entschwebt ihm – er ist verwundert – wie kann sie so leicht, ohne Flügel, über dem Schilfgras, das sie *huyo cia Nguu* nennen, schweben? Dann erkennt er, daß sie mit den *thabiri*-Vögeln fliegt, und er ist so traurig – wie kommt es, daß er sie im Augenblick des Berührens verliert? Ah, sie ist es ja gar nicht . . . es ist Wanja . . . aber woher ist sie plötzlich gekommen? Sie hatte mehr Salz gegessen als er, denn in Wirklichkeit ist sie Nyakinyua, und Nyakinyua kannte Ndemi und Ndemi . . . aber irgend etwas stimmte doch nicht, was war los mit ihm? Wie kann er nur seine Schüler für Wanja und Mukami und Nyakinyua halten? Er ist in einem Klassenzimmer. Heute, Kinder, werde ich euch in drei Sätzen über die Geschichte des Mr. Blackman berichten. Am Anfang gehörte alles ihm – das Land, sein Denken und seine Seele. Am zweiten Tag nahmen sie seinen Körper, um ihn gegen Silbermünzen einzutauschen. Am dritten Tag, als sie sahen, daß er sich noch immer wehrte, holten sie Priester und Lehrer heran, um sein Denken und seine Seele in Fesseln zu legen, so daß die Fremden es leichter hatten, sein Land und die Produkte des Landes an sich zu nehmen. Und nun werde ich euch eine Fragen stellen: Was hat Mr. Blackman getan, um das wahre Königreich seines Landes zu erlangen? Um sein Denken, seine Seele und seinen Körper wieder auf dem Land, das ihm gehört, zu vereinen? Jetzt befinden sie sich – wie seltsam – auf einem Floß aus Bananenstämmen und treiben über die Meere von Zeit und Raum. Er ist jetzt nicht mehr Mwalimu, sondern *Tschaka,* der einen *induna* nach dem anderen gegen den weißen Eindringling führt. Er ist L'Ouverture, der die Bequemlichkeit, den Wohlstand und die falsche Sicherheit eines Haussklaven aufgibt, um seine Intelligenz und seine Muskelkraft den Feldsklaven zu Füßen zu legen, bereit für den Kampf eines geeinten Volkes gegen die, welche Menschenschweiß tranken und Menschenfleisch aßen. Kinder, ruft er ihnen zu – seht diesen neuen Afrikaner, ohne Ketten an seinen Beinen, ohne Ketten, die sein Denken binden, ohne Ketten um seine Seele. Ein stolzer Mann, der auf drei Kontinenten Kämpfer und Krieger erstehen läßt. Und sie sehen ihn in immer neuer Gestalt: Koitalel, Waiyaki, Nat Turner, Cinque, Kimathi, Cabral, Nkrumah, Nasser, Mondhlane, Mathenge – stets strahlt er dieselbe Botschaft aus, dieselben Möglichkeiten, denselben Ruf und dieselbe Hoffnung von Millionen von Afrikanern . . . Schau her – wer ist jener unbekannte Soldat, der ihnen mit drei scharfen Patronen in der Hand folgt? Das . . . schaut her, Kinder . . . kennt ihr meinen Bruder . . . den nimmermüden Arbeiter, der sich unermüdlich plagt, kennt ihr ihn? Nding'uri . . . He, Nding'uri. Er bleibt stehen.

»Kennst du mich nicht?« fragt Karega ängstlich.

»Doch, ich kenne dich . . . warum wäre ich sonst hier?«

»Das ist seltsam. Wußtest du, daß wir kommen würden? Wußtest du wirklich von unserer Reise?«

»Ja.«
»Das ist noch seltsamer.«
»Warum?«
»Stell dir vor, ich hätte nie gedacht . . .«
»Was hättest du nie gedacht?«
»Daß du mich kanntest. Ich meine, ich war ja noch so klein . . . ich war erst . . . vielleicht war ich sogar noch gar nicht geboren!«
»Hat das etwas zu sagen?«
»Sprößlinge aus demselben Schoß. Verwandt durch dasselbe Blut. Kinder Mumbis. Nyumba ya Mumbi. Es ist schon wichtig, oder nicht?«
»Warum treibst du auf einem Floß?«
»Ich wollte dich finden . . . wollte dir zeigen, daß ich erwachsen geworden bin . . . Und . . . und . . . daß ich um dein Geheimnis weiß . . . ich kenne Abdulla.«
»Aber wer bist du denn?«
»Ich dachte, du sagtest, daß du von mir und von unserer Reise wußtest.«
»Ja. Ich weiß von eurer Reise. Ich kenne die Reise des Suchens und Erforschens, die alle meine Brüder und Schwestern unternommen haben. Sind wir nicht gemeinsam diesen Weg gegangen? Zeig mir einen schwarzen Mann, der nicht hilflos preisgegeben wäre, sogar im Lande seiner eigenen Geburt. Aber du? Einen Augenblick lang war mir, als kennte ich dich. Hör zu, mein Bruder, die wahre Familie von *Mumbi, Mumbi* der Schöpfermutter, sind die Massen der schwarzen, sich plagenden Menschen, die in einer Hand eine *jembe* tragen und drei Patronen in der anderen, die dagegen ankämpfen, daß sie seit Jahrhunderten umhergetrieben werden, alleinige Zeugen ihrer eigenen Heimkehr. Deshalb haben wir 1952 den Eid abgelegt.«
»Warum hast du es getan?«
»Unser Land . . . unser Schweiß . . . unser Leben . . . unser Denken . . . unsere schwarzen Seelen«, sagt er und geht weiter, folgt den anderen Arbeitersoldaten des Kontinents.
Karega ruft ihm nach: »Ich möchte mit dir gehen! Hörst du mich? Laß uns zusammen reisen.«
Nding'uri bleibt stehen und ist jetzt müde und ärgerlich.
»Was für ein Lehrer bist du eigentlich? Willst du deine Kinder hilflos zurücklassen, Wind und Wellen preisgegeben? Der Kampf, Bruder, beginnt da, wo du bist.«
Er vergeht im Nebel der Zeit. Der Nebel der Zeit nimmt ihn auf. Und

Karega fühlt zutiefst, wie ihn diese letzte Zurechtweisung getroffen hat. Wie unbesonnen von mir, wie dumm . . . Foolish Africans Never Take Alcohol . . . FANTA . . . Teachers' Union Says Karega Evades Responsibility . . . TUSKER . . . welch verrückte Antworten . . . Lehrergewerkschaft sagt, Karega weicht Verantwortung aus. Er sieht, daß noch mehr Kinder die Hand erhoben haben, um Fragen zu stellen.
»Ja, Joseph.«
»Du hast uns von unserer schwarzen Geschichte erzählt. Du hast uns von unseren Helden und von großartigen Siegen erzählt. Aber die meisten schienen in einer Niederlage zu enden. Jetzt kommt meine Frage . . . Wenn das, was du sagst, wahr ist, warum ist es dann einer Handvoll Europäer gelungen, einen ganzen Kontinent zu erobern und vierhundert Jahre lang über uns zu herrschen? Wie konnte das geschehen? Ist es nicht doch, weil sie eine größere Gehirnmasse haben und wir die Kinder Hams sind, wie es in der Bibel der Christen steht?«
Da beginnt er, vor Zorn zu kochen. Er weiß, daß ein Lehrer keine Zornausbrüche haben sollte, aber in jener Frage fühlt er seine Niederlage. Vielleicht hatte die Reise schon zu lange gedauert, vielleicht sind sie über zu viele Kontinente gewandert und haben eine zu weite Zeitspanne durchmessen.
»Schau her, Joseph. Du hast wohl amerikanische Kinderlexika und die Bibel gelesen. Sie benutzten die Bibel, um die Seelen und das Denken ewig grinsender Afrikaner zu stehlen, Afrikaner, die ihre Mützen auf dem Rücken in der Hand halten und Gebete der Dankbarkeit für kleine Krumen mit der Aufschrift Entwicklungshilfe, Darlehen, Katastrophenhilfe leiern, während große Unternehmen eifrig dabei sind, Gold, Silber und Diamanten aufzusammeln, und während wir uns gegenseitig bekämpfen und sagen, ich bin ein *Kuke*, ich bin ein Luo, ich bin ein Luhyia, ich bin ein Somali . . . und . . . und . . . Es gibt Zeiten, Joseph, in denen ein Sieg einer Niederlage gleichkommt, und wo eine Niederlage Sieg bedeuten kann.«
Er zittert vor Zorn über seine Unfähigkeit, sich den Kindern verständlich zu machen, und schreit einige Unanständigkeiten über Nderi und all seine Gefolgschaft, über all die Gewehrträger von *Goode* und *Livingstone* und *Rhodes* und *Gordon* und *Meinertzhagen* und *Henderson* und Johnson und Nixon. Wenn er's denen nur zeigen könnte, schreit er und wacht plötzlich auf, naßgeschwitzt.
Er setzte sich auf, schaute um sich und war erleichtert, als er sah, daß nur Munira neben ihm stand.
»Ich wollte dich nicht aufwecken . . . aber du hast gestern den ganzen

Tag geschlafen und die Nacht hindurch, und jetzt ist es ungefähr zehn Uhr.«

»Ach, wirklich?« fragte er und gähnte.

»Ja, und du hast nicht einmal die Tür abgeschlossen.«

»Noch gibt es keine Diebe, sonst hätten die Polizei und die Kirchenleute längst ihre eben fertiggestellten Gebäude bezogen.«

Munira ging im Zimmer auf und ab und blieb dann stehen. Er versuchte etwas zu sagen und schien dann doch die Worte zurückzuhalten. Karega verwunderte sich über Muniras Benehmen. Er beobachtete ihn etwas genauer. Munira ging wieder auf und ab, hatte die Hände auf dem Rücken gefaltet, wo sie sich unaufhörlich öffneten und schlossen. Trotz der Müdigkeit, die vom zu vielen Schlafen kam, spürte Karega, daß Munira von etwas bedrückt war, und das berührte ihn.

»Was ist los, *Mwalimu*?« Er gähnte wieder. »Oh, bin ich schläfrig. Entschuldige bitte mein Gähnen. Es sind die Nachwirkungen von diesem Theng'eta-Zeug, das solch illusionäre Vorstellungen bewirkt. Du glaubst doch nicht, daß es gefährlich ist? Mein Kopf ist ganz klar, und ich fühle mich wohl; aber ich hatte einen schrecklichen Alptraum.«

»Nichts ist los, gar nichts. Auch ich fühle mich wohl. Stark und klar im Kopf. Nicht einmal einen Kater. O nein, ich glaube nicht, daß es gefährlich ist. Das einzige ist, daß du während deines Alptraumes, wie du es nennst, immer wieder Namen gerufen hast. Einige waren ziemlich unverständlich. Aber andere waren ganz klar zu verstehen.«

»Ich hoffe, daß ich keine Geheimnisse verraten habe.«

»Nein, nein, keine Geheimnisse. Du hast ›Mukami‹ und ›Wanja‹ geflüstert . . . derlei Dinge . . .«

Plötzlich hielt Munira in seiner nervösen Wanderung inne. Er lehnte sich an die Wand. Dann ging er an das Bücherregal, zog ein Buch heraus, *FACING MOUNT KENYA,* blätterte durch ein paar Seiten und stellte es zurück. Dann nahm er *NOT YET UHURU* in die Hand, blätterte wieder darin, ohne zu lesen, und stellte es ins Regal zurück. Gefaßt wandte er sich Karega zu und räusperte sich.

»Mr. Karega!« sagte er ziemlich unvermittelt. Der Ton ließ Karega ziemlich heftig auffahren. Munira schien genug Mut gesammelt zu haben, um fortzufahren. »Mr. Karega, ich weiß nicht, wie ich es sagen soll, aber . . . aber Sie sind jetzt seit ungefähr zwei Jahren hier. Man könnte sagen, daß Sie als Flüchtling hierher kamen, und ich habe mein Bestes getan, um Sie hier willkommen zu heißen. Wir haben hier als Nachbarn gelebt, und einiges ist uns widerfahren, Erfreuliches und weniger Erfreuliches. Aber nach dem, was jetzt geschehen ist . . . ich

meine . . . nach Ihren eigenen Bekenntnissen über meine Schwester, meine Familie und das alles – meinen Sie nicht, daß es an der Zeit sei . . . meinen Sie nicht, daß unser gemeinsames Bleiben hier in Zukunft etwas erschwert sein wird?«
»Mr. Munira, wollen Sie damit sagen, daß . . . aber ich kann nicht verstehen, wieso Sie das denken sollten . . . wollen Sie damit sagen, daß ich meine Arbeit hier aufgeben soll?«
»Sie drücken es ziemlich übertrieben aus. Aber Sie werden zugeben, daß durch Ihr Bekenntnis eine ziemlich peinliche Situation entstanden ist. Wir können schließlich unserer Vergangenheit nicht entfliehen. Auch wenn jeder von uns seine eigene hat, so besteht doch ein Zusammenhang. Ich will damit sagen, man hat ja Erinnerungen . . . Verantwortung, und wenn es nur gegenüber der eigenen Selbstachtung ist. Auf eine Art könnte man doch sagen, nicht wahr, daß Sie Mukami in den Selbstmord getrieben haben.«
»Munira!«
»Es ist doch leider so, daß Sie mehr Salz gegessen hatten als sie. Und noch eines, Mr. Karega. Für mich ist es nicht sehr schmeichelhaft – und sei es nur in einem Alptraum –, wenn der Name meiner eigenen, geliebten Schwester verglichen wird mit . . . nun . . . im gleichen Atemzug genannt wird mit einer Hure, auch wenn es eine VIP-Hure ist!«
Karega schnellte aus dem Bett und ging auf Munira los. Munira trat einen Schritt zur Seite, und Karega rannte fast gegen die Wand. Genau so plötzlich erschlafften Karegas erhobene Hände, und sie fielen ihm herab. Aber seine Augen waren immer noch vor Abscheu und äußerstem Zorn blutunterlaufen. Schmerz und seine eigene Unfähigkeit, sofortige Rache zu üben, machten ihn schwach – der Mann war sein Lehrer gewesen, er war der Ältere, und schon allein deshalb verdiente er seine Achtung. Er hatte ihn hier aufgenommen und ihm sogar eine Stelle beschafft, außerdem – aber das wußte nur er selbst – hatte er im Herzen von Karegas Sein die empfindliche Stelle getroffen, an der er sich schuldig fühlte. So blieb er nur stehen und kämpfte mit sich, um die heißen Tränen, die hervorzubrechen drohten, zurückzuhalten.
»Wenn Sie nicht einst . . . wenn Sie nicht, wenn . . .«
Er konnte den Satz nicht zu Ende bringen. Er saß auf dem Bett, und eine Zeitlang erstickte ihn eine Mischung aus Schuld, Bitterkeit, innerer Wut und Unverständnis, so daß er schwieg. Er starrte an Munira vorbei durch die Tür auf den Schulhof und darüber hinaus, als suchte er eine Antwort dort draußen, wo sich das Leben, das wirkliche Leben abspielte, nicht hier, in dieser erbärmlichen Ecke voller Müßiggang,

voller Träume und Erinnerungen. Er sprach jetzt, als richte er seine Worte an eine Welt außerhalb Ilmorogs.

»Zwei Nächte sind erst vergangen, seit wir alle zusammen Theng'eta getrunken haben – wir wollten eine Ernte und den erfolgreichen Ausgang eines Jahres feiern, das für Ilmorog ganz bestimmt nicht leicht gewesen war. Es war eine gute Ernte gewesen, und Sie werden mir zustimmen, wenn ich sage, daß ein derartiges Bewußtsein einer gemeinsamen Bestimmung, ein derartiger Gemeinschaftsgeist etwas sehr seltenes ist. Deshalb nannte es die alte Frau zu Recht ein Getränk des Friedens. Nun ist es zur Ursache von Hader und Streit geworden. Das mußte wohl so sein, nehme ich an, obwohl ich es noch immer nicht verstehe. Sie sagen, daß wir unserer Vergangenheit nicht entfliehen können, da gebe ich Ihnen recht. Aber wir brauchen andere nicht mit Beleidigungen zu überschütten. Wir sind alle Prostituierte, denn in einer Welt, in der jeder gierig das nimmt, was er kriegen kann; in einer Welt, die auf einer Struktur von Ungleichheit und Ungerechtigkeit aufgebaut ist; in einer Welt, in der einige essen können, während andere arbeiten, wo einige ihre Kinder zur Schule schicken können und andere nicht; in einer Welt, in der ein Monarch, ein Prinz, ein Geschäftsmann auf Milliarden sitzt, während andere verhungern oder ihre Köpfe an Kirchenmauern stoßen und um göttliche Errettung aus der Hungersnot bitten; ja, in einer Welt, in der ein Mann, der noch nie seinen Fuß in dieses Land gesetzt hat, in einem Büro in New York oder London sitzen und entscheiden kann, was ich essen, lesen, denken, tun soll, und das nur, weil er auf einem Haufen Milliarden sitzt, die man den Armen der Welt weggenommen hat – in einer solchen Welt sind wir alle Prostituierte. Denn solange ein Mann im Gefängnis sitzt, bin auch ich Gefangener, solange ein Mann hungrig und ohne Kleidung ist, bin auch ich hungrig und ohne Kleidung. Warum ist es dann nötig, daß ein Opfer einem anderen Opfer Beleidigungen an den Kopf wirft? Am allerwenigsten aber sollten wir das Andenken derer, die uns einstmals lieb und teuer waren, mit Schändlichkeit und Niedertracht überschütten, das Andenken an die wenigen, die den Klassensnobismus ihrer Gruppe abgelehnt haben, die Glauben und Liebe, Wahrheit und Schönheit ihr eigen nannten und deren einziger Wunsch es war, freien, unbeschwerten menschlichen Kontakt zu haben und selbst wachsen zu können.«

Ein weiterer Augenblick des Schweigens, der Munira peinlich war, folgte, denn wieder einmal fühlte er sich auf die Probe gestellt, er fühlte sich moralisch gewogen und zu leicht befunden.

»Mein Vater ist Kirchenältester, und so können Sie sich vielleicht vorstellen, daß man manchmal genug hat von Predigten und moralischer Phrasendrescherei«, sagte Munira und war mit sich selbst ob dieser Erwiderung zufrieden.

»Ich weiß, daß er das ist – und noch mehr«, sagte Karega, und diesmal schaute er Munira scharf an, der unter dem durchdringenden Blick seiner Augen etwas zusammenzuckte. »Aber ich habe nicht zu predigen beabsichtigt. Ich habe nur an die gedacht, die sich entschieden haben und die es vorgezogen haben, für ihre Sache zu sterben. Aber ich werde keinesfalls meinen Abschied von dieser Schule nehmen. Unsere Zusammenarbeit wird eine harte Sache werden, aber ich beabsichtige nicht, wegzugehen.«

»Wir werden sehen, wir werden sehen«, sagte Munira drohend.

»In einem Punkt haben Sie allerdings recht«, fuhr Karega fort. »Ich habe mich vor etwas versteckt. Wissen Sie, warum ich Sie überhaupt aufgesucht habe? Sie waren ihr Bruder. Sie hatten sie unterrichtet. Sie hatten mich unterrichtet. Und ganz abgesehen davon, daß ich Hilfe brauchte, dachte ich wahrhaftig, Sie könnten mir helfen, das Geheimnis von Siriana aufzudecken und die Ursache an der Wurzel von Chuis Tun und Verhalten zu verstehen. Aber auf der Reise habe ich noch viele andere Chuis kennengelernt, und ich bin nicht sicher, ob ich es noch verstehen will. Man muß wachsen. Geschichte ist schließlich keine Ausstellung strahlender Helden. Aber ich beabsichtige hierzubleiben und mich umzusehen. Ich möchte mich entscheiden, auf welcher Seite ich im kommenden Kampf stehen werde«, fügte er hinzu und dachte dabei an den Brief des Rechtsanwalts.

»Wir werden sehen«, sagte Munira noch einmal, und seine Stimme klang noch drohender. »Aber wenn ich Sie wäre, würde ich mich nach einer Stelle irgenwo anders umsehen! Oder noch besser nach einem Platz in einem Lehrerausbildungsseminar.«

NEUNTES KAPITEL

1

Glückliches neues Jahr. Gras wuchs dicht. Die umherwandernden Hirten waren wieder einmal in die Ebenen zurückgekehrt. Regen wird regnen. Mehr Gras wird wachsen. Mehr Früchte des Feldes werden wachsen. Wir werden uns satt essen und die Dürre des vergangenen Jahres vergessen. Aber Munira und Karega und Abdulla und Wanja und den Esel – ja, Abdullas Esel, die werden wir nicht vergessen. Sie haben uns gerettet. Ihre Kenntnis der Stadt, ihre Kontakte in der Stadt, ihr selbstloser Einsatz für uns und unser Leben in Ilmorog – all das hat uns gerettet. Abdullas Esel wanderte überall umher, und Frauen und Kinder wetteiferten darin, ihm mit ihren eigenen Händen Mais zu füttern. Diesmal beschwerte sich niemand, nicht einmal Njuguna, über seine Freßgewohnheiten. Wir mieteten ihn oft, um unsere Sachen, Waren und Nahrungsmittel auf die großen Märkte von Ruwaini zu tragen und wieder zurück. Für einen kleinen Betrag war er unser aller Esel geworden. Die Leute sagten, daß Abdulla ein guter Mann sei. Möge der Herr ihn segnen. Seht doch, was er für Joseph getan hat. Er hat ihn zur Schule gehen lassen. Und er selbst, der unbesungene Held unseres Freiheitskampfes, verrichtet alle Arbeiten im Laden auf einem Bein und jammert nie. Manchmal zog er sich in sich selbst zurück, aber das konnten wir verstehen. Wenn er entspannt und bei guter Laune war, dann machte er es wieder mehr als gut durch seine Erzählungen, die bereits zur Geschichtenwelt von Ilmorog gehörten.

Ja, es wird regnen. Die Früchte des Feldes werden wachsen. Wir werden das Andenken der Helden aus unserer Mitte für immer bewahren. Wir werden noch lange über die Reise durch die Grasebene singen. Möge der Herr die alte Frau segnen. Aber die Dürre wird bald zu einem leisen Traum in einer fernen Landschaft geworden sein. Man sagt, daß sich der Hunger von tausend Jahren mit dem, was an einem Tag gekocht wird, stillen läßt. Mögen böse Gedanken und schreckensvolle Erinnerungen mit der Dürre verschwinden! Daß uns nur noch die heldenhafte Reise bliebe. Die würden wir immer in Erinnerung behalten, aber unser Abgeordneter ist nicht einmal gekommen, um zu erklären, was eigentlich geschehen war. Let it be, sagten wir deshalb in den Monaten, die das neue Jahr eröffneten; damals wußten wir nicht, daß die Reise – wie ein Gott, der nicht zulassen kann, daß seine Großzügigkeit

vergessen wird – innerhalb eines Jahres ihre Boten aus der Vergangenheit schicken würde, um Ilmorog umzugestalten und unser Leben völlig zu verändern – Ilmorog und wir, völlig verändert.
Aber das lag noch in der Zukunft. Aber damals, nun, zu Beginn dieser folgenschweren Zeit, redeten, flüsterten und tratschten wir über den Chief und die Polizisten, die von Zeit zu Zeit kamen und eine Woche oder so in der neuen Polizeistation blieben und dann wieder wegfuhren. Wir lachten auch über die Kirchenleute, die den langen Weg von der Stadt oder von noch weiter hergekommen waren, um vor leeren Bänken zu predigen. Denn niemand aus Ilmorog war dazu bereit, das neue Gebäude zu betreten.

2

Godfrey Munira, der seit langem seinen Drahtesel vernachlässigt hatte, sah man eines Tages wie wild auf diesem durch Ilmorog galoppieren, sein Hemd, das aus der Hose gerutscht war, flatterte steif im Wind, wie der gebrochene Flügel eines Vogels. Er blieb meistens für sich allein, und selbst bei Abdulla ward er nur noch selten gesehen.
In jenen Tagen sah man Karega meistens mit Wanja – was war zwischen ihm und dem Lehrer vorgefallen? Es war seltsam, sehr seltsam, sagten wir, ohne ganz zu verstehen, um was es dabei ging.
Aber was uns bald mit Interesse und Erstaunen erfüllte, uns faszinierte und bewegte, war das Zusammenfinden und Erblühen jugendlicher Liebe und jugendlichen Lebens, und flüsternd sagten wir zueinander: Seht, das Wunderwerk Gottes. Früchte des Feldes werden grün und üppig sprießen. Wir werden uns satt essen und Theng'eta trinken zur Erntezeit.

3

Später, Jahre später, sollte Godfrey Munira in der Polizeistation von Ilmorog versuchen, das Gefühl jener Zeit in Ilmorog, die völlig unter dem Eindruck der gegenseitigen Beziehung von Wanja und Karega gestanden hatte, wiedererstehen zu lassen. Und er benutzte denselben Satz, fast beantwortete er damit die Frage, die sich den Wartenden und Beobachtenden stellte, während sie zusahen, wie sich das Drama vor ihren Augen abspielte, wobei selbst die Alten die Vergangenheit ihrer

Jugend – ihre Liebe unter dem *Leleshwa*-Busch oder in den Hirseähren – wiedererlebten.
»Ja, ich hätte versuchen können, ihn zu retten«, schrieb er eifrig weiter und bemühte sich dabei, die Tatsachen im Licht der dazwischenliegenden Zeit und ihrer Ereignisse zu interpretieren.
»Ich hätte ihn vielleicht retten können. Dieses Gefühl schmerzt mich am meisten. Er, der nur den Frieden und den wahren Zusammenhang aller Dinge suchte, er hätte vielleicht gerettet werden können. Statt dessen stieß ich ihn um so tiefer in jene fatale Umarmung hinein, die manchem großen Mann im Laufe der Jahrhunderte zum Ruin geworden ist. Ich muß es ja wissen; denn wurde ich nicht selbst später zum Gefangenen eben dieser Umarmung, die den betörenden Duft des Herzens verbreitet?
Ich mühte mich ab und versuchte, mich daraus zu befreien, aber es gelang mir nicht. Ich hatte ja beobachtet, wie sie sich langsam von mir auf neutrales Gebiet zurückgezogen hatte, lange Zeit stand sie in großer Entfernung, unserem Werben und unseren suchenden Blicken unerreichbar, und das schon, seit Karega nach Ilmorog gekommen war. Es machte mir nichts aus, hatte ich mir eingeredet, es konnte mir gar nichts ausmachen, denn stand ich nicht eigentlich über diesen Dingen? Ich war Gottes Wächter in dem düsteren Zwielicht irgendwo zwischen Schlafen und Wachen; sollte ich nicht besser dort bleiben, anstatt die Stille des Zwielichts mit leidenschaftlicher Beharrlichkeit zu stören? Zuerst dachte ich, daß ich nur von ihrer Verwandlung fasziniert sei. Sie war nicht mehr ruhelos, sie hatte aufgehört, Menschen mit großen, beurteilenden Augen zu kosten, Augen, die vielleicht unter der an der Oberfläche schwimmenden Weichheit Bitterkeit verbargen. Innerhalb kurzer Zeit, nachdem sie begonnen hatte, sich der Arbeit auf den Feldern hinzugeben und sich mit den Vorbereitungen für die Reise in die Stadt zu befassen, war der übertriebene Glanz aus ihren Augen gewichen, und das gedämpftere Licht einer andersartigen Weichheit, die Menschen nicht mehr in der ersten Stunde des Kennenlernens liebkoste, war an seine Stelle getreten. Die wohlgerundete Fülle ihrer Schönheit hatte der eckigeren Schönheit einer auf dem Lande arbeitenden Frau Platz gemacht. Es hatte mich geschmerzt, daß sie sich mir einoder zweimal verweigert hatte oder mich abgewiesen hatte, als ich sie wieder, wie an jenem Abend des vollen Mondes, besitzen wollte. Dann aber dachte ich, daß ich es ja verstehen könnte; denn war ich nicht derjenige gewesen, dem sie die Geschichte ihrer vergangenen und erst kürzlich erlittenen Leiden anvertraut hatte? Sie brauchte Zeit,

um sich zu erholen, tröstete ich mich und dachte, daß meine Chance während der Reise in die Stadt kommen würde. Ich wartete . . . wartete, nur um diesen großen Schlag ins Gesicht zu bekommen, den Schock in der Nacht, in der wir Theng'eta getrunken hatten. Eineinhalb Tage lang, während Karega in seinem Haus wie betäubt schlief, hatte ich über die ganze Angelegenheit nachgedacht, und ich war zu dem Schluß gekommen, daß ich in der Tat zu schüchtern, ja, zu zögernd gewesen war. Es war an der Zeit, die Initiative zu ergreifen, einen Schritt, und sei er noch so klein, nach vorne zu tun, um die Dinge in Bewegung zu setzen. Ich steigerte mich langsam in Wut, und ich empfand echt, daß man mir wegen Mukami und wegen meinem Vater Unrecht getan hatte. Aber was konnte ich tun? Konnte ich die Vergangenheit wieder erstehen lassen und den Anschluß an sie herstellen? Konnte ich mich auf den Stamm der Geschichte aufpflanzen, selbst wenn es nur der Stamm der Geschichte meiner Familie war, außerhalb derer ich gewachsen war? Und würde der Stamm dann wirklich wachsen, mit mir neue Zweige treiben, als Teil der großen Wiedererweckung des Lebens? Aber ich wußte auch, daß ich vor mir selbst nicht zugeben wollte, daß mich Wanjas Treuebruch ernsthaft getroffen hatte. Schließlich, so argumentierte ich, hatte ich nie mehr als eine fleischliche Verbindung mit ihr gewollt. Ich wußte zu viel über ihre Vergangenheit, um frei und ungehemmt mit ihr umgehen zu können. Und doch, ich wollte den Kampf mit Karega aufnehmen, aber mein Handeln hatte sie jetzt noch weiter von mir weggetrieben.

Ich beobachtete sie nach der Nacht des Theng'etatrinkens, nach meinem Streit mit Karega, und ich sah, wie sie sich wiederum veränderte. Es war wie neues, junges, lebenerfülltes, üppiges Wachstum nach dem Regen.

Es schmerzte mich, daß das üppige Wachstum außerhalb meiner Reichweite war, daß ich nicht davon kosten konnte, nicht einmal meinen Anteil.

Je weiter sie sich von mir entfernte, desto stärker zog sie mich an sich, bis sie im Lauf der Monate meine Seele in Knoten und Schlingen um sich verstrickt hatte. Die Sicherheit und die Verteidigungslinien, die ich um meinen lebenslang im Zwielicht verbrachten Schlummer aufgebaut hatte, waren in ihren Grundfesten untergraben, und ich fühlte den Schmerz von Blutsaft, der durch die jahrelang gefühllos gewesenen Venen und Arterien des Herzens rinnt.

Ich konnte nicht anders. Ich spionierte ihnen nach, beobachtete sie aus dem Augenwinkel, und was ich sah, ließ mich um so mehr bedauern, daß ich ihn übereilt aus meinem Einflußbereich geworfen hatte.

Eines Abends sah ich sie zusammen über die Felder rennen, sah, wie sich ihre Füße in den Ranken der *mikengeria* verfingen, wie sie durch gelbe, lustig-goldene Blumen liefen, über das hohe *thangari*-Gras stolperten und wie bei ihrer Rückkehr an ihrer Kleidung vorne und hinten und an der Seite Disteln hängen geblieben waren. Oft gingen sie zusammen den Grat des Bergrückens von Ilmorog entlang – zwei entfernte Schatten vor der goldenen Glut der untergehenden Sonne –, um dann hinter dem Hügel zu verschwinden; in der Dunkelheit oder im Mondlicht kehrten sie zurück.

Ihre Liebe schien mit der neuen Ernte des Jahres zu wachsen.

Dieses Etwas, das ich nicht beschreiben kann, von dem ich dachte, daß es nie von mir Besitz ergreifen könne, das schlug nun Wurzeln, trieb Sprößlinge und, ach, begann zu blühen.

Allein die Bewegung ihres Rockes schnitt wie eine messerscharfe Klinge in mein Inneres. Doch schien das Messer noch tiefer und schärfer zu schneiden, wenn ich ihren Rock nicht sah. Aber sollte ich ihm doch unverhofft begegnen oder ihn im hellen Sonnenlicht oder gegen den kühlen Abendhimmel vorbeihuschen sehen, dann war es nicht mehr das Messer, sondern tausend winzige Nadeln, die in meine Eingeweide, meinen Leib stachen. Ja, selbst ihren Schatten suchte ich. Ihre Schritte im Sand erregten mich, ihre Gegenwart gab Anlaß zu gewaltigen Herzschlägen der Hoffnung auf das Unerreichbare. Engel der Marterqualen.

Sie zu sehen wurde zur Notwendigkeit. Doch wenn es geschah, war es wie das schnelle Zuschlagen von Qual und Pein. Ich verabscheute es, daß ich der Kontrolle über mich selbst nicht mehr mächtig war. Wenn ich mit ihr oder Karega sprach, so bemühte ich mich, meine Stimme ausgeglichen erscheinen zu lassen, um mich dadurch zu überzeugen, daß ich noch in der Lage war, mich selbst zu beherrschen. Warum war sie nach Ilmorog gekommen? Warum war Karega nach Ilmorog gekommen? Hatte Ilmorog Raum für uns drei?

Ich fuhr mit dem Fahrrad nach Limuru, um mehr Lehrer anzuwerben. Diesmal hatte ich Glück und bekam zwei mit *EACE*-Zeugnissen von der Kinyogori-Harambee-Schule und einen, der den Abschluß der Höheren Schule nicht geschafft, aber an der Ngenia-Highschool seine Zwischenprüfung abgelegt hatte. Drei neue Lehrer auf einen Schlag! Ich eilte auf meinen Wachposten zurück, nun war ich nicht mehr so einsam.

Sie wanderten immer noch übers Land um Ilmorog, stets beieinander auf den Feldern, auf der Spitze des Berges und in der Ebene; ihre Liebe blühte im Wind, als durchspielten sie noch einmal die zerbrochenen Möglichkeiten ihrer Vergangenheit. Eine zweite Chance. Eine zweite Chance für ihn, nach mir auszuschlagen. Zuerst war es Mukami. Nun war es Wanja.

Ich begann Fehler bei ihm zu finden; ich war unzufrieden mit seiner Unterrichtsweise, mit der Sorgfalt seiner Vorbereitungen, mit dem Inhalt seiner Unterrichtsstunden, mit der Literatur, die er dem noch empfindlichen Denken der Kinder zumutete. Aber in Wirklichkeit gab es wenig zu kritisieren.

Ich begann sogar, natürlich nur vor mir selbst, moralisierend darüber nachzudenken, welche Auswirkungen ihre unverheiratete Verbindung auf die Kinder haben würde.

Die Früchte des Feldes reiften – es nahte eine neue Ernte.

An einem Nachmittag lud ich alle Lehrer zu einem Drink bei Abdulla ein. Es war mitten im dritten Schuljahresabschnitt.

Ich lenkte die Unterhaltung auf die Schule und auf das Unterrichten gewisser Fächer wie Geschichte und Gemeinschaftskunde.

»Sehen Sie, das Denken der Kinder ist sehr leicht zu beeinflussen. Ihre Lust zum Kopieren ist groß. Sie übernehmen die Meinung ihrer Lehrer als eine von der Bibel gutgeheißene Wahrheit. Deshalb sollten wir vorsichtig sein, meinen Sie nicht auch?« fragte ich und wandte mich an Karega. Sie hörten alle aufmerksam zu, und ich fühlte die Kraft meines Arguments.

»Vorsichtig weswegen?« fragte Karega, und seine Art zu fragen, die vorgab, nicht zu wissen, was ich meinte, irritierte mich.

»Vorsichtig mit dem, was wir unterrichten. Politik zum Beispiel. Propaganda. Ich sehe natürlich ein, daß mehr Saft und Kraft darin steckt und daß derartige Themen weniger Vorbereitung brauchen.«

Er antwortete nicht. Ich redete mich in eine gewisse Begeisterung hinein und brachte meine Punkte Schlag auf Schlag mit zunehmender Autorität und Sicherheit.

»Folgendes – was sie wirklich wissen müssen, sind Tatsachen. Einfache Tatsachen. Informationen, gerade genug, daß sie ihren Grundschulabschluß machen können. Ja, Information, nicht Interpretation. Später, wenn sie zur Höheren Schule gehen werden, und ich bin sicher, die Herren werden mir darin recht geben, dann können sie anfangen, die komplizierteren Dinge zu lernen. Bis dahin haben sie denken gelernt und können dann anfangen zu interpretieren. Ich wiederhole, wir wollen ihnen Tatsachen beibringen, Tatsachen und keine Propaganda über Schwarzsein, afrikanische Völker und all das, denn das ist Politik; sie kennen ja den Stamm, zu dem sie gehören. Das ist eine Tatsache – keine Propaganda.«

Ich setzte mich zurück und kippte ein Glas Bier hinunter; was ich gesagt hatte, befriedigte mich. Einiges hatte ich natürlich einem Rundschreiben entnommen, das ein englischer Schulinspektor für Sprachen und Geschichte im Ministerium an alle Schulen geschickt hatte. Sich selbst hatte er als Sprach-, Literatur- und Geschichtswissenschaftler beschrieben, aber was tat das schon zur Sache!

»Ich bin mit dieser Ansicht nicht einverstanden«, begann Karega, und ich konnte sehen, daß es ihm schwerfiel. »Ich kann nicht akzeptieren, daß es in unserem Wachstum als Menschen ein Stadium geben soll, in dem uns nur sogenannte Tatsachen und Informationen genügen sollen. Von dem Augenblick an, wo er geboren wird, bis zu seinem Tode ist der Mensch ein denkendes Wesen. Er sieht, er hört, er berührt, er riecht, er schmeckt, und er siebt alle diese Eindrücke in seinem Denken, um zu einem bestimmten Standpunkt in seiner direkten Erfahrung des Lebens zu gelangen. Gibt es reine Tatsachen? Wenn ich Sie anschaue, ist das, was ich sehe, von dem Ort bedingt, an dem ich sitze oder stehe, von den Lichtverhältnissen hier im Raum, von der Sehkraft meiner Augen, davon, ob mein Denken von anderen Dingen in Anspruch genommen ist, und wenn ja, mit was für welchen. Sicherlich ist die Geschichte von den sieben blinden Männern, die noch nie einen Elefanten gesehen hatten, für die Kinder sehr instruktiv. Ansehen und berühren bedeuten also doch Interpretation. Selbst wenn wir annähmen, es gäbe reine Tatsachen, wie steht es dann um ihre Auswahl? Erfordert dies nicht auch Interpretation? Wie sieht die Propaganda aus, derer man uns beschuldigt? Als Sie eben sprachen, es war zu komisch, mußte ich an Chui denken. Aber das ist eine andere Geschichte. Lassen Sie uns doch einmal die Propaganda näher betrachten, die angeblich nichts mit Tatsachen zu tun hat. Die Unterdrückung der schwarzen Menschen ist eine Tatsache. Die Verschleppung der Afrikaner in alle Ecken der Welt ist eine Tatsache. Daß es in den USA, in Kanada, Lateinamerika, in Westindien, Europa, Indien und überall Afrikaner gibt – das ist eine Tatsache. Daß Afrika einer der reichsten Kontinente ist, mit unendlichen Möglichkeiten der Erneuerung und des Wachstums, auch das ist eine Tatsache. Welches Mineral, von Kupfer angefangen über Gold, Diamanten, Kobalt bis zum Uran findet man nicht in Afrika? Dasselbe gilt für das, was wir ernten. Daß sich unser Volk

gegen die arabischen Sklavenhändler zur Wehr gesetzt hat, ist eine Tatsache; daß das Volk der Akamba gewaltige Verteidigungslinien gegen sie gebaut hatte, während sie gleichzeitig Elfenbeinhandel mit ihnen trieben, ist eine Tatsache. Daß sich unser Volk dem Eindringen der Europäer widersetzt hat, ist eine Tatsache – wir kämpften Zentimeter um Zentimeter, Bergrücken um Bergrücken, und wir wurden nur durch die Überlegenheit ihrer Waffen und durch verräterisches Handeln in den eigenen Reihen besiegt. Daß die Geschichte der Völker Kenias von Kampf und Widerstand gezeichnet ist, ist deshalb eine Tatsache. Unsere Kinder müssen das erkennen, was uns gestern verunstaltet hat und was uns auch heute verunstaltet. Aber sie müssen ebenfalls sehen, was uns gestern geformt hat und was dank seiner Schöpferkraft eine neue Art von Männern und Frauen aus uns schaffen wird, die sich nicht davor fürchten werden, den Kindern anderer Länder die Hände zu reichen, weil wir uns nicht schämen, in dem Kampf gegen das, was uns verstümmeln will, aufzugehen.
Befreiung – kein Kind ist zu klein, um darüber nachzudenken – es ist die einzige Art und Weise, wie ein Kind sich selbst erfahren kann, indem es holt, zerbricht, von neuem holt, ablehnt, aufnimmt und schreit, um sich selbst zu entdecken. Wir müssen unsere Kinder lehren, all die Dinge zu hassen, die sie vom Lieben abhalten, und all die Dinge zu lieben, die es ihnen ermöglichen, frei und ungehindert zu lieben.«
Noch nie hatte ich über derartiges ausdrücklich nachgedacht. Ich konnte sehen, daß die anderen von der Neuartigkeit und Reinheit der Überzeugung, die hinter seinen Worten stand, gepackt waren. Mir war unbehaglich zumute. Ich wappnete mich, um zurückzuschlagen, nur daß ich nicht wußte wie. In jenem Augenblick rief Wanja *hodi* und stand in der Tür.
Ihre Augen suchten die seinen. Mein zum Zerreißen angespannter Körper fühlte viel mehr, als daß er es sah, wie sich ihre Blicke eine Sekunde, zwei Sekunden lang umarmten, ehe sie uns alle begrüßte.
Ich konnte den Schmerz nicht ertragen.
Ich konnte dem bösen Gedanken nicht widerstehen.
Ich nahm mein Fahrrad und fuhr zur Schulbehörde.

ZEHNTES KAPITEL

1

Wieder war das Ende eines Jahres gekommen. Die Schule hatte ihre Tore geschlossen, und Munira saß in seinem Büro, schrieb den Jahresbericht und erstellte einen Kostenplan für das kommende Jahr. Er war erstaunt, daß er nun schon seit fünf Jahren hier war. Im nächsten Jahr würde die Schule über sechs Klassen mit Ganztagsunterricht verfügen. Joseph hatte den eindrucksvollsten Fortschritt vorzuweisen. Seine Intelligenz war überdurchschnittlich. Selbst wenn Ilmorog beim ersten Versuch einer Abschlußprüfung kein Kind in eine Höhere Schule entsenden würde, so war er sicher, daß Joseph es bei einem zweiten Versuch schaffen würde, in höhere Sphären aufzusteigen, was der Grundschule von Ilmorog endgültig einen Platz auf der Landkarte der Nation sichern würde.

Er schloß das Büro und blieb draußen stehen. Das Land um Ilmorog lag offen vor ihm, denn wieder hatte man eine Ernte eingebracht. Die Dürre und die Reise in die Stadt erschienen wie Begebenheiten in einer Legende. Kein einziges der Versprechen hatte bis jetzt Gestalt angenommen. Ilmorog war immer noch eine Art vernachlässigter Außenposten der Republik. Selbst die Kirchenleute und der Chief mit den Polizisten kamen nur alle paar Monate einmal. Aber Mzigo hatte die Schule ein- oder zweimal besucht, er hatte dann schnell seinen Durst bei Abdulla gelöscht, hatte die Straße verflucht und war dann wieder verschwunden. Aber die Verbesserungen in der Schule, besonders was die Gebäude und die Lehrmittel betraf, waren ein direktes Ergebnis jener Besuche. Er hatte ihm noch einen weiteren Lehrer gebracht, so daß sie zu fünft waren.

Die ›Einladung zum Tee‹ erschien nun auch als etwas, das sich vor langer Zeit in einem anderen Land zugetragen hatte, und Munira dachte, daß er wieder einmal einen Besuch zu Hause machen könnte – aber wie würde er jetzt seinen Vater sehen, fragte er sich, jetzt, wo er wußte, wie Mukami ihren Tod gefunden hatte? Unnütze Spekulation, dachte er, da seine Beziehung zu seinem Vater und zu seiner Vergangenheit und auch die Niederlage, die er empfand, niemals etwas mit Mukamis Tod zu tun gehabt hatten. Er nahm sein Fahrrad, denn er wollte zu Abdulla, um schnell einen zu trinken.

Er pfiff fröhlich vor sich hin, und dann sah er sie mitten auf dem schmalen Pfad, fast an derselben Stelle, wo sie ihn vor fünf Jahren aufgehalten und ihm komische, aber feindlich klingende Fragen gestellt hatte. »Oh, du bis es, Mutter aller Menschen«, rief er guten Mutes und bremste. Er fühlte sich gut, denn außer daß Wanja sich von ihm zurückgezogen hatte, war seine Stellung als Held, als Beschaffer neuer Lehrer für die Kinder, fast wiederhergestellt. Eine Zeitlang, bald nach ihrer Rückkehr aus der Stadt, hatte er sie an Karega verloren gehabt, aber nun . . . es fehlte ihm nur noch Wanja, um sein Glück vollständig zu machen. Nyakinyua schaute zu Boden, aber ihre Stimme drang deutlich an seine Ohren.

»Die drei neuen Lehrer – sie sind jetzt schon seit vielen Monaten hier, oder nicht?«

»Ja, ja«, antwortete er verwirrt.

»Sie machen ihre Sache gut.«

»Ja. Aber warum? Haben die Kinder sich beklagt?«

»Nein. Sie sagen, daß die neuen Lehrer auch gut seien, genauso gut wie die beiden vor ihnen. Wer hat sie uns gegeben?«

»Die Regierung. Wie könnten wir sie sonst bezahlen?«

»*Mwalimu.* Warum, warum haben sie uns mit der rechten Hand gegeben, nur um mit der linken wegzunehmen? Ist das fair für die Kinder?«

»Ich – ich verstehe nicht«, sagte er.

»Doch, du verstehst – du weißt mehr, als du uns zu sagen wagst.«

»Wirklich – ich verstehe nicht, was du mit diesen Worten meinst.«

Während er dies sagte, hustete er und wandt seinen Kopf zur Seite. Ilmorog war still, sehr still. Er erblickte zwei Kinder, die mit zwei gelben *Mitura*-Äpfeln Fußball spielten und miteinander wetteiferten, wer am weitesten rückwärts kicken konnte. Als er wieder auf den Weg schaute, war die alte Frau verschwunden. »Genau wie damals«, grübelte er und überdachte noch einmal ihre Worte. Plötzlich verlor er den Mut, zu Abdulla zu gehen, auch verspürte er keine Lust mehr, etwas zu trinken. Er wollte nicht noch mehr Geschwätz und Gerede. Er lehnte das Fahrrad an die Hauswand. Er stand unter der Tür und schaute noch einmal zurück, dorthin, wo die Frau gewesen war. Er hatte ein wenig Angst vor ihr, denn sie stand bei der Dorfgemeinschaft in hohem Ansehen, und ihre Feindschaft konnte Sturz und Schande bedeuten.

Er schrak auf. Die Wiederholung von Mustern vergangener Ereignisse hatte ihm stets Angst eingejagt. Es war die Tyrannei der Vergangenheit, der er schon immer zu entfliehen versucht hatte. Zuerst war es

Nyakinyua, nun war es Wanja. Dann begriff er, und die anfängliche Welle von Angst, die über ihn gekommen war, wich einem gewissen Stolz über seine wiedergefundene Kraft.

»Du hast noch nie gute Manieren gehabt«, sagte sie, auch das war ein Echo der Vergangenheit. Sie schaute ihn gleichmütig an, und ihr Blick verriet ihm nichts über ihre Einstellung zu ihm.

»Lädst du mich nicht ein, in dein Haus zu kommen?«

»Komm herein, komm herein«, sagte er mit betretener Fröhlichkeit. Aber innerlich sonnte er sich im Schein einer angenehmen, warmen Glut.

Sie nahm einen Klappstuhl, der an der Wand lehnte, und setzte sich. Sie war barfuß und trug ein einfaches geblümtes Kleid. Keinen Schmuck. Ihr Körper schien gereift zu sein – ihr Blick war fest und klar, und in ihren Augen tanzte keine teuflische, lockende Herausforderung mehr. Sie waren mit Leben erfüllt, und obwohl ihr direkter Blick nicht feindlich zu sein schien, war er ihm doch unangenehm.

»Hättest du gerne eine Tasse Tee?«

»Ich möchte keinen Tee«, sagte sie, »aber ich könnte Wasser trinken.«

»Wasser gibt es heutzutage genug«, versuchte er zu scherzen und holte ihr einen Becher voll Wasser. Er besaß jetzt einen Wassertank aus Aluminium, in den er das Regenwasser vom Dach leitete. Auch seine Wohnung hatte sich im Lauf der Jahre verbessert. Er besaß jetzt mehr Sitzgelegenheiten – sogar ein Sofa mit Sesseln war dabei –, mehr Haushaltsgeräte waren da und mehr Bücher auf den Regalen. Sie trank ein bißchen, und dann stellte sie vorsichtig, fast zu vorsichtig den Becher auf den Fußboden.

»Erinnerst du dich an den Abend, an dem wir Theng'eta tranken?« fragte sie unvermittelt.

»Ja. Natürlich. Warum? Es ist schon lange her. Ein ganzes Jahr.«

»Ich erinnere mich, daß du mich damals gefragt hast, warum ich eigentlich nach Ilmorog gekommen sei.«

»Nun, man wird mit der Zeit neugierig . . . aber wir haben ja alle unsere Gründe für das, was wir tun. Unser geheimes Leben.«

»Aber als ich das zweite Mal kam – du mußt es doch gewußt haben . . . ich hatte es dir ja erzählt . . . der Brand . . . und der Tee.«

»Warum willst du die Vergangenheit aufrühren?« fragte er und fühlte sich dabei noch unbehaglicher. Dann fügte er hizu: »Ich weiß nicht, ob ich dir damals erzählt habe, daß ich mich eben auf dem Rückweg von derselben Tee-Party befand.«

»Wirklich? Nein, du hast mir nichts davon erzählt. Aber das ist ja auch egal. Warum wolltest du wissen, warum ich hierhergekommen war? Wahrscheinlich meintest du das erste Mal.«

»Hör zu, Wanja. Du brauchst mir nichts zu erzählen, was du nicht erzählen willst. Ich muß unter dem Einfluß von Theng'eta gestanden haben. Es war starkes Zeug, und es hat unser aller Zungen gelöst.«

»Aber ich möchte es dir sagen«, sagte sie mit einem ironischen Lächeln. »Ich bin nur deshalb hierhergekommen, also muß ich es auch tun. Ich habe dir vieles erzählt. Ich habe nicht vor dir zu verstecken versucht, was ich bin und was ich war. Aber über eines habe ich noch nie mit dir gesprochen. Ich habe immer befürchtet, daß ich unfruchtbar sei – daß ich kein Kind bekommen könne. Das Wissen darum war eine Last, eine schwere Last zu tragen. Denn Kinder – sosehr wir sie auch vernachlässigen mögen – sind das, was manchem Barmädchen hilft, sich als Mensch zu fühlen. Du bist Mutter, und niemand kann dir das wegnehmen. Ich habe es versucht. Ich bin sogar bei Barabana in Thigio gewesen. Er ist berühmt für sein Wissen um Kräuter, ganz besonders um solche, die mit Frauenkrankheiten und mit Kinderkriegen zu tun haben ...«

»Entschuldige«, unterbrach Munira sie, »ich dachte, du hättest mir, du hättest uns erzählt, daß du ein Kind hattest, daß du einmal schwanger gewesen warst.«

»Das stimmt.« Sie hielt ihren Blick lange Zeit gesenkt und biß sich auf die Unterlippe, wie um sich gegen etwas zu wappnen. »Es starb«, sagte sie und fuhr fort: »Erst viel später entdeckte ich diesen Wunsch in mir. Doch ich muß dazu sagen, daß mir schon als Schulmädchen das Herz höher schlug und vor Freude richtig wehtat, wenn ich Kinder sah, und ich wollte mich mit ihnen beschäftigen. Das Bedürfnis wurde immer größer. Deshalb kam ich hierher. Ich wollte meine Großmutter besuchen, einmal, um den Ort kennenzulernen, an dem mein Vater geboren wurde, und zum andern, um Rat zu suchen. Sie brachte mich zu Mwathi ...«

»Aber man sagt doch, daß er Menschen unter einem gewissen Alter gar nicht empfängt.«

»Das ist wahr. Man ließ mich draußen stehen. Er hat einen großen Hof, der von einer Hecke aus Brennesseln und *matura* umzäunt ist. Als ich hineinging, hörte ich nur seine Stimme. Er stellte mir ein paar Fragen. Das brauche ich jetzt nicht alles zu erzählen. Aber er riet mir zu einem bestimmten Tag unter dem Licht des vollen Mondes, draußen im freien Feld. Ich habe mich nicht an seine Anweisung gehalten. Ich glaube sowieso nicht ganz an die Sache mit dem Mond. Den Rest

der Geschichte kennst du. Es ist mein Leben gewesen. Es ist mein Unglück gewesen. Ich akzeptiere es.«
»Warum erzählst du mir das?« fragte er etwas gequält – sie benutzte ihn also nur für die Experimente eines Medizinmannes?
»Weil ich möchte, daß du verstehst, was mir Ilmorog bedeutet hat, was Karega mir bedeutet. Bitte, sei nicht verletzt, wenn ich dir jetzt sage, daß ich zu den meisten Männern mit einer bestimmten Absicht gegangen bin. Ich mag Freundschaften, ja, aber ich weiß auch, daß ich es am Anfang nur getan habe, um das frühere Erlebnis zu vergessen. Die Narbe. Später dann tat ich es in der Hoffnung . . . manchmal war ich nur mit verheirateten Männern, die Kinder hatten, befreundet. Glaube mir, ich war sehr einsam. Selbst mit dir damals, ich hegte Hoffnungen, aber es wurde nichts daraus. Mit ihm ist es anders. Ich verlange nach ihm, ich möchte ihn wirklich haben. Nur um seiner selbst willen. Zum ersten Mal fühle ich, daß mich jemand braucht . . . ich fühle mich als Mensch . . . nicht nur gedemütigt . . . erniedrigt . . . mit Füßen getreten . . . verstehst du? Nicht vielen wird sie zuteil – die zweite Chance, eine Frau zu sein, ein Mensch zu sein, ohne dieses oder jenes ›aber‹ . . . und ohne sich ständig schämen zu müssen. Er hat die Frau in mir, die erstickt worden war, und das Mädchen in mir wieder zum Leben erweckt, und ich fühle, daß ich blühen werde . . .«
Sie hielt inne und hielt ihren Blick unverwandt auf ihn geheftet. Ihre Augen tanzten. Unter ihrem nackten, wilden, herausfordernden Blick fühlte er sich noch unbehaglicher. Eine Art schrecklicher Schönheit lag in ihren Augen . . . die Schönheit einer Löwin.
»Ich erzähle dir dies alles, Munira, weil ich weiß, daß du hinter Karegas Sturz stehst. Hinter seiner Entlassung aus dem Schuldienst.«
Er wollte etwas sagen, schwachen Protest einlegen, Mzigo die Schuld zuschieben, aber sie redete mit erhobener Stimme weiter.
»Ich möchte, daß er an diese Schule hier zurückkommt. Ich möchte ihn zurückhaben, wir wollen ihn alle als Lehrer unserer Kinder zurückhaben. Was immer du tust, er darf Ilmorog nicht verlasen. Entweder das, oder aber . . . Munira . . . ich bin eine harte Frau . . . entweder jetzt oder später wird jemand dafür zahlen müssen. Ich möchte, daß du das verstehst – es wird . . . ich weiß nicht wie . . . aber sollte er gehen, so wird es entweder dich oder Mzigo oder euch beide treffen . . .«
Sie stand auf und eilte hinaus, als fürchtete sie, von der Anstrengung und dem Gesagten erstickt und schwach in den Knien zu werden. Aber für Godfrey Munira blieben ihre Worte unheildrohend im Raum

hängen, und noch lange danach sollte er die Kraft jener Stimme nicht vergessen können – die Schönheit ihres Körpers, die Reinheit der Verpflichtung in ihrem Herzen und das mondscheinhelle Leuchten ihrer erregten Augen, was ihn alles in jenem Augenblick endgültig und gefährlich für immer an sie kettete. »Ich bin verloren . . . wir sind alle verloren . . . aber sie ist . . . sie muß . . . meine wild-äugige Löwin sein.«

Er wußte, daß sie in besiegt hatte. Er wußte aber auch, daß er jetzt nichts mehr wegen Karegas Entlassung tun konnte. Was getan war, war getan . . . und ich habe es für dich getan, meine Mondscheinlöwin, murmelte er vor sich hin.

2

Und nun helfe mir Gott, daß er nicht geht, murmelte Wanja vor sich hin, während sie ihren Blick über die Ebenen hinweg zu den entfernten Donyo-Bergen wandern ließ. Genau über den Bergen hatten die wandernden Wolken zwei Formen gebildet, sie glichen zwei Höhlen mit zerklüfteten Mäulern, die Nebel und Licht ausspien. Die Mäuler wurden kleiner und kleiner, bis sich die Höhlen schließlich in schwebende, schwarzblaue Wolle auflösten. Sie folgte mit den Augen der langsamen Bewegung der Wolle und versuchte, die Fingerabdrücke Gottes zu finden. Auf diese Weise hielt sie ihre Gedanken von dem Auftrag ab, der ihnen bevorstand. Aber ein Gedanke verfolgte sie beharrlich: Wenn er Ilmorog verließe . . . wenn er Ilmorog verließe . . . dann würde sie auch gehen. Es schauderte sie bei dem Gedanken – sie fürchtete sich jetzt wirklich vor dem, was ihr in der Welt außerhalb dieser ländlichen Grenzen begegnen würde. Sie hatte ihre Vergangenheit hinter sich gelassen – mochte sie dort bleiben, draußen, außerhalb der Mauern von Ilmorog. Aber was sollte sie hier in Ilmorog ohne ihn tun? Ihm folgen . . . und noch einmal schüttelte es sie bei dem Gedanken an die Welt außerhalb ihres jetzigen Klosters. Meine Narben . . . mögest du ohne sie bleiben . . .

»Du kannst in meinem Laden arbeiten«, war Abdullas wiederholtes Angebot an Karega. »Wir werden gleichberechtigte Partner sein.« Er fühlte die Dürftigkeit dieses Auswegs – konnte der Laden sie wirklich alle verkraften? Aber es war alles, was er hatte.

Wanja schaute Abdulla an und erinnerte sich daran, wie er ihr vor fünf Jahren dasselbe Angebot gemacht hatte. In der Stille rundum, vor dem

Hintergrund der Feierlichkeit des Augenblicks und in dem Moment ausgesprochen, als es sie wegen der leichten Brise, die vom Berg herabstrich, schüttelte, erschien ihr der Vorschlag komisch und zum Lachen. Es hörte sich sonderbar, ja frivol an, aber sie kannte die Gefühle, die dahinterstanden.

Karega hörte die Worte, ohne ihre Bedeutung zu erfassen. Denn ihm war bewußt – und er dachte, sie könnten es alle sehen –, daß es für ihn in Ilmorog nichts mehr zu tun gab, nichts. Seine Bitterkeit und der Groll über das, was Munira und die Schulbehörde ihm angetan hatten, beherrschte nach wie vor seine Reaktion auf das, was um ihn herum vorging. Er konnte es nicht verstehen – was war die Triebfeder jener, die ihn so grob von dem vertrieben, was eben begonnen hatte, ihn mit Leben und einem Sinn für sein Leben zu erfüllen?

Im Unterricht hatte er eine mögliche Berufung gefühlt, einen täglichen Dialog mit seinem innersten Ich, wenn er sich bemühte, die Kinder und die Welt, die ihre Zukunft und ihre Chancen im Leben formen würde, zu verstehen. Er hatte bereits begonnen, den Wert formaler Erziehung als Werkzeug zur totalen Befreiung eines Volkes anzuzweifeln, aber er war noch nicht zum Gehen bereit, er war noch nicht bereit für die Welt außerhalb der Schule von Ilmorog. Sein erster abenteuerlicher Versuch hatte ihn schließlich ins Gefängnis gebracht. Aber was nun? Wieder zurück an die Straße, den Touristen Schaffelle, Pflaumen und Birnen verkaufen? Würde sein Leben eine einzige lange Spur vereitelter Wünsche und Träume sein, die nur von gelegentlichen Eskapaden nach Orten wie Ilmorog unterbrochen wurde? Er suchte und wünschte sich doch nur Wahrheit und Schönheit und Verstehen – wie konnte es denn geschehen, daß er den Frieden und das Wohlbefinden eines anderen gestört hatte? Wie konnte Munira ihm das antun? Denn Karega akzeptierte keineswegs Muniras erklärte Gründe – den Tod einer Schwester und das fehlende Ohr eines Vaters.

Er wußte nichts von Muniras Bindung an Wanja. Und hätte er davon gewußt, so hätte er es nicht verstanden. Er war zu jung. Er war unschuldig. Noch wußte er nichts von jenen Zweifeln, welche, um gestillt zu werden, der Bestätigung durch eine Leidenschaft bedurften, und die, wenn nicht gestillt, jemand, der im mittleren Alter stand, durchaus zu Mord verleiten konnten, sogar als Akt der Selbstbestätigung und der Versicherung, daß man nicht wirklich versagt hatte. War Lord Freeze-Kilby seiner schönen Lady nicht mit Büchse und Pulver, die ursprünglich für Eingeborene und Tiere bestimmt waren, gefolgt? Karega konnte deshalb nur unmotivierte Erbärmlichkeit in Muniras

Racheakt erkennen. Wenn es um Munira ging, konnte er sowieso nicht mehr klar denken – hinter seinen Gedanken, den guten oder schlechten, den gerechten oder ungerechten, fühlte er immer noch Verwirrung, eine Leere enttäuschter Erwartungen, ganz ähnlich wie damals, als Chui, ihr Held, nach Siriana gekommen war und versucht hatte, Fraudsham zu überbieten. O. K. . . . Schauspieler . . . Helden . . . warum sollte man eigentlich an den Menschen glauben? Er hatte zu den falschen Helden aufgeschaut, oder er hatte dort nach Schauspielern und Helden gesucht, wo man sie unmöglich finden konnte. Und so war er in jenem Augenblick der Verzweiflung sehr nahe daran, einen fatalen Fehler zu begehen, nämlich den Glauben an die Menschen und an die Möglichkeiten von Wahrheit und Schönheit und von Idealen in einer Welt, in der Menschen täglich um Wasser und Brot kämpfen müssen, zu verlieren. Aber als er sich unwiderruflich in den Sumpf stürzen wollte, hörte er die Stimmen von Wanja und Abdulla, die ihn zurückriefen. Er war gerührt von der offensichtlichen Sorge in Abdullas Stimme, als dieser ihm anbot, sein Handelspartner zu werden. Er wandte sich zu Abdulla.

»Warum, warum bist du eigentlich nach Ilmorog gekommen?« fragte er ihn.

Abdulla zuckte unter der Frage zusammen – und doch kam sie ihm nicht so unerwartet; hatte er sich nicht selbst diese Frage schon oft gestellt? Er beobachtete, wie die Sonne hinter den fernen Donyo-Bergen unterging, und schlug nach einer Fliege, die ihm um die Ohren summte.

»Nach meiner Festnahme wurde ich ins Lager Manyani gebracht. Ich war unter den letzten, die entlassen wurden. Es war am Vorabend der Unabhängigkeit, und ihr könnt euch vorstellen, daß mich viele Gefühle, Erinnerungen und Hoffnungen bewegten. Ich sagte mir, wenn nur Nding'uri und Ole Masai und all die anderen hier wären und das erleben könnten! Der Glaube, der nun zum Blühen gekommen war . . . Die Krönung nach gemeinsamem Kampf und gemeinsam Erduldetem. Folgendes würde von jetzt an anders sein: Das Gesicht des weißen Mannes, der sich über unser Bemühen lustig macht, würde ich nicht mehr sehen müssen. Und der indische Händler mit seinen obszönen Bemerkungen . . . *Kumanyoko mwivi* . . . auch er würde gehen. Fabriken, Tee- und Kaffeepflanzungen würden uns gehören. Den Menschen von Kenia. Ich dachte an all jene, die täglich unserem Kampf entgegengearbeitet hatten. Ich dachte an die Verräter, jene, die mit Henderson zusammengearbeitet hatten. Die Rache ist mein, spricht der Herr – darum kümmerte ich mich nicht allzu sehr – ich hätte nichts dagegen gehabt, ihm bei der Rache ein bißchen zur Hand zu gehen – wenigstens um die Parasiten zu entfernen . . . die Kollaborateure. Mir war nach Singen zumute, und diesmal sang ich voll triumphierender Erwartung.

Ihr schwarzen Verräter, Speerträger,
Wohin werdet ihr fliehen,
Wenn die Tapferen des Landes zurückkehren,
Wenn Trompeten Ruhm und Sieg unseres Kampfes verkünden?
Wir fürchteten nicht den Regen,
Wir fürchteten nicht den Tod,
Wir fürchteten nicht den wilden Löwen,
Wir fürchteten nicht Kälte und Wind,
Wir fürchteten nicht die Imperialisten,
Denn unser war die Gewißheit:
Kenia ist des schwarzen Mannes Land.

Wochen und Monate danach sang ich das Lied noch in freudiger Erwartung.
Ich wartete auf Landreformen und Neuverteilung des Landes.
Ich wartete auf einen Arbeitsplatz.
Ich wartete auf eine Statue von Kimathi als Denkmal für die Gefallenen.
Ich wartete.
Ich sagte mir: Von meinem einen Morgen werde ich die Hälfte verkaufen. Das habe ich getan. Dann kaufte ich mir einen Esel und einen Karren dazu. Ich habe den Leuten auf dem Markt ihre Waren transportiert. Ein Esel trinkt weder Benzin noch Kerosin.
Und immer noch habe ich gewartet.
Ich hörte, daß Darlehen vergeben wurden, um europäische Farmen aufzukaufen. Ich konnte nicht einsehen, warum man Land kaufen sollte, das schon durch das Blut des Volkes erkauft worden war. Trotzdem ging ich hin. Man sagte mir, wir befänden uns jetzt im Neuen Kenia, und da gäbe es nichts umsonst. Ohne Geld kannst du kein Land kaufen, und ohne Land und Besitz kannst du kein Bankdarlehen bekommen, womit du ein Geschäft anfangen oder Land kaufen könntest. Es hatte keinen Sinn. Haben wir denn, als wir kämpften, gefordert, daß nur die Besitzenden kämpfen sollten?
Ich sagte mir, vielleicht, vielleicht . . . ist alles meisterhaft vorgeplant . . .

Ich wartete.
Ich dachte: O. K., dann will ich taub und stumm werden. Ich beobachtete, wie sich die Dinge weiter entwickelten, was sich alles abspielte. Ich sah die wachsenden Spannungen zwischen schwarzen Menschen. Zwischen dieser und jener Volksgruppe. Zwischen den verschiedenen Landesteilen. Sogar zwischen den Bewohnern einzelner Bergrücken und zwischen Familien. Und ich dachte an unsere Mühsal, an unseren Kampf, an unsere Lieder – trug ich nicht die Erinnerung daran in meinem verlorenen Bein? Ich sagte: Warum geschieht dies zwischen unseren Völkern? Der Weiße – wird er jetzt nicht lachen und lachen, bis sich seine Nase in zwei Teile spaltet und es ihm so ergeht wie der Laus in der Geschichte?
Ich sagte: Warum dieses Schweigen über die Toten? Warum wird die Bewegung totgeschwiegen?
Ich sagte: Ich will von einem Büro zum andern gehen. Ich werde in die Fabrik zurückgehen, in der ich früher gearbeitet habe. Ich wollte nur einen Arbeitsplatz.
Ich ging in das Büro.
Nun, ich sagte, daß ich nur einen Arbeitsplatz wollte.
Sie sagten: Ein Krüppel?
Ich sagte: Ein Krüppel, muß nicht auch er essen?
Sie schauten einander an.
Sie sagten: Wer Ohren hat zu hören, der höre; wer Augen hat zu sehen, der sehe.
Dies ist das Neue Kenia.
Nichts umsonst.
Mkono mtupu haulambwi!
Wenn du etwas umsonst willst, dann geh nach Tanzania oder China.
Ich lachte bitter. Denn um nach Tanzania oder China zu gehen, würde man ja Geld für eine Busfahrkarte brauchen.
Wie vor den Kopf gestoßen stand ich draußen vor dem Büro.
Ich trank mein volles Maß bitterer Galle, als ein Mann in einem schwarzen Anzug aus einem Mercedes stieg und das Büro betrat. Alle Angestellten erhoben sich wie ein Mann und setzten ihr schönstes Lächeln auf . . .«
Abdulla machte eine nachdenkliche Pause. Er versuchte nach der Fliege zu schlagen, die wieder um sein linkes Ohr summte. Dann schien er sie zu vergessen, als er mit seiner Erzählung fortfuhr; dabei ging sein Blick über die Ebenen, hinaus ins Nichts.
»Meine Freunde . . . Heute schockt mich nichts mehr, Munira war

früher einmal dein Lehrer. Er selbst wurde aus Siriana ausgewiesen. Genau wie du. Nun kann er dich wegen einem persönlichen Kummer hier rauswerfen lassen, und du bist bis zur Verzeiflung verwirrt. Meinst du, das überrascht mich? Morgen, morgen meine Freunde, werdet auch ihr euch gegen mich wenden. Ich werde keine Tränen vergießen. Selbst Joseph wird mich vielleicht verachten, und ich werde nicht weinen. Aber damals an jenem Tag? Was soll ich euch sagen? Daß mich alles nicht berührte? Was soll ich euch wirklich sagen außer . . . daß alle Säfte des Magens, die Schock hervorbringen, in mir versiegten.

Der Mann, der in das Büro kam, war derselbe, der mich und Nding'uri verraten hatte. Wie ich später hörte, hatte er einen Vertrag mit jener Gesellschaft, um den Transport ihrer Waren überall hin zu besorgen. Nachdem er hineingegangen war, sagten die Angestellten: Jetzt erleben wir wirklich Uhuru. Vor der Unabhängigkeit war es keinem Afrikaner erlaubt, die Waren der Gesellschaft anzurühren, es sei denn als Arbeiter. Und jetzt geht Mr. Kimeria mit Millionenwerten um!

Ich blieb wie angewurzelt stehen. Kimeria wa Kamianja genoß also die Früchte von Uhuru!

Ich ging ins Dorf zurück und verkaufte den anderen halben Morgen. Ich holte meine paar Wolldecken und meinen Esel und machte mich der Sonne folgend auf die Reise. Ich wollte weit, weit ins Land hinein gehen, wo mich nichts an einen derart bitteren Verrat erinnern würde. Flucht, könnte man dazu sagen.

Aber ich war einen geistigen Tod gestorben – erst in letzter Zeit ist in meinen Venen wieder Blut geflossen. Oh, schon wieder diese Fliege!«

Unvermittelt fing er an, nach der Fliege zu schlagen, verpaßte sie, schlug sich selbst ins Gesicht und murmelte etwas Unhörbares. Dann wandte er sich an Karega und sagte:

»Deshalb bitte ich dich, nicht wegzugehen. Denn wohin willst du gehen? Bleibe hier als *muhoi.* Beschaff dir einen Streifen Land. Fang an, etwas anzubauen, wie Wanja hier. Wenn du Glück hast, wird einiges aufgehen und ein paar Früchte tragen!«

Sie hörten Wanja aufschluchzen. Sie wandten sich ihr zu um zu sehen, was los war.

»Was hast du? Was ist los?« fragte Abdulla. Dann erinnerte er sich daran, daß Karega vorhatte wegzugehen und vielleicht . . .

»Sagtest du Kimeria?«

»Ja.«

»Er hatte dich verraten –?«

»Ja.«
»Hat er eine kleine Narbe auf der Stirn?«
»Ja.«
»Dann ist er es.«
»Wer? Über was sprichst du eigentlich?« fragte Karega.
»Er ist es, der mich von zu Hause weg verführt hat«, sagte sie. »Er nannte sich Hawkins Kimeria.«
Sie schauten sich alle an. Karegas Kehle war wie zugeschnürt.
»Er – es ist derselbe!« mühte er sich zu sagen und dachte auch an seinen eigenen verratenen Bruder.
»Ja. Ja. Nur daß die Angestellten dort ihn Mr. Hawkins nannten«, sagte Wanja und rief sich ins Gedächtnis zurück, was sie zuletzt mit Kimeria auf der Reise in die Stadt durchgemacht hatte.
Karega empfand einen neuen Schmerz – er hatte also mit dem Mädchen des Mörders seines Bruders geschlafen?
Abdulla war von ihren Andeutungen leicht verwirrt. Dann erzählte ihm Wanja, daß der Mann, der sie und Karega und Njuguna in Blue Hills festgehalten hatte, derselbe Kimeria gewesen war! Aber ehe Wanja und Karega dem bestürzten Abdulla noch mehr Fragen beantworten konnten, hörten sie plötzlich ein Grollen aus den Wolken. Sie dachten, es sei Donner. Zuerst war es in weiter Entfernung und wurde dann lauter und lauter. Es war ein Flugzeug. Es flog tief über sie hinweg und zog Kreise am Himmel, als ob es dort etwas verloren habe. Es kam näher und flog dann hinaus bis ans Ende der Grasebene, ehe es eine weitere Schleife am Himmel zog. Dann hörten sie das Dröhnen abrupt aufhören. Wieder kam es zurück, um genauso schnell wieder davonzutrudeln. Surren, Heulen, Dröhnen, und dann ein endgültiger Stillstand aller Geräusche, als es Richtung auf sie zu nahm. Das Flugzeug war in Schwierigkeiten. Sie standen auf. Einen Augenblick lang schien es, als stünde es über ihnen am Himmel, ehe es mit der Nase voraus direkt auf sie zukam, und nun wurde ihnen klar, daß es auf sie herabstürzen würde. Sie waren wie hypnotisiert vor Angst, Wanja klammerte sich an Karega und stöhnte. Gott, mein Gott. Abdulla schrie: »Runter! Legt euch hin! Flach.«
Sie lagen flach am Boden und hörten das Flugzeug knapp an sich vorbei durch die Luft rasen. Auf einem Feld, eine halbe Meile entfernt, machte es eine Notlandung.
»Das war aber knapp, es hätte uns die Köpfe abrasiert«, sagte Karega als sie wieder auf die Füße kamen und losliefen, um nach dem Flugzeug zu sehen.

Es war sicher gelandet. Ein Europäer in Khaki-Hemd und Khaki-Hose und drei ebenso gekleidete Afrikaner standen einige Meter vom Flugzeug entfernt, die Hände in die Seiten gestemmt, und betrachteten das Flugzeug, aber auch das Glück, das sie gehabt hatten.

»Es ist ja ein Baby-Flugzeug«, rief Wanja aus, »genauso eines wie die am Wilson-Flughafen.«

Sie gingen um das Flugzeug herum. Einige Meter weiter stöhnte Abdulla laut auf vor Schmerz. »Mein Bein, mein anderes Bein«, sagte er. Karega und Wanja eilten zu ihm. Sie schauten einander an. Aber keiner wußte etwas zu sagen.

Innerhalb einer Stunde hatte sich die Nachricht von der Notlandung des Flugzeugs über nahe und ferne Dörfer und Bergrücken verbreitet. Die Leute strömten zu Hunderten herbei. Selbst als die Dunkelheit schon angebrochen war, wanderten die Leute immer noch mit Laternen und Taschenlampen zu dem Flugzeug hin.

Sie nahmen das Flugzeug gefangen und standen in einem riesigen, dichten Kreis darum herum, betrachteten es und gaben über jedes Flugzeugteil ihre Kommentare ab, als hätten sie es mit ihrer eigenen Kraft vom Himmel geholt.

Es wurde ein Fest, das einen Tag, zwei Tage, ja, zwei Wochen währte; neugierige Gruppen mit Schulkindern wurden auf gemieteten Lastwagen hergebracht, um das geflügelte Pferd zu sehen. Zwei Polizisten, die eben in der Polizeistation angekommen waren, bewachten das Flugzeug.

Wanja war es, die Abdulla aus seinem Kummer aufrüttelte.

»Ich habe mir Gedanken gemacht, und gestern abend ist mir die richtige Idee eingefallen. Wir wollen uns nicht dem Kummer und der Verzweiflung beugen. Dieses Fest, so scheint mir, wird noch einige Tage andauern, einige Wochen vielleicht. All diese Leute werden etwas zu essen brauchen. Wir wollen Essen kochen und es dann verkaufen. Und ein bißchen Theng'eta dazu, um das Essen hinunterzuspülen . . . und . . . unseren Kummer.« Es war einfach – es war schön, und Abdulla war von der Neuheit des Gedankens, von dem inspirierten Vorschlag beeindruckt. Wenn es Tusker gab, warum dann nicht Theng'eta, was billiger und leichter zu machen wäre? Wenn Klubs in der ganzen Republik *Chang'aa, Kiruru, Busaa* verkaufen konnten, warum dann nicht Theng'eta in Ilmorog?

Es war ein weiterer unmittelbarer Erfolg. Gegen Ende der Woche kamen die Leute mindestens ebenso gerne, um Theng'eta zu trinken wie um das Flugzeug zu sehen. Dem Getränk haftete bald das Gerücht an,

alle erdenklichen Eigenschaften zu besitzen, vom Fruchtbarmachen unfruchtbarer Frauen bis hin zur Wiederherstellung der Potenz alternder Männer.
Tanzgruppen bildeten sich; Trink-Parties wurden Mode – Ilmorog war über Nacht berühmt geworden, berühmt, weit über die Hänge des Bergrückens, und weit über die Grasebenen hinaus, wo einst nur Hirten und ältere Bauern umherzogen, die Erde und das Elefantengras besangen und am Himmel nach Sonne und Regen Ausschau hielten.
Wieder einmal war Ilmorog in den Schlagzeilen der überregionalen Presse. Nderi wa Riera war in einen Ausschuß von Regierungsbeamten und Luftfahrtexperten berufen worden, der den Auftrag hatte, die Ursachen des Absturzes zu untersuchen.
Eine Pressemeldung über die Zusammensetzung des Ausschusses erschien in allen Tageszeitungen und wurde auch im Radio gebracht. Eine Zeitung brachte einen großen Bericht mit Bildern von dem Flugzeug und den vielen Menschen:
»Ein viersitziges Sportflugzeug mit einem Team von Vermessungsingenieuren und Fachleuten für Luftaufnahmen, das vergangene Woche in dem winzigen ländlichen Dorf Ilmorog im Chiri-Distrikt notlanden mußte, ist nicht nur Gegenstand der Untersuchungen eines von der Regierung eingesetzten Ausschusses, sondern ist auch zum Mittelpunkt eines seltsamen, in der dortigen Gegend praktizierten Kultes geworden. Das Flugzeug war unterwegs, um Luftaufnahmen für die Vermessung der geplanten Trans-Afrika-Straße zu machen, deren Trasse demnächst durch jene Gegend geführt werden soll. Dies wiederum wird sehr wahrscheinlich die geplanten Entwicklungsprojekte für Weizenanbau und Rinderzucht im ganzen Gebiet beeinflussen. Verstärkte Entwicklungsbemühungen in dieser Richtung bildeten den Hauptbestandteil eines Geheimberichtes, der von einem, vor zwei Jahren auf Grund der Dürre und Hungersnot, die damals Tausende bedroht hatte, nach Ilmorog entsandten Expertenteam vorbereitet worden war. Dank der unermüdlichen Bemühungen des energischen Abgeordneten für die dortige Gegend, des Ehrenwerten Mr. Nderi wa Riera, dem großen Fürsprecher für die Entwicklung afrikanischer Persönlichkeit und schwarzer Authentizität und einem der nationalen Verantwortlichen der KKO, wird der Gegend von Ilmorog allgemein ein hohes Tourismuspotential zuerkannt.
Hier haben wir nun gute Nachrichten für den Abgeordneten. Touristen strömen bereits in die Gegend.
Sie haben vielleicht keine amerikanischen Dollars. Aber sie tragen ihre

10-Cent-Münzen aus den umliegenden Distrikten nach Ilmorog. Und alles nur wegen eines Flugzeuges. Der noch nie dagewesene Besucherstrom wird wahrscheinlich auch noch nach dem Abschleppen des Flugzeugs anhalten.

Denn es ist zum Gegenstand eines Kultes geworden. Dieser Kult wird mit einem legendären mythologischen Erdungeheuer in Verbindung gebracht. Dasselbe, so geht das Gerücht, würde Licht und Macht in die ganze Gegend bringen. Dieses Ungeheuer, so sagen sie, habe das Flugzeug heruntergeholt.

Die Menschen tanzen in der Kanyeki-ini-Garage um das Flugzeug herum. Sie singen und trinken ein seltsames Getränk, das sie Theng'eta nennen und von dem man berichtet, daß es unfruchtbare Frauen fruchtbar und nicht so starke Männer potent mache. Theng'eta für Kraft. Manche fallen in Trance – manche sagen, sie sähen Visionen von Flugzeugen und anderen Objekten, die das seltsame, Feuer und Licht speiende Ungeheuer vor sich her triebe . . .«

Aber für Wanja, Abdulla, Ruoro, Njuguna, Nyakinyua und die Kinder der Grundschule von Ilmorog waren die wichtigsten Gesprächsthemen weder das Flugzeug noch die Besuchermassen, noch der plötzliche Anstieg im Verkauf von Essen und Getränken – sondern der Tod von Abdullas Esel, dem einzigen Opfer des Flugzeugabsturzes, und Karegas Weggehen von Ilmorog.

Vierter Teil

Von Neuem . . .
La luta Continua!

Seht die Leichname junger Männer,
Jene Märtyrer an den Galgen –
Jene Herzen, vom grauen Blei durchbohrt;
Kalt und ohne Bewegung, wie sie scheinen,
Leben sie doch andernorts mit ungebroch'ner Kraft.

Sie leben in anderen jungen Männern, o Könige!
Sie leben in ihren Brüdern,
Auch jene sind bereit, euch zu trotzen!

Walt Whitman
aus: »Leaves of Grass«. »Europe, the 72nd and 73rd year of these states«

Wenn wir Brüder sind,
so sind wir weder selbst schuld daran
noch verantwortlich dafür –
sind wir aber Kameraden,
so ist es eine politische Verpflichtung.
. . . Es ist besser, Bruder und Kamerad zu sein.

Amilcar Cabral

ELFTES KAPITEL

1

Die Trans-Afrika-Straße, die Nairobi und Ilmorog mit den vielen Städten unseres Kontinents verbindet, ist berechtigterweise eine der berühmtesten Autobahnen aller Länder Afrikas in Vergangenheit und Gegenwart. Sie ist ein symbolischer Tribut, wenn auch ein unbeabsichtigter, an jene, die, als sie Zeugen der gefürchteten, verheerenden Auswirkungen von Verrat, Verbrechen und Habgier, die sich als Zivilisation ausgaben, wurden und die außerdem Zeugen des Widerstandes waren, der mit zerschundenen Händen, abgebrochenen Fingernägeln und blutenden Herzen geleistet und durchgekämpft worden war, ihre visionären Träume zum Ausdruck brachten. Sie taten es trotz Spott und Mißtrauen und der Anschuldigung, verrückt zu sein oder Wege zur Unsterblichkeit und zur immerwährenden Selbstverherrlichung von Tyrannen zu suchen. Sie hatten erkannt, daß die Schwäche des Widerstands nicht in der fehlenden Bereitschaft oder Entschlossenheit oder den fehlenden Waffen gelegen hatte, sondern darin, daß es die afrikanischen Völker geduldet hatten, nach den Wünschen früherer Herren in Regionen und Zungen und Dialekte aufgeteilt zu werden, und sie schrien: Afrika muß eins werden.

Es lebe Noliwes Tschaka. Es lebe Toussaint L'Ouverture. Es lebe Kwame mit den Adleraugen. Und *thaai . . . thaai* für Kimathi, Sohn des wa Chiuri.

Einige hatten Angst vor der brennenden Vision, natürlich, und sie fühlten sich sicherer, wenn sie wie ein Papagei die Worte aus dem Mund des Meisters nachplapperten: Priorität dem Straßenbau, Familienplanung, praktische Bedürfnisse, erreichbare Ziele, Handel – alles Übrige sind Wunschträume eines Theng'eta-Trinkers. Und so wurde die Straße gebaut, nicht um die Vision eines Kontinents zu verwirklichen und ihr Inhalt zu geben, sondern um zu zeigen, daß wir bereit waren und daß wir den praktischen Empfehlungen eines ausländischen Realisten glaubten. Der Meister, schlauer Architekt zahlloser Spaltungen, eifersüchtiger Gott gegen die Einheit eines Kontinents, klatschte nun in die Hände, nickte mit dem Kopf und lieh bereitwillig sein Geld, um importierte Sachkenntnis und Ausrüstung zu bezahlen. Und somit brachte die Straße – losgelöst von der Vision der Einheit und eines geeinten Kampfes der afrikanischen Völker – nur die Einheit der Oberfläche unserer Erde; jede Ecke des Kontinents war nun dem Zugriff der internationalen kapitalistischen Ausbeutung weit offen. So sah nun also praktische Einheit aus.

Nun ja . . . wir gehören jetzt alle zur Straße, wir sind ein Bestandteil der Schönheit jener teilweise erfüllten Vision, die am Ursprung der Straße stand, aber ebensosehr sind wir Teil der ausgehöhlten Leere und der versäumten Versprechen, deren Denkmal die Straße ist.

Menschen, Bewohner von Neu-Ilmorog sitzen oft am Straßenrand und schauen den von einer Ölfirma veranstalteten Rennen zu – sie beobachten die Autos, wie sie sich heulend und hupend ihren Weg durch die sieben Städte Zentralafrikas bahnen, und sie sinnen darüber nach, warum sich wohl der Mensch um einige Silberdollars dazu hergibt, in mechanisierten Selbstmordkommandos mit dem Tod zu spielen. Sie schauen auch den schweren, teerzermalmenden Tankwagen nach, die auf ihrer langen Reise durch die Ebene tausend Arterien durstiger Maschinen und Motoren nähren müssen, und dann murmeln sie vor sich hin – ehe die Straße kam, vor der Zeit dieses Erdungeheuers, lebten wir damals in einem Neuen Jerusalem? Sie schütteln ihren Kopf von einer Seite zur andern, sie wissen die Antwort, aber behalten sie in ihrem Herzen – wenn kein Wunder geschah, dann warteten sie lieber alle darauf, dorthin zu gehen, wo auch Nyakinyua hingegangen war:

Es wäre vielleicht ebensogut.
Aber
Die Kleinen!

Unberührt von Erinnerungen und Zweifeln, von Verwirrung und Verzweiflung in den Augen der alten Männer, spielen kleine Jungen und kleine Mädchen am Straßenrand und versuchen, die neben dem Wort GEFÄHRLICH auf dem Bauch der Tankwagen stehenden Worte LONRHO, SHELL, ESSO, TOTAL, AGIP zu buchstabieren. Mit schrillen Stimmen singen sie ein Lied von der Straße, die sie bestimmt einmal in alle Städte Afrikas tragen wird, ihres Afrikas, um Kindern anderer Länder die Hände zu reichen:

Durch den Schlamm,
Über den Teer,
Durch die Luft,
Von Luanda nach Nairobi,
Von Msumbiji nach Kairo,

Von Dar nach Libyen
Helfen wir alle einer dem andern.

Und so sangen sie immer weiter und änderten nur die Namen der Städte Afrikas, ihres Afrikas!
Hier lebt noch immer der Traum, und die Stimmen der Kinder nehmen ihn auf und tragen ihn weiter. Es ist der Traum derer, die Vision und Überzeugung haben, all der Suchenden, die an ihrem Glauben festhalten.
Solche wird es immer geben.
Ni wega. Es ist gut so.
Wir von Ilmorog – die Straße gab uns eine neue Stadt und schleuderte uns in die moderne Zeit hinein. Neu-Ilmorog. Neu-Jerusalem. Macht es etwas aus? Ist es wichtig? Wir werden alle, bald werden wir alle den Weg gehen, den Nyakinyua ging. Aber was wird aus den Kindern? Ja, die Stimmen der Kinder. Unserer Kinder!

*

Der Aufstieg Ilmorogs von einem verlassenen Dorf zu einer sich ständig weiter ausbreitenden Stadt aus Stein, Eisen, Beton, Glas und ein paar Neonlichtern, ist bereits zu einer modernen Legende geworden. Es wurde sogar schon ein Lied darüber geschrieben – Tatsachen und freie Erfindung mischen sich hier in fruchtbarer Phantasie. Man sollte es sich nicht entgehen lassen, wenn Abdulla, nach einem oder zwei Drinks, oder wenn er Apfelsinen verkauft, davon singt, wie Ilmorog, fast wie durch einen Zauber und ganz plötzlich, auf dem Gelände der Kanyeki-ini-Garage entstanden war, nachdem man das Flugzeug repariert und wieder weggeflogen hatte.

Ich will euch ein Lied singen von einer Stadt
Und von Wanja, mit der alles begann:
Ich will euch davon singen, wie sie dieses Dorf –
Ein Dorf wie eine Wanze im Bett –
In eine Stadt verwandelt hat – Theng'eta-Stadt.
Wie war es doch, als sie zum ersten Mal nach Ilmorog kam?
Ich sagte damals: Wer ist diese Schöne, die gekommen ist, mein Herz zu überfallen,
Mein Dorf?
Nun, ihr geschwätzigen Zungen,

Schaut euch um,
Seht das Werk ihres Fleißes.
Wir grüßen dich, Wanja Kahii,
Wir grüßen dich mit Gesang.
Wer sagte, daß nur im Hause derer, die einen Knaben geboren,
Der Kopf einer männlichen Ziege zum Fest gebraten werde?
Hat nicht deine Schönheit ein Flugzeug vom Himmel geholt?
Hat nicht dein Atem eine neue Stadt hervorgebracht?

Die Stadt! Wie hätten wir denn wissen können, daß mit Wanjas Anbau an Abdullas Laden alles seinen Anfang nahm? Auch als wir sahen, daß die Leute von weither angefahren kamen, nur um gebratenes Ziegenfleisch zu essen und es begierig mit Theng'eta-Geist hinunterzuspülen, dachten wir immer noch, es sei nur ein vorübergehender Boom, Teil des Zaubers, den das Flugzeug mit sich gebracht hatte.
Innerhalb eines Monats wurden wir Zeugen noch viel erstaunlicherer Dinge. Vermessungsleute kamen, zogen rasselnde Ketten über den Erdboden und pflanzten rote Stöcke. Genau wie vor vielen Jahren, als schon einmal welche gekommen waren. Aber diesmal folgten ihnen bald Bagger und ein fröhliches Team von Arbeitern aller Nationalitäten; wir drängten uns um sie und hörten, wie sie zur Arbeit ihre närrischen Lieder sangen:

Tapferer Sohn meines Vaters, Njamba Awa,
Nur ein voller Magen kann die Arbeit tun, Wira ni Nda,
Die Arbeit kann doch keinen Mann essen, *wanoraga uu?*
Nur wenn er einen leeren Magen mit sich herumträgt.
Ich haue die Spitzhacke in die Erde,
Und ich versenke den Spaten in die Erde!
Vor langer Zeit war der Pfad durch die Wälder unsere einzige Straße –
Hörst du, wie die Vögel der Luft davon singen?
Straße.
Ga – i – kia Ngu.
Wa – thii – ku.
Straße.
Ga – i – kia Ngu.
Wa – thii – ku.
Straße.
Ga – i – kia Ngu.
Wa – thii –ku.

Abdullas Laden, nun Wanjas Laden, wurde zum Hauptgesprächsort: die Straßenarbeiter aßen und tranken dort, es gab gebratenes Fleisch und *ugali* und den neuesten Tratsch. Der Markt von Ilmorog, der früher eher gelegentlich, je nach Bedarf stattgefunden hatte, wurde nun eine tägliche Einrichtung. Die Frauen verkauften Zwiebeln, Kartoffeln, Mais und Eier, hörten sich Geschichten an und genossen die vielsagenden Blicke der fremden Männer. Wir fragten uns – was liegt wohl weit, weit jenseits der Donyo-Berge? Würden die Bagger, die D4S und die D8S jenseits des Horizonts unserer Augen mit derselben unablässigen Kraft die Erde fressen? Stimmte es, was die Leute vom Arbeitsministerium sagten, daß die Straße nach Zaire und Nigeria führen würde und weiter übers Rote Meer ins Land der weißen Menschen? Und die Straßenarbeiter sangen laut, lauter als das Brüllen der erdefressenden Maschinen:

So singen die Akamba-Brüder:
Über die Dächer fliegt der Staub,
Ooh Mutumia wa Kibeti-iii.
Mit aller Kraft wollen wir arbeiten,
Mutumia wa Kibeti-iii.
Die Alten warten zu Hause,
Mutumia wa Kibeti-iii.
Und die Kinder warten darauf, uns von der Straße zu sehen,
Mutumia wa Kibeti-iii.
So wollen wir uns noch mehr anstrengen,
Mutumia wa Kibeti-iii.
Wir bauen eine neue Straße.
Ist es zum Guten?
Ist es zum Schlechten?
Beides liegt darin,
Mwana wa Gacimbiri-i.

Und die Maschinen heulten und brüllten und wälzten sich im Lehm, sie räumten Busch und Gras und auch gelegentlich Hütten weg, die Handel und Fortschritt im Wege standen.
So standen wir auch und beobachteten, wie die Maschinen brüllend auf Mwathis Hütten losgingen. Wir sagten – das darf nicht sein. Aber sie drangen immer weiter vor. Wir sagten – Mwathis Feuer wird sie zerstören, wartet nur ab, wartet nur! Aber die Maschine riß die Hecke nieder und traf dann die erste Hütte, und sie fiel, und im geheimen

warteten wir alle darauf, daß sie in die Luft flöge. Selbst als die Amerikaner auf dem Mond landeten und wir dachten, daß die Erde beben oder sonst etwas geschehen würde, hatten wir nicht solche Angst gehabt wie damals, als die Maschinen Mwathis Hütten dem Erdboden gleichmachten. Die zwei Hütten wurden eingerissen. Aber wo war Mwathi? Es war kein Mwathi zu sehen. Er muß verschwunden sein, sagten wir und warteten auf seine Vergeltung. Vielleicht war er nie dagewesen, sagten wir, und der alte Mann, der die Frage vielleicht hätte beantworten können, Muturi, den hatte das Sakrileg plötzlich taub und stumm gemacht. Aber was die Maschine ans Tageslicht brachte, ließ die Fremden innehalten; sie riefen Leute aus Nairobi, die mit Büchern und Photoapparaten und mit verschiedenerlei Meßinstrumenten kamen. Mwathi war ein schützender und bewachender Geist gewesen – er hatte das Wissen vieler vergangener Jahreszeiten bewahrt – Ringe, Metallarbeiten, Speere, Erzverarbeitung und noch vieles andere. Das Ganze wurde mit Draht eingezäunt, und später wurde ein großes Schild aufgestellt: ILMOROG – archäologische Funde. Mwathis Macht war also doch noch wirksam. Die Straße umging die Fundstelle. Aber wer war Mwathi? Wir hörten nicht auf, uns diese Frage zu stellen. Muturi überlebte dieses Ereignis nicht lange und nahm das Geheimnis von Ilmorogs Hüter-Geist mit ins Grab. Der Ort, der dem Hüter gehört hatte, war jetzt nur noch für solche eine Sehenswürdigkeit, die über die Vergangenheit vor der Zeit, ehe Ostafrika mit China und Indien Handel getrieben hatte, mehr wissen wollten.

Noch lange, nachdem die Straße bereits jenseits der Ebene und der Berge angelangt war und die Arbeiter ihr Lager abgebrochen hatten, wuchs Abdullas Unternehmen beständig weiter; nun war eine Raststätte für die großen Lastwagen und für andere Autos, die jetzt die geteerte Straße benutzten, daraus geworden. Die Fahrer und ihre Beifahrer verbrachten oft die Nacht dort und tranken Theng'eta – es schenkte ihnen die Leichtigkeit von Haschisch und *Mairungi*!

Abdulla und Wanja bauten noch weiter an. Es gab jetzt einen Laden, eine Metzgerei, eine Bar, eine Bierkneipe, in der man auch tanzen konnte, und fünf Zimmer, wo die übernachten konnten, die es brauchten – gegen Bezahlung.

Laden. Metzgerei. Bar. Übernachtungen. Alles geschah wie nach einem unsichtbaren, vorherbestimmten Plan.

Selbst dann dachten wir noch, daß es vorübergehende Maßnahmen seien, eine fremde Sache, die bald wieder verschwinden würde, und wir uns dann dort wiederfänden, wo wir waren, ehe das Flugzeug in unser Leben stürzte.

Aber die Straße – es war unsere Straße.

Mit stolzer, obwohl etwas vager Vorfreude, bereiteten wir alles für die Eröffnung des Streckenabschnitts Ilmorog vor. Denn ein Minister der Regierung würde Ilmorog besuchen! In unserem ganzen Leben hatten wir noch keinen Minister gesehen. Wir halfen alle mit, bei Abdulla aufzuräumen. Die Schule mit den neuen Lehrern stellte einen Chor auf. Schließlich kam dann doch kein Minister – es fanden auch keine Eröffnungsfeierlichkeiten statt, sondern nur eine Besichtigung durch hohe Regierungsbeamte, die von Nderi wa Riera und seinen zwei Statthaltern, Dickwanst und Insekt, die vor langer Zeit einmal in unserem Dorf gewesen waren, begleitet wurden. Nderi hielt vor uns allen eine Rede und entschuldigte sich für die bereiteten Unannehmlichkeiten und die geweckten falschen Erwartungen. Aber was er sagte, machte die Tatsache, daß wir keinen Minister zu sehen kamen, mehr als wett. Er sprach über die KKO und das, was diese Organisation für die Gegend tun könne, wenn wir nur auf seinen Rat hörten. Sein erstes Argument war, daß ein Abgeordneter nur danach beurteilt werden könne, inwieweit er die Entwicklung einer Gegend vorantreibe oder bereits getrieben habe. Er, Nderi, habe das schon getan, indem er dafür gesorgt habe, daß eine Straße durch Ilmorog führte. Nun müßten die Leute nicht mehr – und man wisse ja, wie das in der Vergangenheit einmal der Fall gewesen sei – meilenweit auf Eselskarren durch dürres und gefährliches Grasland marschieren; nun gäbe es *matatus* und Busse und Lastwagen. Die Straße hätte auch den Handel in der Gegend belebt – zu beiden Seiten der Straße gäbe es bereits zahlreiche kleine Einkaufszentren. Um nun zu verhindern, daß Slums und Bretterhütten wie Pilze aus dem Boden schössen, hätte er der Kreisverwaltung von Chiri vorgeschlagen – und die Pläne seien schon recht weit gediehen – ein sorgfältig geplantes, mit einer Kanalisationsanlage versehenes Einkaufszentrum in Ilmorog zu errichten. Einige Morgen Land müßten natürlich von den Leuten dafür bereitgestellt werden, aber der Landkreis würde eine angemessene Entschädigung dafür bezahlen. Weiterhin sei als Ergebnis seiner Vorstellungen und seiner Beschwerdeführung vor der Zentralregierung beschlossen worden, die ganze Gegend in Viehranchen und Weizenfelder aufzuteilen. Ein Touristenzentrum würde eingerichtet werden, und später würde man noch ein Wildreservat dazunehmen, das für den Durchzug der Hirten verboten sei. Alle, ob wandernde Hirten oder gewöhnliche Bauern, bekämen

Darlehen, um ihr Land und ihre Ranchen zu entwickeln. Allerdings müßten die Leute zuerst ihren Besitz registrieren lassen, um dafür Eigentumsurkunden zu bekommen, die dann wiederum den Banken als Sicherheit dienten. Er hätte versprochen, daß er Entwicklung nach Ilmorog brächte! Die Straße sei nur ein Anfang.
Wie änderten sich doch die Zeiten! Wir trauten unseren Ohren kaum, keiner konnte ganz erfassen, was man gehört hatte. Aber er war unser Abgeordneter und wir hatten in der Tat gesehen, wie die Vermessungsflugzeuge gekommen und wieder weggeflogen waren – wir hatten Männer gesehen, die mit Meßketten und Theodoliten durch die Gegend gegangen waren – und nun, die neue Straße. Warum sollten wir ihm keinen Glauben schenken?
Er hatte uns vorgewarnt, daß die Wahlen bevorstünden, und klug sei der Mann und die Frau, die wüßten, wie und wo ihre Stimme abzugeben sei. Sie sollten ihm die Gelegenheit geben, das zu vollenden, was er begonnen hatte.
Fortschritt mit Nderi! schrie Dickwanst, und wir sangen zurück:

Voran mit Nderi!
Wachstum mit Nderi!
Entwicklung und Wohlstand mit Nderi!
Auf neuen Straßen in die Zukunft mit Nderi!

Ein Jahr der Veränderungen und des Fortschritts lag hinter uns!
Warum hatten wir früher unsere Zweifel an ihm gehabt? Alle waren wir glücklich, außer der alten Frau, der irgend etwas nicht geheuer schien und die sagte, sie könne nicht sagen, was es sei, weil es ihr nicht klar sei. Vielleicht sind es die Worte der singenden Straßenarbeiter, die ich noch in den Ohren habe, meinte sie, aber ich fühle ein Zittern in meinem Innern, nur ein kleines Zittern in meinem Bauch!

*

Fortschritt! Ja, Entwicklung kam in der Tat nach Ilmorog. Aus den verschiedenen Farmen wurden einzelne Grundstücke für das Einkaufszentrum herausgeschnitten. Läden wurden geplant, und man wurde aufgefordert, Anträge für Bauland an die Kreisverwaltung einzureichen. Die »African Economic Bank« stellte eine fahrbare Filiale in Ilmorog auf, und dort wurde den Bauern und Hirten erklärt, wie sie an Darlehen gelangen könnten. Sie drängelten sich alle um den Mann und waren ebensosehr von seinem sich auf und nieder bewegenden Adamsapfel fasziniert wie von der wohltönenden Stimme, die aus dem Lautsprecher drang. Grenzlinien. Eigentumsurkunden. Darlehen. Land einzäunen. Stacheldraht. Eine oder zwei Zuchtkühe. Schlachte oder verkaufe oder kreuze die andern. Eine landwirtschaftliche Genossenschaft. Zum Beispiel schon einmal etwas von den erfolgreichen Molkereigenossenschaften in anderen Distrikten gehört? Die »African Economic Bank« wird hier ähnliches aufbauen. Milch. KKO. Wohlstand. Daraus würde man das Darlehen zu einem niederen Zinssatz zurückzahlen. Nicht alles auf einmal. O nein. Die Rückzahlungen könnten sich auch über einige Jahre erstrecken. Keinem Bauern, der beständig arbeitete, würde das jemals wehtun. Nur eine Bedingung gab es – die Rückzahlungen mußten regelmäßig erfolgen. Leichte Sache. Es war ein Jahr der Hoffnung. Mzigo besuchte die Gegend. Die Schule, die jetzt leichter zu erreichen war, sollte erweitert werden. Neue Gebäude, neue Klassen, neue Lehrerunterkünfte. Mehr ausgebildete Lehrer. Wirklich, es war ein Jahr der Hoffnung für Ilmorog, außer für Njuguna, der fast ruiniert war. Seine vier Söhne waren plötzlich zurückgekehrt und verlangten ihren Anteil von der Zehn-Morgen-Farm. Was konnte er mit den zwei Morgen anfangen, die ihm noch blieben? Der jüngere Sohn benützte den Eigentumsnachweis als Sicherheit für ein Darlehen für einen Kiosk, den er in Nairobi aufmachen wollte. Später kam er wieder nach Ilmorog zurück und gab dem alten Mann einen neuen Start in einem Kiosk und später in einem Laden. Aber in jenem Jahr, als die Farmen aufgeteilt wurden und die Söhne sich fast miteinander zerstritten, war Njuguna ein trauriger Mann. Die Straße. Handel. Fortschritt. Wir sahen, wie die neuen Besitzer von Baugrundstücken Steine herbeibrachten und Beton. Wir sahen zu, wie die Gräben gezogen wurden, und wir waren froh, daß wenigstens zwei von uns aus Ilmorog, Wanja und Abdulla, sich ein Grundstück sichergestellt hatten, und würden somit diesen von draußen Hereingekommenen zeigen, daß es auch in Ilmorog Leute gab, die Steinhäuser bauen konnten. Blumen für unser Land. Lang lebe Nderi wa Riera. Wir gaben ihm unsere Stimmen – wir warteten auf die Blüten jener Blumen.

2

Sie redeten im Licht und in den spielenden Schatten einer Petroleumlampe – die Elektrizität war eben ausgegangen –, und Munira versuchte ihm zu helfen, die fünf Jahre der Trennung zu überbrücken. Vieles war geschehen. So vieles war geschehen. Ilmorog hatte sich verändert. Alle hatten sich verändert. Völlig verändert.

Wer hätte gedacht, daß er zurückkäme? Nur die alte Frau hatte den Glauben daran behalten und hatte immer gesagt, er käme zurück. *Kumagwo ni Gucokagwo,* darauf hatte sie bestanden. Und nun war sie nicht mehr da, um ihn zu sehen – oder vielleicht sah sie ihn doch aus der vergessenen Welt der lebendigen Toten.

Er lehnte sich im Stuhl zurück und ließ seine Hände auf dem Tisch zwischen ihnen ruhen.

Fünf Jahre, dachte Munira, fünf Jahre seit er wegging und einen Fluch hinterließ, als hätte er gewußt, daß mit seinem Weggang auch das alte Ilmorog verschwinden würde. Sein Gesicht war hager, seine Finger waren unablässig auf dem Tisch in Bewegung, als erfülle sie die nervöse Energie der Ungeduld. In seinen Augen brannte Licht und Feuer. Und doch war sein Gesicht ruhig, ruhig, aber hart – die Haut spannte sich über den Knochen. Er war viel gereist, hatte viel gesehen und war reifer geworden; aber was ihn veranlaßt hatte, zurückzukommen, das konnte Munira nicht sagen. Er hatte eine Art, Fragen ohne jegliche Umschweife zu stellen, und er hatte eine Art, zuzuhören, als sei jede Einzelheit wichtig und als müsse er sie mit anderen Einzelheiten vergleichen.

Die Art und Weise, wie Munira erzählte, ließ vermuten, alles habe sich in ordentlicher Reihenfolge von Ort und Zeit abgespielt. Doch Munira hatte die Ereignisse und Veränderungen als inneres und äußeres Chaos erlebt, und er war als sonderbarer Zuschauer mit den sonderbaren Leidenschaften eines alten Mannes dabeigestanden, zum Handeln unfähig. Nur beim Theng'etatrinken hatte er persönliche Wirklichkeit erlebt, und nur dann war es ihm möglich gewesen, den ausgebrannten Zigarettenstummeln seines Lebens, seinen Illusionen und seinen Wünschen ins Auge zu sehen. Als er ihm nun alles berichtete, ihm, der ganz still saß, obwohl seine Finger auf der Suche nach einer Beschäftigung umherzuwandern schienen, war er sich der Tatsache bewußt, daß seine Erzählung eine Verfälschung der Geschichte darstellte. Aber wie hätte er im einzelnen von seinem eigenen Abstieg in eine fünfjährige Hölle zu Wanjas Füßen berichten sollen?

Sie hatte ihn in der Hand, sie hatte Gewalt über ihn, verdrehte seinen

Kopf und ließ sein Herz mit tausend Seufzern und Schmerzen schlagen. Sie verlangt ihre Rache – sie war sein Ruin. Sie beobachtete den Vorgang, überwachte ihn, kalt und distanziert, und doch schien sie irgendwie immer faßbar zu sein, tanzte einmal da, wo er sie gerade noch erreichen konnte, und dann wieder da, wo sie ihm gerade entschlüpft war. Sein Herz setzte dann einen Schlag aus – welch bedrohliche Leere –, dann trank er wieder Theng'eta und träumte vom Himmel.

Nach Karegas Verschwinden hatte sie ihre Zeit und Energie in die Arbeit gesteckt. Theng'eta brauen, verkaufen, zählen, neue Pläne für den Fortschritt ihrer Handels- und Geschäftspartnerschaft mit Abdulla aushecken, das hatte sie wie ein Teufelsgeist gepackt. Mit der Zeit hatte sie drei Barmädchen angestellt – Kamba, Kikuyu, Kalenjin –, die mit Augen, Händen und Bewegungen dieselbe Sprache zu sprechen schienen. Sie hatte auch – welch genialer Einfall – eine Band eingestellt, in der ausschließlich Frauen aus verschiedenen kenianischen Volksgruppen spielten; dies allein brachte viele Kunden, die nur der Band wegen kamen. Wanja präsidierte über alles – sie hatte Geld, sie hatte Macht, und Männer und Frauen gleichermaßen fürchteten sie. Man redete und sang über sie, und die vielen, die angereist kamen, um gebratenes Ziegenfleisch zu essen, um die Musik von den zarten Fingern der Frauen zu genießen und um die Brüste der Barmädchen zu berühren, die im einstudierten Schmerz liebenden Protestes aufschrien, sie kamen alle auch, um die berühmte Besitzerin zu sehen. Aber sie blieb zurückhaltend, auf Distanz, herablassend; sie entschied und befahl, aber sie selbst blieb für tausend hungrige Augen, für Finger, die nach Berührung lechzten und für Arterien, in denen das heiße Blut des Verlangens pulsierte, unerreichbar.

Die vielen Straßenarbeiter hatten ihr und Abdulla einen guten Vorausstart gegeben. Sie und Abdulla waren wirklich die einzigen Ansässigen, die sich erfolgreich um Baugelände im neuen Ilmorog bemüht und die Arbeiten darauf begonnen hatten. Die übrigen, denen entweder Bauplätze aus ihrem umgelegten Grundbesitz herausgeschnitten wurden, oder die einen erfolgreichen Antrag auf einen Bauplatz gestellt hatten, verkauften diesen später weiter an Auswärtige, die sich die Baukosten leisten konnten. Die Bauarbeiter, Zimmerleute, Maurer, Eigentümer, Lieferanten – alle gaben ihrem blühenden Geschäft mit Theng'eta weiteren Auftrieb. Es gab ein paar Leute, die ihr nachzueifern versuchten und mit Chang'aa und Kiruru ein Geschäft aufmachten, aber diese Drinks schlugen nicht ein. Nichts konnte Theng'eta überbieten.

Munira hatte sich vorgestellt, daß mit dem Weggehen Karegas, das Einverständnis, das früher zwischen ihm und Wanja geherrscht hatte, wieder neu aufleben würde. Er versuchte, die Verbindung neu zu knüpfen, Versöhnung herbeizuführen, aber er begegnete nur Blicken, die ihn nicht willkommen hießen. Die Niederlage spornte ihn dazu an, seine Bemühungen zu verdoppeln, nur um weitere Niederlagen einzustecken. Wie nahe schien sie Abdulla zu sein! Munira kam sich wie ein vorlauter Schuljunge vor, der, aus der Gruppe ausgeschlossen, nun herumging und darauf brannte, wieder aufgenommen und akzeptiert zu werden. Unerwünscht, ausgeschlossen von ihrem gemeinsamen Ritus des Geldverdienens, fühlte er, wie ihn eine ungeheure Einsamkeit überfiel, und die Vergangenheit, die schon immer ihre Schatten auf ihn geworfen hatte, verfolgte ihn. Ein Außenseiter. Ein Zuschauer.

Er trank noch mehr Theng'eta – vorübergehend fühlte er sich über sich selbst hinausgehoben und segelte auf schwellenden Wolken eitler Erwartungen. Wenn er sie aus wolkiger Höhe betrachtete, schien sie ihm noch begehrenswerter. Er wartete auf ein Zeichen, eine Hand, ein zartes, strahlendes Lächeln, eine Aufforderung. Aber nichts kam. Sie war rein, gleichgültig. Ihr Geschäft blühte. Die Häuser in Neu-Ilmorog wuchsen und wuchsen und wuchsen.

Theng'eta. Tödlicher Lotos. Einziger Freund. Ständiger Begleiter. Das Ärgerliche beim Trinken war nur, daß er jeden Tag ein bißchen mehr brauchte, um den Normalzustand von gestern zu erreichen, und mit der Zeit, um seine Hände ruhig zu halten, damit sie nicht zitterten, wenn er ein weiteres Horn Theng'eta zu sich nahm. Theng'eta. Geist des Lebens. Liebesträume kehrten zurück.

Irgend etwas stimmte nicht mit ihm. Wenn nur Mwathis Hütten nicht dem Erdboden gleichgemacht worden wären. Sonst hätte er ihn sicherlich aufgesucht, daß er ihm einen Liebestrank verschriebe oder aber Medizin, um den Schmerz des Liebens zu heilen.

Er begann, Deutungen von Sternzeichen und Horoskope zu lesen, sogar in alten, zerrissenen Illustrierten und Zeitungen. Er verfolgte aufmerksam, was Francis Ng'ombe, Yahya Hussein und Omolo taten und vorhersagten. Er dachte sogar daran, ihnen zu schreiben und sie zu bitten, ein Büro in Ilmorog zu eröffnen. Er wußte den Tag oder den Monat seiner Geburt nicht, aber alles, was er las, schien für ihn zutreffend zu sein. Da stand:

STEINBOCK, 22. Dezember bis 20. Januar: Sie können schnell durch jemand mitgerissen werden, der auf irgend eine außergewöhnliche Art einmalig ist.

Er war sicher, daß er unter dem Sternbild des Steinbocks empfangen oder geboren worden war.
SCHÜTZE, 23. November bis 21. Dezember: Da Sie dazu neigen, sich in die Liebe zu verlieben, ist es nicht überraschend, wenn Sie zeitweise der Realität von Situationen und Menschen blind gegenüberstehen: als Träumer, wenn es um Liebesangelegenheiten geht, tendieren Sie dazu, daß sich der größte Teil Ihrer Liebes- und Sexerlebnisse in Ihrer Phantasie abspielt. Nun wußte er, daß er unter dem Sternbild des Schützen geboren worden war.
ZWILLING, 22. Mai bis 21. Juni: Haben Sie einmal ein emotionales Interesse an jemand entwickelt, so neigen Sie dazu, Ihr Ziel so lange beharrlich zu verfolgen, bis Sie entweder voll akzeptiert oder gänzlich zurückgewiesen werden.
Zwilling war wirklich sein Sternbild!
Je nach vorherrschender Laune stellte er sich also vor, praktisch unter jedem Sternbild empfangen oder geboren worden zu sein – jede Vorhersage und jeder Rat schien auf ihn zu passen. Manchmal versuchte er nach den verschiedenen Anweisungen zu handeln und hoffte, daß wenigstens eine davon sich als wahr und prophetisch erweisen würde. Aber nichts geschah. Wanja war nach wie vor kühl und auf Abstand und pendelte zwischem ihrem Unternehmen im alten Ilmorog und ihrem wachsenden, gemauerten Haus im neuen Ilmorog hin und her.
Dann beschloß er, sich an einen Stern zu halten. Er entschied sich für das Sternbild des Löwen. Er las:
Diese Woche ist gekennzeichnet vom Eintritt des Saturn in Ihr neuntes Sonneneinflußgebiet der Intellektualität und Emotionalität. Unter beiden Einflüssen werden Sie dazu tendieren, einen Weg einzuschlagen, der herausfordernd ist und das Versprechen himmlischer Freuden in sich birgt. Keep smiling. Es könnte sein, daß eine Romanze Ihres Weges kommt.
Er blieb guten Mutes. Er wartete. Romanze und Liebe kamen des Wegs daher.
Löwe, Lillian, mein Stern!
Er sah, wie sie auf ihn zukam, und sein Herz schlug zum Zerspringen. Konnte das wirklich wahr sein? Er hörte sich ihre unwahrscheinliche Geschichte an. Jemand hatte sie von Eldoret im Wagen mitgenommen, behauptete sie, und sie dann in Ilmorog sitzenlassen. Munira lächelte sie an. Er kannte sie – er hatte sie schon einmal gesehen. Er summte die Melodie, die sie in Ruwa-ini einmal im Automat gespielt hatte. Sie lä-

chelte zurück. Sie unterhielten sich. Er rief ihr den Tag ins Gedächtnis zurück, an dem er sie vor Jahren in der Furaha-Bar in Ruwa-ini getroffen hatte, als sie am Automat ein Kirchenlied, gesungen vom Ofafa-Jericho-Chor, spielte. Wanja stellte sie ein. Das Mädchen sang oder summte mit Vorliebe Kirchenlieder, ganz besonders nach einem oder zwei Drinks. Sie sang dann mit heiserer Stimme und weit aufgerissenen Augen, ihr Hals und ihre Blicke richteten sich in himmlischer Erwartung nach oben.

Näher, mein Gott, zu dir,
Näher zu mi – i – i – i – ir.
Auch wenn ich ein Sünder bin,
Bitte, komm näher zu mir.

Sie hatte eine Art, scheinbar mühelos Worte und Sätze zu erfinden, so daß sie in die Melodien hineinpaßten. Und doch, trotz ihrer offensichtlichen Begabung von Wort und Stimme, wollte sie nichts davon wissen, mit der Band zu singen, oder Lieder zu singen, die sie unreligiös nannte. Sie wechselte ohne Übergang von einem ihrer selbstgemachten Kirchenlieder zum andern – alle waren von verführerischer Schönheit:

Komm zu mir, Jesus,
Ich warte auf dich.
Komm schnell zu mir, Retter,
Und erfülle mich mit deinem Heiligen Geist.

Eine Zeitlang war Munira von ihr hingerissen und vergaß darüber fast den Schmerz, von Wanja besessen zu sein. Lillian – sie war ein seltsames Mädchen, die daran festhielt, daß sie immer noch eine Jungfrau sei, selbst nachdem er mit ihr geschlafen hatte, sie hatte geschrien, ihn gekratzt, ihn in die Hand gebissen und in Ekstase und Lust ausgerufen: Komm, komm, Herr, in mich hinein.

Munira hatte gehofft, daß seine Verbindung mit Lillian Wanjas Eifersucht provozieren würde. Aber sie schien sich davon nicht bewegen zu lassen. Er gab es auf, sich nach den Sternen zu richten. Lillian, die »Jungfrau«, war kein Ersatz für Wanja.

Er nahm seine einsamen Spaziergänge über den Bergrücken von Ilmorog wieder auf, der nun durch die Trans-Afrika-Straße in zwei Teile geschnitten war. Er schaute den Autos nach, die hinter den Hügeln verschwanden, manchmal zählte er sie sogar, um die Zeit totzuschlagen. Oft nach der Schule ging er hinüber zu den Baustellen und verlor sich zwischen Gräben voll schmutzigen Wassers, Steinhaufen aus dem Steinbruch, dem Ruf der Hämmer auf Stein, Nägeln und Holz und dem ordinären Gerede der Maurer. Was war über das schläfrige Ilmorog gekommen? Was widerfuhr dem Land, in dem einst Kinder zu dritt gesungen und mit Wiegenliedern dem Schlaf den Weg bereitet hatten? Er blieb stehen und rieb sich die Augen – Wambui, Muriukis Mutter, wankte zwischen den Griffen einer mit Steinen hochbeladenen Schubkarre. Die Abgrenzungen und das Einzäunen des Landes hatte eine Menge Bauern und Hirten ihrer bislang unangetasteten Nutzungs- und Anbaurechte beraubt. Nun verdingten sie sich gegen Lohn bei denen, die ihre Arbeitskraft brauchten.

Wambui, Tagelöhner! Sie hatte sich denen zugesellt, die auf den Markt gedrängt worden waren, auf dem Schweiß und Arbeitskraft verkauft wurde. Er ging schnell weiter und blieb erst wieder stehen, als er zum Gebäude von Wanja-Abdulla kam. Hier würde also bald das neue Theng'eta-Zentrum entstehen. Er zerbrach sich den Kopf darüber, wie er Mittel und Wege finden könnte, um sich bei ihr wieder beliebt zu machen, als ihm plötzlich der rettende Gedanke kam. Bald würde das Geschäft hier eröffnet werden. Vielleicht würde es in Zukunft noch andere lizensierte Bars geben. Er würde ihr helfen, den Verkauf von Theng'eta zu steigern. Er würde noch mehr Kunden für sie herbeilocken!

Munira hatte schon immer eine Vorliebe für Anzeigen und Werbesprüche gehabt. Nun las er sie noch begieriger. Er hatte jetzt einen Auftrag zu erfüllen. Er studierte sie, die Worte, die Satzstellung und den Unterschied zwischen der beabsichtigten und der möglichen Wirkung auf Hörer und Leser. Er sammelte einige:

Pack den Tiger in den Tank. Gesundes Haar ist schönes Haar. Jederzeit ist Teezeit. Verwandeln Sie sich in eine platinblonde Schönheit oder einen Rotschopf oder in eine völlig neue Persönlichkeit mit hundertprozentig importiertem, von Hand hergestelltem menschlichem Haar. Gehören auch Sie zu den neuen Afrikanern – *Ambi*-Afrikaner! Schönheit sei noch nicht geboren? Sie machen Witze. Sie ersteht jeden Tag aufs neue mit herrlichen, seidenweichen Zweitfrisuren – welcher Mann gibt sich da nicht verloren?

Er strengte seinen Kopf an, um einige zusammenzustellen. Vielleicht könnte er sie auch an Leute verkaufen, die hier in Ilmorog ein Geschäft anfangen wollten. Munira als Verkäufer herrlicher Anzeigen

und Werbesprüche. Möchten Sie ins Parlament? Kaufen Sie einen Werbespruch! Wollen Sie erfolgreich sein? Kaufen Sie einen Werbespruch! Für Wanja würde er versuchen, einen ganz besonderen zu entwerfen. Umsonst. Einen, der Theng'eta so bekanntmachen würde, daß man von ihr nur noch als der Theng'eta-Queen spräche. Dann würde sie ihn beachten *müssen.* Autor ihres neuen Ruhmes.
Besitzen Sie das, was Sie stark macht? Trinken Sie Theng'eta! Erhöhen Sie Ihre Potenz – trinken Sie Theng'eta. Schönheit der Menschen, Schönheit der Gedanken, Schönheit der Liebe mit Theng'eta. Wollen Sie ins Zeitalter der Raumfahrt gehören? Dann trinken Sie Theng'eta! Auf dem Weg zum Mond mit Armstrong und Theng'eta. Drei T's – Theng'a Theng'a mit Theng'eta!
Nun war er bereit. Den letzten probierte er an einigen Kunden aus – plötzlich, während die Musik eine Pause machte, stand er mitten unter den Gästen auf und rief: Trinken Sie den Drink mit den drei Buchstaben und erhöhen Sie Ihre Potenz – Theng'a Theng'a mit Theng'eta! Er wiederholte es und hob ein Glas an die Lippen. Sie schauten alle auf und dachten, er sei betrunken. Sie lachten und tranken weiter. Wanja schaute ihn an und zuckte mit den Schultern. Der Spruch wurde gebräuchlich und blieb es auch – als Witz.
An jenem Abend nahm er Lillian mit nach Hause, und als sie vorgab, sie sei eine Jungfrau, die gegen ihren Willen mißbraucht würde, schlug er sie. Sie entzweiten sich. Lillian verließ Ilmorog. Er war alleine. Theng'eta.
Jenes Jahr würde er nie vergessen, weil es der Anfang dreier Jahre schamloser Sklaverei im Dienst nackter Leidenschaft war. Man hatte den Eindruck, daß mit der Fertigstellung und Eröffnung des neuen Einkaufszentrums in Neu-Ilmorog auch der völlige Zusammenbruch Muniras, des bislang hochgeachteten Lehrers ihrer Kinder, kam. Er konnte es selbst sehen, er beobachtete den Zerfall als Zuschauer, als Außenseiter, und er konnte sich selbst nicht mehr helfen. Oder strafte er sich für ein weiteres Versagen?
Es waren diese Dinge, die er ihm nicht erzählen konnte, ihm, der zum Teil die Ursache dafür war.
Aber Karegas Blicke waren beharrlich, sein ganzes Sein schien darauf zu warten, die Antwort auf eine große Frage zu hören, die er bis jetzt noch nicht gestellt hatte. Es war wie damals, bei ihrer ersten Begegnung. Damals hatte Munira geschworen, daß geteerte Straßen erst dann gebaut würden, wenn Hyänen Hörner bekämen. Er hätte gern diese Worte zurückgenommen. Denn die veränderten Gegebenheiten,

unter denen sie sich jetzt trafen, waren teilweise ein Produkt der geteerten Straße. Trans-Afrika-Straße. Selbst die Schule hatte sich verändert. Sie war jetzt in einem gemauerten Gebäude untergebracht, sie hatte vollständige Klassen und war ausreichend mit Lehrern versorgt; ein neuer, moderner Schulleiter war auch da und Mzigo kam regelmäßig, teils um die Schule zu inspizieren, aber größtenteils, um nach seinem Laden in Neu-Ilmorog zu sehen. Mzigo, Nderi wa Riera, Pfarrer Jerrod, sie alle besaßen Ladengebäude in Ilmorog.
»Was ist aus Joseph geworden?« fragte Karega.
»Er hat sehr gut bestanden. Mit drei Einsen. Er ging nach Siriana!«
»Siriana?»
»Ja. Siriana.«
Auf Muniras Eröffnungen folgte ein Augenblick des Schweigens, vielleicht dachten sie beide, er und Karega, daran, was ihnen Siriana früher bedeutet hatte. Munira, den seine Angst immer noch wie ein schweres Gewicht belastete, beobachtete Karega, der immer auf dieselbe Stelle schaute, seine Augen strahlten gebündeltes Licht aus, seine Hände waren noch immer in Bewegung, aber sein Gesicht verweigerte ein Lächeln. Munira konnte nicht erkennen, ob Karega über Josephs Erfolg erfreut war oder nicht. Aber gewisse Probleme schienen ihn zu beunruhigen, und schließlich waren fünf Jahre vergangen, seit er Ilmorog verlassen hatte.
»Und was ist aus der alten Frau geworden?« fragte Karega, und es klang, als vollendete er ein gedachtes Zwiegespräch mit sich selbst.
Munira war sichtlich erleichtert, daß die große Frage nicht gekommen war. Aber auch diese Frage war schwer zu beantworten, denn alles war so schnell geschehen, ein Chaos in einem trunkenen Traum. Nyakinyua. Die alte Frau. Selbst Munira wollte nicht mehr daran denken, an ihr Schicksal. Was konnte er ihm denn nun über Nyakinyua und sich selbst sagen, ohne wieder zu weinen?
Ohne ihm davon zu erzählen, rief er sich ins Gedächtnis zurück, wie er immer weiter nach einem Werbespruch gesucht hatte, nach einer Anzeige, die hängenbleiben und die ihm Wanjas Gunst – und sei es nur für eine Nacht – verschaffen würde. Er blätterte täglich durch die Zeitungen und las nicht die Nachrichtenberichte, sondern die Anzeigen. Natürlich las er auch über den Rechtsanwalt und seine donnernden Reden im Parlament und wie er dort verlangte, daß Reformen durchgeführt und dem Erwerb von Grundbesitz Grenzen gesetzt werden sollten. Aber das las er nur, weil mit dem Namen Erinnerungen verbunden waren. Sein Hauptinteresse galt den Anzeigen – er mußte

den Werbespruch erfinden . . . der alle anderen Werbesprüche schlagen würde, den, mit dem er Wanja endlich erkaufen würde.
Er würde niemals den Abend vergessen, an dem er über Nyakinyua in der Zeitung las – es schmerzte . . . Er war betrunken, aber der Theng'etageist in seinem Kopf schien sich zu verflüchtigen, als es ihm plötzlich in die Augen fiel. Seine Hände und die Zeitung zitterten. Er wurde nüchtern und schaute die Anzeige noch einmal an. Es war nicht möglich. Es konnte nicht möglich sein:

> KANUA KANENE & CO
> Immobilien- und Grundstücksmakler
> Grundstücksverwaltung, Auktionator.
> Im Auftrag des Anwaltsbüros
> Wilson, Shah, Muragi & Omolo,
> das im Namen ihres Kunden,
> der African Economic Bank, handelt,
> die sich im Besitz der Verkaufsvollmachten befindet,
> wird am . . . das Grundstück . . . Eigentum
> der Mrs. Nyakinyua in Ilmorog
> durch öffentliche Versteigerung
> zum Verkauf kommen.

Sie war nicht die einzige – eine ganze Reihe von Bauern und Herdenleuten aus Alt-Ilmorog, die man dazu verleitet hatte, Darlehen aufzunehmen, ihr Land einzuzäunen und importierten Dünger zu kaufen, und die deshalb ihre Rückzahlungen nicht aufbringen konnten, waren gleichermaßen betroffen. Ohne weitere Arbeitskräfte, ohne Maschinen, ohne mit den alten Gewohnheiten und Ansichten zu brechen und ohne Rat und Hilfe war es ihnen nicht gelungen, dem Land genug Erträge abzuringen, um ihre Nahrungsbedürfnisse zu decken und gleichzeitig die Darlehen zurückzuzahlen. Und nun vertrieb sie das unerbittliche Gesetz der metallischen Macht von ihrem Land. Munira faltete die Zeitung zusammen und ging zu Wanja hinüber, um ihr die Nachricht zu überbringen. Er fühlte mit ihr und Nyakinyua. Er wollte ihr nur die Nachricht überbringen. Und noch mehr darüber erfahren. Sie war nicht in ihrem Theng'eta-Laden. Abdulla sagte ihm, daß sie zu Nyakinyuas Hütte gegangen sei. Munira wanderte hinüber und fand noch andere dort vor. Die Nachricht von dem angedrohten Verkauf mußte auch sie schon erreicht haben. Sie waren gekommen, um mit ihr und den anderen Betroffenen ihr Elend zu teilen und um miteinander zu weinen. Sie waren wie vor den Kopf gestoßen – wie konnte eine Bank ihr Land verkaufen? Eine Bank war keine Regierung – woher nahm sie dann ihre Macht? Vielleicht war es doch eine Regierung, eine unsichtbare, meinten einige. Sie wandten sich an Munira. Aber er konnte ihre Fragen nicht beantworten. Er sprach nur über ein Stück Papier, das sie alle unterzeichnet hatten, und über die Eigentumsurkunden mit dem roten Fleck, einem anderen Stück Papier, das sie der Bank gegeben hatten. Aber er konnte die bittere Skepsis in ihren Stimmen und in ihren Blicken weder beantworten noch einschläfern. Was für ein Ungeheuer war diese Bank, die in sich selbst eine Macht war, die jahrtausendealtes Leben entwurzeln konnte?

Er ging zurück und versuchte Theng'eta zu trinken, aber es schmeckte nicht. Er dachte daran, daß er erst kürzlich Wambui gesehen hatte, die Steine karrte, um das Brot für den Tag zu verdienen, und er fragte sich, was wohl aus der alten Frau würde. Sie war zu alt, um ihre Arbeitskraft und ihren Schweiß auf den Markt zu tragen.

»Die alte Frau? Nyakinyua?« Munira wiederholte Karegas Frage langsam. »Sie starb! Sie ist tot!« fügte er schnell und fast aggressiv hinzu, als er aus seinen Erinnerungen erwachte. Bewegung schien in Karegas Gesicht zu kommen.

Nyakinyua, die alte Frau, versuchte sich zu wehren. Sie wanderte von einer Hütte zur anderen, um die Bauern von Ilmorog aufzurufen, sich zusammenzuschließen und den Kampf aufzunehmen. Sie schauten sie an und schüttelten ihre Köpfe – gegen wen sollten sie denn jetzt kämpfen? Gegen die Regierung? Die Banken? KKO? Die Partei? Nderi? Ja, gegen wen sollten sie eigentlich kämpfen? Aber sie versuchte, sie davon zu überzeugen, das dies alles eins wäre und daß sie selbst den Kampf aufnehmen würde. Niemals würde sie zulassen, daß Fremde ihr Land bebauten. In dem Handeln der alten Frau lag Größe und ein gewisser Trotz – sie, die in der Schwäche des Alters und mit nachlassender Gesundheit versuchte, die Enteigneten von Ilmorog zum Protest zu organisieren. Aber ein gewisses Pathos haftete der ganzen Sache an. Diejenigen, denen das Land noch nicht weggenommen worden war, betrachteten alles mit nervöser und zurückhaltender Distanz. Einige ließen sogar verächtliche Bemerkungen über eine alte Frau fallen, die nicht mehr ganz richtig im Kopf sei. Und andere, die tatsächlich keinen Sinn dahinter sehen konnten, einen Marsch auf Ruwa-ini oder die Große Stadt zu veranstalten, hielten sie zurück. Sie könne nicht den ganzen weiten Weg zu Fuß gehen, sagten sie ihr. Aber sie antwortete: »Ich werde alleine gehen . . . mein Mann hat gegen die

Weißen gekämpft. Er hat mit seinem Blut dafür bezahlt . . . ich werde mich gegen diese schwarzen Unterdrücker wehren . . . alleine . . . alleine . . .«

Was wohl aus ihr werden würde, fragte sich Munira.

Er hätte sich keine Sorgen um sie zu machen brauchen.

Nyakinyua starb friedlich im Schlaf, einige Tage nachdem die Nachricht von der Bank gekommen war. Das Gerücht ging um, daß sie mit Wanja über die ihr bevorstehende Reise gesprochen habe – sie habe gesagt, es sei völlig ausgeschlossen, sie auf dem Land eines anderen zu begraben, denn, was würde ihr Mann zu ihr sagen, wenn sie ihn auf der anderen Seite traf? Die Leute warteten darauf, daß die Bank käme und das Land verkaufe. Aber am Tag des Verkaufs kaufte Wanja das Land zurück und wurde zur Heldin des alten und des neuen Ilmorog. Später sollte Munira alles erfahren.

Aber damals wußte nur Abdulla, was es sie wirklich gekostet hatte. Wanja hatte ihm angeboten, ihm ihre Rechte an dem gemeinsamen Besitz des neuen Hauses zu verkaufen. Dafür hatte er aber nicht das nötige Geld, und er war es dann gewesen, der vorgeschlagen hatte, das ganze Gebäude einer dritten Person zu verkaufen und sich den Erlös zu teilen.

Nun war Wanja wieder da, wo sie am Anfang gestanden hatte. Und Mzigo war der stolze neue Besitzer des Ladengebäudes in Ilmorog.

3

Nach ihrem kürzlich erlittenen Verlust war Wanja nicht mehr ganz dieselbe wie zuvor. Eine Zeitlang war sie weiterhin die stolze Besitzerin der alten Theng'eta-Bar. Dort war nach wie vor der zentrale Ort, an dem Fleisch gebraten wurde. Tanzschritte im Saal konnten noch immer den Staub bis unter die Decke aufwirbeln lassen, ganz besonders, wenn die Leute zu ihren beliebtesten Melodien tanzten:

> Wie schön bist du, meine Geliebte!
> Wie weich sind deine runden Augen, meine Süße!
> Wie freue ich mich an dir,
> Wenn du hier liegst,
> Beschattet vom Zedernbusch!
> Aber, o Liebling,
> Welches Gift trägst du zwischen den Beinen!

Aber Wanja war nicht mehr dabei. Sie begann, einen riesigen Bungalow ganz aus Holz am unteren Ende ihres Grundstücks zu errichten, in einiger Entfernung von der Bretterstadt, die um Abdullas Laden, die Unterkünfte und die Räume, in denen man sich zum Fleischessen traf, entstanden war, fast als natürliche Wachstumsergänzung zum eleganteren Neu-Ilmorog. Die Leute sagten, daß sie klug sei, das Geld, das ihr vom Rückkauf des Grundstücks ihrer Großmutter noch geblieben sei, in ein neues Gebäude zu investieren – aber welchem Zweck sollte es dienen? Sie hatte doch schon weiter oben auf dem Grundstück eine Hütte, wohlversteckt hinter einer dichtgewachsenen Hecke vor dem Lärm und den neugierigen Augen Neu-Ilmorogs. Sie ging ihrer Arbeit nach, ohne irgend jemand ins Vertrauen zu ziehen. Aber es war eindeutig, daß das neue Haus den Stil eines Wohnhauses mit verschiedenen geräumigen Zimmern hatte. Später zog sie dort ein. Sie legte ringsumher einen Blumengarten an und ließ elektrisches Licht hineinlegen. Es war sehr schön – es war ein tapferes Unternehmen, so kurz nach ihrem doppelten Verlust, sagten die Leute.

An einem Abend stimmte die Band ein Lied an, das sie kurz nach ihrer Ankunft in Ilmorog komponiert hatten. Während sie es spielten, schienen die Melodie und die Worte immer lebhafter und lebendiger zu werden, das Publikum klatschte, pfiff und schrie, um sie anzufeuern. Die Band erfand fortlaufend Neues, das noch hinzugefügt wurde, und ihre Stimmen schienen wie von einem boshaften, leichtsinnigen Teufel besessen.

Dieses *shamba*-Mädchen
War mein Schatz,
Sagte mir, sie liebe mich.
Um ihretwillen knackte ich den Banksafe,
Um ihretwillen ging ich ins Gefängnis.
Aber als ich zurückkam,
War sie eine Lady geworden.
Ein reicher, dickbäuchiger Daddy hatte dafür gesorgt!
Und sie sagte mir,
Dieses *shamba*-Mädchen sagte mir:
Nein! Zum Teufel!
Sikujui – ich kenne dich nicht.
Serikali imebadilishwa – die Regierung wurde gestürzt.
Coup d'état! – Staatsstreich!

Als sie aufhörten, klatschten Hände und stampften Füße donnernden Applaus. Plötzlich stand Wanja auf und bat sie, es noch einmal zu spielen. Sie begann zu tanzen, ganz alleine mitten auf der Tanzfläche. Die Leute waren überrascht. Sie sahen die schlangenhaften Bewegungen ihres Körpers, die Freude und Schmerz ausdrückten, Erinnerungen und Hoffnungen, Verlust und Gewinn, unerfülltes Verlangen und unerfüllte Wünsche. Die Band, die das Echo der vielen klopfenden Herzen aufnahm, spielte mit trauriger, aufreizender Intensität, als versuchten sie, ihr Herz in seiner Verlassenheit und seinem einsamen Kampf zu erreichen. Langsam und bewußt tanzte sie auf Munira zu, und er dachte daran, wie er sie in der Safari-Bar in Kamiritho zur Musik einer Juke-Box hatte tanzen sehen. Und genauso plötzlich, wie sie begonnen hatte, hörte sie auch wieder auf. Sie ging auf die Bühne und stand neben der Band. Absolute Stille lag über dem »Haus«. Die Gäste waren sich bewußt, daß etwas Großes in der Luft lag.
»Liebe Gäste, es tut mir leid, Ihnen ankündigen zu müssen, daß dies der letzte Abend in der alten Ilmorog-Bar, der letzte Abend bei gebratenem Ziegenfleisch und der letzte Abend der zur Ilmorog-Bar gehörenden Sunshine-Band ist. Die Kreisverwaltung von Chiri hat angeordnet, daß unsere Häuser geschlossen werden müssen.«
Sie konnte nicht weitersprechen. Und nun folgten ihr alle Augen, als sie über den staubigen Fußboden zu Munira hinüberging. Unvermittelt blieb sie stehen, wirbelte herum und schrie die Band an: »Spielt! Spielt! Spielt weiter – tanzt doch – taaanzen!« Damit setzte sie sich neben Munira. »Munira, möchtest du nicht morgen abend zu mir kommen und mein neues Haus ansehen?«
Munira konnte sich kaum fassen. Endlich war es also soweit. Endlich waren die Jahre des Wartens vorüber. Es war genau wie in den alten Tage, ehe Karega und die Straßen und die Veränderungen gekommen waren, um den dunstigen, friedlichen Rhythmus von Ilmorog zu stören, wo er der Lehrer war.

*

Am nächsten Tag konnte er nicht unterrichten. Er war unfähig zu reden. Er konnte kaum an einem Ort sitzen oder stehen bleiben. Und als die Zeit kam, ging er mit zittrigen Händen und klopfendem Herzen zu ihr hin. Er hatte das Innere des neuen Hauses noch nie gesehen, und er empfand es als Ehre, daß sie gerade ihn vor allen anderen auserwählt hatte. Er klopfte an die Tür. Sie war da. Sie stand in der Mitte des Rau-

mes, der von einem blauen Licht erhellt war. Einen Augenblick lang dachte er, er sei am verkehrten Ort mit der verkehrten Person. Sie hatte einen Minirock an, der so gut wie alles preisgab, und er fühlte seine Männlichkeit sich von allein aufrichten. Auf ihren Lippen lag schmieriger roter Lippenstift, ihre Augenbrauen waren nachgezogen und leuchtend blau angemalt. Auf dem Kopf trug sie eine flammend rote Perücke. Welches Spiel wurde hier gespielt? fragte er sich. Er dachte an eine der vielen Anzeigen, die er früher einmal gesammelt hatte: Verwandeln Sie sich in eine platinblonde Schönheit – in eine völlig neue Persönlichkeit mit hundertprozentig importiertem, von Hand hergestelltem menschlichen Haar. Wanja war in der Tat eine neue Persönlichkeit.
»Du schaust überrascht aus, *Mwalimu.* Ich dachte doch, du wolltest mich schon immer haben«, sagte sie mit verschleierter Stimme, die falsch und verführerisch klang. Dann fügte sie in leicht verändertem Tonfall, der natürlicher war und den er erkennen konnte, hinzu: »Deshalb hast du ihn doch weggeschickt, oder nicht? Deshalb hast du dafür gesorgt, daß er entlassen wurde, oder nicht? Nun, jetzt haben sie mir auch noch meine Rechte, das heißt, unsere Rechte, Theng'eta zu brauen, weggenommen. Die Kreisverwaltung sagt, daß unsere Lizenz mit dem neuen Gebäude verkauft worden sei. Sie sagen auch, daß unsere jetzigen Gebäude unhygienisch seien! Es soll ja ein Touristenzentrum gebaut werden, und Gebäude wie die unsrigen könnten die Besucher abschrecken. Weißt du, wer der neue Besitzer unserer Theng'eta-Brauerei ist? Weißt du, wer der Besitzer des neuen Kulturzentrums von Ilmorog ist? Aber das ist ja auch egal!« Noch einmal veränderte sich ihre Stimme: »Aber nun komm schon – auf was wartest du?« Sie ging rückwärts, und er folgte ihr in ein anderes Zimmer – mit einem Doppelbett und rötlichem Licht. Er war hypnotisiert. Er ärgerte sich über sich selbst, weil seine Zunge wie gelähmt war, und doch trieb ihn die Motorenkraft seines erregten Körpers und der Trommeln in seinem Herzen unwiderstehlich auf sie zu. Aber darunter, tief in seinem Inneren fühlte er Scham und Abscheu über seine Hilflosigkeit.
Sie zog sich ganz aus, systematisch legte sie ein Kleidungsstück nach dem andern ab und sprang dann ins Bett.
»Komm, komm, mein Liebling!« gurrte es zwischen den Bettüchern. Er war eben im Begriff, zu ihr ins Bett zu schlüpfen und sie an sich zu reißen, als sie plötzlich kühl und eisig wurde und ihre Stimme einen drohenden Ton annahm.
»Nein, *Mwalimu.* Nichts umsonst in Kenia. Hundert Shilling auf den Tisch, wenn du erstklassigen Service willst.«

Er dachte, sie mache Witze, aber als er sie berühren wollte, fügte sie noch eisiger hinzu: »Wir sind hier in einem neuen Kenia. Wenn du es haben willst, dann mußt du auch dafür bezahlen; für das Bett, das Licht, meine Zeit, für den Drink, den ich dir später servieren werde, und für das Frühstück morgen früh. Alles für hundert Shilling. Sonderpreis für dich. Wegen früher. Für andere wird es teurer werden.
Er war bestürzt, fühlte die Wunde dieser unerwarteten Demütigung. Aber nun konnte er nicht mehr zurück. Ihre Schenkel riefen ihn. Er nahm hundert Shilling aus der Tasche und reichte sie ihr. Er schaute zu, wie sie das Geld zählte und unter die Matratze schob. Aber nun ergriff ihn Panik. Sein Ding war zusammengeschrumpft und schlaff geworden. Er stand da und versuchte, seine Gedanken der alten Wanja zuzuwenden, der Wanja, die Schmerz und Entzücken getanzt hatte, die einst unter dem wachsamen, gebündelten Licht des Mondes, das sich in eine Hütte gestohlen, geweint hatte.
Sie beobachtete ihn, kalt, drohend, und plötzlich hörte er ihre gekünstelte, verschleierte, verführerische Stimme.
»Komm, Liebling. Ich werde dich wärmen. Du bist heute abend zu Gast in der ›Sunshine Lodge‹.«
Etwas Pathetisches, Trauriges, Schmerzliches lag in ihrer Stimme. Aber Muniras Ding gehorchte. Langsam zog er sich aus und legte sich zu ihr. Selbst nachdem Feuer, Durst und Hunger seines Körpers gestillt waren, lag noch immer der Nachklang jenes pathetischen, angestrengten Tones ihrer Stimme in der Luft, in ihm selbst, im Raum und überall. Es war das neue Kenia. Das neue Ilmorog. Nichts war umsonst. Aber lange, noch für viele kommende Jahre, sollte er den Schock und die Demütigung jener Stunde nicht vergessen. Es war fast wie jenes erste Mal gewesen, vor langer Zeit, als er noch ein Knabe gewesen war.

4

In der Tat, es waren Veränderungen nach Ilmorog gekommen, die das alte Ilmorog vertrieben und eine neue Ära unseres Lebens eingeleitet hatten. Und niemand konnte erklären – wirklich erklären –, wie es eigentlich geschehen war, außer daß es geschehen war. Innerhalb eines Jahres, nachdem das Einkaufszentrum von Neu-Ilmorog fertiggestellt worden war, waren ringsumher in der Ebene Weizenfelder und Ranches emporgeschossen – die Hirten waren entweder gestorben oder waren weiter hinaus in die trockeneren Gebiete vertrieben worden;

einige wenige hatten sich als Arbeiter auf den Ranches und Weizenfeldern verdingt, die auf dem Land standen, auf dem sie einst frei umhergezogen waren. Die neuen Besitzer, oberste Diener von Bankmacht, Geld und Verschlagenheit, kamen zum Wochenende und fuhren mit Land- oder Range-Rovern – je nach derzeitiger Automode – auf den Farmen umher, deren Betrieb sie bezahlten Verwaltern übergeben hatten. Auch die Bauern von Ilmorog hatten sich verändert. Einige hatten irgendwie den Ansturm überlebt. Sie konnten ein paar Arbeitskräfte auf ihren kleinen Farmen beschäftigen. Aber die meisten gehörten zu der Armee von Arbeitern, welche die wachsende Bevölkerung von Neu-Ilmorog ausmachte. Aber von welchem Neu-Ilmorog?

Es gab verschiedene Ilmorogs. Eines war das Wohngebiet der Farmverwalter, der Beamten der Kreisverwaltung, der Beamten der Öffentlichen Dienste, der Manager der Barclays Bank, der Standard Bank und der African Economic Bank und noch vieler anderer Bediensteten der Staats- und Geldmacht. Dieser Teil Ilmorogs hieß Cape Town. Der andere – Neu-Jerusalem genannt – war eine Bretterbudenstadt, in der Wanderarbeiter, Arbeitslose, Prostituierte und kleine Schrotthändler wohnten. Zwischen dem Neuen Jerusalem und Cape Town, nicht weit entfernt von dem Ort, an dem Mwathi einst als Hüter der Geheimnisse der Eisenverarbeitung und der einheimischen Medizin gelebt hatte, stand die Allerheiligenkirche, die nun unter der Leitung von Pfr. Jerrod Brown stand. Irgendwo zwischen den beiden Wohngebieten lag auch Wanjas »Sunshine Lodge«, die fast so berühmt war wie die Kirche.

Zwei hervorstechende Merkmale beherrschten das Einkaufs- und Geschäftszentrum. Das eine – direkt daneben liegend – war ein Kulturzentrum für Touristen *(Utamaduni)* in Form eines kleinen Dorfes und war im Besitz von Nderi wa Riera und einem westdeutschen Konzern; das Ganze nannte sich, wie es sich gehörte, *AFRIKANISCHER DIAMANT – Kultur- und Bildungsreisen Ilmorog.* Viele Touristen kamen zu Kulturfestspielen angereist, auch einige Hippies waren darunter, die nach der Theng'eta-Pflanze suchen wollten, deren Blätter, so wurde behauptet, getrocknet und geraucht, dieselbe Wirkung hätten wie Haschisch.

Das andere Merkmal war die Theng'eta-Brauerei, die, ursprünglich in den Gebäuden im Besitz von Mzigo untergebracht, sich nun zu einer riesigen Fabrik entwickelt hatte, in der außer 600 Arbeitern, eine Reihe von Forschungswissenschaftlern und Chemieingenieuren arbeiteten. Zu der Fabrik gehörten außerdem Ländereien unten in der Ebene,

wo mit verschiedenen Arten der Theng'eta-Pflanze und mit Weizen experimentiert wurde. Sie stellte eine Vielzahl von Theng'eta-Drinks her – vom reinen Gin für den Export bis zu billigen, aber starken Drinks für die Arbeiter und die Arbeitslosen. Ein Teil wurde in kleine Plastikpackungen für einen, zwei und fünf Shilling abgefüllt, so daß die Leute jene kleinen Tüten voll Gift leicht mit sich herumtragen konnten. Die meisten Behälter, ob es nun Plastik war oder Glasflaschen, trugen den berühmten Werbespruch, der nun in weiten Teilen des Landes durch Lieferwagen, Zeitungen und Handzettel allgemein bekannt war: POTENZ - Theng'a Theng'a mit Theng'eta. P = 3 T.
Das Brauereiunternehmen gehörte einer anglo-amerikanischen internationalen Gesellschaft, hatte aber natürlich afrikanische Direktoren und sogar Aktionäre. Drei der vier führenden einheimischen Persönlichkeiten waren Mzigo, Chui und Kimeria.
Lang lebe Neu-Ilmorog! Lang lebe die Partnerschaft von Handel und Fortschritt!

5

»Was . . . was ist aus Abdulla geworden . . . und aus Wanja?«
Da war sie nun . . . endlich . . ., die gefürchtete Frage. War er deshalb aus fünfjährigem Exil und Schweigen zurückgekehrt? Könnte es sein, daß immer noch ein Funken der Erinnerung an vergangene Zeiten in ihm glühte? Der Erinnerung an sie?
»Sie ist die mächtigste Frau in ganz Ilmorog. Sie besitzt Häuser zwischen hier und Nairobi. Sie besitzt eine Flotte von *matatu*-Taxis. Auch eine Flotte großer Transportlastwagen gehört ihr. Sie ist jener Vogel, der immer wieder neu aus Asche und Staub geboren wird.«
Plötzlich fiel Munira wieder sein Schock ein, den er erlitten hatte, und die Demütigung, ihr als Versuchskaninchen gedient zu haben. Die Bitterkeit kehrte zurück. Warum sollte er ihn verschonen?
»Möchtest du . . . möchtest du sie gerne besuchen?«
»Jetzt?«
»Ja. Jetzt.«
»Ist es nicht zu spät?«
»Nun . . ., nein . . ., für sie nicht . . ., wir könnten sie ja anrufen, wenn dir das lieber wäre.«
Sie gingen durch die vom Neonlicht erleuchteten Straßen. Karega schien alles auf seltsame Weise bekannt – er hatte ähnliche Städte in

ganz Kenia gesehen. Auf alle Fälle waren Nairobi, Thika, Kisumu, Nakuru und Mombasa größere und ältere Versionen von Neu-Ilmorog. Aber beide waren sie sich bewußt, daß sie früher schon einmal einen gemeinsamen Weg zu Wanjas Hütte zurückgelegt hatten. Aber wie weit lag das nun schon zurück! Munira unterbrach oft die Stille, um ihm zu erzählen, wem dies oder jenes gehörte – und es schien, als besäße nun jede prominente Persönlichkeit im Land ein Stück von Ilmorog – von der großen Fabrik bis zu den Bretterunterkünften. »Ja . . .« sagte Munira. »Sogar diese baufälligen Arbeiterunterkünfte . . ., du wirst überrascht sein, wenn du die Vermieter siehst, wenn sie kommen, um die Miete einzutreiben . . . Sie schämen sich überhaupt nicht . . ., sie kommen in ihren Mercedessen angefahren . . ., man hat sogar davon gehört, daß sie den armen Seelen die Tür abgeschlossen haben, wenn sie nicht bezahlen konnten. Gelegentlich startet die Stadt eine Aufräumaktion und brennt alles nieder . . ., aber überraschenderweise . . ., es sind immer die Behausungen der Arbeitslosen und der armen Wanderarbeiter vom Land, die dem Erdboden gleichgemacht werden. Und siehst du diese Kioske hier an der Straße? Vor einem Jahr gab es einen großen Skandal deswegen. Einigen Leuten aus der Kreisverwaltung und anderen Beamten waren sie zugeteilt worden . . ., kostenlos . . ., die verkauften sie für mehr als fünfzigtausend Shilling an Dritte, die sie jetzt an kleine Händler, meistens Frauen, vermieten . . . Jetzt will ich dich aber durch unser Neues Jerusalem führen«, fuhr Munira mit seinem Gerede fort.
Er fühlte sich als Fremdenführer und schien sich in der Rolle zu gefallen. Karega ging schweigend neben ihm her und bewegte die Kommentare in seinen Gedanken. Die Geschichte, die er erzählt bekam und die so grausam illustriert wurde durch das, was er sah, enthielt ein ihm bekanntes Thema, ein Thema, das alle anderen Orte, die er in der ganzen Republik besucht hatte, gemeinsam hatten. Aber trotzdem war es deprimierend. Munira blieb plötzlich vor einer Lehmbaracke, die ein Haus sein sollte, stehen. Verschiedene Türen teilten es in mehrere voneinander getrennte Zimmer ein.
»Hier . . . Hier wohnt Abdulla«, verkündete er. »Wie du sehen kannst, ist es mitten im Zentrum von Neu-Jerusalem. Möchtest du ihn begrüßen, ehe wir zu Wanja weitergehen?«
»Ja«, sagte Karega.
Munira klopfte an die Tür und rief ein lautes Hodi, und Abdulla antwortete von drinnen mit betrunkener Stimme. Sie hörten, wie die Riegel beim Zurückschieben kreischten. Abdulla riß die Tür auf, aber an-

statt sie als alte Bekannte willkommen zu heißen, schimpfte er auf ›Leute, die einen dauernd aufwecken und friedliche Bürger stören‹. Dann sah er, daß es Munira war.

»Ooh, du bist es . . ., mein Freund . . ., komm rein, komm rein. Ich habe ein paar Fünf-Shilling-Päckchen Theng'eta. Theng'a Theng'a mit Theng'eta. Ha! ha! ha! Komm rein.«

Er setzte sich aufs Bett und forderte Munira auf, den Klappstuhl zu nehmen, den einzigen Stuhl, den er hatte.

»Und wirf mir die Petroleumlampe nicht um«, redete Abdulla weiter. Dann bemerkte er, daß Munira nicht alleine war.

»Oh, du hast einen Gast mitgebracht. Gib ihm doch den Stuhl, und du, Munira, mein Freund, setz dich zu mir aufs Bett. Aber Vorsicht! Die Sprungfedern sind aus Gummistreifen. Und erst neulich setzte ich mich zu heftig drauf, und dann rissen die Gummistreifen. Ich wurde richtig hochgeschleudert und fiel dann auf den Boden. Und wer ist dein Besucher? Trinkt er auch Theng'eta? Mwalimus Formel. P = 3 T. Trink den Drink der drei Buchstaben.«

»Erkennst du ihn nicht?« fragte Munira, nachdem sie sich alle gesetzt hatten.

»Wen? Dieses Schweigen?«

»Karega . . .«

»Karega.«

»Ja.«

»Karega! Karega, Nding'uris Bruder . . . Aber wie . . . Du bist gewachsen. Ein *Mzee* bist du geworden, wie ich . . ., du brauchst nur noch ein paar graue Haare . . . Aber von welchem Ende der Welt bist du jetzt hierher gekommen?«

Karega erklärte es ihm kurz. Aber er sah auch, daß ihm Abdulla nicht folgen konnte. Er hatte sich verändert – hohle, müde Augen in tiefen Augenhöhlen. Sie versuchten dieses und jenes Thema, aber nichts schien das Gespräch in Gang bringen zu wollen.

»Auf alle Fälle, willkommen in dieser Junggesellenecke«, wiederholte Abdulla. »Ein bißchen anders als das, was ich früher hatte. Aber das war das alte Ilmorog. Wir mußten das Haus abbrechen. Und nun schau dir an, wo wir jetzt sind.«

»Und wem gehört dieses Haus?« fragte Karega.

»Dieses . . . und noch ein paar andere gehören einer sehr wichtigen Persönlichkeit an höchster Stelle.«

»Du meinst, ihm? Dieses hier?« fragte Karega.

»Ja. Er verlangt hundert Shilling für dieses eine Zimmer. Von dem

ganzen Block hier bekommt er also tausend Shilling im Monat. Und zehn Blocks gehören ihm. Das macht zehntausend Shilling. Nur für ein paar Pfosten und ein bißchen Lehm dazwischen. Er kommt in einem Range-Rover und parkt an der Straße. Dann schickt er seinen Fahrer-Leibwächter, um die Miete einzusammeln.«
»Aber er ... er verdient mehr als sechzigtausend Shilling am Tag durch den Transport von Zucker und Eisenwaren für die McMillan-Zuckerfabrik. Und dazu noch sein offizielles Beamtengehalt!«
»Nun, das sind sechzigtausend plus zehntausend macht zusammen siebzigtausend Shilling«, sagte Abdulla.
»Das ist der Lauf der Welt«, fügte Munira hinzu. »Wahrscheinlich besitzt er noch mehr Slums in anderen Städten. In unserem Kenia kann man mit allem ein Geschäft machen. Selbst mit der Angst. Nimm zum Beispiel die britische Firma, die hier im Land ein Geschäft mit Nachtwächtern betreibt. Jedes Haus, jede Fabrik hat einen ›Securicor‹-Nachtwächter. Sie sollten ein Ministerium dafür einrichten, ein Ministerium für die Verwaltung der Angst!«
»Ein Ministerium für Slum-Verwaltung und die ordentliche Aufrechterhaltung der für Slums angemessenen Maßstäbe wäre besser«, fügte Abdulla hinzu. Er wandte sich an Karega. »Ich war Ladenbesitzer, als du mich verlassen hast. Das bin ich immer noch – ich habe einen Laden unter freiem Himmel. Ich verkaufe Apfelsinen an der Straße.«
»Munira hat mir erzählt, daß Joseph nach Siriana gegangen ist«, sagte Karega plötzlich, um die Unterhaltung aufzuhellen.
»Das ist eine gute Nachricht. Er war ein sehr intelligenter Junge. Ich hoffe, er wird nicht den gleichen Weg gehen, den Munira und ich gegangen sind.«
»Für uns Arme führen alle Wege in dieselbe Richtung«, erklärte Abdulla.
»Oh, ich habe vergessen, dir etwas zu trinken anzubieten. Theng'eta. Ich habe ein paar Päckchen.«
Er lehnte sich über das Bett und angelte ein Paket Theng'eta.
»Hast du es jemals versucht, Karega?«
»Ja. Einmal in Mombasa; ich war überrascht, es im Handel zu sehen ... aber es schmeckte anders. Ich fragte mich immer, wie es wohl in den Handel gekommen war.«
»Dann versuch es noch einmal. Es hat mich ... nun, uns fast zu reichen Leuten gemacht. Aber dann hat es uns ruiniert.«
»Ich glaube, diese Drinks werden alle nur hergestellt, um die Leute betrunken zu machen um ihr Denken zu betäuben, damit sie keine Fra-

gen stellen oder etwas gegen ihr Elend unternehmen«, sinnierte Karega laut und sah in Gedanken all die Orte vor sich, wo er gewesen war, und all die hochprozentigen Getränke, die dort gebraut wurden: *Changaa, Kang'ari, Kill-me-Quick* und *Chibuku;* das letztere wurde von dem afrikanischen Direktor einer London-Rhodesien-Gesellschaft vertrieben.

»Es ist, wie ich gesagt habe«, verfolgte Abdulla seinen Gedankengang, »alle Wege für die Armen führen in eine Richtung. Einbahnstraße – zu mehr Armut und mehr Elend. Armut ist Sünde. Aber stellt euch doch vor – die Armen macht man verantwortlich für die Sünde der Armut, und deshalb werden sie dafür bestraft, indem man sie zur Hölle schickt. Von einer Hölle in die andere. Ha! ha! Joseph ist mein einziger Lichtblick in dieser Hölle gewesen. Deshalb glaube ich, daß es noch Hoffnung gibt. Und dazu noch zu wissen, daß er gar nicht mein Bruder ist«, verriet Abdulla plötzlich, und das ließ sie alle aus ihren Sitzen hochfahren.

»Nicht dein Bruder?« echote Karega.

»Was, was willst du damit sagen?« fragte Munira gleichzeitig.

»Ja. Nicht mein Bruder. Er ist für mich mehr ein Sohn, und doch ist er nicht mein Sohn. Aber was tut das schon?« fragte Abdulla. Eine Veränderung kam über seine Stimme und über sein Gesicht, er war mehr nach innen gewandt, und sein Ton verriet weder Torheiten noch Bitterkeit; sie hörten ihm zu und sahen eine wiederum neue Gestalt Abdullas vor ihren Augen entstehen.

»Ehe du damals von Ilmorog weggingst, hatte ich dir erzählt, wie ich aus dem Lager zurückkehrte . . . aber ich hatte dir nicht alles gesagt. Mein Vater hatte früher einen Laden an dem alten Markt von Rongai in Limuru besessen. Dieser Laden war sehr berühmt geworden, denn mein Vater besaß ein Radio, und zu Beginn des Ausnahmezustandes drängten die Leute in den Laden, um die Nachrichten, die damals von Mwangi Matemo gelesen wurden, zu hören. Mein Vater gehörte der *KCA* an, und er hatte immer gerne davon erzählt, wie sie Kenyatta nach England geschickt und sich damit über die Kolonialregierung hinweggesetzt hatten; wie sie Geld gesammelt hatten, um ihn in England zu unterstützen, damit er sich dort wirklich für unser Land einsetzen konnte. Nun, nachdem ich gezwungen worden war, vor meiner Zeit in die Wälder zu fliehen, versuchte ich irgendwie den Kontakt mit ihm aufrechtzuerhalten. Ihr kennt die Gegend von Kinyogri, wo wir wohnten. Es lag genau gegenüber den Siedlungsgebieten der Weißen, wo wir uns oft in den Teebüschen versteckten. Aber nachdem sie in das neue Konzentrationsdorf in Kihingo umgesiedelt worden waren, verlor ich jeden Kontakt. So könnt ihr euch vorstellen, daß ich während der Zeit im Lager meine Familie wirklich vermißte, und ich sehnte mich nach dem Tag meiner Rückkehr, dem Tag, an dem unsere Familie wieder vereint sein würde. Nun, mein Freund, dieser Tag ist nie gekommen. Oder, besser gesagt, er kam doch. Ich zitterte, als ich das Land um Limuru sah, beim Anblick des Hügels von Kihingo, des Tals von Manguo, von all dem grünen Land! Ich ging in das neue Dorf. Ich fragte eindringlich nach meinem Vater, nach meiner Mutter und nach meinen Brüdern. Aber die Leute schauten weg, wenn ich sie fragte. Der Schmerz des Erfahrenwollens pochte in meinem Herzen, aber sie wollten es mir nicht sagen; bis endlich eine Frau geradeheraus zu mir sprach: ›Du bist ein Mann, du hast gelitten . . . Du kannst es ertragen!‹ ›Was ertragen?‹ fragte ich und wußte schon die Wahrheit. ›Während sie Gräben ausgehoben haben . . . in einer Nacht . . . alle umgekommen . . ., britische Soldaten und ihre Laufhunde, die Home Guards . . .‹ Ich wußte nicht, wie ich es ertragen sollte; tage- und wochenlang humpelte ich umher mit demselben Lied unablässig in meinem Herzen – sie hatten also meine ganze Familie umgebracht, und ich allein war übriggeblieben. Ich dachte – warum? . . . Wofür? . . . Dann rief ich mir ins Gedächtnis zurück, daß Kimathi seine Brüder verloren hatte und daß seine Mutter den Verstand verlor und daß er selbst später sterben mußte, und das alles für unseren Kampf . . . Aber trotzdem . . ., die Wunde . . ., es war schwer, und nur das Wissen darum, daß alles, wofür wir gekämpft hatten, bald erfüllt sein würde . . . Land von Honig und Wein . . . hielt mich noch am Leben. Nun, ihr wißt, was kam nachdem unsere Fahne gehißt worden war . . . Es ist gut so, ich meine unsere Fahne, aber . . . Wie dem auch sei, ich kaufte einen Esel . . ., ich karrte die Waren der Frauen zum Markt, und dort, wo die große Schuhfabrik ihren Abfall abládt, dort brachten auch die Ladenbesitzer, die ihre Geschäfte von den indischen Händlern übernommen hatten, ihre Abfälle hin – dort fand ich ihn eines Tages. Er war ein Kind – es suchte auf dem Abfallhaufen nach etwas zu essen. Er fand ein Stück Brot, und die andern fielen über ihn her, schrien, er hätte es aus ihrer Ecke des Haufens geholt . . . Er bettelte darum, dann jagten sie ihn weg, und er rannte fort, in Richtung auf die Sägemühlen zu. Mein Esel rannte ihn fast um . . ., auf alle Fälle holte ich ihn ein, und die anderen liefen weg. ›Wie heißt du?‹ fragte ich ihn, nachdem er mir die Ursache des Streits erzählt hatte. ›Ich habe keinen Namen, ich weiß ihn nicht . . .‹ ›Und dein Vater und deine Mutter?‹

Sie waren weggegangen. ›Und was ist mit deinen Brüdern?‹ Auch sie waren weggegangen. Keiner war je zurückgekehrt, aber er hatte immer gehofft, daß sie einmal wiederkommen würden. Ich dachte, nein, ich dachte überhaupt nicht darüber nach, sondern die Lüge schien so natürlich zu sein, und die Worte kamen sicher und weich aus meinem Mund. Sogar der Name. ›Joseph Njiraini‹, rief ich und schüttelte ihn an den Schultern. ›Mein kleiner Bruder . . ., ich bin dein Bruder, der, welcher weggegangen ist, und ich bin zurückgekommen . . .‹ Ich nahm ihn mit nach Hause, und er wehrte sich überhaupt nicht dagegen, und ich weiß bis heute noch nicht, ob er mir glaubte oder nicht. Nach einigen Wochen begann ich gewisse Zweifel zu hegen . . ., aber ich hoffte, daß er mir nützlich sein würde; wenn man nur ein Bein hat . . . Erledigungen hier und da . . . Und so war es, bis Wanja mich davor bewahrte, ihn weiterhin nur als das zu sehen . . . und ich muß sagen, daß ich es nicht bereut habe . . ., auf alle Fälle nicht in letzter Zeit . . .«

*

Sie machten sich auf den Weg zu Wanja. Über Abdullas außergewöhnlichen Bericht sprachen sie nicht weiter. Wanjas aus Holz gebaute Villa war wirklich sehr eindrucksvoll – welcher Kontrast zu Abdullas Behausung. Eine Hecke sorgfältig beschnittener Nadelhölzer und Schlingpflanzen, Bougainvillea und anderer blühender Sträucher umgaben sie. Ein lieblicher, aromatischer Duft hing über dem Vorgarten, den ein sehr schön gemähter Rasen bedeckte; kunstvoll aus dem Gras geschnitten waren darauf die Worte zu lesen: LIEBE IST GIFT. Ein Mädchen öffnete ihnen die Tür und führte sie in ein geräumiges Wohnzimmer. Auf einem Servierwagen brachte sie ihnen Drinks – Tusker, Pilsner, Theng'eta-Gin, Whisky, Kenya Cane. Karega nahm Whisky, Munira schenkte sich Theng'eta-Gin ein. Es schmerzte ihn noch immer, daß man ihm seinen Werbeslogan weggenommen hatte – aber gleichzeitig empfand er jedesmal wieder die geheime Freude des Autors, wenn er den Spruch in Zeitungen und auf den Etiketten las. Das Mädchen setzte sich zu ihnen und erklärte, daß »Mama« gleich erscheinen würde – hätten sie vielleicht gerne Musik solange sie warteten? Jim Reeves . . ., Jim Brown . . ., Kung Fu Fighting/Bumping . . ., Sukusus . . ., Ali Shuffle . . ., Theng'eta Twist . . ., irgend etwas . . . Ohne eine Antwort abzuwarten, legte sie dann das von Elijah Mburu komponierte »Huni cia Ngita« auf:

Huni cia Ngita	Junge Müßiggänger mit Gitarren –
Ndigacienda ringi	Ich mag sie nicht mehr.
Ndacietiire Party	Zu einer Party lud ich sie ein,
Ikienda kundakaria	Und sie erregten meinen Zorn –
Igikua muhiki	Mein Mädchen haben sie mir weggenommen,
Wakwa Ndethuriire	Meines, auf das mein Blick gefallen war.
Huni cia Ngita	Junge Müßiggänger mit Gitarren –
Ndigacienda ringi	Nie mehr will ich ihr Freund sein.

An der Wand hingen alte Gemälde einer englischen Landschaft . . ., eine Inschrift: »Christus ist das Haupt der Familie« . . . Martha bei der Salbung Jesu. Auf dem Tisch waren Akamba-Schnitzereien von Giraffen und Nashörnern aufgestellt. Kaum hatte die Musik aufgehört zu spielen, als das Mädchen lautlos verschwunden war und Wanja in einem nahezu durchsichtigen Kleid vor ihnen stand. Ihr Lippenstift war weniger grell und verschmolz mit ihrer Gesichtsfarbe, die Afro-Perücke paßte zu ihrem vollschlanken Körper. Sie war fülliger geworden, hatte zugenommen, und das verlieh ihr physische Präsenz und Macht.

Einige Sekunden lang schauten sie und Karega einander an. Sie stand still, ganz still, sonst zeigte sie keinerlei Zeichen der Überraschung. Karega war seinerseits nicht auf diese fremde Person gefaßt gewesen . . . auf diese Dame. Munira hatte ihn nicht darauf vorbereitet. Aber Munira schien die ganze Szene zu genießen . . . wie sie beide aus der Fassung gebracht waren und es zu verstecken suchten. Sie setzte sich ihnen gegenüber auf ein Sofa, und ihre ersten Worte richtete sie an Munira.

»*Mwalimu* . . ., du hättest . . . mich wenigstens vorwarnen können.«

»Er kam erst gegen sechs Uhr.«

»Ich bin daran schuld«, erklärte Karega . . . »Ich . . . ich dachte . . ., es sei noch nicht so spät.«

»Ist es auch gar nicht . . . Wie geht es dir? Ich muß sagen, dies ist eine erfreuliche Überraschung. Eine Erscheinung aus der Vergangenheit.«

»Ich dachte auch, er sei nur eine Erscheinung . . ., wie er aussah . . ., so erwachsen . . ., so verändert.«

»Wo bist du gewesen? Aber du mußt hungrig sein – hat dir der *Mwalimu* etwas zu essen gegeben?«

Ohne eine Antwort abzuwarten, lehnte sie sich zurück und bediente eine Klingel, worauf sofort ein anderes Mädchen erschien.

»Lucy . . .«
»Ja, Mama.«
»Mach etwas zu essen . . . aber schnell, bitte.«
Er befand sich in einer Traummärchenwelt, und Karega wußte nicht, was er davon halten sollte . . ., sie wiederholte ihre Frage.
»An vielen Orten . . . Im ganzen Land . . . Ich arbeitete mit dem Rechtsanwalt eine Zeitlang . . .« Seine Stimme klang rauh und schroff.
»Er ist ein berühmter Politiker geworden . . .«, sagte Wanja.
»Ja, dadurch bin ich zu ihm gekommen. Ich war schon einige Zeit in der Stadt gewesen und hatte hier und da Gelegenheitsarbeiten verrichtet. Dann half ich ihm seinen Wahlkampf zu führen. Die Leute in den Slums erinnerten sich an ihn und an all die Hilfe, die er den Armen immer erwiesen hatte. Ich glaube, seine Rettungsaktion der unglückseligen Reise in die Stadt damals hatte ihn selbst unter denen, die ihn nicht persönlich kannten, sehr berühmt gemacht. Er gewann die Wahl trotz der ganzen KKO-Maschinerie, die gegen ihn arbeitete.«
»Anwalt der Armen . . .«, fügte Munira hinzu. »Er sollte lieber vorsichtig sein . . . wenn er Reden hält über die Begrenzung des Erwerbs von Grundstücken . . . mit all seinen Beiträgen für Harambee-Projekte . . ., das hört mancher nicht gerne.«
»Wohltätigkeit . . ., Wohltätigkeit . . .«, unterbrach ihn Karega unvermittelt und mit ziemlich aggressiver Stimme. »Ich habe ihn immer an diese Worte erinnert, denn er war es, der sie zum ersten Mal benutzt hat, damals, als wir ihn in der Stadt aufsuchten. Wir hatten viele Meinungsverschiedenheiten. Wenn er redete, dann sah ich, daß er all das Falsche und Ungerechte erkannte. Er konnte es alles in einem Bild festhalten. Seine Zunge war begabt. Ihr solltet seine Reden, die er im Parlament gehalten hat, lesen. Er konnte das Unrecht so klar und deutlich erkennen, daß es ihn schmerzte, wenn andere blind dafür waren. Aber nach einer Weile . . . Ich hatte den Eindurck, daß er zu sehr daran glaubte, die Menschen vom Unrecht überzeugen zu können und sie zur Umkehr bewegen zu können . . . Er meinte es sehr ernst, versteht ihr . . ., aber er hatte zu viel Glauben in eben die Heiligtümer gesetzt, die das ›Monster‹, wie er es nannte, geschaffen hatte. Sein Argument war, daß seine Beiträge . . ., nun . . ., daß sie nur eine Geste seien . . . Ich sagte mir dann: ›Es muß doch noch einen anderen Weg geben, es muß noch eine andere Kraft geben, die sich mit dem Monster und seinen Engeln messen kann. *Ng'enda thi ndiagaga mutegi* – was der Mensch geschaffen hat, kann auch von Menschen wieder verändert werden . . . aber von welchen Menschen?‹ Schließlich verließ ich ihn.

Er konnte mich nicht verstehen, und ich konnte ihn nicht mehr verstehen. Aber er hatte mir die Augen geöffnet, und dafür war ich dankbar . . . Ich ging dann nach Mombasa . . ., Dockarbeiter . . .«
»Mombasa? Kommen diese großen Schiffe immer noch? Und die Matrosen? Kokosnüsse . . ., Sandstrände . . ., Fort Jesus . . . Ich möchte so gerne . . ., es ist so lange her . . .«, begeisterte sich Wanja.
»Wir luden und entluden die Schiffe . . ., all dieser Reichtum ging durch unsere Hände . . ., und unsere nackten Körper schwitzten in der dampfenden Hitze.«
»Aber sie werden gut bezahlt . . ., die Dockarbeiter sind die bestbezahltesten Arbeiter . . . Sie haben eine Tradition guter, verantwortlicher Gewerkschaftsführer . . .«
»Verantwortliche Gewerkschaftsführer? Ich weiß nicht. Unsere Gewerkschaften werden leider nur allzu oft von Geschäftsleuten geführt . . . Von Unternehmern. Wie kann ein Unternehmer den Kampf anführen, der gegen ihn selbst gerichtet ist? Man kann nicht gleichzeitig den Interessen von Kapital und Arbeit dienen. Man kann nicht zwei gegensätzlichen Herren dienen . . ., einer wird immer verlieren . . ., in diesem Fall die Arbeiterschaft . . ., die Arbeit . . ., die Hitze . . ., Krumen von des Herrn Tische . . ., ich bin von dort wieder weggegangen . . ., zu Fuß . . ., arbeitete mit den Leuten auf den großen landwirtschaftlichen Plantagen . . . Aber ich konnte nirgends länger als zwei Monate bleiben . . . Sklaven . . ., Sklaverei . . ., man bezahlt ihnen hundert Shilling im Monat . . ., und dafür verkaufen sie die Arbeitskraft ihrer gesamten Familie . . . Mann, Frau und Kinder . . ., sie leben in einer Hütte und sind dazu verdammt, Sisal und Teeblätter und Kaffee zu pflücken . . . Oft saß ich irgendwo und habe darüber nachgedacht – wir einfachen Leute . . ., wir haben Kenia aufgebaut. Vor 1895 zerschlugen die arabischen Sklavenhändler unsere Landwirtschaft. Nach 1895 taten die europäischen Kolonisten dasselbe – zuerst stahlen sie unser Land, dann unsere Arbeitskraft und dann unseren eigenen Besitz in Form von Kühen und Ziegen und später unser Geld durch Steuern . . . So bauten wir Kenia auf, und was hatten wir von dem Kenia, das wir mit unserem Schweiß geschaffen hatten?
Der Rechtsanwalt hatte recht mit dem, was er über das Monster sagte, das mehr und mehr Schweiß abverlangte und nur sehr wenig von dem, was es gefordert hatte, wieder herausgäbe. Ich redete mit den anderen Plantagenarbeitern über meine Gedanken. Sie sagten: angenommen, wir würden entlassen . . ., dann sagte ich . . . Einigkeit der Arbeiterschaft . . ., Einigkeit des gemeinsam vergossenen Schweißes . . .

Macht des Schweißes . . . Die afrikanischen Besitzer der Plantagen hörten davon . . ., ich wurde dann entlassen und machte mich wieder auf den Weg. Und so war ich ständig unterwegs, arbeitete hier und da, auf dieser oder jener Farm, dabei folgte ich tatsächlich den Fußstapfen meines Vaters, bis ich schließlich in West-Kenia landete. Ich hatte Glück. Ich bekam einen Job in einer Zuckerfabrik. Ich arbeitete dort im Lager – ich hatte Botengänge zu machen, war aber auch Angestellter, der die ins Lagerhaus Kommenden zu bedienen hatte.

Meine Arbeit war einfach, ich versorgte die Schlosser, Dreher, Schweißer und andere Mechaniker mit den Ersatzteilen für die landwirtschaftlichen Maschinen. Pumpen und Motoren waren ständig defekt. Sie erforderten laufend Reparaturen und Wartung. Im Lagerhaus konnten auch die Europäer und höhergestellte Afrikaner Haushaltsgegenstände, Toilettenpapier, Gas und dergleichen einkaufen. Es gab aber auch Zeiten, in denen die Maschinen in Ordnung waren und keine Reparaturen anfielen. Dann hatte ich viel Zeit, mich umzuschauen, Dinge zu beobachten, nachzudenken. Diese Zuckerfabrik gehörte einer britischen Gesellschaft – McMillan-Zuckerwerke – mit weitreichenden Interessen in Südafrika, dem Sudan, Nigeria und Guyana. Die Zuckerrohrplantage war kurz nach der Unabhängigkeit angelegt worden – um die Gegend zu entwickeln, um den Lebensstandard der Bevölkerung zu heben. Eine Anzahl Bauern wurden von ihrem Land vertrieben, um für die Hauptanbauflächen der Gesellschaft Platz zu machen. Die Bauern, die man nicht vertrieb, wurden aufgefordert, auf ihren Feldern Zuckerrohr anstatt Feldfrüchte für ihren Unterhalt anzubauen. Aber die Gesellschaft kauft das Zuckerrohr zu den ihr passenden Preise auf! Die Bauern sind nicht organisiert, um zu protestieren oder um den Preis zu handeln. So führen sie ein elendes Leben. Manche können nicht einmal ihre Kinder zur Schule schicken . . .

O ja, die Gesellschaft hat einen afrikanischen Manager . . . Mr. Owuora Wuod Omuony . . ., einige Einheimische besitzen sogar Aktien der Gesellschaft. Der Transport der Firmenprodukte – Zucker und Walzen zur Zuckerrohrverarbeitung – lag zum Beispiel in der Hand einer sehr wichtigen Persönlichkeit an höchster Stelle – ich glaube, er war halb Masai, halb Kalenjin . . ., auf alle Fälle hatte er einen sehr langen Namen . . ., Mr. Innocent Lengoshoke Ole Loongamulak . . ., ihr seht also, afrikanische Partizipation war ausreichend vorhanden. Die mittleren Managerpositionen waren alle in der Hand von Afrikanern. Sonst waren alle Top-Positionen auf der technischen Seite

von europäischen Experten besetzt – wirkliche Schuljungens, würde ich sagen, die sich als Herren über die afrikanischen Universitätsabsolventen aufspielten, die dort zu Zuckeringenieuren ausgebildet wurden.
Die Arbeiter waren in zwei Kategorien eingeteilt. Die einen arbeiteten in der Fabrik und die anderen draußen, in den Pflanzungen. Unter ihnen waren Wanderarbeiter aus Uganda. Gemessen an der Arbeit, die sie verrichteten, bekamen sie alle miserable Löhne. Aber die auf den Feldern hatte die schlechtesten. Sie wurden sogar oft von ihren europäischen und sogar afrikanischen Aufsehern geschlagen. Sie konnten sich nicht organisieren, denn der Werksleitung war es gelungen, sie in Stammescliquen und religiöse Cliquen aufzuteilen, und das sogar je nachdem, wo sie arbeiteten. Die in der Fabrik fühlten sich privilegierter, als die auf den Feldern. Aber die in der Fabrik schienen besser organisiert zu sein. Sie schienen sich nicht darum zu kümmern, ob das Management aus Afrikanern bestand, ob die Direktoren aus ihrer eigenen Gegend kamen oder von ihrem eigenen Stamm waren; sie protestierten trotzdem und verteidigten ihre Rechte.
Ich beobachtete alles – ich sah, wie sich die europäischen Experten benahmen. Ich sagte mir, kein Europäer oder sonst irgendein Boss im freien Kenia soll zu mir unhöflich sein, ich werde meinen Mund halten. Da kommt nun ein europäischer Techniker, während ich einen afrikanischen Praktikanten bediene. Er verlangt, daß er sofort bedient werde. Er möchte eine Rolle Toilettenpapier. Ich sagte ihm, er solle bitte warten, bis er an der Reihe sei. Da sagte er *Shenzi*. Ich nahm ein Kugellager und warf es nach ihm, und es traf ihn mitten ins Gesicht. Ich wurde vor den afrikanischen Manager und einige der weißen Bosse gerufen. Der angehende Ingenieur war ein gerechter Zeuge. Aber anstatt den *Kaburu* zu rügen, wurde ich entlassen . . ., ohne Berufung . . ., da sagte ich mir, ich will nach Ilmorog zurückgehen und sehen, was dort los ist!«
»Du hast ja wirklich ein Wanderleben hinter dir . . .« Sie sprachen sehr höflich miteinander, vermieden die Gegenwart, vermieden ihre gemeinsame Vergangenheit, schoben Fragen und Antworten beiseite. Munira und Wanja war klar geworden, daß Karega sich verändert hatte, aber in welcher Richtung er anders geworden war, konnten sie nicht sagen. Das einzige, was sie sahen, war, daß er sich von ihnen unterschied. Lucy brachte Fleisch auf einem Tablett, und sie aßen schweigend.
»Was wirst du in Ilmorog tun? Oder bist du nur auf der Durchreise?«

fragte Wanja. Was er von der Zuckerfabrik in West-Kenia erzählt hatte, enthielt den allzu bekannten Ton kürzlicher Ereignisse.

»Ein Arbeiter ist nirgendwo zu Hause . . . Er gehört überall und nirgends hin. Bekomme ich eine Arbeit, tue ich sie . . . Meinen einzigen Besitz – meine Arbeitskraft und meine Hände – habe ich immer bei mir. Ein bereitwilliger Käufer . . ., ein Verkäufer, der verkaufen muß . . . So ist das Leben unter diesem System.«

»Ja . . ., so ist das Leben«, erwiderte Munira wie ein Echo, ohne die volle Tragweite der Worte zu erfassen.

Schweigend aßen sie weiter. Karega und Wanja vermieden es, sich in die Augen zu sehen. Sie bat die Männer, doch noch etwas zu trinken. Sie goß ihnen ein, um was sie gebeten hatten – Theng'eta und Whisky. Nachdem sie leergetrunken hatten, meinte Karega, daß es an der Zeit sei zu gehen. Munira stimmte ihm zu. Wanja sagte gar nichts. Sie überdachte wieder und wieder die Geschichte, die Karega erzählt hatte, und es schien, daß sie in den wesentlichsten Punkten genau mit dem übereinstimmte, was in Ilmorog geschehen war. Sie erhoben sich und wollten gehen. Sie stand auf, um sie zur Tür zu begleiten. Dann trafen ihre Augen diejenigen Karegas, und ein Funke sprang über – ein nackter Augenblick des Sich-Wiedererkennens.

»Setzt euch«, bat sie. »Bitte . . .« Sie nahmen ihre vorherigen Plätze wieder ein. Noch einmal füllte sie ihre Gläser. Sie selbst nahm einen Gin-Tonic.

»Ich trinke eigentlich nicht . . .«, begann sie langsam und etwas zögernd. »Aber ich werde euch Gesellschaft leisten. Nun, ich brauche auch Gesellschaft . . . Ich freue mich aufrichtig, dich wiederzusehen . . ., ich habe viel über dich nachgedacht. Einmal dachte ich, du müßtest tot sein, oder es müßte dir etwas widerfahren sein. Meine Großmutter . . ., sie war immer davon überzeugt, daß du zurückkehren würdest. Ich nehme an, sie hat nicht gewußt, daß du mich, nun, uns alle unter diesen veränderten Umständen wiederfinden würdest. Du hast uns ein wenig von dir selbst erzählt . . ., von deinen Reisen. Ohne Zweifel fragst du dich, was aus uns geworden ist. Ich werde es dir erzählen, aber ich muß dir offen sagen, nur einen Teil davon – um deiner selbst willen. Ich kann sehen, daß . . ., nun . . ., daß dein Interesse und deine Fürsorge für Menschen in deinem Herzen nicht erloschen sind. In deinen Augen brennt ein Feuer . . . Ein Funken . . . Illusionen. Es kann sein, daß du mir Vorwürfe machst, mich beschuldigst . . . Ich verlange weder Mitleid, noch Vergebung, noch irgendeine verständnisvolle Entschuldigung. Diese Welt . . ., dieses Kenia . . ., dieses Afrika kennt nur ein Gesetz. Friß, oder du wirst gefressen. Entweder du sitzt oben, oder der andere sitzt auf dir. Wie du bin auch ich auf der Wanderschaft gewesen, auf der Suche nach ich weiß nicht was; aber zwei Dinge habe ich umsonst gesucht: ich habe verzweifelt ein Kind gesucht . . ., ein eigenes Kind . . . Weißt du, was es für eine Frau bedeutet, wenn sie kein eigenes Kind hat? Als Mwathi noch hier war, bin ich zu ihm gegangen. Seine Stimme hinter der Trennwand sagte . . . Frau, du hast gesündigt – bekenne! Ich konnte es ihm nicht sagen. Ich brachte es einfach nicht über mich, ihm zu sagen, daß ich einmal schwanger gewesen war, daß ich ein Kind hatte . . ., daß die Welt sich plötzlich bedrohlich und unbezwingbar vor einem Mädchen auftürmte, das eben die Schule verlassen und von zu Hause weggelaufen war, daß . . . daß . . . daß ich mein Neugeborenes in eine Latrine warf . . . Jetzt habe ich es gesagt . . . ich habe noch nie mit einem einzigen Menschen darüber gesprochen.«

Munira und Karega schreckten beide auf. Es war so schockierend, weil das Geständnis völlig unerwartet kam. Es entstand eine peinliche Stille. Sie vermieden beide, ihr in die Augen zu sehen. Aber mit unveränderter Stimme fuhr sie fort.

»Ich war sehr jung. Ich will mein Tun damit nicht entschuldigen. Für mich schien das damals der einzige Ausweg zu sein – denn wie, so fragte ich mich, sollte ich es versorgen? Woher würde ich Nahrung und Kleidung für das Kind nehmen? Später fühlte ich die Schuld schwer auf mir lasten. Jede Nacht . . ., manchmal sogar noch heute, höre ich das zarte Weinen des Kindes . . . Ich habe versucht, dafür zu büßen . . ., ich habe Gott gebeten, mir noch einmal eine Chance zu geben . . ., noch eine Chance . . ., aber es ist noch nie etwas daraus geworden . . . Ich habe sogar versucht, mit diesem Leben Schluß zu machen . . . Gott weiß, daß ich es versucht habe . . . Aber jedes Mal ist etwas geschehen, das meinenn Wunsch zu entfliehen vereitelt hat.

Das andere, wonach ich gesucht habe, war Liebe . . ., auch das ist mir versagt geblieben . . ., außer . . . außer . . . ich werde es sagen – aber denke bitte nicht, daß ich etwas erbitte oder verlange – außer mit dir. Damals fühlte ich, wie mir meine Würde als Frau wiedergeschenkt wurde . . ., ich fühlte mich akzeptiert, so wie ich war . . . Zum ersten Mal konnte ich lieben, ohne die Last der Schuld oder die Belastung des ständigen Suchens zu empfinden. Dann bist du weggegangen . . . Ich habe mich in mich selbst zurückgezogen . . . Gott weiß, daß ich die Wahrheit spreche . . . Ich wollte ehrlich leben, ein ehrliches Gewerbe

treiben, einen ehrlichen Profit machen, wenn das möglich war. Theng'eta . . ., auch Erinnerungen waren damit verbunden . . .
Und dann geschah etwas . . . Meine Großmutter starb . . . Ich mußte das Land zurückkaufen . . ., ich fühlte, daß es das Richtige war . . . Ich verkaufte das Haus und stellte weiter Theng'eta her . . . Eines Tages ging ich an den Ort, wo dieses *utamaduni*-Dorf gebaut worden war. Bist du schon dort gewesen? Das mußt du unbedingt tun. Frauen gehen dort hin und singen unsere einheimischen Lieder und tanzen für weiße Touristen . . ., sie werden dafür bezahlt – nun, das ist eine andere Geschichte – wie dem auch sei, ich ging hin, und wen fand ich dort? Nderi wa Riera . . . und jenen Deutschen, dem ich in Nairobi einmal begegnet war. Ich durchlebte von Neuem die Angst und das Zittern jener Nacht . . ., fast fing ich an zu schreien . . ., bis mir klar wurde, daß er mich nicht erkannte. Er ist einer der Besitzer des Touristendorfes – es gibt dort Hütten, die so gebaut sind, wie sie sich unsere Hütten aus der Zeit vor den Europäern vorstellen. Unser *utamaduni* – unsere Kultur . . . ein Museum . . . für die, zum Anschauen! Ich ging dann weiter und dachte über diese seltsame Begegnung nach. Später ging ich zu Mzigo. Es war eine Verordnung erlassen worden, daß alle Hersteller von alkoholhaltigen Getränken eine Lizenz erwerben mußten. Ich dachte, Mzigo würde mir dabei behilflich sein, weil wir ihm ja unser Haus verkauft hatten. Schließlich war der Markt in Ilmorog groß genug für zwei Getränkehersteller. Er fühlte sich sehr unbehaglich . . ., war sehr ausweichend. Schließlich reichte er mir ein Stück Papier zum Lesen . . ., mein Englisch ist nicht sehr gut . . ., aber ich verstand genug, um zu wissen, was die Schrift an der Wand bedeutete.

> Vereinbarung vom . . . Zwischen der Kreisbehörde Chiri (im Folgenden genannt der Lizenzgeber) einerseits und der »International Liquor Manufacturers (Kenya Ltd.)« (im Folgenden genannt der Lizenznehmer) andererseits, wird folgende Vereinbarung getroffen: Nach Begleichung der hiermit festgelegten Lizenzgebühren, gewährt der Lizenzgeber dem Lizenznehmer die alleinige Erlaubnis, in Übereinstimmung mit dem Patent Nr. ROB 10000, Theng'eta herzustellen.

Und die Direktoren dieser kenianischen Tochterfirma waren Mzigo, Chui und Kimeria. Es war mir fast unmöglich, diese Wendung des Schicksals zu akzeptieren . . . Ich weiß nicht einmal mehr, wie ich wieder hierher zurückkam . . . Aber dann begann ich nachzudenken . . .

Kimeria, dessen Reichtum damit begonnen hatte, daß er als Home Guard die Leichen der von den Engländern umgebrachten Mau-Mau-Kämpfer transportierte, dieser Mann lebte und bereicherte sich nach wie vor . . . Kimeria, der mein Leben ruinierte und mich später demütigte dadurch, daß er mich auf der Reise in die Stadt gezwungen hatte, mit ihm zu schlafen . . ., dieser selbe Kimeria war einer von denen, die aus dem neuen wirtschaftlichen Aufschwung von Ilmorog ihren Nutzen ziehen würden. Warum, warum? fragte ich mich, warum, warum? Hatte er nicht ebensosehr gesündigt wie ich? Und so wurde mir in einer Nacht die volle Tragweite jenes Gesetzes bewußt. Friß, oder du wirst gefressen. Hast du eine Möse – entschuldigt meine Sprache, aber Adams Eva scheint dies als Fluch all denen mitgegeben zu haben, die damit zur Welt kommen – wenn man mit diesem Loch geboren wird, dann sollte es eine Quelle des Stolzes sein, aber anstatt dessen wurde man vom Schicksal dazu vorherbestimmt, jemanden zu heiraten oder eine Hure zu sein. Du frißt, oder du wirst gefressen. Wie wahr hat sich das erwiesen. Ich beschloß zu handeln und baute so schnell ich konnte dieses Haus . . ., nichts würde ich in Zukunft umsonst hergeben. Ich habe viele Zimmer, viele Eingänge und vier Gärten . . . Ich habe junge Mädchen eingestellt . . ., das war nicht schwierig . . ., ich versprach ihnen Sicherheit . . ., und dafür lassen sie mich ihren Körper verkaufen . . . Was ist schon anders daran, ob du dich nun auf einer Plantage oder in einer Fabrik abmühst oder auf deinem Rücken liegst? Ich habe eine Auswahl verschiedener Mädchentypen für die jeweiligen Geschmäcker der Männer. Manche mögen kleine oder große, mütterliche oder religiöse, freundliche, grobe, hartgesottene oder eine andere Nationalität . . ., alle habe ich hier . . . Und ich? Ich auch! ich habe mich nicht geschont . . . Es ist die einzige Möglichkeit, mich an Chui, Mzigo und Kimeria zu rächen . . . Ich gehe jetzt mit jedem von ihnen. Ich spiele sie gegeneinander aus . . ., das ist ganz leicht, denn ich empfange sie nur auf Anmeldung. Wenn es Streit gibt – die Mädchen wissen, was sie zu tun haben . . ., seltsam . . ., sie bezahlen . . ., sie bezahlen für ihre Rivalität um mich . . ., jeder möchte, daß ich die Einzige für ihn sei.

Was mich angeht, so ist es ein Spiel . . ., ein Spiel um Geld . . . Du frißt, oder du wirst gefressen . . . Jetzt kann ich überall hingehen, wo ich will . . ., auch in ihre teuersten Clubs. Sie sind stolz darauf, mit mir gesehen zu werden . . ., selbst für eine Nacht . . ., und sie bezahlen dafür . . . Ich mußte ganz hart sein . . . Es ist der einzige Weg . . ., der einzige . . . Schaut euch Abdulla an . . . Was ist von ihm übrigge-

blieben? Verkauft Obst ... Apfelsinen und Schaffelle ... Nein, nie wieder werde ich in die Herde der Opfer zurückkehren ... Nie ... Niemals wieder.«
Der Ton ihrer letzten Worte war wild und schrill gewesen, als antwortete sie auf Zweifel, die in ihrem Herzen laut geworden waren. Karega spürte den Zweifel und schaute sie jetzt aufmerksamer an. In ihrem Gesicht war eine Härte, durch die er nicht mehr hindurchsehen konnte. Er fühlte die nadelscharfe, rücksichtslose Wahrheit ihrer Aussage – friß, oder du wirst gefressen. Hatte er das nicht erlebt, seitdem er damals gezwungen worden war, die Schule zu verlassen? Hatte er nicht selbst diese Wahrheit in Mombasa, Nairobi und auf den Tee- und Kaffeeplantagen durchlebt? In den Weizen- und Zuckergroßanbaugebieten und den Zuckerfabriken? So sah die Gesellschaft aus, die sie aufbauten, genau dies war die Gesellschaft, die sie seit der Unabhängigkeit aufgebaut hatten – eine Gesellschaft, in der einige wenige Schwarze, alliiert mit Interessen aus Europa, das koloniale Spiel weitertrieben, andere ihres Schweißes beraubten und ihnen das Recht verweigerten, an der Luft und im Licht der Sonne zu ihrer vollen Blüte heranzuwachsen.
Und plötzlich schaute er nicht mehr sie an, sondern er sah zahllose andere Gesichter an vielen verschiedenen Orten, überall im Land. Friß, oder du wirst gefressen. Du lebst auf Kosten anderer, oder sie leben auf deine Kosten. Warum? Warum? Etwas lehnte sich in seinem Herzen dagegen auf – tief in seinem Inneren konnte er die rücksichtslose Logik ihrer Position und Aussage nicht akzeptieren. Entweder. Oder. Entweder. Oder. In einer Welt von Raubtieren und Gejagten wurde man entweder selbst zum Raubtier, oder man blieb ein Opfer. Aber es gab einige, wenn man genau hinschaute, die Mehrheit, denen dies unmöglich war, die niemals die Fänge oder die Klauen eines Raubtiers sich zu eigen machen würden. Aber wie sah dann eine mögliche Alternative zu der von ihr geäußerten Wahrheit aus?
»Nein, nein«, hörte er sich sagen. »Es gibt noch eine andere Möglichkeit – es muß noch andere Wege geben.« Und plötzlich, in jenem Augenblick, in dem er wie im Licht eines Blitzes all die Orte vor sich sah, an denen er gewesen war, wurde ihm klar, welches die Kraft war, die er gesucht hatte; die Kraft, die alles verändern und die Grundlage für eine neue Ordnung schaffen würde.
»In dieser Welt?« fragte sie fast verächtlich.
»Müssen wir denn diese Welt ertragen, so wie sie ist? Gibt es nur eine Welt? Dann müssen wir eine andere Welt schaffen, eine neue Erde«,

brach es aus ihm heraus, und er sprach zu den unzähligen Gesichtern, die er gesehen und mit denen er auf seinem Weg von Kilindini über die Zentralregion bis nach Westkenia gearbeitet hatte.

»Hm! eine andere Welt!« murmelte sie.

»Ja. Eine andere Welt. Eine neue Welt«, wiederholte er.

»Wir müssen gehen!« äußerte Munira unvermittelt und ziemlich laut, dabei stand er auf. Er griff nach der Tür und eilte wie von einem Dämon getrieben hinaus.

Karega ging zur Tür, zögerte dann und schaute auf Wanja zurück. Sie war weder aufgestanden, noch hatte sie den Kopf gehoben. Sie blieb sitzen, wo sie war; unter dem Schein des elektrischen Lichtes, das auf sie fiel, war sie wahrhaftig ihrer aller Königin; sie hielt den Kopf leicht geneigt, und unter dem bläulichen Licht ihrer Schöpfung schien es, als laste der angesammelte Reichtum wie ein schweres Gewicht auf ihr, als würde sie und ihr Schatten von dem mit Rubinen und Juwelen besetzten Band, das sie um den Hals trug, zu Boden gezogen, so daß sie nicht aufstand, weder um sie zu verabschieden, noch um die Türe zu schließen.

Karega ging hinaus. Draußen konnte er Munira nicht mehr finden, aber er wandte sich entschlossen dem Zentrum der Stadt zu, dem Herzen von Neu-Ilmorog, wo Licht und Rauch und das Dröhnen einer entfernten Maschine ankündigten, daß Arbeiter auf Nachtschicht ihre Kameraden wieder einmal abgelöst hatten, damit die Fabrik niemals aufhörte, das Gebrüll ihres Stolzes und ihrer Macht über Ilmorog auszustoßen.

Bei sich zu Hause warf sich Munira aufs Bett und wiederholte: Eine andere Welt, eine neue Welt. Könnte das wirklich wahr sein? Wäre es möglich?

ZWÖLFTES KAPITEL

1

»Und was soll dieses ziemlich ... äh ... ziemlich poetische Gerede bedeuten, Mr. Munira?«

Munira lehnte sich über den Tisch, um zu sehen, was der Beamte meinte, was er aus der Menge des Geschriebenen ausgesucht hatte. Munira war erleichtert, daß er ihm nach nunmehr neun Tagen der Isolation Auge in Auge gegenüberstand.

»Oh, eine neue Erde, eine andere Welt?« fragte Munira seinerseits und setzte sich wieder auf die harte Bank zurück. Er empfand unendliches Mitleid mit dem Beamten, als er ihn aufmerksam anschaute und den weltlichen Schleier der Unwissenheit sah, der sein Gesicht bedeckte und es hart erscheinen ließ – weit entfernt von dem, was Munira als die vordringlichste Voraussetzung für die Erkenntnis von Sünde und die Erlösung durch Gnade ansah.

»Ja«, sagte der Beamte mit jenem zurückhaltenden, toleranten Ausdruck der Langeweile in den Augen. »Was hat es Ihnen an jenem Abend bedeutet?«

Munira dachte eine Weile nach. Er durchlebte noch einmal jene Szene vor zwei Jahren in Wanjas blauerleuchtetem Wohnzimmer am Abend von Karegas unerwarteter Rückkehr – ihm war, als erhebe dieser juwelengeschmückte, miniberockte Körper, der so einsam und so weit entfernt schien und doch für ihn jetzt die Macht des satanischen Bösen darstellte, als erhebe dieser sein Haupt und durchstäche seine Schwäche, seine zerbrechliche Verteidigung. Ich bin es, ich bin es, o Herr, hörte er seine innere Stimme rufen, und er fühlte sich sicherer und besser in der Lage, dem Polizeibeamten gegenüberzutreten. Er war nun den zehnten Tag im Untersuchungsgefängnis. Mit einigem Grauen hatte er diesem zweiten Besuch entgegengesehen, doch hatte er zeitweise auch fieberhaft darauf gewartet und sich auf seine Entlassung aus der Gefangenschaft gefreut – und doch, als dann die Zeit für eine zweite Begegnung gekommen war, hatte er Überraschung gezeigt, wollte die endgültige Gegenüberstellung auf einen anderen Tag verschieben. Nach seinem üblichen Haferbrei-Frühstück in einer emaillierten Blechschüssel kam der Polizist und führte ihn, anstatt ihn wieder in die Zelle einzuschließen oder ihn in den Hof hinauszulassen, direkt zu dem kahlen Schreibtisch und den kahlen Wänden, die sich Büro nannten. Munira protestierte, er habe das Dokument noch nicht fertig, sein

Protest klang jedoch ziemlich schwach, weil er der ganzen Sache müde geworden war. Inspektor Godfrey hatte seine Einwände überhört und hatte begonnen, Fragen zu stellen. Mechanisch durchblätterte er Muniras Gefängnisnotizen.

»Diese . . . diese neue Welt . . ., was war das? Sie beziehen sich immer wieder darauf . . .«

Munira versuchte es. Ihm selbst war immer alles klar erschienen, außer wenn er versucht hatte, die Vision jemand anderem weiterzugeben. Und nun wurde ihm mit wachsender Verzweiflung bewußt, wie schwer die vor ihm liegende Aufgabe war – wie konnte man jemand, der die korrupten Gesetze einer korrupten Welt verwaltete, von der überwältigenden Notwendigkeit höherer Gesetze, die rein, ewig, absolut und unwandelbar waren, überzeugen? Wie kam es, daß selbst die Klügsten im Reich dieser Welt nicht erkennen konnten, was den Augen eines Kindes offenbar war? Das Lied, das sein Leben und Denken verändert hatte, schwang wie eine beständige Melodie im Nervenzentrum seines geistigen Seins:

waltete, von der überwältigenden Notwendigkeit höherer Gesetze, die rein, ewig, absolut und unwandelbar waren, überzeugen? Wie kam es, daß selbst die Klügsten im Reich dieser Welt nicht erkennen konnten, was den Augen eines Kindes offenbar war? Das Lied, das sein Leben und Denken verändert hatte, schwang wie eine beständige Melodie im Nervenzentrum seines geistigen Seins:

Tukiacha dhambi, Mfalme mwema
Hata tukifa, Tutawala tena
Halleluya, Halleluya
Hata tukifa, Tutawala tena.

Wenn wir aufhören zu sündigen, guter König,
Dann werden wir zu neuem Leben erwachen,
Halleluja, Halleluja
Selbst, wenn wir sterben.

Am liebsten hätte er es laut gesungen, aber statt dessen war er unversehens dabei, von seinem neuentdeckten Land zu erzählen.

»Verstehen Sie, es kam nicht plötzlich. Aber seine Worte, die mitten in diesem parfümierten Schmutz, nach fünf Jahren Exil und Wanderzeit aus seinem Munde kamen, waren auf seltsame Weise beunruhigend. Aus dem Mund der Unmündigen und Kinder, sagt der Herr.

Und dazu noch nach jener Geschichte, nach den gequälten Selbstenthüllungen einer sündigen Frau. Ich glaube nun daran, daß sich uns das Wort Gottes nicht im Kontext unserer eigenen Wahl offenbart. Ich hatte es, dieselben Worte, ja schon aus dem Munde von Ironmonger gehört, von meiner Frau, von meiner Mutter, aber ich hatte nie etwas damit anfangen können. Eine neue Erde, eine veränderte Welt. Ich überdachte sie immer wieder von neuem in meinen Herzen. Danach konnte ich nicht mehr in Ruhe Theng'eta trinken. Mein Körper verlangte nach fünfjährigr Gewöhnung danach, aber mein Herz war nicht mehr dabei. Ganz tief in Wanjas Geschichte und in ihren Erlebnissen lag eine Ungerechtigkeit verborgen, die nicht zu begreifen war. Ich kannte jetzt ihre Geschichte und doch . . . doch . . . Das Unterrichten wurde noch ermüdender, denn wie konnte ich ihnen beibringen, sich in einer Welt, die ich abzulehnen begann, zurechtzufinden, in einer Welt, die von Grund auf unlogisch und böse war? Wie konnte ich folgendes erklären: daß Ironmonger durch Cambridge Fraudsham ersetzt wurde, daß Fraudsham durch Chui ersetzt wurde, daß Chui eine Fabrik in Ilmorog besaß, daß er einer der Liebhaber Wanjas war, daß er Bier mit einem Werbeslogan verkaufte, den ich erfunden hatte? Wie . . . wie . . . wie konnte es geschehen, daß Wanja vor Kimeria geflohen war, nur um ihm noch verhängnisvoller in die Arme zu laufen? Auch er war jetzt ihr Liebhaber. Und Mzigo . . . und Karega . . . und das Zerbrechen jenes Ilmorog, das ich gekannt hatte? Alles schien unverständlich. Abdulla hatte für die Unabhängigkeit gekämpft . . . er verkaufte jetzt Apfelsinen und Schaffelle an Touristen und trank Theng'eta, um den Zwangsabbruch seines Ladens zu vergessen. Ja. Nichts war mehr verständlich. Erziehung. Arbeit. Mein Leben. Zufälle. Auch ich war ein Zufall. Ich war ein Fehler, der dazu verdammt war, als Zuschauer am Fenster eines hohen Gebäudes zu stehen. Ich begann, zur Kirche zu gehen. Die anglikanische Kirche von Neu-Ilmorog war mit Spenden von Christen aus Kenia und von Kirchen aus dem Ausland erbaut worden; es war ein eindrucksvolles Gebäude, nur einige Meter von den Überresten der einst stolzen Heimstatt von Mwathi wa Mugo entfernt, was nun, wie Sie sehen können, ein archäologisches Museum geworden ist.

Pfarrer Jerrod Brown war das Haupt und der geistliche Hirte dieser neuen anglikanischen Gemeinde in Ilmorog. Draußen waren immer viele Autos geparkt – alle Marken aus der ganzen Welt. Ich hörte mir an, wie er seine vorbereiteten Predigten hielt, die Leute belehrte, daß sie nicht zu viel trinken sollten, daß es zu viele Ehescheidungen gäbe, daß man zu schnell Auto fahre, daß man für die Kirche spenden solle, und hörte, wie er anschließend weitere Unterlassungs- und Begehungssünden aufzählte. Der Inhalt der Gebete hatte sich nicht verändert, abgesehen davon, daß es jetzt anstatt ›König‹ ›Präsident‹ hieß. Einmal wollte ich zu ihm hingehen und ihm sagen, ich bin der und der, Sohn des so und so, den Sie einmal hungrig von Ihrer Tür gewiesen haben. Nun hungert mich nicht nach irdischer Nahrung, ich brenne in einer Hölle geschmolzenen Feuers – helfen Sie mir. Ich erinnerte mich jedoch an mein Erlebnis in seinem Haus in Blue Hills und hatte das Gefühl, er könnte mit seiner geistlichen Diät ebenso geizig sein. Ich ging jedoch weiterhin zur Kirche. Schuldgefühle lasteten auf mir, als ob ich zu Wanjas Erniedrigung und dem Bösen in der Welt beigetragen hätte, und ich fühlte ein großes Verlangen nach Vergebung. Einmal schrieb ich sogar meiner Frau. Ich sagte ihr, daß ich am Anfang der Erkenntnis stünde, daß ihr Weg tatsächlich der richtige Weg sei. Geh deinen Weg bis zum Ende, schloß ich und zerriß dann alles wieder. Manchmal ging ich zu Abdulla, dorthin, wo er den Vorüberfahrenden an der Trans-Afrika-Straße und den Touristen Apfelsinen und Schaffelle und Pilze verkaufte. Verstümmelt. Wanja hatte einmal gesagt, daß wir alle Abdulla glichen, nur daß anstatt unserer Gliedmaßen unsere Seelen verstümmelt seien.

Zu jener Zeit hörten wir die schreckliche Nachricht – der Rechtsanwalt war ermordet worden. Man hatte ihn aus einem großen Hotel geholt und ungefähr eine Meile außerhalb von Blue Hills erschossen und den Hyänen zum Fraß liegengelassen. Zum ersten Mal seit langer Zeit trafen sich Karega, Wanja, Abdulla und Njuguna wieder. Wir hatten es nicht geplant – es kam nur wie von ungefähr, daß wir alle zu Njugunas Haus mit dem Blechdach kamen. Seine Frau bot uns Milch an, und niemand trank davon. Wir unterhielten uns über alles auf der Welt, nur nicht über den Mord an dem Rechtsanwalt. Außer Njuguna. Die Worte schienen seinen Lippen entflohen zu sein: ›Und es geschah auf derselben Straße, der wir einst auf unserem Weg in die Stadt gefolgt waren.‹

Niemand antwortete. Warum, so fragte ich mich, warum mußte man einen Mann ermorden, der nur den Armen geholfen hatte? Er hatte alle *Harambee*-Unternehmen im Lande unterstützt – er wahr wohlhabend gewesen, aber er hatte versucht, seinen Reichtum ohne Ansehen von Klasse, Religion oder Stammeszugehörigkeit zu teilen. Wie? Warum? Jeder von uns ging in seine Behausung zurück, und ich fragte mich: Kann ich denn zusehen, wie dieser Fehler weiterbestehen bleibt, draußen steht, vor dem Tor zu allem Geschehen, ich, als Lehrer? Ich stand am Rande einer Entscheidung. Und an jenem Sonntag ging ich nicht zur Kirche. Ich haßte plötzlich Jerrods Stimme, seine Predigten und seine Gebete. Ich ging aus meinem Haus und auf den Bergrücken von Ilmorog zu und war bereit, dem Fehler, dem Versehen, durch ein anderes Versehen ein Ende zu setzen. Das Spiel konnte so nicht weitergehen. Und dann sah ich plötzlich jene Gruppe. Sie waren in weiße *kanzus* gekleidet und hatten Trommeln bei sich. Neugierige Kinder und ein paar Männer und Frauen standen um sie herum. Ich blieb stehen, um zuzuhören. Sie predigte nun, und ihre Stimme schnitt mir ins Herz: Wir haben alle gesündigt, und die Herrlichkeit des Herrn ist uns nicht zuteil geworden. Ich traute meinen Augen nicht – es war Lillian, eine verwandelte Lillian, die eine Gruppe von Männern und Frauen im Gebet und im Predigen anführte und in Zungen redete. Sie sprach von einer neuen Erde, einer veränderten Welt, die keine Klassen noch Clans kannte, in der Arme und Reiche gleichgestellt waren, wenn sie das ewige Gesetz Gottes für sich angenommen hatten. Nicht die Kirchen, nicht das Wissen, nicht die Stellung, nicht die guten Werke – nur das Annehmen im Glauben, und siehe – ein neuer Himmel und eine neue Erde. Ich zitterte. Es war zu einfach. Und doch, gab es sonst irgend etwas anderes, das wahr und sinnvoll gewesen wäre? Wir haben alle gesündigt, und die Herrlichkeit des Herrn ist uns nicht zuteil geworden. Sie sprach mit der Vollmacht vieler vergangener Stimmen, mit der Vollmacht vieler zukünftiger Stimmen, sie sprach von einer kommenden Welt. Nur annehmen, nur annehmen – mein Herz schlug im Rhythmus ihrer Stimme und der Autorität der Freude, die darin lag. Nicht Wissen, nicht Reichtum, nicht gute Werke – nur Annahme. Das Gesetz. Das ewige Gesetz. Bist du nun breit, dieses neue Leben mit Christus anzunehmen? Mir war, als sei die Frage direkt an mich gerichtet, als könne sie in meinem Herzen lesen. Wie seltsam, daß Lillian gerade an jenem Tag, zu jener Stunde meinen Weg kreuzen sollte. Ich schaute sie an, ich sah ihre Augen und ihre Verwandlung und fragte mich: Woher diese Kraft in ihr, wo sie doch erst neulich noch dieselbe Religion als Teil des Spiels mit der Liebe benutzt hatte? In jenem Augenblick wurde mir alles offenbar. Und ich sah in Wahrheit eine neue Erde, nun, da Christus mein persönlicher Erlöser war. Er würde Berge und Täler einebnen und den Satan zu Boden werfen und das Böse dieser Welt besiegen. Ein neues Leben mit Christus, in Christus. Ich nahm das Gesetz für mich an. Meine Knie zitterten. Ich warf mich demütig zu Boden und schrie: ›Ich nehme an, ich nehme an.‹ Ich fühlte

Tränen der Dankbarkeit und Freude. Die Jahre der Qual und des Zweifelns und des Strebens nach irdischen Freuden waren vorüber . . .«
In Muniras Stimme lag eine ruhige, aber feste Überzeugung, die Inspektor Godfrey fesselte. Er hatte ohne das übliche Gelangweiltsein, das seine untersuchende Beziehung zu Munira charakterisierte, zugehört. Hinter dem Gelangweiltsein versteckte sich natürlich sein fragendes, berechnendes Denken, das die Worte siebte, Sätze, Blicke und Gesten speicherte und gleichzeitig nach einem Stichwort, einem Schlüssel, einem roten Faden, einer Verbindung, einem Bild suchte, das dazu beitragen könnte, aus den vielen Bruchstücken ein Ganzes zu machen. Er fiel seufzend in seinen Stuhl zurück, und das Gelangweiltsein gewann wieder die Oberhand.
»Interessant – sehr interessant. Und doch, Mr. Munira, ich meine, man hat Sie immer in Gesellschaft von Karega oder Wanja oder Abdulla gesehen . . . Ich dachte, daß Sie – bitte entschuldigen Sie meine Neugier – weil Sie nunmehr nicht länger dieser sündigen Welt angehören, daß Sie deshalb . . . nun den Umgang aufgeben und eher die Gesellschaft der frommen . . . Lillian, zum Beispiel, suchen würden.«
»Sie verstehen das nicht richtig. Es ist uns auferlegt, andere zum Licht zu führen. Ich wollte, daß jeder von ihnen diese neue Welt entdecken würde . . .«
»Mr. Munira . . . stimmt es nicht . . . entschuldigen Sie noch einmal, wenn ich ein wenig verwirrt bin . . . stimmt es nicht, daß auch Karega von einer neuen Welt sprach, wenn er mit den Arbeitern redete?«
»Ja, genau«, sagte Munira aufgeregt. »Sie folgen mir, Sie beginnen zu sehen. Ich wollte ihn retten . . . Ich wollte ihn zuerst davor retten!«
Inspektor Godfrey packte plötzlich den Tisch mit beiden Händen und unterbrach ihn mit heiserer Stimme:
»Davor . . . was . . . was meinen Sie damit?«
»Seine Träume . . . seine teuflischen Träume und Illusionen . . . ihn retten vor der Sünde, der keine Vergebung zuteil wird . . .«
»Welche Sünde? Bitte, Mr. Munira, sprechen Sie nicht in Gleichnissen! Welche Pläne? Welche Sünde? So reden Sie doch . . . und zwar ein bißchen schnell.«
Die Unterlippe des Beamten zitterte. Er war wie ein Jagdhund auf einer heißen Fährte.
Munira schaute ihn an, sah seine blutunterlaufenen Augen und sagte:
»Nun, vor der Sünde des Stolzes natürlich. Davor, daß er dachte, er und seine Arbeiter könnten das Böse ändern . . . könnten diese Welt verändern . . .«

Der Beamte atmete tief aus und war plötzlich erschöpft. Er hatte die Fährte verloren, und am liebsten hätte er diesen frommen Fanatiker, der dazu noch Lehrer war, aus dem Büro geworfen.
»Hat er gesagt, wie er beabsichtigte, die Welt zu verändern, abgesehen vom Anzetteln von Streiks, Bummelstreiks, Arbeit nach Vorschrift und all diesem kommunistischen Unsinn?«
»Ich spreche nur über seinen Stolz. Sein Hochmut, auch nur daran zu denken, daß sich ein Mensch – ohne Gottes Hilfe durch Christus – ändern könne, die Welt ändern, sie verbessern könne.«
»Ich verstehe jetzt, was Sie mit *davor* meinten. Aber ich glaube, das war nur das erste, was Sie erwähnten . . . vor welchem Bösen wollten Sie ihn sonst noch retten?«
»Vor ihr!«
»Wem?«
»Wanja.«
»Was wollen Sie damit sagen?«
»Er hatte begonnen, sie heimlich zu besuchen. Ich bin ganz sicher.«
»Wie?«
»Ich habe ihn gesehen.«
»Wann?«
»Ungefähr eine Woche vor dem Brand. Sie trafen sich in ihrer alten Hütte. Aber Abdulla . . .«
Der Beamte war aufgesprungen. Seine Lippen zitterten. Er starrte Munira an.
»Sind Sie sicher, ganz sicher?«
»Ja. Ich habe sie gesehen. Ich habe sie gesehen«, sagte er ruhig, aber gleichzeitig schoß ihm ein Zweifel durch den Kopf. Angenommen, dachte er und wollte noch etwas zu dem Gesagten hinzufügen, als der Beamte plötzlich wieder aufstand und zur Tür eilte. Er hatte die Fährte wieder aufgenommen, und diesmal war er entschlossen, sie nicht wieder zu verlieren.
Munira rief hinter ihm her: »Halt . . . warten Sie . . . ich bin noch nicht fertig.«
Der Beamte schaute über die Schulter zurück und wartete, seine Beine waren sprungbereit, um die Jagd wieder aufzunehmen. Munira kam näher.
»Was haben Sie ihm angetan? Was haben Sie mit Karega gemacht?«
»Dummer Narr«, zischte der Beamte und rief einen Befehl. »Bringt ihn zurück . . . ich werde mich später noch einmal mit ihm befassen.«
Und er eilte weiter in die anderen Zellen.

2

Für Karega war der Morgen seiner Festnahme vor zehn Tagen doppelt bitter gewesen, denn er hatte kurz zuvor die Sechs-Uhr-Frühnachrichten gehört, nur um daraus zu erfahren, daß wegen der gespannten Lage in Ilmorog nach dem Mord an Kimeria, Chui und Mzigo der geplante Streik verboten worden war. Sie ergreifen immer die Partei der Unternehmer, dachte er mit aufkommendem Zorn. Ich wußte, daß sie den Mordfall als Entschuldigung nehmen würden, um den Streik zu verbieten und um damit der kaum flügge gewordenen Arbeiterbewegung einen neuen Schlag zu versetzen.

Einen ganzen Tag und eine Nacht verbrachte er in einer Einzelzelle. Er fragte sich, welche erfundenen Anklagepunkte sie wohl gegen ihn vorbringen würden. Er war erst einmal im Gefängnis gewesen – damals, als er und Munira und Abdulla eine »Esel«-Delegation in die Stadt angeführt hatten. Der Rechtsanwalt hatte sie dann aus dem Gefängnis geholt. Wie lange es doch schon her war, dachte er. Und der Rechtsanwalt war ermordet worden. Er hatte ihn nie ganz verstanden, den Rechtsanwalt – er hatte echte Liebe für die Menschen empfunden, er hatte wie kaum jemand anders die Fähigkeit besessen, den Lauf der Geschehnisse zu erkennen und sogar zu analysieren – und trotzdem . . . Besitz und die damit verbundene gesellschaftliche Macht und Autorität schien ihn zu faszinieren. »Verstehst du«, hatte er einmal Karega erklärt, »an meiner Ausbildung oder an meinen beruflichen Qualifikationen kann niemand etwas auszusetzen finden; auch wegen meines Einsatzes im Unabhängigkeitskampf können sie mir nichts anhaben – als Junge hatte ich den *batuni*-Eid abgelegt und war Nachrichtenüberbringer zwischen den verschiedenen kämpfenden Einheiten gewesen. Ich trug eine Pfadfinderuniform und konnte deshalb unbehindert überall hingehen. An meinem Besitz können sie auch nichts aussetzen. Sie können nicht sagen, ich sei ein *Kaggia*. Deshalb kann ich furchtlos für die Armen sprechen und für Land- und Besitzreformen eintreten – ich kann dem, was eine Person an Besitz anhäuft, Grenzen setzen . . ., ein Mann – ein Kiosk . . . so ähnlich; oder: ein Feld – ein Mann, ein Job – ein Mann, und so weiter.«

Sein brutaler Tod hatte Karega einen Schock versetzt und das ganze Land erschüttert. Welche Qualitäten hatte dieser Mann besessen – trotz all seiner Fehler gehörte er doch zu den Mutigsten und Besten unter den vielen mutigen und selbstlosen Persönlichkeiten aus den Reihen der wohlhabenden Männer und Frauen Kenias; angefangen bei einigen der *mbari*-Lords, die um die Jahrhundertwende feudal über ihre Großfamilien geherrscht hatten und die es trotz der Bestechungsversuche mit Glasperlen und Baumwollstoffen und dem Lockmittel der unter dem Protektorat der Weißen verheißenen Macht ablehnten, sich auf die Seite der einfallenden kolonialen Horden zu schlagen, sondern kämpfend mit dem Volk starben, bis hin zu jenen, die sich in den vierziger und fünfziger Jahren trotz Bildung und Besitz weigerten, die Menschen um der Gunst der Engländer willen zu verraten. Oh, wie lange war es jetzt schon her, dachte er wieder, als er sich ins Gedächtnis zurückrief, wie der Rechtsanwalt ihre Entlassung aus der Hauptpolizeistation und ihre Freigabe vor dem Gericht erreicht hatte. Jene Szenen erschienen ihm nun als schwache Silhouetten ferner Landschaften in einem anderen Land. Auch in sich selbst konnte er den Träumer nicht wiedererkennen, der einst endlos über Afrikas vergangenen Ruhm und Afrikas große Feudalkulturen reden konnte, als ob dieses Wissen genüge, um den Schmerz eines hungrigen Tages und den Durst einer Stunde zu stillen oder ein nacktes Kind zu kleiden. Schließlich hatten es die britischen Handelsherren und ihre missionarischen Wahrsager einstmals fertiggebracht, China zu kolonisieren und zu demütigen, indem sie die Chinesen dazu zwangen, Opium zu kaufen und zu trinken; mit Knüppeln schlug man sie nieder, weigerten sie sich, das Gift zu kaufen. Derweilen aber sangen die britischen Gelehrten den Ruhm von Chinas großen Herrscherkulturen, stahlen die Zeugnisse jener Vergangenheit in Form von Gold, Kunstgegenständen und Pergamentrollen und schafften sie nach London. Dasselbe in Ägypten, Indien, Syrien, im Irak . . . selbst in Palästina, wo Gott geboren wurde . . . und all dies Wissen um die Vergangenheit hatte kein einziges Mal die europäischen Handels- und Kriegsherren von ihren Zielen abgebracht. China wurde gerettet, aber nicht durch Sänger und Dichter, die von großen, vergangenen Kulturen sangen, sondern durch den schöpferischen Kampf der Arbeiter für ein besseres Heute. Nein, nicht nur der Ruhm der Vergangenheit eines Volkes war wesentlich, sondern auch der Ruhm seines gegenwärtigen Kämpfens und Mühens, das Unrecht zu beseitigen, das Tränen für viele bringt und nur wenigen ein Lachen. Jenes Ilmorog, dessen Blüte vergangener Zeiten ihn so bewegt hatte, nachdem er Nyakinyuas Erzählung gefolgt war, gab es nicht mehr. Innerhalb von nur zehn Jahren – wie die Zeit dahinflog, dachte er – waren die Bauern von Ilmorog vom Land vertrieben worden – einige hatten sich der Armee von Arbeitern angeschlossen, andere waren halb Arbeiter, halb Bauern, mit einem Fuß auf ihrem Stückchen Land und dem anderen in einer Fabrik, während wieder andere zu armseligen Händlern in Bretterbuden, die nicht einmal ihnen gehörten, entlang der Trans-Afrika-Straße geworden waren; oder aber waren Kriminelle und Prostituierte geworden, die ihre gestohlenen Schußwaffen und überstrapazierten Geschlechtsteile dazu benutzten, um aus jedem – Bauern, Arbeiter, Fabrikbesitzer, Schwarzen, Weißen – unterschiedslos einen zweifelhaften Lebensunterhalt herauszuschlagen. Einige wenige gab es, welche die Geschicklichkeit ihrer Hände benutzten, um Kochtöpfe, *karais,* Wasserbehälter oder Futtertröge für Hühner zu machen; es gab Schuhmacher und Zimmerleute – aber wie lange würden sie es durchhalten können? Sie mußten ja zusehen, wie die organisiertere, in großem Maßstab betriebene Produktion derselben Artikel sie aus ihrem Handwerk vertrieb. Die Hirten hatten ein ähnliches Schicksal erlitten – einige waren gestorben, andere waren noch weiter hinaus in die trockeneren Gegenden verdrängt worden, weg von den neu eingezäunten Tier-Reservaten für die Touristen, und wieder andere waren angeheuerte Arbeiter auf den Weizenfeldern oder auf Farmen, die wohlhabenderen Bauern gehörten, geworden. Und hinter allem, als Denkmal für die vielen Veränderungen, stand die Trans-Afrika-Straße und das zweistöckige Gebäude der African Economic Bank Ltd.

Er hatte diese Veränderungen innerhalb der ersten Tage nach seiner Rückkehr bemerkt und herausgefunden, weil er das Ilmorog von Nyakinyua, das Ilmorog des mythischen Mwathi und das von Njuguna und Ruoro gekannt hatte. Aber wenn er Rückschau hielt auf all die Orte, an denen er gewesen war, konnte er dasselbe Muster erkennen: an einigen Orten entwickelte es sich schnell, an anderen langsamer, aber es tauchte immer und überall auf. Er wußte nicht, wo er sonst hingehen sollte. Noch mehr Ausbildung? Er hatte seine Chance verpaßt, und überhaupt, was gab es für ihn noch zu lernen außer dem, was er mit seinen eigenen Augen und Händen erfahren hatte? Ein Stück Land? Für ihn gab es kein Land – er war in einem Zuhause geboren worden, das kein Land sein eigen nannte. Aber auch jene, die Land besaßen – wie lange noch konnte man es immer weiter aufteilen, so daß jeder Sohn ein Stück erbte? Und überhaupt, warum sollte Erdboden, irgendwelcher Erdboden – und daraus bestand Kenia schließlich – einer Einzelperson gehören? Kenia, die Erde Kenias, war die allen gemeinsam gehörende *shamba,* und es gab keine Voraussetzungen, unter der es richtig sein konnte, daß einige wenige oder ein Volksteil oder Menschen einer Nationalität zu ihrem alleinigen Nutzen das, was allen gemeinsam gehörte, erbten; genausowenig wie Söhne und Töchter ihre Eltern besitzen oder einer sie ausschließlich für sich selbst in Anspruch nehmen könnte. Für ihn war es besser, sich mit seiner Situation abzufinden – da ihm nun als einziger Besitz seine beiden Hände geblieben waren, würde er ihre schöpferische Kraft dem verkaufen, der sie haben wollte, um dann mit all den anderen Händen gemeinsame Sache zu machen und dafür zu sorgen, daß zumindest sie ihren fairen Anteil an dem bekamen, was die Arbeit ihrer tausend und abertausend Finger hervorbrachte.

Auf alle Fälle aber würde und könnte er die statische Vision von Wanjas Logik nicht akzeptieren. Sie war zu skrupellos und konnte nur zur Verzweiflung und eigener oder gegenseitiger Vernichtung führen. Denn was war der Sinn einer Welt, in der man selbst nur dann rein sein konnte, wenn man seinen Schmutz und Kot und Urin an anderen abwischte? Eine Welt, in der man selbst nur gesund bleiben konnte, wenn man seinen Aussatz anderen weitergab? Eine Welt, in der man selbst nur dann fromm und moralisch und aufrecht zu sein vermochte, wenn man andere entwürdigte? Warum erwartete man überhaupt von den Opfern der Reinheit, Gesundheit, Frömmigkeit und des Reichtums einiger weniger, daß sie sich immer mit ihrem Schicksal abfänden? Die wahre Lektion der Geschichte war doch folgende: Die sogenannten Opfer, die Armen, die mit Füßen Getretenen, die Massen, hatten immer schon mit Speeren und Pfeilen, mit ihrer Hände Arbeit, mit Liedern voll Mut und Hoffnung für das Ende von Unterdrückung und Ausbeutung gekämpft; sie würden weiterkämpfen bis zum Erstehen eines neuen, menschenwürdigen Königreiches, einer Welt, in der sich Güte und Schönheit, Stärke und Mut nicht darin zeigten, wie schlau und hinterhältig einer war und wieviel Macht zur Unterdrükkung einer besaß, sondern einzig und allein in seinem Beitrag zur Schaffung einer menschlicheren Welt, in welcher der ererbte, schöpferische Genius des Menschen in Kultur und Wissenschaft aller Zeitalter und aller Länder dieser Erde nicht von einigen wenigen für sich in Anspruch genommen würde, sondern allen zur Verfügung stünde, damit alle Blumen in ihren vielerlei Farben erblühten, reiften und Samen und Früchte trügen. Und der Samen würde gesät werden, und er würde von neuem in Regen und Sonnenschein aufgehen und blühen. Wenn sich Abdulla einen Bruder erwählen konnte, warum sollten dann nicht alle das tun können? Sich Brüder und Schwestern im Kampf, in Schweiß und Arbeit erwählen, füreinander einstehen und nach jenem Königreich streben?

sam neutralisiert worden. Aber sie brauchten einen Sündenbock. Karega wurde entlassen, obwohl er auf dem Papier nur Ausschußmitglied war. Die Unternehmerseite hatte wohl seine Vergangenheit ausgegraben. Aber durch seine Entlassung gewann er an Popularität, und er wurde sofort zum hauptamtlichen, vollbezahlten Generalsekretär der Gewerkschaft gewählt.

Der Sieg der Brauereiarbeitergewerkschaft hatte traumatische Auswirkungen auf die bis jetzt gefügig gewesenen Arbeiter von Ilmorog. Plötzlich forderten sogar Barmädchen ihre eigene Gewerkschaft. Die Frauen, die Volkstänze aufführten, bildeten eine »Gewerkschaft der Tänzer für den Tourismus« und forderten mehr Geld für ihre Kunst. Dann folgten die Landarbeiter. Etwas Großes geschah in Ilmorog, und die Unternehmer waren erschüttert und besorgt.

Und damit begannen Karegas wirkliche Probleme. Die Arbeitgeber unternahmen größte Anstrengungen, um Zwiespalt zu säen. Sie ermutigten nationalen und regionalen Chauvinismus. Als dies nicht funktionierte, beförderten sie einige Arbeiter, besonders einige der Wortführer, und hingen ihnen das Schild »Management« um. Ihnen war Streiken gesetzlich verboten. Andere Arbeiter ermutigte man, einige Aktien zu kaufen, damit sie sich als Besitzer der Gesellschaft fühlen würden. Trotz oder wegen der zunehmenden Diskussionen, Studiengruppen und Flugblätter blieb die Gewerkschaft stark.

Aber die größte Bedrohung kam von einer neuen charismatischen religiösen Bewegung, die plötzlich entstanden war und eine Lehre von der Gleichheit aller verbreitete. Sie sagten, sie seien gegen die Heuchelei der organisierten Kirche. Für sie gäbe es keinen Unterschied zwischen arm und reich, zwischen Arbeitgebern und Arbeitnehmern . . . das einzig Wesentliche wäre, Christus für sein eigenes Leben anzunehmen. Jesus rettet dich. Liebe sei das einzige Gesetz, dem sie zu gehorchen hätten. Sie sollten dem Streit und Kampf in dieser Welt aus dem Wege gehen. Diese Welt sei ein verzerrtes Bild der anderen Welt. Vom Satan verzerrt. Deshalb sei der einzig sinnvolle Kampf die geistige Auseinandersetzung mit dem Satan. Sie hielten Versammlungen ab, in denen Mädchen behaupteten, sie könnten mit anderen Zungen reden, mit Jesus in direkter Verbindung sein und durch den Glauben heilen. Lillian führte sie an.

Eine Zeitlang wurden viele Arbeiter von dieser Welle mitgerissen. Einige traten sogar aus der Gewerkschaft aus, weil sie glaubten, das Reich Gottes stünde unmittelbar bevor.

Karega wußte, daß auch dies bekämpft werden mußte. Er zitierte oft den Vers »Gib dem Kaiser . . .«, um die Trennung zwischen dem weltlichen und dem religiösen Kampf aufzuzeigen und daß das eine das andere nicht ausschließen müsse. Aber in seinem Herzen wußte er, daß Religion, jede Religion, eine Waffe gegen die Arbeiter war!

Ganz besonders ärgerte ihn Munira. Er ließ Karega nicht in Ruhe, sondern ergriff jede sich bietende Gelegenheit, um ihn aufzufordern, den Weg des irdischen Kampfes aufzugeben und zuerst die Herzen der Menschen zu ändern. Wenn alle Unternehmer bekehrt wären und sich Christus zuwandten, würde die Selbstsucht ein Ende nehmen. Karega wurde sehr ungeduldig und nahm, wenn er mit ihm sprach, kein Blatt vor den Mund. Ein- oder zweimal forderte er ihn geradeheraus auf, ihn in Ruhe zulassen und zu gehen, aber Munira hörte überhaupt nicht darauf. Er wurde nur noch hartnäckiger, bis sich Karega zu fragen begann, ob Munira bezahlt würde, um ihm nachzuspüren. Später erfuhr Karega, daß die ganze Bewegung von einigen Kirchen in Amerika finanziert werde, die an der ganzen Sache sehr viel verdienten, weil sie darauf beständen, daß die Anhänger den Zehnten ihres Lohnes spendeten. Ein kleiner Teil davon würde später als Spende der amerikanischen Mutterorganisation für *Harambee*-Kirchenbauten zurückgegeben. Es war interessant, welche Art Bücher den Anhängern empfohlen wurde: Wurmbrand: »Für Christus gefoltert« und Billy Graham: »Welt in Flammen«. Außerdem noch weitere in Amerika veröffentlichte Traktate, in denen vom Kommunismus als dem Teufel die Rede war; auch warnten sie vor der unmittelbar bevorstehenden Wiederkunft Christi, die alle Feinde der Freiheit ausmerzen würde. Eines Abends schickte Wanja nach ihm. Die Nachricht besagte nur, er möge sie in ihrer alten Hütte treffen, er müsse unbedingt kommen. Er fragte sich, warum sie ihn wohl rufen ließ. Zwei Jahre lang hatten sie kaum miteinander gesprochen, und nun ließ sie ihn rufen . . .

Das geschah fast eine Woche vor dem fatalen Unfall . . .

Als Karega in der Zelle wartete, fragte er sich, was ihr wohl widerfahren sei, ob sie sich zum Beispiel von dem Brand erholt habe.

Drei Tage nach seiner Festnahme begann der Beamte ihn zu verhören. Er schien sehr gut informiert zu sein. Was Karega nicht wußte, war, daß Inspektor Godfrey Muniras Notizen benutzte. Und es war Karega sofort klar, daß der Inspektor ihm den Brandanschlag anhängen wollte. Als erstes schien er ganz besonders an gewissen Ereignissen in Karegas Vergangenheit interessiert zu sein. Wie, zum Beispiel, hatte er seinen älteren Bruder verloren? Er erklärte, daß er die genaueren Um-

stände nicht kannte, daß es Abdulla gewesen sei, der ihm erzählt habe, was wirklich damals geschehen war.
»Hat Sie dieses Ereignis vielleicht etwas bitter gemacht?«
»Es geschah vor so langer Zeit. Außerdem muß man sich in einem Kampf für eine Seite entscheiden. Keiner kann am Zaun stehenbleiben. Ein Befreiungskampf ist eine Form von Krieg. Eine Seite gewinnt oder verliert. Aber selbst die Seite, die gewinnt, verliert einzelne.«
»Sie scheinen über das Kämpfen ziemlich gut Bescheid zu wissen.«
»Es ist gesunder Menschenverstand.«
»Sagen Sie mir – warum haben Sie Siriana verlassen?«
»Man hat . . . man hat mich aufgefordert die Schule zu verlassen.«
»Warum?«
»Ich war in eine Art Streik verwickelt.«
»Aha. Wer war der damalige Direktor?«
»Chui.«
»Sie meinen, der verstorbene Direktor der Theng'eta-Brauerei?«
»Ja. Genau der.«
»Aha. Und hat Sie das vielleicht ein bißchen bitter gemacht?«
»Hören Sie zu. Warum stellen Sie mir all diese Fragen?«
»Setzen Sie sich, Mr. Karega. Ich werde es Ihnen nicht vorenthalten. Sehen Sie die Sache folgendermaßen an. Drei Direktoren kommen bei einem Brandanschlag im Hause einer Frau, von der man weiß, daß sie Ihnen einmal ziemlich nahegestanden hat, ums Leben. Sie sind der General von . . . ich meine der Generalsekretär einer Gewerkschaft, die höhere Löhne gefordert hat. Die Direktoren hatten sich getroffen, um über Ihre Forderungen zu beraten. Sie kommen zu dem Schluß, daß Ihre Forderungen zu hoch sind, daß, sollten Sie den Streik erklären, alle Ihre Leute entlassen und neue Arbeiter eingestellt würden. Am selben Abend fallen alle Direktoren einem Brand zum Opfer. Ich bin Polizeibeamter. Ungleich einem Richter beginne ich mit der Annahme, daß irgendeiner schuldig sein könnte, sogar ich selbst.«
»Aber ich sagte Ihnen doch schon, daß ich bei einer die ganze Nacht dauernden Vorstandssitzung gewesen war, um über die Taktik für den ausgerufenen Streik zu beschließen.«
»Ich weiß, ich weiß. Ich sage ja auch gar nichts. Ich behaupte nichts, was nicht erwiesen ist. Ich arbeite wie ein Arzt mit dem Prinzip des Ausschließens. Noch eine weitere Frage – Sie waren einmal Lehrer hier an dieser Schule?«
»Stimmt!«
»Warum hörten Sie plötzlich auf zu unterrichten?«

»Man hat mir nahegelegt zu gehen.«
»Wer?«
»Mzigo!«
»Derselbe Mzigo wie der Verstorbene . . .«
»Das wissen Sie doch. Warum fragen Sie mich?«
»Ich muß ganz sicher sein, daß wir über dieselbe Sache reden. Erzählen Sie mir etwas über Ihre Beziehung zu Wanja!«
»Ich kannte sie. Früher.«
»Haben Sie Ihre herzliche Beziehung nach Ihrer unerwarteten Rückkehr wieder aufgenommen?«
»Nein. Wir lebten in zwei verschiedenen Welten.«
»Haben Sie sich nie getroffen?«
Karega zögerte.
»Nein. Zwei Jahre lang haben wir uns nie wirklich getroffen.«
»Aha. Jetzt will ich Ihnen etwas vorspielen.«
Er ging an die Wand und drückte auf einen Knopf. Ein Band oder eine Schallplatte begann abzulaufen. Karega hörte seine eigene Stimme während der letzten Vorstandssitzung der Gewerkschaft sagen: Wir können die Grundlagen für eine neue Welt legen.
»Wie . . . wie können Sie es wagen . . .« Er war wirklich erschüttert und fragte sich, wer der Verräter wohl sein könnte.
Der Beamte bedeutete ihm zu schweigen. Er schaltete ab.
»Sie sehen, Mr. Karega, wir haben unsere eigenen Arbeitsmethoden.«
Plötzlich schlug Godfrey mit der Faust auf den Tisch und starrte Karega an, als wolle er ihn hypnotisieren.
»Sagen Sie mir – wer brachte Kimeria, Mzigo und Chui um? Wer hat den Befehl dafür erteilt?«
»Ich dachte, Sie hätten Ihre eigenen Arbeitsmethoden«, sagte Karega scharf und fühlte die Unsicherheit des Mannes. Die folgenden acht Tage spielten sie dieses Spiel. Manchmal ließ man ihn zwei Tage alleine. Plötzlich war dann wieder Inspektor Godfrey da, der ihn mit Fragen überfiel. Seine scharf gezielten Kommentare stachen wie spitze Nadeln. Manchmal äußerte er sich verächtlich über Karegas Engagement in der Gewerkschaftsbewegung, und manchmal sprach er direkte Drohungen aus. Am zehnten Tag kam der Beamte in seine Zelle, ein grausames, triumphierendes Lächeln lag auf seinem Gesicht.
»Mr. Karega . . .«
»Hören Sie her. Ich bin es müde. Man hat mich jetzt, ich weiß nicht wie lange schon, hier festgehalten, um immer dieselben dummen Fragen zu beantworten. Ich habe Ihnen gesagt, daß ich nichts über den

Brandanschlag weiß. Ich gebe auch nicht vor, daß ich zornig, traurig oder sonst etwas bin, außer daß der Zwischenfall Ihnen allen und den Unternehmern eine Gelegenheit gibt, der Gewerkschaft den Garaus zu machen. Aber ich hatte nichts damit zu tun. Ich glaube nicht an die Beseitigung einzelner. Es gibt viele Kimerias und Chuis in diesem Land. Sie sind das Produkt eines Systems, genauso wie die Arbeiter das Produkt eines Systems sind. Das System muß verändert werden . . . und nur die Arbeiter und Bauern von Kenia können das tun.«

»Oh, das haben Sie aber gut gesagt, Mr. Karega. Aber wir werden sehen, wie es aussieht, wenn ich hier mit Ihnen fertig bin. Jetzt möchte ich Ihnen nur zwei oder drei Fragen stellen. Antworten Sie mir ehrlich, und ich lasse Sie in Ruhe. Das verspreche ich Ihnen. Sie haben mir erzählt, daß Sie sich zwei Jahre lang mit Wanja nie wirklich getroffen hätten.«

»Das stimmt, außer am Abend meiner Rückkehr. «

»Wußten Sie – zwischen uns braucht man ja diese Dinge nicht zu verheimlichen –, wußten Sie, daß sie mit allen drei Herren eine Affaire hatte?«

»Das war allgemein bekannt.«

»Sie sagen, Sie haben sie nie mehr getroffen?«

»Ja.«

»Auch nicht heimlich?«

»Nein.«

»Einmal bei Njuguna . . . nach dem Tod des Rechtsanwalts?«

»Ja, aber das war nicht ein wirkliches Zusammentreffen.«

»Sie kannten den Rechtsanwalt?«

»Ja.«

»Haben mit ihm gearbeitet?«

»Ja.«

»Waren Sie vielleicht ein bißchen – aber das tut hier nichts zur Sache. Nun, Mr. Karega, ich möchte, daß Sie Ihr Denken etwas auffrischen. Haben Sie Wanja eine Woche vor diesem Brand getroffen?«

Karega zögerte. Dann sagte er: »Ja.«

»Aha. Warum haben Sie mir das verheimlicht?«

»Das ist nicht wichtig.«

»Warum?«

»Es ist persönlich.«

»Mr. Karega, was haben Sie an jenem Abend besprochen?«

»Das kann ich Ihnen nicht sagen. Es ist persönlich.«

»Hatten Sie noch mehr solcher geheimer Zusammenkünfte?«

»Nein.«
»Wie soll ich Ihnen jetzt glauben?«
»Suchen Sie sich aus, was Sie glauben wollen und was nicht.«
»Aha. Mr. Karega, war Abdulla zufällig bei diesen geheimen, persönlichen Zusammenkünften dabei?«
»Ich habe Ihnen gesagt, daß es nur einmal war. Und Abdulla war nicht dabei.«
»Mr. Karega, Sie sind ein Lügner.«
In einem plötzlichen Wutanfall schlug er Karega zweimal ins Gesicht. Blut kam aus seinem Mund. Godfrey schrie den Polizisten an: »Bring ihn hinunter – in die rote Kammer. Gib ihm ein bißchen Medizin, einen Vorgeschmack dessen, was er von mir bekommen wird. Haben Sie jemals von der berühmten Peitsche mit den sieben Riemen gehört? Arbeiterführer! Ich werde selbst an dir arbeiten, Tropfen um Tropfen gesalzener Medizin von einer Kuhhautpeitsche, bis du redest, bis du dir wünschst, du wärest nie auf irgendeiner Trans-Afrika-Straße in irgendeine Fabrik in Ilmorog gekommen. Hinaus mit ihm.«

3

Abdulla saß zusammengekauert in einer Ecke. Eine überraschende Ruhe und Leichtigkeit war immer noch in seinem Herzen, trotz der vergangenen neun Tage, in denen er verhört worden war, eine Erklärung nach der anderen abgeben mußte und gelegentlich recht grob behandelt worden war. In seiner gegenwärtigen Lage fühlte er die führende Hand Gottes, der plötzlich – so schien es ihm – die Last vieler Jahre von ihm genommen hatte; jemand hatte ganz eindeutig Abdullas eigene Wünsche, Phantasien und Absichten ausgeführt und hatte ihn auf diese Weise vor vielem bewahrt. Das Einzige, was ihn beunruhigte, war der Gedanke an Wanja – hatte sie sich von dem Schock erholt? War sie überhaupt aus ihrer Bewußtlosigkeit erwacht oder aus dem Krankenhaus entlassen? Ansonsten fühlte er sich nüchtern und in der Lage, sein Leben ohne die bitteren Gefühle zu betrachten, die früher immer seine Vision und seine Einschätzung von Vergangenheit und Gegenwart getrübt hatten. Was hatte er eigentlich vom Befreiungskampf erwartet? Seine Erwartungen hatten sich immer in die Form eines wunderbaren Traums gekleidet oder in einen weichen Schleier der Verheißung – einen Ruf zu etwas Höherem, Edlerem, Heiligerem, etwas wofür er immer wieder von neuem sein Leben hätte einsetzen können. Nun sprudelte diese Quelle nicht mehr in seinem Herzen, und am Ende, in Ilmorog, waren die hellen Flammen seiner Träume erloschen, und nur noch Asche war übriggeblieben. Mit seinem Esel als zweitem Bein suchte er im alten Ilmorog nur danach, einen früheren Zustand wiederherzustellen – ein bißchen Wiedergutmachung – einen Laden, vielleicht sogar so einen, wie ihn sein Vater am alten Markt von Limuru-Rongai besessen hatte, ehe die Läden als Strafmaßnahme geschlossen werden mußten, nachdem Ragae – ein berüchtigter Kollaborateur mit dem Feind – im Krankenhaus von Kiambu erschossen worden war. Es hatte eine Zeit in Alt-Ilmorog gegeben – eine kurze Zeit, das stimmte –, als Karega mit seinen Gedanken über die vergangenen Taten afrikanischer Helden in ihrem vierhundertjährigen Widerstandskampf gegen die europäische Vorherrschaft die Asche geschürt hatte und ihm gewesen war, als sei die Glut noch nicht ganz erloschen, als flackere noch eine kleine Flamme. Aber auch diese erstarb mit Karegas plötzlichem Weggang von Ilmorog. Abdulla hatte seine Suche nach Wiederherstellung eines früheren Zustands erneut aufgenommen, nur vermißte er jetzt seinen Esel, als wenn dieser sein eigenes Kind gewesen sei. Das einzige, was ihm weiterhin zunehmend Freude bereitete, war Josephs Fortschritt in der Schule. Als die Ergebnisse der ersten Abschlußprüfung der Schule ermittelt waren, hatte Joseph als Bester abgeschnitten, und er hatte einen Platz in Siriana bekommen! Nachdem sich das Blatt in dieser Richtung gewendet hatte, nach diesem seltsamen Zufall und der Wiederholung der Geschichte, konnte er nicht umhin zu denken, wie klein doch Kenia sei – welch kleine Welt!

Wanja war seine andere Quelle der Freude in der Wildnis seiner Bitterkeit, seines Bewußtseins nicht eingehaltener Versprechen und des noch umfassenderen Verrats am gemeinsam vergossenen Blut der Kämpfer Kenias um Land und Freiheit. Seit ihrer Ankunft in Alt-Ilmorog hatte sie ihn immer ohne jede Einschränkung akzeptiert, ohne mitleidige Konzessionen, die bei vielen das Zeichen versteckter Ablehnung waren. Sie hatte es leichter gemacht, das Leben zu ertragen, sich auf das Kommen des nächsten Tages zu freuen. Die Zusammenarbeit mit ihr an dem Theng'eta-Projekt hatte ihm das Gefühl gegeben, daß vielleicht doch alles in Ordnung käme . . . mit ein bißchen Geld hier und da . . . vielleicht . . . würde die Erinnerung nicht mehr so wehtun. Geld konnte wie ein weiches Federkissen sein, das jeden Fall auffing. Vielleicht . . . vielleicht . . . war es das, wofür sie wirklich gekämpft hatten . . . Chancen, Möglichkeiten . . . was mehr konnte sich

ein Mensch wünschen? Nur ein kurzes Ausruhen . . . das übrige würde er seiner Fähigkeit, hart zu arbeiten, und seiner angeborenen Klugheit überlassen. So hatte er es sich in seinem Denken zurechtgelegt und hatte schwer gearbeitet, dabei verließ er sich völlig auf Wanjas praktischen Sinn und puritanische Kontrolle. Unter ihrer entschlossenen Führung schien Ilmorog plötzlich zu blühen – neue Straßen, Zustrom von Arbeitern, Banken, Experten, Tänzer und zahlreiche kleine Händler und Handwerker. Er sah die Veränderungen als etwas, das Wanjas Zauberkraft geschaffen hatte. Was für eine Frau! Eine unter Tausenden! Denn sie schien – ihm auf alle Fälle – der wahre Mittelpunkt all der zahlreichen Aktivitäten zu sein, die sich nach einem unsichtbaren Gesetz abspielten. Und dann war das Unglück wieder einmal über sein Leben hereingebrochen, eben in dem Augenblick, als Erfolg und Sieg so nahe, in Reichweite schienen. Er begrüßte ihre selbstlose, ehrenvolle Tat, das Land ihrer Familie zurückzukaufen. Aber er fürchtete die Auswirkungen davon auf ihr eigenes Leben. Denn es schien plötzlich, als habe sie jenen festen Griff verloren, die Harmonie mit dem unsichtbaren Gesetz. Er hatte gehofft, daß sie nach dem Verkauf des Gebäudes trotzdem noch in der Lage sein würden, in ihren alten Räumlichkeiten weiter Geld zu verdienen, um vielleicht noch ein anderes Haus zu kaufen oder zu bauen. Sie könnten doch sogar ein Stück weiter oben an der Trans-Afrika-Straße bauen, warum denn nicht? Er hatte immer eine Art persönlicher Beziehung zu der Straße, nicht nur, weil sie ihm das Herumkommen erleichtert hatte, sondern weil er immer empfand, daß sein Esel ihrem Kommen als Opfergabe dargebracht worden war. Wenn er ein neues Geschäft an der Straße aufmachen könnte, dann würde er sich dort immer zu Hause fühlen. Aber das Schicksal hatte anders entschieden. Das Entstehen des neuen Ilmorog war der Ruin des alten Ilmorog, und nun hatte Kimerias Schatten wieder einmal seinen Weg gekreuzt.
Eine Woche lang, nachdem der Befehl zur Schließung ihrer schmutzigen Räumlichkeiten gekommen war, hatte sich Abdulla in seinen Laden zurückgezogen, in Dharamshahs Laden, und angestrengt nachgedacht, ohne daß etwas Endgültiges oder Zusammenhängendes in seinem Denken Form angenommen hätte. Vielleicht verfluchte ihn Nding'uri aus der anderen Welt, weil er nicht Wort gehalten hatte, seinen Tod und Verrat zu rächen. Wenn Kimeria während jener und der darauffolgenden Woche nach Ilmorog gekommen wäre, hätte Abdulla ihn umgebracht. Das wußte er ganz sicher. Aber Kimeria war bereits ein derartiger Großunternehmer, daß die vielen Verhandlungen, die

seine Geschäftsübernahmen und sein Grundstückshandel erforderten, von den Banken, Versicherungen und Grundstücksmaklern besorgt wurden. Nach einer Woche war Abdulla zu Wanja hinübergegangen, in ihr Bordell. Er wußte von den Veränderungen, die über sie gekommen waren. Durch ihren scheinbar endgültigen und unwiderruflichen Entschluß, sich in das Hurengeschäft zu stürzen, fühlte er sich persönlich gedemütigt. Es verletzte ihn, aber er konnte es verstehen. Er stand an der Tür, setzte sich dann und kam ohne Umschweife zur Sache: »Hör zu. Bitte. Hör mit diesem Geschäft hier auf. Ich habe ein bißchen Geld. Ich habe immer noch meinen Anteil von dem Verkauf des Hauses. Heirate mich. Ich bin nicht sehr ansehnlich – aber das war Schicksal.« Vor Verlegenheit hatte er den letzten Satz fast verschluckt. Sie stand auf, wandte sich ab und ging in ein anderes Zimmer. Dann kam sie zurück. Sie war gefaßt. »Mein Herz kann keine Tränen mehr über das vergießen, wozu ich mich entschlossen habe. Du weißt, daß ich es anders versucht habe. Wer bin ich, daß ich diese Mädchen, die Teil des alten Theng'eta-Unternehmens waren, auf die Straße setzen sollte für andere, die auch aus ihren Körpern Profit machen würden? Nein, ich tue es nicht um der Mädchen willen. Von jetzt an wird es immer heißen: Wanja zuerst. Ich habe deine Freundschaft geschätzt. Und ich hoffe, wir können Freunde bleiben. Aber dies ist mein Kelch. Ich muß ihn trinken.« Er hatte das erwartet, aber es machte die Dinge nicht leichter.

Er hatte verschiedenes versucht, mehrere Geschäfte angefangen. Er fing an, Chang'aa und Theng'eta illegal herzustellen. Aber in der Gegend war eine neue Polizeistation errichtet worden, und man hatte ihn mehrere Male festgenommen; er hatte sich dann mit Bündeln von Banknoten von einer Verurteilung freigekauft. Dann versuchte er, in Neu-Ilmorog einen Laden zu mieten. Er investierte fast das ganze Kapital, das er während seiner blühenden Partnerschaft mit Wanja angesammelt hatte. Aber viele Arbeiter kauften auf Kredit und waren nicht sehr pünktlich im Zurückzahlen, so daß sich seine Bestände verringerten, anstatt sich zu vermehren. In der Nähe wurde ein Supermarkt eröffnet, er konnte der unerbittlichen Konkurrenz nicht standhalten. Er schloß den Laden und stand wieder auf der Straße – fast als Bettler. Er sah zu, wie der neue Theng'eta-Komplex wuchs, und er hatte das Gefühl, daß sich das Schicksal über ihn und seinesgleichen lustig mache. Er besaß nur noch gerade genug, um Apfelsinen kaufen zu können, die er an die vorbeifahrenden Autofahrer weiterverkaufte. Apfelsinen und gelegentlich Schaffelle – wie mich Karega auslachen würde,

ging es ihm dauernd durch den Kopf, während er diese neuerliche Wendung des Schicksals überdachte.
Er begann zu trinken – sich zu betrinken. Er wollte nichts mehr wissen, sich an nichts mehr erinnern, nicht mehr über das, was um ihn herum geschah, nachdenken und nichts mehr fühlen. Er verkaufte Apfelsinen, und mit dem kleinsten Bißchen, das er verdiente, kaufte er sich etwas zu trinken. Am Wochenende ging er ins »Neu-Ilmorog, Bar und Restaurant«, denn dorthin kamen Kimeria und seine Freunde auf ihren gelegentlichen Besuchen in Ilmorog, um einen zu trinken und gebratenes Ziegenfleisch zu essen. Die Bar gehörte einem früheren Verwaltungsbeamten, der saftige Barmädchen angestellt hatte, was immer ein Anziehungspunkt war. Abdulla hatte jetzt nicht mehr die Absicht, Kimeria umzubringen oder ihn zu verfluchen. Er wollte nur seine Augen am Anblick eines Mannes sättigen, der vom Schicksal so bevorzugt worden war. Jede andere Einstellung hatte doch gar keinen Sinn mehr. Kimeria hatte recht gehabt. Er hatte klug gewählt. Abdulla wurde wieder einmal eine wohlbekannte Persönlichkeit – aber diesmal als Trunkenbold und Verkäufer von Apfelsinen und Schaffellen. Er war so bekannt, daß selbst Kimeria ihm ein- oder zweimal zunickte – ohne natürlich zu wissen, wer er in Wirklichkeit war. Niemals aber ließ sich Abdulla von jemand einen Drink bezahlen. Wenn er abends in seine Behausung kam, legte er sich aufs Bett, und in der Einsamkeit und Dunkelheit fing er an, Nding'uri zu verspotten und zu verhöhnen, ihn verächtlich anzuschauen: So, du dachtest also, ich würde dich rächen. Ha, ha, ha! Du hast dich noch viel dümmer benommen als ich. Welches Recht hattest du zu sterben? Stirb! Stirb! Stirb noch einmal und noch einmal und erwarte kein Begräbnis von mir oder sonst irgend jemand. Ich, Abdulla, will leben und mein Leben mit Theng'eta genießen. Theng'a Theng'a mit Theng'eta. Wir hatten Muniras Werbespruch abgelehnt, und jetzt ist es ein nationaler Slogan geworden. Munira – ein Narr, aber kein schlechter Kerl. Nein, nein, gar nicht so schlecht. Wir trinken zusammen und erzählen uns Witze, und er hat gar nichts mehr dagegen, wenn ich ihn an jenen Haufen Scheiße in seinem Schulhof erinnere. Du lachst? Lach du nur. Aber ich weiß jetzt, daß es besser ist, auf die Leute zu scheißen und zu leben. Ich will die Früchte der Freiheit genießen – Theng'eta, Chang'aa. Meine zerrissenen, schmutzigen Kleider? Was macht das schon aus, solange ich etwas zu trinken habe und für die mir zugewiesene Behausung zahlen kann. Kimeria und Mzigo und Chui sollen meinetwegen ihren Spaß an meinem Laden haben. Sie haben ihn nicht gestohlen. Sie waren nur klug –

das heißt, Kimeria war klug. Ich will ihm seine Klugheit nicht zum Vorwurf machen. Nein, nicht ich, nicht Abdulla. Auch er soll seinen Anteil essen, die Früchte seiner Freiheit, Wanja inbegriffen. Wanjaaaaa! Kannst du dir in deinem Grab vorstellen, hättest du das jemals für möglich gehalten, daß sie ihn wieder genommen hat? Nach allem, was er ihr angeblich angetan hat? Auch sie ist klug. Nur wegen Geld . . . Wegen Geld . . . Nding'uri . . . Gib mir Geld, und ich werde dich tausendmal rächen. Ohne Münzen in meiner Tasche läuft nichts. Dann schlug er sich auf die Brust . . . Nein, nimm es mir nicht krumm. Auch ich war dumm genug, ein Bein für eine nationale Sache zu verlieren. Ich sage – welches Recht hatten Mütter, ihre Kinder auf das Schlachtfeld zu schicken, wenn es klüger gewesen wäre, sie stinkende Botengänge für die europäischen Metzger machen zu lassen? Narren, alle zusammen. Sie sollten sich eine Scheibe von Wanja abschneiden.

Er sah sie selten, aber hier und da begegnete er ihr – einer Dame. Aber sie spielte nie die Dame vor ihm – ihm Gegenteil, sie begrüßte ihn immer sehr herzlich. Einmal versuchte sie, ihm Geld zu geben, damit er sich etwas zum Anziehen kaufen könne. Es war auf der Straße. Er versuchte, fest auf seinem Bein zu stehen, dann nahm er den ersten Geldschein, zerriß ihn und humpelte weg. Er wäre ein Hund gewesen, hätte er sich mit Geld angezogen, das ihr wahrscheinlich Kimeria gegeben hatte. Aber später schämte er sich deswegen. Er wußte ganz genau, daß sie jetzt das Schulgeld für Joseph bezahlte. Auf alle Fälle gab er ihr keine Schuld für das, was sie getan hatte – den Neigungen der Welt folgend, hatte auch sie sich verwandelt.

Einmal sah er sie bei einem ihrer seltenen öffentlichen Auftritte, und er mußte zugeben, daß sie in dem Spiel, das sie gewählt hatte, von wenigen Frauen übertroffen werden konnte. Es war bei einer Party, die in den Räumlichkeiten eines neuen Golfclubs stattfand, einmal, um den Golfplatz einzuweihen, zum andern aber, um Sir Swallow Bloodall zu begrüßen, den Generaldirektor der anglo-amerikanischen, Gin herstellenden Mutterfirma, die Geld in das Theng'eta-Projekt investiert hatte. Es hatte sich als eines ihrer erfolgreichsten Unternehmen in Partnerschaft mit Einheimischen herausgestellt. Viele Würdenträger waren anwesend – Europäer, Asiaten, Afrikaner, natürlich der Abgeordnete Nderi wa Riera und seine KKO-Hintermänner, Dickwanst und Insekt. Der Öffentlichkeit von Ilmorog wurde es gestattet, über eine Abgrenzung von doppelten Seilen hinweg zuzuschauen. Wanja war da, in einem langen Cocktailkleid, einer großen Afro-Perücke auf dem Kopf, ihre Hände voller Ringe mit unechten Steinen. Sie hatte eine Art, jedermann auf die Folter zu spannen – einmal flüsterte sie mit diesem, dann streifte sie einen anderen leicht und unabsichtlich, lächelte jenem zu, während sie ihre Mondaugen auf wieder einem anderen ruhen ließ. Jedermann klatschte, als Sir Swallow Bloodall über Golf und Cricket als den Sportarten sprach, die ein Klima der Stabilität und des gegenseitigen guten Willens schufen, unabdingbare Voraussetzungen für Investitionen. Alle klatschten und erhoben sich, um auf die Gesundheit und die Zukunft weiterer gemeinsamer Unternehmungen zwischen ausländischem Kapital und technischem Know-how einerseits und den einheimischen Geschäftsleuten mit ihrer aktuellen Kenntnis der Marktlage und der politischen Situation andererseits zu trinken.

Abdulla ging weg.

In jenen Tagen war Munira sein bester Freund. Sie tranken zusammen, und gelegentlich begann Abdulla ein Lied zu Ehren Wanjas zu singen, das in Einzelheiten das Entstehen von Neu-Ilmorog beschrieb.

Und dann kehrte Karega zurück, und Munira wurde zum Fanatiker. Abdulla war nun allein. Munira lief ihm manchmal nach und sprach über eine neue Welt mit Christus. Einmal, als er mit Karega über den Mau-Mau-Krieg stritt – ob es nur darum gegangen sei, das weiße Hochland schwarzen Besitzern zurückzugeben und die Rassentrennung in großen Gebäuden und im Geschäftsleben zu beseitigen, oder ob es um mehr dabei gegangen sei –, hatte Karega selbst auch von neuen Welten gesprochen. Beide waren sie Narren. Es gab keine anderen Welten. Es gab nur diese eine, und er, Abdulla, würde weiterhin auf dieser einzigen Welt, die es gab, billigen Theng'eta trinken und singen. Das erzählte er alles wahrheitsgetreu, um dem Beamten zu zeigen, daß er alle Rachegedanken verloren hatte. Außer an jenem fatalen Tag, als all diese Gedanken und Gefühle ihn wieder überfielen und zu einer unwiderstehlichen Kraft wurden. Aber er brachte es nicht über sich, ihm zu erzählen, daß der Grund dafür die Tatsache war, daß auch er, erst eine Woche zuvor, seine eigene Welt entdeckt hatte, eine neue Welt.

Es war an einem Freitag, als er einen Brief erhielt, den er in die Tasche steckte und erst am Abend las, als er zu Bett gehen wollte. Der Brief war von Joseph. Die vorläufigen Resultate der Abschlußprüfung waren ermittelt, und er führte mit sechs Punkten. Abdulla wußte nicht, was »vorläufige Resultate« waren und was sechs Punkte bedeuteten. Aber er wußte, daß Joseph in Siriana an der Spitze stand, und fühlte plötzlich, wie ihn diese Entwicklung in der Düsterkeit seines Lebens mit Freude und Wärme erfüllte. Er wollte diese Freude gerne mit jemandem teilen, und Wanja kam ihm in den Sinn. Er dachte an den Tag, an dem er ihr Geld zerrissen hatte, und jetzt ergab sich eine Gelegenheit, ihr zu zeigen, daß er ihre angebrachte Hilfe schätzte. Er machte sich auf den Weg zu ihrem hölzernen Bordell, aber unterwegs traf er Karega, der ihm sagte, daß Wanja in der Hütte sei. Er traf sie in Tränen an. Aber als er ihr die gute Nachricht erzählte, hörte sie auf zu weinen und lachte unter ihren Tränen. Sie redeten bis spät in die Nacht hinein, wie in alten Tagen. Aber diesmal nahm er sie, und sie wehrte sich nicht, und nun war er es, der fühlte, wie die alte Welt von ihm abfiel.

*

Deshalb war er an jenem fatalen Samstag aufgewacht und hatte sich großartig gefühlt, Schwingungen der Freude lagen in der Luft. Die ganze Woche schon war es so gewesen. Er hatte überhaupt nicht mehr getrunken. Wanja hatte ihm das Leben zurückgegeben, und er sah nicht ein, warum er es jetzt an Theng'eta verschwenden sollte. Und als Krönung des Ganzen wollte sie ihn heute abend zurückhaben. Es würde nicht in der Hütte sein, aber ihr anderes Haus machte ihm nichts aus. Zu gegebener Zeit würde er sie vielleicht sogar davon überzeugen können, das Hurengeschäft aufzugeben, jetzt, wo sie reich war – sie könnte sogar das Haus verbrennen – und dafür ein gemauertes Haus errichten. Er pfiff und sang – wie hatte er es nur fertiggebracht, über Muniras Gerede von einer neuen Welt zu spotten? Nur daß für ihn jetzt eine Frau die wahrhaftig neue Welt war – mit ihren eigenen Umrissen, Tälern, Bächen, Flüssen, Hügeln, Bergrücken, Bergen, scharfen Kurven, steilen und sanften An- und Abstiegen und, vor allem, mit der ihr eigenen Bewegung geheimer Quellen des Lebens. Ungeachtet der Prahlerei der Männer – wo gab es einen Forscher, der von sich sagen könnte, er habe jeden Winkel dieser Welt berührt und aus jedem Fluß in ihr getrunken? Andere sollten ruhig bei ihren eigenen Welten bleiben – flachen, grauen Welten, ohne Umrisse, unerwartete Kurven oder Überraschungen – so voraussagbar. Eine Frau war eine Welt – die Welt. Er rasierte sich und probierte verschiedene Kleidungsstücke an, um zu entscheiden, welche am wenigsten zerrissen, schmutzig und zerlumpt waren. Er wußte nicht, was er vor dem Abend mit sich anfangen sollte, ehe er seine zweite Forschungsreise

antrat. Um die Mittagszeit machte er einen kleinen Spaziergang. Er mühte sich die Treppe hinauf ins »New Ilmorog«, um einige Schallplatten zu hören. Und dann, als er hinunterschaute, sah er Kimerias Mercedes mit einem wartenden Chauffeur. Dann sah er auch die anderen Wagen, die Mzigo und Chui gehörten. Heute war der Tag, an dem der Aufsichtsrat zusammentrat, um über die Forderungen der Theng'eta-Brauereiarbeitergewerkschaft zu beraten. Ein Gedanke schoß wie eine unerwartete Hitzewelle durch seinen Kopf – hätte er in Worten Gestalt angenommen, dann wäre es etwas Ähnliches gewesen wie: möglicherweise geht Kimeria heute abend zu Wanja.
Es wurde ihm schwindlig. Alles drehte und drehte sich vor seinen Augen, und er drohte im Wirbel einer Welt der Ungerechtigkeit und des Chaos unterzugehen. Er dachte, er würde umfallen, und klammerte sich ans Balkongeländer. Einige Augenblicke lang folgte ein Bild dem anderen, als sei ihm alles außer Kontrolle geraten, als sei er ein Nichts, die leere Schale eines Mannes. Nein. Er war ein hechelnder Hund mit feuchter Nase und Speichel, der von einer heraushängenden Zunge troff. Er antwortete kläffend auf den Ruf des Herrn. Nein. Er war kein Hund. Er war Mobutu, der von Nixon umarmt wurde und so glücklich aussah auf seiner Bittmission, während Nixon den amerikanischen Geschäftsleuten und Fallschirmjägern bedeutsame Grimassen schnitt, sich zu beeilen, um Öl und Gold und Kupfer und Uran aus Zaire wegzuschaffen. Er war Amin, der von der Königin empfangen wurde, nachdem er Obote gestürzt hatte. Nein, er war sein eigener Esel, der iahte und pflichtgetreu jede Menge Lasten für seinen Herrn trug. Er war so viele Dinge, so viele verschiedene Menschen, nur nicht er selbst. Er fühlte sich schwach, als verlöre er den letzten Rest seiner Mannhaftigkeit. Er wehrte sich, hielt sich an sich selbst, am Balkon fest und versuchte jener Bilder Herr zu werden, sie unter seine Kontrolle zu bringen und in eine gewisse Perspektive, anstatt sie so groß und bedrohlich auf sich eindringen zu lassen. Ein Barmädchen ging vorbei und fragte ihn: Was ist los mit dir, Abdulla? Er antwortete nicht, konnte nicht antworten. Langsam kehrte Kraft in sein Bein zurück, die Welle der Sonnenhitze, die sein Gehirn zu schmelzen gedroht hatte, ebbte ab. Er humpelte die Treppe hinunter, an den wartenden Wagen vorbei und zu sich nach Hause. Er setzte sich auf eine Kiste. Er holte Josephs Brief hervor, den er letzten Freitag bekommen hatte, und las ihn noch einmal. Dann steckte er ihn zurück. Eine Träne, eine einzelne Träne rann ihm über das Gesicht. Er wischte sie ziemlich ungeduldig ab. Er goß Wasser, kaltes Wasser, aus einer Tasse

in eine Hand und wusch sich damit das Gesicht. Er war plötzlich ganz klar und ganz ruhig in seinem Inneren. Ein sechzehn Jahre alter Nebel hatte sich gelichtet. Er war nicht eifersüchtig oder sonst etwas. Er wußte nur ganz tief in seinem Herzen, daß heute abend, an diesem Samstag, Kimeria sterben würde. Nur dann würde er das Recht zurückgewinnen, sich selbst einen Mann zu nennen.

Er wußte nicht, was es war. Er wußte nur, daß er, Abdulla, heute abend Kimeria töten würde, daß er nie wieder Wanja noch Karega, noch Munira, noch Joseph, noch sich selbst in die Augen sehen könnte, wenn Kimeria nicht tot war. Nicht morgen . . . nicht am nächsten Tag . . ., sondern heute abend. Er war sich dessen so gewiß, und es war alles so klar und einfach und logisch. Er zitterte nicht vor Wut oder sonst etwas. Er fühlte auch nicht jenen moralischen Abscheu, der sonst als Ersatz für fehlendes Handeln über ihn gekommen war. Mochte man es Gerechtigkeit oder Fairness oder Eifersucht oder Rache nennen. Er hatte eine Entscheidung getroffen – die Zeit und der Tag und der Ort waren nicht seine Sache, aber seine Freiheit war es zu handeln. Er hatte noch nicht darüber nachgedacht, was er benutzen oder wie er es machen würde, aber er wußte, daß er auch aus einigen Metern Entfernung mit einem geworfenen Messer ins Herz treffen konnte. Er hatte viele Feinde und sogar Tiere mit seinem berühmten Messerwurf getötet. Er könnte auch das ganze Haus anzünden, die ganze Schweinerei verbrennen. Ja, das könnte er tun. Es war egal wie – er würde es tun.

Er ging zurück auf die Straße, nun, da er seine Kraft zurückgewonnen und sein Ziel gefunden hatte. Ilmorog, wie es früher war, glitt wie ein Film an ihm vorüber. Er sah sich vor zwölf Jahren in einem Eselskarren ankommen. Dann Munira und Karega in seiner jugendlichen, wißbegierigen Unschuld. Jedes Bild – von Wanja, Nyakinyua, der Trokkenheit, dem Flugzeug, der neuen Straße, Neu-Ilmorog – war scharf und klar in seinen Umrissen. Er gesellte sich zu einer Gruppe von Arbeitern, die auf Nachricht über den Ausgang der Aufsichtsratssitzung warteten. Wenn ihre Löhne nicht erhöht würden, würden sie in einer Woche alle streiken. Reporter warteten mit ihren Kameras, um einen Schnappschuß von den Direktoren zu ergattern. Er hatte jetzt Zeit, Karega zu bewundern. So ruhig. So engagiert. Es liegt ihm im Blut, murmelte er vor sich hin und dachte an Nding'uri in seiner Jugend. Er fühlte sich jedoch fehl am Platze, wie er dort herumstand, und rief sich seinen Streit und seine Meinungsverschiedenheiten mit Karega ins Gedächtnis zurück. Es ging ihm durch den Kopf, daß ebendiese von Ka-

rega angeführten Arbeiter sich hätten genausogut gegen ihn und Wanja wenden können. Es überraschte ihn, daß auch er noch vor wenigen Jahren Arbeitgeber gewesen war, wenn auch in kleinerem Maßstab. Hätte Karega sie wohl ebenso leidenschaftlich bekämpft? Er war des Wartens müde, eine Lohnerhöhung würde sowieso den Verkauf seiner Apfelsinen nicht sehr beeinflussen. Nun, vielleicht würden sie mehr für Apfelsinen ausgeben, aber er war ebenso sicher, daß sie noch mehr für Theng'eta ausgeben würden. Die Direktoren waren Narren, daß sie die Löhne nicht erhöhten, dachte er und fühlte sich sehr großzügig den Arbeitern wie auch den Unternehmern gegenüber. Die Arbeiter trugen das Geld doch letzten Endes in die Fabrik zurück. Er ging und nahm Kurs auf die Ilmorog-Bar. Er wußte, daß sie nach der Sitzung ganz sicherlich die Bar aufsuchen würden. Er ging die Hauptstraße entlang und kam an dem Müllhaufen neben dem Markt vorbei, auf dem Schmutz und Papier und Apfelsinenstücke und andere Überbleibsel verdorbener Nahrungsmittel abgeladen wurden. Er blieb stehen und beobachtete, wie Horden halbnackter Kinder mit aufgeblähten Bäuchen miteinander um ihre Anrechte auf Territorien von Fäulnis und weggeworfenem Abfall kämpften. Dieser ewige und endlose Zyklus von bitterem Elend und Armut inmitten des Überflusses. Er nahm seinen Gang wieder auf, seiner selbstgewählten Bestimmung entgegen.
Und tatsächlich, gegen sieben Uhr kamen sie alle. Sie sahen etwas zu selbstbewußt triumphierend aus. Chui war es, der auf die Uhr schaute und sich als erster entschuldigte. Dann, in angemessenem Abstand, tat Mzigo es ihm nach. Nun ergriff ein unwiderstehlicher Teufel Abdulla. Er wollte mit Kimeria sprechen. Er fühlte Macht und Autorität in sich, weil er ihn bereits zum Tode verurteilt hatte. Kimeria war von anderen örtlichen Würdenträgern umgeben. Abdulla ging an der Theke entlang einen Schritt auf ihn zu und rief dann mit lauter Stimme:
»Kimeria wa Kamia Nja!«
In der ganzen Bar herrschte sofortige Stille. Kimeria war überrascht, denn er hörte nicht gerne den Namen seines Vaters. Er hatte an verschiedenen Orten verschiedene Namen benutzt. In Blue Hills zum Beispiel war er nur unter dem Namen Mr. Hawkins bekannt. Wer konnte in Ilmorog etwas über seine Vergangenheit wissen?
»Kimeria – ich bin's. Wie geht es dir?«
»Ach, du bist's, Abdulla . . . Mir geht es gut«, antwortete er unsicher.
»Erinnerst du dich an mich?«
Die Leute lachten und dachten, dies sei einer der Trunkenheitsspäße von Abdulla, einem ruinierten Mann.

»Natürlich . . . Abdulla . . . Holt was zu trinken. Kellner! Gib meinem Freund Abdulla einen Drink.«
»Ich bin nicht dein Freund – ich möchte auch deinen Drink nicht. Erinnerst du dich . . . an die Leute, die du einmal in deinem Haus in Blue Hills festgenommen hast? Leute aus Ilmorog?«
Aah! Kimeria seufzte vor Erleichterung – damals hatte er also den Mann gesehen . . . vielleicht hatte er dort den Namen seines Vaters erfahren! Trotzdem wünschte er keine peinlichen Enthüllungen.
»Ach das? Das war doch nur ein Spaß – unter Männern! Ha, ha, ha!«
»Ha, ha!« Abdulla lachte ebenfalls, so daß beide jetzt am Lachen waren. Auch die Leute in der Bar fingen an zu lachen – obwohl sie nicht wußten, was dieser Spaß unter Männern gewesen sein sollte –, denn sie waren alle erleichtert, daß es keinen unerfreulichen Zwischenfall gegeben hatte.
Aber dann fuhr Abdulla fort: »Dir scheinen Späße zu gefallen, *Bwana* Kimeria. Späße unter Männern. Erinnerst du dich an einen anderen Spaß, den du einmal mit Nding'uri, dem Freund deiner Schwester, getrieben hast? Munition hast du ihm verkauft . . . Späße unter Männern können kostspielig sein.«
Kimeria bebte innerlich. Er wollte direkt auf ihn losgehen, aber er zwang sich dazu, wie angeklebt auf dem Stuhl sitzen zu bleiben. Auffällig suchte er nach einem Taschentuch, zog eines heraus, zusammen mit einer Pistole – einer kleinen Pistole –, putzte sich die Nase und steckte beides wieder in die Tasche. Er bestellte noch einen Drink. Es geschah alles ganz kaltblütig. Aber alle hatten begriffen. Sie warteten darauf, was Abdulla als nächstes tun würde. Der aber lachte nur und ging weg. Eine Stimme in ihm sagte: Schau mich sorgfältig an, so daß du dich selbst nach deinem Tode an mich erinnern kannst.
Langsam humpelte er hinaus. Die Bar belebte sich wieder. Aber er wußte, daß er beobachtet wurde. Er ging absichtlich auf sein Haus zu. In seinem Herzen herrschte immer noch diese Klarheit, die Gewißheit eines kommenden Sieges. Was war das bloß, warum hatte er keine Angst vor den Konsequenzen? Kimeria würde bei Wanja sein. Er war ganz sicher. Kimeria war jemand, der lieber dabei ertappt wird, alles zu schlucken, anstatt, um sich zu retten, ein paar Nüsse für andere übrigzulassen. Er steckte ein Messer und eine Schachtel Streichhölzer ein. Dann humpelte er langsam auf Wanjas Haus zu, um seinem auserwählten Schicksal zu begegnen. Bei der Behausung eines Nachbarn blieb er stehen, um die Nachrichten zu hören. Die Löhne der Arbeiter konnten wegen der Inflation nicht erhöht werden. Danach folgte eine

Meldung über ein Treffen der OPEC-Länder, um über Preiserhöhungen für Rohöl zu beraten. Und dann noch eine weitere kleine Meldung über die zunehmenden Gewinne, welche die Ölgesellschaften verzeichnen konnten. Was für eine Welt! Er ging weiter. Er konnte jetzt Wanjas Haus sehen. Ein Mercedes fuhr gerade weg. Wahrscheinlich war es Kimerias Wagen. Aber wieder machte er sich keine weiteren Gedanken darüber. In Wanjas Haus war das ganz normal. Diese Leute kamen mit ihren Chauffeuren. Dann wurden die Chauffeure weggeschickt mit dem Auftrag, zu einer bestimmten Zeit ihren Boß abzuholen. Was auch immer auf ihn zukommen würde – er machte sich keine Sorgen. Die unsichtbare Hand des Schicksals führte ihn. Er würde mit dem Messer in der Hand Wanjas Haus betreten, oder es wäre vielleicht besser . . . besser . . .

Er konnte zuerst dem, was seine Augen sahen, keinen Glauben schenken. Geschah es in seiner Phantasie? Hatte er wieder einen Hitzschlag im Kopf, daß das, was er sah, nur eine Illusion war? Rote Feuerflammen drangen aus Wanjas Haus. Er blieb wie angewurzelt stehen. Aber nur einen Augenblick lang. Denn plötztlich kam ein Schrei, der einen erstarren ließ, aus dem Haus. Er begann sich vorwärtszubewegen und verfluchte seine Unfähigkeit zu laufen. Er humpelte, humpelte, so schnell er konnte. In kürzester Zeit jedoch waren die Leute aus ihren Häusern heraus an Abdulla vorbeigerannt. Aber als er ankam, standen sie nur herum und stritten darüber, wie man am besten vorgehen solle. Aber er war Abdulla, der in den Wäldern von Longonot und am Mount Kenya, in Augenblicken, in denen es um Tod oder Leben ging, Entscheidungen fällte. Mit seinem Stock zerschlug er das Glasfenster zum Wohnzimmer, griff hinein, öffnete den Riegel, zog sich hoch und ließ sich in das Zimmer fallen. Er suchte mit Händen und Füßen, kroch umher, bis er in der Nähe der Tür einen Körper berührte. Dann suchte er weiter in der erstickenden, rauchenden Hitze, bis er den Türgriff fand, öffnete ihn und zog zur gleichen Zeit den Körper durch Feuer und Rauch hinter sich her. Er hielt nicht an, um festzustellen, wessen Körper es war – es könnte auch Kimeria oder eines der anderen Mädchen sein. Es war ihm gleich. Er zog ihn hinter sich her, auf allen vieren kriechend, und es gelang ihm gerade noch, den Feuerzungen zu entkommen, ehe er draußen zusammenbrach. Aber die Leute, die in einem sinnlosen Versuch zu löschen Wasser auf das Feuer gossen, sahen diesen Haufen zweier menschlicher Körper, zogen sie heraus und brachten sie in Sicherheit.

*

Am zehnten Tag nach seiner Festnahme platzte der Beamte in Abdullas Zelle, und er sah, daß der Mann feindlich gestimmt war! Aber Abdulla hatte noch immer diese Klarheit im Herzen, war gefaßt und für alles, was kommen mochte, bereit. Er hatte alle ihm bisher gestellten Fragen ehrlich beantwortet und hatte nur die intimsten Begebenheiten verschwiegen. Der Beamte hielt sich nicht mit Förmlichkeiten auf, sondern kam direkt zur Sache:

»Mr. Abdulla. Ihre Antworten sind bis jetzt sehr aufrichtig gewesen. Sie haben uns sogar freiwillig Informationen gegeben. Sie haben aus Ihrem Haß für Kimeria und Ihrer Absicht, ihn umzubringen, keinen Hehl gemacht. Sie haben mir das Messer und die Schachtel Streichhölzer gezeigt. Ich will Ihnen ganz offen sagen, daß Sie jemand aus Gründen, die Sie alleine am besten wissen, decken. Nun möchte ich Ihnen noch einige weitere Fragen stellen.«

»Ich habe nichts zu verbergen, und ich decke niemand. Ich habe Ihnen alles gesagt.«

»Ich möchte, daß Sie sich ein bißchen zurückerinnern. Haben Sie sich jemals heimlich mit Karega in Wanjas Hütte getroffen«?

»Nein. Nie. Dort nicht und nirgendwo sonst. Karega und ich waren nicht immer derselben Meinung, ganz besonders nicht, seit er aus seinem fünfjährigen Exil zurückgekehrt war.«

»Warum? Welche Meinungsverschiedenheiten hatten Sie?«

»Meiner Meinug nach ging er zu weit in der Überbetonung der Solidarität von Arbeitern und Kleinbauern. Was war mit den Arbeitslosen? Den kleinen Händlern? Ich glaube daran, und das habe ich ihm auch gesagt, daß Landbesitz allen ermöglicht werden sollte, daß Darlehen auch dem kleinen Mann zur Verfügung stehen sollten, daß niemand zu viele Handelsunternehmen besitzen sollte – in einem Wort: faire Chancengleichheit. Aber er argumentierte immer, daß Darlehen nur den Ruin der kleinen Geschäftsleute und die Entfremdung der Kleinbauern vorantriebe . . . daß die Arbeiter als geeinte Kraft zunähmen und die Leute der Zukunft seien und daß . . . «

»Interessant . . . aber ich glaube, wir können uns diese Lektion anhören, wenn wir mehr Zeit an der Hand haben. Jetzt möchte ich, daß Sie sich an die Woche vor dem Brandanschlag erinnern. Haben Sie oder haben Sie nicht Wanja besucht?«

»Ich habe sie besucht.«

»In ihrem Bordell?«

»Nein.«

»Wo?«

»In ihrer Hütte.«
»War Karega dort?«
»Nein . . . ich weiß nicht . . . ich habe auch nie danach gefragt.«
»Was wollen Sie damit sagen?«
»Nun, ich wollte Wanja aus bestimmten Gründen – auf alle Fälle, ich wollte sie besuchen. Aber auf meinem Weg zu ihr traf ich Karega. Wir begrüßten einander. Er fragte mich, wo ich so spät abends hinginge. Ich sagte es ihm. Dann sagte er mir, daß sie in ihrer Hütte sei, aber es ist mir nie eingefallen zu fragen, woher er das wisse.«
»Aha. Über was haben Sie sich unterhalten?«
»Nun, das ist . . . das ist rein persönlich.«
»Interessant. Sehr interessant. Warum haben Sie mir das nicht schon früher erzählt?«
»Ich dachte nicht, daß es wichtig sei. Außerdem war es eine ziemlich persönliche Angelegenheit.«
»Persönlich! Persönlich! Persönlich!« schrie er und lief in der winzigen Zelle hin und her. Dann blieb er abrupt stehen und schaute Abdulla ins Gesicht.
»Warum decken Sie Karega?«
»Das tue ich nicht . . . Es gibt nichts zu verdecken.«
»Nichts zu verdecken? Das wird sich zeigen. Wärter! Wärter! Gebt ihm Medizin . . .«
Er ging hinaus, auf die rote Kammer zu.

4

Erst am zehnten Tag war Wanja wieder so weit hergestellt, daß sie ohne das tierische Entsetzen in den Augen sprechen konnte, das sie immer wieder mit plötzlichen Visionen von Feuer und Rauch überfiel und sie schreien ließ: Seht, seht, löscht es aus, löscht es aaaaaus . . .! Der Schock, die Verbrennungen an den Händen, die Schlaflosigkeit hatten sie geschwächt. Am zwölften Tag bekam der Polizeibeamte die Erlaubnis, sie zu besuchen. Er war überzeugt davon, daß irgendwo, zwischen diesen drei Menschen, die Lösung lag, und er war fest entschlossen, sie zu finden. Er hatte einige Dinge herausgefunden: zum Beispiel, daß Wanja, Mzigo, Chui und Kimeria für jenen Abend ausdrücklich eingeladen hatte; daß sie ihrem Nachtwächter und den Mädchen einen freien Tag und eine freie Nacht gegeben hatte; und nun erklärte Abdulla, daß sie ihn gebeten hatte zu kommen! Aber warum sollte sie sich selbst und ihr Haus verbrennen wollen? Denn er konnte sehen – jedermann konnte es sehen –, daß ihr Zittern echt war, daß das Entsetzen, das auch jetzt noch in ihren Augen lag, nicht gespielt war. Er sprach sehr rücksichtsvoll mit ihr.

»Sie werden bald darüber hinwegkommen. Machen Sie sich nicht zu viele Gedanken über das Ganze. Wir werden der Sache auf den Grund gehen. Wir werden ganz bestimmt die Schuldigen festnehmen. Wir machen ganz gute Fortschritte. Ein paar Glieder in der Kette fehlen uns noch. Vielleicht könnten Sie uns dabei helfen.«

»Ich möchte lieber nicht über jenen Abend sprechen. Aber wenn ich muß, bitte, dann lassen Sie mir Zeit, um mich zu erholen – innerlich.«

»Es tut mir wirklich sehr leid, daß ich an alte Wunden rühren muß – aber Sie verstehen doch, daß es sich um eine sehr ernste Angelegenheit handelt. Es ist ein Brandanschlag. Es ist Mord. Sie sollten die Zeitungen sehen. Überall im Land ist die Lage sehr gespannt. Wir vermuten politische Beweggründe. Sie verstehen deshalb, daß ich Ihnen die Erinnerung nicht ersparen kann, so gerne ich es auch täte. Ich brauche eine Erklärung von Ihnen über zwei Abende im besonderen.«

»Bitte.«

»Als erstes – haben Sie irgendeinen Verdacht?«

»Nein . . . niemand . . . Es ist schon immer so gewesen.«

»Was meinen Sie damit?«

»Ich nehme an, daß das nichts zur Sache tut. Aber Feuer ist ein Alptraum in unserer Familie. Meine Tante starb in einem Brandanschlag. Ich verließ die Bolibo Bar, weil das Zimmer, das ich dort gemietet hatte, ausbrannte. Sie sehen also, ich bin vor einem Feuer geflohen, nur um noch größeren Flammen zu begegnen.«

»Ich verstehe. Eine Woche vor diesem Brand – hat Karega Sie besucht?«

»Ja. Ich hatte nach ihm geschickt.«

»In Ihrem Haus . . . «

»In meiner Hütte.«

»Und Abdulla – auch er war da.«

»Ja und nein.«

»Was soll das heißen?«

»Daß Karega zuerst kam. Später dann Abdulla. Es war ein – ein seltsamer Zufall.«

»Vielleicht würden Sie mir das näher erklären. Beide, Karega und Abdulla, haben sich glatt geweigert, Fragen über jenen Freitag zu beantworten. Sie sagen, es sei persönlich. Aber Sie müssen verstehen, daß es nichts gibt, und sei es noch so persönlich, das der Wahrheit über Mord und Brandanschlag im Wege stehen dürfte.«

»Haben sie wirklich? Ich nehme an – ja, es war persönlich, aber es ist wirklich nichts dabei, was zu verheimlichen wäre.«

Als sie jedoch versuchte, ihm über jenen Freitag zu berichten, wurde ihr klar, daß es einiges gab, was sie besser verschwieg. Sie versuchte ihm die wesentlichsten Tatsachen zu erzählen und ließ nur die intimsten Einzelheiten aus. In ihrer Jugend hatte sie einige Polizisten gekannt, und sie wußte, wie die winzigsten Einzelheiten ihr Mißtrauen erregten, wie sie daran festhalten konnten, ganz besonders, wenn sie sich schon eine, wenn auch noch so falsche, Theorie zurechtgelegt hatten. Sie wußte auch, daß Abdulla und Karega eigensinnig sein und sich wegen Nichtigkeiten in Schwierigkeiten bringen konnten. So verfaßte sie die Geschichte beim Erzählen. Schließlich hing der Erfolg einer zusammenhängenden Erzählung davon ab, ob man wußte, welche Details ausgelassen werden durften und welche nicht.

Aber sie konnte nicht einmal sich selbst die Frage beantworten, warum sie beschlossen hatte, Karega ausgerechnet an jenem Abend zu rufen und nicht an einem anderen, oder warum sie die Hütte für ihr Zusammentreffen gewählt hatte. Vielleicht war es die warme Erinnerung an ihre frühere intime Beziehung. Oder die Achtung vor seinen Gefühlen gegenüber ihrem Bordell. Sie trug keinen Lippenstift und hatte die Perücke abgelegt, ihr Hals war nur mit Glasperlen und ihre Arme mit ein paar dünnen Reifen geschmückt. Während sie auf ihn wartete, fühlte sie, wie ihr Herz in vager Erwartung schlug. Sie war überrascht, daß sie noch so fühlen konnte – sie hatte sich so an das Klopfen ihres Herzens gewöhnt, wenn Geld in ihre Hand glitt, wenn sie erkannte, wie geschickt sie Situationen meistern konnte, wenn es ihr gelang, im Gesicht eines Mannes wie in einem offenen Buch zu lesen und dabei genau zu wissen, welche Illusionen er geschmeichelt haben und welche Frustrationen er loswerden wollte; und nicht zuletzt ließ dann die Erregung darüber, daß sie richtig geraten hatte, ihr Herz höher schlagen – sie hatte sich so an diese Art Erregung gewöhnt, daß sie dachte, ihr Körper und ihr Herz seien nun für alle anderen Möglichkeiten abgestorben.

Als er dann kam und an der Tür stand, war es wie ein Trugbild alter Zeiten. Nur daß er jetzt groß gewachsen und sein Körper gehärtet war, er war in der ganzen Gegend berühmt geworden und, so dachte sie, wahrscheinlich im ganzen Land. Es schmerzte – die Reinheit der

Freude, die sie bei seinem Kommen empfand, war wie etwas, das darum kämpfte, aus den Trümmern, dem Rost und dem Schmutz eines Abfallhaufens heraus geboren zu werden und ans Licht zu gelangen. Auch Karega empfand diese Illusion einer Rückkehr in die Vergangenheit. Er bemerkte, daß es noch dasselbe Bett war, dieselben Bettücher, auch Möbel und Lampe waren noch dieselben. Sie hatte es genauso erhalten, wie er es gekannt hatte – einen Augenblick, eingefangen im erstarrten Raum der Zeit. Ilmorog hatte sich verändert – alle hatten sich verändert –, neue Kräfte waren geboren worden, und die Kampflinien zeichneten sich deutlicher ab. Und doch, wenn er sie anschaute, konnte er nicht umhin, Wanja zu bewundern, wie sie verschiedene Personen zu verschiedenen Zeiten, an verschiedenen Orten und in verschiedenen Situationen sein konnte. Er nahm an, daß dies das Geheimnis ihres anhaltenden Erfolges war. Sie hatte die Fähigkeit, so vielen verschiedenen Menschen zu verschiedenen Zeiten gerecht zu werden, daß jeder in ihr den Zustand seines eigenen Seins widergespiegelt fand. Er konnte nicht umhin, über ein derart vergeudetes Talent einen Seufzer auszustoßen.

»Alles erinnert mich so sehr an Nyakinyua und an den Abend unseres ersten Theng'etatrinkens«, sagte er, als er sich auf den Stuhl setzte, der früher sein bevorzugter Klappstuhl gewesen war.

»Ja«, sagte sie. »Möchtest du Tee?«

»Eine Tasse, das wäre gerade recht.«

Er beobachtete sie, wie sie zusammengekauert auf den Knien den Gasofen anzündete, ihre Armringe und Glasperlen klirrten leise im Rhythmus ihrer Bewegungen. Sie war völlig in ihr Tun vertieft – und wirklich, sie war sehr schön. Wie konnte nur eine solche Frau ein Kind, ein Leben, in eine Latrine geworfen haben? Wie konnte eine solche Frau mit dem Körper anderer Mädchen einen Handel treiben? Es war nicht seine Sache, sie zu richten, aber trotzdem zerbrach das Eindringen dieser unerfreulichen Gedanken seine Bewunderung.

»Warum hast du die alte Hütte behalten?« fragte er sie, nur um etwas zu sagen.

»Ich möchte das alte Ilmorog nicht vergessen. Ich werde nie vergessen, wie wir gelebt haben, ehe die Trans-Afrika-Straße Ilmorog in zwei Hälften zerschnitten hat.«

»Was hat das für einen Sinn?«

»Es ist erstaunlich, wie sehr du dich verändert hast. Früher war dein Argument immer gewesen, wie wichtig die Vergangenheit für das Heute sei, solche Dinge hast du gesagt.«

»Das stimmt . . . aber nur als lebendige Lektion für die Gegenwart. Ich meine, wir dürfen unsere Vergangenheit nicht als Museum aufbewahren – wir müssen sie vielmehr kritisch, ohne Illusionen untersuchen und sehen, welche Lektionen wir daraus auf dem heutigen Schlachtfeld, auf dem es um die Zukunft und die Gegenwart geht, lernen können. Aber die Vergangenheit anbeten – nein. Vielleicht habe ich es früher getan – aber ich möchte nicht länger die Tempel einer Vergangenheit besuchen, in der es weder Teerstraßen noch Elektrizität gab; eine Welt, die von der Sklaverei unter den Gesetzen der Natur beherrscht war.«

»Du bist zu – du hörst dich wie ein Prediger an, so ernst! Und doch saßest du früher zu Füßen meiner Großmutter und anderer älterer Leute und stelltest eine Frage nach der anderen: Und was geschah dann, was geschah dann? Und du warst völlig in Gedanken versunken . . . überwältigt von der Kraft ihrer Stimme und ihrer Erzählung . . .«

»Sie war eine große Frau. Es tat mir wirklich sehr leid, als ich hörte, wie man sie in den Tod getrieben hat. Da hast du dein System von ›Friß oder du wirst gefressen‹.«

Sie goß Tee in die Tassen – dieselben alten Tassen – und setzte sich.

»Sie hat immer gesagt, daß du zurückkehren würdest . . . sogar noch auf ihrem Totenbett . . . seltsam . . . Sie ließ mich rufen, und zwei Tage lang unterhielten wir uns – oder vielmehr, sie unterhielt mich, ließ mich meine Kindheit noch einmal neu erleben und vieles andere. Einmal legte sie ihre Hand auf meinen Kopf und sagte, ohne mich dabei anzuschauen, in deinen Augen und in deinem Herzen ist so viel Kummer und Traurigkeit . . . ich weiß, warum du trauerst . . . aber er wird zurückkommen, er wird wiederkommen, nur fürchte ich, daß du nicht da sein wirst, um ihn zu empfangen . . . Ich sagte zu ihr, daß ich Ilmorog nie verlassen würde. Sie antwortete nicht darauf. Ich wartete darauf, daß sie weitersprechen würde, aber sie hat nichts mehr darüber gesagt . . . Auch sonst sprach sie nicht mehr über die Gegenwart oder die Zukunft. Statt dessen sprach sie unablässig über meinen Großvater. Und nun fragte ich sie noch einmal, was ich sie früher schon einmal gefragt hatte: ›Erzähle mir, wie mein Großvater seinen Tod gefunden hat!‹

›Er war ein Mann – er war von einer Rasse, wie es keine mehr geben wird. Ich weiß es – hat er mich nicht im Hirsefeld genommen, wo ich spürte, wie seine Kraft aus mir, einem Mädchen, eine Frau machte? Haben wir nicht Theng'eta zusammen gebraut? Nicht dieses Zeug, mit dem ihr, du und Abdulla, die Leute betrügt. Aber Erinnerungen aus der Vergangenheit und Befürchtungen für die Zukunft haben ihn immer beschwert. Er erzählte mir, der Grund dafür sei das Ereignis, von dem er als Kind – als junger Mann, der aber seine Mannbarkeit noch nicht erlangt hatte – Zeuge geworden und mit seinen eigenen Augen gesehen habe. Er hatte davon gehört, was einmal auf dem Markt in Ilmorog geschehen war. Er hatte auch von anderen Vorkommnissen gehört, die sich aber nur in fernen Ländern ereignet hatten. Dies war zu einer Zeit, als offene Schlachten gegen die Fremden geschlagen wurden: Das ganze Gebiet diesseits von Dagoretti – wenn man durch Wangigi kommt, die Bergrücken von Koinange zur Rechten liegen läßt, dann kommt man nach Githiga, zum Clan von Muniu, wo deine Mutter herstammt –, dieses ganze Gebiet wurde damals von *Waiyaki* und seinen Kriegern beherrscht. Das wußte er alles, aber er dachte, daß es niemals in Ilmorog geschehen könnte. Aber dann geschah es doch. Die Frauen und Kinder wurden in Höhlen und in den Wäldern versteckt. Die jungen Männer von Ilmorog waren fest entschlossen, daß man sie nicht wieder im Schlaf überraschen würde, daß sie ihre Ziegen und ihr Land, Ndemis Fluch gehorchend, verteidigen würden. Dein Großvater . . . er versteckte sich in einer Scheune . . . er hatte sich geweigert, mit den Frauen und den anderen Kindern wegzulaufen. Er weinte, weil er noch nicht beschnitten war und deshalb bei der Verteidigung seines Landes nicht dabei sein durfte. Er erzählte mir, wie sich die Nachmittagssonne in den tausend Speerspitzen unserer Krieger fing und sie in rote Flammen wie aus einem brennenden Haus verwandelte, als sie auf den Feind losmarschierten. Tausend tapfere Männer, die in den Tod marschierten und vom Feuer und Lärm aus jenen Stöcken niedergemäht wurden . . . aber mit dem Schrei der Herausforderung auf den Lippen fielen sie über den Feind her, bis der Feind fliehen mußte . . . aber auf der Erde lag die Blüte der Männer von Ilmorog . . . Er hatte geweint . . . über seine eigene Hilflosigkeit . . . und er schwor sich . . . das nächste Mal . . . das nächste Mal . . . Aber das nächste Mal war er schon Dorfältester . . . und er sollte nur Träger sein . . . Damals hatte er davon flüstern hören, daß in einem Land, das Rußland hieß, die Bauern Speere und Gewehre genommen hatten, um den Feind davonzujagen. Waren sie auch schwarz gewesen wie er? Waren es Europäer gewesen, die sie davongejagt hatten? In einem Lager . . . da stahl er etwas . . . Er hatte sich geschworen, das nächste Mal . . . aber das nächste Mal – da waren es seine Söhne, die gehen mußten. Aber er hielt das Geheimnis versteckt, sogar vor mir . . . Er wurde älter . . . und Träume plagten ihn . . . das Erdungeheu-

er . . . er dachte, daß dein Vater daran interessiert sei, weil er in dem großen Krieg gewesen war . . . und andere junge Männer sprachen von einem anderen Krieg, wie in Indien oder in China. Aber dein Vater rannte weg und wollte nichts davon wissen . . . das verletzte deinen Großvater, und für ihn sah es so aus, als ob es kein nächstes Mal mehr geben würde, und seine Träume hielten ihn wach, daß er stöhnte . . . Er hatte aufgegeben . . . er erzählte mir das Geheimnis . . . Vergiß deine Dummheit, sagte ich ihm. Ich dachte, er hätte es vergessen. Und dann kam der dicke *Waitina mzungu* – du weißt schon, der, der die Leute ihr eigenes Grab schaufeln ließ –, der kam hierher . . . er wollte wissen, wer der Gruppe, die von Ole Masai angeführt wurde, half . . . wir waren alle auf dem Platz versammelt. Dann sagte er, er würde ein Exempel statuieren, und wählte zwei junge Männer aus – sie sollten erschossen werden. Er sagte, zwei alte Männer sollten die Gräber für die jungen ausheben. Er fragte nach Freiwilligen . . . und dann – nun, wir dachten alle, er sei verrückt – meldete sich dein Großvater. Und ich schämte mich so, ich weinte vor Scham – mein Mann war also doch ein Weib? Eine Hacke zu holen, um ein Grab für die Jungen zu schaufeln? Alle diese Träume hatten ihn also nur heimgesucht, weil er nichts als Urin und Scheiße in den Knochen hatte? Wir beobachteten alle, wie er in die Hütte ging . . . in die Scheune . . . dann kam er zurück mit einer Hacke auf der Schulter . . . Und die Frauen würden ihn anschreien . . . ich wußte, daß sie es tun würden, und ich wollte ihn davon abhalten, diesen Verrat zu begehen . . . und dann . . . jenen Augenblick werde ich nie vergessen . . . dann ließ er die Hacke fallen und zog das Geheimnis unter seiner umgehängten Decke hervor und zielte damit auf *Waitina* . . . und *Waitina* zitterte . . . wir sahen, wie ein weißer Mann zitterte, und warteten auf den Knall . . . Du hättest dabei sein sollen . . . ich war so stolz, so stolz; jetzt würde ich mit erhobenem Haupt unter den anderen Frauen umhergehen können . . . Aber . . . es schoß nicht . . . es war zu alt . . . Er drückte ab . . . und drückte wieder ab . . . Dann fingen sie ihn und erhängten ihn . . . Aber kein Wort der Entschuldigung oder eine Bitte um Vergebung kam aus seinem Mund . . . Er war ein Mann, mein Mann . . . er war ein Mann!‹
Sie starb noch am selben Abend . . . und ich werde nie ihre Worte voll Stolz und Freude vergessen . . . ›Ich komme zu dir, mein Krieger . . .‹, und dann schloß sie die Augen.«
Karega war, als hätte er unter jenen geweilt, die gesehen hatten, wie Wanjas Großvater einem heldenhaften Tod entgegenging, wie er ei-

nem Versprechen, das er in seiner Jugend, weit zurück im letzten Jahrhundert, gegeben hatte, die Treue hielt.

»Damals habe ich verstanden, warum mein Vater nie mehr hierher zurückgekommen ist und warum er und meine Mutter sich dauernd stritten und ihre Spannungen auf uns Kinder übertrugen . . . Sag mir, Karega, sag mir, hätte ich danach dieses Land der African Economic Bank überlassen sollen? Auch wenn ich mich dafür immer und immer wieder verkaufen mußte«, schloß sie voll Bitterkeit.

Er fühlte, wie das alte Feuer in ihm flackerte . . . er hob die Hand, um sie zu berühren . . . sie wartete verhalten . . . aber auf halbem Weg fühlte er die Sinnlosigkeit von allem und kratzte sich am Kopf, als suche er nach den passenden Worten.

»Solche Lektionen können wir aus unserer Vergangenheit lernen . . . als Anleitung für unser Handeln . . . aber wir müssen auch daraus lernen, daß dein Großvater dazu neigte, alleine zu handeln . . .«

Das Zauberband zwischen ihnen war endgültig zerrissen.

Er wünschte, er könnte die Worte zurückholen. Er hatte sie nicht sosehr durch die lehrerhafte Banalität dessen, was er gesagt hatte, verletzt als vielmehr durch die Kombination seines Tonfalls und seiner Gesten.

Wanja ließ ihn plötzlich los – auch sie fühlte und wußte, daß dies das Ende war; sie war also nicht da, als er zurückkam, und sie würde keine Tränen darüber vergießen. Soll er doch gehen und den Arbeitern und den Massen predigen. Sie hatte einen Traum wie einen Schatz aufbewahrt, jetzt war er vorbei.

Sie nahm einen geschäftlichen Ton an:

»Du fragst dich sicher immer noch, warum ich dich rufen ließ. Ich wollte dich bitten, sehr vorsichtig zu sein. Sie haben sich geschworen, dich umzubringen – dich zu beseitigen . . . so wie den Rechtsanwalt.«

»Wer?«

»Kimeria . . . Chui . . . Mzigo . . . alle . . . ich weiß es. Frage nicht, woher. Es ist Teil eines großen Planes. Sie wollen die Bildung verschiedener Stammesorganisationen ermutigen. Jede dieser Organisationen soll ihren eigenen Eid haben, der die Mitglieder unter Todesstrafe zu absoluter Loyalität gegenüber der Gruppe verpflichtet. Dann sollen die Führer all dieser Gruppen eine nationale Front bilden mit der KKO als Haupttriebkraft. Jede Gruppe wäre dazu verpflichtet, unloyale Elemente zu beseitigen, und zwar unter dem Vorwand, daß derartige Elemente den Stamm, seine Kultur und seinen Reichtum an andere Stämme verrieten.«

»Und welche Qualifikationen sind für die Führerschaft erforderlich?« fragte sie.
»Besitz . . . aber ich glaube nicht, daß sie alle Einzelheiten bereits ausgedacht haben. Aber die KKO ist ein gutes Modell. Sie wird von denen angeführt, die Besitz haben.«
Karega schwieg eine Weile. Dann sagte er, mehr zu sich selbst: »Sie sind zum Scheitern verurteilt. Kannst du es nicht schon sehen – wir, die Arbeiter, die armen Bauern, die einfachen Menschen, die Massen, sind jetzt zu sehr wachgerüttelt, um durch Stammesloyalitäten, Versammlungen in den verschiedenen Landstrichen, ruhmreiche Vergangenheit, *utamaduni wa zamani* – Kultur der Vergangenheit, all diesem Zeug, getäuscht zu werden, wenn wir hungern oder arbeitslos sind oder uns mit einem elenden Lohn durchschlagen müssen. Glaubst du denn, wir ließen ausländische Gesellschaften, Banken, Versicherungen einerseits und die einheimischen Reichen mit ihren Theng'eta-Fabriken, die neuen schwarzen Großgrundbesitzer mit ihrem ausgedehnten Landbesitz und zahlreichen Häusern andererseits – glaubst du denn, daß das Volk es zuließe, daß eine Kombination dieser beiden Klassen und ihrer Sprecher im Parlament, an den Universitäten, in den Schulen, in den Kirchen und dazu noch ihre Armeen und Polizeikräfte zum Schutze ihrer Interessen – glaubst du, daß wir es zulassen werden, daß diese Besitzer gestohlenen Eigentums weiterhin und für immer über uns herrschen? Nein . . . dafür ist es zu spät, Wanja . . . wir werden andere nicht mehr länger ernten lassen, wo sie nie gesät haben, nicht mehr Früchte sammeln lassen, wo sie nichts gepflanzt haben, nichts auf die Banken bringen lassen, wofür sie keinen Schweiß vergossen haben . . . Sag ihnen dies: Es gibt eine Million Karegas auf zehn Kimerias. Sie können den Rechtsanwalt umbringen oder zehn solcher Anwälte. Aber die Armen, die Besitzlosen, die arbeitenden Millionen und die armen Bauern sind ihre eigenen Rechtsanwälte. Mit Gewehren und Schwertern und Organisation können und wollen sie die Ursachen ihrer Unterdrückung verändern. Sie werden den Reichtum, der ihnen rechtmäßig gehört, an sich reißen. Es geschieht ja schon überall – in Mozambik, Angola, Zimbabwe. Eben hast du gedacht, die Geschichte von deinem Großvater hätte mich nicht berührt. Aber ich würde mich zehnmal für deinen Großvater entscheiden . . . nicht für deinen Vater . . . Niemals! Die Arbeiter und Bauern Kenias sind erwacht!«
Er erhob sich, um zu gehen.
»Aber ich danke dir, daß du mich gewarnt hast. Ich meine es aufrich-

tig. Es bewegt mich . . . und es tut mir nur leid, wirklich leid, daß du auf ihrer Seite stehst. Die KKO und der Imperialismus repräsentieren die Reichen gegen die Armen. Sie nehmen den Armen immer mehr weg, und deshalb hassen sie es, wenn sich die Armen organisieren, und du hilfst ihnen dabei.«

Sie stand auf, schaute ihm ins Gesicht, ihre Augen waren haßerfüllt, ihre Stimme bebte vor Zorn, ihre Haltung war stolz.

»Nein . . . Das ist nicht wahr, es ist nicht wahr, ich habe versucht, sie zu bekämpfen, mit der einzigen Waffe, die ich habe. Was willst du denn? Du hast mich zu dem gemacht, was ich bin. Du bist weggegangen, du hast mich verlassen. Ich hatte dich gebeten zu bleiben, ich habe Tränen vergossen, aber du bist weggegangen, und nun wagst du es, mich zu beschuldigen.«

Dann veränderte sich ihre Stimme genauso plötzlich, und sie sprach ganz leise.

»Ich bin so einsam gewesen . . . so einsam. Dieser Reichtum ist wie eine schwere Last auf meinem Kopf. Bitte, bleibe heute nacht bei mir . . . nur heute nacht, wie in den alten Tagen . . .«

Und wieder veränderte sie sich, und dieses Mal schrie sie es hinaus, über Karega hinweg, ein wilder Schrei der Auflehnung: »Oh, es ist nicht wahr. Es ist nicht wahr. Ich habe das Leben geliebt! Leben! Leben! Karega, gib mir Leben . . . Ich sterbe . . . sterbe . . . und kein Kind . . . Kein Kind!«

Er schaute sie nicht an. Er kam sich hart, gefühllos vor, aber es war auch für ihn der einzige Weg.

Er blieb fest und seiner Sache sicher.

»Was immer du bist, du hast dich für die Seite, auf der du stehst, entschieden. Ich hasse dich nicht, ich richte dich nicht . . . aber ich weiß, daß wir die Kimerias nicht bekämpfen können, wenn wir ihresgleichen sein wollen . . . uns in ihr Lager begeben . . . in diesem Spiel können wir sie nicht schlagen . . . Nein, wir wollen eine Welt, wir müssen für eine Welt kämpfen, in der es keine Kimerias und Chuis gibt, eine Welt, in der der Reichtum unseres Landes allen gehören wird, in der es keine Parasiten gibt, die unser aller Leben diktieren, in der wir alle Arbeiter sein werden, die sich um das Glück und Wohlergehen aller bemühen.«

Er ließ sie an der Tür stehen, wo Abdulla sie später fand.

*

Während der nächsten Tage dachte Wanja über alles nach, was geschehen war. Es schien alles unvermeidbar gewesen zu sein – ihr endgültiger Bruch mit Karega und ihre Verbindung mit Abdulla. Abdullas Nachricht von Josephs Erfolg in Siriana, die sie so unmittelbar nach Karegas mißbilligender Rede erreicht hatte, erfüllte sie mit Stolz und gab ihr neue Hoffnung. Es schien ihr die einzige gute Sache zu sein, die sie jemals getan hatte, wenigstens das einzige, das sie begonnen und das keine gegenteiligen Auswirkungen auf ihr eigenes Leben gehabt hatte. Und was für ein Leben war es gewesen! Sie hatte Träume in einem zerbrochenen Gefäß getragen. Wenn sie jetzt zurückschaute, so konnte sie nicht einmal mehr eine Spur der verschwundenen Träume und Erwartungen erkennen. Kimeria war es gewesen, der ein Loch in das Gefäß gebohrt hatte. Das stimmte. Aber sie hatte ihn gewähren lassen. Sie hatte sich dafür entschieden gehabt. Das konnte sie jetzt nicht mehr vor sich selbst verstecken. Karega hatte recht. Sie hatte sich entschieden gehabt, und dafür konnte sie weder ihren Eltern noch Kimeria die Schuld geben. Sie hätte sich wenigstens entscheiden können, anders zu kämpfen. Ihr Großvater hatte sich entschieden. Ihr Vater hatte sich entschieden. Karega hatte sich entschieden. Alle entschieden sich, den Kampf auf sich zu nehmen oder nicht. Die Entscheidung, die man traf, reihte einen auf dieser oder jener Seite des Schlachtfeldes ein. Sie war, so schien es ihr, der Krieger aus der Erzählung gewesen, der nach Hause kam, um von seinen Niederlagen zu berichten und sie aufzuzählen; er schämte sich ihrer nicht, sondern er war stolz darauf, als ob die Niederlage an sich eine Leistung wäre. Sie, Wanja, hatte sich dafür entschieden, ihr eigenes Kind zu töten. Dadurch hatte sie sich selbst umgebracht, und nun hielt sie ihr endgültiges Begräbnis im Reichtum und in der Erniedrigung für eine ruhmreiche Errungenschaft. Sie versuchte, diesen Dingen kaltblütig ins Auge zu sehen, ohne diesmal anderen die Schuld zuzuschieben.

Sie konnte jetzt nicht mehr in den Zustand der Unschuld zurückkehren. Aber sie konnte etwas tun, um den gegenwärtigen Zustand zu ändern. Sie wußte nicht, was sie tun würde – sie fühlte nur die Notwendigkeit, etwas zu unternehmen. Als Erstes konnte sie ihre Beziehung zu Kimeria beenden. Ja. Sie mußte es tun. Aber dieses zweite Mal würde sie die Bedingungen festsetzen. Sie würde die Stunde, den Ort und die Atmosphäre bestimmen. Sie würde ihre Rache bekommen. Je länger sie darüber nachdachte, desto besser gefiel ihr der Gedanke, von dem sie bald wie besessen war. Es war, als sei ihr die Art und Weise, wie sie die Beziehung beenden würde, wichtiger als die Tat selbst.

Sie sah auch keinen Widerspruch darin, Abdulla als ihr Racheinstrument zu wählen. Es schien ganz natürlich zu sein, nun, da sie ihn in ihr Leben hereingenommen hatte. Der Gedanke war einfach. Sie würde Mzigo, Chui und Kimeria einladen – dann würde sie Abdulla in seinen Lumpen als ihren rechtmäßigen Mann vorstellen. Und dann würde sie Kimeria bloßstellen. Sie arbeitete den Plan in allen Einzelheiten aus. Sie würde alle Mädchen wegschicken und auch den Nachtwächter, denn sie war fest entschlossen, ihrem derzeitigen Lebensstil und der Art und Weise, wie sie ihren Lebensunterhalt verdiente, ein Ende zu setzen. Sie würde später Mittel und Wege finden, die Mädchen in ihren anderen Unternehmungen zu beschäftigen. Aber am Abend ihrer Rache mußten sie weg sein. Sie plante, Mzigo, Kimeria und Chui in verschiedenen Räumen zu unterhalten bis zum Eintreffen Abdullas. Sie traute es ihrer Zunge und ihrer langen Erfahrung zu, daß ihr die gleichzeitige, aber getrennte Unterhaltung ihrer Gäste gelingen würde. Es würde ein großes Finale ihrer Karriere werden – einer Karriere, in der sie ständig mit Füßen getreten worden war, einer Karriere nicht endenwollender Scham und Erniedrigung.

Bis zum letzten Tag entwickelte sich alles nach Plan. Chui kam als erster an. Sie führte ihn in ein Zimmer, unterhielt sich ein wenig mit ihm und entschuldigte sich dann, um das Abendessen zu richten. Die Tür schloß sie sorgfältig hinter sich zu. Sie ging in die Küche und begann Fleisch in kleine Stücke zu schneiden. Sie schnitt genug für vier Personen, tat alles in einen Topf. Mzigo war der Zweite, der ankam, und auch ihn führte sie in ein Zimmer, unterhielt sich ein wenig und entschuldigte sich dann, um in die Küche zu gehen. Kochen und die Küche wurden das wichtigste Bindeglied in dem Drama, und sie begann das Spiel zu genießen. Auf die Frage, warum sie die Mädchen nicht kochen lasse, erzählte sie jedem dieselbe Geschichte: Dies sei ein ganz besonderer Abend für ihn und sie. Ansonsten würde es nicht weiter schwierig sein, sie zu unterhalten. Chui liebte es, wenn man seinen Erzählungen aus Südafrika, England und Amerika Aufmerksamkeit schenkte. Er ließ auch sehr gerne, ganz beiläufig, Namen anderer wichtiger Leute fallen. »Neulich, als ich mit dem und dem sprach . . .« oder: »Neulich, als ich bei dem und dem zu gebratenem Ziegenfleisch eingeladen war . . . wenn dort eine Bombe eingeschlagen hätte, dann wäre von der ganzen Elite Kenias niemand mehr übrig.« Am liebsten mochte er es, wenn man beständig seinem Erstaunen über all die Orte, die er schon besucht hatte, Ausdruck gab und auch etwas Eifersucht angesichts der vielen englischen Mädchen zeigte, mit denen er geschlafen hatte. Mzigo unterhielt sich gerne über Autos, und zwar in mißbilligenden Tönen, als sei das Auto, und ganz besonders ein Mercedes, das größte Übel der Welt. Am allerliebsten mochte er es, wenn man Autos im Verhältnis zu seiner Fähigkeit, sie zusammenzufahren, lobte. Kimeria wollte gerne eifersüchtig gemacht werden und versuchte dann, sie mit verheißungsvollen Geschenken zu umwerben. Er sprach auch gelegentlich über Parties mit anderen wichtigen Leuten – und auf allen seinen Parties wurden nur Runden mit ganzen Flaschen Champagner oder Whisky ausgegeben. »Weißt du, die Großen, von denen das Stück fast hundert Shilling kostet«, als ob die Größe und der Preis der Flaschen die Parties ausmachten. Sie wartete jetzt ungeduldig auf Kimeria. Und sie merkte plötzlich, wie ihr Herz klopfte, und sie befürchtete, daß etwas schiefgehen könnte. Sie dachte wieder über ihr Leben nach und fragte sich, ob es wohl anders verlaufen wäre, wenn sie damals, so früh, Kimeria nicht getroffen hätte. Ihre Gedanken wanderten zu ihrem Vater – angenommen, ihr Vater wäre wie ihr Großvater gewesen, hätte ihr Leben dann wohl einen anderen Verlauf genommen? Dies und jenes, dies und jenes, aber es war das Bild ihres Großvaters, das nun lebendig vor ihrem inneren Auge stand, als Kimeria an die Tür klopfte. Sie öffnete ihm – er kam herein, sehr forsch, bereit, geliebt zu werden. Sie hielt immer noch die *panga* in der Hand, mit der sie das dicke Gemüse geschnitten hatte . . . Er lächelte sie an . . . und sie führte ihn in sein Zimmer. Als sie wieder hinausging, um nachzusehen, ob Abdulla gekommen war, sah sie plötzlich Flammen und Rauch, und sie schrie, schrie um Hilfe, ehe sie in einer Ohnmacht zu Boden sank.

Das war in großen Zügen, was sie Inspektor Godfrey erzählte. Und es war alles wahr. Aber eines sagte sie ihm nicht und würde es auch niemals jemand sagen, nun, da sie am Leben geblieben und die Beweise verbrannt waren, nämlich, daß sie selbst Kimeria getötet hatte . . . erschlagen mit der *panga*, die sie in der Hand gehalten hatte.

5

»Sagen Sie, Mr. Munira . . ., Sie haben Chui gut gekannt?« fragte Inspektor Godfrey. Er war sehr entspannt. Das Gelangweiltsein und der Zynismus in seinem Gesicht waren verschwunden. Seine Augen waren lebendig, echte Neugier leuchtete aus ihnen.

»Ich habe Ihnen bereits gesagt, daß er und ich dieselbe Schule besuch-

ten. Wir wurden, ich glaube 1946, von der Schule gewiesen. Es war das Jahr der Altersgruppe, die sich *Cugini/Mburaki* nennt.«
»Das bedeutet Schwarzer Markt?«
»Ja. Denn es war nach dem Krieg, und alles war sehr knapp. Während dieser Jahre wurde Karugo, der Fahrer, so berühmt. Er transportierte Waren und Mais aus den von Weißen besiedelten Gebieten in die Reservate der Afrikaner, und kein Polizeiauto konnte ihn fassen.«
»Sagt man deshalb: *Tura na Cia Karugo?*«
»Ja.«
»Sehr interessant.«
»Heute würde man dasselbe *Magendo* nennen . . . Aber diesmal werden Elfenbein und Rubine, Mais und Holzkohle transportiert. Nur würde sich kein Polizist finden, um die Schuldigen zu jagen.«
»Ha, ha, ha! Mr. Munira, Sie scheinen einiges über unsere Kultur zu wissen. Aber ich meine doch, Ihre Eltern waren Christen?«
»Ja.«
»Und Ihre Brüder sind alle sehr gut situiert. Einer ist ein wichtiger Mann in einer Ölgesellschaft, oder nicht?«
»Ja.«
»Und Ihr Vater ist noch – er hat einen großen Grundbesitz?«
»Ja.«
»Wie war die Beziehung zwischen Ihnen und Ihren Eltern? Herzlich?«
»Gespannt, würde ich sagen.«
»Als was würden Sie sich selbst beschreiben? Als Versager? Als Einzelgänger, als das schwarze Schaf einer sonst weißen Familie?«
»Es gibt kein Versagen für die, welche in Christus von neuem geboren wurden. Diese Welt ist nicht meine Heimat.«
»Ganz richtig. Aber sagen Sie mir . . ., sind Sie Chui wieder einmal begegnet, nach Ihrem kleinen Abenteuer in Siriana?«
»Nein . . ., eigentlich nicht.«
Munira schwieg und dachte eine Weile nach. Dann lachte er, als belustige ihn das, worüber er plötzlich nachgedacht hatte.
»Nein. Aber . . . ich habe ihn verschiedene Male in Ilmorog gesehen. Ich dachte daran, mich vorzustellen, aber habe es dann doch nicht getan, das heißt, ich habe die Entscheidung hinausgeschoben. Dann entschloß ich mich doch eines Tages dazu. Es war bei der Einweihung des Golf-Clubs von Ilmorog. Wir Lehrer waren auch eingeladen. Diesmal ging ich direkt auf ihn zu. Zuerst konnte er sich nicht an mich erinnern. Ich erzählte ihm von Chui, dem Fußballspieler. Ich nannte ihn Joe Louis-Shakespeare. Er lachte laut. Seine eine Hand lag auf seinem

riesigen Bauch, die andere hielt ein Glas Champagner. ›Wie geht es dir, mein Freund? Ha, ha! Ich nehme an, heutzutage würden sie mich Mohammed Ali oder Bruce Lee oder Pele nennen. Du bist also Lehrer geworden? Wie ich auch? Dieser Fraudsham . . ., warst du bei seiner Beerdigung?‹ Wir unterhielten uns ein wenig über die Ironmongers, über Fraudsham und über das Siriana jener Zeit. ›Schuljungens . . . heutzutage . . . überhaupt nicht mehr so, wie wir früher waren‹, sagte er. Er fragte mich, was ich trinke. Warum denn nicht Theng'a Theng'a mit Theng'eta? Kannte ich denn nicht die moderne Algebra – P gleich 3 Ts? ›Neue Mathematik‹, sagte er und lachte und schlug mir mit der freien Hand freundschaftlich auf die Schulter. An jenem Tag wollte ich nicht trinken, und ich antwortete Ginger Ale. ›Geh, geh; guter Wein ist ein gutes, geselliges Ding, wenn man mit ihm umzugehen weiß‹, sagte er ermutigend und verpaßte mir noch einmal einen harten Schlag auf die Schulter. Ich blieb aber bei meinem Ginger Ale und zitierte zurück. ›O du unsichtbarer Geist des Weins, wenn du noch keinen Namen hast, an dem man dich kennt: so heiße Teufel!‹ ›Du kennst also auch noch Mr. Billy Shakespeare‹, sagte er und lachte wieder. Danach entwickelte sich ein kleiner Streit. War Ginger Ale wirklich alkoholisch und verdiente deshalb ›Ale‹ (Alcohol Livens Everybody) genannt zu werden, oder war es wie Fanta (Foolish Africans Never Take Alcohol)? Er sagte, es könne durchaus alkoholische Auswirkungen haben, je nachdem, wer es tränke. Er erzählte eine Geschichte von einer Dame, die bei einer seiner Partys in seinem Haus in Blue Hills von Ginger Ale einen Schwips bekam. Sie ging zur Tür und schrie und fiel in Ohnmacht und behauptete später, sie habe ein Gespenst gesehen . . .«

»Aha. Sehr interessant. Und Kimeria? Kannten Sie ihn?«

»Nein . . ., nicht sehr gut . . . Außer, daß er Wanjas Leben ruiniert hatte und Karegas Bruder verraten.«

»Und Karega . . ., hat er je so gesprochen, daß man vermuten könnte –«

»Was?«

»Bitterkeit. Oder wie er diese neue Welt schaffen wollte? Hat er vielleicht daran gedacht, ihr Kommen etwas zu beschleunigen?«

»Ich habe Ihnen doch erzählt, warum ich nicht daran glaube, daß der Mensch –«

Er unterbrach sich. Der Beamte schaute ihn mit seltsamen Augen an. Inspektor Godfrey änderte plötzlich seinen Ton . . ., er war nicht mehr der gedankenverlorene Zuschauer.

»Mr. Munira . . ., was taten Sie auf dem Berg von Ilmorog an dem Sonntagmorgen nach dem Brandanschlag?«

Munira schaute den Beamten an. Er las alles in seinen Augen.
»Sie wissen es also?« fragte er ruhig.
»Ja, Mr. Munira . . . Die Herrscher jeder Welt haben ihre Gesetze, ihre Polizisten und ihre Richter und . . . und die Vollstrecker des Gesetzes . . ., oder nicht? Ich fürchte, Mr. Munira, ich bin nur ein Polizist dieser Welt. Und ich werde Sie jetzt offiziell der Brandstiftung an Wanjas Haus und damit der Verursachung des Todes dreier Männer anklagen. Ich darf Sie darauf aufmerksam machen, daß alles, was Sie jetzt sagen, vor dem Gericht gegen Sie verwandt werden kann. Sagen Sie mir eines: Warum haben Sie es getan?«
»Ich – ich wollte Karega retten«, sagte Munira.

*

Munira war so von der Verkehrtheit, der Fehlerhaftigkeit dieser Welt überzeugt gewesen, daß ihm daran lag, daß alle seine Freunde dies erkennen sollten, damit sie rechtzeitig entkommen könnten. Deshalb hatte er Karega so sehr belästigt. Er war schließlich von der Vorstellung wie besessen gewesen. Er verfolgte Wanja, er verfolgte Abdulla, er verfolgte Karega. Aber an Karega war er am meisten interessiert. Als hege er Zweifel, die nur durch die Bekehrung Karegas beseitigt werden könnten. Es war jedoch reiner Zufall gewesen, daß er an jenem entscheidenden Freitag Karegas Schatten gesehen hatte. Er war ihm gefolgt. Er hatte gesehen, wie er Wanjas Hütte betrat. »Sie haben sich also heimlich getroffen«, ging ihm plötzlich auf. »Sie sind also in der Hütte beieinander gewesen!« Er wartete im Dunkeln und dachte heftig nach. Er rief sich sein erstes Ankommen in Ilmorog ins Gedächtnis zurück. Er dachte daran, wie Wanja seine Welt erschüttert hatte, die Welt, die er um sich her geschaffen hatte. Er durchlebte noch einmal seine Verbindung mit ihr und wie er später in Trunksucht und Faulheit abgeglitten war, während sie so begehrenswert wie die Frucht in jenem Alten Garten war. Aus dem Nichts sprach eine Stimme zu ihm: Sie ist Beelzebub, Karega wird nimmermehr der Umarmung des Bösen entrinnen können. In der Dunkelheit war die Botschaft eindeutig: Karega mußte vor ihr gerettet werden. Er würde sonst eben die Stufen hinabsteigen, die Munira selbst hinabgestiegen war, und aus deren Tiefe ihn die Rückkehr von Karega und Lillian gerettet hatte. Rette ihn . . ., rette ihn, beharrte die Stimme. Munira wußte, daß er der Stimme gehorchen würde. Christus hatte schließlich die Händler vertrieben, die Gottes Tempel verunreinigten. Wichtig war nicht nur, dem Gesetz

passiv zu gehorchen, sondern aktiver Gehorsam gegenüber dem allumfassenden Gesetz Gottes. Es war eine ungeheure Offenbarung. Er sah, wie Karega herauskam. Er überlegte sich, ob er heute abend handeln sollte und wie er handeln sollte. Er wollte Karega folgen, als er Abdulla kommen und auch in die Hütte gehen sah. »Sogar er . . .«, dachte Munira und begab sich hinweg.
Eine ganze Woche lang betete er darum, daß Gott ihm den richtigen Weg zeige. An jenem Samstag abend kaufte er Petroleum . . . Er ging zu Wanjas Haus. Er war nicht er selbst, Munira. Er tat es in aktivem Gehorsam gegenüber dem Gesetz. Es war ihm auferlegt worden, das Hurenhaus niederzubrennen – das Haus, das Gottes Arbeit auf dieser Erde spottete. Er übergoß alle Türen mit Petroleum und zündete es an. Dann ging er weg, hinauf auf den Berg von Ilmorog. Er stand auf dem Berg und sah zu, wie das Hurenhaus brannte; die Feuerzungen, die aus den vier Ecken des Hauses drangen, wurden zu Blütenblättern aus Blut und ließen den dunklen Himmel wie im Zwielicht erscheinen. Er, Munira, hatte es gewollt und hatte gehandelt, und als er sich niederkniete, um zu beten, fühlte er, daß er nun kein Außenseiter mehr war, denn er hatte endgültig sein Einssein mit dem Gesetz bewiesen.

DREIZEHNTES KAPITEL

1

Inspektor Godfrey saß am Fenster eines Wagens der Ersten Klasse und sah die Felder vorüberziehen – ordentliche, vom Menschen in Zaum gehaltene Schönheit der Kaffee- und Teepflanzungen an Hängen, in Tälern und auf den Bergrücken. Seine Gedanken konzentrierten sich nicht ganz auf die wellige Landschaft zwischen Ruwa-ini und Nairobi, sondern verweilten immer noch in Neu-Ilmorog. Eigentlich sollte er jetzt diese innere Befriedigung verspüren, die ihn stets überkam, wenn es ihm gelungen war, die Teile des Puzzles eines Verbrechens zusammenzusetzen. Aber statt dessen empfand er ein inneres Unbehagen, leichte Irritiertheit. Er war etwas überrascht über sich selbst, denn diese Unruhe war so völlig außer Schritt mit dem Gleichmut, mit dem er den Fluß der gesellschaftlichen und politischen Ereignisse zu betrachten pflegte. Nicht daß ihn Leute wie Karega interessiert hätten. Für

derartige Zerstörer der Ordnung konnte er keine Gefühle aufbringen. Inspektor Godfrey – ein Selfmademan, denn seine Schulbildung hatte nach Klasse II aufgehört; und doch, wie weit hatte er es gebracht, welche Höhen hatte er erreicht, durch Lernen, durch Fleiß und durch eine instinktive Furcht, im Schlamm eines ruhenden Teiches zu rühren – Inspektor Godfrey war dazu erzogen worden, an die Heiligkeit des Privateigentums zu glauben. Das System des Privatbesitzes von Produktionsmitteln, von Handel und Verteilung, war für ihn gleichbedeutend mit der natürlichen Ordnung der Dinge, wie die Sonne, der Mond und die Sterne, die auf ewig am Firmament festzustehen schienen. Jeder, der dieses verordnete Feststehen und die Dauerhaftigkeit aller Dinge in Frage stellte, war selbst unnatürlich und verdiente keine Gnade – denn forderte er nicht geradezu das Chaos heraus, genauso, wie wenn ein verrückter Astronaut oder Kosmonaut versuchen würde, Sonne oder Mond von ihrem Platz zu rücken? Leute wie Karega mit ihren radikalen Gewerkschaftsideen und ihrem Kommunismus bedrohten die innerste Struktur des Kapitalismus – deshalb waren sie schlimmer als Mörder. Inspektor Godfrey hatte eine Art beschützender Beziehung zur Gesellschaft aufgebaut. Es machte ihm nichts aus, daß er in all den Jahren sehr wenig für sich selbst erworben hatte. Trotzdem fühlte er sich als Herr und Besitzer der Struktur – war die Polizei nicht die Kraft, welche die Stabilität garantierte, die allein den unbehinderten Zuwachs des Wohlstands ermöglichte? Selbst diese Gang von Millionären, die sich in der KKO zusammengefunden hatten, verdankte ihre Position den Polizeikräften. Die Polizei hatte wahrhaftig das moderne Kenia geschaffen, das hatte er schon immer empfunden. Die Karegas und ihresgleichen sollten eigentlich nach Tanzania und China deportiert werden.
Was ihn aber wirklich beunruhigte, waren Leute wie Munira. Wie konnte er nur den unermeßlichen Besitz seines Vaters zurückweisen? Konnte denn Besitz, Reichtum, Status, Religion plus Erziehung eine Familie nicht zusammenhalten? Was hätte sich ein Mann sonst noch wünschen können? Inspektor Godfrey kam zu der Überzeugung, daß es religiöser Fanatismus sein müsse! Und doch wußte er aus eigener Erfahrung in der Polizei, daß Fanatismus im allgemeinen unter den Armen vorkam. Menschliche Wesen: sie konnten nie zufrieden sein! Andererseits hatte Munira auch wieder recht. Dieses System des Kapitalismus und der kapitalistischen Demokratie brauchte moralische Reinheit, wenn es überleben wollte. Die Skelette, denen er in Neu-Ilmorog begegnet war, konnten nicht gut als die Resultate moralischer

Reinheit bezeichnet werden. Natürlich hatte er ähnliches, oder nahezu ähnliches in Nairobi, Mombasa, Malindi, Watamu und an anderen Orten erlebt, aber er hatte bis jetzt diesen Dingen noch nie sehr viel Aufmerksamkeit geschenkt, zumindest, so vermutete er jetzt, war er noch nie einem Munira begegnet, der bereit war, im Namen moralischer Reinheit zu morden. Und Inspektor Godfrey dachte dabei gar nicht einmal an Wanjas »Sunshine Lodge«. Er dachte dabei vielmehr an das Utamaduni-Kultur- und Tourismus-Zentrum in Ilmorog. Angeblich diente es dazu, Touristen aus den USA, Japan, Deutschland und anderen Teilen Westeuropas zu unterhalten. Aber dies war nur ein Deckmantel für andere, unheilvollere Machenschaften – den Schmuggel von Edelsteinen und Elfenbein, auch Tierhäuten und sogar menschlicher Haut. Es war ein Zentrum, das der Plünderung des natürlichen Reichtums des Landes und seines Reichtums an Menschen diente. Frauen, junge Mädchen wurden angestellt, um die physischen Launen irgendeines Touristen zu befriedigen; diejenigen, die etwas aus sich machten, die sich einen Anflug von Weltoffenheit und Blasiertheit angeeignet hatten, dazu ein geringes Wissen an Deutsch und Englisch, wurden als Sklavenhuren aus Afrika nach Europa gelockt! Inspektor Godfrey zweifelte nicht daran, daß dieser lukrative Handel mit Schwarzem Elfenbein mit Zustimmung und Wissen von Nderi wa Riera, dem Abgeordneten der Gegend, stattfand, denn war er nicht der Besitzer des Zentrums? Er hatte einen Gesellschafter, den Mann aus Westdeutschland. Schwarzes Elfenbein für den Export – erstklassiger Devisenbringer. Aber könnte es nicht auch ohne das gehen, dachte Inspektor Godfrey, und rief sich den Sturm ins Gedächtnis zurück, der vor einigen Jahren ausgebrochen war, als ein ähnlicher Handel mit jungem Fleisch in Watamu Bay aufgedeckt worden war. Vielleicht würde er mit seinen Vorgesetzten darüber sprechen, vielleicht würde er ihnen auch den Bericht geben, den er darüber angefertigt hatte. Aber als er dann daran dachte, wieviele VIPs in ein solches Kultur- und Tourismus-Zentrum verwickelt waren, sah er davon ab. Er würde den Bericht und das Wissen für sich behalten. Vielleicht würde es ihm einmal nützlich sein, sollte er jemals wieder gerufen werden, um ein weiteres detektivisches Puzzle zusammenzusetzen. Er war Kriminaldetektiv und nicht der Anführer einer moralischen Sittenpolizei! Der Tourismus war schließlich einer der größten Industriezweige des Landes, und es gab nichts Gutes, das nicht auch einiges Negative mit sich brachte. Es war seine Pflicht als Polizist, Stabilität, Gesetz und Ordnung aufrechtzuerhalten, worauf das erfolgreiche Wachstum aller Industrien und die ausländischen Investitionen beruhten. Er schmunzelte in sich hinein. Er fühlte sich besser. Wie dumm von ihm, daß er sich in moralische Fragen des »wie« und »warum« hatte hineinziehen lassen! Wurde er denn schon alt und schwach? Er lehnte sich in die Polster zurück, und seine Gedanken verweilten nun bei den angenehmeren, formalen Fragen seiner Untersuchungen des Mordes durch Brandanschlag an Kimeria, Chui und Mzigo. Wanja, Munira, Abdulla und selbst Karega gingen ihm durch den Kopf . . . und der Zug brachte ihn näher und näher an die Stadt, deren kleines, winzigkleines Abbild Neu-Ilmorog war . . .

2

Sie dachte über ihren Vater nach – was war die Kraft, die manche dazu veranlaßte, sich in einem Kampf auf die Seite des Volkes zu stellen, und andere, sich den ausländischen Interessen zu verkaufen, während wieder andere unsicher am Zaun stehenblieben? Welche Kraft stand dahinter? Und als sie an Abdulla, Karega, Munira, ihren Großvater und an all die anderen dachte, die einmal Teil ihres Lebens gewesen waren, kam sie zu dem Schluß, daß vielleicht hinter allem ganz einfach Liebe oder Haß standen. Liebe und Haß – siamesische Zwillinge – Rücken an Rücken in einem menschlichen Herzen. Weil man liebte, haßte man auch – und weil man haßte, liebte man auch. Was man liebte, entschied darüber, was man in Beziehung zu dem, was man liebte, hassen mußte. Und was man haßte, entschied über die Möglichkeiten, was man lieben konnte, in Beziehung zu dem, was man haßte. Und wie wußte man, was man liebte und haßte? Wenn sie die Ereignisse in ihrem Leben überdachte, so kam sie wieder auf die Frage der Wahl, der Entscheidung zurück. Durch das, was man tat, wie man handelte, für welche Seite man sich entschieden hatte, wußte man, was man liebte und was man haßte. Man konnte zum Beispiel nicht mit den Kolonialherren, die das Volk unterdrückten, gemeinsame Sache machen und gleichzeitig sagen, man liebe das Volk. Man konnte in einem Kampf nicht am Zaun stehenbleiben und trotzdem sagen, man sei auf der Seite derer, die das Böse bekämpften. Ihr Vater hatte Geld verdienen und sich Reichtum ansammeln wollen – er hatte sich für die Neutralität entschieden, und er haßte jeden Vorschlag, sich auf die Seite des Volkes zu stellen, weil es unter Umständen seine Chancen, Geld zu verdienen, ruinieren konnte. Die Tragödie ihres Vaters, der sich durch seine Neutralität auf die Seite der Kolonialmacht gestellt hatte, war jedoch, daß er trotz seines Verrats und der Verleugnung seiner selbst und seines Vaters im Ruin geendet und die Welt um ihn her sich aufgelöst hatte. Sein kleines Handwerk als Klempner war den riesigen Unternehmen um ihn her nicht gewachsen gewesen. Sie konnte das nachvollziehen, weil sie selbst ein kleines Transportunternehmen hatte und wußte, welchem Druck der kleine Händler, der *matatu*-Fahrer, der Besitzer eines Busses, der Besitzer eines kleinen Ladens – all diese und noch viele andere – ausgesetzt waren. Worin bestand also der Unterschied zwischen ihrer eigenen Position und der ihres Vaters? Hatte sie sich nicht auch, wie ihr Vater vor ihr, für eine Seite des Kampfes entschieden, denn hatte sie nicht später das, was sie liebte, gewählt: Geld und Geldverdienen? Damals hatte sie sich auf die Seite der Kimerias des Kenia nach der Unabhängigkeit gestellt – wie konnte sie nun ihren Vater beschuldigen? Sie wünschte sich nun, daß sie ihn besser gekannt hätte – sie wünschte, sie hätte sich ausführlich mit ihm unterhalten können! Aber über was hätten sie reden können? Hatte sie schließlich nicht auch zu seiner Demütigung beigetragen? Jetzt war es zu spät, etwas zu tun. Aber hatte es eine Zeit gegeben, wo es möglich gewesen wäre, etwas zu tun? Sie dachte an ihre vielen Versuche, nach Hause zurückzukehren, die alle fehlgeschlagen waren. Damals, als sie alle ihre Sachen gepackt hatte und den anderen Mädchen gesagt hatte, sie würde endgültig mit jenem Leben Schluß machen. Am nächsten Tag war alles, was sie besaß, gestohlen worden. Sie bekam Angst davor, mit leeren Händen nach Hause zu kommen. Einmal hatte ihr Vater sie eine Hure genannt und sie in Worten, wenn nicht in der Tat, aus dem Hause gejagt! Und dann damals, als der Rechtsanwalt sie gebeten hatte, nach Hause zurückzukehren. Sie hätte es getan. Sie war in den Bus gestiegen, fest entschlossen, nach Hause zu gehen. Aber als der Bus dort ankam, hatte sie sich plötzlich anders besonnen. Schuldgefühle hatten sie geplagt, nicht nur, weil sie mit leeren Händen kam, sondern auch wegen der Erinnerung an jenes Zusammentreffen mit ihrem Vater, das das letzte gewesen sein sollte. Die Erinnerung schmerzte . . ., es tat immer noch weh. Vor ihrem ersten Besuch in Ilmorog hatte sie beschlossen, sich mit ihren Eltern zu versöhnen und sie um ihren Segen zu bitten – wer wußte denn, welche Auswirkungen der Fluch der Eltern haben konnte? So hatte sie argumentiert. Sie war zur Mittagszeit nach Hause gegangen, und sie fand ihn, wie er bei der Scheune im Gras lag. Sein ausgezehrtes Gesicht sagte ihr, daß er sehr krank sein müsse; plötzlich dachte sie freundlicher über ihn und fühlte mit ihm. Er war ganz alleine. Das Sprechen fiel ihm schwer. Er bat sie um Wasser. Sie ging ins Haus und holte Wasser in einer Tasse und brachte es ihm. Seine Hände zitterten. Er schaute sie an. Dann schüttelte er langsam den Kopf. »Du siehst genau wie deine Mutter aus, als sie jung war«, sagte er mit weicher Stimme. Vielleicht, so hatte sie damals gedacht, erinnerte er sich an eine Zeit, wo es noch möglich war, einander zu lieben. Und tatsächlich, in jenem Augenblick erinnerte auch sie sich an die Zeit, wo sie noch auf ihres Vaters Knien gesessen und er mit ihr gesungen hatte. Jene Zeit leuchtete wie ein sonnenbeschienener heller Fleck aus ihrer Kindheit, ehe er von dem Gedanken des Geldverdienens besessen wurde. Ihr Herz wurde weich. Sie wollte ihm alle ihre Fehler bekennen und ihn um Verzeihung bitten. Er schaute sie noch einmal an. Er sagte: »Hast du Geld? Fünf Shilling? Zwanzig Shilling?« Sie nahm ihre Handtasche. Sie sah plötzlich, wie ein Leuchten über sein Gesicht ging, seine ausgezehrten Hände zitterten gierig. Er begann, sie in überschwenglichen Tönen zu loben, sagte, daß er immer gewußt habe, daß sie einmal in seinem Alter sein Segen sein würde. Dann beklagte er sich darüber, wie ihre Mutter ihn behandelte, wie sie ihn um sein Geld bringen würde. Und nicht nur ihre Mutter – nein, die ganze Nachbarschaft hätte sich zusammengerottet, um ihm seinen Anteil am Geld in Kenia abspenstig zu machen. Nur Wanja war noch da. Und plötzlich waren ihre Hände, die eben noch dabeigewesen waren, einen Geldschein herauszuholen, wie erstarrt. Also, nur Geld, egal woher es kam, konnte sie in seinen Augen wiederherstellen? Und sie hatte gedacht . . . Sie brachte es nicht fertig, weder seine Liebe noch seinen Segen, noch ihren Weg nach Hause mit Geld zu erkaufen. Sie sagte: »Ich habe nichts!« und schloß die Handtasche. Dann begann er, alle hart zu verurteilen: er habe gewußt, daß alle seine Kinder nichts nützten . . . Sie ging weg, in die nächste Bar, weinte und vertrank alles Geld, das sie besaß. Später erfuhr sie von seinem Tod und weinte nicht. Er war an Krebs gestorben.

Sie ruhte auf ihrem Bett in der alten Hütte, dachte über diese Dinge nach . . ., diese Silhouetten aus der Vergangenheit . . . Bilder, die in ihrem Leben und in ihrer Erinnerung brannten und sich nicht löschen ließen. Sie wollte ein neues Leben . . ., ein reines Leben . . ., sie fühlte, daß dies die Bedeutung ihrer kürzlichen Errettung war! Schon fühlte sie, wie sich ein neuer Mensch in ihr regte . . ., sie war schließlich vom Feuer getauft worden. Und daß Munira und Abdulla daran beteiligt gewesen waren, sie zweimal vor dem nahen Untergang zu retten, so daß sie noch einmal eine Chance hatte, neue Wege zu gehen, neue

Möglichkeiten zu erproben! Aber würden sich ihr jetzt bessere Chancen bieten? Was immer aus ihr werden würde, der Gedanke an jenen Augenblick würde sie immer vor Entsetzen erzittern lassen . . ., sie fragte sich noch immer, wie oder woher ihr die Kraft gekommen war, das zu tun, was sie getan hatte . . .

Jemand klopfte an die Tür. Wer konnte es wohl sein? Es klopfte wieder, dann ging die Tür auf und –

»Mutter!« Wanja stockte der Atem.

»Mein Kind . . . wieder das Feuer!« schluchzte ihre gealterte Mutter. Sie weinten zusammen, sie weinten sich aus, vielleicht jede über ihre eigenen Erinnerungen.

»Ein ganzer Monat ist schon vergangen, und ich habe es nicht gewußt. Erst vor ein paar Tagen habe ich es erfahren und dann auch noch von einem völlig Fremden!«

Und sie erklärte, wie jemand, den sie entfernt kannte, sich nach Wanjas Gesundheit erkundigt hatte, und ob sie sich von dem Brand erholt habe. Und Wanjas Mutter war es schwach in den Knien geworden, und sie konnte sich nur aufrecht halten und weitergehen, weil sie auf die Gnade und die unendliche Gerechtigkeit Christi vertraute.

In den folgenden Wochen redeten sie einfach miteinander, behutsam; sie tasteten sich auf die Vergangenheit zu, aber sprachen nie ganz offen darüber. Das einzige, was sie ausführlich diskutierten, war ihre Weigerung, zum Tee zu gehen. Wanja dachte: vielleicht konnte niemand seinem Schicksal wirklich entgehen. Vielleicht war das Leben ein Fehlstart nach dem anderen, der, wenn er einmal entdeckt war, verstärkte Anstrengungen erforderte, wieder von neuem zu beginnen. Plötzlich konnte sie ihre Ängste und Hoffnungen vor der älteren Frau nicht mehr länger verbergen: »Ich glaube . . ., ich . . . ich glaube, ich erwarte ein Kind. Nein, ich bin ganz sicher, Mutter.«

Ihre Mutter schwieg einige Augenblicke.

»Wessen . . . wessen Kind?«

Wanja holte ein Stück Holzkohle und ein Stück Karton. Ungefähr eine Stunde lang wurde sie völlig von ihrer Zeichnung in Anspruch genommen. Und plötzlich fühlte sie sich über sich selbst hinausgehoben, sie fühlte Wellen innerer Bewegung aus sich herausbrechen, wie sie es noch nie zuvor erlebt hatte. Die Figur auf dem Karton begann Form anzunehmen. Es war eine Kombination der Skulptur, die sie einmal im Haus des Rechtsanwalts in Nairobi gesehen hatte, und von Bildern Kimathis in Augenblicken des Triumphs, der lachenden Freude, in Kummer und Entsetzen – aber eines seiner Gliedmaßen fehlte. Als es vorüber war, fühlte sie eine unendliche Ruhe, eine innere Sicherheit über die Möglichkeiten einer neuen Kraft. Sie reichte das Bild ihrer Mutter.

»Wer . . . wer ist das . . ., mit . . . mit dem Ausdruck von so viel Schmerz und Leid im Gesicht? Und warum lacht er trotzdem?«

3

Abdulla und Joseph saßen draußen vor ihrer Behausung im Neuen Jerusalem und unterhielten sich. Joseph war hoch aufgeschossen und trug eine gut aussehende Schuluniform aus Khakihemd und Shorts. Er hielt Sembene Ousmanes Roman »Les Bouts de Bois de Dieu« in der Hand, aber er las nicht viel darin. Die Sonne schien strahlend warm über Ilmorog, aber sie ließ auch den Geruch von Urin und faulendem Abfall emporsteigen und in Schwaden durch die Luft streichen, dorthin, wo sie saßen. Aber sie waren an diese Gerüche gewöhnt. Joseph sagte eben, daß er für den Ausgang seiner Examen zuversichtlich sei. Für seine weitere Ausbildung hätte er gerne zu einer anderen Schule gewechselt, aber das sei nun nicht mehr möglich, weil er sich um diesen Wechsel nicht beworben habe. Abdulla war mit seinen Gedanken anderswo. Er war froh, daß er Wanja gerettet hatte. Aber er wußte immer noch nicht, was er von dem ganzen Erlebnis halten sollte. So war Munira also einer solchen Tat fähig? Er wußte nicht, sollte er ihn bewundern oder wütend über ihn sein – sollte er seine gemeine Feigheit verabscheuen oder seinen Mut preisen. Schließlich hatte er das ausgeführt, was er, Abdulla, schon immer erwogen hatte, ohne sich jemals zur Tat durchzuringen. Joseph schwatzte immer noch:

»Es ist sehr seltsam«, sagte er. »Es ist sehr seltsam, daß Chui ausgerechnet jetzt gerade gestorben ist.«

»Warum?« fragte Abdulla interesselos. Aber Josephs Antwort rüttelte ihn auf.

»Weil die Schüler einen neuen Streik planten.«

»Einen neuen Streik? Warum?«

»Chui leitete die Schule von den Golf-Clubs aus, oder den Vorstandszimmern der verschiedenen Firmen, deren Direktor er war, oder aber von seinen zahlreichen Weizenfeldern im Rift Valley. Die Angestellten der Schule – die Leute, die im ganzen Schulkomplex arbeiten – wollten mit uns streiken. Auch ein paar Lehrer waren dem Streik nicht abgeneigt. Auch sie hatten Beschwerde eingelegt wegen ihrer Bezahlung und den Arbeitsbedingungen und Chuis Nachlässigkeit . . . Dieses Mal wollten wir fordern, daß die Schule in Zukunft von einem Ausschuß geleitet würde, der aus Schülern, Lehrern und Angestellten zusammengesetzt sein sollte . . . Aber auch jetzt noch sind wir entschlossen, dem ganzen System der Vertrauensschüler ein Ende zu setzen . . . und daß unser Unterricht in Bezug stehen muß zur Befreiung unseres Volkes . . .«

Abdulla hatte das Interesse an Josephs Katalog der Mißstände in Siriana verloren. Er überdachte sein eigenes Leben. Er rief sich seine eigene Kindheit in Kinyogori ins Gedächtnis zurück und dachte an die vielen Alten, Männer und Frauen, die zu ihnen kamen und bis spät in die Nacht hinein redeten. Ngang'a wa Riunge. Johanna Kiraka. Naftali Michuki. Ziporah Ndiri. Echte Patrioten Kenias. Sie redeten und flüsterten bis spät in die Nacht hinein, ließen die Geschichte Limurus an sich vorüberziehen, verurteilten solche, die sich den weißen, ausländischen Interessen verkauft hatten, wie Luka, aber priesen jene, die fest geblieben waren und sich gegen die Übergriffe der weißen Siedler gewehrt hatten. Sie redeten davon, wie in den kommenden Jahren alles Land in der Gegend allen *mbari ya Limuru*, den Kindern dieses Landes, zurückgegeben würde. *KCA. KAU.* Darüber sprachen sie, und zum Schluß sangen sie Lieder der Hoffnung und Lieder des Kampfes. Wie hatte Abdulla diese Lieder geliebt. Sie hatten ihn bewegt, ihn auf die Höhen zukünftiger Herrlichkeit und kommenden Ruhmes erhoben! Er sah Nding'uri vor sich, er durchlebte noch einmal sein knappes Entkommen, seine Flucht in die Wälder, seine Festnahme und Gefangenschaft, seine Rückkehr nach Hause, wo der Verlust auf ihn wartete und eine Art Gewinn. Und plötzlich empfand Abdulla, er solle Joseph die Wahrheit über seine Vergangenheit erzählen. Er fühlte sich schuldig, wenn er daran dachte, wie er Joseph zu beschimpfen pflegte, und seine Frustrationen an dem Kleinen ausließ, und wie der Kleine es auf sich nahm und dachte, es käme von seinem heimgekehrten Bruder. Es war seltsam, daß Joseph ihn nie nach »ihren« Eltern gefragt hatte, und, außer in seinem Fieberdelirium auf der Reise in die Stadt, nie von seiner eigenen Kindheit gesprochen hatte. Vielleicht wußte er die Wahrheit. Vielleicht . . .

»Joseph«, sagte Abdulla plötzlich, als habe er das von dem Streik in Siriana gar nicht gehört. »Wenn ich dich unrecht behandelt habe in der Vergangenheit, dann verzeih mir.«

»Warum? Es gibt doch nichts zu verzeihen«, erwiderte Joseph, den Abdullas plötzlicher Themawechsel und sein veränderter Tonfall überrascht hatte. »Ich bin sehr dankbar für das, was du für mich getan hast. Und auch Munira und Wanja und Karega bin ich dankbar. Wenn ich erwachsen und mit Schule und Universität fertig bin, dann möchte ich so sein wie du: ich möchte gerne stolz darauf sein können, etwas für unser Volk getan zu haben. Du hast für die politische Unabhängigkeit unseres Landes gekämpft – ich möchte gerne etwas zur Befreiung der Menschen dieses Landes beitragen. Ich habe viel über die Mau-Mau-Bewegung gelesen. Ich hoffe, daß eines Tages Karuna-ini, wo Kimathi geboren wurde, und Othaya, wo J. M. geboren wurde, nationale Gedenkstätten werden. Und daß wir ein Theater zur Erinnerung an Kimathi bauen werden, denn als Lehrer organisierte er die Gichamu-Theaterbewegung in Tetu . . . Ich habe viel darüber gelesen, was die Arbeiter und Bauern anderer Länder im Lauf der Geschichte getan haben. Ich habe über die Volksrevolutionen in China, Kuba, Vietnam, Kambodscha, Laos, Angola, Guinea, Mozambik gelesen . . . O ja, und die Werke von Lenin und Mao . . .«

Er spricht wie Karega, dachte Abdulla, aber er sagte nichts. Vielleicht . . . vielleicht, dachte er, ist Geschichte wie ein Tanz in der riesigen Arena Gottes. Du spielst deine Rolle, die du dir ausgesucht hast, und dann verläßt du die Arena, beiseite geschoben von den Wellen eines neuen Schrittes, einer neuen Bewegung im Tanz. Andere Tänzer, jüngere, bessere, einfallsreichere kommen und spielen ihre Rolle mit noch größerer Geschicklichkeit, noch komplizierteren Schritten, ehe auch sie zur Seite geschwemmt werden von einer noch größeren Welle in der Bewegung, die sie mitgeschaffen haben, und andere Tänzer erscheinen, um den Tanz zu noch größerer Vollendung und zu Möglichkeiten zu führen, von denen eine frühere Generation nicht zu träumen gewagt hatte. Let it be . . . Let it be . . . Seine Zeit war vorüber. Das Schicksal hatte für ihn unter den gegenwärtigen Umständen bestimmt, ein kleiner Obstverkäufer, der stets am Rande des Ruin stand, zu bleiben. Aber er war froh darüber, daß er ein Leben gerettet hatte, als er auf dem Wege war, eines auszulöschen, und er würde glücklich sein wenn er wußte, das Wanja glücklich war und daß sie manchmal an ihn dachte.

4

Kurz ehe der Prozeß begann, kamen Muniras Eltern, seine Frau und Pfr. Jerrod in ihrer Begleitung, um ihn zu besuchen. Sie hatten Schwierigkeiten, das richtige Gesprächsthema zu finden. Munira schaute seinen hochgewachsenen Vater an, der, obwohl er Kenias koloniale Geschichte durchlebt hatte – er war jetzt über 75 Jahre alt –, immer noch stark und gesund war. Was dachte er wirklich von dieser Welt? Er, der den Abstieg und Fall der vorkolonialen, feudalen Clan-Oberhäupter und Familien gesehen hatte, der Zeuge von der Ankunft der Missionare, dem Bau der Eisenbahn, des Ersten und Zweiten Weltkriegs, der Mau-Mau-Aufstände gewesen war und der die Prozesse in der Zeit nach der Unabhängigkeit erlebt hatte – den Mord an *Pinto, Mboya, Kungu Karumba, J. M.*, die Festnahme von *Shikuku, Seroney*, abgelegte Eide zum Schutz von Eigentum – und noch vieles mehr, was hielt er von alledem?

Munira erkundigte sich nach seinen Brüdern und Schwestern, und es war ihm, als seien sie gar nicht seine nächsten Blutsverwandten, so weit entfernt schienen sie sich von den derzeitigen Umständen zu befinden.

»Und wo sind die Kinder?« fragte er. Das brachte sie in Verlegenheit. Munira wurde böse. Er schnaubte sie wütend an: »Ihr wollt also nicht, daß sie ihren Vater, einen Versager, sehen, was?« Und plötzlich verkraftete es seine Mutter nicht mehr.

»Warum hast du es getan? Wie konntest du nur so etwas tun?« fragte sie. Sie hatte das Tabu des Schweigens gebrochen.

Pfarrer Jerrod pflichtete ihr bei:

»Und Sie waren die ganze Zeit hier, und ich habe nicht . . ., ich hätte vielleicht helfen können.«

Mehr als je zuvor erkannte Munira die heuchlerische Einstellung aller, die jetzt bei ihm waren. Er rief sich ins Gedächtnis zurück, wie geradeheraus Inspektor Godfrey mit ihm umgegangen war, der zumindest keinen Zweifel darüber ließ, welchen Gesetzen er diente, und er empfand ein freundliches Gefühl für den Detektiv und seine exzentrische Art, Verbrechen zu untersuchen.

»Kehrt auf den rechten Weg zurück . . ., wendet euch dem Lichte zu . . .«, stimmte Munira an, der über ihnen stand und den plötzlich Mitleid und gleichzeitiger Unwille erfaßt hatte. Die andern schauten sich an, außer Waweru, der beiseite stand und weit in seine eigene Vergangenheit entrückt schien. »Du, mein Vater . . .«, rief Munira mit Autorität in der Stimme.

»Ja?«
»Eine Frage, nur eine Frage möchte ich dir stellen. Erinnerst du dich daran, daß du dich 1952 geweigert hast, den Mau-Mau-Eid für Land und Freiheit der Afrikaner abzulegen?«
»Was hat das mit deinem . . .«
Waweru unterbrach sich und fragte sich, welch neue Versuchungen Satans dies wohl seien.
»Und doch hast du 196–, nach der Unabhängigkeit, einen Eid geschworen, der das Volk Kenias spaltete und den Reichtum in den Händen einiger weniger schützen sollte. Wo war da ein Unterschied? War ein Eid nicht ein Eid? Knie nieder, alter Mann, und bitte Christus um Verzeihung. Im Himmel, in den Augen Gottes, gibt es weder Arme noch Reiche, weder diesen oder jenen Stamm, alle, die Buße getan haben, sind vor Seinen Augen gleich. Auch Sie, Pfarrer . . .«
»Was ist ihm in den Kopf gestiegen?« rief seine Mutter erschreckt aus.
»Erinnern Sie sich daran, daß Sie einmal in Blue Hills einige Leute aus Ilmorog empfangen haben?«
»Ich kann mich äh . . . nicht mehr ganz erinnern . . .«, sagte er und fragte sich, was jetzt wohl käme.
»Ein Krüppel war dabei? Trockenheit?«
»Ja . . . ah . . . ja.«
»Ich war einer von ihnen – und Sie haben uns durstig und hungrig wieder weggeschickt.«
»Ich wußte ja nicht . . . Wenn ich gewußt hätte . . ., aber . . .«
Munira hustete einmal, räusperte sich und richtete dann dramatisch seinen Zeigefinger auf sie:
»Das Gesetz . . . Habt ihr das Gesetz des einen Gottes befolgt? . . . Weichet von mir, ihr Verfluchten, in das ewige Feuer, das dem Teufel und seinen Engeln bereitet ist! Ich bin hungrig gewesen, und ihr habt mich nicht gespeist. Ich bin durstig gewesen, und ihr habt mich nicht getränkt. Ich bin ein Fremdling gewesen, und ihr habt mich nicht beherbergt. Ich bin nackt gewesen, und ihr habt mich nicht bekleidet. Ich bin krank und gefangen gewesen, und ihr habt mich nicht besucht. Da werden sie ihm auch antworten und sagen: Herr, wann haben wir dich gesehen hungrig oder durstig oder als einen Fremdling oder nackt oder krank oder gefangen und haben dir nicht gedient? Dann wird er ihnen antworten und sagen: Wahrlich, ich sage euch: Was ihr nicht getan habt einem unter diesen Geringsten, das habt ihr mir auch nicht getan. Und sie werden in die ewige Pein gehen, aber die Gerechten in das ewige Leben.«

Sie gingen weg und weinten um ihn. In der Anglikanischen Kirche von Ilmorog knieten sie nieder und beteten für Munira.

»Diese Erweckungssekten, die für sich in Anspruch nehmen in Zungen zu reden und Wunder zu vollbringen, das geht zu weit . . . Sie müssen verboten werden . . .«, sagte Pfarrer Jerrod traurig.

»Ja . . .«, stimmte ihm Muniras Vater zu. Aber er dachte über Karega und Mariamu nach, und daß es diese Frau war, die ihn durch ihre Söhne zweimal getroffen hatte. Vielleicht . . . wegen seiner Sünde des versuchten Ehebruchs . . . Schwachheit des Fleisches . . . Aber wie konnte dies sein, da er ja nicht ganz . . . und auf jeden Fall hatte er ja Buße getan? Dann rief er sich einen Zufall ins Gedächtnis zurück, der sich erst kürzlich ereignet hatte. Kanjohi, der ihm in den zwanziger Jahren den gesamten Landbesitz der Kagunda Mbari verkauft hatte und damals ins Rift Valley verschwunden war, war nun als alter, halbblinder Mann zurückgekommen und hatte ihn um Unterstützung gebeten. Mr. Ezekiel Waweru hatte ihm daraufhin durch seine Kontakte und Freunde einen Platz in einem Armenhaus in der Stadt, das der Kirche gehörte, beschafft . . . Gott hat geheimnisvolle Wege, um seine Wunder zu vollbringen, murmelte Ezekiel. Er wußte jetzt, wie er sein Testament verfassen würde . . ., wie konnte er dann Gottes Weisheit in Frage stellen?

5

Karega nahm die Nachricht mit bewegungslosem Gesicht entgegen. Aber trotz seiner Versuche, sich zu beherrschen und gefaßt zu bleiben, floß eine Träne über seine linke Wange. Er sah, wie sie auf den Zementboden fiel. Sein Körper war geschwächt von den Schlägen, die er erhalten hatte, von den Elektroschocks und den seelischen Quälereien, denen er ausgesetzt war. Dies konnte er alles ertragen. Aber zu erfahren, daß seine Mutter tot war – tot! Daß er sie nie wieder sehen würde . . ., daß er nie wirklich etwas für sie getan hatte . . ., daß sie ihr Leben lang ein landloser Squatter geblieben war – auf europäischen Farmen, auf den Feldern von Muniras Vater, und zuletzt eine landlose Landarbeiterin für irgend jemand, der ihr etwas gab, mit dem sie ihr Leben fristen konnte! »Warum? Warum?« stöhnte er. »Ich habe versagt«, und er fühlte noch eine Träne auf den Zementboden fallen. Plötzlich hieb er in einem sinnlosen Versuch des Protests auf die Zellenwand ein. Und was war mit all den Mariamus von Kenia, des neokolonialen Afrika? Was war mit all den Männern und Frauen und Kin-

dern, auf denen noch immer der Imperialismus lastete? Zwei Tage lang weigerte er sich, Nahrung zu sich zu nehmen.
Am dritten Tag kam der Wächter, der ihm die schlechte Nachricht gebracht hatte, wieder.
»Mr. Karega . . ., draußen ist jemand, der Sie besuchen möchte . . ., kommen Sie doch heraus . . . Mr. Karega, ich . . . wir möchten Sie wissen lassen, daß trotz allem, was geschehen ist . . ., einige von uns sind Ihnen dankbar für Ihren Kampf für uns Arbeiter . . ., wir fühlen mit Ihnen . . ., wir halten es hier nur aus, weil wir leben müssen . . .«
Für uns Arbeiter – wiederholte Karega in seinem Herzen. Seine Mutter hatte ihr Leben lang für einige wenige Begüterte die Erde umgegraben – bestand ein Unterschied darin, ob sie schwarz oder braun waren? Ihre Fähigkeit, das Blut und den Schweiß der Vielen zu trinken, wurde nicht durch Rücksichten auf Verwandtschaft, auf Hautfarbe, Sprache oder Herkunft beeinträchtigt! Obwohl sie auf ihren unmittelbaren Rechten bestanden hatte, hatte sie nie weiter geklagt, denn sie glaubte daran, daß Gott wahrscheinlich später alles in Ordnung bringen würde. Aber nun war sie gestorben, ohne daß Gott alles in Ordnung gebracht hatte. Sie hatte nicht mehr bekommen, als das, worum sie gekämpft und sich abgemüht hatte. Konnte Wanja doch recht haben – friß, oder du wirst gefressen?
Er sah das Mädchen aus der Entfernung und fragte sich, wer sie wohl sei. Als er näher an den Stacheldrahtzaun trat, kam ihm ihr Gesicht bekannt vor. Dann erinnerte er sich daran, daß er sie in der Fabrik gesehen hatte – sie war verantwortlich für die Hirsesaat zur Herstellung von Theng'eta. Sie mußte die Samen zum Trocknen in die Sonne legen und so weiter. Sie sah schüchtern aus und sprach Swahili.
»Man hat mich zu dir geschickt. Ich habe darum gebettelt, daß man mir erlauben würde, dich zu sehen. Dieser Wärter hat mir geholfen.«
»Wie heißt du?«
»Akinyi. Sie haben mich geschickt . . .«
»Wer?«
»Die anderen Arbeiter . . . mit einer Botschaft. Sie stehen alle hinter dir . . ., und sie . . . *wir* planen einen neuen Streik und einen Marsch durch Ilmorog.«
»Aber wer . . .?«
»Die Arbeiterbewegung von Ilmorog . . . nicht nur die Gewerkschaft der Brauereiarbeiter. Alle Arbeiter von Ilmorog und die Arbeitslosen werden mitmachen. Und die Kleinbauern . . . und sogar einige von den kleinen Händlern . . .«

Er stand still . . ., ganz still. Die Arbeiterbewegung . . ., es mußte etwas Neues sein . . ., etwas, das angefangen hatte, seit er im Gefängnis war.
Sie erzählte ihm noch mehr über den Protest und Aufstand der Arbeiter an jenem Sonntag, als er festgenommen worden war, und auch über das Befinden der Arbeiter, die damals verwundet worden waren. Dann erzählte sie ihm über den Tod einer sehr wichtigen Persönlichkeit an höchster Stelle . . .
»Wirklich?« fragte er.
»Ja. In Nairobi. Er wurde niedergeschossen, als er in seinem Auto in Eastleigh, außerhalb von Mathare Valley saß. Er wartete auf seinen Chauffeur-Leibwächter, daß er ihm die Miete brächte . . .«
»Er bereicherte sich am Elend der Armen. Wahrscheinlich haben Gangster es getan, aber trotzdem . . .«
»Nein, nicht Gangster. Nach der *Ruma Monga* steckt mehr dahinter. Sie haben einen Zettel hinterlassen. Sie nannten sich *Wakombozi* – oder Vereinigung für weltweite Befreiung . . ., und man sagt, es sei Stanley Mathenge, der aus Äthiopien zurückgekehrt sei, um den Krieg, den er und Kimathi angefangen hatten, zu Ende zu führen . . . Es laufen Gerüchte um über eine Rückkehr in die Wälder und die Berge . . .«
Mathenge zurück? Er dachte hin und her darüber nach. Es konnte nicht möglich sein. Aber was machte es schon aus! Neue Mathenges . . ., neue Koitalels . . ., neue Kimathis . . ., neue Piny Owachos . . . wurden jeden Tag im Volk geboren . . .
»Was werden sie mit dir machen?« fragte sie und unterbrach den Fluß seiner Gedanken.
»Mich hier in Haft behalten . . ., man vermutet, ich sei im Grunde Kommunist.«
»Du wirst zurückkommen«, sagte sie plötzlich und schaute mutig zu ihm auf.
Ihre Stimme rührte nur noch weitere Bilder in ihm auf, die durch ihre Berichte in Bewegung gesetzt worden waren. Imperialismus – Kapitalismus – Grundbesitzer – Erdwürmer. Ein System, das Horden von dickbäuchigen Flöhen und Wanzen ausbrütete und als höchste Ziele der Gesellschaft Kannibalismus und das Leben als Parasiten kannte. Dieses System und seine sich bereichernden Götter und die ihm dienenden Engel hatten seine Mutter ins Grab gebracht. Diese Parasiten würden immer von den arbeitenden Massen ein Blutopfer verlangen. Diese wenigen, die das Land erniedrigt hatten und es zur Ausbeutung

Fremden überlassen hatten, würden auch dann noch das Blut der Menschen trinken und heuchlerisch die Einheit der Hautfarbe und den Nationalismus anbeten, wenn Knochenskelette zu einsamen Gräbern wankten. Dieses System mit seinen Göttern und Engeln mußte bewußt, beständig und entschlossen von allen arbeitenden Menschen bekämpft werden! Von Koitalel über Kang'ethe bis Kimathi waren es die Bauern, die Arbeiter, Kleinhändler und die Kleingrundbesitzer gewesen, die den Weg gezeigt hatten. Morgen würden es die Bauern und die Arbeiter sein, die den Kampf anführten und die Macht ergriffen, um das System mit all seinen schnüffelnden, blutgierigen Göttern und gnomenhaften Engeln zu stürzen und der Herrschaft der Wenigen über die Vielen, und dem Zeitalter des Bluttrinkens und des sich Ergötzens an menschlichem Fleisch ein Ende zu setzen. Dann, nur dann, würde das Reich von Mann und Frau, in dem sie in schöpferischer Arbeit Liebe und Freude genossen, sich entfalten können . . . Einen Augenblick lang hatten ihn die Wellen dieser Vision und der Möglichkeiten, die sich allen Arbeitern und Bauern Kenias auftaten, entführt, so daß er die Frau neben sich vergaß.

»Du wirst zurückkommen«, sagte sie wieder mit ruhiger Zuversicht des Glaubens an einen Sieg, der kommen mußte.

Er schaute sie durchdringend an, dann wanderte sein Blick weiter zu Mukami von den Manguo-Sümpfen und wieder zurück zu Nyakinyua, zu seiner Mutter und über Akinyi hinaus in die Zukunft! Und durch seinen Kummer hindurch lächelte er.

»Morgen . . . morgen . . .«, murmelte er.

»Morgen . . .«, und er wußte, daß er nicht mehr allein war.

Evanston – Limuru – Jalta
Oktober 1970 bis Oktober 1975

GLOSSAR

Aca! – Nein!

Agu na Agu, Tene wa Tene – seit undenklichen Zeiten; Agu und Tene sind die Ahnen des Gikuyuvolkes

ahoi, sing. *muhoi* (Gikuyu) – Pächter mit jederzeit kündbarem Pachtvertrag (engl. tenant at will)

Ambi-Afrikaner – Ambi: Kosmetikfirma

Askari – Soldaten

Aspro-Kalender – Werbekalender einer Arzneimittelfirma

Auuu-u! Nduri ici mutiuke muone (Gikuyu) – Verflucht! Welch ein Anblick!

Baada ya kazi, jiburudishe na Tusker (Kiswahili) – Nach der Arbeit schmeckt ein Tusker (Werbespruch für Tusker-Bier)

Batuni-Eid – Eid, den die Freiheitskämpfer ablegten, ehe sie in die Guerillaarmee aufgenommen wurden, und der sie zum Kampf verpflichtete

bhang – Marihuana

boma – die von einem dicken Dornenzaun umgebene Behausung der Masai; nachts wird das Vieh in diese Umzäunung getrieben, daher wird das Wort boma für jede Umzäunung, in der Vieh gehalten wird, benutzt

Bwana (Kiswahili) – Herr

Cassava-Hungersnot – Hungersnot 1945, in der sich die Bevölkerung nur noch fast ausschließlich von Maniok (stärkehaltige Knolle) ernährte

chang'aa – unverdünnter Gin, reiner Alkohol

Chase, Hadley – Schriftsteller, USA, Verfasser von billigen Romanen, die in Afrika weite Verbreitung finden

Chief – »Häuptling«. Von den Engländern eingeführter Begriff, da es bei den kenianischen Volksgruppen keine »Häuptlinge«, gab, sondern den »Rat der Ältesten«. Die Häuptlinge wurden von den Engländern eingesetzt und bildeten als Afrikaner die unterste Stufe des kolonialen Verwaltungsapparates. Sie waren im allgemeinen den Engländern hörig und deshalb bei der Bevölkerung unbeliebt. Als eine Art Bürgermeister waren sie für ein oder mehrere Dörfer zuständig. Diese Verwaltungsform wurde bis heute beibehalten.

Delamere, Lord – erster englischer Siedler, der 1903 von der englischen Regierung große Gebiete fruchtbaren Landes zugesprochen bekam und damit die Landwirtschaft für die europäischen Siedler im sog. »Weißen Hochland« (White Highlands) erschloß. Von ihm stammt der Ausspruch: »Kenya must be a white man's country!« – Kenia muß ein Land der Weißen sein!

duka (Kiswahili) – Laden

EACE – East African Certificate of Education, Abschluß der Höheren Schule

Eastleigh – einer der ärmsten Stadtteile Nairobis

»Es gibt kein Haus, in dem ein Sohn lebt, in dem nicht der Kopf eines Ziegenbocks gegessen wird!« – kenianisches Sprichwort; bedeutet, daß ein männlicher Nachfahre Wohlstand garantiert

Facing Mount Kenya – anthropologisches Werk Jomo Kenyattas über das Leben in der traditionellen Gikuyu-Gesellschaft und über deren Auseinandersetzung mit dem Kolonialismus

gathano (Gikuyu) – trockene Monate: Juli, August, September, Oktober

Gatundu – Wohnsitz und Farm des verstorbenen ersten Präsidenten Kenias, Jomo Kenyatta; liegt ca. 60 km außerhalb Nairobis

gichandi – Musikinstrument (Rhythmus), Kalebasse mit Glöckchen

githemithu (Gikuyu) – trockene, heiße Monate: Dezember, Januar, Februar

gitiro (Gikuyu) – nur von Frauen ausgeführter Tanz und Gesang

Goode, Livingstone, Rhodes, Gordon, Meinertzhagen, Henderson – Engländer, die in der englischen Kolonialgeschichte Afrikas auf diese oder jene Weise eine Rolle spielten

gunia (Kiswahili) – Sack

Hakuna Kazi (Kiswahili) – kein Arbeitsplatz frei

Harambee! (Kiswahili) – Alle zusammen anpacken! Ursprünglich Anfeuerungsruf afrikanischer Arbeiter beim Lastenheben. Wurde zum Wahlspruch Kenyattas nach der Unabhängigkeit 1963.

Harambee-Projekt – Selbsthilfeprojekt

Hodi (Kiswahili) – höfliche Bitte »Darf ich eintreten?« anstelle von Anklopfen

Home Guard – Afrikaner, der auf der Seite der Kolonialregierung während des Ausnahmezustandes in Armee und Polizei kämpfte; galt bei der Bevölkerung als Verräter

huyo cia Nguu – Nilpferd

induna – Kriegsformation der Zulu

irio (Gikuyu) – ein hauptsächlich aus Bohnen, Mais, Süßkartoffeln und anderen Gemüsen gekochtes Gericht *itwika* (Gikuyu) – eine Art friedliche Revolution, in der die ältere Generation des Rates der Ältesten in der traditionellen Gikuyu-Gesellschaft der jüngeren Generation Platz macht

Jaribu Bahati (Kiswahili) – Versuch dein Glück!

jembe (Kiswahili) – Hacke

Kaana Gaka ni kau Ni Ga tata tata ena kaana kega Kamau etemete kuguru-i, etemete? etema na ithanwa ria cucu cucu ena hang'i matu . . . – (Sätze aus der Gikuyu-Fibel) Wem gehört dieses Kind? Dieses Kind gehört meiner Tante. Meine Tante hat ein sehr liebes Kind. Kamau hat sich in den Fuß geschnitten. Er hat sich wirklich in den Fuß geschnitten. Er hat sich mit der Hacke in den Fuß geschnitten. Die Hacke gehört meiner Großmutter. Meine Großmutter hat große Ohrringe . . .

Ka-40 – rebellische Bewegung in den 40er Jahren, die die Zwangsarbeit verweigerte

Kaburu – Schimpfwort für Weiße, kommt vom Wort »Bure«

Kaggia – Mitstreiter Kenyattas, der mit ihm im Gefängnis war; nach der Unabhängigkeit Staatssekretär im Kabinett Kenyatta, entzweite sich jedoch mit K. über der Frage der Landneuverteilung

Kalasingh – indische Volksgruppe in Ostafrika

Kamaru, D. K. – zwei sehr populäre Sänger in Kenya

Kamau wa Njoroge ena ndutu kuguru (Gikuyu) – Kamau wa Njoroge hat einen Sandfloh im Fuß.

kamuingi – Arbeitskollektiv

Kamuingi koyaga ndiri (Gikuyu) – Viele Hände erleichtern die Arbeit

Kamukunji – einer der Wahlkreise Nairobis, der durch politische Großkundgebungen und Wahlversammlungen bekannt wurde; heute Bezeichnung für irgendeine pol. Großveranstaltung

Kamwene – chauvinistische, nationalistische kulturelle Organisation

KANU/KADU – politische Parteien

KANU – Kenya African National Union, gegründet 1960, während der vorbereitenden Verhandlungen zur Unabhängigkeit; wurde unter der Leitung Kenyattas 1964 nach der Unabhängigkeit Kenias zur Regierungspartei

KADU – Kenya African Democratic Union, Versuch einer Gegenpartei zur KANU, wurde jedoch 1964 aufgelöst

KAR – King's African Rifles – britische Kolonialtruppe

kanzu – arabisches Männergewand, an der Küste allgemein gebräuchlich. Im kolonialen Kenia mußten Bedienstete in europäischen Haushalten kanzus tragen.

karai – Schüssel

Karibu (Kiswahili) – »Herein, Willkommen« = Einladung zum Eintreten, als Antwort auf »Hodi«

Karima Ka ihii (Gikuyu) – Bilder in ihrem Kopf

KAU – Kenya African Union – frühere Partei Kenyattas, noch in der Kolonialzeit

KCA – Kikuyu Central Association – Kikuyupartei aus den vierziger Jahren, die jedoch sehr bald wieder verboten wurde

Kimathi, Dedan – Anführer der Befreiungsarmee im Mau-Mau-Aufstand; wurde 1956 durch Verrat gefangengenommen und 1957 öffentlich gehenkt

Kinyanjui, Mumia, Lenana – berüchtigte Chiefs, die mit den Engländern kollaborierten

kipande – Arbeits- und Kennkarte mit Fingerabdruck, die jeder Afrikaner während der Kolonialzeit um den Hals tragen mußte und auf der sein Arbeitspensum eingetragen wurde

kofia (Kiswahili) – Kopfbedeckung

Kuke – abwertende Bezeichnung der Engländer für die Gikuyu

Kumagwo ni Gucakagwo (Gikuyu) – Sprichwort: »Er darf an den Ort zurückkehren, den er einst verlassen hat« = Er hat nichts Unrechtes getan, deshalb kann er zurückkommen

Kumanyoko mwivi (Kiswahili) – »Du Dieb!«

Kuu iguru gutiri mathina . . . – Kirchenlied, etwa: »Im Himmel gibt es keine Probleme mehr . . .«

kwaheri (Kiswahili) – Auf Wiedersehen!

lake people – gemeint sind die Luo, zweitgrößte Volksgruppe Kenias, ansässig am Viktoriasee

Lancaster-House-Koferenz – Konferenzen in London zur Vorbereitung der Unabhängigkeit Kenias 1960–63

litungu, nyatiti – lyraähnliche Zupfinstrumente

L'Ouverture, Turner, Tschaka, Abdulla, Koitalel, Ole Masai, Kimathi, Mathenge, Cabral, Nasser, Cinque – Freiheitskämpfer

Lugard, Frederick, Meinertzhagen, Grogan, Francis Hall – Engländer, die in der Kolonialisierung Kenias eine führende Rolle spielten und nicht zuletzt durch ihre Grausamkeit gegenüber den Afrikanern berühmt wurden

Magendo – Schmuggel

Maillu – kenianischer Schriftsteller leichter Unterhaltungsliteratur

mairungi – nicht illegales Rauschgift, milde Form von Marihuana, wird gekaut

Maji-Maji – 1905 Aufstand im ehemaligen Deutsch-Ostafrika (Tanzania) gegen die deutsche Kolonialverwaltung, hauptsächlich gegen die Beamten und Missionare. Die deutsche Regierung schlug den Aufstand mit einer großen Armee nieder, wobei ca. 120000 Menschen den Tod fanden.

Makerere – eine der frühesten und großen Universitäten Ostafrikas in Kampala, Uganda

maneno (Gikuyu) – Worte

Manjiri-generation – Manjiri-Altersgruppe, lebte im 13. oder 14. Jahrhundert

Mara – mythische Figur

Marimu – einäugiges Ungeheuer aus der Gikuyu-Sagenwelt

Masai, Dorobo – kenianische Volksgruppen, die nicht unbedingt bereit sind, ihre herkömmliche Lebensweise zugunsten der »Zivilisation« aufzugeben

Matutu-Taxi – Kleinbus oder PKW, sehr gebräuchliches Transportmittel in Kenia. Gleich nach der Unabhängigkeit durfte ein Matatu-Besitzer nicht mehr als drei 10-Cent-Stücke für eine Fahrt verlangen. Daher der Name: tatu = drei.

matura – Dornenpflanze

Mau-Mau – Befreiungsbewegung in Kenia 1952–60; hauptsächlich von den Gikuyu, Embu und Meru getragen, aber auch von Angehörigen anderer Völker Kenias. Von der britischen Kolonialregierung grausam bekämpft. Kostete etwa 13000 Afrikanern und 95 Weißen (davon 63 Angehörige der Sicherheitsstreitkräfte) das Leben. Von den Engländern verhängter Ausnahmezustand von 1952–60. Inhaftierung von ca. 80000 Afrikanern in Konzentrationslagern. Umsiedlung der gesamten Gikuyu-Bevölkerung in befestigte und streng bewachte Dörfer, um den in den Wäldern am Mount Kenya kämpfenden Guerillatruppen die Unterstützung durch die Bevölkerung abzuschneiden.

mbari (Kiswahili) – Großfamilie

mbariki-oil – Rizinusöl

mbuca (Gikuyu) – Ungeziefer, von dem vor allem Hülsenfrüchte (Bohnen) befallen werden

Mburi ni indo, ngombe ni indo, mbeca ni indo, ngai muheani (Gikuyu) – Güter sind Reichtum, Kühe sind Reichtum, Geld ist Reichtum, Gott, der Spender.

Mgeni siku mbili, ya tatu umpatie njembe (Kiswahili) – Besucher ist man nur zwei Tage lang – am dritten Tag gib ihm eine Hacke!

Miariki-Bäume – Bäume, deren Samenkapseln in trockenem Zustand mit einem Knall aufspringen

micege, maramata (Gikuyu) – Disteln, Kletten

Mikwa-Riemen – Stirnriemen zum Tragen schwerer Lasten; werden nur von Frauen benutzt

miriyo – Kraut der Süßkartoffel, wird als Viehfutter verwendet

Mitchell – Gouverneur Kenias bis zum Ausbruch des Mau-Mau-Aufstandes

mitura-apples – Früchte einer Dornenpflanze

mizungu hasa (Kiswahili) – etwa: welch trügerische oder trickreiche Geister

Mkono mtupu haulambwi (Kiswahili) – »Eine leere Hand leckt man nicht ab« = Aufforderung, Schmiergeld zu zahlen

mnazi-beer – Kokosbier

msomi (Kiswahili) – gebildete Person, wörtl. »einer, der lesen kann«

Mugikuyu, Mmasai, Mjaluo, Mgiriama, Msomali, Mkamba, Kalenjin, Masai, Luhya – Namen kenianischer Volksgruppen, die Vorsilbe M- oder Mu- bezeichnet den einzelnen der jeweiligen Gruppe

Muratina – Hefebier

muthunguci, nduma, mumburu – afrikanische Tänze

mwalimu (Kiswahili) – Lehrer

mwariki – Rizinuspflanze; *mariki* – die Samen der Rizinuspflanze, aus denen das Öl gewonnen wird

mwere (Gikuyu) – kurze Regenzeit: Oktober, November

Mzee – Ehrentitel für einen alten Mann

Nandi – Volksgruppe Kenias

Ndamathia – heiliges Ungeheuer aus der Mythologie der Gikuyu; lebt in Seen und Flüssen und läßt den Regenbogen entstehen

ndebe (Kiswahili) – Blechkanister

Ndemi – legendäre Figur, eigentlich Name der Generation, die als erste die Wälder rodete und den Ackerbau einführte

ndungata (Gikuyu) – Knecht, Diener

ngemi (Gikuyu) – Lob-/Freudengesänge der Frauen (hohe Trillertöne)

nginyira (Gikuyu) – wörtl. »jene, die schnell gehen« = Autoreifen, hier: Sandalen, die aus alten Autoreifen gemacht werden

ngome (Gikuyu) – Ringe

njahi (Gikuyu) – lange Regenzeit: März, April, Mai, Juni

njohi (Gikuyu) – Hirsebier

No ma Ngaikai inyui muri aganu-i (Gikuyu) – Bei Gottes Wahrhaftigkeit – ihr Jungens seid sehr böse!

Not yet Uhuru – Autobiographie von Oginga Odinga, dem ersten Vizepräsidenten Kenias und Mitstreiter Kenyattas, der sich aber später von ihm trennte

Nyabani, Hibira etc. – Altersgruppen: Die Geschichte (und die Legenden) des Gikuyuvolkes kann an den Namen abgelesen und auch erklärt werden, die man der jeweiligen Gruppe von jungen Menschen gab, die in dem betreffenden Jahr beschnitten wurden. Die Namen sind auf das hervorstechendste Ereignis des Jahres zurückzuführen. Z. B. *Hitira* – Hitler; *Nyabani* – Japan; *Cugini-Mburaki* – schwarzer Markt 1946. Die hier aufgeführten Namen bezeichnen Altersgruppen aus den 40er Jahren.

nyeni cia terere sukuma wiki (Gikuyu) – wilder Spinat und Blattkohl

nyitira (Gikuyu) – Petroleumlampe

Ogot, Muriuki, Were, Ochieng – kenianische Wissenschaftler, die bedeutende Werke über die präkoloniale Geschichte der Völker Kenias veröffentlicht haben

panga – Buschmesser, Machete; sehr gebräuchliches Handwerkszeug, wird für alle Arten von Arbeiten auf dem Feld und im Haushalt benutzt

Pinto, Pio – Parlamentsabgeordneter asiatischen Ursprungs, der 1965 ermordet wurde, der Mord wurde nie aufgeklärt; *Tom Mboya* – Kabinetts-Minister, Gewerkschaftsführer, wurde 1969 ermordet; *Kungu Karumba* – einer der Sieben, die mit Kenyatta im Gefängnis waren, verschwand auf ungeklärte Weise; *J. M.* – Abgeordneter, wurde 1975 ermordet; *Shikuku* – Abgeordneter, saß drei Jahre im Gefängnis, jetzt wieder im Parlament

Pyrethrum – Chrysanthemenpflanze, deren Blüten zur Herstellung von Insektiziden verwendet werden

Rift Valley – kenianischer Teil des Großen Afrikanischen Grabens; in der Kolonialzeit bildeten dort die sog. *White Highlands* das Zentrum der europäischen Landwirtschaft

Ritwa ni mbukio (Kiswahili) – Ein Name ist ohne Bedeutung

ruma monga – vom engl. »rumour mongery« = Gerüchteverbreitung

Seroney – Abgeordneter, wurde wegen zu großer Offenheit und Kritik an der Regierung festgenommen

shamba (Kiswahili) – Feld, Garten

Shenzi (Kiswahili) – Schimpfwort für Afrikaner, wörtl. Barbar, Unzivilisierter

»Song of Lawino« – satirische Erzählung in Gedichtform des ugandischen Schriftstellers Okot p'Bitek

squatters – Landarbeiter auf den Großfarmen der weißen Siedler; als Lohn ihre Arbeit bekamen sie ein Stück Land für ihren Lebensunterhalt zur Verfügung gestellt

staili – vom englischen »style«, Stil, Geschmack, Eleganz

Swahilis – Volksgruppe mit starkem arabischen Einschlag, sind Mohammedaner und leben ausschließlich an der Küste

swahili-majengo – rechteckige, im Winkel erbaute Häuser, meist mit Blechdach; werden im allgemeinen nur an der Küste gebaut, im Gegensatz zu den Rundhäusern im übrigen Land

Thaai (Gikuyu) – Frieden, Frieden sei mit Dir!

thabai – brennesselähnliche Pflanze

Thabiri-Vögel – Wasservögel

thahabu (Kiswahili) – Gold

Thangari-Gras – Unkraut mit sehr tiefreichenden Wurzeln

»Things fall apart« – Roman von Chinua Achebe, Nigeria

Thungururi-Vögel (Gikuyu) – Schwalben

Toboa! (Kiswahili) – Zustimmungsruf, etwa: »Du sagst es!« oder: »So ist es richtig!«

Tschaka, Toussaint, Samoei, Nat Turner, Arap Manyei, Laibon Turugat, Dessalines, Mondhlane, Owalo, Siotune, Kiamba, Nkrumah, Cabral – bedeutende Vorkämpfer für den Freiheitskampf der Afrikaner zu allen Zeiten und aus allen Teilen Afrikas, aus Haiti, den Kapverdischen Inseln und den USA

Tura na Cia Karugo (Gikuyu) – So schnell fahren wie Karugo

turai – Schild – aus dem Japanischen entlehntes Wort

ugali – sehr dicker Brei aus Mais oder Hirse. Hauptbestandteil der Nahrung der Bevölkerung Kenias

uhere, mutung'u – Pocken, Masern

Uhuru (Kiswahili) – wörtl. Freiheit von Sklaverei, Befreiung. Wurde im Freiheitskampf der ostafrikanischen Länder gleichbedeutend mit Unabhängigkeit. Kampfruf der KANU (Regierungspartei Kenyattas)

Uhuru na Kazi – Freiheit und Arbeit (Wahlspruch von J. Nyerere in Tanzania)

Waiyaki – Gikuyu-Anführer, der um die Jahrhundertwende Verträge mit den Engländern schloß, jedoch betrogen wurde, sich auflehnte und später lebendig begraben wurde

Wakamatimo (Kiswahili) – wörtl. Menschenfänger, Häscher; hier sind die Home Guards gemeint

Wakarwigi – ein Mann, so klug wie ein Falke

Wanja Kahii (Gikuyu) – Wanja bedeutet Mädchen, Kahii heißt Junge, also Wanja Kahii = ein Mädchen wie ein Junge

wattle – australische Akazie; von den Engländern eingeführter, schnellwachsender Baum, dessen Rinde zur Gewinnung von Gerbextrakt verwandt wurde

Wazungu, sing. *Muzungu* (Kiswahili) – Fremde, Weiße; wörtl. Geister

DIE WERKE VON NGUGI WA THIONG'O

ROMANE

Weep Not, Child, London (Heinemann) 1964
(deutsch: »Abschied von der Nacht«, Wuppertal, Peter Hammer Verlag, 1986)

The River Between, London (Heinemann) 1965

A Grain of Wheat, London (Heinemann) 1967
(deutsch: »Freiheit mit gesenktem Kopf«, Olten und Freiburg [Walter] 1980)

Petals of Blood, London (Heinemann) 1977

Caitaani Mutharaba-ini, London (Heinemann) 1981
(englisch: »Devil on the Cross«, gl. Ort und Jahr)

STÜCKE

The Black Hermit, London (Heinemann) 1968

This Time Tomorrow (3 short African plays), London (Heinemann) 1972

The Trial of Dedan Kimathi (written with Mecere Mugo), London (Heinemann) 1976

Ngaahika Ndeenda (written with Ngugi wa Mirii), London (Heinemann) 1981

KURZGESCHICHTEN

Secret Lives, London (Heinemann) 1975

ESSAYS

Homecoming, London (Heinemann) 1972

Writers in Politics, London (Heinemann) 1981

TAGEBUCH

Detained – a Writer's Prison Diary, London (Heinemann) 1981